• 数据科学与商务智能系列 •

Using MIS

管理信息系统
技术与应用
（原书第10版）

[美] 大卫 M. 克伦克（David M. Kroenke） 著
兰德尔 J. 博伊尔（Randall J. Boyle）

袁勤俭 张一涵 孟祥莉 等译

机械工业出版社
China Machine Press

图书在版编目（CIP）数据

管理信息系统：技术与应用（原书第 10 版）/（美）大卫 M. 克伦克（David M. Kroenke），（美）兰德尔 J. 博伊尔（Randall J. Boyle）著；袁勤俭等译 . —北京：机械工业出版社，2018.9

（数据科学与商务智能系列）

书名原文：Using MIS

ISBN 978-7-111-60794-6

I. 管… II. ①大… ②兰… ③袁… III. 管理信息系统 IV. C931.6

中国版本图书馆 CIP 数据核字（2018）第 199620 号

本书版权登记号：图字 01-2018-2962

David M. Kroenke, Randall J. Boyle. Using MIS, 10th Edition.

ISBN 978-0-13-460699-6

Copyright © 2017 by Pearson Education, Inc.

Simplified Chinese Edition Copyright © 2018 by China Machine Press.

Published by arrangement with the original publisher, Pearson Education, Inc. This edition is authorized for sale and distribution in the People's Republic of China exclusively (except Hong Kong, Macao SAR, and Taiwan,).

All rights reserved.

本书中文简体字版由 Pearson Education（培生教育出版集团）授权机械工业出版社在中华人民共和国境内（不包括香港、澳门特别行政区及台湾地区）独家出版发行。未经出版者书面许可，不得以任何方式抄袭、复制或节录本书中的任何部分。

本书封底贴有 Pearson Education（培生教育出版集团）激光防伪标签，无标签者不得销售。

本书详细阐述了信息技术、信息系统和管理信息系统所涉及的内容，如硬件与软件、数据库处理、通信与互联网技术、电子商务、系统管理与安全等，引人入胜地介绍了人们如何使用信息系统来解决商业问题。全书结构清晰、论述透彻、通俗易懂，引用材料紧跟时代变化，通过向学生展示企业如何使用信息系统和技术来实现目的、目标和竞争策略，解释了为什么管理信息系统在商学院是最重要的课程。

本书可以作为经济管理类专业管理信息系统课程的本科生入门教材，也可以作为中高层管理人员充实技能基础、提高自身知识素养的参考读物。

出版发行：机械工业出版社（北京市西城区百万庄大街 22 号 邮政编码：100037）
责任编辑：冯小妹　　　　　　　　　　　　　　责任校对：殷　虹
印　　刷：北京市兆成印刷有限责任公司　　　版　　次：2018 年 9 月第 1 版第 1 次印刷
开　　本：185mm×260mm　1/16　　　　　　印　　张：32
书　　号：ISBN 978-7-111-60794-6　　　　　定　　价：99.00 元

凡购本书，如有缺页、倒页、脱页，由本社发行部调换
客服热线：（010）88379210　88361066　　　　投稿热线：（010）88379007
购书热线：（010）68326294　88379649　68995259　　读者信箱：hzjg@hzbook.com

版权所有·侵权必究
封底无防伪标均为盗版
本书法律顾问：北京大成律师事务所　韩光 / 邹晓东

目 录

译者序
致学生的信
前言
致谢
感谢本书的评审人
作者简介

第一部分 为什么是管理信息系统

第1章 管理信息系统的重要性 ………… 3
导入故事 ……………………………………… 3
章节导览 ……………………………………… 4
1.1 为什么管理信息系统是商学院最重要的课程 …………………………… 4
    1.1.1 数字化革命 ……………………… 4
    1.1.2 变革能力 ………………………… 5
    1.1.3 摩尔定律 ………………………… 5
    1.1.4 梅特卡夫定律 …………………… 6
    1.1.5 其他推动数字化变革的动力 …… 7
    1.1.6 这是商学院最重要的课程 ……… 8
1.2 管理信息系统将给我带来什么影响 …………………………………… 8
    1.2.1 我如何获得工作保障 …………… 8
    1.2.2 信息系统导论如何帮助你学习非常规技术 ……………… 9

1.2.3 什么是决定性因素 ……… 13
1.3 什么是管理信息系统 ………………… 13
    1.3.1 信息系统的组成要素 …… 13
    1.3.2 信息系统的管理和使用 ……………………………… 14
    1.3.3 战略实现 ………………… 15
1.4 如何使用五元模型 …………………… 15
    1.4.1 最重要的要素——你 …… 16
    1.4.2 所有的要素都必须起作用 ………………………………… 16
    1.4.3 高技术信息系统与低技术信息系统 …………………… 16
    1.4.4 理解新信息系统的范围 … 16
    1.4.5 根据难度和冲击程度对要素排序 ……………………… 17
案例 1-1 探秘：A 是指 Alphabet 公司 ……………………………………… 17
1.5 什么是信息 …………………………… 18
    1.5.1 不同的定义 ……………… 18
    1.5.2 信息在何处 ……………… 19
1.6 有哪些必要的数据特征 ……………… 20
    1.6.1 准确性 …………………… 20
    1.6.2 及时性 …………………… 20
    1.6.3 相关性 …………………… 20
    1.6.4 数据充足 ………………… 21
    1.6.5 物有所值 ………………… 21
案例 1-2 伦理指南：道德和职业责任 ……………………………………… 21

1.7　2027 年 ………………………… 23
案例 1-3　安全指南：密码和密码规范 ……………………… 24
案例 1-4　职业指南：职业的五个元素 ……………………… 25
本章小结 …………………………………… 26
本章关键术语和概念 …………………… 27
本章习题 …………………………………… 27
案例研究 …………………………………… 29

第 2 章　协同信息系统
导入故事 …………………………………… 32
章节导览 …………………………………… 33
2.1　协同的两个关键属性是什么 …………………………… 33
　　2.1.1　建设性批评的重要性 …… 34
　　2.1.2　给予和接受建设性批评的准则 ……………………… 35
　　2.1.3　警告 ………………………… 36
2.2　成功协同的三个标准是什么 …… 36
　　2.2.1　成功的结果 ………………… 37
　　2.2.2　团队能力的成长 …………… 37
　　2.2.3　有意义且令人满意的体验 …………………………… 37
2.3　协同的四个主要目标是什么 …… 38
　　2.3.1　知晓实情 …………………… 38
　　2.3.2　做出决策 …………………… 38
　　2.3.3　解决问题 …………………… 40
　　2.3.4　管理项目 …………………… 40
2.4　协同信息系统的必要条件是什么 ……………………… 42
　　2.4.1　协同信息系统的五个组件 …………………………… 42
　　2.4.2　主要功能：通信和内容共享 …………………………… 43
2.5　怎样使用协同工具改进团队通信 ……………………… 44

2.6　怎样使用协同工具管理共享内容 ……………………… 47
　　2.6.1　无控制地共享内容 ……… 49
　　2.6.2　在 Google Drive 上通过版本管理共享内容 ……… 49
　　2.6.3　用版本控制来共享内容 ……………………………… 52
案例 2-1　伦理指南："可穿戴式"监管模式 ………………… 54
2.7　如何使用协同工具管理任务 …… 56
　　2.7.1　在 Google Drive 上共享任务清单 …………………… 56
　　2.7.2　利用 Microsoft SharePoint 共享任务清单 …………… 57
案例 2-2　探秘：增强协同 ………… 59
2.8　哪个协同信息系统适合你的团队 ……………………… 60
　　2.8.1　三套协同工具集 ………… 60
　　2.8.2　为团队选择工具集 ……… 61
　　2.8.3　不要忘记处理规程和人员 …………………………… 62
2.9　2027 年 ………………………… 63
案例 2-3　安全指南：不断演进的安全 ……………………… 64
案例 2-4　就业指南 ………………… 66
本章小结 …………………………………… 66
本章关键术语和概念 …………………… 67
本章习题 …………………………………… 68
案例研究 …………………………………… 69

第 3 章　战略与信息系统
导入故事 …………………………………… 74
章节导览 …………………………………… 75
3.1　组织战略如何决定信息系统架构 ……………………… 75
3.2　决定行业结构的五种竞争力是什么 …………………… 75

案例 3-1	伦理指南：恋爱机器人的诱惑 ·················· 77
3.3	行业结构分析如何决定竞争战略 ·················· 78
3.4	竞争战略如何决定价值链结构 ···· 79
	3.4.1 价值链中的主要活动 ····· 79
	3.4.2 价值链中的支持性活动 ·················· 80
	3.4.3 价值链联动 ············ 80
3.5	业务流程如何产生价值 ········ 81
3.6	竞争战略如何决定业务流程和信息系统架构 ··············· 82
3.7	信息系统如何提供竞争优势 ···· 84
	3.7.1 通过产品创造的竞争优势 ·················· 84
案例 3-2	探秘：自动驾驶之战 ········ 85
	3.7.2 通过业务流程创造的竞争优势 ·················· 87
	3.7.3 实际的企业如何利用信息系统创造竞争优势 ····· 87
	3.7.4 该系统如何创造竞争优势 ·················· 88
案例 3-3	安全指南：黑客入侵智能化设备 ················· 90
3.8	2027 年 ····················· 91
案例 3-4	就业指南 ··············· 92
本章小结	····························· 93
本章关键术语和概念	············· 94
本章习题	····························· 94
案例研究	····························· 96

第二部分 信息技术

第 4 章 硬件、软件和移动系统 ······· 100
导入故事 ························· 100

章节导览 ························· 101
4.1	商务人士需要知道哪些计算机硬件知识 ················ 101
	4.1.1 硬件组成 ············ 101
	4.1.2 硬件类型 ············ 102
	4.1.3 计算机数据 ·········· 102
4.2	新硬件如何影响竞争策略 ···· 105
	4.2.1 物联网 ··············· 105
	4.2.2 数字现实设备 ········ 106
	4.2.3 自动驾驶汽车 ········ 108
	4.2.4 3D 打印 ············· 110
4.3	商务人士需要知道哪些软件知识 ···················· 111
	4.3.1 主要的操作系统有什么 ·················· 112
	4.3.2 虚拟化 ··············· 115
	4.3.3 私有与许可 ·········· 117
	4.3.4 存在哪些类型的应用程序，企业如何获得它们 ····· 117
	4.3.5 什么是固件 ·········· 118
4.4	开源软件是可行的选择吗 ····· 118
	4.4.1 为什么程序员自愿参与开发这些服务 ··········· 119
案例 4-1	探秘：2016 年度 CES 新鲜事 ··················· 119
	4.4.2 开源软件如何运作 ····· 120
	4.4.3 开源是可行的吗 ······· 121
4.5	原生应用程序和 Web 应用程序有何不同 ··············· 121
	4.5.1 开发原生应用程序 ····· 122
	4.5.2 开发 Web 应用程序 ····· 122
	4.5.3 哪个更好 ············ 124
4.6	为什么移动系统越来越重要 ···· 124
	4.6.1 硬件 ··············· 126
	4.6.2 软件 ··············· 126
	4.6.3 数据 ··············· 126

案例 4-2　伦理指南：免费数据应用
　　　　　程序……………………127
　　4.6.4　处理规程……………129
　　4.6.5　人……………………129
4.7　个人移动设备对工作造成怎样
　　　的挑战………………………130
　　4.7.1　员工在工作中使用移动
　　　　　系统的优缺点………130
　　4.7.2　组织BYOD政策的
　　　　　调查…………………131
案例 4-3　安全指南：有毒的"苹果"
　　　　　（APP-LES）…………132
4.8　2027年………………………134
案例 4-4　就业指南………………135
本章小结……………………………136
本章关键术语和概念………………137
本章习题……………………………138
案例研究……………………………139

第5章　数据库处理……………143
导入故事……………………………143
章节导览……………………………144
5.1　数据库的目标是什么…………144
5.2　数据库是什么…………………146
　　5.2.1　行之间的联系…………147
　　5.2.2　元数据…………………148
案例 5-1　伦理指南：查询不
　　　　　平等？………………149
5.3　数据库管理系统是什么………151
　　5.3.1　构建数据库及其结构…151
　　5.3.2　处理数据库……………152
　　5.3.3　管理数据库……………152
案例 5-2　探秘：灵活分析………153
5.4　数据库应用是如何使数据库变得
　　　更加有用的…………………155
　　5.4.1　传统的表单、查询、
　　　　　报告和应用…………155

　　5.4.2　浏览器表单、查询、报告
　　　　　和应用………………157
　　5.4.3　多用户处理……………158
5.5　数据模型如何用于数据库
　　　开发…………………………159
　　5.5.1　实体……………………160
　　5.5.2　联系……………………161
5.6　数据模型是如何转变为数据库
　　　设计的………………………163
　　5.6.1　标准化…………………163
　　5.6.2　联系的表示……………165
　　5.6.3　用户在数据库开发中的
　　　　　作用…………………167
5.7　猎鹰安防公司如何才能从数据库
　　　系统中获益…………………168
5.8　2027年………………………169
案例 5-3　安全指南：大数据损失…171
案例 5-4　就业指南………………172
本章小结……………………………173
本章关键术语和概念………………174
本章习题……………………………175
案例研究……………………………176

第6章　云………………………180
导入故事……………………………180
章节导览……………………………181
6.1　为什么组织要迁移到云端……181
　　6.1.1　云计算…………………182
　　6.1.2　为什么组织更喜欢云…183
　　6.1.3　什么时候云是没有
　　　　　意义的………………185
6.2　组织如何使用云………………185
　　6.2.1　资源弹性………………185
　　6.2.2　池化资源………………186
　　6.2.3　基于互联网……………187
　　6.2.4　来自云供应商的云
　　　　　服务…………………187

6.2.5 内容分发网络·········· 189
6.2.6 在内部使用 Web 服务····· 191
6.3 哪些网络技术支持云·········· 192
　　6.3.1 局域网的组成部分是
　　　　 什么··················· 193
案例 6-1　伦理指南：云利润········ 194
　　6.3.2 将局域网与互联网
　　　　 连接··················· 196
6.4 互联网是如何工作的·········· 197
　　6.4.1 互联网与美国邮政
　　　　 系统··················· 197
　　6.4.2 第一步：组装包裹
　　　　 （数据包）·············· 198
　　6.4.3 第二步：命名包裹
　　　　 （域名）················ 198
　　6.4.4 第三步：查看地址
　　　　 （IP 地址）············· 198
　　6.4.5 第四步：把地址写在
　　　　 包裹上（IP 地址附在
　　　　 数据包上）············· 199
　　6.4.6 第五步：将挂号邮件标签
　　　　 贴在包裹上（TCP）····· 199
　　6.4.7 第六步：邮寄包裹（通信
　　　　 运营商传送数据包）····· 200
6.5 Web 服务器如何支持云········ 201
　　6.5.1 三层架构·············· 202
　　6.5.2 在实践中看三层架构···· 202
　　6.5.3 服务导向架构·········· 202
　　6.5.4 一个 SOA 类比········ 203
　　6.5.5 SOA 的三层架构······· 204
　　6.5.6 互联网协议············ 205
　　6.5.7 TCP/IP 协议架构······ 205
6.6 猎鹰安防公司如何使用云······ 207
　　6.6.1 猎鹰安防公司的 SaaS
　　　　 服务··················· 207
　　6.6.2 猎鹰安防公司的 PaaS
　　　　 服务··················· 208

6.6.3 猎鹰安防公司的 IaaS
　　　 服务···················· 208
6.7 组织如何安全地使用云服务···· 208
　　6.7.1 虚拟专用网络·········· 209
　　6.7.2 使用私有云············ 210
　　6.7.3 使用虚拟私有云········ 211
案例 6-2　探秘：量子学习········· 211
6.8 2027 年······················ 213
案例 6-3　安全指南：从 Anthem 到
　　　　　Anathema············· 215
案例 6-4　就业指南·············· 216
本章小结······················· 217
本章关键术语和概念············· 218
本章习题······················· 219
案例研究······················· 220

第三部分
利用信息系统获取竞争优势

第 7 章　流程、组织和信息系统······ 225
导入故事······················· 225
章节导览······················· 226
7.1 流程的基本类型是什么········ 226
　　7.1.1 结构化流程和动态流程的
　　　　 区别是什么············ 227
　　7.1.2 组织范围内流程是如何
　　　　 变换的················ 227
7.2 信息系统如何提高流程质量···· 229
　　7.2.1 流程如何改进·········· 230
　　7.2.2 信息系统如何提升流程
　　　　 质量·················· 230
7.3 信息系统是如何消除信息孤岛
　　 问题的······················ 231
　　7.3.1 什么是信息孤岛问题··· 231
　　7.3.2 组织如何解决信息孤岛
　　　　 问题·················· 232

7.4 CRM、ERP 和 EAI 是怎样支持企业流程的 …………………… 234
　　7.4.1 业务流程工程的需要 …………………… 234
　　7.4.2 企业应用解决方案的出现 …………………… 234
　　7.4.3 客户关系管理 …………… 235
　　7.4.4 企业资源计划 …………… 236
案例 7-1　探秘：工作流问题 ……… 236
案例 7-2　伦理指南：付费删除 …… 238
　　7.4.5 企业应用集成 …………… 241
7.5 ERP 系统的要素是什么 ……… 241
　　7.5.1 硬件 ………………………… 242
　　7.5.2 ERP 应用程序 …………… 242
　　7.5.3 ERP 数据库 ……………… 242
　　7.5.4 业务流程规程 …………… 243
　　7.5.5 培训和咨询 ……………… 243
　　7.5.6 具体行业的解决方案 …… 244
　　7.5.7 哪些公司是主要的 ERP 供应商 ……………………… 245
7.6 实施和升级企业信息系统的挑战是什么 ……………………………… 245
　　7.6.1 协同管理 ………………… 246
　　7.6.2 需求鸿沟 ………………… 246
　　7.6.3 转换问题 ………………… 246
　　7.6.4 员工抵触 ………………… 246
　　7.6.5 新技术 …………………… 247
7.7 企业间信息系统是如何解决企业信息孤岛问题的 …………………… 247
案例 7-3　安全指南：不是关于我……而是关于你 …………… 249
7.8 2027 年 ………………………… 250
案例 7-4　职业指南 ………………… 251
本章小结 ……………………………… 252
本章关键术语和概念 ………………… 253
本章习题 ……………………………… 254
案例研究 ……………………………… 255

第 8 章　社交媒体信息系统 ………… 259
导入故事 ……………………………… 259
章节导览 ……………………………… 260
8.1 社交媒体信息系统的含义 …… 260
　　8.1.1 社交媒体信息系统中的三个角色 ………………… 261
　　8.1.2 社交媒体信息系统的组成部分 …………………… 263
8.2 社交媒体信息系统如何提升组织战略 ……………………………… 265
　　8.2.1 社交媒体与销售及营销活动 …………………… 265
　　8.2.2 社交媒体与客户服务 …… 266
　　8.2.3 社交媒体与入站及出站物流 …………………… 266
　　8.2.4 社交媒体与生产及运营活动 …………………… 267
　　8.2.5 社交媒体与人力资源 …… 267
8.3 社交媒体信息系统如何增加社会资本 ……………………………… 268
　　8.3.1 社会资本的价值是什么 ………………………… 269
　　8.3.2 社交网络如何为企业增加价值 ………………… 270
案例 8-1　探秘：如虎添翼的高尔夫粉丝 …………………… 270
8.4 企业如何从社交媒体中盈利 … 274
　　8.4.1 你是产品 ………………… 274
　　8.4.2 社交媒体的盈利模式 …… 274
　　8.4.3 流动性会减少在线广告收入吗 …………………… 276
案例 8-2　伦理指南：人造朋友 …… 277
8.5 组织如何开发有效的社交媒体信息系统 ……………………………… 278
　　8.5.1 第一步：明确目标 ……… 279

8.5.2 第二步：确定成功指标 ………… 279
8.5.3 第三步：定位目标受众 ………… 280
8.5.4 第四步：定义你的价值 ………… 280
8.5.5 第五步：建立个人联系 ………… 281
8.5.6 第六步：收集并分析数据 ………… 281
8.6 什么是企业社交网络 ………… 282
8.6.1 企业2.0 ………… 282
8.6.2 变化的信息沟通 ………… 283
8.6.3 开发成功的企业社交网络 ………… 283
8.7 组织如何解决社交媒体信息系统安全问题 ………… 284
8.7.1 管理员工沟通的风险 ………… 284
8.7.2 管理用户生成内容的风险 ………… 285
8.8 2027年 ………… 288
案例8-3 安全指南：数据是永恒的 ………… 289
案例8-4 就业指南 ………… 291
本章小结 ………… 291
本章关键术语和概念 ………… 292
本章习题 ………… 293
案例研究 ………… 294

第9章 商务智能系统 ………… 297

导入故事 ………… 297
章节导览 ………… 298
9.1 组织如何使用商务智能系统 ………… 298
9.1.1 组织如何使用商务智能 ………… 299
9.1.2 什么是典型的商务智能应用程序 ………… 300
9.2 商务智能流程中的三个主要活动是什么 ………… 302
9.3 组织如何利用数据仓库和数据集市获取数据 ………… 308
9.3.1 操作数据的问题 ………… 309
9.3.2 数据仓库与数据集市 ………… 311
案例9-1 伦理指南：错误诊断 ………… 312
9.4 组织如何使用报告应用程序 ………… 313
9.4.1 基本报告操作 ………… 313
9.4.2 RFM分析 ………… 313
9.4.3 联机分析处理 ………… 314
9.5 组织如何使用数据挖掘应用程序 ………… 316
9.5.1 智能机器 ………… 317
9.5.2 无监督的数据挖掘 ………… 317
9.5.3 有监督的数据挖掘 ………… 318
9.5.4 购物篮分析 ………… 318
9.5.5 决策树 ………… 320
9.6 组织如何使用大数据应用程序 ………… 322
9.6.1 MapReduce ………… 322
案例9-2 探秘：证券交易与商务智能 ………… 323
9.6.2 Hadoop ………… 324
9.7 知识管理系统扮演怎样的角色 ………… 325
9.7.1 什么是专家系统 ………… 325
9.7.2 什么是内容管理系统 ………… 326
9.7.3 内容管理的挑战有哪些 ………… 326
9.7.4 什么是内容管理应用程序 ………… 327
9.7.5 超社会化组织如何管理知识 ………… 328
9.7.6 超社会化知识管理的可选媒体 ………… 328

9.7.7　超社会化知识共享的
　　　　　阻力 ·················· 329
9.8　什么是商务智能发布的可选
　　　方案 ························ 329
　　9.8.1　商务智能发布可选方案
　　　　　的特点 ················ 329
　　9.8.2　商务智能服务器的两个
　　　　　功能 ·················· 330
9.9　2027年 ························ 331
案例9-3　安全指南：语义安全 ······ 332
案例9-4　就业指南 ················ 333
本章小结 ···························· 334
本章关键术语和概念 ················ 335
本章习题 ···························· 336
案例研究 ···························· 337

第四部分
信息系统管理

第10章　信息系统安全 ·············· 342
导入故事 ·························· 342
章节导览 ·························· 343
10.1　信息系统安全的目标是
　　　什么 ························ 344
　　10.1.1　信息系统安全威胁/
　　　　　　损失情况 ············ 344
　　10.1.2　威胁的来源是什么 ···· 345
　　10.1.3　存在哪些类型的安全
　　　　　　损失 ················ 346
　　10.1.4　信息系统安全的
　　　　　　目标 ················ 348
10.2　计算机安全问题有多大 ······ 348
10.3　个人应如何应对安全威胁 ···· 350
10.4　组织应如何应对安全威胁 ···· 352
案例10-1　探秘：2015黑帽新
　　　　　形式 ·················· 353

10.5　技术安全保障如何防范安全
　　　威胁 ························ 354
　　10.5.1　识别和认证 ·········· 354
　　10.5.2　多系统单点登录 ······ 355
　　10.5.3　加密 ················ 355
案例10-2　伦理指南：隐私保护 ···· 357
　　10.5.4　防火墙 ·············· 358
　　10.5.5　恶意软件防护 ········ 359
　　10.5.6　安全应用程序的设计 ·· 361
10.6　数据安全保障如何防范安全
　　　威胁 ························ 361
10.7　人员安全保障如何防范安全
　　　威胁 ························ 362
　　10.7.1　员工的人员安全
　　　　　　保障 ················ 362
　　10.7.2　非员工人员安全
　　　　　　保障 ················ 364
　　10.7.3　账户管理 ············ 364
　　10.7.4　系统处理规程 ········ 365
　　10.7.5　安全监控 ············ 366
10.8　组织应如何应对安全事件 ···· 367
10.9　2027年 ······················ 367
案例10-3　安全指南：彻底的
　　　　　欺骗 ·················· 369
案例10-4　就业指南 ·············· 370
本章小结 ·························· 371
本章关键术语和概念 ·············· 372
本章习题 ·························· 373
案例研究 ·························· 374

第11章　信息系统管理 ············ 377
导入故事 ·························· 377
章节导览 ·························· 378
11.1　信息系统部门的职能和组织
　　　结构是什么 ················ 379
　　11.1.1　信息系统部门是如何
　　　　　　组织的 ·············· 379

11.1.2　安全专员 …………… 380
　　　11.1.3　现存的与信息系统相关
　　　　　　 的工作职位有哪些 …… 381
　11.2　组织是如何规划信息系统的
　　　　使用的 ………………………… 383
　　　11.2.1　使信息系统与组织战略
　　　　　　 保持一致 ……………… 383
　案例 11-1　探秘：管理信息系统
　　　　　　 部门 ……………………… 383
　　　11.2.2　与管理层沟通信息系统
　　　　　　 问题 …………………… 384
　　　11.2.3　制定优先级并在信息系统
　　　　　　 部门内部执行 ………… 384
　　　11.2.4　成立指导委员会 ……… 384
　11.3　外包的优势和劣势有哪些 …… 385
　案例 11-2　伦理指南：培训
　　　　　　 替代者 …………………… 385
　　　11.3.1　外包信息系统 ………… 386
　　　11.3.2　国际外包 ……………… 388
　　　11.3.3　外包的备选方案有
　　　　　　 哪些 …………………… 388
　　　11.3.4　外包的风险有
　　　　　　 哪些 …………………… 389
　11.4　信息系统用户的权利和责任有
　　　　哪些 …………………………… 391
　　　11.4.1　用户的权利 …………… 391
　　　11.4.2　用户的责任 …………… 392
　11.5　2027 年 …………………………… 393
　案例 11-3　安全指南：反监视 …… 394
　案例 11-4　就业指南 ……………… 395
　本章小结 ……………………………… 396
　本章关键术语和概念 ………………… 396
　本章习题 ……………………………… 396
　案例研究 ……………………………… 397

第 12 章　信息系统开发 ……………… 400
　导入故事 ……………………………… 400
　章节导览 ……………………………… 401
　12.1　如何开发业务流程、信息系统
　　　　以及应用程序 ………………… 401
　　　12.1.1　业务流程、信息系统
　　　　　　 以及应用程序之间的
　　　　　　 区别与联系 …………… 402
　　　12.1.2　不同开发过程的适应
　　　　　　 场景有哪些 …………… 403
　12.2　组织如何使用业务流程
　　　　管理 …………………………… 404
　　　12.2.1　流程为什么需要
　　　　　　 管理 …………………… 405
　　　12.2.2　BPM 的活动有
　　　　　　 哪些 …………………… 406
　12.3　业务流程建模与标注如何应用于
　　　　建模过程 ……………………… 407
　　　12.3.1　业务流程标注的标准
　　　　　　 需求 …………………… 408
　　　12.3.2　记录现行业务订单
　　　　　　 流程 …………………… 408
　12.4　系统开发生命周期有哪些
　　　　阶段 …………………………… 411
　　　12.4.1　定义系统 ……………… 412
　案例 12-1　伦理指南：估值伦理 … 413
　　　12.4.2　确定需求 ……………… 415
　　　12.4.3　设计系统组件 ………… 417
　　　12.4.4　实施系统 ……………… 417
　　　12.4.5　维护系统 ……………… 419
　12.5　系统开发生命周期成功的关键
　　　　因素是什么 …………………… 419
　　　12.5.1　建立一个工作分解
　　　　　　 结构 …………………… 419
　　　12.5.2　评估时间和成本 ……… 420
　　　12.5.3　建立一个项目计划 …… 421
　　　12.5.4　通过权衡调整计划 …… 423
　　　12.5.5　管理开发中面临的
　　　　　　 挑战 …………………… 424

12.6 scrum 如何克服系统开发生命
　　　周期中的问题 ……………… 425
案例 12-2　探秘：依靠物联网 ……… 426
　　12.6.1　敏捷开发方法的原则
　　　　　　是什么 …………………… 428
　　12.6.2　scrum 过程是
　　　　　　什么 ……………………… 429
　　12.6.3　需求如何推动 scrum
　　　　　　过程 ……………………… 430
12.7　2027 年 ………………………… 433
　　12.7.1　Fetch！ ………………… 433
　　12.7.2　用户驱动的系统 ………… 433
　　12.7.3　行业将推动变革 ………… 434
案例 12-3　安全指南：行业间谍 …… 434
案例 12-4　职业指南：开发个人
　　　　　　品牌 ……………………… 436
本章小结 ……………………………… 437
本章关键术语和概念 ………………… 438
本章习题 ……………………………… 439
案例研究 ……………………………… 440

第 13 章　国际管理信息系统 ……… 443

13.1　全球经济如何影响组织和
　　　流程 …………………………… 443
　　13.1.1　全球经济如何改变竞争
　　　　　　环境 ……………………… 444
　　13.1.2　新兴的全球经济如何
　　　　　　改变竞争战略 …………… 445
案例 13-1　就业指南 ………………… 446
　　13.1.3　全球化经济如何改变
　　　　　　价值链和业务流程 ……… 446
13.2　国际信息系统组件的特征
　　　是什么 ………………………… 447
　　13.2.1　软件本地化需要
　　　　　　什么 ……………………… 447
　　13.2.2　IBM 公司的 Watson
　　　　　　学习韩语 ………………… 448
　　13.2.3　全球数据库存在的疑难
　　　　　　问题和重要问题是
　　　　　　什么 ……………………… 449
　　13.2.4　国际化企业应用程序
　　　　　　面临的挑战 ……………… 450
　　13.2.5　功能系统的优势 ………… 450
　　13.2.6　内部流程问题 …………… 450
13.3　企业间信息系统如何促进全球
　　　供应链管理 …………………… 451
　　13.3.1　供应链中信息的
　　　　　　重要性 …………………… 452
　　13.3.2　信息如何减弱牛鞭
　　　　　　效应 ……………………… 452
13.4　国际信息系统的安全挑战
　　　是什么 ………………………… 455
　　13.4.1　法律环境 ………………… 455
　　13.4.2　物理安全 ………………… 456
　　13.4.3　文化规范 ………………… 457
13.5　国际信息系统管理面临着哪些
　　　挑战 …………………………… 457
　　13.5.1　为什么国际信息系统的
　　　　　　开发更具有挑战性 ……… 457
　　13.5.2　国际项目管理面临的
　　　　　　挑战是什么 ……………… 458
　　13.5.3　国际信息系统管理面临
　　　　　　的挑战是什么 …………… 459
　　13.5.4　在国外办事处建立信息
　　　　　　系统 ……………………… 459
本章小结 ……………………………… 460
本章关键术语和概念 ………………… 460
本章习题 ……………………………… 461

应用练习题 ………………………… 462

译 者 序

几乎所有高校的计算机类、经济管理类、管理科学与工程类等学科都将管理信息系统列为必修课,信息管理与信息系统专业和电子商务专业更是将管理信息系统列为专业核心的必修课。近些年来,随着互联网在全球的快速普及、电子商务的飞速发展,以及大数据、云计算、人工智能等各类信息技术的广泛应用,几乎所有工作岗位都面临着海量的信息,需要借助管理信息系统等先进的信息技术来处理。正所谓"时势造英雄",正是在这样的社会需求推动下,管理信息系统成为最热门的课程之一。

目前,国内几乎所有高校各类专业的管理信息系统课程都主要讲授管理信息系统分析与设计(课程名也因此多为"信息系统分析与设计"或"管理信息系统分析与设计"),少有课程涉及在实际工作中如何应用管理信息系统。然而,前述这些专业的学生除了极少数毕业后从事管理信息系统的开发工作外,绝大多数学生毕业后所从事的工作都与管理信息系统应用有这样或那样的联系。因此,作为从事信息管理与信息系统和电子商务相关领域教学与研究工作的教师,本人多年来一直认为管理信息系统课程现有的教学内容体系只能让少数学生受益,这是有问题的(如果你像本人一样,也是一名"爱瞎操闲心"的教师,我想你也应该有同样的感受),但是本人苦思多年仍未找到问题的答案。当本书的策划编辑张有利老师邀请我们团队翻译此书时,由于深知翻译教材有多么辛苦(为了避免"误人子弟",教材的翻译必须保证高质量。高质量的翻译不仅要求准确解读原文含义,还要求使用标准的中文书面语言),我当时并没有立即答应张老师。但是,当查阅了该书的内容之后,我发现该书正是本人梦寐以求的可以让绝大多数学生从中受益的管理信息系统课程的首选教材。于是,在征求我们团队的硕士、博士研究生意见并得到他们竭尽所能保证该书翻译质量的承诺之后,本人决定接受该书的翻译任务。之所以接受,是出于以下两个方面的原因:①本人想在第一时间阅读这本优秀教材的最新版,也想让自己的硕士、博士研究生在第一时间阅读这本优秀教材的最新版,从而使我们团队站在学科前沿;②本人想尽快高质量地完成该书的翻译工作,让国内的教师可以选择它作为教材,使他们的学生都可以从中获益,从而使管理信息系统真正成为最受欢迎的课程之一。

本书具有以下三大特点:①内容丰富。本书主要分为四部分,共13章。第一部分"为什么是管理信息系统"包括第1章、第2章和第3章,主要介绍了管理信息系统的组成要素及其影响、协同信息系统的必要条件、协同工具对团队通信以及管理共享内容和任务的影响、竞争战略如何决定业务流程和信息系统架构、信息系统如何提供竞争优势等MIS领域的基础知识;第二部分"信息技术"包括第4章、第5章和第6章,主要介绍了新硬件对竞争策略的影响、原生应用程序和 Web 应用程序的区别、个人移动设备给工作带来的挑战、数据库应用如何使数据库变得更加有用、数据模型如何用于数据库开发和设计、组织如何使用云和支持云的网络技术等 MIS 领域的技术基础；第三部分"利用信息系统获取竞争优势"包括第 7 章、第 8 章和第 9 章，主要介绍了信息系统的流程质量、信息系统的信息孤岛问题、实施和升级企业信息系统的挑战、社交媒体信息系统的开发与安全问题、商务智能系统的应用、知识管理系统的作用等利用 MIS 获取竞争优势的问题；第四部分"信息系统管理"包括第 10 章、第 11 章、第 12 章和第 13 章，主要介绍了信息系统安全、信息系统开发、信息系统资源以及国际管理信息系统的管理等 MIS 领域的管理问题。由此可知，本书内容十分丰富，不仅涉及管理信息系统的理论和技术知识，而且包括管理信息系统的应用和管理知识。②内容新颖。本书将 MIS 实践领域的最新典型案例和 MIS 研究领域的最新研究成果都纳入其中，这不仅体现在引用了可获得的最新数据和具有代表性的最新案例，还体现在引入了自动驾驶汽车、3D 打印、社交媒体、大数据、虚拟现实、云计算等最新的知识。此外，除第 13 章外，每章都有对未来 10 年该章相关内容发展前景的展望。③适合教学。本书适合教学主要体现在五个方面：一是本书内容丰富，为教师的教学提供了广阔的选择余地。二是本书案例丰富，为管理信息系统研讨课提供了丰富的素材。三是本书体系完善，包括导入故事、章节导览、案例指南（含伦理指南、安全指南和职业指南）、本章小结、关键术语、知识运用、协同练习、案例研究等（为了适合国内教学，我们对英文版的体系进行了微调），无论是新教师还是资深教师都可以借助此书灵活开展教学工作。四是本书按照问题组织内容，便于开展教学。五是本书通过 www.pearsonhighered.com/irc 的"教学资源中心"，提供了试题库、TestGen 电脑试题库、PPT 教学课件等补充教学资料，方便了教师的教学工作。综上，本书是一本非常优秀的管理信息系统教材，它不仅适合作为高年级本科生、低年级研究生的管理信息系统课程教材，还适合企业员工通过自学丰富自己的管理信息系统知识，也适合专业的研究人员通过阅读发现 MIS 领域的前沿研究问题。

本书由袁勤俭、张一涵和孟祥莉负责全书翻译的组织、审校和统稿工作。翻译、校译、审校、统稿的具体分工是：朱哲慧负责前言（张一涵负责校译）和第 1 章的翻译（张一涵负责校译）；刘影负责第 2 章的翻译（张宁负责校译）；苏怡负责第 3 章（杨欣悦负责校译）和第 4 章的翻译（杨欣悦负责校译）；孟祥莉负责第 5 章的翻译（秦渴负责校译）；黄丽佳负责第 6 章的翻译（杜超楠负责校译）；张宁负责第 7 章的翻译（刘影负责校译）；杨欣悦负责第 8 章（苏怡负责校译）和第 9 章的翻译（苏怡负责校译）；杜超楠负责第 10 章的翻译（黄丽佳负责校译）；张一涵负责第 11 章的翻译（朱哲慧负责校译）；秦渴负责第 12 章（孟祥莉负责校译）和第 13 章的翻译（孟祥莉负责校译）；孟祥莉负责全书第一遍审校和统稿工作，张一涵负责全书第二遍审校和统稿工作，袁勤俭负责全书最终稿的审校和统稿工作。此外，黄仕靖、吴川徽、徐娟、葛雪玲、张苑等试读了译稿，并提出了修改建议。作为该书翻译团队的负责人和这些硕士研究生、博士研究生的指导教师，请允许本人在此向各位同学的辛勤劳动表示衷心的感谢！值得指出的是，在本书的翻译过程中，我们多次向策划编辑张有利老师和责任编辑冯小妹老师请教有关问题，他们都非常耐心地答疑解惑，因此请允许我们在此为他们认真负责的工作态度表示崇高的敬意以及对他们所付出的辛勤劳动表示衷心的感谢！

考虑到该书是高水平的教材，应该会有许多教师愿意选择该书用于教学，因此本着对该书作者和读者负责的态度，我们竭尽所能力求保证该书的翻译质量。但是由于水平有限，书中难免有不当之处，敬请各位专家和广大读者批评指正（yuanqj@nju.edu.cn），以便再版时更正，提高该书的翻译质量。

袁勤俭

2018年2月于南京大学

致学生的信

亲爱的同学们：

说句实话，这是一门酷炫的课程，因为你将学到那些每天占据新闻头条的内容，学到诸如自动驾驶汽车、3D打印、社交媒体、大数据、虚拟现实、云计算、网络安全的内容。不，这并不是一门编程课，其目的并不在于让你学一堆枯燥的技术术语和计算机代码。

这门课是教你如何利用技术来创造价值。举个例子，你身旁的智能手机就是一件对你来说可能很有价值的技术产品。它是个不可思议的硬件，包含了软件、数据库和人工智能实体。你使用它来浏览网站，和朋友交流，照相并发到社交媒体上，以及在线购物。超过85%的大学生拥有智能手机，并且45%的大学生表示无法离开智能手机。这就是价值，并且是他们愿意为之花钱的价值。

这就是与信息系统有关的全部内容。像史蒂夫·乔布斯（Steve Jobs）、比尔·盖茨（Bill Gates）、拉里·埃里森（Larry Ellison）、马克·扎克伯格（Mark Zuckerberg）、拉里·佩奇（Larry Page）、谢尔盖·布林（Sergey Brin）和杰夫·贝佐斯（Jeff Bezos）这样的创造者都使用技术来为他们的客户创造价值。最终，他们赚了数十亿美元，对商务进行了彻底变革，并且创造了世界上最大的一些公司。在你的人生中，也可以做到相同的事。

你可以使用技术来获得一份优渥的工作，提升你的潜在收入，并成为你未来雇主的左膀右臂。你可能并不是像史蒂夫·乔布斯那样的"创业巨星"，但是通过运用你在这门课上学到的知识，你可以实现超你所能的东西。公司变得越来越依赖技术，它们需要懂得如何使用新技术并且解决新问题的人才。这个人就是你。

想想吧，随着时代进步，技术创造出了许多前所未有的职业。移动应用程序开发人员、社会媒体分析师、信息安全专家、商务智能分析师、数据架构师，这些职业在20年前，甚至10年前都不存在。同理，20年后的最佳职业现在可能还未出现。

将信息系统知识融会贯通的诀窍就是能够预测技术革新并且超前于它。在你的职业生涯中，你将发现许多在商务和政府事务中创造性应用信息系统的机会，当然这只发生在你知道如何寻找这些机会的前提下。

这些机会一旦被发现，就成了你（一个熟练的、有创造性的非常规问题解决者）使用新兴技术来改进你的组织战略的机会。不论你的工作是属于营销、运营、销售、会计、金融、创业还是其他学科领域，都是同样适用的。

祝贺你们选择学习商务专业。使用这门课可以帮助你获得一份有趣且报酬丰厚的职业并在其中快速发展。在这门课中不仅仅要学习管理信息系统术语,还要理解信息系统正在变革商务,并且你能够以各种方式参与其中。

我们祝愿你——未来的商务人士,在学途中取得最大的成功!

大卫 M. 克伦克(David Kroenke)和兰德尔 J. 博伊尔(Randall J. Boyle)

前　　言

在第 1 章中，我们提出管理信息系统是商学院课程中最重要的课程。这是一个大胆的声明，并且每年我们都会自问这一声明是否仍然正确，是否还有其他学科比起信息系统对现代商务具有更大的影响。我们认为并不存在这样的学科。每年都有新的技术应用于组织中，还有许多其他组织创造新的应用程序来提高生产力，从而有助于实现其自身战略。

在过去一年中，我们目睹了讨论已久的创新技术有了巨大的飞跃。数字化现实［有时也被称为虚拟现实（virtual reality）］发展迅猛。微软（Microsoft）公司、Meta 公司和脸书（Facebook）公司分别在 2016 年年初发布了它们的数字化现实设备 HoloLens、Meta2、Oculus Rift。从早期使用者的评论来看，这些设备令人兴奋。这些设备将创造全新的公司类型，并且改变人们生活、工作、购物和娱乐的方式。

物联网智能设备又一次成为消费类电子产品展销会（Consumer Electronics Show, CES）的霸主，这个展销会是对最新的创新产品的产业年度展示。智能冰箱、智能床具和每个种类的智能感应器都受到热捧。不仅消费者为物联网设备兴奋不已，企业也看到了它们的潜在价值。更重要的是，这些企业发现了获取、存储和分析这些设备产生的数据的需求。因此，目前市场对分析、商务智能和大数据方面的工作有很大的需求。

除了改变我们生活和收集数据的方式，最近的技术创新也改变了公司运作的方式。例如，过去几年，通过在物流中心配置 Kiva 机器人，亚马逊（Amazon）公司获得了巨大的成功。亚马逊公司将机器人的使用拓展到全球 13 个仓库。这 30 000 个 Kiva 机器人削减了 20% 的运营成本（每个仓库 2 200 万美元）；它们把从线上下单到线下装运的时间从 60 分钟缩减到 15 分钟。⊖ 如果亚马逊公司把这些机器人拓展到它所有的 110 个仓库，这将节省数十亿美元。在这个案例中，技术作为自动化劳动力，从根本上改变了组织运作的方式。技术使得组织能够提高生产力、创造力和适应能力。

近年来，自动驾驶汽车在技术上也获得了巨大进步。特斯拉汽车公司（Tesla Motors）只是推出了一款软件更新，就将一辆普通的汽车变成了自动驾驶汽车。在 6 个月内，这些近乎全自动驾驶的汽车行驶了 1 亿多英里⇨（并且很少发生交通事故）。谷歌（Google）、梅赛德斯 – 奔驰（Mercedes-Benz）还有其他几乎所有的汽车制造商都在全力从传统汽车转向全自动智能汽车。自动汽车的影响不仅限于消费者。想象一下，如果亚马逊公司开始使用自动驾

⊖ Ananya Bhattacharya, "Amazon is Just Beginning to Use Robots in Its Warehouses and They're Already Making a Huge difference." QZ.com, June 17, 2016, accessed June 18, 2016, http://qz.com/709541/amazon-is-just-beginning-to-use-robots-in-its-warehouses-and-theyre-already-making-a-huge-difference.

⇨ 1 英里 = 1.609 344 千米。

驶货车将会发生什么。这将降低80%的运输费用！

当然，2016年的新技术也不完全是一片光明。大规模的数据损失始终是一个主要的问题。领英（LinkedIn）公司、阿什利·麦迪逊（Ashley Madison）公司、汤博乐（Tumblr）公司和我的空间（MySpace）公司分别遭受了1.17亿美元、3 000万美元、6 500万美元、3.6亿美元的巨大数据损失。而这只是这一年受到影响的部分组织。它们目睹了高度组织化的国际黑客团体攻击数量的剧增，以及加密勒索软件（ransomware）的扩散。

本书的这一版对技术的发展进行了补充，还有一些定期修改，包括云服务（cloud-based service）、人工智能（artificial intelligence）、机器学习（machine learning）等新兴技术。

这些变化强调了一个事实，更加复杂和挑剔的消费者推动组织进入一个急速变化的未来，这要求其在商务规划上不断调整。为了融入这一商务环境，我们的毕业生需要知道如何运用这些新兴的技术以更好地实现组织的战略。管理信息系统的知识在这一努力中至关重要。快速变化的技术也不断提醒我们，就像凯丽·费雪（Carrie Fisher）所说的，"即刻享乐来得再快，人们也不会满足。"

一、为什么要出第10版

在此重申之前版本的前言，由于2年修订周期的延迟性，我们认为对本书进行经常性修改是极其重要的。我们于当年4月完成的文本材料要到次年1月才会出版，且到9月份才会被第一批学生使用，其间至少有17个月的延迟。

对一些研究领域来说，一年半的时间并不算长，因为它们在这段时间内变化很小。但是在管理信息系统领域，短短几年内，整个产业就可能被创立，然后被以数亿美元的价格收购。例如，YouTube在2005年2月创立，然后在2006年11月被谷歌以16.5亿美元收购（其间只有21个月）。这不是一次偶然。脸书公司在2004年创立，引领了社交媒体的革命，到2016年中成为一家市值3 410亿美元的上市公司。也就是说在12年内，每年急速增加280亿美元的市值！管理信息系统变化迅速，我们希望这个新的版本是目前可见的最新的管理信息系统教材。

表0-1列出了第10版的变化。实质性的改变在于第6章，它提供了一些背景材料，关于云计算的起源以及它和我们之前的架构的差异。这一章还包括基于云计算的服务的可拓展性和优势，以及一些新的图表，清楚地展示了基础架构即服务（IaaS）、平台即服务（PaaS）和软件即服务（SaaS）的差异。章节内容随一个例子展开，这个例子通过和美国邮政系统相比较，解释了互联网是如何运作的。希望这个新的例子能够将抽象的、陌生的网络概念和学生经历过的现实世界的情境联系起来。

表0-1 第10版的变化

章名	变化
第1章	新的"探秘：A是指Alphabet公司"，更新了1.7节的"2027年"
第2章	新的"伦理指南：'可穿戴式'监管模式""就业指南：软件产品经理"，讨论了"建设性批评和团队迷思"，增添了"给予和接受建设性批评的新实例"，扩展了"实时调查软件的讨论"，更新了"探秘：增强协同"，以及2.9节的"2027年"
第3章	新的"探秘：自动驾驶之战""就业指南：架构主管"和"伦理指南：恋爱机器人的诱惑"，更新了"亚马逊公司的案例研究"，以及3.8节的"2027年"

（续）

章名	变化
第 4 章	新的"安全指南：有毒的'苹果（APP-LES）'""探秘：2016 年度 CES 新鲜事"和"就业指南：技术客户经理"，更新了全章的产业统计数据，扩展了"增强现实 / 混合现实 / 虚拟现实的讨论"，新的"协同练习"
第 5 章	新的"安全指南：大数据损失""探秘：灵活分析"和"就业指南：数据库工程师"，更新了"Microsoft Office 2016 和 Microsoft SharePoint 2016 的图像"
第 6 章	重新组织了全章内容，新 6.1 节讨论了"云的起源"并提供了"云采纳实例的统计数据"，新讨论了"可扩展性"，并比较了"云托管与内部托管"；新 6.2 节增加了"用运输作为服务的事例""用图列示了 IaaS、PaaS、SaaS 的差异""CDN 的事例和图"；新 6.4 节增加了"互联网和美国邮政系统的比较实例""DNS、TCP、IP 地址、运营商和 IXP 的有关内容"；新的"探秘：量子学习"和"就业指南：高级网络管理员"，并更新了全章的产业统计数据
第 7 章	新的"ARES 介绍""安全指南：不是关于我…而是关于你""就业指南：IT 技术经理"和"伦理指南：付费删除"，并更新了 7.7 节的"ARES 的实例"
第 8 章	新的"ARES 介绍""探秘：如虎添翼的高尔夫粉丝""就业指南：国际内容主管"和"社交媒体实例"，并更新了"全章的产业统计数据"
第 9 章	新的"ARES 介绍""就业指南：数据分析经理""伦理指南：错误诊断"，更新了"使用 ARES 的事例""Microsoft Office 2016 的图"和"RFM 的分值"，新讨论了"人工智能和机器学习"
第 10 章	新的"ARES 介绍""安全指南：彻底的欺骗""探秘：2015 黑帽新形式""就业指南：IT 安全分析师"和全章产业统计图表
第 11 章	新的"ARES 介绍""安全指南：反监视""就业指南：架构主管"和"伦理指南：培训替代者"，新的全章产业统计图表和自动化劳动案例，扩展了外包专业技术技能的讨论
第 12 章	新的"ARES 介绍""探秘：依靠物联网"和"有关敏捷开发和 scrum 使用的统计信息"，以及 12.7 节的"2027 年"
第 13 章	更新了"IBM 公司的 Watson 本地化部分内容"，新的"法律环境事例""有关国际互联网接入的统计信息及讨论"和"就业指南：亚洲业务主管"

此外，在这一版中我们新引入了"就业指南"，让学生阅读在信息系统岗位上工作的人的第一手叙述。每个"就业指南"都由一位管理信息系统毕业生所写，并回答诸如"你是如何得到这种工作的""你的典型工作日是什么样子的"这样的问题。修习管理信息系统导论课程的同学通常对管理信息系统专业感兴趣，但是不清楚在这一领域工作的状况。这个新的指南解答了学生对这一领域的工作可能会有的常见问题。

另外，这些新的就业指南的第二目标是激励女同学不要因这一领域的性别失衡而退缩，这一领域目前有 70% 的男性和 30% 的女性。⊖本书一半的就业指南由男性所写，另一半由女性所写。希望这些在管理信息系统岗位上工作的成功女性的故事，可以激励女同学考虑把管理信息系统作为职业。

第 7 章到第 12 章以关于增强现实运动系统（augmented reality exercise system，ARES）的新讨论作为开始，这是一个以云计算为基础的增强现实运动的开端。第 1 章到第 6 章则继续由猎鹰安防公司（Falcon Security）的故事引入正文。该公司为使用无人机的公司提供监控和检查服务。除了引出章节材料，这两个案例场景还为学生提供了许多机会来练习第 1 章中所说的关键技能："在商务中评定、估测和运用新兴技术。"

这一版仍然持续关注道德教育。每个"伦理指南"都要求学生运用伊曼努尔·康德

⊖ Roger Cheng, "Women in Tech: The Numbers Don't Add Up," CNET, May 6, 2015, accessed June 17, 2016, www.cnet.com/news/women-in-tech-the-number-dont-add-up.

（Immanuel Kant）的绝对命令、杰里米·边沁（Jeremy Bentham）和约翰·斯图亚特·穆勒（John Stuart Mill）的功利主义，或者在伦理指南描述的商务情境中将两者结合起来。我们希望你可以发现这些练习背后蕴含的丰富、深入的道德思考。第 1 章的伦理指南介绍了绝对命令；第 2 章的伦理指南则介绍了功利主义。

正如表 1 所展示的，每一章都增加了一些变化。就像第 6 章展示的内容分发网络（CDN）运作的原理，增加的专题是为了让内容更容易理解。章节中贯穿的许多变化都是为了让内容与时俱进。管理信息系统发展迅速，为了让本书跟上时代，我们对每个事实、数据点、句子和行业参考是否过时都进行了核查，在必要时进行替换。

二、管理信息系统的重要性

正如我们所说的，我们一直相信这门课程是商学院中最重要的课程。从第 1 章的第 1 页开始，我们将具体阐释这个大胆的说法。简而言之，这个论点建立在两个观察之上。

首先，设备的处理能力、互联性、存储能力和带宽都迅速增强，这从根本上改变了我们使用电子设备的方式。企业逐渐发现，更进一步地说是被要求发掘信息系统的创新应用。脸书和推特在营销系统的合作就是一个典型的例子，但这只展现了冰山一角。至少在未来的 10 年内，每位商务人士都至少要能够评估信息系统应用的效能。除此之外，商务人士还需要界定创新的信息系统应用。

其次，对于那些想要从中层管理层中脱颖而出的专业人士，在某些情况下需要开发这些创新信息系统来展现自己管理项目的能力。这种技能是必需的。未能成功建立起与技术变化相一致的系统的商务体将在与那些成功创建的商务体的竞争中处于下风。对于商务人士来说，也将如此。

罗伯特·莱克（Robert Reich）是比尔·克林顿（Bill Clinton）政府的前劳工部长。在《国民的工作》⊖（*The Work of Nations*）一书中，罗伯特·莱克列举了对于 21 世纪的知识劳动者来说最重要的 4 项技能：①抽象推理；②系统思维；③协同合作；④实验能力。

根据第 1 章中陈述的理由，我们认为学习这四项关键技能最好的课程便是管理信息系统。

三、当今教授的职责

作为管理信息系统专业人士，我们的职责是什么？学生不需要我们的定义，因为他们有网络可以查找；他们不需要我们的详细笔记，因为他们有幻灯片。因此，当我们试图上一堂漫长而详细的课程时，学生的出勤率就会下降。网络课程的情况甚至更加严重。

为了让学生运用管理信息系统的知识实现他们的目标，我们需要构建有用且有趣的体验。在这种方式下，我们更愿意追随教练的训练方式而不是过去化学教师的方法，而且我们的教室将更像训练场而不像讲堂。◎

⊖ Robert B. Reich, The Work of Nations (New York: Alfred A. Knopf, 1991), p.229.

◎ 一些教师会更进一步用他们自己的课件作为替代。有些会采用称之为"翻转课堂"的教学方法。如果你采用这一教学方法，本书的协同练习以及案例研究等都可以提供帮助。阅读 www.thedailyriff.com 上的 "*How the Flipped Classroom Is Radically Transforming Learning*" 一文，以对这一教学方法获得更多了解。

当然，我们每个人在多大程度上得向这种新模式转变取决于我们的目标、我们的学生和我们个人的教学风格。这一版的结构或内容并没有假定某个主题就不能以传统的方式展示。但是，每章都包含一些适合作为训练途径的材料，以便大家各取所需。

除了章节专题"探秘"，每章都包含一个协同练习，学生可以在课内或者课外作为团队项目使用。像前面的版本一样，每章都包含指南来描述这一章内容的实践意义，这可以被用作小型的课内练习。另外，每章的习题部分都包含一个案例研究，可以作为学生课后学习活动的基础。

四、猎鹰安防公司和 ARES 案例

每一部分和章节都尽可能以一个商务场景作为开端，以促使学生的情感融入。我们希望学生能够设身处地，并意识到这一情况或者类似的情况可能会发生在他们身上。每一情境都引出了这一章的内容，并为这一章的相关性提供了一个明显的例子。这些情境可以调动学生的积极性并帮助他们实现学习转化的目标。

此外，这些导入故事都将新技术的应用融入既有的商务体中。我们的目标就是提供机会让学生看到并理解商务体是如何被新的技术所影响的，以及它们是如何适应技术的。我们希望能提供许多渠道让你和学生一起探索这样的改变。

在构思这些场景时，我们努力创造出一些内涵丰富的商务情境，以期能够带动对信息系统的探讨；同时也要足够简单，让缺乏商务知识甚至商务经历的学生能够理解。我们也尝试创造一些教起来会很有趣的情境。这一版本延续了第9版中猎鹰安防公司的案例，引入了新的增强现实运动系统的案例。

1. 猎鹰安防公司

第一部分和第二部分的章节都是用猎鹰安防公司的重要参与者的对话引入内容，这是一家给使用无人机的公司提供监控和检查服务的私营公司。我们想围绕一个有趣的商务模型来讲述这个案例，这样学生就会更乐于学习。无人机在新闻中受到很多关注，但是学生可能对无人机在商务中的应用不甚了解。比起几年前，如今无人机变得价格更低，更加易于飞行，还拥有更多功能。学生们很有可能会在他们的职业生涯中看到无人机的大规模应用。

猎鹰安防公司正在考虑通过3D打印自己的无人机以增强自身的竞争优势。购买飞机组十分昂贵，且无人机更新换代很快。然而，如果公司这么做的话，就将改变它的基本商务模式，或者至少对其有所补充。制造无人机需要猎鹰安防公司雇用新的员工，开发新的商务流程，并且可能还要开发新的信息系统来支持定制的无人机。这些都是第3章的好素材，也是强调需要信息系统来支持变化的商务战略的重要性的好素材。

最终，猎鹰安防公司决定不成为无人机生产商。它可以打印一些无人机部件，但是这么做不符合成本效益。公司仍然必须购买许多昂贵的部件组装成适飞无人机，但它不确定是否会一直这么做。猎鹰安防公司决定专注于提供整合安全服务的核心力量。

在学习猎鹰安防公司的案例时，学生可能会反对这种行为，把大量时间投入到一个最终不会带来商务利润并被否决的机会上。但是，至少这一结果和成功的结果一样信息丰富。这

一案例利用了流程的知识和商务智能应用程序来避免铸下大错和浪费大量钱财。猎鹰安防公司发现了这是一个错误后,便不再需要开一家工厂,不再需要3D打印定制的无人机组。这可以成为一个分析开销和收益的原型,从而避免在第一步犯错。解决问题的最好方式就是不要拥有问题!

2. ARES

增强现实运动系统(augmented reality exercise system,ARES)仍处于萌芽期,带来了新的创业机会,它使用数字化现实设备(如微软公司的Hololens)、数据采集运动装备和云技术在用户、健身俱乐部和用人单位间分享整合的数据。ARES能让用户虚拟地和朋友、著名的自行车车手甚至能够模拟其历史骑行记录的"配速员"一起骑行。

ARES建立在现实世界原型的基础上,这个原型是为那些健身俱乐部的老板所开发的,他们想要把俱乐部成员的运动数据和他们在家的运动数据、他们的雇主、保险公司和医护专业人员连接起来。这个原型用C#编写,但是这个代码与云技术中的Azure数据库相冲突。它使用了Windows手机模拟器,这是微软公司的Visual Studio的一部分。

正如ARES案例所反映的,开发者意识到这不太可能成功,因为弗洛里斯(Flores)医生正忙于追求他的心脏外科医师事业的成功。因此,他将这个系统卖给一个成功的商人,这个商人更换了员工和战略,并把软件的目标变为利用新的数字化现实硬件。这些都将在第7章的开头讲述。

五、在伦理指南中运用绝对命令和功利主义

自从本书的第1版引入伦理指南,我们认为学生对于道德伦理的态度发生了改变。似乎有不少学生对伦理问题持更为冷漠和愤世嫉俗的态度。因此,在第7版中,我们开始使用康德的绝对命令和边沁与穆勒的功利主义来要求那些道德标准还不成熟的学生。我们希望他们采用绝对命令和功利主义的视角而不是他们自己的角度,在某些时候也可以包括他们自己的角度。通过这样做,学生被要求"试用"这些标准,我们希望在这一过程中,他们能够对道德准则思考得更加深入,而不是简单地运用自己的个人偏见。

第1章的伦理指南介绍了绝对命令,第2章则介绍了功利主义。如果你选择运用这些视角,你将需要学习这两个指南。

六、2027年

每一章都以题为"2027年"的问题作为结束。这一专题展示了我们对这一章节的主题到2027年之前可能会发生什么变化的猜想。显然,如果我们拥有一个能够给出正确答案的水晶球,我们就不需要写这本教科书了。

然而,我们认为合理的回答就可以看作是指向这个问题的答案。你可能会有不同的想法,而我们也希望学生有不同的想法。这一专题的目标是推动学生思考、好奇、评估并展望未来的技术。这一专题通常会产生一些最活跃的课内讨论。

七、为什么你会希望你的学生使用 SharePoint

课堂协作的困难之一就是如何来评估协作。协作评估不仅仅是找出哪些学生完成了大量工作,它还包括评估反馈和迭代。也就是说,确定谁提供了反馈,谁从反馈中受益,随着时间变化,工作成果如何不断改进。

微软 SharePoint 是一个帮助评估协作的工具。它自动保存了对于 SharePoint 站点所做的所有改变的详细记录。它记录了文件版本,包括日期、时间和版本作者。它还保留了使用者活动的记录,例如,哪些人访问了这个站点,访问频率如何,他们访问了哪些站点内容,他们做了什么工作,他们做了什么贡献等。SharePoint 让评估变得简单,可以很容易看到哪些学生在项目任务过程中通过给出和接收重要反馈对协作做出了真诚的努力,哪些学生是在项目截止前的 5 分钟,才有一点动作。

此外,SharePoint 还有一些内置功能,可用于团队调查、团队百科、成员博客以及文件和列表库。所有的这些功能都由一个丰富灵活的安全系统所支持。准确来说,我们不打算使用 SharePoint 上课,而用 Blackboard⊖或 Canvas©教学平台来替代。然而,我们确实要求学生使用 SharePoint 来进行项目协作。这带来的另一作用是学生能够在工作面试时出色地展示他们使用 SharePoint 的经验和知识。

你可能还想使用 Office 365,因为它包含了 Skype 网络电话、主机交换和 1 兆字节的在线容量,还有在线 SharePoint 加成。在教育率下降的背景下,微软公司直接为学术机构或者学生提供 Office 365。

八、为什么按照问题组织章节

本书的章节是按照问题来组织的。玛丽亚·西维尼奇®(Marilla Svinicki)是得克萨斯大学学生学习方面的首席研究员(leading researcher),根据她的说法,我们不应该布置诸如"从第 50 页读到第 70 页"的阅读任务。布置这样的阅读任务,他们只会把 50 页到 70 页随便翻一翻,同时还和朋友发短信、上网并在他们的 iPod 上听歌。在 30 或 45 分钟后,他们就决定已经看够了,并认为他们已经完成了任务。

与此相反,玛丽亚·西维尼奇认为我们应该给学生一系列问题,并告诉他们,他们的工作就是回答这些问题,而阅读 50 页到 70 页只是实现这个目标的基础。当学生能够回答这些问题的时候,他们已经完成了任务。

在这一观念的指导下,本书的每一章都以一系列问题作为开头。每章的大标题就是其中的问题之一,而为了让学生证明他们能够回答这些问题,每一章结尾"本章小结"都要求学生进行实践。自从在西维尼奇教授那里学到了这个方法,我们就在课堂中使用并发现它取得了很好的效果。

⊖ Blackboard 是一个由美国 Blackboard 公司开发的数字教学平台。——译者注
⊜ Canvas 是 HTML5 新增的组件,它就像一块幕布,可以用 JavaScript 在上面绘制各种图表、动画等。——译者注
® Marilla Svinicki, Learning and Motivation in the Postsecondary Classroom (Bolton, MA: Anker Publishing, 2004).

九、这本书与《体验管理信息系统》和《流程、系统和信息》有什么区别

除了本书,我们写过另一本题为"体验管理信息系统"的管理信息系统教材。这两本教材提供了教授这门课的不同视角。本书与《体验管理信息系统》最大的区别在于,后者是模块化的设计,并且对于管理信息系统持一种"过于炫耀"的态度。模块化确实很重要,但不是每一门课都需要或者欣赏模块化的教科书所带来的灵活和简洁。而《体验管理信息系统必备》可以看作是《体验管理信息系统》的缩写、自定义版本。

第4本管理信息系统的教材是《流程、系统和信息:管理信息系统导论》。这本书是大卫 M. 克伦克和鲍林格林州立大学(Bowling Green State University)的厄尔·麦金尼(Earl McKinney)合著的。它展示了这门课的第三种途径,就是围绕商务流程来架构。它强调企业资源规划系统(ERP),并且有两章是关于SAP系统的,另外两章则用来教授如何使用SAP系统管理全球自行车模拟联盟。厄尔·麦金尼已经教授了SAP系统许多年,对于教别人如何使用全球自行车模拟有着丰富的经验。

本书中,我们致力于在章节顺序之间利用连贯性来逐步形成讨论并凝聚成知识,且在许多地方都利用了前面章节的知识。

写这些书的目的是给教授们提供多种选择。我们认真对待每一本书,并计划定期修订。我们真诚地希望其中有一本会适合你授课的风格和目标,而这门课正在变得越来越重要。

十、AACSB 学习标准标签

1. 什么是 AACSB

国际商管学院促进协会(AACSB)是一个非营利的团体,它由教育机构、教育公司和其他致力于推动和改善商务管理和会计方面的高等教育的组织构成。提供工商管理或会计学位的大学机构可能会为 AACSB 的认证审查提供志愿服务。AACSB 做出初步的认证决定并进行定期审查,以促进管理教育质量的不断改善。培生教育集团就是 AACSB 的重要成员,并且很乐于为帮助你运用 AACSB 学习标准提供建议。

2. 什么是 AACSB 学习标准

AACSB 的认证标准之一就是课程的质量。尽管没有具体的课程要求,但 AACSB 希望一门课程包含下面这些领域的学习体验:
- 交流能力。
- 道德理解和推理能力。
- 分析技能。
- 使用信息技术。
- 全球经济的动态分析。
- 跨文化和跨种族的理解能力。
- 反思技能。

这七类正是 AACSB 的学习标准。检测与这些标准相关的问题会被标记为适用标准。例

如，一个检测与外部效应相关的道德问题的问题会被贴上道德理解的标签。

3. 我要如何使用这些标签

被标记的问题帮助你评估学生是否按照 AACSB 的指导方针理解了课程内容。此外，被标记的问题还可能帮助识别出这些技能的潜在应用。这反过来可能会启发一些课外活动或其他的教育经历来帮助学生实现他们的目标。

致　　谢

　　首先，我们要感谢厄尔·麦金尼，他是鲍林格林州立大学信息系统的教授，也是《流程、系统和信息》一书的作者。感谢他就管理信息系统课程中流程的作用所开展的数小时的深刻讨论，以及他对信息理论的真知灼见。感谢西华盛顿大学（Western Washington University）的大卫·奥尔（David Auer）对数据通信技术的帮助，以及本特利大学（Bentley University）的杰弗里·普劳德富特（Jeffrey Proudfoot）对信息安全的见解。

　　我们还要感谢圣何塞州立大学（San Jose State University）的杰夫·盖茨（Jeff Gains），他对于本书之前的版本提供了有益的反馈，多年来杰夫·盖茨的意见都对这些版本影响巨大。此外，特别感谢詹姆士麦迪逊大学（James Madison University）的哈利·雷夫（Harry Reif），他对改进本书的方式进行了深入的思考。

　　感谢微软公司的兰迪·格思里（Randy Guthrie）的帮助，他在很多方面为管理信息系统的教授提供了支持，包括 DreamSpark 的简易使用以及提供给学生的展示文档。同时，我们感谢鲍伯·霍华德（Rob Howard）关于 SharePoint 和 SharePoint Designer 的谈话和咨询服务，以及斯蒂夫·福克斯（Steve Fox）关于 SharePoint 和微软公司的 Azure 的良言。关于 SharePoint 项目，还要特别感谢西华盛顿大学的大卫·奥尔和詹姆士麦迪逊大学的劳拉·阿特金斯（Laura Atkins），他们作为我们 SharePoint 管理信息系统社区网站的社区代理人，帮助数十位教授和上百位学生学习使用 SharePoint。我们的 SharePoint 的解决方案是由佐治亚州亚特兰大城的全美程序教学协会（NSPI）完成的。另外，感谢唐·尼尔森（Don Nilson），他是一名拥有职业资格的项目经理，在敏捷程序开发的新材料上提出了重要观点和指导。

　　劳拉·唐（Laura Town）是我们管理信息系统丛书的开发编辑，感谢她一直以来的支持、提供的知识和专家意见，以及其良好的态度。目前，教科书产业正经历着巨变，劳拉·唐在教科书出版进程中的知识、指导和智慧正有了用武之地。

　　感谢那些对开发优秀教师资源做出贡献的人，主要包括：罗伯特 M. 罗斯（Robert M. Roth）对教师指南的帮助，史蒂夫·罗伊（Steve Loy）对 PPT 演示文档的帮助，凯蒂·特罗塔（Katie Trotta）与 ANSR 资源对试题库的帮助。我们还要对以下作者表达感谢，分别为北艾奥瓦大学（University of Northern Iowa）的罗伯特 M. 罗斯、阿肯色州立大学（Arkansas State University）的 J. K. 辛克莱尔（J. K. Sinclarie）、北得克萨斯大学（University of North Texas）的梅洛迪·怀特（Melody White）和哥伦比亚州立大学（Columbus State University）的约翰·赫普（John Hupp）。

　　培生教育（Pearson Education）是一家了不起的出版公司，囊括了许多热忱的、才华出众的、活跃的人才。感谢萨曼莎·刘易斯（Samantha Lewis），她负责本书中提及的产品管理部分，并且对待工作热情高效；感谢艺术指导杰莉林·伯克利克（Jerilyn Bockorick）和他的团队，他们对这本书进行了重新设计，使它变得更加美观。最后，我们要感谢卡特里娜·奥斯特勒（Katrina Ostler）和安·普利多（Ann Pulido），她们负责管理本书的制作。

没有一个专门、专业的销售团队的积极参与，这本书就不可能面世。因此，我们要感谢培生销售团队的不懈努力。此外，感谢我们的前任编辑鲍伯·霍兰（Bob Horan），感谢他多年来的友谊、支持及真知灼见，现在他正在享受愉悦的退休生活。最后，就像许多从事高校出版的作者一样，我们非常感谢我们的现任编辑萨曼莎·刘易斯，她不断给我们提供技术指导，为这本书的出版奠定了基础。

大卫 M. 克伦克和兰德尔 J. 博伊尔

感谢本书的评审人

特别感谢书稿评审人对本书的这一版和之前的版本进行了审稿。感谢他们认真阅读、富有洞见的评论、一针见血的批评；感谢他们乐于与我们进行邮件讨论，其中不乏篇幅较长、内容丰富的邮件。他们在这个项目上的协作让人非常感动。

Dennis Adams, *University of Houston, Main*
Heather Adams, *University of Colorado*
Hans-Joachim Adler, *University of Texas, Dallas*
Mark Alexander, *Indiana Wesleyan University*
Paul Ambrose, *University of Wisconsin, Whitewater*
Craig Anderson, *Augustana College*
Michelle Ashton, *University of Utah*
Laura Atkins, *James Madison University*
Cynthia Barnes, *Lamar University*
Reneta Barneva, *SUNY Fredonia*
Michael Bartolacci, *Penn State Lehigh Valley*
Ozden Bayazit, *Central Washington University*
Jack Becker, *University of North Texas*
Paula Bell, *Lock Haven University*
Kristi Berg, *Minot State University*
Doug Bickerstaff, *Eastern Washington University*
Hossein Bidgoli, *California State University, Bakersfield*
James Borden, *Villanova University*
Mari Buche, *Michigan Technological University*
Sheryl Bulloch, *Columbia Southern University*
Thomas Case, *Georgia Southern University*
Thomas Cavaiani, *Boise State University*
Vera Cervantez, *Collin County Community College*
Siew Chan, *University of Massachusetts, Boston*
Andrea Chandler, *independent consultant*
Joey Cho, *Utah State University*
Jimmy Clark, *Austin Community College*
Tricia Clark, *Penn State University, Capital Campus*
Carlos Colon, Indiana University Bloomington
Daniel Connolly, *University of Denver*
Jeff Corcoran, *Lasell College*
Jami Cotler, *Siena University*
Stephen Crandell, *Myers University*
Michael Cummins, *Georgia Institute of Technology*
Mel Damodaran, *University of Houston, Victoria*
Charles Davis, *University of St. Thomas*
Roy Dejoie, *Purdue University*
Charles DeSassure, *Tarrant County College*
Carol DesJardins, *St. Claire Community College*
Dawna Dewire, *Babson College*
Michael Doherty, *Marian College of Fond du Lac*

Mike Doherty, *University of Wyoming*
Richard Dowell, *The Citadel*
Chuck Downing, *University of Northern Illinois*
Dave Dulany, *Aurora University*
Charlene Dykman, *University of St. Thomas*
William Eddins, *York College*
Lauren Eder, *Rider University*
Kevin Elder, *Georgia Southern Statesboro*
Kevin Lee Elder, *Georgia Southern University*
Sean Eom, *Southeast Missouri State University*
Patrick Fan, *Virginia Polytechnic Institute and State University*
Badie Farah, *Eastern Michigan University*
M. Farkas, *Fairfield University*
Lawrence Feidelman, *Florida Atlantic University*
Daniel Fischmar, *Westminster College*
Robert W. Folden, *Texas A&M University*
Charles Bryan Foltz, *University of Tennessee at Martin*
Jonathan Frank, *Suffolk University*
Jonathan Frankel, *University of Massachusetts, Boston Harbor*
Linda Fried, *University of Colorado, Denver*
William H. Friedman, *University of Central Arkansas*
Sharyn Gallagher, *University of Massachusetts, Lowell*
Gary Garrison, *Belmont University*
Beena George, *University of St. Thomas*
Biswadip Ghosh, *Metropolitan State College of Denver*
Dawn Giannoni, *Nova Southeastern University*
Ernest Gines, *Tarrant County College*
Steven Gordon, *Babson College*
Donald Gray, *independent consultant*
George Griffin, *Regis University*
Randy Guthrie, *California Polytechnic State University, Pomona*
Tom Hankins, *Marshall University*
Bassam Hasan, *University of Toledo*
Richard Herschel, *St. Joseph's University*
Vicki Hightower, *Elon University*
Bogdan Hoanca, *University of Alaska Anchorage*
Richard Holowczak, *Baruch College*
Walter Horn, *Webster University*
Dennis Howard, *University of Alaska Anchorage*
James Hu, *Santa Clara University*
Adam Huarng, *California State University, Los Angeles*

John Hupp, *Columbus State University*
Brent Hussin, *University of Wisconsin*
Mark Hwang, *Central Michigan University*
James Isaak, *Southern New Hampshire University*
Wade Jackson, *University of Memphis*
Thaddeus Janicki, *Mount Olive College*
Chuck Johnston, *Midwestern State University*
Susan Jones, *Utah State University*
Iris Junglas, *University of Houston, Main*
George Kelley, *Erie Community College-City Campus*
Richard Kesner, *Northeastern University*
Jadon Klopson, *United States Coast Guard Academy*
Brian Kovar, *Kansas State University*
Andreas Knoefels, *Santa Clara University*
Chetan Kumar, *California State University, San Marcos*
Subodha Kumar, *University of Washington*
Stephen Kwan, *San Jose State University*
Jackie Lamoureux, *Central New Mexico Community College*
Yvonne Lederer-Antonucci, *Widener University*
Joo Eng Lee-Partridge, *Central Connecticut State University*
Diane Lending, *James Madison University*
David Lewis, *University of Massachusetts, Lowell*
Keith Lindsey, *Trinity University*
Stephen Loy, *Eastern Kentucky University*
Steven Lunce, *Midwestern State University*
Efrem Mallach, *University of Massachusetts*
Purnendu Mandal, *Marshall University*
Ronald Mashburn, *West Texas A&M University*
Richard Mathieu, *James Madison University*
Sathasivam Mathiyalakan, *University of Massachusetts, Boston*
Dan Matthews, *Trine University*
Ron McFarland, *Western New Mexico University*
Patricia McQuaid, *California Polytechnic State University, San Luis Obispo*
Stephanie Miserlis, *Hellenic College*
Wai Mok, *University of Alabama in Huntsville*
Janette Moody, *The Citadel*
Ata Nahouraii, *Indiana University of Pennsylvania*
Adriene Nawrocki, *John F. Kennedy University*
Anne Nelson, *Nova Southeastern University*
Irina Neuman, *McKendree College*
Donald Norris, *Southern New Hampshire University*
Margaret O'Hara, *East Carolina University*
Ravi Patnayakuni, *University of Alabama, Huntsville*
Ravi Paul, *East Carolina University*
Lowell Peck, *Central Connecticut State University*
Richard Peschke, *Minnesota State University, Mankato*
Doncho Petkov, *Eastern Connecticut State University*
Olga Petkova, *Central Connecticut State University*
Leonard Presby, *William Paterson University of New Jersey*
Terry Province, *North Central Texas College*
Uzma Raja, *University of Alabama*
Adriane Randolph, *Kennesaw State University*

Harry Reif, *James Madison University*
Karl Reimers, *Mount Olive College*
Wes Rhea, *Kennesaw State University*
Frances Roebuck, *Wilson Technical Community College*
Richard Roncone, *United States Coast Guard Academy*
Roberta Roth, *University of Northern Iowa*
Cynthia Ruppel, *Nova Southeastern University*
Bruce Russell, *Northeastern University*
Ramesh Sankaranarayanan, *University of Connecticut*
Eric Santanen, *Bucknell University*
Atul Saxena, *Mercer University*
Charles Saxon, *Eastern Michigan University*
David Scanlan, *California State University, Sacramento*
Herb Schuette, *Elon University*
Ken Sears, *University of Texas, Arlington*
Robert Seidman, *Southern New Hampshire University*
Tom Seymour, *Minot State University*
Sherri Shade, *Kennesaw State University*
Ganesan Shankar, *Boston University*
Emily Shepard, *Central Carolina Community College*
Lakisha Simmons, *Indiana State University*
David Smith, *Cameron University*
Glenn Smith, *James Madison University*
Stephen Solosky, *Nassau Community College*
Howard Sparks, *University of Alaska Fairbanks*
George Strouse, *York College*
Gladys Swindler, *Fort Hays State University*
Arta Szathmary, *Bucks County Community College*
Robert Szymanski, *Georgia Southern University*
Albert Tay, *Idaho State University*
Winston Tellis, *Fairfield University*
Asela Thomason, *California State University, Long Beach*
Lou Thompson, *University of Texas, Dallas*
Anthony Townsend, *Iowa State University*
Goran Trajkovski, *Towson University*
Kim Troboy, *Arkansas Technical University*
Jonathan Trower, *Baylor University*
Ronald Trugman, *Cañada College*
Nancy Tsai, *California State University, Sacramento*
Betty Tucker, *Weber State University*
William Tucker, *Austin Community College*
David VanOver, *Sam Houston State University*
Therese Viscelli, *Georgia State University*
Linda Volonino, *Canisius University*
William Wagner, *Villanova University*
Rick Weible, *Marshall University*
Melody White, *University of North Texas*
Robert Wilson, *California State University, San Bernardino*
Elaine Winston, *Hofstra University*
Joe Wood, *Webster University*
Michael Workman, *Florida Institute of Technology*
Kathie Wright, *Salisbury University*
James Yao, *Montclair State University*
Don Yates, *Louisiana State University*

作者简介

大卫 M. 克伦克在科罗拉多州立大学、西雅图大学和华盛顿大学拥有多年的教学经验。他为教授信息系统与技术的大学教授们组织过数十次研讨会。1991 年，他被国际信息系统协会授予"年度计算机教育家"称号，2009 年被信息技术专业教育协会特别兴趣组（AITP-EDSIG）授予"年度教育者"称号。

大卫曾为美国空军和波音计算机服务公司工作。他曾作为主要负责人成立过 3 家公司，并担任过 Microrim 公司的产品市场与研发部门的副总经理和 Wall Data 有限责任公司的数据库技术首席执行官。他是"语义对象数据模型"的创始人。大卫的咨询客户包括 IBM、微软和计算机科学公司以及许多小企业。近几年，大卫一直致力于将信息系统应用于教学协作与团队合作中。

他的《数据库处理》（*Database Processing*）一书在 1977 年首次出版，如今已经第 14 次再版。他本人已著并合著过多部教材，包括《数据库概念》（第 7 版，2015）、《体验管理信息系统》（第 7 版，2017）、《SharePoint 学生用书》（2012）、《商务 Office 365》（2012）和《流程、系统和信息：管理信息系统导论》（第 2 版，2015）。

兰德尔 J. 博伊尔在 2003 年从佛罗里达州立大学取得了管理信息系统的博士学位。他还取得了公共管理的硕士学位和金融领域的理学学士学位。他在朗沃德大学、犹他大学和阿拉巴马大学亨斯维尔校区均获得了大学教学奖。他教授的课程范围非常广泛，包括管理信息系统导论、网络安全、网络与服务器、系统分析与设计、电子通信、高级网络安全、决策支持系统和网络服务器。

他研究的领域包括计算机辅助环境下的欺诈检测技术、安全信息系统、信息技术对认知偏差的影响、信息技术对于知识工作者的影响和电子商务。他已在多种学术期刊上发表了文章，并合著了多本教材，其中包括《体验管理信息系统》（第 7 版）、《公司计算机与网络安全》（第 4 版）、《信息安全应用》（第 2 版）和《网络实验室应用》（第 2 版）。

献给 C. J. 卡特（C. J. Carter）和夏洛特（Charlotte）
——大卫 M. 克伦克

献给考特尼（Courtney）、诺亚（Noah）、菲奥纳（Fiona）和蕾拉（Layla）
——兰德尔 J. 博伊尔

第一部分

为什么是管理信息系统

猎鹰安防公司（Falcon Security）是一家成立5年的私营公司，使用无人机为客户提供监控和检查服务。它的用户都是一些想要降低安保劳力成本，或需要对工业基地进行定期视察的大型工业公司。猎鹰安防公司与得克萨斯州的几家大型炼油厂达成协议，为它们的大型工厂设施提供实时视频监控。它还对重要的基础设施组件进行安全抽查（如废气燃烧烟道），这项工作如果使用人力就会变得困难而危险。

马泰奥·托马斯（Mateo Thomas）是猎鹰安防公司的首席执行官（chief executive officer, CEO）和联合创始人。他曾任美国军队的陆军少校，负责中东地区大型军事基地的安全，之后则担任得克萨斯州的一家大型工业生产商的安全主管。在为一个安全政策指导委员会工作时，他认识了年轻且雄心勃勃的乔妮·坎贝尔（Joni Campbell）。他对乔妮说，他认为这家公司在物理安全方面的开销太大了，应该用部分开支购买几架无人机来执行物理安保工作。在军队度过的时间里，他看到了如何成功利用无人机来提高安全性并且省时省力。但问题在于他和乔妮都对无人机的实际操作知之甚少。

一周后，乔妮参加了一位朋友的婚礼，看到了婚礼视频中新娘新郎在沙滩上令人惊艳的高空镜头。带着好奇，她开始接触婚礼的摄影师卡姆［Cam，全名Camillia Forset（卡米利安·福赛特）］，并问她是如何制作出这些令人惊叹的视频的。原来卡姆只是在暑期兼职婚庆工作，平日里她是一家无人机制造商的地区销售代表，但是她本人并不是很喜欢这份工作。她尝试把几个摄影机装在无人机上，最后获得了很好的效果。每个看到这些航拍画面的人都对此赞不绝口。

卡姆是这一城区唯一一名会制作航空视频的摄影师，因此她的生意非常兴隆。但婚礼通常是季节性的，她仍然需要日常工作来维系开销。乔妮知道自己发现了一名她所需要的无人机专家，于是她邀请卡姆在下个星期六与她还有马泰奥共进午餐。

在听完卡姆陈述商务无人机所能做的一切工作后，马泰奥和乔妮意识到这是一个他们未曾想到的巨大商机：可以利用无人机来维护企业安全。于是，马泰奥和乔妮成立了猎鹰安防公司，并雇用了卡姆。5年后，猎鹰安防公司拥有了15个大型工业客户，公司负责这些客户的日常安全监控；此外，还负责掌管其他数十个工业客户的空中安全视察。最近，猎鹰安防公司和一些客户签订协议，为其提供空中陆地测绘、摄像（商业、房地产等）和农业监测等一次性服务。

猎鹰安防公司每年约有1 400万美元的收益，大部分来自为大型工业客户提供的物理安保。马泰奥想在全国范围内开发市场，他知道在得克萨斯州之外有不少潜在客户，甚至还可能与联邦政府签订一份有利可图的协议。乔妮却担心公司还没有准备好。这将是一条不平坦的道路。购买无人机组（普通飞机和直升机）非常昂贵，而且非常麻烦。不仅需要培训操作无人机的人员，而且无人机经常发生故障，且型号更新换代很快。此外，其目前还有一个正在进行的极其昂贵的系统开发项目，这个项目将自动收集、存储和分析无人机获得的数据。

马泰奥还考虑用3D打印来降低无人机的成本。利用3D打印，卡姆的团队很快创造出了一个太阳能充电平台的创新原型。目前，猎鹰安防公司的无人机可以在不需要任何人工介入的情况下着陆、充电、再次起飞。这节省了管理无人机的时间成本，并且提高了无人机的有效范围。现在自动无人机组可以用于长距离作业，只需要每10~15英里在充电站着陆。

马泰奥希望这家公司能够在自制无人机上取得同样的成功，但是，他不确定是否需要生产无人机。他需要雇用并培训多少名新员工呢？购买支撑生产流程的新设备和新信息系统的开销是多少？这些新的无人机和现有的数据收集与处理系统兼容吗？马泰奥要求乔妮和卡姆判断生产无人机是否是猎鹰安防公司正确的发展方向。

第1章

管理信息系统的重要性

📘 导入故事

"解雇?你要解雇我?"

"呃,解雇这个词过于冷酷,但是……好吧,猎鹰安防公司不再需要你的服务了。"

"但是,乔妮,我不明白,我实在不明白。我工作认真,并且做了一切你吩咐我要做的事情。"

"珍妮弗,正是因为如此。你做了一切我告诉你要做的事。"

"我投入了很多时间。你怎么能够解雇我?"

"你的工作是使用3D打印来降低我们的机队成本。"

"没错!我就是这么做的。"

"不,你并没有。你只是听从我的想法。但是我们并不需要一个追随者,我们需要你能够自己找出问题所在,有自己的方案,并且将方案带回给我和其他人。"

"你怎么能够期望我去做那些?我才刚刚入职6个月。"

"这称为团队合作。当然,你才刚刚熟悉我们的业务,但是我确信所有的高级职员都会给你提供帮助。"

"我不想打扰他们。"

"好吧,算你有理。当我问卡姆对你的方案有什么看法时,她问我:'谁是珍妮弗?'"

"但是她不是在飞机库工作吗?"

"没错。她是运营经理……和她聊聊会很有价值。"

"我将会去做!"

"珍妮弗,你明白刚刚发生了什么吗?

我给你一个想法,然后你说你将会去做。这不是我需要的。我需要你自己寻找方案。"

"我工作非常努力,我投入了很多时间。我已经将所有的报告写完了。"

"好。但这并不是我们公司的做事风格。我们通常是有了想法,然后互相讨论。没有人是全能的。当我们讨论并且修改方案后,我们的方案会得到改善……我认为我告诉过你这点。"

"也许你说过。但是我对此还是有些不适应。"

"好吧,这是这儿的重要技能。"

"我知道我能做好这份工作。"

"珍妮弗,你在这儿快要6个月了;你有一个商科学位。几周前,我问你对于找出能用3D打印的无人机或无人机部件有没有什么初步想法。你还记得你说了什么吗?"

"记得,我说我不确定如何着手。我不想只是抛出一些可能无法实现的想法。"

"但是你如何知道它能否实现?"

"我不想浪费钱……"

"好的,你不想浪费钱。当你在这个任务上没有什么进展的时候,我要你提交给我一份部件列表(这些部件能够在我们现有的无人机基础上打印出来),以及一份我们定期购买的替换维修部件列表,还有我们未来可能会采购的无人机的规格明细。不需要细节,只需要一个概览。"

"是的,我把那些部件列表和规格明细交给你了。"

"珍妮弗,那些东西完全不切实际。你

的列表包括一些不能够被 3D 打印的部件，而且你的无人机列表中包括了一些不能够承载摄像机的模型。"

"我知道哪些部件能够被打印。我只是不确定哪些应该被包括进去。但是我会再尝试的！"

"好吧，我欣赏这种态度。但我们是一家小公司，在许多方面确实仍处于起步阶段，每个人不仅仅需要做好本职工作。如果我们是一家大公司，我也许能够为你找到一个岗位，看看是否能够培养你。但是我们现在无法承担这些。"

"那我的介绍信怎么办？"

"我很乐意告诉别人你非常可靠，每周工作 40 ~ 45 个小时，并且你很诚实正直。"

"这些都很重要！"

"是的，它们很重要。但是在今天，这些已经不够了。"

章节导览

"但是在今天，这些已经不够了。"

这句话是否让你深省？如果努力工作已经不够，那么还需要什么呢？本书将以讨论珍妮弗（和你）所需要的关键技能为开端，解释为什么在商学院中管理信息系统这门课是教授你这些关键技能的最好的课程。

你可能会认为最后一句话令人惊讶。正如大部分学生一样，你对管理信息系统课程的内容并没有一个清晰的概念。如果有人问你"这门课学些什么内容"，你可能会回答这门课和计算机或计算机编程有关。除此之外，你很难说出更多。你也许还会补充道，"好吧，这门课和计算机的商务应用有关"，又或者"我们将学习使用计算机上的电子表格和其他程序来解决商务问题"。如果仅仅如此，这门课怎么能够成为商学院中最重要的课程呢？

从这个问题出发，在你明白这门课对你职业生涯的重要性后，我们将讨论一些基本的概念。最后我们将以一些与你需要学习的关键技能有关的练习作为结尾。

1.1 为什么管理信息系统是商学院最重要的课程

现在管理信息系统是商学院最重要的课程，但并不是一向如此。在 20 年前，主修计算机的学生会被视作书呆子。如今情况发生了很大的变化，现在最热门的工作都在技术公司，人们吹嘘着自己在技术创业公司工作。世界上最大的公司是苹果公司，市值 5 900 亿美元；历史上金额最高的首次公开募股（250 亿美元）则来自于 2014 年在线电子商务巨头阿里巴巴（阿里巴巴控股集团）。

原因何在？为什么信息技术由在企业中微不足道的支持功能向企业盈利的主要推动力转变？为什么技术岗位是最高薪的职业之一？为什么在技术公司工作会被认为非常酷？

这些答案与技术如何从根本上改变商业密不可分。

1.1.1 数字化革命

你可能已经听说我们生活在一个**信息时代**（information age），或者说生活在一个生产、分配和信息控制成为经济主要驱动力的历史时期。信息时代起始于 20 世纪 70 年代，伴随着**数字化革命**（digital revolution），或者说从机械设备和模拟设备向数字化设备的转变。向数字化设备的转变对于公司、个人以及我们的整个社会来说是一个里程碑式的巨变。

问题在于人们并不能真正理解这个转变以何种方式影响他们，又为什么会影响他们。正如今天一样，人们将未来的计划建立在过去的事情上。他们了解工厂、官僚机构、大批量生产以及运作效率，但是这些知识并不能让他们为将来的变化做准备。

数字化革命并不仅仅意味着新的"数字化"设备取代旧的机械设备或模拟设备。这些新的数字化设备现在能够和其他数字化设备连接在一起，并彼此分享数据。随着处理器速度提高，它们能够运转得更快。这是前所未有的局面。在1972年，计算机科学家戈登·贝尔（Gordon Bell）认为，随着这些数字化设备不断进步并且得到更广泛的使用，它们将改变这个世界。他提出了**贝尔定律**（Bell's Law），认为"大约每10年就有新的计算机类型出现，并在此基础上形成新的产业"。⊖ 也就是说，数字化设备将迅猛发展，使新的平台、编程环境、产业、网络和信息系统每10年得以更新。

正如贝尔所预测的，自1970年以来大约每10年就会出现全新类型的数字化设备。它们创造了全新的产业、公司和平台。在20世纪80年代，我们目睹了个人电脑（personal computer，PC）和小型局域网的兴起；在20世纪90年代，我们见证了互联网的产生和手机的广泛使用；在21世纪，我们看到了物联网的趋势。社交网络和云服务发展迅猛，涌现了一批新公司。在21世纪10年代，到目前为止，我们在3D打印、无人机和数字虚拟现实设备（如微软公司的Hololens全息眼镜）上取得巨大进步。

数字技术的发展从根本上改变了商务并且成为公司盈利的主要驱动力。至少在未来几十年，数字技术仍会发挥重要作用。理解商务如何被数字化革命影响的关键在于理解推动新的数字化设备发展的动力。

1.1.2 变革能力

为了理解推动数字化设备发展的根本动力，让我们假设你的身体发育速度与数字化设备发展速度相同。假设现在你每小时能够跑8英里，这大概是人的平均水平。再假设你的身体发育很快，每过18个月你的跑步速度能达到之前的2倍。18个月后，你就能每小时跑16英里。再过18个月，你就能达到每小时32英里。然后是64英里、128英里、256英里，乃至每小时512英里。在10年零6个月的成长期之后，你就能够徒步跑到1 024英里每小时！这将会给你的生活带来什么样的改变呢？

当然，你一定会抛弃你的汽车，它的速度太慢了。航空旅行也可能成为过去时。你可以开展一个利润丰厚的包裹快递业务，并且很快垄断市场。你可以住在市区外，因为你花在通勤路程上的时间缩短了。你还需要新的衣服和一些非常耐磨的鞋子！而这正是问题的关键——发生改变的不仅仅是你本身，还有你所做的事情以及做这些事情的方式。这就是贝尔定律，同样的事情也发生在数字化设备上。

这个例子乍看上去可能有点傻，但是它帮助你理解指数式的变化如何影响数字化设备。处理能力、设备的互联性、存储能力和带宽都在极速增长，这改变了使用这些设备的方式。让我们通过那些描述这些动力的定律来探寻这些动力吧！

1.1.3 摩尔定律

1965年，英特尔公司的联合创始人戈登·摩尔（Gordon Moore）提出，由于电子芯片的

⊖ Gordon Bell. "Bell's Law for the birth and death of computer classes: A theory of the computer's evolution" November 1, 2007. http://research.microsoft.com/pubs/64155/tr-27-146.pdf.

设计和生产的技术进步，"集成芯片上每平方英寸㊀的晶体管数量每18个月增加一倍"，这被称为**摩尔定律**（Moore's Law）。他的陈述通常被误解为"每18个月计算机的速度增加一倍"，这是不正确的，但也捕捉到了该定律的大意。

由于摩尔定律，计算机处理器的性价比迅速提高。在1996年互联网真正开始腾飞，当时一个标准的中央处理器每100万个晶体管要花费大约110美元。到了2015年，价格降到了每100万个晶体管0.07美元（见图1-1）。㊁比起任何其他单因子，增长的计算机处理能力对过去30年全球经济有更大的影响。它使得新的设备、应用、公司和平台成为可能。事实上，如果计算机处理能力没有得到指数级的增长，今天大多数技术公司都不会存在。

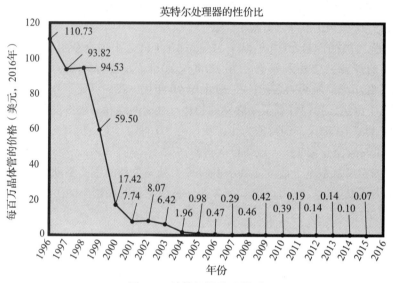

图1-1　计算机性价比提升

资料来源：© Based on data from Internet Transit Prices-Historical and Projected, DrPeering International. http://drpeering.net/white-papers/Internet-Transit-Pricing-Historical-And-Projected.php

作为未来的商务人士，你并不需要关心你的公司可以用1 000美元买到速度多快的电脑，这不重要。重要的是，由于摩尔定律，数据处理的成本不断接近于零。现有的应用，如新药研发、人工智能以及分子模型都要求强大的计算机处理能力。正是因为购买拥有足够处理能力的计算机的成本太高，这些领域的创新受到阻碍。但是好消息是，处理费用正在迅速降低。

1.1.4　梅特卡夫定律

另一个改变数字化设备的根本动力是梅特卡夫定律，这一定律用以太网的发明者罗伯特·梅特卡夫（Robert Metcalfe）的名字命名。**梅特卡夫定律**认为网络的价值相当于连接到网络的使用者数量的平方倍。也就是说，随着更多的数字化设备连接到一起，网络的价值会明显提高（见图1-2）。㊂梅特卡夫定律在20世纪90年代互联网的快速兴起中表现明显。随着越来

㊀　1英寸=0.025 4千米。
㊁　数据来源于英特尔公司的规范文件（http://ark.intel.com/）和TechPowerUp的中央处理器数据库（http://www.techpowerup.com/cpudb/）。
㊂　网络节点增加，网络的价值也随之增加。齐普夫定律对此现象的解释更加准确，但是也更难让人理解。要寻求更好的解释，可以参考Briscoe、Odlyzko和Tilly在2006年发表的文章《梅特卡夫定律是错误的》（*Metcalfe's Law Is Wrong*）(http://spectrum.ieee.org/computing/network/metcalfes-law-is-wrong)。

越多的使用者连接到互联网，互联网变得更有价值。这次网络热潮催生了一批技术巨头，如谷歌、亚马逊和 eBay。如果没有大量的用户连接到互联网，这些公司都不会存在。

梅特卡夫定律对技术公司同样适用。谷歌公司的 Loon 项目的主要工作就是通过漂浮在世界各地的气球构成的网络，使得地球上的所有人都能够接入互联网。社交媒体公司的主要衡量指标之一就是每个月使用它们的社交网络的活跃用户的数量（monthly active users，MAU）。他们能够吸引更多的人进入他们的网络，他们的公司就将更值钱。想想使用诸如 Microsoft Word 之类产品的网络效应。当你可以使用其他像 LibreOffice Writer 之类的免费文字处理器时，为什么你还会为 Microsoft Word 付费呢？这主要是因为其他所有人都在使用 Microsoft Word。

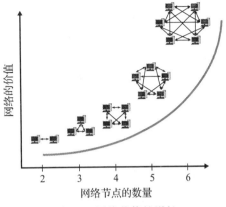

图 1-2　网络价值的增长

1.1.5　其他推动数字化变革的动力

不仅是网络的用户数量改变着我们使用数字化设备的方式，网络速度亦是如此。以雅各布·尼尔森（Jakob Nielsen）的名字命名的**尼尔森定律**认为，针对高端用户的网络连接速度每年将增加 50%。随着网络速度变得更快，新的公司、新的产品、新的平台将会出现。

以 YouTube 公司为例，其在 2005 年 2 月创立，当时互联网上还没有那么多的视频分享活动。然而，平均网速的不断增加促使一般的网络连接能够处理大量的 YouTube 视频。到 2006 年，这家公司被谷歌公司以 16.5 亿美元收购。如果你计算一下就会发现，在不到 2 年的时间内它就成为一家价值 10 多亿美元的公司。网速起着重要作用。问题在于为什么谷歌公司、微软公司、IBM 公司或者苹果公司没有在 YouTube 公司创办者之前想到视频分享呢？

除了尼尔森定律、梅特卡夫定律和摩尔定律，还有其他一些改变数字化设备的动力（见图 1-3）。**克拉底定律**以马克·克拉底（Mark Kryder）的名字命名，他是希捷公司的前任首席技术官（chief technology officer，CTO）。克拉底定律认为磁盘的存储密度呈指数级增长（见表 1-1）。数字存储非常重要，甚至当你购买新的计算机、智能手机或者平板电脑时，这是你必问的第一个问题。除此之外，耗电量、图像分辨率以及设备之间的互联性同样也在发生变化。所以，这不是一个完整的列表。

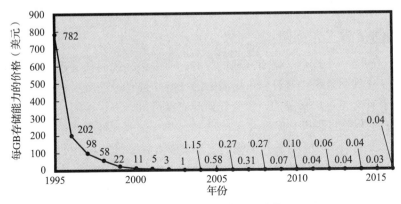

图 1-3　每 GB 存储能力的价格

表 1-1　改变技术的基础力量

定律	含义	影响
摩尔定律	集成芯片上每平方英寸的晶体管数量每 18 个月增加一倍	计算机的速度呈指数增长 数据处理的成本不断接近于零
梅特卡夫定律	网络的价值相当于连接到网络的使用者数量的平方倍	越来越多的电子设备连接在一起 数字和社交网络价值呈指数增长
尼尔森定律	对于高端用户的网络连接速度，每年将增加 50%	网络速度增加 更快的速度促使新的公司、新的产品、新的平台出现
克拉底定律	磁盘的存储密度呈指数增长	存储能力呈指数增长 存储数据的开销接近于 0

1.1.6　这是商学院最重要的课程

让我们回到我们最初的声明，管理信息系统将是你在商学院上过的最重要的课程。为什么呢？因为这门课将告诉你技术是如何从根本上改变商务的。你将明白为什么公司经理（执行官）会不断探索新技术来形成可持续的竞争优势。这就是我们认为管理信息系统是现在商学院最重要的课程的第一个原因：

未来的商务人士需要能够在商务上评估、评价以及应用新兴的信息技术。

你需要这门课中的知识来获得这项技能。

1.2　管理信息系统将给我带来什么影响

技术变革正在加速。那又怎样？这会对你带来什么影响？你可能会想技术的变革是很了不起，但是你能想到的只不过是，你对接下来 iGadget 的发布已经迫不及待了。

但先暂停一下，想象你在 2004 年从大学毕业，正要在美国最大、最成功的家庭娱乐供应商——百视达公司（Blockbuster LLC）工作。在 2004 年，百视达公司拥有 60 000 名员工和超过 9 000 家商店，每年的收益达到 59 亿美元。一切看上去都好极了。但快进 6 年步入 2010 年，百视达公司却破产了！为什么？因为在互联网上观看视频比开车到一家商店购买视频产品更方便。高速的互联网连接使得一切成为可能。

这个故事的重点在于，毕业之后你也可能选择在一家大型的、成功的、名头响亮的公司工作。6 年以后，因为它没有紧跟技术变革，公司可能破产。

1.2.1　我如何获得工作保障

许多年前，我有一个聪明、富有经验的导师。有一天，我问他关于工作保障的事情，他告诉我唯一的工作保障就是"有符合市场需求的技能并且有勇气使用它"。他继续说道，"在我们的公司没有什么是可以保障的，没有任何政府项目可以提供保障，你的投资也没有任何保障，就算是社会保险也是没有保障可言。"唉，事实证明，他的话是多么正确啊。

那么，什么是符合市场需求的技能呢？它过去被认为是那些人们可以列举出的特定技能，如计算机编程、税务会计或者市场营销。但在今天，由于摩尔定律、梅特卡夫定律和克拉底定律，数据处理、存储和通信的成本几乎为零。任何常规技能都可以外包给最低价格投标人。如果你生活在美国、加拿大、澳大利亚、欧洲或者其他发达经济体地区，你就不太可能成为最低价格投标人。

许多机构和专家都对什么技能在职业生涯中能够符合市场需求这个问题进行过研究。让我们来看看下面两个研究。首先是兰德公司（RAND Corporation），它是一个位于加利福尼亚州圣塔莫尼卡的智库，已经连续60多年发表一些有创新性、突破性的见解，其中包括互联网的初步设计。在2004年，兰德公司发布了一份21世纪劳工必备技能的描述：

"急速的技术变革和增长的国际竞争将焦点放在劳动力的技能和准备上，尤其是适应快速变化的技术和需求的能力。机构迅速变化的特性使得它们青睐非常规的强大的认知技能。"⊖

无论你的专业是会计、市场营销、金融还是信息系统，你都需要培养非常规的强大的认知技能。

这些技能是什么呢？美国前劳工部长罗伯特·莱克（Robert Reich）列举了4项技能：抽象推理、系统思维、协同合作和实验能力。⊜

表1-2将每项技能具体化。重读本章开头猎鹰安防公司的案例，你会发现正是因为珍妮弗缺乏运用这些重要技能的能力，所以失去了她的工作。尽管莱克的书写于1990年年初，但他所提到的那些认知技能在今天仍有重大意义，因为人类并不像技术那样迅速变化。⊜

表1-2　非常规认知重要技能的例子

技能	例子	珍妮弗在猎鹰安防公司存在的问题
抽象推理	创建一个模型或典型	当概念化一个方法来识别3D打印无人机部件时，显得踌躇和不确定
系统思维	构建系统元素并且展示如何把系统各部分的输入和输出连接起来	无力构建猎鹰安防公司的运营需求模型
协同合作	和其他人一起探讨想法和计划 提供和接受批评反馈	不愿意和他人在工作进程中合作
实验能力	创造和测试有前景的新方案，与可用资源相一致	害怕失败，逃避讨论新想法

1.2.2　信息系统导论如何帮助你学习非常规技术

信息系统导论是在商学院学习莱克提出的四项关键技能的最好的课程，因为每个主题都要求你运用和实践这些技能。下面对这四项关键技能进行说明。

1. 抽象推理

抽象推理（abstract reasoning）就是创建和运用模型的能力。在每个课题和章节中，你都会遇到一个或多个模型。例如，在本章的后面你将会学到关于信息系统的五元模型。这一章将会讲述如何用这个模型来评估新信息系统项目的适用范围，而其他章节正是建立在这个模型基础之上的。

在这门课上，你不仅要会运用我们已经构建的模型，还将需要创建自己的模型。例如，在第5章你将学会如何创建数据模型，在第12章你将学会建立业务流程模型。

⊖ Gordon Bell. "Bell's Law for the birth and death of computer classes: A theory of the computer's evolution" November 1, 2007. http://research.microsoft.com/pubs/64155/tr-27-146.pdf.
⊜ Robert B. Reich, The Work of Nations (New York: Alfred A. Knopf,1991), p. 229.
⊜ 在2011年出版的《识字远远不够：21世纪数字化时代的必备技能》（Literacy Is NOT Enough: 21st Century Fluencies for the Digital Age）一书中，Lee Crockett、Ian Jukes和Andrew Churches提出，解决问题、创造能力、分析思考、协同合作、沟通交流、遵守道德、行动能力和责任感是21世纪职场人士的关键技能。

2. 系统思维

当你进入一个杂货店，看到一罐青豆，你会把这罐青豆和美国移民政策联系起来吗？当你看到拖拉机挖倒一片木质纸浆树林时，你会把这些木质垃圾和摩尔定律联系起来吗？你知道为什么思科系统是Youtube最主要的受益者之一吗？回答所有的这些问题需要系统思维。**系统思维**（system thinking）是为了把系统各部分的输入和输出连接起来，将系统的各个部分建立成一个可感知的整体，这个整体反映了观察到的现象的结构和动态。

正如你将要学到的，这是一门关于信息系统的课程。我们将讨论和列举一些系统，并要求你来评价，比较一些可相互替代的系统，并在不同的情境下运用不同的系统。这些任务都可以把你培养成具有系统思维的专业人士。

3. 协同合作

协同合作（collaboration）是指为了实现一个共同的目标、结果或工作成果，两个或更多人一起工作的活动。第2章将教给你合作的技能以及列举一些信息系统合作的例子。本书的每一章都包括协作练习，可能会布置成课堂或家庭作业。

这个真相会使很多学生惊讶：有效的协作并不是指待人和善。事实上调查显示，有效协作最重要的单项技能就是给出并接受批判性的意见。在商务上提出挑战市场营销副总监所重视的项目的提案，那么你将很快明白有效协作的技能与邻里烧烤时的派对礼仪是不相同的。那么在面对市场营销副总监的阻力时，你要如何提出你的想法并且同时不丢掉你的工作？在这门课上，你将学会这两项技能和面向协同的信息系统。更好的是，你将有许多机会来实践。

4. 实验能力

- 我之前从来没有做过。
- 我不知道如何做。
- 但是，这个有效吗？
- 对于市场来说，这是不是太奇怪了？

对失败的恐惧使得许多人气馁，导致许多好的想法没有得到实施。在过去商务稳定的情况下，新的想法被视作大同小异的东西，专业人士因为害怕失败会限制新的想法。

让我们看看将社交网络应用到更换机油的业务中的例子吧。在这个情况下，是否需要合法申请社交网络？如果需要的话，是否有人曾做过这件事？世界上有没有人可以告诉你如何去做，如何开展？答案是没有。正如雷克所说的，21世纪的专业人士需要有实验能力。

成功的实验并不是为你脑子里的每个疯狂想法都一掷千金。相反，**实验**是对每个机会做缜密分析，预想可能的结果，评估它们的可能性，对其中最有前景的机会加以利用，协调你所拥有的资源。

在这门课上，你将被要求使用你不熟悉的产品。这些产品可能是Microsoft Excel或Access，或者是教学平台Blackboard[⊖]上你没有使用过的部分功能。也许你需要合作使用OneDrive、SharePoint或Google Drive。你的老师会为你解释并展示你所需要的这些产品的每个部分吗？最好不要，你应该希望老师把这些留给你自己实验摸索，由你自己去预想新的可能，并对这

⊖ Blackboard是一个由美国Blackboard公司开发的数字教学平台。——译者注

些可能进行实验，合理分配你所拥有的时间。

5. 就业

埃森哲（Accenture）咨询公司是一家技术咨询和技术外包公司，它开展了一次对2015年大学毕业生的调查。调查发现，67%的毕业生希望被全职雇用，但是事实上上一年的毕业生中只有52%的毕业生获得了全职工作。此外，49%的毕业生的工作与专业不符，或者甚至处于待业状态。⊖但是，与信息系统相关的工作类别的情况却与此大不相同。

斯彭斯（Spence）和拉茨瓦约（Hlatshwayo）研究了从1990年到2008年美国的就业情况。⊖他们定义了一种可以被外包的工作，这种工作不受地域的限制；这种区分是很重要的，因为这种工作可以外包到海外。如图1-4所示，计算机系统设计和与此相关的服务增长最快。

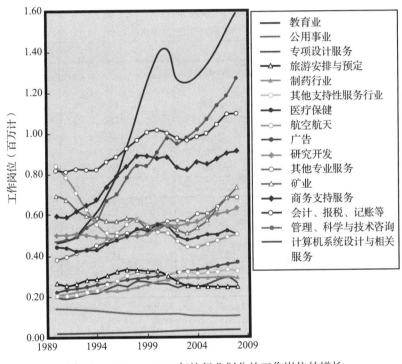

图1-4　1989～2009年按行业划分的工作岗位的增长

资料来源：From *The Evolving Structure of the American Economy and the Employment Challenge by* Michael Spence and Sandile Hlatshwayo. Copyright © 2011 by The Council on Foreign Relations Press. Reprinted with permission.

在2000年的互联网泡沫破灭之后，工作岗位的数量大幅下降；但自2003年以来，工作数量不仅恢复增长，而且大幅加速。这个类表不仅包括技术岗位，例如程序员和数据库管理员，而且包括非技术的销售、支持和商务管理的职业。顺便提一句，图1-4展示了可以被外包的工作，它终结了所有好的计算机岗位都跑向海外的谣言。根据美国劳工统计局的数据分

⊖ Accenture, " Accenture 2015 College Graduate Employment Survey," last modified April 16, 2016, http//:www.accenture.com/us-en/insight-2015-accenture-college-graduate-employment-research.aspx.

⊖ Michael Spence and Sandile Hlatshwayo, The Evolving Structure of the American Economy and the Employment Challenge (New York: Council on Foreign Relations, 2011).

析，实际情况远非如此。

图 1-4 中的数据止于 2009 年，遗憾的是，斯彭斯和拉茨瓦约并没有更新的研究。好在表 1-3 显示了美国劳工统计局从 2012 年到 2014 年薪水增长的数据，包括业务经理、计算机和信息技术以及其他的商务职业。它也展示了对 2014 年到 2024 年就业增长的预期。⊖所有与信息系统有关的职业的增长率都比其他职业平均高出 7%。

表 1-3 从 2014 到 2024 年美国劳工统计局的职业展望

岗位名称	2012 年平均工资	2014 年平均工资	2014～2024 年岗位增长（%）	2014～2024 年岗位增长（个数）
业务经理				
市场经理	115 750	123 450	9	19 700
信息系统经理	120 950	127 640	15	53 700
财务经理	109 740	115 320	7	37 700
人力资源经理	99 720	102 780	9	10 800
销售经理	105 260	110 660	5	19 000
计算机和信息技术				
计算机网络架构师	91 000	98 430	9	12 700
计算机系统分析师	79 680	82 710	21	118 600
数据库管理员	118 700	80 280	11	13 400
信息安全分析师	87 170	88 890	18	14 800
网络和系统管理员	72 560	75 790	8	30 200
软件开发人员	93 350	97 990	17	186 600
网络开发人员	62 500	63 490	27	39 500
商务职位				
会计和审计	63 550	65 940	11	142 400
财务分析师	76 950	78 620	12	32 300
管理分析师	78 600	80 880	14	103 400
市场研究分析员	60 300	61 290	19	92 300
物流师	72 780	73 870	2	2 500
人力资源专家	55 640	57 420	5	22 000

资料来源：Bureau of Labor Statistics,"Computer Systems Analysts,"Occupational Outlook Handbook, accessed April 16, 2016, www.bls.gov/ooh.

信息系统和计算机技术不仅仅为信息专业人士提供了更多的职业和薪水。阿西莫格鲁（Acemoglu）和奥特尔（Autor）发表了一项令人印象深刻的实证研究，阐述了从 20 世纪 60 年代到 2010 年美国和欧洲部分地区的职业和薪水的情况。他们发现，在早期，受教育水平和行业是职业和薪水最主要的决定因素。然而自 1990 年起，职业和薪水最重要的决定因素变成了所从事的工作的性质。简而言之，随着计算机技术价格的大幅下跌，从计算机技术中受益的职业的价值迅速增加。⊜例如，对于一些人来说大量高薪职业触手可及，如知道如何应用信息系统来改进业务程序质量的商务人士，或者那些知道如何用数据挖掘的结果来促进销售的人，或者那些知道如何使用新兴技术例如 3D 打印来创造新产品、抓住新市场的人。

⊖ Bureau of Labor Statistics,"Computer Systems Analysts,"Occupational Outlook Handbook, accessed April 16, 2016, www.bls.gov/ooh.

⊜ Daron Acemoglu and David Autor,"Skills, Tasks, and Technologies:Implications for Employment and Earnings"(working paper, National Bureau of Economic Research, June 2010), www.nber.org/papers/w16082.

1.2.3 什么是决定性因素

这门课是商学院最重要的课程，因为：

（1）它将提供给你一些背景知识，你需要这些背景来评定、评估新兴的信息系统技术，并将其应用于商务领域。

（2）通过帮助你培养抽象推理、系统思维、协同合作和实验的能力，它能提供给你终极的工作保障——迎合市场的技能。

（3）与信息系统有关的职业需求量非常大。

1.3 什么是管理信息系统

我们已经使用过几次**管理信息系统**（management information system，MIS）这个词，你可能想知道它的准确内涵。我们将管理信息系统定义为管理和使用帮助组织实现战略的信息系统。管理信息系统经常和信息技术、信息系统这两个与之紧密相关的词相混淆。**信息系统**（information system，IS）是指计算机硬件、软件、数据、处理规程和生产信息的人的集合。与此相应，**信息技术**（information technology，IT）是指为生产信息而使用的产品、方法、发明以及标准。

那么，管理信息系统、信息系统和信息技术有什么不同吗？你不能购买一个信息系统，但是你可以购买信息技术；你可以购买或者租用计算机硬件，你也可以授权许可程序或数据库，你甚至可以获得预先设计的处理规程。但是最终，还是需要技术人员将所购买的信息技术整合，并执行这些处理规程来利用新的信息技术。信息技术推动了新的信息系统的发展。

对于任何新系统来说，你将始终有培训任务（和培训开销），你都将需要应对员工对变化的抵制，你都将需要管理员工对新系统的使用。因此，你可以购买信息技术，但是你不能购买信息系统。一旦你的新信息系统就位并投入使用，为了实现组织的总体战略，它必须要得到有效管理和使用。这就是管理信息系统。

思考一个简单的例子。假设你的组织决定创建一个脸书主页。脸书公司提供了信息技术，即计算机硬件、程序、数据库结构以及标准处理规程，而你却必须创造这个信息系统。你必须提供数据来填充你这部分的数据库，你必须用你自己的处理规程来拓展它的标准处理规程来保持数据更新。这些处理规程都需要提供，如定期浏览你的主页内容的方法，以及清除错误判断的内容的方法。甚至你还需要培训跟进这些处理规程的员工，以及管理这些员工来确保他们完成工作。管理信息系统在这里就是管理好你的脸书主页以实现组织的整体战略。你的脸书主页是最简单的信息系统。更大更复杂的信息系统会涉及许多甚至几十个部门和上千名员工，这要求大量的工作。

管理信息系统的定义中有三个关键要素：管理使用、信息系统和战略。让我们思考每个要素，首先从信息系统和它的组成部分开始。

1.3.1 信息系统的组成要素

一个**系统**（system）是指一系列组成要素相互作用以实现某些目标。你可能会猜想，一个信息系统就是一系列组成要素相互作用来产生信息的。这个猜想尽管是正确的，但也引出另一个问题：是哪些要素相互作用产生信息呢？

图1-5展示了**五元框架**（five-component）——一个信息系统组成要素的模型，包括**计算机硬件**（computer hardware）、**软件**（software）、**数据**（data）、**处理规程**（procedure）和**人员**（people）。从最简单的到最复杂的信息系统均由这五个要素组成。例如，当你使用电脑写一份课程报告时，你就在使用硬件（电脑、存储盘、键盘和显示屏）、软件（Word、Word Perfect或其他文字处理程序）、数据（词汇、句子和段落）、处理规程（启动程序、输入报告、打印报告、保存和备份文件）和人员（你自己）。

计算机硬件	软件	数据	处理规程	人员

图1-5 信息系统的五元框架

思考一个更复杂的案例，如一个飞机订票系统。它仍然由这五个要素构成，但每个要素都更加复杂。它的硬件由数以千计的计算机构成，它们被数据通信硬件连接起来。数以百计的不同程序协调着这些计算机之间的通信，还有其他程序执行订票及相关的服务。此外，这个系统必定存储着数百万与航班、客户、订票以及其他事务相关的数据。航空公司职员、旅行社和乘客关注着成百上千个处理规程。最后，这个信息系统还包括人员，除了系统的使用者，还包括那些操作、维修计算机和维护数据的人员，以及那些提供计算机网络技术支持的人员。

这里的重点是，无论是小系统还是大系统，都包含图1-5中的五个要素。当你想到任何信息系统都请尝试寻找这五个要素，包括新兴的系统，如社交网络。你会意识到，信息系统不只是包括计算机硬件和程序，而是计算机硬件、软件、数据、处理规程和人员的集合。

在本章后面将会讨论，这五个要素同时也意味着在建立和使用一个信息系统时，除了硬件技术人员、计算机程序员的技能外，还需要许多其他的技能。

在讨论下一个问题之前要注意，我们定义的信息系统是将计算机作为基础的。有些人会认为这样的系统应该称之为基于计算机的信息系统。因为他们注意到存在一些不以计算机为基础的信息系统，如会议室外墙上悬挂的用来安排会议室使用的日程表。这样的系统已经在商务上使用了几个世纪。尽管如此，在本书中只关注**基于计算机的信息系统**（computer-based information system）。为了简化和缩减本书的内容，本书将使用"信息系统"这个词作为"基于计算机的信息系统"的同义词。

1.3.2 信息系统的管理和使用

定义管理信息系统的第二个要素就是管理和使用信息系统。在这里将管理定义为开发、维护和改造。信息系统不是一蹴而就的，它们必须被开发，也必须被维护，同时还需要被改造以适应商务动态变化带来的新要求。

你可能会说，"等等，我主修的是金融（或者会计和管理）专业，而不是信息系统专业，我不需要知道如何管理信息系统。"如果你这么说的话，你就像一只待宰的羔羊。在你的职业生涯中，不论你选择什么领域，你都会接触信息系统。为了创建一个符合你要求的信息系统，你需要积极参与系统的开发。即使你不是程序员、数据库设计人员或其他信息科学专业人士，你也必须在细化系统需求以及帮助管理开发项目方面起到积极的作用。你还需要在新系统测试中扮演重要角色。如果没有你的积极参与，信息系统能否满足你的需求只能是碰运气了。

作为一名商务人士，你了解商务需求和要求。如果你想要将社交网络应用于你的产品中，你就需要知道如何最好地获取客户的反馈。技术人员构建网络，数据库设计人员创建数据库，信息技术人员配置计算机——他们之中没有人知道需求是什么，也不知道你所拥有的系统是否已满足你的需求，或者它是否需要改进以符合新的要求。但是你知道这些！

除了管理任务，你还需要在信息系统的使用方面发挥重要作用。当然，你需要学会如何使用系统来完成你的工作任务。此外，你还起着重要的辅助作用。例如，当使用信息系统时，你有保护系统和数据安全的责任。你可能还要负责备份数据。当系统发生故障（所有系统都有可能在某个时刻发生故障）或者失效时，你需要准确、迅速地帮助恢复系统。

1.3.3 战略实现

信息系统的存在是为了帮助组织实现它们的战略，这是管理信息系统定义的最后部分。首先，这使我们意识到这个陈述背后隐含的重要真相：组织自己并不会"做"任何事。一个组织并不是鲜活的，它不能行动，而是企业中的人从事销售、购买、设计、生产、金融、营销、会计和管理活动。因此，信息系统的存在是为了帮助组织中的人员实现企业的战略。

信息系统不是为了探索技术的纯粹乐趣而创造的。它们的创造并不是为了使公司看上去"时髦"或者在网络上显示公司拥有一个社交网络的主页。同样，也不是因为信息系统部门认为需要创造或者公司"落后于技术潮流"。

这一点似乎是显而易见的，那为什么还要提出来？然而，事实上每天都有一些企业出于错误的理由开发信息系统。也许就是现在，世界某处的一家公司正决定创建一个脸书主页，仅仅是因为"其他每个企业都有"。这个公司没有考虑如下问题：

- 我们的脸书主页的目标是什么？
- 这个主页将给我们带来什么？
- 我们的员工绩效政策是什么？
- 我们应该如何对待客户的评论？
- 主页带来的收益足以弥补维护它的开支吗？

但是这些问题都是公司需要考虑的！第 3 章将详细叙述信息系统和战略之间的关系。第 8 章特别关注社交媒体和战略。

重述一遍，管理信息系统是开发和使用信息系统以帮助企业实现它们的战略。你应该已经意识到这门课不仅仅是购买一台电脑，在电子数据表上作业或者创建一个网络主页了。

1.4 如何使用五元模型

图 1-5 中的五元模型帮助指导你在当前和未来思考与学习信息系统。为了更好地理解这一框架，图 1-6 对其进行了补充。首先应该注意到，这五个要素是对称的。最外层的要素计算机硬件和人员都是行动者，他们都可以采取行动。软件和处理规程是一系列指令集：软件是面向硬件的指令集，而处理规程是面向人员的指令集。最后，数据是连接人、机两端的桥梁。

现在，当自动运行一项企业任务时，我们遵循程序规则去做以便计算机能按照软件的指令来完成这项任务。因

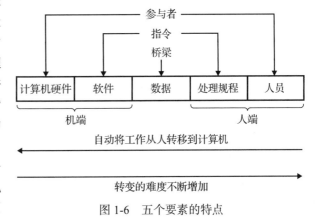

图 1-6　五个要素的特点

此，自动化的过程就是图 1-6 中右侧的工作转化成左侧的过程。

1.4.1 最重要的要素——你

你自己正是你所使用的每个信息系统的一部分。当你思考信息系统的五元模型时，最后一个要素（人员）也包括你。你的思维、想法不仅仅是你使用的信息系统的一部分，而且是最重要的要素。

正如在本章后面将要学到的，计算机硬件和程序处理数据，但是无论它们处理多少数据，数据仍然只是数据。只有人类才会生产信息。当你有一系列数据，如记载客户回应营销活动的表单，即使这个表单是通过 1 000 个服务器和 Hadoop（见第 9 章）产生的，它仍然只是数据。直到你或者其他人对其进行思考，将其信息化，它才成为信息。

即使你拥有世界上最大的计算机运算群，即使你用最复杂的程序处理数据，但是如果你不知道如何处理这些程序产生的数据，你不过是在浪费你的时间和金钱。你思维的质量决定了产生的信息的质量。

大量的认知研究显示，尽管你不能提高你的基础智商（IQ），但你能够大幅提高你思维的质量。这就是为什么我们强调你需要使用和发展你抽象推理的能力。信息系统的效能取决于使用者抽象推理的能力。

1.4.2 所有的要素都必须起作用

信息系统经常碰到一些问题——尽管我们尽了最大的努力，但它们仍然发生故障。在这些情况下，我们往往会归咎于错误的要素。你经常听到人们抱怨计算机不能正常工作，确实有时候是计算机硬件或软件发生故障，但是通过五元模型，你能够更加明确并有更多猜想。有时是数据的格式不正确甚至完全错误；有时是处理规程不够明确，使用系统的人员没有得到合适的培训。通过使用五元模型，你可以更好地找出问题的原因并提出更有效的解决方案。

1.4.3 高技术信息系统与低技术信息系统

不同的信息系统的差别在于从人端（人员和处理规程）转移到机端（计算机硬件和程序）的工作量存在不同。例如，思考两个不同版本的客户支持信息系统：其中一个系统只包括一个邮箱地址文件和电子邮件程序，这是一个技术含量很低的系统。只有少量工作从人端转移到机端。当决定把邮件发给哪些用户时，大量的工作都需要人来完成。

与此相反，另一个信息系统则记录了客户的设备和设备的维护日程，并且自动发送邮件提醒给客户，这是一个高技术的系统。这就意味着大量的工作会从人端转移到机端。计算机代替人提供了更多的服务。

通常来说，当考虑不同的替代信息系统时，从人端转移到机端的工作量的角度来考虑将会有帮助。

1.4.4 理解新信息系统的范围

五元框架也能够用来评估新系统的范围。未来如果有供应商向你推销新技术，你可以使用这五个要素来评估这个新技术需要多大的投资。你需要什么新硬件？需要获得哪些程序的授权许可？需要创建什么数据库和获得哪些数据？为了使用和管理信息系统需要开发哪些处理规程？最后，新的技术将对工作人员产生什么影响？哪些岗位将发生变化？哪些人需要培训？新的技术会如何影响士气？你是否需要雇用新员工？组织是否需要重组？

1.4.5 根据难度和冲击程度对要素排序

最后，当你考虑这五个要素时，记住图 1-6 是按照变化的难度和组织受到的冲击程度排序的。订购新的硬件是一件简单的事，获得或者开发新的程序要难一些。创建新的数据库或者改变现存的数据库要更难。改变处理规程就得要求人们按照新的方式工作，这更加困难。最后，更改人事责任，报告人事关系，雇用和解雇员工也非常困难，而且很容易对组织形成冲击。

案例 1-1

探秘：A 是指 Alphabet 公司

我们生活在一个被称为信息时代的纪元，人类历史从以工业生产为基础转向以信息和计算机化为基础。⊖ 这一转变几乎改变了我们生活的方方面面，从我们与朋友、同事、爱人交流的方式，到我们购买商品和进行金融交易的途径。是什么进步使得这个转变成为可能？你猜——没错，是互联网！

就像大部分技术发明一样，互联网是由研究机构和政府机构共同发动的项目。它耗费了数十年来为我们今天的互联网打下基础。互联网广泛使用的转折点是网景浏览器（Netscape Navigator）的引入，它是 20 世纪 90 年代中期首选的网络浏览器。网景浏览器的发布和使用非常重要，因为它使得缺乏经验的互联网用户能够获得世界各地的其他用户发布的信息。在那时，互联网上的内容还很少，只有精通技术的用户可以创建和管理内容。渐渐地，网上的信息数量变得越来越多，需要新的工具来搜索互联网。这个时候谷歌出现了。

谷歌在 Alphabet 公司寻求更好的前景

如今，谷歌是影响力最大的互联网搜索引擎，谷歌公司是世界上最大的公开上市公司之一。你可能没有意识到，谷歌的核心搜索引擎服务（谷歌搜索）只是大型投资组合中众多成功的产品之一。谷歌公司已经将谷歌地图、YouTube、谷歌浏览器和安卓变成了成功的独立产品。谷歌公司众多项目的成功和多样性促使其在 2015 年 8 月 10 日宣布，谷歌公司将成为总公司 Alphabet 下的子公司。⊜

谷歌公司创始人拉里·佩奇和谢尔盖·布林决定减少他们对谷歌项目的日常管理的涉入。为了促成这个转变，每个项目都转化成了一个拥有自己 CEO 的独立公司，并且每个独立公司都是 Alphabet 公司下的子公司。通过这种方式，佩奇和布林可以管理所有子公司的战略目标，而不需陷入每个公司的日常运作之中。

为什么他们选择 Alphabet 这个名字？在关于公司新方向的一篇博文中，佩奇透露这个新名字有许多含义。首先，一个字母表（alphabet）代表着构成一种语言的所有字母的集合，佩奇认为它是人类影响最深远的创造。其次，字母表是谷歌进行搜索的基础。最后，在金融领域，alpha 代表投资回报高于基准，按照佩奇的话说，这就是公司不断努力要实现的目标。⊝

⊖ Julian Birkinshaw, "Beyond the Information Age," Wired, June 2014, accessed March 27, 2016, ww.wired.com/insights/2014/06/beyond-information-age.

⊜ Larry Page, "G Is for Google," GoogleBlog, August 10, 2015, accessed March 27, 2016, https://googleblog.blogspot.com/2015/08/googlealphabet.html.

⊝ 同上。

尽管佩奇关于组织重构的阐述有些道理，但外界更认为这次战略调整的原因是，谷歌公司想在这个高度竞争的产业中努力留住顶尖人才。在重构之前，谷歌将大量项目和研究计划置于同一屋檐下，这造成不断增长的官僚气息，并成为产业发展道路上的固有限制。㊀Alphabet公司的出现就是为了创造一个新的企业环境，使得新的顶尖人才能够成长。在Alphabet公司的层级下，个体公司更加灵活，更能够提供小型公司所能有的自主和高效。

当后世回顾信息时代时，Alphabet公司很有可能在其中起着主导作用。Alphabet公司开发的项目无所不包，从无人机和机器人到医学研究和人工智能，让人不禁好奇在人类下一个时代的形成中Alphabet公司将扮演什么样的角色。

讨论题：

（1）互联网被认为是信息时代的推动力，那么还有什么其他发明推动了这个通过计算机获取信息的空前时代的到来？

（2）回想一下你每天使用手机、平板电脑和传统的台式机或笔记本电脑的情况。你每天要进行多少次搜索？你在网上一般搜索什么类型的东西？你会使用谷歌来搜索吗？如果不，那么你使用什么搜索引擎呢？你为什么使用这个搜索引擎？

（3）在阅读本文之前在网上进行一次调查，搜索你之前没有听说过的Alphabet公司的项目或产品。你有没有对这个公司和它的项目、研究计划的多样性感到惊奇？

（4）你认为什么技术创新会推动人类的下一个伟大时代的到来？你认为这个时代将会有哪些标志元素？

1.5 什么是信息

在之前讨论的基础上，现在可以将信息系统定义为计算机硬件、软件、数据、处理规程和人员的集合，它们相互作用来生产信息。唯一还没有被定义的词语就是信息了，接下来就来讨论它。

1.5.1 不同的定义

信息属于日常使用的基础词，但是事实上要定义它很困难。定义信息就像定义"活着"或"真理"一样，我们知道这些词语的含义，并毫不犹疑地用这些词语和他人交流，但却很难给它们下定义。

我们将使用一些常见的、直观的方式来定义信息，而非从技术角度来定义。**信息**（information）最常见的定义可能就是从数据中获取的知识，而数据是指被记录下的事实或者图像。詹姆斯·史密斯每小时赚70美元，以及玛丽·琼斯每小时赚50美元这些事实都属于数据。而所有的平面设计师的平均时薪是60美元这个陈述则是信息。平均工资是从个人工资的数据中提炼出的知识。

另一个常见的定义是，信息是指"出现在有特定意义的情境中的数据"。杰夫·帕克斯每小时赚30美元这一事实属于数据。而杰夫·帕克斯的工资比该公司平面设计师的平均时薪的一半还要低，这一陈述就属于信息了。这就是数据出现在一个有特定意义的情境中。

你可能会听到另一个关于信息的定义，信息就是被处理过的数据，或者，信息是通过求和、排序、平均、分类、比较或者其他相似的操作来处理的数据。这个定义的基本理念就是

㊀ Josh Constine, "Google Shreds Bureaucracy to Keep Talent Loyal to the Alphabet," TechCrunch.com, August 10, 2015, accessed March 27, 2016, http://techcrunch.com/2015/08/10/google-of-thrones.

通过处理数据来产生信息。

著名心理学家格雷戈里·贝特森（Gregory Bateson）将信息定义为"能够造成影响的差异"。

这些关于信息的定义都是可行的，选择你认为合适的定义即可。重点在于你要知道区分数据和信息。你可能还会发现不同的定义适用于不同的情境。

1.5.2 信息在何处

假设你创建了一个亚马逊公司历史股价和净收益的图表，就像图1-7所展示的那样。这个图表包含信息吗？如果它展现了能够造成影响的差异，或者它是在特定意义的情境下展示的数据，那么它就符合信息的定义，并且人们会轻易断定这个图表包含信息。

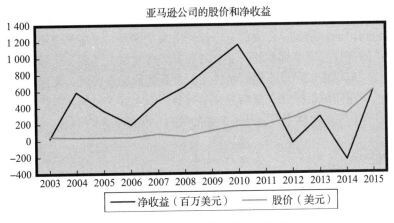

图 1-7　亚马逊公司的股价和净收益

资料来源：Wikinvest, http://www.wikinvest.com/stock/Amazo.com _(AMN)/ Data/Net_Income/2015.

将这个图表展示给你的宠物狗看，你的宠物狗会从中发现信息吗？反正不会是关于亚马逊公司的信息。宠物狗可能会知道你午餐吃了什么，但是它不可能获得任何关于亚马逊公司股价的历史信息。

思考这个试验，你会意识到图表自身并不是信息。图表只是你和其他人感知到的数据，从这个感知中，你获得了信息。简而言之，如果它是在一张纸上或者电子屏幕上，那么它就是数据。如果它是在人的脑子里，那么它就是信息了。

你自问道，我为什么要管这些呢？首要原因在于，这解释了为什么作为人类，你是你所使用的信息系统最重要的部分。你的思维和你从数据中获取信息的能力高低是由你的认知技能决定的。数据仅仅是数据，你从数据中获得的信息才是你为信息系统增加的价值。

其次，人们拥有不同的视角和观点。那么，人们从同样的数据中获得不同的信息也是不足为奇的。你不能对某人说"看，信息就在你面前的数据里面"，因为信息不是数据。相反，它位于你的头脑和其他人的头脑里，你的工作就是解释你所获得的信息，让他人能够理解。

最后，一旦你理解了这个，你就会明白生活中常见的许多语句是没有意义的。"我把信息发给了你"不可能是正确的。我们最多能这么说，"我把可以从中获取信息的数据发给你"。如果你记得将这一观察应用在你的商务生涯中，这会减少你的挫败感。

1.6 有哪些必要的数据特征

你刚才学到人类从数据中获得信息。正如前文所述，你所创造的信息的质量部分取决于你的思维技能。然而，它同样受到数据质量的影响。图 1-8 总结了几个重要的数据特征。

- 准确性
- 及时性
- 相关性（背景、主题）
- 数据充足
- 物有所值

图 1-8　好的信息所需要的数据特征

1.6.1 准确性

首先，好的信息是从准确、正确和完整的数据中得到的，而且按照需求进行了恰当的处理。准确非常重要，商务人士必须要能够倚仗信息系统提供的结果。如果大家知道一个系统提供了不准确的数据，那么就会造成信息系统的声誉受损。在这种情况下，开发信息系统就是浪费时间和金钱，使用者只有采取应急措施来避免不准确的数据。

由这个讨论得出的推论是，作为信息系统的未来使用者，不应该随便相信那些出现在网页上、格式规范的报告上以及好看的问卷上的数据。有时那些经过美化的图表传达的数据确实让人难以怀疑。不要被误导。当你开始使用一个新的信息系统时，要保持怀疑。请反复核对你获得的数据。在使用系统几个星期或几个月后，你才可以放松。但是，开始的时候一定要持怀疑态度。重申一遍，你不可能从不准确的数据中获得准确的信息。

1.6.2 及时性

好的信息要求数据必须及时，使数据能够及时用于预期用途。一份推迟 6 个星期送达的月度报告很可能毫无用处。在决定做出之后才到达的数据于事无补。在你装运货物之后，信息系统才发给你一份用户不良信用报告，此时不仅无助于事，还让人沮丧。我们注意到，及时性可以对照日程表（6 周后）或事件（在装运之前）来衡量。

当你参与一个信息系统的开发时，及时性将成为你指定要求的一部分。你需要给出合适、切实可行的时间要求。在有些情况下，提供实时信息的系统开发比提供延时信息的系统开发困难得多，且价位更高。如果你可以接受延迟几个小时的数据的话，在需求分析阶段就要表述清楚。

思考一个例子。假设你从事市场营销，需要评估新的网上广告项目的效益。你想要一个信息系统，不仅能够在网络上提供广告，还能够让你掌握用户点击这些广告的频率。近乎实时掌握点击频率十分昂贵，批量保存数据并在几小时后进行处理则会更简单划算。如果你能够忍受数据推迟一两天，那么这个系统实施起来就会更简单划算。

1.6.3 相关性

数据应该和背景、主题都相关。假设你是 CEO，你需要的是按照你工作需求总结之后的数据。一份关于公司每个员工的时薪表可能是无用的，你可能更需要部门或科室的平均工资信息。一份所有员工的工资表在你的背景下是不相关的。

数据应该和手上的主题相一致。如果为了获得可能的信用额度，你需要短期利率的数据，那么一份 15 年贷款利率的报告就是不相关的。相似地，一份将你需要的数据藏于文章或结论中的报告，也与你的目标无关。

1.6.4 数据充足

数据需要充分满足生产数据的目标，但够用即可。我们被数据淹没，我们每个人每天都要做出关键的决定，那就是需要忽视哪些数据。你越深入管理层，你面对的数据将越多。由于时间有限，你将要忽视更多的数据。因此，数据应当充足，但不能过量。

1.6.5 物有所值

数据不是免费的。开发、运作和维护信息系统都需要开销，浏览和处理系统产生的数据所花费的时间和薪资也需要成本。为了让数据物有所值，必须使数据的开销和它的价值相当。

思考一个例子。一份关于整个墓地的墓主姓名的报告有多少价值呢？毫无价值，除非这个墓地存在盗墓的问题。这个报告根本不值得花时间去读。你很容易看出这个愚蠢的例子的经济意义。然而当有人向你推销新技术，情况会更困难。你需要准备发问，"我从这个数据中获得的信息的价值有多少？""开销有多大？""开销和价值是否相当？"信息系统要与其他资产一样接受财务分析。

案例 1-2

伦理指南：道德和职业责任

假设你是一名年轻的营销人员，刚刚开展了一次新的市场促销活动。执行委员会要求你就这次活动的销售成果做一份总结，你做出了如图 1-9 所示的曲线图。如其所示，你的活动恰逢其时，在你开展活动时销售额正在下降。在活动之后，销售额迅速增加。

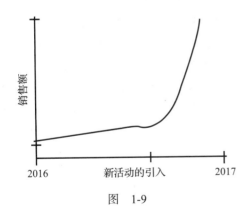

图　1-9

但是，请注意纵坐标没有数值刻度。如果你要添加销售额，像图 1-10 那样，图形的表现就不会那么瞩目。上面显示实际增长量要低于 20 个单位。图表的曲线仍让人印象深刻，并且如果没有人进行计算，你的活动会看上去很成功。

然而图 1-10 没有按比例进行绘制，使得图形仍然引人注目。如果你将其按比例绘制，就像图 1-11 所显示的，你的活动的成功性至少对于你来说，是存在问题的。

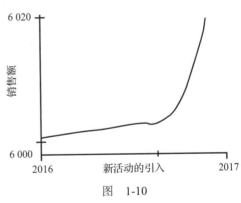

图　1-10

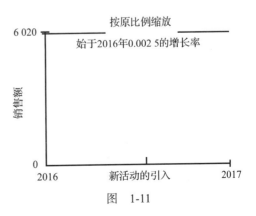

图　1-11

你应该向委员会展示其中哪个图表呢？本书每一章都会探索不同信息管理系统下的道德和责任行为。在本章中，将检视数据和信息道德。

几个世纪以来，哲学领域都在思考这么一个问题："什么是正确的行为？"我们不可能在这里完整地讨论这个问题。但是在你的商务道德课程上，你会学到里面的许多内容。就我们的目标而言，我们将使用道德哲学中的两大核心思想。在这里会介绍第一个思想，并将第二个留到第 2 章。

德国哲学家康德将"绝对命令"定义为这一准则："除非愿意自己的准则变为普遍规律，否则你不应该行动。"偷窃不属于这类行为，因为如果大家都偷窃的话，大家都将一无所有，所以偷窃不能作为普遍规律。同样，说谎也不符合绝对命令，因为如果每个人都说谎，话语将会失去效用。

当你质疑某种行为是否符合这个准则时，一个立见分晓的检测办法是"你是否愿意将你的行为公之于众？你是否愿意将它发布在你的脸书主页上？你是否愿意将你的行为告诉所有的参与者？"如果答案是否，那么至少就康德的绝对命令来说，你的行为就是不道德的。

康德将责任定义为与绝对命令相一致的必要因素。完全责任是指在任何情况下都必须实现的行为。不说谎就是一项完全责任。不完全责任是指值得赞许但不被绝对命令所要求的行为。捐助慈善就是一个不完全责任的例子。

康德将发展个人才能作为不完全责任的事例，并且我们可以将其作为定义职业责任的例子。商务人士的不完全责任就包括获得完成工作的必需技能。在我们的职业生涯中继续提高我们的业务技巧和能力，也是我们的不完全责任。

我们将在后面章节中运用这些原则。那么现在，通过回答下面的问题，用这些原则来评定图 1-9～图 1-11 中你的想法。

讨论题：

（1）用你自己的话重述一遍康德的绝对命令。说明为什么考试作弊不符合绝对命令。

（2）尽管有一些不同的看法，但大部分学者都认为黄金定律（"己所欲，施于人"）和康德的绝对命令不相同。请证明这一观点。

（3）贝特森的定义（在 1.5 节中讨论过）是信息就是能够造成影响的差异。用这一定义来解释：

①图 1-9 中曲线图的特点如何影响观者产生信息。

②图 1-11 中曲线图的特点如何影响观者产生信息。

③其中哪个曲线图符合康德的绝对命令。

（4）假设你用 Microsoft Excel 来创建图 1-9。因此，你将数据输入 Excel 中，并点击创建图表按钮。瞧，Excel 创建出了如图 1-9 所示的没有任何刻度，也没有范围的曲线图。你不再深思，就把结果放在你的演示中。

①你的行为是否符合康德的绝对命令？谈谈你的理由。

②如果 Excel 自动产生了如图 1-9 所示的曲线图，微软公司的行为符合康德的绝对命令吗？谈谈你的理由。

（5）角色转换。假设现在你是执行委员会的一名成员。一个初级营销人员将图 1-9 展示给委员会，你质疑图表缺少刻度和范围。这个初级营销人员回应道："对不起，我也不清楚。我只是把数据放入 Excel 中，然后将结果曲线图复制下来。"作为一名执行委员，你听了这个初级营销人员的回应会得出什么结论？

（6）问题（5）中初级营销人员的回应是否违背了完全责任？是否违背了不完全责任？又是否违背了所有责任？说明你的回答。

（7）如果你是这名初级营销人员，你会向委员会展示哪个曲线图？

（8）根据康德的说法，说谎不符合绝对命令。假设你被邀请去参加在部门主管家举办的时令烧烤宴，给你上了一道又硬又烹饪过度的牛排。这简直无法入口，于是你偷偷地把它喂给了部门主管家的狗（它看上去吃得很开心）。主管问你："牛排的味道如何？"你回答道："好极了，谢谢你。"

① 你的行为是否符合康德的绝对命令？
② 这块牛排似乎很符合狗的口味。这一事实会改变你对①的回答吗？
③ 你从这个事例中得出什么结论？

1.7　2027 年

在本章的开端你看到了技术的巨变。处理能力、设备连接、网络速度和数据存储发展迅猛，它们每过十年就会从根本上改变我们使用技术的方式（贝尔定律）。商务人士需要能够评估、评价以及应用新兴的信息技术。他们需要知道这些变化如何影响商务。

让我们预测一下 2027 年的技术吧，虽然我们不可能拥有完美的洞察力。事实上，2027 年或许某个人会在慈善商店发现这本书，正以 1 美元的价格打折出售。这些猜想可能会看上去很滑稽，但是，让我们训练一下我们的思维吧。

如果你的智能手机有 1GB 的网络连接、1EB 的数据存储和充一次电可用一个月的电池，你会不会以不同的方式使用它？如果它可以连接到你家的所有设备并且可以远程控制，那将会怎样？你可以把世界上所有的书、歌曲和电影存储到这个新的设备中。你可以即刻拍摄、存储和播放 8K 的 UHD 视频。

但是，智能手机也有可能会消失。大型的技术公司将大量资源投入到混合现实设备研发中，像微软公司的 HoloLens、增强现实公司的 Meta 和 Magic Leap 公司都能够在现实世界创造虚拟事物（见第 4 章）。技术的变化很有可能让这些设备变成寻常事物。人们不再需要随身携带手机了，尽管目前几乎每个人的口袋里都有一部手机。

这些新设备如何改变你的日常生活呢？你们不再需要为电视遥控器而争吵。每个人都可佩戴微软公司的 HoloLens 全息眼镜，坐在沙发上同时观看不同的节目。事实上，你可能根本就不再需要一个悬挂在墙上的二维电视。3D 全息娱乐将出现在房间的中心空间内，而不是在墙上。⊖

你的混合现实设备还将提供手势和声音控制。也就是说，你只要指着你的智能电灯，就可以开灯或关灯。你坐在沙发上就可以看到智能冰箱里的东西！这太棒了。此外，由于互联性的增强，你的所有新智能设备都可以彼此对话。想象一早醒来，你的智能家居将电灯自动打开，然后开始朗读你的日程安排（根据你的网络日程表），给咖啡壶插上电，告诉你的自动驾驶汽车注意交通管制。

技术的进步无疑会对你的个人生活造成深远的影响。但是，这些进步会给商务带来什么影响呢？它们会如何改变你工作的方式？会出现哪些新的职业类型？会创办哪些新公司来推动这些进步？

2013 年，雅虎（Yahoo）的 CEO 玛丽莎·梅耶尔（Marissa Mayer）要求她的员工回到公司办公，这一做法遭到很多员工的反对。梅耶尔认为重要的工作应该在公司的非正式会议上完成。但是如果你可以待在家里通过全息界面远程虚拟办公，又将怎样？你仍可喝着咖啡，和你的老板、同事面对面交流。⊖你可以居住在任何地方，不再需要通勤，还可以同

⊖ James Risley, "Microsoft Shows off HoloLens-Enabled 'Holographic Teleportation' and Predicts the Demise of 2D Technology", Geekwire, February 19, 2016, accessed April 17, 2016, www.geekwire.com/2016/microsoft-shows-off-hololens-enabled-teleportation-and-call-for-an-end-to-2d-tech.

时为多家公司工作。

这些改变可能会改善你工作的方式，但是它们也会改变你工作的类型。拥有高效实验能力的人群会更容易适应他们的雇主所要求的技术变化。适应速度快的公司至少在短期内会获得竞争优势。例如，为了缩短设计时间，一家创新的汽车制造商很可能会从使用台式机和传统计算机辅助设计软件（CAD）办公向使用混合现实设备和 3D 打印转变。

因为需要预测互联智能设备所带来的改变，系统思维也很重要。例如，从你的智能心脏起搏器和智能手表上获得的医学数据（如卡路里消耗量、心律等）可以和其他系统整合在一起。这些数据可以发给你的医生、健身教练和保险公司。当你心脏病发作时，你的医生就会知晓并呼叫救护车，而且在你意识到发生的事情之前就把你的保险信息发给医院。

技术的进步也会带来不好的一面。到 2027 年，维护隐私可能变得加倍困难。你的数据会被各种类型的应用软件获取，在云设备间流通，然后被提供"免费"服务的公司打包销售。社会关系也可能会受到影响。随着我们和系统的联系更加紧密，我们和他人的关系可能更加淡薄。只需要想想你的家庭成员在假日聚会时盯着他们小小的手机屏幕就知道了。当他们可以悄无声息地观看一场高分辨率的 3D 全息足球比赛时，情况又会如何？

在每章的最后，我们都会展望一下 2027 年。目前有一件事是肯定的：关于信息系统的知识和它们在商务中的运用只会变得更加重要。

案例 1-3

安全指南：密码和密码规范

许多计算机安全形式都使用密码来控制系统和数据的权限。也许你有一个通过用户名和密码来访问的大学账号。当你创建账号时，你可能会被建议使用一个"**强密码**"。这是个好建议，但是什么是强密码呢？大概不是"芝麻开门"吧。那又是什么呢？

微软公司有许多理由去提升有效的安全性，它为创建强密码提供了下列指南。一个强密码应该：

- 至少有 12 个字符，14 个字符更佳。
- 不包含你的用户名、真实姓名或公司名。
- 不包含任何语言中的一个完整词语。
- 和你之前使用的密码不同。
- 同时包括大写和小写字母、数字和特殊字符。

好密码的例子如下：

- Qw37^T1bb?at。
- 3B47qq<3>5!7b。

这些密码存在的问题是，它们很难被记住。最后你会想把你的密码写在一张纸上，把它放在你使用的设备附近。千万别这么做！

创建好记的强密码的技巧就是利用一句话中单词的首字母。这句话可以是一首歌的标题，一首诗的第一行，或基于你生活中的一些事情。例如，你可能会用这句话"我生于 2000 年前的纽约州罗马城"（I was born in Rome, New York, before 2000）创建密码。你将这句话每个单词的首字母抽出，并用字符"<"来代替单词"before"，得到密码"IwbiR,NY<2000"。这个密码已经很好了，但是如果不把所有的数字都放在最后会更好。你可以试试这个句子："早上 3 点我出生于纽约州罗马城"（I was born at 3:00 AM in Rome, New York）。从这个句子可得出密码"Iwba3:00AMiR, NY"，这是一个容易记住的强密码。

⊖ Edgar Alvarez, "Microsoft Shows How NFL Fans Could Use HoloLens in the Future", Engadget, February 2, 2016, accessed April 17, 2017, www.engadget.com/2016/02/02/microsoft-hololens-nfl-concept-video.

一旦你创建了一个强密码，你就要避免在你访问的其他网站上再次使用这个密码。不是所有网站都对你的数据提供同等层级的保护。事实上，有时他们会将你的密码泄露给黑客。那么，黑客就会使用这些密码来访问你经常使用的其他网站。多样的密码是极有帮助的。对于不重要的网站（如社交网络），不要使用与重要网站（如网上银行）相同的密码。

你还需要用正确的行为来保护你的密码。千万不要写下你的密码，也不要给别人看到，更不要询问他人的密码。有时，一些攻击者会假装成管理员，要用户提供密码。你从来不需要把你的密码提供给管理员。因为他不会需要密码，更不会要求你提供密码。他已经拥有接入公司所有计算机和系统的权限。

如果你需要其他人的密码怎么办？假设你请求某人帮你修电脑。你登录一个信息系统，由于某些原因，你需要输入其他人的密码。在这种情况下，你对另一个人说："我们需要你的密码。"然后你离开你的椅子，把你的键盘递给他，然后在她输入密码时把脸转开。在组织中工作的专业人士非常重视安全，这一小小的"背对背"的动作很常见并为人所接受，即一个人让开位置使得另一个人能够输入他的密码。

如果有人问你要密码，不要泄露给他。相反，站起身来走到那人的电脑前，自己输入自己的密码。当你的密码被使用的时候请不要走开，以确保这一行动结束时你的账号会被登出。当你这么做的时候，所有人都不应介意，也没有人会认为自己受到冒犯，这只是专业性的标志。

讨论题：

（1）莎士比亚的《麦克白》中有一句话："明日复明日地蹑步前行。"（Tomorrow and tomorrow and tomorrow, creeps in its petty pace.）说明如何使用这句话来创建一个密码。如何用你能够记住的方式将数字和特殊字符加到密码中？

（2）列出两个能够用来创建强密码的不同的句子。请写下由每个句子创建出的密码。

（3）网络世界的一大问题就是我们都需要拥有许多密码，工作场所需要，学校需要，银行账户需要，eBay 或者其他拍卖网站也需要，还有其他场合。当然，最好每个网站使用不同的密码。但是这样的话，你就得记住 3 个或 4 个不同的密码。思考用不同的句子给每个不同的账户来创建好记的、强度大的密码。将句子和每个账户的用途相联系。写下每个账号的密码。

（4）出于一些正当理由，当你使用你的电脑时，需要输入其他人的密码。请说明此时的正确行为。

（5）出于一些正当理由，当某人使用你的电脑时，需要输入你的密码。请说明此时的正确行为。

案例 1-4

职业指南：职业的五个元素

过去几十年来，学生们直到最后一个学期才会认真考虑工作。他们选择一个专业，上必修的课程，然后准备毕业，始终相信雇主们会带着好工作在他们高年级时来到校园。但是，今时已经不同往日。

处于今日的就业环境下，在找工作时，你需要积极主动并闯劲十足。想想吧，你将在你的工作岗位上度过三分之一的生命。你能为自己做的最好的事情就是从现在开始认真考虑你的职业前景。你不会想要在 4 年的商学院学习之后，发现自己成了一个咖啡师，当然除非你计划将其变成下一个星巴克（Starbucks）。

所以，从这里起步吧。你是否对信息管理系统的职业生涯感兴趣？此时，你还有许多不了解的，但是图 1-4 和表 1-3 必定吸引了你的注意。看到一些属于外包种类的职业呈现出这样的职业增长，你必定会考虑在信息科学及其相关服务中获得你的一席之地。

但是，这说明了什么？如果你登录美国劳工统计局的网站，你会发现如今在美国有超过100万个计算机程序员、超过60万系统分析师。你可能对程序员的工作有些概念，但是你还不知道系统分析师是干什么的。回顾图1-5中的五个元素，你能够收获一些想法。程序员的基础工作是和软件部分打交道，而系统分析师则是处理整个系统，也就是说所有五个元素。所以，作为一名系统分析师，你和系统用户打交道以厘清组织的要求，然后与技术人员（和其他人员）一起帮助开发这个系统。你起着"文化中介"的作用：将技术文化转译成商务文化，然后反过来。

你们很幸运，许多有趣的工作还没有出现在统计局的数据中。为什么这么说呢？因为你能够使用你在这门课上所学的东西来发现并得到工作，这些工作是其他同学可能想都没想过，甚至根本不知道的。如果如此，你就获得了竞争优势。

表1-4提供了一个框架，让我们用不同的方式来思考职业。正如你所看到的，这里既有信息系统方面的技术岗位，又有有趣、富有挑战性、高薪、非技术性的职位。例如，专业销售职位。假设你的工作是向梅奥诊所（Mayo Clinic）销售企业级软件，你的销售对象是聪明的、雄心勃勃可以支配上千万美元预算的专业人士。或者假设你是梅奥诊所接收销售信息的人员，你会如何利用你上千万美元的预算？你需要足够的商务和技术知识，来提出一些聪明的问题并理解对方的回应。

表1-4 与信息系统有关的不同职业类型

	计算机硬件	软件	数据	处理规程	人员
销售和营销	供应商（IBM、思科等）	供应商（微软、甲骨文等）	供应商（安客诚、谷歌等）	供应商（SAP、恩富软件、甲骨文）	招聘人员（罗致恒富、卢卡斯集团）
支持	供应商 内部MIS	供应商 内部MIS	数据库管理 安全	供应商和内部客户支持	客户支持 培训
开发	计算机工程 内部MIS	软件程序员 质量检测工程师	数据建模专家 数据库设计	业务流程管理 流程重组	培训 内部MIS招聘
管理	内部MIS	内部MIS	数据管理	项目管理	技术管理
咨询	项目管理、开发、售前和售后支持				

通过回答下列问题来做一些思考，虽然它们不算在成绩里。

讨论题：

（1）什么叫作"属于外包种类的职业"？如果你还不确定的话，重新阅读对图1-4的讨论，并谈谈为什么它对你很重要。

（2）仔细阅读与信息系统有关的不同职业类型表，选择和你的兴趣、能力最相关的一行。然后描述一下这行每个元素列的职业。如果你不清楚它们的含义，可以谷歌搜索这一行每格中的术语。

（3）针对问题（2）中你的回答，请描述一下你认为对每项工作来说最重要的3项技巧和能力。

（4）针对问题（2）中你的回答，请描述一下你今年能够采取的一项创新行动来拓展你的就业前景。

本章小结

1.1 为什么管理信息系统是商学院最重要的课程

简述贝尔定律并解释为什么它的结论对于当今的商务人士很重要。请描述一下摩尔定律、梅特卡夫定律、尼尔森定律和克拉底定律如何改变我们使用的电子设备。请陈述一下商务人士如何与新兴的信息技术连接起来。

1.2 管理信息系统将给我带来什么影响

请给出文中对"工作保障"的定义，并使用莱克的列表来解释这门课将如何帮助你获得工作保障。根据美国劳工统计局的数据，美国信息系统相关的工作的增长率与所有工作的平均增长率相对比情况如何？

1.3 什么是管理信息系统

请解释为什么你可以购买信息技术，却不能购买信息系统。作为一名未来可能的商务经理，这对你意味着什么？指出定义管理信息系统的三个重要阶段。说出一个信息系统的五个元素。使用五元模型来解释信息技术和信息系统的差别。请解释为什么终端用户需要参与到信息系统的管理中，解释为什么说人们认为组织能够采取行动是一个错误的观念。

1.4 如何使用五元模型

指出并定义这五个要素。解释五元模型的对称性。展示自动化是如何将工作从五元结构的一端转向另一端的。指出最重要的元素并说出理由。使用五元模型来描述高技术信息系统和低技术信息系统的差异。说明元素是如何按照变化的难度和组织受到的冲击程度排序的。

1.5 什么是信息

说出信息四种不同的定义。指出你最喜欢的一种并说出理由。说明数据和信息的差异。解释为什么信息永远不可能写在一张纸上或者在展示设备上展示。

1.6 有哪些必要的数据特征

创造一些助记的方法来记住好数据的特征。说明这些数据特征是如何与数据质量相关联的。

1.7 2027年

你期望到2027年看到什么趋势？到2027年你可能会有哪些不同的方式来使用你的智能手机？到2027年有哪些日常设备可能会和网络连接起来？混合现实设备会如何改变你的日常生活？又如何改变你的工作？为什么实验能力和系统思维对于适应技术改变非常重要？总结一下这些问题的答案会对你作为非常规的思考者的技能有哪些帮助。

猎鹰安防公司的知识运用

重读本章开头猎鹰安防公司的小故事。利用你在本章获得的知识，尤其是1.2节中的知识，指出珍妮弗所犯的5项错误。对于每项错误，说明你有什么不同的做法。请详细阐释。

■ 本章关键术语和概念

抽象推理（abstract reasoning）
贝尔定律（Bell's law）
协同合作（collaboration）
计算机硬件（computer hardware）
基于计算机的信息系统（computer-based information system）
数据（data）
数字化革命（digital revolution）
实验（experimentation）
五元框架（five-component framework）
信息（information）
信息时代（information age）
信息系统（information system，IS）

信息技术（information technology，IT）
克拉底定律（Kryder's law）
管理信息系统（management information system，MIS）
梅特卡夫定律（Metcalfe's law）
摩尔定律（Moore's law）
尼尔森定律（Nielsen's law）
人员（people）
处理规程（procedure）
软件（software）
强密码（strong password）
系统（system）
系统思维（system thinking）

■ 本章习题

知识运用

（1）人生的一大恩赐就是做你热爱的工作。想想是否有那么一个工作，能够让你周日晚上恨不得早早入睡，以便你能够在周一早早醒来前去工作。

① 请描述一下这份工作。说说你想从事的工作所属的产业、所属的公司或组织的类型、它提供的产品或服务以及具体的工作职责。

② 请说明这份工作的什么特质激发了你的兴趣。

③ 抽象推理、系统思维、协同合作和实验能力将如何促进你的事业成功?

④ 根据①~③的答案,明确你就这门课的3~5个学习目标,最好详细一点。这些目标不应该和你的学分有关。假定你在季末或学期末要根据这些目标进行自我评估,那么目标制定得越具体,在进行评估时就越容易。

(2) 从五个元素的角度来思考一个信息系统的开销:购买和维护计算机硬件的开销,开发或获取以及维护软件程序的开销,设计数据库及装载数据的开销,开发程序和进行更新的开销,最后还有开发和使用系统的人力开销。

① 许多专家认为,在一个系统的生命周期中,最昂贵的单一元素是人。这个说法对你来说正确吗?请说明你的理由。

② 假设有一个开发不完善且不能满足既有需求的系统。商务需求仍然存在,但是它们的特征并没有在这个系统中展现出来。因此,必须做出改变。当计算机硬件和软件程序不能正常工作时,哪个元素应该最先做出改变?面对一个设计不完善的系统的开支,又是哪个元素应做出改变?请同时考虑直接财务支出的成本和不确定的无形的人力成本。

③ 作为一个未来的商务经理,你从①和②中能够得到什么启示?这对你参与到需求分析和其他方面的系统开发的必要性又有什么启示?谁最终为这个开发不完善的系统买单?这部分成本支出的增长会影响到哪方面的财务预算?

(3) 思考本章中信息的四个定义。对于第一个定义"从数据中获取的知识",它只是将我们不懂的一个词(信息)用另外一个不懂的词(知识)来替换而已。第二个定义存在的问题是,"展现在有特定意义的情境下的数据"这个定义太主观了。什么样的情境?什么会使一个情境有意义?第三个定义,"通过求和、排序、平均等操作来处理的数据",这个定义太机械化了。这个定义告诉我们如何获得信息,但是没告诉我们什么是信息。第四个定义,"能够造成影响的差异",这太含糊不清了,提供不了什么帮助。

同样,其中没有一个定义能帮助我们量化获得的信息量。"每个人都有肚脐"——这句话的信息量是多少?你肯定知道,信息量是0。相反,"某人刚往你的活期存款账户打了5万美元"这句话的信息量就很大。因此,好的信息应该有让人吃惊的因素。

根据以上要点,回答下面的问题:

① 信息是由什么组成的?

② 如果你有更多信息,你会考虑更多吗?说明你的理由。

③ 当你把成绩单给未来的雇主时,你控制了信息生产过程的哪个部分?你可以做哪些事情来提高雇主获得的信息的质量?

④ 给出你自己对信息的定义。

⑤ 为什么我们拥有一个称之为信息技术的产业,但是定义信息这个词却困难重重?

协同练习

与一组同学协作解答下面的问题。就本次作业而言,不要面对面讨论,只能用邮件来协调你们所有的工作。你的答案应该反映整个团队的思想结晶,而不是一两个人的想法。

(4) 抽象推理。

① 请定义抽象推理,并说明为什么对商务人士来说这是一项重要的技能。

② 请说明为什么库存货物及数量的清单是实际库存的抽象反映。

③ 给出商务中经常出现的三个抽象推理的例子。

④ 请说明为何珍妮弗未能展示她有效抽象推理的技能。

⑤ 人们是否能够提高他们抽象推理的能力?如果可以,如何提高?如果不可以,为什么?

(5) 系统思维。

① 请定义系统思维,并说明为什么这对商务人士来说是一项重要的技能。

②请用系统思维来说明为什么摩尔定律能让农场主砍倒一大片纸浆木材树林。指出系统中的每个元素，并解释它们彼此之间的关系。

③请给出其他三个利用系统思维的例子，且与贝尔定律或者摩尔定律、梅特卡夫定律的影响相关。

④请说明为什么珍妮弗没有能够展现出出色的系统思维能力。

⑤人们能否提高他们的系统思维能力？如果可以，如何提高？如果不行，为什么？

（6）协同合作。

①请定义协同合作，并说明为什么对于商务人士来说这是一项重要的技能。

②请说明你如何用协同合作的方式来回答这些问题。请描述小组性工作的程序是什么样的，而非小组性的程序又是什么样的。

③你们小组的成果是否要优于你一个人单独的成果？如果不是，那么你们的协同合作是低效的。如果是，请解释原因。

④不能面对面交谈是否会削弱你的协同合作能力？如果确实如此，应该怎么做？

⑤请说明为什么珍妮弗没有能够展现出出色的协同合作技能。

⑥人们能否提高他们的协同合作技能？如果可以，如何提高？如果不行，为什么？

（7）实验。

①请定义实验能力，并说明为什么对商务人士来说这是一项重要的技能。

②请说明你能够运用实验能力的几个创新方式。

③对失败的畏惧是如何影响到你对②中指出的想法的参与热情的？

④请说明为什么珍妮弗没有能够展现出出色的实验技能。

⑤人们能否培养冒险精神？如果可以，如何培养？如果不行，为什么？

（8）工作保障。

①请陈述本书对工作保障的定义。

②请评价本书对工作保障的定义。这个定义是否合适？如果你认为不合适，请提出一个更好的定义。

③作为一个小组，你认为提高你在协作练习问题中四个方面的技能，会增强你的工作保障吗？

④你认为技术技能（如精通会计、金融分析等）会带来工作保障吗？说明理由。你认为2000年时对这个问题你会有不同的答案吗？请说明理由。

案例研究

Zulily

2013年11月15日，一家西雅图的公司Zulily以22美元一股的市值公开发行了它的原始股。这一天收盘，它的股票卖到了38美元每股。4个月后，股价涨到了62美元，几乎是它初始价的3倍。此时，公司董事长马克·瓦登的控股总量超过了20亿美元。

在把这个事件仅仅当作一次成功的股票发行而淡忘前，请对这个公司进行思考。它的商务模式是什么？一家提供最新黑技术的高技术公司？一款新的笔记本电脑？脸书的新晋竞争对手？分享照片的另一方式？不，全都不是。Zulily的目标群体是母亲：最初包括儿童衣服和玩具，现在还包括女装、首饰和装饰品。这只是零售业最古老、最传统的形式。那么，它

的爆点在哪儿？Zulily的共同创始人马克·瓦登（Mark Vadon）和达雷尔·卡文斯（Darrell Cavens）发现了利用信息技术为母亲们提供娱乐购物的一种方式：Zulily既销售名牌产品，也销售一些独特的、小众的非名牌产品，并且通常有大幅折扣。根据Zulily的统计，大约有45%的购买活动是在移动设备上进行的，当母亲们坐在操场上、汽车里等待孩子结束足球训练，她们搜索着当天的降价商品，同样，在其他有足够的时间休息的地方，她们也会在移动设备上进行网购。

这门课的目标之一就是学会在商务上评估、评价以及应用新兴的信息技术。听上去很假大空？可对于瓦登先生来说并非如此，到目

前为止,他把这一准则变成了20亿美元。

Zulily 的商务模式

Zulily 对儿童、女性服装以及其他女性感兴趣的物品进行限时特卖。特卖从每天的太平洋时间 6:00 开始,并持续 72 个小时。顾客会发现名牌商品和小众产品混在一起。Zulily 使用"主题特卖"这一词语来描述这种商品组合销售,这些是由购物专家精心挑选并组合的女性会感兴趣的商品。这种"主题特卖"提供了多种多样的有趣的产品,在购物时,女性很喜欢这种发现的刺激。因此,Zulily 不仅提供了有价值的购物体验,还有娱乐作用。部分低价产品在零售价的基础上降低了 70%,而活动只持续 72 个小时。所以,女士们,心动不如行动!

这一模式效果如何?当然成效斐然。如表 1-5 所示,在 5 年内,Zulily 将它的活跃用户数量增加了 3 185%,同时每个活跃用户的销售额增加了 233%。这一双重增长使得公司的收益从 1 800 万美元增长到 13.6 亿美元,每年的增长率达到了 137%!

表 1-5 Zulily 的表现

	2010	2011	2012	2013	2014	2015
活跃用户数量(千)	157	791	1 580	3 200	4 900	5 000
收益(百万美元)	18	143	331	696	1 200	1 361
每名活跃用户的销售额(美元)	117	180	210	218	245	272

Zulily 是如何做到的

销售过程从 Zulily 的用户发现要购买的商品开始。买家和供应商进行协商,包括批发和零售的价格、条款和最大购买量。然后,Zulily 获得货物样品,如果必要的话,还会在内部拍摄图片。在销售期间,Zulily 会把广告文案和图片展示在一起。通过在需要时拍摄图片和撰写自己的广告文案,Zulily 保证了网站上所展示的商品的质量。Zulily 还为一些小型供应商提供增值服务,否则他们不可能接触到如此高质量的专家意见。

商品被组合在一起进行为期 3 天的销售活动。Zulily 负责接收商品订单,直到达到与供应商协商的最大数量。此时,商品(或者一定数量的这种商品)会被标记成即将售罄,因此那时购买剩余商品的压力将陡增。在活动结束后,Zulily 会从供应商那儿订购商品,接收商品,然后进行打包,将商品寄到顾客手中。因此,Zulily 几乎不需要库存。而顾客收到的商品是 Zulily 的包装,从而加强了它的品牌效应。

然而,Zulily 也受制于供应商的过失。举一个例子,如果供应商承诺运送 1 000 双某个型号的鞋子,由 Zulily 来负责销售,但是之后供应商只寄来了 900 双这种型号的鞋子,那么部分消费者就会得不到他们想要的商品。而这些消费者会把责任归于 Zulily 而非供应商。

技术的使用

没有信息系统,Zulily 的商务模式就不可能实现。例如,它需要互联网来接触消费者,还需要移动技术来在手机和其他设备上实现功能。此外,Zulily 的买家还要使用互联网来发现供应商和待售商品。那技术在其中还发挥了什么其他作用吗?

在首次公开发行股票的计划书中,Zulily 就提出"通过技术投资带来的持续创新是我们商务的核心"。[一]它开发了一个专有技术平台来管理因限时特卖带来的网络处理需求的激增。请思考这种发展模式面临的挑战:在 2010 年,Zulily 的平台只需支持 1 800 万美元的销售额;5 年后,它要支持 13.6 亿美元的销售额,需求增加了 75 倍。在第 6 章中,你会学习如何解决这个巨大增长带来的问题。目前,在一个没有信息系统的世界里,要理解这样的增长是不可能的。

但这一计划书还包含更多内容,Zulily 指出,它已经发展了"广泛的数据收集和分析能

[一] zulily Prospectus, www.sec.gov/Archives/edgar/data/1478484/0119312513443794/d552850d424b4.htm.

力",使得它可以预测消费者的购物偏好,并据此调整消费者的购物体验。因此,就像任何好的销售员一样,你看到的和展示在你眼前的商品是由你过去购买的商品所决定的。分析这些数据还可以帮助买家判别消费者最有可能购买的商品。在第9章中你将学到数据分析。

增长所带来的管理问题

如此惊人的增长不可能不带来问题。2015年中期,Zulily 将它的员工人数从 2011 年年底的 329 人增加到 3 000 人。在 3 年内,Zulily 的员工总数增长了 9 倍。这一增长率造成了很大的管理困难。

该公司承认:"为了实现持续增长,我们必须整合、培训和激励大量新员工,同时维持我们的企业文化。特别是我们打算继续增加投资来扩充我们的销售和技术队伍。"

然而,Zulily 公司和亚马逊公司、诺德斯特龙公司(Nordstrom)坐落在同一条大街上,与微软公司只相隔了一个湖,所以在西雅图雇用这些销售和技术人员将会有些难度。在它的年度报告中,Zulily 特别提到增加中层管理人员的需求。

从 Zulily 身上学习

2015 年中期,自由互动公司的 QVC 集团(Liberty Interactive's QVC Group)以 24 亿美元收购了 Zulily。⊖ 很难想象,一家定位于传统市场(女装)的创业公司,可以在短短 5 年内获得 24 亿美元的估值,并在 4 年内将员工总数增加了 9 倍。

最后进行总结,我们认为 Zulily 的成功是因为它的创始人对信息系统技术进行了创新应用。正如你将学到的,Zulily 使用的并不是开创性的技术。这些创造性的天才寻找到了运用这一技术的商机,并且拥有将这一想法发展成成熟商务的管理技能。不要犹豫,大把相似的机会摆在你的面前,你只需要发现并把握这些机会。

讨论题:

(9)访问 Zulily.com 网站并注册账号。分析网站的特点,以及这些特点给母亲们的购物带来的娱乐,并解释为什么娱乐性对 Zulily 商务模式如此重要。

(10)访问 Nordstrom.com 并在上面购买儿童衣物。Zulily 的购物体验与诺德斯特龙有什么差别?简短描述每种体验类型的优缺点。

(11)如果你是 Zulily 的买家,你希望获得关于消费者购买习惯的哪些数据?

(12)如果你是 Zulily 的买家,你希望获得关于供应商情况记录的哪些数据?

(13)在一般的人生进程中,2 岁大的男孩会变成 3 岁大的男孩,4 岁大的女孩会变成 5 岁大的女孩。那么,Zulily 要如何利用这些常识来定制消费者的购物体验呢?要这么做的话,需要哪些数据呢?

(14)你是一名商务人士,信息系统专业人士很有可能会问你一些类似于(11)~(13)的问题。你最好的回答方式是什么?在会议上发言?附带一份书面文件?用简图或图表?如何确保你的想法为人所理解?

⊖ John Cook, "Zulily Sold to QVC for $2.4 Billion", GeekWire, August 17, 2015, accessed April 17, 2016, www.geekwire.com/2015/zulily-sold-to-qvc-for-2-4-billion.

第2章

协同信息系统

🌐 导入故事

"不,费利克斯(Felix)!不要再继续了!一遍,一遍,又一遍!我们开会决定点事儿,然后又开会讨论它,下一次开会还是讨论它。这实在是太浪费时间了!"

"你什么意思,卡姆?"费利克斯(猎鹰安防公司的客户服务主管)疑惑道,"我认为,对于我们来说得到一个正确的结论很重要。"

"好吧,费利克斯,既然这样,为什么你不来参加会议?"

"我只错过了两个会议而已。"

"哦。上星期我们在这里开会讨论了2个或是3个小时,我们决定使用尽可能多的3D打印部件来打印并组装一个新的四旋翼无人机原型。"

"但是,卡姆,3D打印固定的充电平台和 3D 打印像无人机那样的复杂机器之间有很大不同,这与我们打印一个不能飞的无人机有什么区别呢?"

"费利克斯!上星期我们已经讨论过了。我们发现了一些现有的可以免费试用的无人机计划。它们已经通过测试,能够工作。我们打算去看一看,是否能够从已有的四旋翼无人机中获得可以使用的内部组件用于新的 3D 打印四旋翼无人机,甚至可能通过使用通用零部件减少更多的成本。"

"嘿,卡姆,乔妮只是想告诉马泰奥一些合理的事儿。如果我们告诉她这些新的 3D 打印四旋翼无人机不能飞,之后也可能飞不起来,那么马泰奥将会取消这个项目,我们还得回到原来的工作⋯⋯使用那些有把握的商家所制造的高质量的无人机就好了!"

"费利克斯,你要把我逼疯了。我们上星期就已经讨论这个问题讨论到令人作呕了。让我们有一些进展吧!为什么你们这些人不帮我呢?亚历克西斯(Alexis),你怎么认为?"

"费利克斯,卡姆是对的,"亚历克西斯,猎鹰安防公司的销售主管,插话道,"我们已经花费很长时间讨论如何开展这项工作了,并且我们已经达成共识,即首先致力于构建一个功能性的无人飞机,这样可以减少我们的成本,能够省下很多资金,还会得到一个更加个性化的无人机平台。"

"哦,亚历克西斯,我想可能有一些误会。为什么之前没有人告诉我?我花费了很长时间了解这些 3D 打印无人机的飞行性能。"

"你看电子邮件了吗?"亚历克西斯试探性地问道。

"什么电子邮件?"

"每一个星期我都发送会议概要邮件。"亚历克西斯叹了口气。

"我收到邮件了,但是我无法下载附件。一个奇怪的病毒检测程序限制访问,或者就像这样⋯⋯"费利克斯说话的声音越来越小。

卡姆不能忍受这样的借口。"打住，费利克斯，看着我！我将把那些我们决定首先致力于构建的原型标记给你，这样就可以确保你能看到它。"

"卡姆，你也不至于如此急躁吧。我还以为我有更好的主意呢。"费利克斯说着，听起来有些伤心。

"好吧，那这周我们再达成一致——我们将基于免费计划的3D打印零部件来制造无人机原型。现在，我们已经浪费了太多时间在原地徘徊。我们得想些新办法实现这一目标。"

费利克斯沮丧地坐回他的椅子，低头看着自己的手机。

"哦，不，我错过了马普尔索普（Mapplethorpe）的电话。哎呀！"

"费利克斯，你说什么？"卡姆问道。

"马普尔索普，我在海湾石油公司的联系人。他想了解如何阅读火炬塔的多光谱图像。对不起，我必须给他回电。过一会儿我就回来。"

费利克斯离开了房间。

卡姆看了看留下来的两个团队成员。

"现在怎么办呢？"她问道。"如果我们继续讨论，费利克斯回来时我们还得将讨论过的内容再讨论一遍。也许我们应该休息一会儿？"

亚历克西斯摇了摇头。"卡姆，别这样。我难得能来参加这些会议。我不想今晚工作得太晚，我驱车赶过来是为了开会的。我还要去日托幼儿园接西蒙娜（Simone）。到现在为止，我们还什么都没有做。别想费利克斯了。"

"好吧，亚历克西斯，但忽略掉费利克斯还真挺难的。"

门开了，乔妮走了进来。

"大家好，会议进行得怎么样了？"她响亮地问道。"我可以加入吗？"

章节导览

商务是一种社会活动。尽管我们经常说组织完成了他们的战略，但事实却并非如此。组织中的个人通过与其他人合作而完成战略，他们几乎始终以团队的形式工作。人们进行商务活动也是和人打交道。

多年以来，技术越来越有利于团队式的工作。在你们祖父辈的那个年代，交流是通过信件、电话或是办公室拜访等形式进行的。20世纪八九十年代，电报、电子邮件，还有最近增加的短信、电话会议、视频会议等技术都增强了人们交流的能力。如今，像Office365这样的产品提供了广泛的协同工作支持工具。

本章将研究信息系统支持协同合作的方式。第一，本章对协同进行定义，讨论协同的活动，确定成功协同的标准。第二，本章将说明协同合作团队需要完成的工作类型。第三，本章将讨论协同信息系统的需求，并举例说明可以提高协同和内容共享的几个重要的协同工具。第四，本章将带你接近当下的需求，研究三种可以提高学生协同合作能力的协同信息系统。第五，本章将对2027年的协同合作进行讨论。

2.1 协同的两个关键属性是什么

为了回答这个问题，必须首先区分术语"合作"与"协同"。**合作**（cooperation）是指一组人为了完成任务而在一起工作，本质上所做的是同类型的工作。一个四人团队，每一个人粉刷房间的一面墙，他们是合作工作。类似地，杂货店里的一组销售人员或是邮局里的职员，他们都在以合作工作的形式服务消费者。一个合作的团队可以比单独的个人更快地完成既定任务，但合作的结果在质量上通常不如单独个人所完成的结果好。

本书将**协同**（collaboration）定义为一组人为了实现一个既定的目标而通过一个反馈和迭代的过程在一起工作。例如，利用反馈和迭代，一个人会生产一些东西，比如说文件的草稿，第二个人将会评审草稿并提供批评性的反馈建议；给出这些反馈建议之后，原作者或其他人将会修正草稿的第一稿并形成第二稿。这样的工作经过一系列的阶段或迭代后，一些产品被生产出来，经团队成员审查后形成另一个版本。利用迭代和反馈，团队的成果会比那些由个人单枪匹马完成的成果更好。这可能是因为不同的团队成员提供了不同的个人观点。"哦，我从来就没有那么想过"是协同成功最典型的信号。

许多，或是绝大多数学生团队都采用了合作的模式，而非协同工作。分配任务时，一个五人学生团队将会把一个任务分成五份，每个人独立完成自己的那份，然后整合他们独立完成的成果交由教授评分。这种分配会快速地完成项目，且任何一个人都做了较少的工作，但是这种结果却没有由一个学生独立完成工作所取得的结果好。

与之形成对比的是，如果学生们是协同工作的，他们将提出一个原创的想法或工作成果，成员之间就这些想法和成果互相提出反馈建议，然后按照反馈建议进行修正。这种过程所产生的成果要远远优于任何一个学生单独完成的成果。

2.1.1 建设性批评的重要性

鉴于这一定义，为了协同成功，团队成员必须提供且接受建设性批评。**建设性批评**（constructive criticism）是为了提高产出而给出的既可以是肯定的也可以是否定的建议。绝大多数团队成员在给出赞许的反馈方面是没有问题的，因为这一行为较为容易且被社会接受。成员们更难以提出或接受批评性的反馈。如果一个团队中所有的成员都客客气气地不说任何批判性的内容，那就无法实现协同。事实上，那些只提出正面反馈的团队非常容易受**团队迷思**（groupthink）的影响，这是一种由于渴望团体凝聚力而导致制定低质决策的现象。

另一方面，如果一个团队过于批判或否定，成员之间就会有分歧甚至仇恨，继而也无法有效地协同。批判性的反馈需要以友好的方式呈现，且遵循通情达理原则。学习如何有效地提供批判性反馈需要大量的实践。对于绝大多数团队，如果团队成员既能够给出赞许的反馈又能够给出批判性的反馈，那么这个团队就成功了。

为了强调这一点，我们来看一下迪特科夫（Ditkoff）、阿伦（Allen）、摩尔（Moore）和波拉德（Pollard）的研究。他们调查了 108 个商务专业人士，明确地列出了一系列优秀协同者应具备的品质、态度和技能。⊖ 表 2-1 列出了这次调查中最重要和最不重要的特征。绝大多数学生很惊讶地发现在前 12 个特征中，竟然有 5 个涉及争论（在表 2-1 中加粗表示）。绝大多数学生认为"我们都应该和睦相处"，在团队事务上或多或少有相同的想法和观点。尽管对于团队来说相互友善并一起工作是非常重要的，但这个研究显示，对于团队成员来说有不同的想法和观点并将这些想法和观点表达给彼此也是非常重要的。

⊖ Mitch Ditkoff, Tim Moore, Carolyn Allen, and Dave Pollard, "The Ideal Collaborative Team," Idea Champions, accessed April 26, 2016, www.ideachampions.com/downloads/collaborationresults.pdf.

表 2-1 协同者最重要的特征

1. 对我们的协同主题是热情的
2. 是思想开放的、好奇的
3. **即使是非主流的观点，他也要陈述自己的想法**
4. 及时回复我或其他人
5. **愿意参与艰难的交谈**
6. 是一个敏锐的倾听者
7. **善于给出或接受负面反馈**
8. **愿意提出非主流的观点**
9. 能够自我管理并且只需要"较低的维护"
10. 因履行承诺而闻名
11. 有深入讨论主题的热情
12. **相比于我带来不同视角，有差异化的思考**

⋮

⋮

31. 被很好地组织
32. 是我立即会喜欢的人，气味相投
33. 已经赢得了我的信任
34. 有作为协同者的经验
35. 是一个有能力、有说服力的参与者
36. 是合群的、很有活力的
37. 是我之前认识的人
38. 在我们的协同领域已经确立了一定的名声
39. 是一个有经验的商务人士

如果我们将协同理解为一个迭代的过程，团队成员给出并接受反馈，这样的结果就不稀奇了。在协同过程中团队成员要互相学习，如果没有人表达不同观点（哪怕是一些非主流的观点），成员们将很难学到什么。这些受访者似乎想表达，"只要你在乎我们在做什么，即使你持有负面态度也没关系。"对于那些曾经被教育要"与人打成一片"的人而言，这些协同的技巧不会自然而然地生成，但这也许就是它们在此研究中排名靠前的原因。

那些被认为是不相关的特征也具有启发性。是否具有作为协同者或从事商务活动的经验并不重要，是否受欢迎也不重要。然而，令人意外的是，"很好地被组织"在 39 个特征中排名第 31 位。也许协同本身就不是一个非常有序的组织过程。

2.1.2 给予和接受建设性批评的准则

给予并接受建设性批评是最重要的协同技能。你需要掌握如何以一种积极的方式给予批判性反馈。因此，在讨论信息系统对于协同的促进作用之前，我们要学习给予并接受批判性反馈的准则，如表 2-2 所示。

表 2-2 给予和接受建设性批评的准则

规则	举例
	给予建设性批评
须为具体的	非建设性的批评："整件事情是杂乱无章的烂摊子。" 建设性的批评："在读到第二部分之前，我一直都是迷惑的。"
提供建议	非建设性的批评："我不知道对此该做些什么。" 建设性的批评："考虑将第二部分移至文档的开头。"

（续）

规则	举例
避免人身攻击	非建设性的批评："只有笨蛋才会将分析部分放在最后。" 建设性的批评："分析部分可能需要前移。"
设立积极目标	非建设性的批评："你不能再错过最后期限了。" 建设性的批评："以后，试着规划你的时间，以免超期。"
接受建设性批评	
质疑你的情绪	非建设性的批评："他真是个混蛋！他为什么把我的工作搞得一团糟呢？" 建设性的批评："为什么我对他刚才所做的评论感到非常生气？"
不占主导地位	非建设性的批评："你讨论得过于详尽，已经占用一半的时间了。" 建设性的批评："如果有四个团队成员，你可以占用总时间的四分之一。"
展示团队承诺	非建设性的批评："我已经做完我该做的部分。我不想再做我的工作。已经足够好了。" 建设性的批评："哎哟，我真不想重新做这部分，但是如果你们都觉得这很重要，我就再做一遍。"

很多学生已经发现，当你第一次组建协同团队时，以讨论一个如表 2-2 所示的建设性批评准则拉开序幕非常有用。以此列表为基础，使用反馈和迭代，构建一个你们自己的准则列表。当然，如果一个团队成员没有遵循大家一致认可的准则，其他成员就必须对此给予建设性批评。

2.1.3 警告

如果你像大多数商务专业的大学生（尤其是大一或大二的学生）那样，你的生活经验将有碍于你理解协同的必要性。迄今为止，几乎你所认识的每一个人都拥有与你相同的经历，大家或多或少地以类似的方式思考。你的朋友和同事都具有相同的教育背景、相近的标准化测试成绩和相同的成功目标。既然如此，为什么还要协同呢？反正，你们大多以同样的方式思考："教授想要什么，最简单、快捷的实现路径是什么？"

让我们看一下如下思维试验。你们公司正在计划筹建一个对于新产品线的成功至关重要的新设施，这将会创造 30 个新的工作岗位。由于选定的地点有滑坡的可能，地方政府不准备颁发建设许可。你们的工程师确信你们的设计可以克服这个风险，但首席财务官（chief finance officer，CFO）却担心这件事情可能引发的诉讼会带来麻烦。你们公司的法律顾问（legal counsel）正在调查即限制赔偿责任又克服地方政府反对的最佳方式。同时，一个当地的环境组织也开始阻止这个项目，因为这个选址十分接近一处鹰巢。你们的公共关系总监（public relations director）正在每星期与这些当地组织进行会晤。

这个项目还要继续吗？

为了决策，公司创立了一个由首席工程师（chief engineer）、CFO、法律顾问以及公共关系总监组成的工作团队。每一个团队成员都具有不同的教育经历和专业知识、不同的生活经验、不同的价值观。事实上，他们之间唯一的共同点就是大家都是同一公司的员工。这个团队要以一种完全不同于以往所经历过的方式开展协同。在阅读本章的时候，请记住这个案例。

总之，协同的两个关键特征是迭代和反馈。

2.2 成功协同的三个标准是什么

J. 理查德·哈克曼（J. Richard Hackman）已经研究团队协作许多年，他的《领导团队》

(*Leading Teams*)一书中包含了很多对未来管理者有用的概念和小技巧。㊀根据哈克曼的观念，有三个判断团队成功的主要标准：①成功的结果；②团队能力的成长；③有意义且令人满意的体验。

2.2.1 成功的结果

大多数学生主要关心第一个标准——"成功的结果"。他们想要取得好的结果，这可以通过他们的成绩来衡量；或者他们想以可接受的成绩完成项目且花费的努力最小。对于商务专业人士来说，团队需要完成的目标有：做出决策，解决问题，或创造出产品。不管是什么项目，第一个成功的标准就是"我们做到了吗？"

尽管不像学生团队那样明显，但绝大多数商务团队都要问，"我们是在时间、预算允许范围内做到的吗？"产出工作成果的时间太晚或是远超预算的团队，即使实现了目标也仍是不成功的。

2.2.2 团队能力的成长

也许因为绝大多数学生团队都是短期的，所以其余两个标准可能出乎大多数学生的意料。但是，商务活动中的团队经常会持续几个月或者几年，因此询问"这个团队进行得好吗"是非常有必要的。如果你是一个足球迷，你肯定已经听你们大学教练说过，"随着赛季的推进，我们球队真的进步了。"（当然，如果这个球队的战绩是2胜12负，你就不会听到这样的话。）足球队仅仅持续一个赛季。如果一个团队是永久的，比如说一个客户支持人员组成的团队，那么这个团队成长的收益将会更大。随着时间的推移，当这个团队变得更好时，它将变得更有效率；因此，随着时间的流逝，团队在既定成本下可以提供更多的服务，或以较低的成本提供同样的服务。

一个团队怎样才能变得更好呢？方法之一就是开发更好的工作流程。通过合并或取消一些活动，使彼此之间建立联系，从而使大家了解彼此在做什么、需要什么或能提供什么。如果团队中的个体可以提高他们完成任务的质量，团队也可以变得更好。这种改善也体现在学习曲线中：当某人一遍一遍地做某件事时，他就会变得更擅长做这件事。团队成员也可以向其他人传授任务技能或知识，或为其他成员提供其所需的思考问题的视角。

2.2.3 有意义且令人满意的体验

哈克曼所定义的团队成功的第三个要素是团队成员拥有一个有意义且令人满意的体验。当然，团队目标的性质是使工作有意义的重要因素。但是，很少有人有机会开发出挽救生命的癌症疫苗或培育出可以解决世界饥荒的新品种小麦，绝大多数人只不过是制造产品、完成货物装运、支付款项或寻找前景等。

在绝大多数商务专业人士的现实世界中，什么才使工作有意义呢？哈克曼在他的书中引用了大量研究，一个共同的观点是：团队感知这项工作是有意义的。保证产品数据库中价格及时更新也许不是一件很吸引人的工作，但是如果团队感知这项任务很重要，它就将变得有意义。

此外，如果个人的工作不仅被感知是重要的，而且在做这件工作时被给予信任，这样的

㊀ J. Richard Hackman, Leading Teams: Setting the Stage for Great Performances (Boston: Harvard Business Press, 2002).

体验也将被感知是有意义的。因此，很好地完成工作的意识对于有意义的工作体验来说是非常重要的。

团队满意度的另一个方面是友爱。就像学生那样，当商务专业人士觉得自己是团队的一分子时，他们就会被激励，每个人认真做好自己的工作，所有人共同努力完成的成果也就比任何人单独完成的成果更有价值。

2.3 协同的四个主要目标是什么

协同团队需要完成的四个主要目标是：①知晓实情；②做出决策；③解决问题；④管理项目。

这四个目标彼此相辅相成。例如，决策需要团队成员知晓实情。相应地，为了解决问题，团队必须有能力做出决策（并且知晓实情）。最后，为了管理项目，团队必须能够解决问题（并且做出决策且知晓实情）。

在我们继续讨论之前，你需要明白如何用这四个目标的层级关系来构建自己的专业技能。如果你没有技能让自己变得知晓实情，就不能很好地做出决策。如果你不能做出好的决策，你就不能解决问题。如果你不知道如何解决问题，就不能管理项目。

在这个问题上，我们将考虑这四个目标之间的协同本质，并且描述支持它们的信息系统的需求，从最基础的"知晓实情"开始。

2.3.1 知晓实情

知晓实情是首要的、最基础的协同目标。回顾一下第 1 章，两个个体获得同样的数据，但是却给出了不同的解读，或者正如第 1 章中所提及的那样构建了不同的信息。知晓实情是为了尽可能地确保团队成员按照同样的方式构建信息。

正如开篇情景中所描述的那样，猎鹰安防公司的一个团队被安排调查 3D 打印的市场机遇。团队首要的任务之一就是确保每一个成员理解目标且进一步理解 3D 打印技术的基础以及实施 3D 打印所需的条件。

包括知晓实情在内的所有的协同目标，都体现了协同信息系统的几个需求。如你所知，团队成员需要能共享数据并与其他成员交流共享心得。然而，记忆会有差错且团队成员会有所变动，所以记录下团队成员对所获信息的理解是非常有必要的。为了避免反复地纠结于某一个主题，利用像维基这类的资料库是必要的。我们将在 2.5 节进行深入讨论。

2.3.2 做出决策

协同被用于一些类型的决策制定，但并非用于所有类型的决策。因此，为了理解协同的作用，我们必须从对决策制定的分析着手。决策可被分为三个层级：操作层、管理层和战略层。

（1）**操作层决策**。操作层决策（operational decision）用于支持操作性的、日常的活动。典型的操作层决策包括：需要从供应商 A 处订购多少小部件？需要给供应商 B 提供信贷吗？哪一个账单今天需要支付？

（2）**管理层决策**。管理层决策（managerial decision）是关于资源分配和利用的决策。典型的管理层决策有：明年应该为部门 A 的计算机硬件和程序安排多少预算？应该为项目 B 分派多少工程师？明年仓库需要多大面积？

一般来说，如果管理层决策需要从不同的角度考虑，那么采用协同的方式就会有所助益。例如，对于"明年是否需要提高员工的工资"这一问题，单一个人无法给出答案。这样的决策依赖于对通货膨胀、行业趋势、组织利润、联ંग影响以及其他因素的综合分析。高级管理人员、会计人员、人力资源人员、劳动关系管理人员以及其他人员，都会从不同的角度对决策提出不同的观点。他们将会为决策产出一个产品，对其进行评估，并以迭代的方式对其进行修正——这就是协同的本质。

（3）**战略层决策**。战略层决策（strategic decision）支持范围广泛的组织问题。这个层次的典型决策是：我们应该开辟一条新产品线吗？应该在田纳西州开设一个仓储中心吗？我们是否要收购 A 公司？

战略层决策基本上都是协同的。做出是否转移制造业务到中国这样一个决策，可能会影响组织的每个员工、供应商、客户以及其他的利益相关者。你还需要考虑这些因素及每个因素的方方面面。

（4）**决策过程**。

根据决策过程是否结构化可以将信息系统进行分类。这些术语涉及决策制定的方法或过程，而不是潜在问题的本质。**结构化决策**（structured decision）过程是指有能理解的且被接受的方法的决策过程。一个典型的结构化决策的例子就是用公式来计算库存中一项商品的再订购量。为员工分配办公家具和设备的标准方法也是一种结构化决策过程。结构化决策很少需要协同。

非结构化决策（unstructured decision）过程是指没有一致的决策方法的决策过程。预测经济或股票市场的未来走向就是典型的例子。预测方法因人而异，它既不是标准化的也不是被广泛接受的。另一个非结构化的例子是评估一名员工是否非常胜任于某项特殊的工作。管理者们在做这些评估时需要采用不同的方式。非结构化决策通常是协同的。

（5）**决策类型和决策过程之间的关系**。

决策类型与决策过程之间联系松散。操作层的决策倾向于采用结构化决策过程，战略层的决策倾向于采用非结构化决策过程，管理层的决策既可能倾向于采用结构化决策过程，也可能倾向于采用非结构化决策过程。

这里我们之所以说"倾向于"，主要是因为这种关系中也有例外。一些操作层决策是可能采用非结构化决策过程的（例如，在返校节比赛的前一天晚上我们需要多少出租车司机），一些战略层决策也可能采用结构化决策过程（例如，我们应该怎样分配新产品销售配额）。然而，一般来说，这种关系还是有效的。

（6）**决策制定和协同系统**。

如前所述，很少有结构化决策涉及协同。例如，决定从卖方 B 处订购多少产品 A，不需要成员之间进行反馈和迭代等这些典型的协同方式。尽管生成订单的过程需要采购、会计、制造等人员的协同工作，但很少需要某个人关心其他人的工作。事实上，在例行的结构化决策中采用协同的成本较高，造成浪费，还会令人懊恼。"难道我们每一件事都需要开会讨论吗？"这是一种常见的感慨。

在非结构化决策中，反馈和迭代非常重要，所以这里的情形就不一样了。成员们对决定什么、怎样达成决策、哪些标准是重要的以及如何根据这些标准评估决策方案等都提供了不同的观点和看法。团队可以假设初步的结论并且讨论这些结论的潜在成果，成员们将会经常修正他们的观点。图 2-1 揭示了随着决策过程的结构化程度越来越低，协同的需求度逐渐增加。

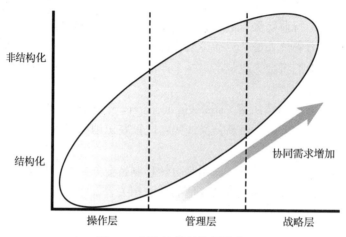

图 2-1 制定决策的协同需求

2.3.3 解决问题

解决问题是协同的第三个主要目标。**问题**（problem）是指是什么和应该是什么之间的感知差异。因为它是一种感知，所以对问题的定义因人而异。

对于问题解决型协同团队而言，首要且最重要的任务就是定义问题。例如，指派给猎鹰安防公司团队的问题是决定 3D 打印无人机是否是一个可行的选择。正如在说明第一个目标——知晓实情时所陈述的那样，团队首先需要确保团队成员理解这个目标并对 3D 打印需求有共同的理解。

因为问题是指是什么和应该是什么之间的感知差异，所以类似于"减少操作支出"这样的表述是远远不够的。节省 1 美元够吗？节省 10 万美元够不够？节省 100 万美元够吗？一个更好的问题定义是"节省 10% 或 10 万美元的操作费用"或其他对"希望是什么"的更明确的表述。

表 2-3 列出了问题解决型任务的准则。因为本书的内容是关于信息系统的而不是关于问题解决的，所以这里将不对这些问题进行深入研究。只需注意一下所需完成的任务，并考虑对于每一项任务而言反馈和迭代的作用。

表 2-3 问题解决型任务
- 定义问题
- 识别备选解决方案
- 制定评价标准
- 评估备选方案
- 选择备选方案
- 实施解决方案

2.3.4 管理项目

管理项目是一个内容丰富且复杂的问题，涉及许多理论、方法和技术。这里我们只涉及四个主要项目阶段的协同。

确立项目是为了创造或生产出某些事物。其最终的目标可能是营销计划、新厂房或新产品的设计，也可能是将要执行的年度审计。由于项目的性质和规模存在差异，在此我们将概括出通用的项目阶段。表 2-4 展示了项目管理的四个阶段以及每个阶段的主要任务和协同团队需要共享的数据。

表 2-4 项目管理任务和数据

阶段	任务	共享的数据
启动阶段	设置团队职权 设置项目范围和初始预算 组建团队 确立团队角色、责任和权力 确立团队规则	团队成员个人数据 启动文件
计划阶段	确定任务及其依赖关系 部署任务 确定进度 修正预算	项目计划、预算以及其他文件
实施阶段	执行项目任务 管理任务和预算 解决问题 如果需要，重新规划任务 记录和报告进程	进行中的工作 最新的任务 最新的项目进度 最新的项目预算 最新的现状文件
收尾阶段	确定完成 准备档案文件 解散团队	档案文件

1. 启动阶段

启动阶段最主要的目的是确定项目和团队的基本原则。在一个行业中，团队需要确定或了解自身所拥有的权力。该项目交由这个团队吗？或确定项目本身是团队的一部分任务吗？组员关系是由团队自由决定的还是既定的？团队是自己设计完成项目的方法，还是需要使用特定的方法呢？不同于行业团队，学生团队的权力以及成员关系由教师来安排。尽管学生团队没有权力定义项目，但他们有权力决定怎样完成项目。

启动阶段的任务还包括确定项目范围、建立初始预算（这个预算通常是初步的，在项目计划之后还会被修正）。初始团队也在此阶段被确定，但大家都能理解随着项目的开展，团队成员之间的关系会发生变化。在项目一开始就为团队成员设定期望是非常重要的。每一个团队成员将承担怎样的角色，并拥有哪些责任和权力呢？在决策制定的讨论过程中，团队规则也应随之建立起来。

2. 计划阶段

计划阶段的目的是决定"什么时候谁要做些什么"。要把工作活动定义出来，如将人员、预算以及设备等资源分配到团队。在第 12 章我们讨论项目管理的时候将会学到，任务之间是彼此依赖的。例如，列出可选任务的评价列表后，你才能评估可选任务。在这个例子中，评估可选任务与创建可选任务清单之间具有任务依赖性。只有在创建可选任务清单之后，评估可选任务的工作才能开始。

一旦任务和资源分配好了，就可以决定项目进度。如果项目进度是无法接受的，就要给项目分配更多的资源或是缩小项目范围。不管怎样，在这里风险和复杂性会增加，我们将在第 12 章中对此进行探讨。在这个阶段，项目预算通常也需要修正。

3. 实施阶段

实施阶段要完成项目任务。此阶段的关键管理挑战是要确保任务按时完成，否则就要尽早识别出项目进度中的问题。随着工作的推进，经常需要增加或删除一些任务，改变任务安排，增加或移除一些任务的劳动或资源等。另一个重要的任务就是记录并报告项目进展情况。

4. 收尾阶段

我们是否完成任务了？虽然这个问题很重要，但有时却很难回答。如果工作没有完成，团队需要确定更多的任务并且继续之前的实施阶段。如果答案是肯定的，那么团队需要记录结果，为将来的团队记录信息，结束这个项目并且解散团队。

回顾一下表2-4中的第三列。所有的数据需要存储在团队可获取的地方。此外，所有的数据是反馈和迭代的。这就意味着，将会有成百上千个不同版本的数据项需要管理。我们将在2.6节讨论协同信息系统提升此类数据管理的方法。

2.4 协同信息系统的必要条件是什么

正如所期待的那样，一个**协同信息系统**（collaboration information system），或更简单地说，一个**协同系统**（collaboration system），是一个支持协同的信息系统。在这一部分，我们将讨论这个系统的组成，应用2.1节和2.2节的内容总结协同信息系统的需求。

协同信息系统是信息系统的实例，是一个你和你的团队能够且应该构建的信息系统。由于你们刚开始接触信息系统，所以我们先来总结一下这个系统的五个组件，然后再调查构建协同信息系统应考虑的团队需求，包括你们团队的需求。

2.4.1 协同信息系统的五个组件

作为信息系统，协同系统拥有每一个信息系统都有的五个组件：计算机硬件、软件、数据、处理规程和人员。就计算机硬件而言，每一个团队成员都要有加入团队工作的设备，既可以是个人电脑，也可以是像iPad这样的移动设备。此外，由于团队需要共享数据，绝大多数的协同系统会在某个服务器上存储文档和其他文件。Google Drive 和 Microsoft OneDrive 提供可以通过网络获取数据的服务，即所谓的云，相关内容将在第6章阐述。目前，可以把它看作是在互联网上某个位置可以存储且检索文件的一台或多台电脑。

协同程序就像电子邮件或短信发送的应用一样，Google Docts、Microsoft Office Online以及其他工具都支持协同性工作，在2.5～2.7节中将介绍这些工具。

协同包括两类数据组件。**项目数据**（project data）是协同工作产品的一部分数据。例如，对于一个设计新产品的团队而言，设计文档就是项目数据的实例。描述推荐解决方案的文档是"解决问题的项目"的项目数据。**项目元数据**（project metadata）是用于管理项目的数据，进度表、任务、预算和其他管理数据都是项目元数据的实例。顺便说一句，这两种数据都易于迭代和反馈。

协同信息系统处理规程详述管理团队工作的标准、原则和技术。审查文档或其他工作产品的处理规程就是一个实例。为了减少混乱和增强控制，团队可以建立一个处理规程详述由谁按照怎样的顺序审查文档。谁能针对哪些数据做哪些相关准则也一并被编入处理规程之中。处理规程通常由团队设计，有时由于所使用协同工具的局限性，还需要进行调整。

协同系统最后的组件当然就是人员。在2.1节我们已经讨论了给予和接受批评性反馈的重要性。除此之外，团队成员应该知道怎样、何时使用协同应用。

2.4.2 主要功能：通信和内容共享

表 2-5 展示了按照哈克曼团队成功的三个标准所进行的需求分类（已在 2.2 节讨论）。为了按时且按预算完成工作，团队需要获得协同系统的支持，以帮助他们进行交流，管理许多版本的内容并管理任务。我们将在 2.5 ～ 2.7 节讨论支持这些需求的工具。正如对支持协同的信息系统所期待的那样，我们注意到这些需求也支持迭代和反馈。表 2-5 也展示了团队能力成长的需求和创建有意义且令人满意的体验的需求。

表 2-5 协同信息系统需求

团队成功的标准	需求
按时且按预算完成工作	● 交流（反馈） ● 管理许多版本的内容（迭代） ● 管理任务（按时且按预算）
团队能力成长	● 记录所习得的教训 ● 文档定义、概念以及其他知识 ● 支持团队内培训
有意义的且令人满意的体验	● 建立团队精神 ● 奖励完成 ● 创造重要的感觉

后面你将会学习到，有许多构建信息系统以满足这些需求的可选方案。我们将在 2.8 节考察三个可选方案。在本章末尾的协同练习中，你将有机会为团队创建一个信息系统，这将直接让你学习到五个组件各自的作用，并且还可以得到一个可以对其他团队或其他课堂甚至于你的职业生涯有借鉴意义的结论，因此这种过程非常有益。

表 2-6 列出了在 2.3 节讨论的协同活动的四个目标并且为协同系统总结出每一个目标对应的信息系统需求。当构建一个属于自己的协同信息系统时，首先要决定所付出的努力类型，然后借助表 2-6 来决定需求。

表 2-6 不同协同目标的需求

团队目标	需求
知晓实情	● 共享数据 ● 支持团队交流 ● 管理项目任务 ● 存储历史
做出决策	● 共享决策标准、可选方案的描述、评价工具、评价结果以及实施计划 ● 支持团队交流 ● 管理项目任务 ● 根据需要公开决策 ● 存储分析和结果
解决问题	● 共享问题定义、可选择的解决方案、成本以及收益、可选方案的评价以及解决方案实施计划 ● 支持团队交流 ● 管理项目任务 ● 根据需要公开问题和解决方案 ● 存储问题定义、可选方案、分析以及计划
管理项目	● 支持项目的启动、计划、实施、收尾阶段 ● 支持团队交流 ● 管理项目任务

2.5 怎样使用协同工具改进团队通信

因为需要提供反馈，所以对于每一个协同项目而言团队通信是必需的。除了反馈之外，对于管理内容、项目任务，以及如表 2-5 和表 2-6 所列出的这些需求来说，团队通信也是重要的。开发一套有效的团队通信工具是团队首先应该做的事情，并且可以说这是协同信息系统最重要的一个特征。

特定工具的使用取决于团队的通信方式，如表 2-7 中所归纳的。**同步通信**（synchronous communication）发生在所有团队成员同时接触的时候，如电话会议或面对面的会议。**异步通信**（asynchronous communication）发生在团队成员不同时接触的时候，在同一个地点不同轮班工作的员工或在不同时区工作的团队成员一定是非同步接触的。

表 2-7　通信的协同工具

同步		异步
共享日程表 邀请并且出席		
单位置	多位置	单/多位置
如 Word 和 PowerPoint 这样的办公应用 共享白板	会议电话 多方文字聊天 屏幕共享 网络研讨会 视频会议	电子邮件 讨论区 团队调查

绝大多数的学生团队至少最初是试图面对面接触的。但是，由于学生的时间表和各自的职责都不相同，安排这样的会议总是很困难。即使想安排这样的会议，也需要考虑创建一个在线日历组以便团队成员一周一周地填写他们方便的时间。也可以利用 Microsoft Outlook 中的会议功能发布邀请，收集 RSVP⊖。如果没有 Outlook，利用如 Evite 这样的网站（www.evite.com）也可以实现这一目标。

对于绝大多数面对面会议而言，也许你们需要很少的通信工具，一些标准化的办公应用软件或类似的免费软件（如 LibreOffice）就足够了。然而，有研究表明，面对面的会议能从共享的在线工作区中获益，如图 2-2 所示。如果有这样的白板，团队成员可以同时打字、写字和绘图，在给定的时间里这种方式会比团队成员必须按顺序口头表述观点的方式提出更多的观点。如果你已经有了这样的白板，不妨在面对面会议上尝试一下，看看它是否能有效地服务你的团队。

然而，考虑到当今的通信技术，绝大多数学生差不多已经放弃了面对面会议。安排这样的面对面会议对他们来说太难，并且也不值得这么麻烦。取而代之的是，他们学习使用**虚拟会议**（virtual meeting），在这里参会者不需要在同一个地点见面，可能也不需要在同一时间见面。

如果虚拟会议是同步的（大家同时见面），可以使用电话会议、多方文字聊天、屏幕共享、网络研讨会或视频会议等。一些学生觉得通过文字聊天讨论学校的项目有些怪异，可是为什么不用一下呢？无论你在哪里都可以参加会议，而且不需要发出声音。Google Hangouts 支持多方文字聊天，商务版的 Skype 也支持多方文字聊天，在 Google 或 Bing 上检索 "multiparty

---

⊖ RSVP 来自法文，其含义是 please reply，即"请答复"。——译者注

text chat"（多方文字聊天）还可以搜寻到其他的类似产品。

屏幕共享应用（screen-sharing application）可以让多个用户看到同一个白板、应用或其他展示内容。图 2-2 展示了猎鹰安防公司的一个会议白板实例。这个白板是商务版 Skype 的一部分，它支持多人同时交流。为了组织同时会话，这个白板实体会像图中所示的那样在团队成员之间进行分割。一些团队会把白板作为会议备忘录保存。

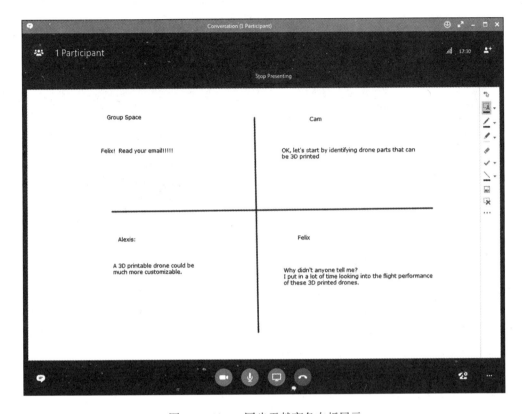

图 2-2　Skype 同步贡献商务白板展示

资料来源：Skype Corporation.

网络研讨会（webinar）是一种虚拟会议，其间参会者们浏览某一个参会者电脑屏幕上更正式的、有组织的演示文稿。WebEx（www.webex.com）是一个在虚拟销售演示比较流行的商务网络研讨会议应用软件。

如果团队中每一个人的计算机上都有摄像头，还可以进行**视频会议**（videoconferencing），就像图 2-3 展示的那样。可以使用 Google Hangouts、WebEx 或商务版的 Skype，这些将在 2.8 节中讨论。视频会议比文字聊天更具侵入性（你必须梳理你的头发），但是它确实有更多的个人接触。

在一些课堂中或在某种情况下，同步会议甚至是虚拟会议也无法安排。无论采用何种方式，就是无法在同一时间召集到所有人。在这种情形下，如果团队又必须异步接触，绝大多数同学会尝试通过**电子邮件**（email）通信。电子邮件的问题是太过自由。因为电子邮件容易躲避，所以并不是每个成员都会参与进来（在导入故事中，难道 Felix 真的无法打开附件吗）。电子邮件线程是杂乱无章的，而且相互分离，缺乏连贯性，事后如果想找到特定的邮件、内容或附件也较为困难。

图 2-3　视频会议示例

资料来源：Tom Merton/Getty Images.

讨论区（discussion forum）是一种可替代的方案。在这里，团队成员可以发布条目，发布的内容可以是一个观点、评论或问题，而后由其他的团队成员进行回复。图 2-4 展示了一个实例。这样的论坛比电子邮件好，因为它可以确保讨论一直都围绕着特定的主题。然而，尽管如此，某些团队成员还是很容易不参与讨论。

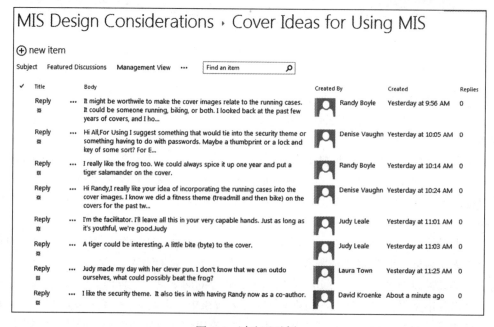

图 2-4　讨论区示例

资料来源：Windows 10, Microsoft Corporation.

团队调查（team survey）是通信技术的另一种形式。在这项技术中，一个团队成员创建一个问题清单，然后其他的团队成员进行答复。调查是一种获得团队观点的有效方式，由于团队调查通常比较容易完成，因此绝大多数团队成员都会参与进来。实时调查软件，如Socrative（www.socrative.com）或 SurveyMonkey（www.survey-monkey.com）允许团队成员匿名生成观点，提供即时的反馈，并且生成详尽的调查报告。在匿名调查中，由于团队成员不必担心被识别或被批评，他们更愿意贡献自己的观点，因此可以提高个人参与度和团队认同度。团队调查也易于判断还有谁没给出反馈。图 2-5 展示了一个团队调查的结果。Microsoft SharePoint 已经内置了调查功能，在 2.8 节中将对其进行讨论。

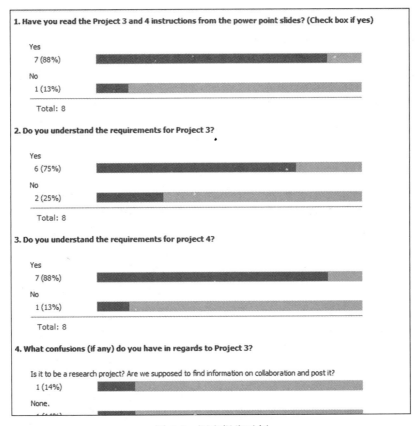

图 2-5　调查报告示例

视频录像以及音频录音也是有用的异步通信。重要的报告或讨论被录下来，团队成员在方便的时候可以回放它们。这样的记录对于培训新员工也很有用。

2.6　怎样使用协同工具管理共享内容

内容共享是协同系统的第二个主要功能。为了能够迭代和反馈，团队成员需要共享项目数据（如文档、电子数据表格、演示文稿）、工作产品数据以及项目元数据（如任务、进度表、日历以及预算）。团队所使用的应用软件以及他们共享数据的方式取决于内容的类型。表 2-8 展示了一些基本情况。

表 2-8　内容应用和存储可选项

内容类型	桌面应用软件	网络应用	云驱动
Office 文档（Word、Excel、PowerPoint）	Microsoft Office、LibreOffice、OpenOffice	Google Docs（导入/导出非 Google Docs）、Microsoft Office Online（仅 Microsoft Office）	Google Drive、Microsoft OneDrive、Microsoft SharePoint、Dropbox
PDF	Adobe Acrobat	Google Drive、Microsoft OneDrive 和 Microsoft SharePoint 的阅读器	Google Drive、Microsoft OneDrive、Microsoft SharePoint、Dropbox
图片、视频	Adobe Photoshop、Camtasia 等	Google Picasa	Google Grid、Microsoft OneDrive、Microsoft SharePoint、Apple iCloud、Drop Box
其他（工程绘图）	专门的应用软件（Google SketchUp）	很少	Google Grid、Microsoft OneDrive、Microsoft SharePoint、Drop Box

对于正在共享办公文档（如 Word、Excel 以及 PowerPoint 文档）的团队来说，桌面应用程序的黄金标准就是 Microsoft Office。可是，Microsoft Office 非常昂贵。为了尽量减少成本，一些团队使用 LibreOffice（www.libreoffice.org）或 Apache OpenOffice（www.openoffice.org），它们都是免许可费、开源的产品（在第 4 章将学习这些术语，现在只要知道它们是免费的就可以了）。尽管这些产品在特征和功能上都只是 Microsoft Office 的一个子集，但它们性能稳定，对于许多企业和学生来说已经足够了。

共享其他类型文档的团队需要安装处理这些特殊类型文档的应用软件。例如，处理 PDF 文件的 Adobe Acrobat，处理图片的 Photoshop 和 Google Picasa，以及生成计算机屏幕视频文件（这些视频文件可以用来教授团队成员如何使用计算机应用软件）的 Camtasia。

除了桌面应用软件，团队也可以在自己的浏览器（Firefox、Chrome 等）中植入 Web 应用软件来处理一些类型的内容。Google Docs 和 Microsoft Office Online 都能够处理 Word、Excel 以及 PowerPoint 文件。但是，Google 有自己的文件版本。因此，如果用户上传利用桌面应用软件创建的 Word 文档，并且希望以后可以编辑这个文档，就必须把它转换为 Google Docs 格式并用 Google Docs 打开。在编辑这个文档之后，如果用户想把这个文档存回 Word 格式，就需要专门地把该文档存成 Word 格式。只要用户有如此操作的意识，这样做一点也不难。当然，如果团队从来没有使用过桌面应用软件，而是使用 Google Docs 通过网络创建和处理文档，就不需要进行桌面软件格式和 Google Docs 格式之间的转换。Microsoft Office Online 也能通过同样的方法使用，但是 Microsoft Office Online 只能编辑用 Microsoft Office 文件格式创建的文档（如 .doc、.xls 等）。用 LibreOffice 和 OpenOffice 专有的 ODF 格式（如 .odt、.ods 等）创建的文档无法用 Microsoft Office Online 编辑。但是，你可以改变 LibreOffice 的默认设置，方便将这些文档保存为 Microsoft Office 格式。

基于浏览器的应用软件要求将这些文档存储在云服务器上。Google Docs 文档必须存储在 Google Drive 上，Microsoft Office Online 必须存储在 Microsoft OneDrive 或者 Microsoft SharePoint 上。在本章后续部分讨论版本管理时我们将介绍 Google Docs 和 Google Drive 的使用方法。

除了 Office 文档之外的其他文档可以存储（但不能通过浏览器处理）在任何的云服务器上。团队成员将文档存储在服务器上可以方便其他成员访问。Dropbox 是一个常见的可选方案，你也可以使用 Google Drive、Microsoft OneDrive 以及 SharePoint，或者选择在 Apple iCloud 上存储图片和视频。

图 2-6 列出了三类内容的协同工具：无控制、版本管理以及版本控制。

共享内容的可选项		
无控制	版本管理	版本控制
用带有附件的Email 在服务器上共享文件	Google Docs Microsoft Office 365 Microsoft Office	Microsoft SharePoint

内容控制度增强

图 2-6　内容共享的协同工具

2.6.1　无控制地共享内容

最主要的内容共享方式就是电子邮件附件。然而，电子邮件附件存在很多问题。其中一个问题就是，总有一些人接收不到邮件，注意不到在收件箱里的邮件，或嫌存储附件麻烦而不愿意花心思。而且，如果三个用户获得了来自同一个邮件附件的文档，每一个人都修改了这个文档，并且每一个人都将修改后的文档通过电子邮件的方式发送回去，如此一来原文档的不同版本或者是不一致的版本就会被广泛传递。因此，尽管电子邮件的方式简单易行，但对于有很多文档版本需要协同或期望进行内容控制的协同来说却无法胜任。

另一种共享内容的方式是在**文件服务器**（file server）上存储文件实现共享，这种方式如同将文件存储到自己本地计算机硬盘一样简单。如果团队所在学校已经提供文件服务器，就可以将文档存放在服务器或是其他可被下载的地方；当文档发生变更时，就将变更的版本上传到服务器上。此外，还可以将文档存储在如表 2-8 所列出的云服务器上。

由于文档只有单个存储位置，因此在服务器上存储文档比利用邮件附件要好很多。文档不会被分散到每个团队成员的收件箱里，而且成员们也都知道可以在哪里找到这些文档。

然而，如果没有任何额外的控制，一个团队成员的工作可能会影响到其他人。例如，假设团队成员 A 和 B 下载并编辑了这个文档，但是他们都不知道还有另一个人也在对这个文档进行编辑。成员 A 将他的版本返回到服务器，随后成员 B 也将他的版本返回到服务器。在这种情况下，成员 A 对文档进行的变更就会丢失。

进一步而言，如果没有任何版本管理，就不可能知道谁在什么时间修改了文档，成员 A 和 B 也都不知道存储在服务器上的版本到底是谁的版本。为了避免出现这样的问题，需要做一些适当的版本管理。

2.6.2　在 Google Drive 上通过版本管理共享内容

提供**版本管理**（version management）的系统可以跟踪文档的变更，并且提供特征和功能以适应并发工作。对于办公文档，你可以从 Google Drive、Microsoft OneDrive 以及 Microsoft

SharePoint 获得版本管理服务。这里，我们将讨论如何使用 Google Drive 进行版本管理。

Google Drive 是一项在云端提供虚拟驱动器（virtual drive）的免费服务，利用这项服务用户可以创建文件夹存储文件。尽管可以上传任何类型的文件，但只有通过 Google Docs 处理的文件才能进行版本管理。我们后续的讨论也将针对这些类型的文件展开。

若想使用 Google Drive，需要有一个 Google 账号。你可以通过申请一个 Gmail 地址获取该账号（如果你已经有 Gmail 地址了，你就已经拥有一个与你的 Gmail 地址同名的 Google 账号）。到 http://accounts.google.com 上创建 Google 账号，并且填写如图 2-7 所示的表单。

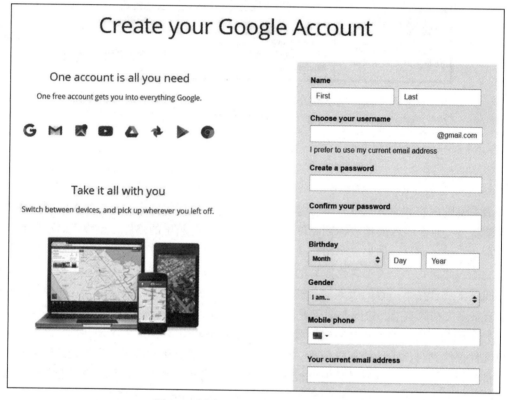

图 2-7　创建 Google Drive 账号的表单

在填写这个表单时，你不需要提供目前的电子邮件地址；当然，如果有，最好还是提供一个。在忘记密码或需要其他安全性支持服务时，Google 会用到邮箱地址。

到 http://drive.google.com（注意，这个地址里没有 www）创建一个 Google 文档。登录 Google 账号（你的 Gmail 地址）。从此时起，你就可以创建、上传、处理、保存以及下载文档了。图 2-8 展示了一个名为 MIS2017 的文件夹，其中包含了 Word 和 Google Docs 格式的同名文档。如果有必要的话，用户可以在编辑后将 Google Docs 版本存回 Word 版本。点击 NEW 按钮，就可以查看可在 Google Drive 上创建的文档类型。

利用 Google Drive 能够创建其他人通过邮箱地址或 Google 账号登录即可访问的文档。在上传并存储文档之后，通知那些需要访问这些文档的用户，并且将文档的访问链接提供给他们。如果有 Google 账户，他们就可以编辑这些文档；否则，他们只能浏览这些文档。在图 2-8 所示的界面，可以看出谁能共享这些文件。你只需右击屏幕中的任何文档，点击共享，再点击高级，那些可以共享文档的人员将会出现在如图 2-9 所示的屏幕中。

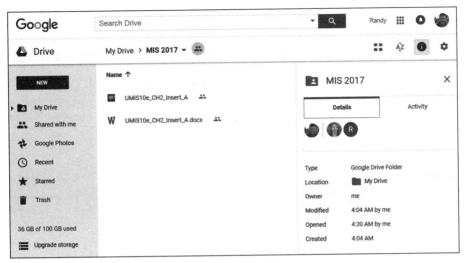

图 2-8　Google Drive 中有效的文件类型

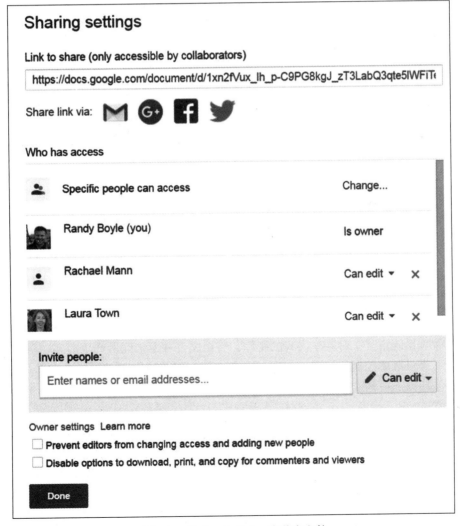

图 2-9　在 Google Drive 中共享文件

因为文件夹和文档存储在 Google Drive 之中，服务器用户可以同时查看和编辑这些文档。在这种情况下，Google Docs 将用户的行动合并于一个单一的文档。当另一个用户正在和你同时编辑同一文档时，你就会收到通知，并且可以通过更新文档看到该用户所做的最新变更。Google 通过简要概括对文件所做的变更来追踪文件版本。图 2-10 展示了一个由两个用户编辑的修订文档示例。

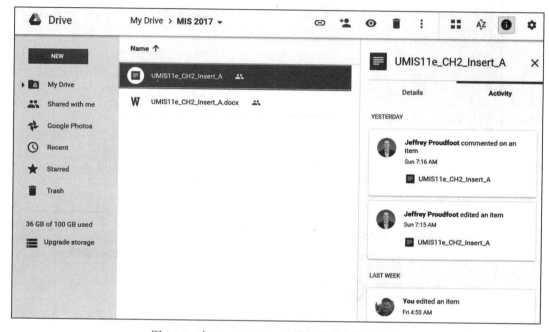

图 2-10　在 Google Drive 上编辑共享文档的示例

你可以将 Google Drive 与 Google+ 结合起来，以进一步促进你们的协同活动。

Google Drive 是免费的，且非常易于使用。Google Drive、Dropbox 以及 Microsoft One-Drive 都远远优于通过电子邮件或文件服务器交换文档的方式。如果你还没有使用过上述任何一款产品，你应该访问 http://drive.google.com、www.drobox.com 或者 www.onedrive.com 去详细地了解它们。如果你需要额外的使用指南，你将可以找到易于理解的使用方法演示。

2.6.3　用版本控制来共享内容

版本管理系统增强了对共享内容的跟踪，将由文件并发访问所产生的问题防患于未然。但是，它不提供**版本控制**（version contol）。版本控制是指协同工具限制并引导用户活动的过程，它包括以下一种或多种能力：①利用许可限制用户活动；②文档签出；③版本历史；④工作流控制。

对于各类型的协同而言，Microsoft SharePoint 都是一个大型、复杂且非常稳定的应用软件。它有很多特色和功能，包括上述所有功能。同时，它也包含管理任务、共享非 Office 文档、跟踪日程表、发布博客等诸多功能。有些组织在自己的 Windows 服务器上安装了 Share-Point，也有一些组织通过访问互联网使用在线的 SharePoint。专业版的 Office365 以及其他版本的 Office365 都包含 SharePoint。

SharePoint 是一款具有行业优势的产品，如果你有机会使用它，一定要学会使用方法。

数以千计的企业都在使用 SharePoint，并且它们对 SharePoint 的技能有较高的需求。下文将考察 SharePoint 所具有的前述四项功能。

1. 利用许可限制用户活动

利用 SharePoint（和其他的版本控制产品），每个团队成员都会拥有一个具有特定操作权限的账户。然后，共享文档被放入共享目录［有时候也称之为**库**（library）］。例如，在一个拥有四个库的共享网站中，某一用户可能对库 1 有只读权限，对库 2 有读取和编辑的权限，对库 3 有读取、编辑以及删除的权限，但对库 4 却连浏览的权限都没有。

2. 文档签出

利用版本控制应用软件，可以建立文档目录，以要求用户在修改文档之前签出文档。当一份文档被签出后，其他用户就不能获取这份文档进行编辑。只有当这份文档被签入后，其他用户才能获取它并对其进行编辑。

图 2-11 展示了用户的 Microsoft SharePoint 操作界面。这个用户正在签出文档"UMIS_10e_Chapter_02_Insert B"。一旦这个文档被签出，用户就能够编辑这个文档，然后将编辑后的文档返回到库。当该文档被签出时，其他用户就无法对其进行编辑，并且这个用户变更该文档的过程将不会被其他人看到。

Microsoft 利用 SharePoint 管理办公文档（Word、Excel 等）的并发更新且通常不必将文档签出。在图 2-11 中，用户已经签出了一个非 Office 的 Acrobat PDF 文档。

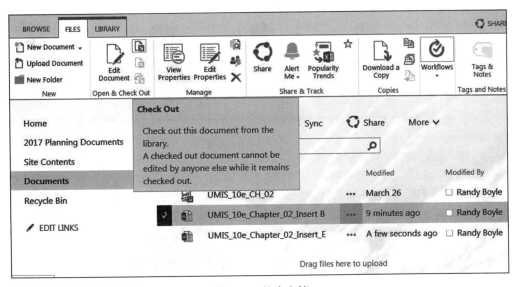

图 2-11　签出文档

资料来源：Windows 10, Microsoft Corporation.

3. 版本历史

由于协同涉及反馈和迭代，因此不可避免地会生成几十甚至上百份文档。举例来说，可以想象一下 Boeing787 设计文档的版本数量。在一些案例中，协同团队成员试图通过文件名的附加后缀来保持对文档版本的跟踪。在一个学生项目中就有如"Project1_lt_kl_092911_most_recent_draft.docx"这样的文件名（或是类似的）。这样的名称不仅难看、笨拙，而且没有哪个团队成员能够据此确定这是否是最新版本。

具有版本控制功能的协同工具能够提供反映用户活动历史的数据。当一个文档被更改（或被签入）时，协同工具就记录下作者的姓名、日期以及文档被保存的时间。用户也可以选择对其修改的版本加以说明记录。本章后面的图 2-23 给出了一个利用 SharePoint 生成版本历史报告的实例。

4. 工作流控制

协同工具提供**工作流控制**（workflow control）以预定义工作流管理活动。例如，如果一个团队想要让成员按特定顺序审核并批准文档，就需要在工具中定义一个工作流。工作流开始后，管理该过程的邮件将会按照预先的定义依次发送给相应的团队成员。例如，在图 2-12 中展示的 SharePoint 工作流就是一个团队定义的文档审核过程，包括三个人的审核序列。有了这个定义，当一个文档被提交到库中时，SharePoint 就把任务分配给第一个人，Joseph Schumpeter，让他批准这个文档，为此还会向他发送一封邮件。一旦 Joseph Schumpeter 完成了他的审核，SharePoint 就把任务分配给 Adam Smith 并且发邮件通知他来批准这个文档。当所有三个人都完成了各自的审核，SharePoint 就将这个文档标记为已被批准。如果有任何一个审核者未批准这个文档，该文档就会被进行相应的标记，并终止这个工作流。

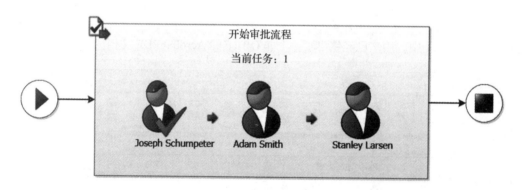

图 2-12　工作流示例

资料来源：Windows 10, Microsoft Corporation.

如今已有许多版本控制应用软件，SharePoint 是在一般的商务应用中最流行的。其他文档控制系统包括 Master Control（www.mastercontrol.com）和 Document Locator（www.documentlocator.com）。软件开发团队使用诸如 CVS（www.nongnu.org/cvs）或者 Subversion（http://subversion.apache.org）控制软件代码、测试计划以及产品文档的版本。

 案例 2-1

伦理指南："可穿戴式"监管模式

隐约的键盘敲击声和办公室中此起彼伏的电话铃声使里奇·萨根（Riche Sagan）陷入眼花缭乱的状态。这个顶级投资银行的新职位，是他多年来一直渴望的，但是在如此高位上每天进行决策的压力开始让情况变得糟糕。

他的思想还神游在上个周末的史诗般的自行车探险中。他和队友们已经完成了他们的第一个 100 英里的赛程。这是一个了不起的成就，尤其是对于此项运动的新人来说。由于工作的原因，里奇开始愈发地对骑行活动感兴趣。他所在的办公室最近启动了一个新项目，如果员工们同意穿戴一种生物分析/健康追踪设备，他们每个月就可以获得奖金。公司甚至给他配备了一个很好的健身追踪器。这个项目的目标是通过促进员工的身体健康来减少医疗保健的成本。只要里奇达到公司的"健康"标准，并且将身体健康程度保持在某一水平，他就可以每个月获得150美元的奖金。同时，他自己也会保持好身材。

在人力资源部门宣布新的健康项目时，还提到了让员工穿戴这些设备的其他原因。但是，里奇所关心的是赢得一些额外的奖金以帮助他支付他在这个城市租住新公寓的高昂租金。因此，他错过了在关于健康项目的信息会议上所讨论的大多数内容。但是，他压根就不关心这些。由于近期的项目介绍会议和人力资源会议十分密集，虽然他耐着性子参与其中，但是这些内容对他而言都变得模糊不清了。

里奇游荡的注意力回到接收电子邮件上。现在才是星期三早晨，这个星期仍然还有几天需要工作。他真想离开单位去参加本周末的另一系列赛程。然而，就在刚才，他突然收到了很多封邮件。里奇开始慌忙地回复电子邮件，为了让情况可控，他比平时要快许多。

即将来临的……

几个小时之后，里奇看到他的老板——萨尔（Sal），非常严厉地看着他。更让里奇懊恼的是，萨尔径直走到他的位置，"请到我办公室来一下。"萨尔说。萨尔让里奇坐在桌子前一个豪华的皮革座椅上。"我们需要谈谈你最近的表现。"萨尔说。

"总体来说，你一直是我们表现最稳定的员工之一，但是，你这一周的表现实在无法让人满意。根据我们新的健康管理项目，你的表现很不好。"里奇觉得很困惑。萨尔继续说道，"依据今天早晨我收到的一份报告（你的生物学报告），你目前的一些生理指标在我们看来是存在问题的。你过度疲劳，并且就你本身而言，你正在成为公司的一个隐患。你的电子邮件行为分析也反映出你的电子邮件太过简洁，不像往常那样周密。换句话说，你已经偏离了你以往的电子邮件活动基准。你的疲劳会阻碍你做合理的决策。就你目前的状态，你已经成为公司的不利因素。"

里奇觉得自己仿佛置身于扭曲的科幻电影中一般。"先生，"里奇结结巴巴地说，"我不确定您在说什么。"萨尔从他书桌上的档案中抽出一份文档，并将它举起来，说道："这是当初你加入公司时签署的员工安全和生产率政策文件。签署了这份文件就意味着你同意公司监测你的生理特征和计算机活动。难道你在签署这些文件之前没有仔细阅读吗？"萨尔以恼火的口吻问道。

尴尬的几秒钟沉默之后，萨尔的办公电话响了。萨尔接起电话说了几句，然后他告诉里奇他必须接这通电话。当里奇准备离开的时候，萨尔间断了一下电话，对里奇说，"振作起精神来，里奇，到这个周末我希望看到你能有所改进，否则我们就得对你的表现来一场更严肃的谈话了。"

第1章的伦理指南介绍了康德的绝对命令作为评价道德行为的一种方法。该伦理指南还介绍了评价道德行为的第二种方法——功利主义。根据功利主义的方法，行动是否道德，这是由行动的结果决定的。如果行动能给更多人带来最大利益，或行动能最大化快乐并减少痛苦，就认为行动是道德的。

以功利主义作为指南，如果谋杀能给更多的人带来更大的利益，那么它就是道德的。如果杀死阿道夫·希特勒（Adolf Hitler）能阻止大屠杀，那么谋杀希特勒就是道德的。同样地，如果撒谎或其他形式的欺骗能给更多的人带来更大的利益，功利主义就认为它是道德的。如果对患有致命疾病的病人说谎——告诉他你可以确定他的疾病一定能治愈，能够增加他的快乐且减少他的痛苦，那么从功利主义的角度来看，这样的谎言是道德的。

讨论题：

（1）按照本书中定义的伦理原则：

① 按照绝对命令的观点，你认为监管员工的生理指标和计算机行为是道德的吗？

② 按照功利主义的观点，你认为监管员工的生理指标和计算机行为是道德的吗？

（2）基于前文的描述，显而易见里奇因为周末的强体力活动而疲劳。他的行动很可能已经影响了他的工作。如果你的雇主开始监管你的计算机活动和生理指标，你会有怎样的感觉呢？此类型的监管会改变你工作之内和之外的行为吗？你认为这是对你隐私的侵犯吗？

（3）很显然，里奇在签署员工健康协议时没有注意到雇主的政策。尽管这难以相信，但当你开始使用你们大学的网络时，你可能已经同意了使用政策中的一些特定条款。你对这些政策有多熟悉呢？

（4）医疗保健提供商收集到的患者数据是最敏感的数据类型之一。目前，有严格的法律来监管这些数据是如何被获取、存储和使用的。如果有些公司决定利用穿戴技术监管员工，它们将面对哪些风险和责任呢？

2.7 如何使用协同工具管理任务

正如在项目管理课堂上将要学到的那样，跟踪目前的任务清单是团队取得进展的关键。优秀的项目经理会确保在每次团队会议结束时发布一个更新的任务列表，列表包括：每一个任务由谁负责完成、完成任务的截止时间。我们不断地开会就是为了讨论出更好的观点，可是有些在会上已经达成的共识，在会议结束后却没有任何行动。如果团队创建并管理任务清单，这种没有任何行动的风险就会消失。因此，管理任务清单对于取得进展来说至关重要。

任务描述必须是明确的且表述清楚的，只有这样才可以根据它来判断任务是否完成。"创建一个好的需求文档"这样的描述并不是一项有效的、可实施的任务描述，除非所有团队成员已经了解一个好的需求文档应该是怎样的。更好的任务描述是："为 XYZ 项目定义需求文档的内容。"

一般地，一个人应该对一项任务的完成负责。这并不意味着指派一个人去完成这项任务，而是指由他负责确保这项任务完成。最后还有一点是，除非每一个任务都有一个完成的截止日期，否则这份任务清单将是无效的。进一步地，团队的领导者需要跟踪任务并确保这些任务能够在截止时间之前完成。如果没有问责制和相应的跟踪，任务管理就无从谈起。

正如在项目管理课上将要学到的那样，你可以向任务清单中添加一些其他数据。你可能想添加你需要的关键资源，并且你可能想确定在启动给定的任务之前需要完成的任务。在第 12 章讨论系统开发项目管理时，我们将进一步讨论这些任务的依赖关系。

为了有效利用任务清单，团队成员需要共享任务清单。在这个问题上，可以考虑以下两个选择：在 Google Drive 上共享任务电子表格或利用 Microsoft SharePoint 的任务清单功能。虽然 Google 的 Gmail 和日历也有任务清单功能，但是在撰写本书时，它还不能与其他人进行共享，因此不能用于协同。

2.7.1 在 Google Drive 上共享任务清单

在 Google Drive 上共享任务清单很容易。为了共享任务清单，每一个团队成员需要获得一个 Google 账号。然后由一个团队成员创建一个团队文件夹，而后与团队其他成员共享这个文件夹，并赋予每个团队成员对这个文件夹中所包含文档的编辑权限。然后，由一个团队成员在文件夹中创建一个任务电子表格。

图 2-13 展示了一个任务清单的简单示例，它包含了每个任务的名称、指派的负责人姓

名、完成期限、任务状态以及备注。因为每个团队成员都有编辑权限，所以每个人都可以帮助创建任务清单。Google Drive 允许同步编辑，Google Drive 能够跟踪版本历史，如果有必要的话，甚至还可以知道是谁更改了哪一个任务清单。

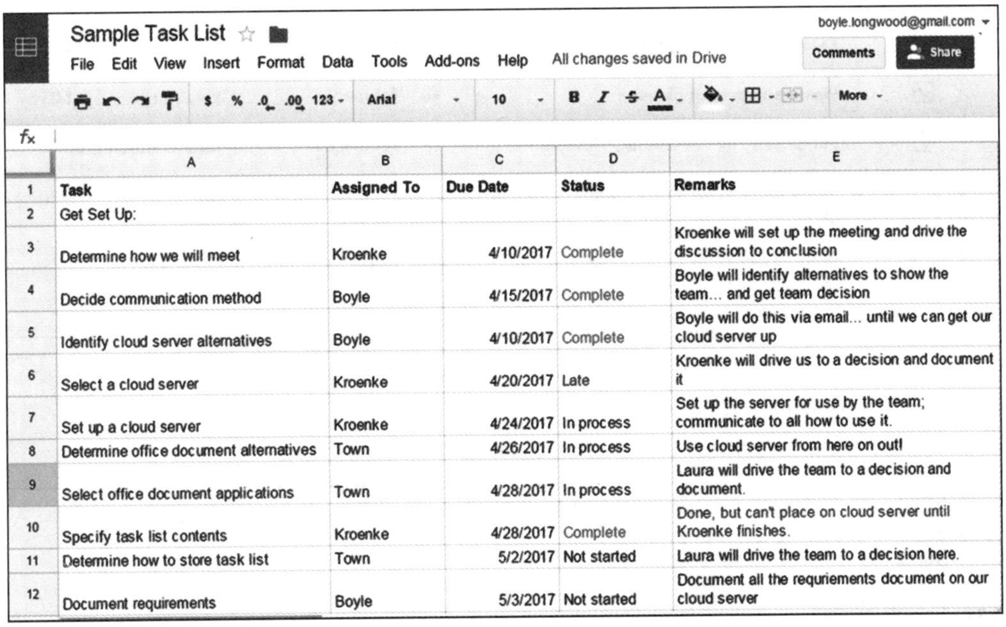

Task	Assigned To	Due Date	Status	Remarks
Get Set Up:				
Determine how we will meet	Kroenke	4/10/2017	Complete	Kroenke will set up the meeting and drive the discussion to conclusion
Decide communication method	Boyle	4/15/2017	Complete	Boyle will identify alternatives to show the team... and get team decision
Identify cloud server alternatives	Boyle	4/10/2017	Complete	Boyle will do this via email... until we can get our cloud server up
Select a cloud server	Kroenke	4/20/2017	Late	Kroenke will drive us to a decision and document it
Set up a cloud server	Kroenke	4/24/2017	In process	Set up the server for use by the team; communicate to all how to use it.
Determine office document alternatives	Town	4/26/2017	In process	Use cloud server from here on out!
Select office document applications	Town	4/28/2017	In process	Laura will drive the team to a decision and document.
Specify task list contents	Kroenke	4/28/2017	Complete	Done, but can't place on cloud server until Kroenke finishes.
Determine how to store task list	Town	5/2/2017	Not started	Laura will drive the team to a decision here.
Document requirements	Boyle	5/3/2017	Not started	Document all the requriements document on our cloud server

图 2-13　使用 Google Drive 的任务清单举例

建立这样的清单很简单，并且拥有它能极大地方便项目管理。成功的关键在于及时更新任务清单，并且利用它保持团队成员的责任感。

2.7.2　利用 Microsoft SharePoint 共享任务清单

SharePoint 包含了一个管理任务清单的内置内容类型，它能提供稳定而强大的功能。它可以将标准的任务清单修改成包括用户自定义列的形式，并且构建出的视图可以以不同的形式将清单展示给不同用户。与 SharePoint 的其余功能一样，它的任务清单也具有行业优势。

图 2-14 展示了编撰本书时所使用的任务清单。前三列是 SharePoint 提供的内置列。最后一列是任务所指定的书，命名为 Book Title（例如，UMIS 代表名为 Using MIS 的图书）。当我们团队中的某个成员打开这个站点的时候，就会显示如图 2-15 所示的任务清单视图。在这个视图中，任务按照截止时间排序，且通过任务状态将所有已经完成的任务过滤掉，不再显示在任务清单中。因此，这只是一个“待办事项”清单。这个清单的另一个视图如图 2-16 所示，其只包含那些状态是“已完成”的任务。该视图展示了“目前已完成事项”的清单。

“警告”在 SharePoint 任务清单中是一个非常有用的特性。利用警告，团队成员可以要求在某些事件发生时，SharePoint 必须发送电子邮件。我们的团队设置了这样的一个警告：每当一个任务被创建并分配给某人时，SharePoint 就给这个人发送电子邮件；每当任务被调整时，我们也让 SharePoint 给任务创建者发送警告。图 2-21 展示了 SharePoint 据此发送的一封电子邮件。

SharePoint 任务清单所提供的特性和功能要远远强于图 2-13 所示的电子表格。此外，如果你能获得 SharePoint 的使用权，你应该着重考虑使用它，我们将在下一节中讨论它的可能性。

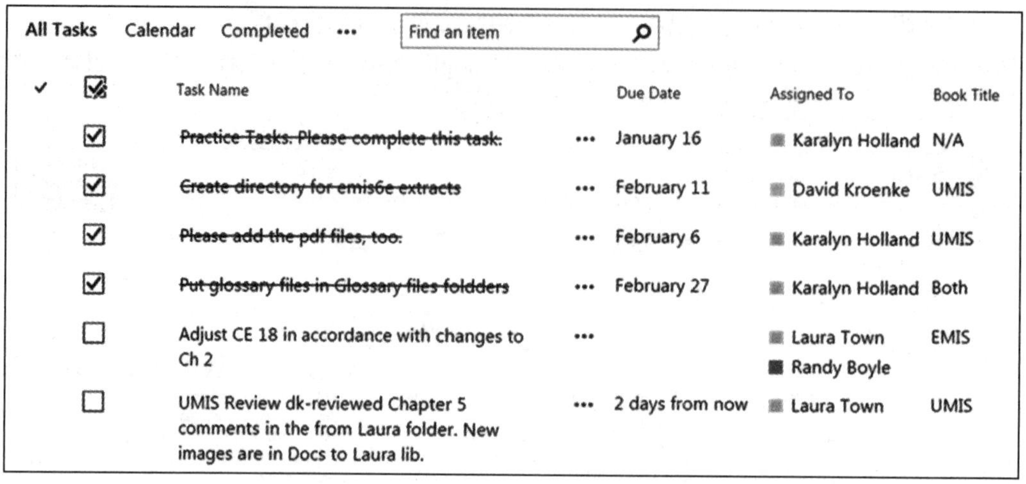

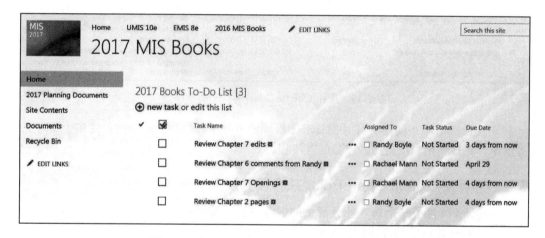

图 2-14　在 SharePoint 上的 UMIS 撰写任务清单

资料来源：Windows 10, Microsoft Corporation.

图 2-15　在 SharePoint 上的 UMIS 待办事项清单

资料来源：Windows 10, Microsoft Corporation.

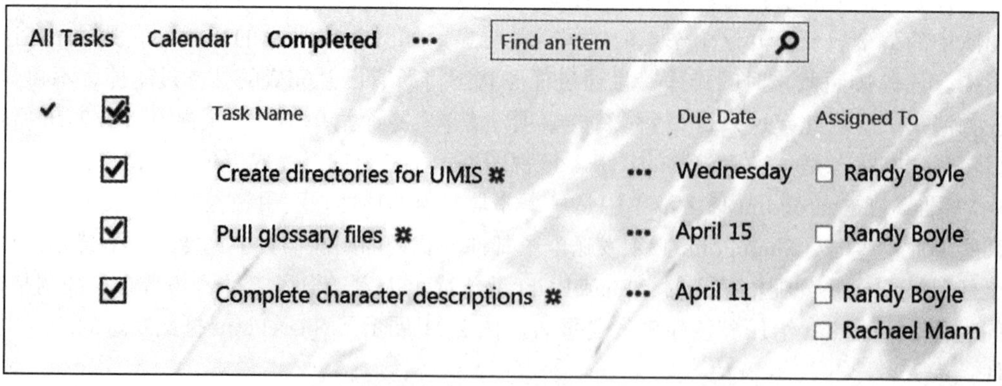

图 2-16　在 SharePoint 上的 UMIS 已完成任务清单

资料来源：Windows 10, Microsoft Corporation.

案例 2-2

探秘：增强协同

上一次你求助互联网解决问题是什么时候？10 年或 20 年前的世界，与现在相比已大不相同。以前如果想学一些新东西，你不得不付出相当大的努力——如从图书馆精挑细选一本书或是给朋友打固定电话求助。

现在，只要轻点一下鼠标就有无限资源任你选取，包括高清视频、留言板、交互站点、协同工具等。每天人们通过访问 YouTube 之类的网站学习做一些事情，如更换汽车轮胎、撰写新的程序脚本，或更好地管理供应链等。

但是，你可能有些迷惑，接下来会是什么呢？除了简单地阅读留言板或是看视频学习之外，还会有更好的学习方法吗？如果看一看脸书公司、谷歌公司以及微软公司发展所带来的新的创新应用，那么这个问题的答案就是"是"。

什么是 Microsoft HoloLens

你可能已经听说过头戴式显示器 Oculus Rift 或是谷歌眼镜（Google Glass），但你了解它们的区别吗？在脸书公司控制下发展的 Oculus Rift，是一种适合于 3D 游戏的虚拟现实（virtual reality，VR）头戴设备，也是一种新形式的社会化媒体。谷歌眼镜被设计用于提供增强现实（augmented reality，AR），这意味着真实的世界仍然是可视的，只不过有眼镜界面叠加在表面。微软公司最近发布了 HoloLens 并在生产全息应用上遥遥领先。最近关于 HoloLens 的评论表明这一创新也许是商务、生产率以及协同的游戏规则的改变者。

在最近一次将 HoloLens 作为协同平台的潜能示范中，开发者在一个房间进行全息传送，远程用户的复杂全息图像则由 HoloLens 和几个 3D 照相机在另一个独立的物理空间创建。㊀用户们能像面对面站在一起那般互相对话和交互。㊁他们围绕着一个共同的物品散步，甚至还可以互相举手击掌。

开发者也展示了评估者如何使用 HoloLens 安装电灯开关，然而评估者没有接受那些通过简单的网络搜索或观看视频就能完成的 HoloLens 帮助。㊂利用 HoloLens，评估者能接受到电器专家通过其定制的 Skype 应用传递来的实时指导。在任务开始的时候，一个视频会议窗口会叠加在用户用来显示专家的现场指导的 HoloLens 上。专家也能远程看到用户的视野。专家在他自己的设备上绘制说明，这些说明可以叠加在穿戴的 HoloLens 上呈现给用户。这一系列复杂的步骤在五分钟内就能完成，电灯开关被准确地安装并通过检验，专家此时能够抽身去接"下一个电话"。

HoloLens 如何改变协同和商务

对于有些人来说，安装一个电灯开关也许是一项相对简单的任务。但是，这一基本的示范对于未来的协同又意味着什么呢？能让全世界的专家进行全息传送以解决重要的商务问题吗？全息传送是否意味着通勤工作的终结呢？

增强现实可能为不计其数的商业和产业创造出新的交互和协同机会。想象一下这些技术对卫生保健的影响，假设在外科手术期间出现并发症，现场的医疗团队正努力救治，全国的专家可以利用增强现实头戴设备的全息传送为现场的外科医生提供方向和具体的指导。类似地，再想象一下，制造工厂或核电站复杂的操作工序，由处在世界另一边的经验丰富的专家通过 HoloLens 指导并监督一个新手完成操作。

㊀ Mary Jo Foley, "How Microsoft's HoloLens Cloud Change Communication via 'Holoportation,'" ZDNet, March 25, 2016, accessed April 22, 2016, www.zdnet.com/article/how-microsofts-holoens-cloud-change-communication-via-holoportation.

㊁ Matt Rosoff, "I Just Tried Microsoft's Remarkable Holographic Headset—Here's What It's Like," BusinessInsider.com, January 21, 2015, accessed April 17, 2016, www.businessinsider.com/Microsoft-hololens-hands-on-2015-1.

㊂ 同上。

这两个例子仅仅是冰山一角，但是像 HoloLens 一样，它们可能会以全新的方式帮助你看到协同的未来。

讨论题：

（1）上文提供了 HoloLens 可能的商业用途的两个应用实例。通过识别增强现实技术的发展可能给其他产业带来的好处，思考这一创新对未来的影响。

（2）Oculus Rift 和 Microsoft HoloLens 之间的区别是什么？

（3）作为一名学生，此类技术将为你们的协同带来哪些帮助？思考你如何与项目的指导老师和团队其他同学进行交流以及如何从指导老师那里寻求并获得帮助？

（4）隐私关注是促使谷歌公司推迟完整发布谷歌眼镜的一个因素。发布像 HoloLens 这样的产品带来的安全和隐私问题是什么？

（5）目前，虚拟现实和增强现实头戴设备主要被开发者使用。但是在未来几年，这种情形将会发生变化。从现在到未来的 10 年或 20 年，这些新的创新对协同和商务可能会产生怎样的影响呢？

2.8　哪个协同信息系统适合你的团队

管理信息系统课程将有助于你获得在整个职业生涯中都用得到的知识和技能。既然能立即从这些知识中有所收获，并能马上就使用它，那为什么还要等待呢？绝大多数的商务课程都包含一个团队项目，为何不用你已经学到的知识构建使团队工作更容易并能帮助你的团队完成更好产品的一个协同信息系统呢？在这个问题上，我们将定义并为你构建对三套协同工具集的评价。

2.8.1　三套协同工具集

表 2-9 总结了将会用到的三套不同的协同工具集。

表 2-9　三套协同工具集

	最小协同工具集	优质协同工具集	综合协同工具集
沟通	电子邮件、多方文本聊天	Google Hangouts	Microsoft Skype 商务版
内容共享	电子邮件或文件服务器	Google Drive	SharePoint
任务管理	Word 或者 Excel 文件	Google Calendar	集成了电子邮件的 SharePoint 列表
具有的很好特征		来自第三方工具的讨论板、调查、维基、博客、图片/视频共享	内置讨论板、调查、维基、博客、图片/视频共享
成本	免费	免费	每个用户每月 10 美元或者免费
易于使用（掌握时间）	无	1 小时	3 小时
对未来商务专业人士的价值	无	有限	巨大
局限性	都是文本，没有音频和视频，没有工具集成	工具未集成，必须学习使用几种产品	成本，需要学习曲线

1. 最小协同工具集

第一套是最小协同工具集，指的是规模尽可能小的工具集，如表 2-9 的第二列所示。虽然还需要从其他软件中得到一点支持，但是利用最小协同工具集就能与团队进行协同。特别是那些需要通过设置处理规程和协议来确保一个用户的工作不会与其他人工作发生冲突的并发访问管理。这里的协同只通过文本进行，不能使用音频和视频，因此你不能听到或看到协同者。会议期间也无法浏览文档或白板。这个工具集可能接近你正在使用的工具。

2. 优质协同工具集

第二套是优质协同工具集，如表2-9的第三列所示，展示了一个更复杂的协同工具集合。利用这组工具，你将有能力组织多方参加的音频、视频虚拟会议，并且你也能够支持对文档、电子表格以及演示文件的并发访问。这组工具不支持调查、维基或博客，也不支持图片和视频共享。如果想实现这些，就需要在互联网上搜寻以找到合适的工具。

3. 综合协同工具集

第三套协同工具是综合协同工具集，如表2-9最后一列所示。在Office365的特定版本中，可以获得这个工具集合。但是，由于微软公司在不断地调整各版本包含的内容，因此你需要调查一下哪个版本提供了综合协同工具集所具有的特性。寻找一个包含表2-10列出的全部产品的版本（也许是免费试用版本）。如果学校已经为教学采用了Office365，那你应该能够免费获得具有这些特性的产品。

表2-10　综合工具集所需的Office365特征

组件	特征
商务版Skype	多方文本对话 音频和视频会议 在线内容共享 利用PowerPoint的网络研讨会
SharePoint Online	利用库和列表的内容管理和控制 论坛讨论 调查 维基 博客
Exchange	集成了电子邮件的商务版Skype和SharePoint Online
Office 2013	Word、Excel、PowerPoint以及OneNote的并发编辑
主机集成	利用Microsoft的基础设施构建、管理和操作

这套工具集是三套协同工具集中最好的，因为它包含了内容管理和控制、工作流控制以及前面提到的共享型在线会议。此外，这套工具集是集成的：当任务或其他清单和库发生改变时，SharePoint警告能通过微软公司的电子邮件服务器Exchange发送电子邮件；点击电子邮件或SharePoint中的用户名，Office365就会自动开启一个用户目前可用的Skype商务版的文本、音频或者视频对话，所有通过Skype商务版发送的文本信息将会被自动记录并存储在电子邮件文件夹中。

2.8.2　为团队选择工具集

应该为团队选择哪一个工具集呢？除非你们学校已经有你所需要的标准的Office365版本，否则你不得不为此付费。Office365提供了30天的免费试用期，如果你们团队在这段时间内就能完成工作，你们可以选择利用 30 天的免费服务，否则你们团队就需要至少为每个用户每月支付 10 美元的费用。因此，如果成本是唯一要考虑的因素，你们可以排除采用综合协同工具集。

即使你们能负担起综合协同工具集的费用，你们也有可能不愿意使用它。如表 2-9 所示，在开始使用之前，团队成员需要花费 3 小时的时间熟悉综合协同工具集的基本特性。学习优质协同工具集的使用则只需要花费 1 小时的时间，而且你们绝大多数人已经知道如何使用最小协同工具集。

当评估学习时间时，考虑如图 2-17 所示的曲线。这个图形是产品**功效曲线**（power curve），表示软件产品功效（一个人从软件产品中获得的效用）与使用该产品的时间之间的函数关系曲线。平坦的直线表示投入了时间却没有任何功效提升。理想的功效曲线在时间零点就有正值且没有平坦的点。

因为你们已经掌握如何使用最小协同工具集，所以从时间零点开始最小协同工具集就能产生一些功效。然而，在你们使用了一段时间之后，你们的项目将会变得越来越复

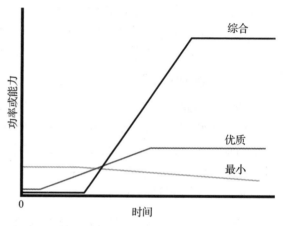

图 2-17　产品功效曲线

杂，控制并发访问的问题将会导致其功效降低。随着你们逐渐了解优质协同工具集，它将有一个短的平坦的直线，然后你们的功效就会随着时间而增加，直到达到团队利用这个工具集所能达到的最大能力。因为学习并掌握综合协同工具集需要较长的时间，所以在刚开始有一段较长的平坦的直线。然而，因为综合协同工具集有丰富的协同特征，所以你们的团队能获得相当大的协同功效，其远大于优质协同工具集的协同功效，并且最大能力也比优质协同工具集大很多。

最后，让我们思考表 2-9 的最后一行。对于一名未来的专业人士，最小协同工具集没什么价值，对你们的专业竞争优势也没有什么贡献。优质协同工具集有一些有限的价值；正如我们所知，有些组织使用 Google Drive 和 Hangouts。综合协同工具集有潜力为你们提供相当大的竞争优势，尤其是因为业内对 SharePoint 技能极为重视。在工作面试中你们可以利用它来证明求职者自身的知识价值。

对于你们的团队来说，哪一种工具集才是最合适的呢？这取决于你们（详见本章的协同练习）。

2.8.3　不要忘记处理规程和人员

最后一点，也是非常重要的一点是：这一章的大部分内容都聚焦于协同工具——信息系统的软件组件。至于其他的四个组件，如果采用优质协同工具集或综合协同工具集，则不用担心硬件的问题，因为这些工具可以被托管到云端。数据组件则需要由你们决定，像你们的项目管理元数据和证明团队实践了迭代和反馈的元数据一样，它将是你们的内容。

当评估备选方案时，需要认真考虑处理规程和人员组件。团队成员将如何使用这些工

具？尽管不正式地记录处理规程，但团队仍需在工具使用上达成一致。如前所述，这样的处理规程在最小化系统中控制并发访问时是必不可少的。你们不仅需要在如何使用这些工具上达成一致，而且对于团队成员不使用这些工具而引发的各种情况也要达成共识。例如，如果团队成员坚持使用电子邮件文档而不用 Google Drive 或 SharePoint，那该怎么办？

此外，团队该如何训练成员使用这些工具呢？是分摊责任学习各个特性，然后大家互相教授技能吗？你们将要在网上寻找许多的培训资料。[○]但由谁来负责寻找这些资料，学习它们，然后教给其他人呢？

最后，你们的团队需要创建一些特殊的职位或角色吗？例如，是否想要确定一个人来管理你们的共享文档，以确保可交付使用的文档被正确地存储？是否想要确定一个人来储存会议记录，或者是将那些完成的任务从任务清单上移除，又或是保持任务清单与目前的计划相一致？认真思考是否有这些需求或相似的需求，如果有这样的需求，在问题产生之前就要指定这样的人。

作为未来商务领域的专业人士，你应该记住这个例子：在商务中，我们从不只是在选择软件；为了将该软件作为一个系统来使用，我们需要创建信息系统所有的五个组件。

2.9　2027 年

那么，2027 年我们将如何协同呢？目前的趋势将把我们带向何方？显然，免费的数据通信以及数据存储将使协同系统变得越来越便宜、越来越快、越来越易于使用。这所引发的一个结果就是：到 2027 年，实体的面对面（F2F）会议将会变得很少，而全息的面对面会议可能会很普遍。

增强现实眼镜以及 3D 应用的浪潮使分布于世界各地的工作者可以全息地面对面协同。最初这听起来是不可能的，但是想想增强现实眼镜是如何改变工作场所的就会理解了。全息图像价格便宜，占用空间少，耗能低且可以即时更新。雇主再也不需要购买实体的监视器。他们可以选择混合现实工作车间，这里的一些物体是真实的，其他一些则是为了降低成本而使用的全息图像。这种安排同样也适用于其他的实体办公对象和雇员。

Microsoft 示范的"全息传送"展示了人们如何与其他人的 3D 全息成像进行互动。人们能看到、听到其他人所做的一切，仿佛这些人就真正地站在他们眼前。但是，利用全息传送工作的人们也许在物理上处于不同城市甚至不同国家。到 2027 年，人们可以和混合现实的同事一起工作。一些是真实的，其他的也许是全息图像。工人也许来自不同的国家。雇主将以非常低的成本获得同面对面交互一样的利润。远程全息（虚拟）协同可以进一步降低他们的盈亏平衡点。

考虑一下虚拟协同所减少的全部成本。虚拟协同使得不再有昂贵的商务飞行出行，不用再排队等待美国运输安全管理局（TSA）检查，不再需要入住酒店，搭乘拥挤的公共交通，不再耗费燃料，无须在大厅等待或乘电梯等。到了 2027 年，协同系统将极大地方便国际商务。当团队大多数时候都进行虚拟化会议，不在乎团队成员的地理位置时，项目就能召集到世界范围内最好的或是能负担得起的工作人员。

更进一步，团队的工作也可以全天候开展。在美国的工作人员可以向亚洲的团队工作成

○　David Kroenke and Donald Nilson, Office 365 in Business (Indianapolis, IN: John Wiley & Sons, 2011).

员提交文件反馈。亚洲的工作成员能够在他们正常工作的时间提出反馈并将这些文档递交给欧洲团队工作成员,以便于他们在正常的工作时间内进行审查。全部的审查工作在美国的团队工作成员开始第二天的工作时就能得到。

从雇员的角度来看,虚拟工作也是很棒的。你们能够为想要为其服务的尽可能多的雇主工作,并且不必为了获得理想的工作而搬迁到大的、生活成本昂贵的、拥挤的城市。你们可以在任何地方生活并在任何地方工作。你们会很容易获得一个新工作,当然失去一份工作也会变得容易。那些最聪明、最有才华的知识工作者将会在世界范围竞争工作机会。你们可能还会发现自己还得与非人类竞争工作机会。

例如,IBM 的名为"Watson"的人工智能系统目前正在纽约的纪念斯隆一凯特琳癌症中心(Memorial Sloan Kettering Cancer Center,MSK)接受识别和治疗特定癌症的训练。一旦完成训练,Waston 将具备世界一流的肿瘤学者的专业知识。世界上较贫困地区的医生能够与 Waston 协同,为罕见肿瘤提供最新的治疗方法。虽然仍是由医生进行最后的决策,但是 Waston 可以提供已经被深入研究和证明的一系列可选的治疗方案。在未来 10 年,与人工智能进行的协同也许会被广泛地接受。

在这样的趋势下,此时此刻正是学习在线异步协同技能的好时机。作为未来的知识工作者,也许现在是你为全球范围内存在的机会以及竞争认真做好准备的关键时刻。最后,当你计划购买不动产时,谨记选择宜居的地方(例如,环境美丽、物价低廉、干净、安全的地方等)。到了 2027 年,人们将会居住在他们喜欢居住的地方,并且在家里就可以完成世界范围内的工作。

案例 2-3

安全指南:不断演进的安全

过去,保护一个组织的信息系统和数据就像保护一个城堡一样。城堡应用诸如护城河、高大的城墙以及塔楼这样的防御措施保护居民免受潜伏在城外的敌人袭扰。信息安全专业人士用"城堡模型"来比喻诸如防火墙以及入侵检测系统(intrusion detection systems,IDS)这样的安全措施是如何能在内部信息系统和黑客之间创建屏障以保障信息系统免受黑客攻击的。但是,对于绝大多数组织来说,目前城堡模型已不再能有效保护其信息系统安全。

快速普及的智能电话、笔记本电脑以及其他联网设备已经完全改变了组织的网络架构。组织网络的物理边界几乎已经消失,它现在拥有雇员们在公司内外使用的成百上千台设备(如笔记本电脑、平板电脑和智能电话)。雇员们能够利用这些设备远程访问公司服务器并且将公司数据储存到本地设备上。

现在,信息安全专业人士用城市模型描述他们保护公司信息系统安全的努力。在城市模型中,授权的用户和访客可以用任何自己喜欢的设备自由地漫游于数字城市之间,但是对个别建筑、服务器以及数据的访问是受限的,用户只有在被授权的情况下才能访问这些资源。

然而,城市模型并不是完美的。如果用户的设备缺乏抵抗力,黑客就能够利用它们远程访问公司网络或者直接从设备的本地硬盘上盗取数据。当你考虑到所使用的设备、操作系统以及应用程序的多样性时,保障这类数字环境的安全就更具挑战性,它是一项艰巨的任务。

组织网络的物理边界的缺失以及设备的不断增多意味着信息安全专业人士需要更加小心地控制对资源的访问。他们也必须比以前更密切地监管用户行为,因为并不是在这个城市中的每个人都能被信任。

内部人员审查

在组织内采取恶意行动的雇员经常被视为信息安全专业人士最大的担忧［记住爱德华·斯诺登（Edward Snowden）和美国国家安全局（National Security Agency，NSA）］。㊀雇主试图在雇用前进行彻底的背景调查，从而尽可能降低流氓雇员所带来的安全风险。雇主们进行面试、查看信用报告并进行人品调查。但是当一个公司与其他公司合作一个项目时又会发生什么呢？团队领导如何确保他们的合作伙伴得到了同等程度的审查呢？

严峻的事实是，大多数情况下无法做出此类保证。授予外来的协同者网络访问权会对公司的安全产生严重的威胁。一个授权访问内部网络的临时协同者可能比从外部攻击公司的网络罪犯更容易盗取公司数据。在某种程度上，这就像你信任你的兄弟姐妹一样。你也许信任你的兄弟或姐妹，但是你会信任他们的朋友吗？

雇员监管

你可能在疑惑雇主是否有什么办法可以降低内部威胁或陌生的合作伙伴带来的风险。雇主正在增加对互联网使用的监管、车辆以及移动设备上 GPS 信息的跟踪、键盘敲击信息的记录、社交媒体活动的监管和电子邮件的审查。㊁虽然在美国的一些州雇主对雇员进行这些监管活动是非法的，但是在绝大多数州，这些活动中许多或全部都是被法律许可的。监控雇员活动可以得到一个十分有说服力的雇员行为图，也能用它们来识别组织内每一个雇员的风险等级。

以兰卡斯特大学（Lancaster University）的保罗·泰勒（Paul Taylor）的最新研究为例，研究者发现一些正在计划采取恶意行动的雇员，改变了他们与同事交互的方式，他们开始用单数代词（如 I、me 或者 my）而不是复数代词（如 we、us 或者 our），他们变得更消极，并且他们的语言也变得更微妙且易出错。㊂

研究者也正在开发新的技术，这些技术不仅能监管和解读用户正在输入和点击什么，还能监管和解读他们是如何输入内容和移动鼠标的。这些措施在许多应用中有所体现，如确保你没有再次使用公司密码或在你写电子邮件的时候判定你的压力或焦虑等。㉔当你进入职场后，你为公司做的每件事几乎都可能被这样监管和分析。

讨论题：

（1）该指南强调在过去的 20 年，由于技术的进步，信息安全战略已经发生改变。对于你个人来说，在管理和保护数据方面，这些改变意味着什么？

（2）花几分钟时间在互联网上搜索一下"内部人员威胁"（insider threat）。除了那些备受瞩目的雇员盗取、销售或传播公司数据的案例，你还能找到其他的例子吗？

（3）你用过哪种协同工具完成班级作业和项目呢？这些协同工具给你带来风险了吗？它是如何给你带来风险的？

（4）你如何看待公司使用新技术监管员工的趋势呢？你愿意为那些应用监管技术的公司工作吗？为什么愿意或为什么不愿意呢？

㊀ Grant Hatchimonji, "Report Indicates Insider Threats Leading Cause of Data Breaches in Last 12 Months," CSO Online, October 8, 2013, accessed April 17, 2016, www.csoonline.com/article/2134056/network-security/report-indicates-insider-threats-leading-cause-of-data-breaches-in-last-12-months.html.

㊁ Donna Ballman, "10 New (and Legal) Ways Your Employer is Spying on You," AOL Jobs, September 29, 2013, accessed April 17, 2016, http://jobs.aol.com/articles/2013/09/29/new-?ways-emplyer-spy.

㊂ Paul Taylor, "Employers Can Predict Rogue Behavior Using Your Emails," The Conversation. February 18, 2014, accessed April 17, 2016, https://theconversation.com/employers-can-predict-rogue-behaviour-using-your-emails-23338.

㉔ J. L. Jenkins, M. Grimes, J. G. Proudfoot, and P. B. Lowry, "Improving Password Cyber-security Through Inexpensive and Minimally Invasive Means: Detecting and Deterring Password Reuse Through Keystroke-Dynamics Monitoring and Just-in-Time Fear Appeals. Information Technology for Development 20, no. 2 (2014), 196-213.

（5）监管数字活动并不囿于工作场所。互联网服务提供商在监管着你的网络流量。很多网站，当你与之进行交互时，也会监管你所做的一切事情。对于那些在家里工作的用户来说，这意味着什么呢？互联网服务提供商的监管活动可能会对公司造成怎样的威胁呢？

案例 2-4

就 业 指 南

姓名： 克里斯蒂·弗鲁克（Christi Wruck）
公司： Instructure 公司
职称： 软件产品经理（Software Product Manager）
教育： 犹他大学（University of Utah）

1. 你是怎样得到这类工作的？

有一阵子，我请一个曾在 Instructure 公司上班的朋友为我工作。几个月后他决定回 Instructure 公司。我请他把我一起带上，他就带我来到了这个公司。

2. 什么吸引你进入这个领域？

我曾经在不同领域工作，但是通常被认为是常驻技术员。我为雇用我的非营利组织建立网站和数据库，并且搭建网络和系统。我擅长做这些而且也喜欢做这些。因此，我决定投入这个领域。

3. 你的典型工作日是什么样子的？

我花费大量时间定义并记录用户问题。为了做到这一点，我与用户进行电话交谈，现场调查用户，并参加用户论坛。我还需要收集那些经常与客户洽谈的员工的反馈。一旦用户问题得到充分确认，我就和设计团队努力合作并以创新的方式去解决这个问题。一旦方案确定了，就提交给工程部去执行。

4. 你最喜欢工作中的哪个方面？

我的工作中最有意思的部分就是实地考察。能够看到用户每天所经历的痛点是非常有价值的。有一些观点是无法通过电子邮件、论坛或电话获得的。观察用户已成为我工作中最鼓舞人心的部分。

5. 想要做好你的工作，需要什么样的技能？

同理心、社交能力以及好奇心。你必须要与陌生人轻松愉快地交流，他们需要相信你能解决他们的问题。只有你流露出很自然的好奇并真诚地想解决用户的问题，你才能提出正确的问题，从而获得能够帮助你创新地解决用户问题的观点。

6. 在你的领域中，文凭或证书重要吗？为什么？

在与我合作的产品团队中，半数人员有硕士学历，并且我从没有遇到过没有大学学历的产品经理。因此，我觉得这个问题的答案是肯定的。我认为，作为一名软件产品经理，对商务如何运营以及软件工程如何工作有一个清晰的理解是非常重要的。

7. 有什么建议可以给那些想在你这个领域工作的人吗？

学习 Agile、UX/UI 设计、项目管理以及 SCRUM，并且至少要学习写一点代码。

8. 在未来 10 年，你觉得热门的技术工作是什么？

软件工程，尤其是在美国。在这方面，世界其他地区已经崛起，而且注定会超越我们。许多人认为这就是关于代码的那点事儿，但是在这个领域我们需要更多的专业人士和先驱者。

本章小结

2-1 协同的两个关键属性是什么

用你自己的话说明合作与协同的区别。说出协同的两个关键属性，并解释它们是如何改进团队工作的。描述如何有效地给予并接受建设性批评才能帮助避免团队迷思。总结协同的重要技能，并列出你认为给予和接受批判性反馈的最好方式。

2-2 成功协同的三个标准是什么
说出并描述协同成功的三个标准，总结在学生和专业人士团队之间这些标准有什么不同。

2-3 协同的四个主要目标是什么
说出并描述协同的四个主要目标，解释它们之间的关系，并描述协同系统对每一个目标起作用的方式。

2-4 协同信息系统的必要条件是什么
说出并描述协同信息系统的五个组件，总结协同信息系统的主要必要条件，并且将这些必要条件与迭代和反馈需求以及成功协同的三个标准联系起来。

2-5 怎样使用协同工具改进团队通信
解释对于协同来说为什么通信很重要。定义同步通信和异步通信，并且说明何时应该采用这种通信方式。说出两个能帮助建立同步会议的协同工具。描述能被用于面对面会议中的协同工具。描述能被用于虚拟、同步会议的工具。描述能被用于虚拟、异步会议的工具。

2-6 如何使用协同工具管理共享内容
总结通过桌面以及互联网处理办公文档的备选方案。描述两种无控制共享内容的方式，并说明可能发生的问题。说明版本管理和版本控制之间的区别。描述如何利用用户的账号、密码和库控制用户的活动。说明如何进行签入或签出工作。描述工作流并且给出具体实例。

2-7 如何利用协同工具管理任务
解释为什么管理任务对于团队进展是重要的。展示应该如何描述一个任务。列出最少内容的任务清单。总结利用电子数据表和Microsoft SharePoint 管理任务的优势和劣势。

2-8 哪个协同信息系统适合你的团队
描述文中提到的三个协同工具集，指出每一个是如何达到协同的最低需求的，并说明它们之间的区别。总结为你的团队选择正确工具集的标准。说明功效曲线的意义，并讨论所介绍的三个可选择的工具集的功效曲线。

2-9 2027 年
描述免费数据存储和数据通信对协同系统的影响。说明为什么面对面会议在时间和成本方面的消耗是高昂的。说明为什么混合现实工作场所是令人满意的。描述全息技术可以怎样改变协同。总结协同系统降低国际业务成本和难度的方式。解释协同系统正如何改变你的工作竞争者的范围。描述与人工智能协同的益处。如果你不同意这一部分的结论，说明你怎么不同意以及为什么不同意。

用你的知识来解决猎鹰安防公司的问题

再次阅读本章开篇有关猎鹰安防公司的片段。应用你从这一章中获得的知识，解释这个团队如何利用协同工具让工作变得更有效。描述这样的工具是如何解决费利克斯的问题，提高团队沟通效果，并产生高质量的结果的。

本章关键术语和概念

异步通信（asynchronous communication）
协同（collaboration）
协同信息系统（collaboration information system）
协同系统（collaboration system）
建设性批评（constructive criticism）
合作（cooperation）
讨论区（discussion forum）
电子邮件（email）
文件服务器（file server）
谷歌云端硬盘（Google drive）
团队迷思（Groupthink）
库（library）

管理层决策（managerial decision）
操作层决策（operational decision）
功效曲线（power curve）
问题（problem）
项目数据（project data）
项目元数据（project metadata）
快速启动（quick launch）
屏幕共享应用（screen-sharing application）
战略层决策（strategic decision）
结构化决策（structured decision）
同步通信（synchronous communication）
团队调查（team survey）

非结构化决策（unstructured decision）
版本控制（version control）
版本管理（version management）
视频会议（videoconferencing）
虚拟会议（virtual meeting）
网络研讨会（webinar）
工作流控制（workflow control）

本章习题

知识运用

（1）仔细思考在之前的课堂上，你所在团队的工作经历，以及在诸如校园委员会这样的其他情形中的协同团队的工作经历。你的团队在多大程度上是协同的？它涉及反馈和迭代吗？如果涉及，它是如何进行的？如果真要使用协同信息系统，你会怎样使用它？如果你没有使用过协同信息系统，描述一下你希望这样的信息系统可以怎样提高你的工作方法和结果。如果你使用过协同信息系统，结合你在本章学到的知识，说明使用它给你带来了怎样的提升。

（2）用你在之前团队中的工作经验，根据2.1节所说的提供批评性反馈的指导方针，举一个无益反馈的例子。将你的示例更正为一个更富有成效、更有用的表述方式。

（3）基于你曾经亲身经历的团队项目，总结你的团队是如何管理2.3节中提到的四个阶段（启动、计划、实施以及收尾）的。评价你的团队在解决问题、做出决策以及进行告知活动时的方式。按照2.2节讨论的哈克曼标准评价你之前的团队。

（4）这个练习需要你有Microsoft OneDrive的经验。你需要两个Office ID来完成这个练习。最简单的方法就是和同学一起来完成。如果不能，就用不同的Outlook.com地址建立两个Office账号。

①访问www.onedrive.com，并且注册一个账号。用Word Online创建一个关于协同工具的备忘录，保存你的备忘录。将文档分享给你的第二个Office账号的邮箱。退出第一个账号（如果你可以在同一地点访问相邻的两台计算机，你就可以用它们俩完成这个练习。如果你有两台计算机，就不用退出你的Office账号。在第二台计算机上用第二个账号完成步骤②及其所有操作。如果你使用了两台计算机，请忽略下文退出Office账号的操作步骤）。

②在浏览器上打开一个新窗口。在第二个窗口中访问www.onedrive.com，并且用你的第二个Office账号登录。打开你在步骤①中共享的文档。

③更改备忘录，增加内容管理的简要描述。先不要保存文档。如果你使用同一台计算机，退出你的第二个账号。

④登录你的第一个账号。尝试打开备忘录，看看发生了什么。退出你的第一个账号，再返回第二个账号，保存文档。现在，退出你的第二个账号，并且登录第一个账号，再尝试打开备忘录（如果你使用两台计算机，就可以在两台不同的计算机上完成同样的操作）。

⑤登录你的第二个账号，重新打开共享文档。在文件菜单上，将文档保存为Word文档。描述一下OneDrive是怎样对你的文档进行这些变化处理的。

协同练习

在这个练习中，你将第一次建立协同信息系统并使用这个系统以协同的形式回答四个问题。你可能想在建立信息系统之前阅读这四个问题［在下面的（8）中］。

当你回答问题（5）时，你需要用到电子邮件或面对面会议。一旦你回答了这个问题，就用你的通信方式回答问题（6）。一旦你回答了问题（6），就用你的通信以及内容共享方式回答问题（7）。然后，用全部的信息系统回答问题（8）。

（5）建立一种通信的方法。

①与你的团队会面，决定将来你们想怎样会面。用表2-7作为指南。

②从对①题目的讨论中列出你们对通信系统的需求。

③选择并实施一个通信工具，可以是 Skype、Google Hangouts 或 Skype 商务版。

④为团队编写使用流程以备利用新通信工具时使用。

（6）建立一种内容共享的方法。

①与你的团队会面，决定你们将要创造的内容类型。

②从团队的视角，决定你们是否想用桌面应用程序或者基于云的应用程序处理你们的内容。选择你们想用的应用程序。

③从团队的视角，决定你们将用于共享内容的服务器，你们可以使用 Google Drive、Microsoft OneDrive、Microsoft SharePoint 或其他服务器。

④实现内容共享服务器。

⑤为团队编写使用流程以备共享内容时使用。

（7）建立一个任务管理的方法。

①与你的团队会面，决定你们想要如何管理任务。决定你们想要存储在任务列表上的任务数据。

②从团队的视角，决定你们将要用于共享任务的工具和服务器，你们可以使用 Google Drive、Microsoft OneDrive、Microsoft SharePoint 或者其他设备。

③实现步骤①的工具和服务器。

④为团队编写使用流程以备管理任务时使用。

（8）应用你们的新的协同信息系统回答下面的问题。

①什么是协同？重新阅读 2.1 节，但不要将你自己局限于那个讨论。考虑你自己在协同团队中的工作经历，并且在网络上搜寻其他协同观点。戴夫·波拉德（Dave Pollard）是表 2-1 所调查内容的作者之一，他提供了大量有关协同的观点。

②一个有效率的团队成员需要具有哪些特质？回顾在表 2-1 中有效协同的调查结果以及给予和接受批评性反馈的指南，并且将其作为一个整体进行讨论。你认同它们吗？你会在这个列表中增加什么技能或反馈技巧？作为一个团队，从这个调查中你能获得怎样的结论？你想改变表 2-1 中的排序吗？

③你会对无效率的团队成员采取何种措施？首先，定义一个无效率的团队成员，详细说明一个无效率的团队成员的特征（5 个左右）。如果你的团队有这样的成员，作为一个群体，你认为应该采取什么措施？

④你如何知道你们的协同是否很好？当与一个团队共事时，你如何知道你们的工作是很好还是很糟糕呢？详细说明 5 个左右的表明协同成功的特征。怎样才能衡量这些特征？

⑤简要描述你们的新的协同信息系统的组件。

⑥描述在使用新的协同系统的时候，你的团队喜欢什么、不喜欢什么。

案例研究

内部测试：自己做的狗粮自己先吃

内部测试就是应用自己开发的产品或提出的观点的过程。在 20 世纪 80 年代的软件行业中，有人发现公司并没有应用自己开发的产品，于是就提出了这个术语。或是"他们没有吃他们自己做的狗粮"。维基百科（Wikipedia）认为这个术语是 1988 年微软公司的网络操作系统 Lan Manager 的测试经理布雷恩·瓦伦丁（Brain Valentine）提出的，但我记得在此之前，这个术语就已经存在于世了。不管它的起源如何，如果员工自愿选择内测他们自己的产品或想法，多数人相信这样的产品或想法可能会成功。

你可能要问，"那又怎样？"本书就是由一个协同团队使用 Office365 专业版和许多本章中描述的技术开发的。在这一章中我们内测了我们的观点和产品。

图 2-18 显示了章节草稿在 Word、PowerPoint 里转换以及 PNG 图像格式转换为 PDF 格式的过程。在第 10 章中你会学到更多这样的

过程图。你可以暂时认为每一列展示的是一个角色应完成的活动,在这个案例中就是一个特定的人员。过程以一个位于左上方的细线圆开始,以位于右下方的粗线圆结束。虚线表示从一个活动到另一个活动的数据流。

如图 2-18 所示,作者与统筹编辑密切合作,统筹编辑确保文本完整并且符合市场需求,以达到组稿编辑的要求。在这里我们不需要详细探究这些过程,你只需了解当不同角色的人进行编辑、批准或校正编辑时,就会有很多不同版本的章节文本和章节图表被创造出来。

图 2-18 中承担不同角色的人所生活的地理位置不同,因此不可能召开面对面会议。过去,这种开发过程通过电话、电子邮件以及文件服务器进行管理。能够想象,有数百份文档、图表呈现以及它们每一个的多个复审版本,这个过程是多么混乱。此外,通过电子邮件传递任务请求,很容易出现丢失的情况。虽然落掉和提供错误版本的文档和图表的情况并不常见,但它们的确发生过。

当我们决定每年都发布一个新版本的时候,我们意识到需要找到一些方法提高我们的工作效率。因此,我们的开发团队决定使用 Office365 专业版进行内部测试。在这个过程中,作者、策划编辑劳拉·汤(Laura Town)以及责任编辑经常使用谷歌的统一消息服务工具 Hangouts 碰头。图 2-19 展示了这一典型的 Hangout 群聊界面。注意在这个过程中,三个参与者正共享同一个白板,每个人都能在白板上写字或是绘图。在会议结束时,白板被保存并放置在团队的 SharePoint 站点上,作为会议备忘录。

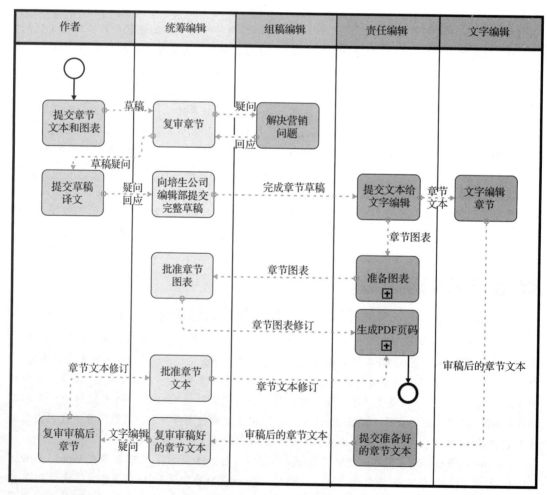

图 2-18 章节开发过程

图 2-20 展示了团队的顶层 SharePoint 站点。**快速启动**［Quick Launch（左侧垂直菜单）］中有获取该站点重要内容的链接。中心位置是一些还未达到"完成"状态的任务。

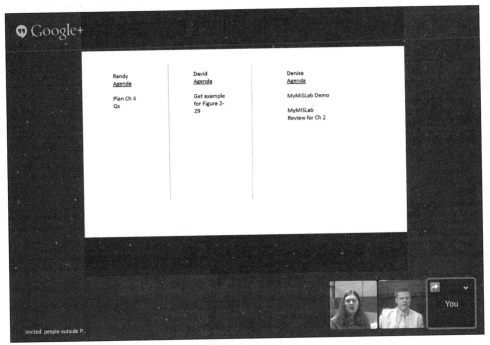

图 2-19　谷歌公司的 Hangout 群聊对话

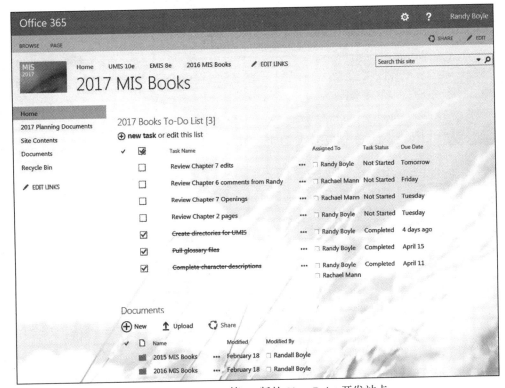

图 2-20　用于 MIS 第 10 版的 SharePoint 开发站点

资料来源：Windows 10, Microsoft Corporation.

团队设置了警告,当任务列表创建了新任务时,SharePoint 将会给每一个分派了任务的团队成员发送一封电子邮件。如图 2-21 所示,当任务状态被他人改变时,任务创建者也会收到电子邮件。

所有的文档和图表被存储在 SharePoint 中,并在该平台中进行管理。图 2-22 展示了在撰写第 2 章时的文稿库目录。存储在 SharePoint 上的文档,团队可以利用库版本跟踪。图 2-23 展示了这个库中的一个文档的部分版本历史。

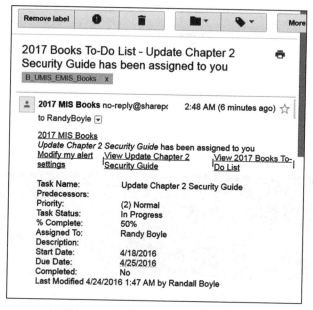

图 2-21　SharePoint 的电子邮件示例

资料来源:Windows 10, Microsoft Corporation.

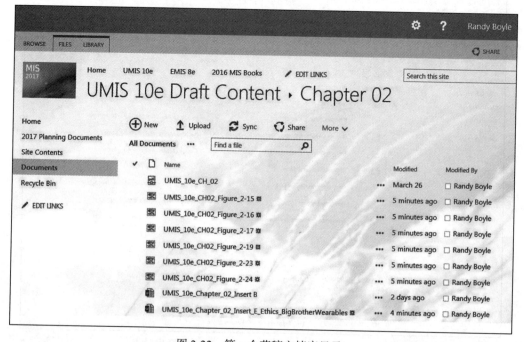

图 2-22　第一个草稿文档库目录

资料来源:Windows 10, Microsoft Corporation.

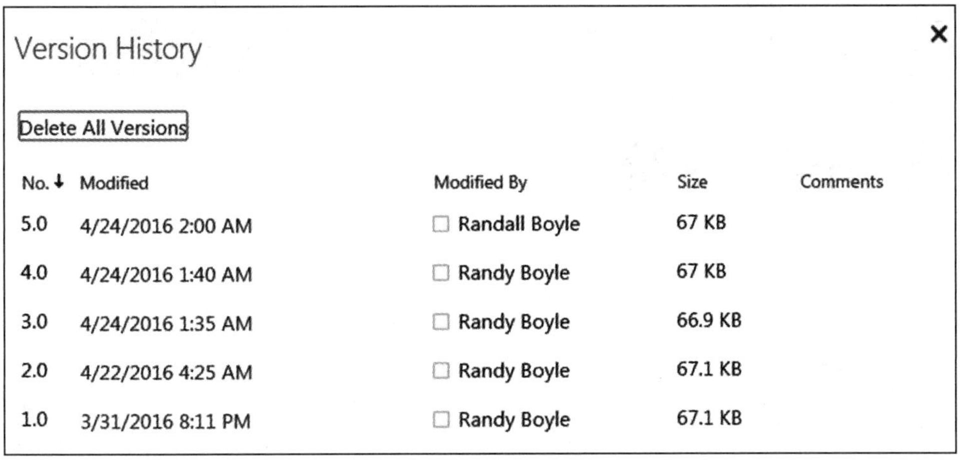

图 2-23 版本历史

资料来源：Windows 10, Microsoft Corporation.

当任务完成时，劳拉需要审查最终的章节版本，因此要创建一个要求她这样做的任务。这个新任务将会触发系统发送一封类似于图 2-21 所示的电子邮件给她。我写完这句话后，就要创建一个这样的任务！这就是内部测试。

讨论题：

（9）用你自己的话定义内部测试。你认为内部测试很可能预示着产品成功吗？为什么？什么时候内部测试不能预示产品成功？

（10）说明这个团队怎样利用共享白板来生成会议备忘录。这项技术的优势是什么？

（11）说明这个团队是如何使用警告的。总结使用警告给这个团队带来的优势。

（12）说明为什么这个团队在业务上没有使用 Skype。

（13）总结这个团队使用 SharePoint 的优势。

（14）你认为 Office365 专业版如何提升了开发团队的效率，请简要说明。它对于本书的质量能起到怎样的作用呢？

（15）在完成学生团队项目时，这里描述的 Office365 专业版的哪些方面对你们有价值？相较于你们现在所做的，说明它们为什么增加了价值。

第3章

战略与信息系统

🌐 导入故事

衣着考究的亚历克西斯走进卡姆正密切观察员工测试大型四旋翼无人机的开发部,说道:"嗨,卡姆,我们一起去吃午餐吧。我想了解更多关于我们即将推出的新激光雷达图像技术的信息。"

"好啊,我可以利用休息时间。"

"这是什么?你正在测试一个新的四旋翼无人机吗?"

"呃……是的。马泰奥想要看看我们是否能够3D打印出我们自己的无人机。我们正在测试一个刚刚完成开发的新原型。这可能比直接购买便宜得多,但我之前还没有开发过无人机。"

"哇!这就意味着我们已经决定涉足无人机制造业务了吗?"

为了方便她们私下交谈,卡姆示意亚历克西斯移步到走廊。

"老实说,我并不希望涉足这一业务,但是我们会看看测试的结果如何。如果它能够节省足够多的资金,并且值得我们为此花费时间的话,我们仍会尝试开发它。"

"你比我厉害多了,他们找到了适合这项工作的人。"亚历克西斯微笑道,想让对话保持轻松的氛围。

"其实,这个项目是我最不担心的。"卡姆揉了揉眼睛,看上去很沮丧。

"此话怎讲?"

"我们是谁?"

"什么意思?"亚历克西斯有些困惑。

"作为一个公司,我们是谁?我们公司一直以提供安全监控而被大众熟知,而且我们也得到了一些大的订单。这一点我了解,但是,我们还可以将大量的资金用于农业调查、工业检测、房地产视频和婚礼视频等工作。我想我们遗漏了这些。"

"你和马泰奥谈过这个吗?"

"谈过,他认同这些都是好的想法,但是他希望仍将关注点放在大型安全项目的订单上。他甚至谈到了要和执法机关、搜索与营救部门及联邦政府签订合同。"

"这有什么不好吗?"亚历克西斯问道,"这听上去意味着,如果我们可以完成一些大的订单,就可以坐在这里舒适惬意地工作了。从销售层面来看,我们可以做更少的工作,赚更多的钱。"

"是的,但是这个前提很重要。假如我们不能和他们签订合同怎么办?如果资金链断裂怎么办?公众不喜欢美国联邦政府用无人机拍摄他们又怎么办?"

"这我不知道。如果收益如马泰奥所想的一样高,这可能值得一试。"

"是的,可是我们可以把时间和资源用于开发已知的长期有利可图的项目中。总有人会结婚。这似乎能轻易地让人认为猎鹰安防公司不仅仅是一家安保公司。这钱很好赚。"卡姆摇了摇头,显得很失意。

"卡姆,我非常赞同你的想法。我们做过的编外项目都是赚钱的,这是毋庸置疑的。"

"真的吗?"

"真的,这值得关注。我们不能满足所有人的要求。为一个化工企业提供长期的安全监控和做周末婚礼的照片拍摄完全不同。"

"但是,我们现在先把所有能赚的钱都赚到,怎么样?如果我们不赚这个钱,也会有别人去赚。"

亚历克西斯笑了,说道:"嘿,我们顺路去找乔妮吃午饭吧。她很需要听到这些。你们两个可以探讨一下战略,我正好可以吃一些美味的玉米饼包炸鱼。"

章节导览

回顾一下第 1 章的内容,管理信息系统是指开发和使用信息系统,以帮助组织实现其战略。在第 2 章中,你学到了信息系统是如何帮助人们进行协同的。本章重点关注信息系统如何支持竞争战略以及信息系统如何创造竞争战略。正如你将在组织行为学课程中学到的,其中有大量的知识旨在帮助组织分析它们所在的行业,选取竞争战略并开发它们的业务流程。在本章的第一部分,我们将对这些知识进行调查,并通过几个步骤展示如何使用它来构建信息系统。然后,在本章的末尾,我们将讨论企业如何使用信息系统来获取竞争优势。

猎鹰安防公司提供了一个很好的例子。它通过使用无人机提供安全监督服务形成差异化战略,同时它也具备提供该服务的系统和流程。但是,正如卡姆所言,如果不能获得额外的安防订单,企业将何去何从?企业将如何成长?即使企业获得了这些新的订单,它是否具有能够处理它们的系统和流程?

3.1 组织战略如何决定信息系统架构

根据管理信息系统的定义,信息系统旨在帮助组织实现其战略。正如你将在企业战略学这门课中学到的,组织的目标是由其竞争战略决定的。因此,从根本上看,竞争战略决定了每个信息系统的架构、特征和功能。

图 3-1 简要描述了这一关系。简而言之,组织调查其所在行业的结构并决定竞争战略,竞争战略决定价值链,价值链决定业务流程,业务流程的结构决定支撑信息系统的设计。

迈克尔·波特是战略分析领域主要的研究者和思想家之一,他构建的三个不同的模型可以帮助你理解图 3-1 中的构念。下面将从他的五力模型开始阐述。

图 3-1 组织战略决定信息系统

3.2 决定行业结构的五种竞争力是什么

组织战略开始于对行业的基础特征和结构的评估。一个可用于评估行业结构的模型是迈克尔·波特(Michael Porter)的**五力模型**(five forces model)。⊖根据这个模型,五种竞争力决定了行业的盈利能力:客户的议价能力、替代者的威胁、供应商的议价能力、新进入者的威胁和行业内现有竞争者的竞争力。这五种竞争力的强度决定了行业特征、如何盈利以及利益的持久性。五力模型如图 3-2 所示。

⊖ Michael Porter, Competitive Strategy: Techniques for Analyzing Industries and Competitors (New York: Free Press, 1980).

```
·客户的议价能力
·替代者的威胁
·供应商的议价能力
·新进入者的威胁
·行业内现有竞争者的竞争力
```

图 3-2　五力模型

资料来源：Based on Michael E. Porter, Competitive Advantage: Creating and Sustaining Superior Performance (The Free Press, a Division of Simon & Schuster Adult Publishing Group). Copyright © 1985, 1998 by Michael E. Porter.

为了理解这个模型，表 3-1 展示了每个竞争力强弱程度的例子，这也是对你是否理解表 3-1 中每个分类下不同竞争力的一种检验。另外，你可以设想一个特定的行业，如汽车维修，考虑这五种竞争力如何决定这个行业的竞争格局。

表 3-1　五种竞争力的例子

竞争力	强竞争力的例子	弱竞争力的例子
客户的议价能力	丰田公司对汽车喷漆的采购（因为丰田公司大批量采购汽车喷漆，是大客户）	学生超越大学规章和制度的能力
替代者的威胁	富有经验的游客选择汽车租赁	对于病人所患的癌症，只有一种有效药物
供应商的议价能力	新的汽车经销商（因为它们控制着汽车的真正价格并且客户不可靠地辨认此价格的正确性）	产量盈余的农民（过量的供应使得产品价值下跌且很难有利可图）
新进入者的威胁	街角的拿铁站（因为它是易于复制的简单的商业模式）	专业的橄榄球队（因为球队数量被美国国家橄榄球联盟严格控制）
行业内现有竞争者的竞争力	二手汽车经销商（因为有许多经销商可供选择）	谷歌或必应（开发和营销一款搜索引擎的成本高昂）

在本章开头所述的情景中，卡姆担心只关注物理安全将使猎鹰安防公司处于竞争劣势。她认为公司可以将业务扩展至农业调查、工业检测、房地产视频和婚礼视频。她还对在经济上过于依赖几个大型行业的订单表示担忧。表 3-2 展示了猎鹰安防公司所面临的竞争格局。

表 3-2　猎鹰安防公司的五种竞争力

竞争力	猎鹰安防公司的例子	竞争力强度	猎鹰安防公司的应对策略
客户的议价能力	大客户想以更低的价格享受更多的服务	强	更低的价格或开拓其他市场
替代者的威胁	以无线网络摄像头替代无人机	中等	提供摄像头无法提供的差异化服务，如 LiDAR
供应商的议价能力	我们正在增加所卖无人机的成本	弱	我们将开发我们自己的无人机
新进入者的威胁	亚马逊公司开始使用无人机进行包裹运输和监测	中等	提供差异化的服务和进入其他市场
行业内现有竞争者的竞争力	一个新的无人机公司扩展其运营使其步入正轨	弱	提供额外的特性，如直接将流媒体给客户

猎鹰安防公司服务的大型行业订单可能需要更多的服务或者更低的价格，因为它们占据了猎鹰安防公司很大比例的收入。替代品的威胁在诸如客户选择安装无线数字化网络摄像头的情景中也很强。但是，因为内部专业技术的缺乏或物理距离的限制，这些替代品可能并不

是一些行业客户切实可行的选择。一个新的进入者可能带来很大的威胁，如亚马逊公司开始用它们的无人机提供监控服务。但是，猎鹰安防公司可以通过提供增值服务来应对这种情况，如即时 3D 地图或者进入诸如农业调查和工业检测的新市场。

其他的竞争力不会对猎鹰安防公司造成困扰。供应商的议价能力很薄弱，因为有许多无人机制造商可供选择，并且猎鹰安防公司也可以选择 3D 打印自己的无人机。行业内现有竞争者的竞争能力也不强，因为猎鹰安防公司已经开发了自充电的无人机平台和集成的视频加工系统，这些都不容易被竞争者复制。

同猎鹰安防公司一样，组织需要考察这五种竞争力并决定应对的方式。这一考察分析决定了其竞争战略。

案例 3-1

伦理指南：恋爱机器人的诱惑

盖理·卢卡斯（Gary Lucas）忍不住越过复杂的隔间，频频向办公室另一边的会议室看去。他的老板理查德·马修斯（Richard Matthews）看上去正在和五个人进行激烈的讨论，而盖里之前从未见过这些人。即使没有在会议室里，也没近到能读出他们的唇语，盖里仍然知道这个会议是关于什么的。

他工作的公司——时不我待（Why Wait, Date!）正处于挣扎的环境中。不仅有来自在线交友匹配行业的竞争，而且他所在公司的订阅者由于一个更具挑战的问题而放弃了订阅：最新的用户统计分析显示，15% 的订阅者是女性，而 85% 是男性。如果男性用户间的竞争如此激烈，那么企业如何挽留订阅者？许多男性订阅者甚至在数月的努力之后仍没有找到匹配的对象。对盖里而言，不幸的是，顾客维系部门的主管对用户不再付费感到不满。尽管市场努力的方向和订阅者折扣都是以男性用户为目标，但是盖里无法平衡比例失调的用户基础。他担心会被辞退，他的替代者可能正和老板一起坐在会议室里。

盖里回头看了眼会议室，恰好看到理查德打开门，招手让他过去。盖里匆忙赶往会议室。他在桌子的后方坐下，理查德微笑地看着他说：“盖里，我认为这些咨询顾问的计划可以挽救公司。”盖里长舒一口气，这听上去意味着他的工作就目前来说保住了——但是这些咨询顾问向理查德承诺了什么，使得他对公司的未来如此乐观？

自动匹配（iMatch）

咨询顾问的领导托马斯（Thomas）开始滔滔不绝地讲述挽救公司的方法。当托马斯解释他的想法时，理查德微笑着点头表示同意。"留住网站订阅者的关键是使他们保持兴趣。我们需要在男性用户感到消极并取消订阅的极限点之前让他们有一些积极的体验。我们的咨询小组已经基于你们所有的用户数据构建了一个模型，我们能够预测一个男性用户何时想取消他的订阅，并且有很高的准确率。"

盖里打断了他的话："你已经得到了我们所有的用户数据？"他很不满地看向托马斯，但是托马斯提醒他冷静下来，听完重点。托马斯继续说道："现在我们可以预测用户大约何时会离开，从而可以在那时采取措施使他们感受到乐趣。为了让用户继续为服务付费，我们需要知道他们何时需要一个潜在的'匹配者'。我们要做的是通过虚拟账号给他们发送一些信息，这样他们就会认为有人对他们感兴趣。"

"我们甚至可以使这些虚拟的账号处理超过数周或数月的复杂交互，不过这取决于你们想要在我们的解决方案上投资多少钱。"托马斯继续说道，"经过数周或数月之后，虚拟的账号将显示它已经找到了其他用户。这样就不必将这一过程实际进行到底，用户只会觉得这段关系进展得不顺利。最好的一点是，你们不需要给员工付费，要求其和用户交互，因为这些都可以通过我们的虚拟现实平台实现。这种长期的交互将会使用户持续付费，并且能增加他们对在你们的网站上可以找到匹配者的期望。"

AI-Jedis 公司

会议结束后的一个小时，盖里一直坐在他的桌前沉思，他仍在试图对会议室里所说的事情做出妥协。他的老板已经命他砍掉80%的市场投入，并开始雇用新的员工来负责创建虚拟账号。理查德还和咨询顾问们签订了合约，他们将在第二天开始实施客户保留工具。

盖里低头看了看咨询顾问们会议后给他的名片，发现他们都在一家叫作 AI-Jedis 的公司工作。盖里认为 AI 表示的是人工智能。他无法相信他们必须使用机器人来欺骗用户，告诉他们能在网上找到配对的人。他突然为欺骗用户而感到毛骨悚然。他想知道这是否被认为是欺骗性的，甚至是不合法的。如果有人发现了这件事，后果会怎么样？这个公司将被毁灭。盖里靠在他的椅子上，盯着天花板，发出一声长长的叹息。他一方面想要去和理查德谈一下，告诉他这是一个坏主意，另一方面他觉着是时候开始润饰他的简历了。

讨论题：

（1）根据书中之前提到的道德准则的定义，回答以下问题：

①从绝对命令的角度，你认为在交友约会网站上利用自动化机器人是道德的吗？

②从功利主义的角度，你认为在交友约会网站上利用自动化机器人是道德的吗？

（2）尽管这个情节可能像是来自科幻电影，但是利用自动化工具进行决策制定和用户交互是很广泛的。请通过头脑风暴，想一想目前使用自动化工具的企业或服务的例子。

（3）如果你处在这个环境中，你会离开这个公司吗？

（4）你认为与理查德谈论使用机器人的风险，盖里能获益吗？你认为如果该公司使用这个技术留住客户的风声走漏，人们会如何回应？

3.3 行业结构分析如何决定竞争战略

组织通过选择**竞争战略**（competitive strategy）来应对其行业的结构。波特遵循他的五力模型提出了四大竞争战略模型（如图3-3所示）。⊖根据波特的理论，企业会采用这四个战略中的一个。组织可以着力于成为成本领先者，或提供差异化的产品或服务。此外，组织可以在整个行业中采用成本领先战略或差异化战略，或者把战略聚焦于行业内特定的细分领域。

	成本	差异化
全行业	全行业中最低的成本	全行业中更好的产品/服务
关注点	某个行业细分领域中的最低成本	某个行业细分领域中的更好的产品/服务

图 3-3　波特四大竞争战略

以汽车租赁企业为例。根据图 3-3 的第一列所示，一个汽车租赁公司可以试图在整个行业中提供最低的汽车租赁价格，或者在某个行业的细分领域（如面向美国国内商务旅行者的汽车租赁）提供最低的汽车租赁价格。

正如图 3-3 中第二列所示，汽车租赁企业可以尝试提供差异化的产品，如提供各种高品质的汽车、最好的租赁系统、最整洁的汽车或最快的登记服务等各种各样的方法。企业可以在整个行业或者细分领域（如面向美国国内商务旅行者的汽车租赁）提供差异化产品。

⊖ Michael Porter, Competitive Strategy (New York: Free Press, 1985).

根据波特的理论，为了提高效率，组织的目标、目的、文化和活动必须与组织战略相一致。在管理信息系统领域，这意味着组织中所有的信息系统必须反映和提升组织的竞争战略。

3.4 竞争战略如何决定价值链结构

组织需要分析其所处行业的结构并利用其分析结果制定竞争战略。接着，它们需要对自身进行组织化和结构化来实施战略。如果选择成本领先的竞争战略，需要以最低的价格开发提供必要功能的企业活动。

选择差异化战略的企业不一定需要安排低成本的活动。相反，这样的企业可能选择发展更昂贵的业务流程，但前提是所获取的利益远大于成本。猎鹰安防公司的乔妮知道购买最好的商业无人机是很昂贵的，她判断这样的成本是值得的，她可能发现3D打印猎鹰自己的无人机也是值得的。

波特将**价值**（value）定义为客户愿意为资源、产品或服务支付的金额。活动产生的价值与活动成本之间的差额称作**利润**（margin）。只有当利润为正时，采取差异化战略的企业才会增加成本。

价值链（value chain）是创造价值的活动网络。通用价值链包含五个主要活动（primary activity）和四个**支持性活动**（support activity）。

3.4.1 价值链中的主要活动

为了理解价值链的内涵，以猎鹰安防公司众多供应商中的一家中型无人机制造商为例（如图3-4所示）。首先，这个制造商通过入站物流活动获得原材料。这一活动关注原材料和其他输入品的接收和处理。这些材料的积累在某种意义上增加了价值，即使是一堆未装配的零件，对于某些客户而言也是有用的。将一堆零件用于装配无人机比将它们闲置在架子上更有价值。这个价值不仅在于零件本身，而且体现在为这些零件联系供应商、与这些供应商维系业务关系、订购零件和收货等所需的时间。

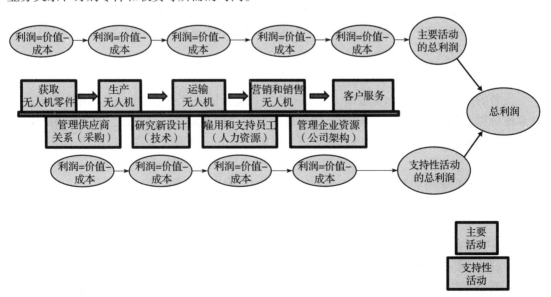

图3-4 无人机制造商的价值链

在运营活动中，无人机制造商将原材料转化为加工后的无人机，这个过程增加了更多的价值。然后，企业利用出站物流活动向客户运送无人机。当然，如果没有营销和销售价值活动，就没有能交付无人机的客户。最后，服务活动为无人机使用者提供了客户支持。

通用价值链上的每个活动都累积了成本，并为产品增加了价值。净结果就是整个价值链的利润，即增加的总价值与承担的总成本之间的差值。表 3-3 总结了价值链的主要活动。

表 3-3　价值链中主要活动的任务描述

主要活动	描述
入站物流	接收、存储和将输入品分发至产品
运营/制造	将输入品转为最终产品
出站物流	收集、存储和将实际产品运输至买家
销售和营销	诱导买家购买产品和为他们提供购买方式
客户服务	帮助客户使用产品，以此维系和提升产品价值

资料来源：Michael E. Porter, Competitive Advantage: Creating and Sustaining Superior Performance (The Free Press, a Division of Simon & Schuster Adult Publishing Group).Copyright © 1985,1998 by Michael E.Porter.

3.4.2　价值链中的支持性活动

通用价值链中的支持性活动间接决定了产品的生产、销售和服务。这些活动包括采购，主要包含寻找供应商、签订合同安排和谈判价格的过程（这与入站物流不同，入站物流关注的是订货和收货与采购建立的协议相一致）。

波特定义了广义的技术。它包括研究和开发，但也包括在企业内部为开发新技术、方法和程序而进行的其他活动。他将人力资源定义为招聘、雇用、评估和培训全职和兼职的员工。最后，企业基础设施包括综合管理、财务、会计、法律和政府事务。

支持性功能间接增加了价值，同时也产生了成本。因此，如图 3-4 所示，支持性活动贡献了利润。就支持性活动而言，利润很难评估，因为很难知道增加的具体价值，如制造商在华盛顿的说客的价值。但这的确产生了价值、成本和利润，即使只是在概念上。

3.4.3　价值链联动

波特的商务活动模型包括**联动**（linkage），指的是价值链活动之间的交互作用。例如，制造系统可以利用联动减少生产成本。这个系统利用销量预测来计划生产，然后利用生产计划决定原材料需求，再利用原材料需求规划采购，最终实现即时生产，以减少生产规模和成本。

通过描述价值链和价值链联动，波特开始构建整合的、跨部门的商务系统。一段时间之后，波特的工作引导了一种名为业务流程设计的新学科的创立。它的中心思想是组织不应该自动化或提升现有的功能系统，而是应该创造新的、更加有效的业务流程，该业务流程集合了价值链所包含的所有部门的活动。你将在下一部分看到一个联动的例子。

价值链分析对于像无人机制造商之类的制造企业而言有直接的应用。然而，价值链也存在于以服务为主导的企业，如医疗诊所。不同的是大多数服务企业的价值是由运营、销售和营销及服务活动所集成的。入站物流和出站物流通常没有那么重要。

3.5 业务流程如何产生价值

业务流程(business process)是通过将投入转化为产出来产生价值的活动网络。业务流程的**成本**(cost)是投入的成本加上活动的成本。业务流程的利润是其产出的价值减去成本。

业务流程是活动的网络。每个**活动**(activity)都是用来接收输入和产生输出的业务功能,它可以由人、计算机系统或两者共同执行。输入和输出的可以是实体(如无人机零件),也可以是数据(如购买订单)。**储存库**(repository)是某种东西的集合,数据库是数据的储存库,原材料库是原材料的储存库。我们将在第7章和第12章精炼并扩展这些概念。

以图3-5所示的无人机制造商的三个业务流程为例:材料订购流程将现金⊖转化为原材料库存,制造流程将原材料转化为成品,销售流程将成品转化为现金。值得注意的是业务流程跨越了价值链活动。正如你所料想的那样,销售流程包含销售和营销以及出站物流活动。同样需要注意的是,尽管这三个流程没有包含客户服务活动,但是客户服务在其他业务流程中具有重要地位。

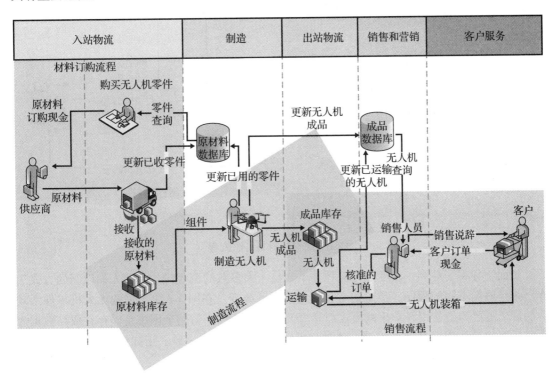

图 3-5 三个业务流程的例子

仍需注意的是,这些活动会使数据在数据库中来回传输。例如,采购无人机零件的活动访问原材料数据库以决定要订购的材料,收货活动更新原材料库来表明材料已到货,制造无人机的活动更新原材料库来显示材料的消耗。销售阶段也进行相似的活动,以更新成品数据库。

业务流程在成本和有效性上的差别巨大。实际上,增加利润(增加价值、减少成本或

⊖ 为了简化流程,现金流在图3-5中已缩略表示。授权、控制、支付和接受收入的业务流当然也很重要。

两者兼有）的业务流程是竞争战略的关键。你将会在第 12 章讨论**业务流程管理**（business process management，BPM）时学习流程的设计。为了更好地理解流程设计的内涵，请参考图 3-6 的内容，它展示了无人机制造商的交替流程。采购无人机的活动不仅要访问原材料库存数据库，而且要访问成品库存数据库。访问两个数据库可以使采购部门在进行决策时，不仅考虑到原材料的数量，还能参考消费者的需求。通过使用这一数据，采购流程可以减少原材料库存规模和采购成本，也因此能增加价值链的利润。这是利用企业流程中的联动增加流程利润的例子。

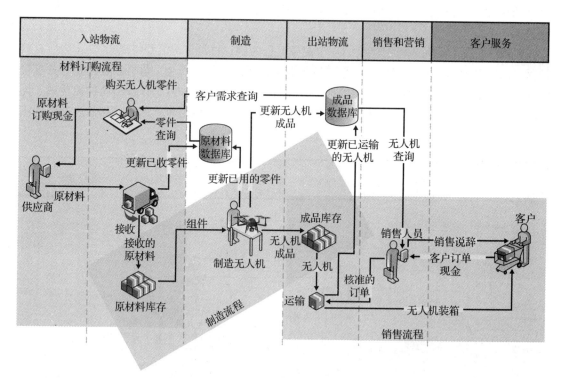

图 3-6 改进的材料订购流程

然而，你将了解到，改变业务流程并不容易。大多数的流程设计需要人们以新的方式工作，并且遵循不同的程序，员工通常会拒绝这样的改变。在图 3-6 中，采购无人机零件活动中的员工需要为了使用客户采购模式而学着调整订购流程。另一个困难是储存在成品数据库中的数据很可能需要被重新设计，使其与客户需求的数据相一致。正如你将在第 12 章学到的，重新设计也需要对一些应用程序进行更改。

3.6 竞争战略如何决定业务流程和信息系统架构

表 3-4 展示了租借单车的业务流程。表头为价值生成活动，下面各行是采取不同竞争战略的两个企业的活动实施过程。

第一个企业选择了面向学生的低成本租赁的竞争战略。因此，它实施了缩减成本的业务流程。第二个企业选择了不同的战略，它提供面向高端人群的最佳品质租赁。值得注意的是，这个企业设计了自己的业务流程，以确保提供优质的服务。为了获取收益，它必须确保增加的价值能够超过所提供服务的成本。

表 3-4　单车租赁企业的运营价值链

	价值生成活动	招揽客户 → 确定需求 → 租赁单车 → 归还单车并付费			
面向学生的低成本租赁	实施竞争战略的信息	"你想要租单车？"	"单车在那里，请自取。"	"填好这张表格，当你结束时请将它拿来这里给我。"	"给我看下单车。""好的，收费23.5元，请全部付清。"
	支持性业务流程	无	防盗的实物管制和程序	纸质表格，并且有鞋盒可以存放它们	有租赁表的鞋盒及最低限额的信用卡和现金收入系统
面向位于会议度假酒店的企业高管的高级租赁	实施竞争战略的信息	"您好，亨利女士，很高兴又一次与您见面。您想要租赁您上次所租的4.5版非凡单车吗？"	"我认为至高版非凡单车对您来说是个更好的选择。它拥有……"	"请让我扫描一下单车编号以录入系统，然后我会为您调整座椅。"	"您骑行的感觉如何？""让我来帮您。我将再次扫描一下标签，一秒内就将有您的租赁信息。""您需要饮料吗？""您想要将此费用记在酒店账单上，还是倾向于现在就付费呢？"
	支持性业务流程	客户跟踪和往期消费活动系统	员工训练和匹配客户与单车的信息系统，该系统偏向于对客户进行向上营销	利用自动化库存系统确认单车出库	利用自动化库存系统归位单车　准备付费文件　与度假酒店的账单系统结合

现在考虑这些业务流程所需的信息系统。面向学生的租赁企业使用小型数据库来存放数据。它们唯一的计算机/软件/数据组件是由处理信用卡交易的银行提供的。

相反，高级服务企业则广泛地使用信息系统（如图 3-7 所示）。销售跟踪数据库用来跟踪以往客户的租赁活动，库存数据库用来选择和增销单车租赁，同时便捷地为高端客户控制单车库存。

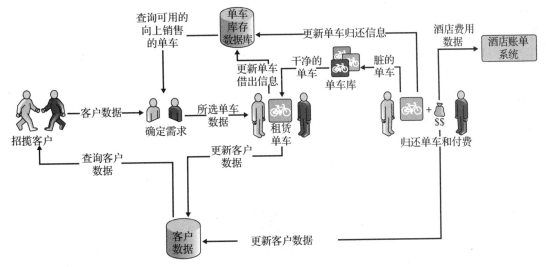

图 3-7　高级单车租赁的业务流程和信息系统

3.7 信息系统如何提供竞争优势

在企业战略课中，你将学到比我们已讨论的更加细致的波特模型，以及组织应对五种竞争力的更多方式。为了实现我们的目标，我们可以将这些方式提取到准则列表（如图 3-8 所示）中。需要注意的是这些准则适用于组织竞争战略的环境。

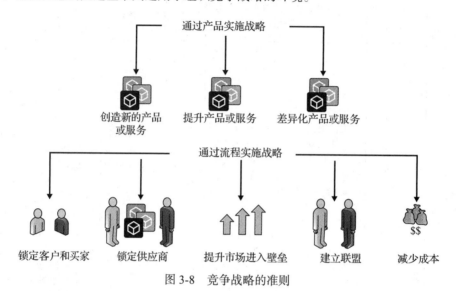

图 3-8　竞争战略的准则

一些竞争力是由产品和服务创造的，也有一些是通过业务流程的发展创造的，无论哪种情况都需要予以关注。

3.7.1 通过产品创造的竞争优势

图 3-8 所示的前三个准则是关于产品或服务的。组织通过创造新的产品或服务、优化现有的产品或服务、差异化产品或服务来获取竞争优势。

信息系统通过作为产品的一部分或是提供对产品的支持创造竞争优势。以汽车租赁代理赫兹和安飞士为例，生成有关汽车位置信息和提供目的地导航的信息系统是汽车租赁的一部分，也是产品本身的一部分（如图 3-9a 所示）。相反，安排汽车保养的信息系统不是产品的一部分，而是对产品提供的支持（如图 3-9b 所示）。不管怎样，信息系统都可以帮助组织达到图 3-8 中的前三个准则。

图 3-8 中其余的五个准则涉及通过业务流程的实施所创造的竞争优势。

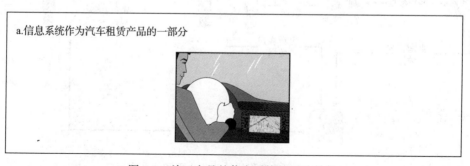

图 3-9　关于产品的信息系统的两种角色

b.信息系统支持汽车租赁产品

每日服务日程表——2018年6月15日

位置号：22
位置名称：润滑

服务日期	服务时间	汽车车牌制造商	型号	英里数	服务描述
2018年6月15日	上午12点	155890福特	福特探险者	2 244	标准润滑
2018年6月15日	上午11点	12448丰田	丰田Tacoma	7 558	标准润滑

位置号：26
位置名称：校准

服务日期	服务时间	汽车车牌制造商	型号	英里数	服务描述
2018年6月15日	上午9点	12448丰田	丰田Tacoma	7 558	前端校准检查

位置号：28
位置名称：变速器

服务日期	服务时间	汽车车牌制造商	型号	英里数	服务描述
2018年6月15日	上午11点	155890福特	福特探险者	2 244	更换变速器机油

图3-9（续）

案例3-2

探秘：自动驾驶之战

让我们停下来思考一下过去两个世纪的技术革新。如果只让你选择一个对人类影响最大的变革，你会选择什么？你第一个想到的创新可能是智能手机。智能手机是允许用户动下手指就能轻松获取几乎任何信息的设备。尽管智能手机对如何获取信息和进行交互有重要影响，但是让我们再更深远地回溯一下。

交通的进步（如飞机）或是更早期的技术进步（如互联网和计算机芯片），似乎是更明显的选择。所有的这些发展显然对人类有重大贡献。但是在最近的TED⊖演讲中，演讲者认为洗衣机才是工业革命最好的发明。⊜

等一下……什么？是的，简单的洗衣机对社会产生了深远的影响。手洗衣服需要干净的水、柴火（用于生火加热水）和持续的手工劳动。手洗衣服浪费了大量的时间和精力。这个过程的自动化为劳工节约了大量时间，使得个人能够完成其他更重要的工作。⊜

现今有什么创新能够消除这种对时间的浪费？肯定是有的。自动驾驶汽车就是其中一个。它们很可能将对我们出行的方式以及所花费的时间产生深远影响。据一份报告估计，美国人一生大约花费4.3年用于驾驶汽车。⑩

驾驶？有个应用为此而生

无人驾驶汽车是未来的发展趋势。数十亿美元已被投资用于研究和开发切实可行的自动化交通工具。梅赛德斯·奔驰（Mercedes Benz）、奥迪（Audi）、宝马（BMW）、丰田（Toyota）等

⊖ TED是理查德·索·乌曼创立的一家私有非营利机构的名称，其名称是技术（technology）、娱乐（entertainment）和设计（design）三个英文单词首字母的缩写。TED诞生于1984年，其发起人是理查德·索·乌曼；2001年起，克里斯·安德森接管TED。该机构以它组织的TED大会著称。每年3月，TED大会在北美召集众多科学、设计、文学、音乐等领域的杰出人物，分享他们关于技术、社会、人的思考和探索。

⊜ Christina Sterbenz,"Why the Washing Machine Was the Greatest invention of the Industrial Revolution,"Business Insider, January 29, 2014, accessed March 27, 2016, www.businessinsider.com/hans-rosling-washing-machine-2014-1.

⊜ 同上。

⑩ Distractify Staff,"30 Surprising Facts About How We Actually Spend Our Time,"Distractify, January 7, 2015, accessed March 27, 2016, http://distractify.com/old-school/2015/01/07/ astounding-facts-about-how-we-actually-spend-our-time-1197818577.

几乎所有的汽车制造商都在投资自动驾驶汽车，并且已经投入测试。⊖谷歌已经成为这场创新比赛中的领头人，谷歌的自动驾驶交通工具已经行驶了成百上千公里的路程，并能够在较少或无人的干涉下，以每小时70多英里的速度在公路上轻松平稳地行驶。它们甚至能追踪和预测大量物体的移动来防止碰撞。

除了节省时间，自动化交通工具具有大幅度减少事故发生和提升安全性的潜力。驾驶者的错误操作成为将近93%的事故明确的或者可能的原因。尽管有这个明显的优势，但很多人认为充满无人驾驶汽车的世界的到来仍旧还需要很多年。向自动化交通工具的过渡是渐进的。它将开始于汽车能够受控地在公路上行驶，而不是在完全无人干涉的情况下从A地行驶到B地。

装备自动化交通工具的成本可能也会减缓它们的采用进程。增加新的传感器和控制器对自动化制造商来说是一笔不小的费用。接着是政府支持、新的美国联邦法律的通过和现存法规的变更（例如，无人机和商用飞机的碰撞几乎每周都会发生，美国联邦航空局心急火燎地完善法规来规范无人机的使用）。此外，仍旧有更多实际的问题需要解决。对乘客的研究已经发现，坐在自动化交通工具后面的位置会因由汽车的导航算法所导致的不可预测的移动而引起恶心和不适。

挟持你的汽车

尽管自动化交通工具展现了一些显而易见的优势，但是仍然存在一些固有的成本。我们必须多次考虑自动化给定任务与数字化该任务后所带来的安全隐患之间的对立关系。例如，企业和个人的技术使用者都在向以数字化形式存储数据的世界迈进。然而，将数据以数字化形式存储意味着它可以被删除、篡改或被不法分子窃取。近几年来，勒索软件的使用急剧增长。这是一种由黑客在目标计算机上加密数据，直到目标向黑客付款后黑客才提供解锁的软件。勒索软件用于攻击执法部门和医疗服务提供者，这些行业的受害人往往没有选择，只能为了获取十分重要且无可替代的数据（如证据文件、法庭记录、医疗记录）向黑客付费。

在充满自动化交通工具的未来，勒索软件攻击可能会蔓延到交通工具。⊜不同于被黑客锁住的数字化证据文件、法庭记录或医疗记录，想象一下警察巡逻车或救护车由于勒索软件的攻击突然无法使用！执法部门和医疗服务提供者可能被迫支付高额费用来重获自己的交通工具（否则可能产生生死攸关的后果）。如果你有企业家精神，现在就创立一个公司来售卖面向汽车的抗勒索软件的方案吧！

讨论题：

（1）文章的第一部分让你去辨识对人类有深远影响的创新。请列举在过去的世纪里，对社会有深远影响的创新。

（2）自动化汽车的发展只是交通运输的一方面。你能想到其他已经实现自动化的交通运输方式或者可能利用这种先进技术实现自动化的交通运输方式吗？

（3）汽车制造企业已经很明显地尝试制造自己的无人驾驶汽车，以求在行业里站稳脚跟。广泛使用无人驾驶交通工具会对与自动化行业相关的其他行业产生什么影响？会不会因为这个先进的技术导致某些行业的诞生或消亡？

（4）这篇文章提到勒索软件是一个普遍的安全隐患。有哪些手段可以用于帮助个人用户、企业用户和政府组织阻止黑客越来越多地使用勒索软件进行攻击？

⊖ Tom Vanderbilt,"Let the Robot Drive: The Autonomous Car of the Future Is Here,"Wired, January 20, 2012, accessed March 27, 2016,www.wired.com/2012/01/off_autonomouscars.

⊜ Jemima Kiss,"Your Next Car Will Be Hacked. Will Autonomous Vehicles Be Worth It?"The Guardian, March 13, 2016, accessed march 27, 2016, www.theguardian.com/technology/2016/ mar/13/autonomous-cars-self-driving-hack-mikko-hypponen-sxsw.

3.7.2 通过业务流程创造的竞争优势

组织可以通过提升转换难度或增加成本来留住顾客。这个战略有时候被叫作构建高**转换成本**(switching cost)。组织可以提升转换难度来锁定供应商,或者换句话说,使供应商易于与组织联系与合作。最后,可以通过创建使新竞争者很难或者需要高成本才能进入市场的进入壁垒来获得竞争优势。

另一个获取竞争优势的方法是和其他组织建立联盟。这种联盟可以建立标准,提升产品认知和需求,扩大市场规模,降低采购成本并提供其他利益。最后,组织可以通过降低成本来获取竞争优势。这样的成本削减使组织能够降低价格并且提高收益。提高收益不仅意味着更大的股东价值,而且意味着有更多的现金,可以进一步投资开发基础设施,以获得更大的竞争优势。

这些竞争战略的准则都是有意义的,但你可能会问"信息系统如何有助于创造竞争优势?"为了回答这个问题,我们来看一个示例信息系统。

3.7.3 实际的企业如何利用信息系统创造竞争优势

ABC公司(该公司不愿在此书中透露名称,因此以ABC指代)是一个全球闻名的从事运输的企业,其销售额超过10亿美元。自成立之初,ABC公司就在信息技术上投入了大量的资金,引领着运输行业对信息系统的应用,以获得竞争优势。这里我们举一个信息系统的例子来阐明ABC公司是如何成功利用信息技术获取竞争优势的。

ABC公司保留了客户的账户数据,这些数据不仅包括客户的姓名、地址和账单信息,而且包含关于个人、组织和客户送达地址的信息。图3-10展示了一个ABC客户安排装货的网页表单。当ABC系统创建表单时,企业名称的下拉框里提供该客户过去运送过货物的企业名称供客户选择。这里用户选择的是皮尔森教育。

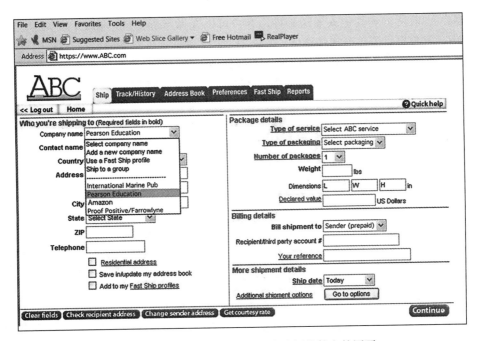

图3-10　ABC公司从客户记录中选择收件人的网页

当用户点击企业名称时，后台的 ABC 信息系统从数据库中读取消费者的联系数据。数据包括姓名、地址和过去交易中收货方的电话号码。接着，用户选择联系人姓名，系统利用数据库的数据在表单中填充联系人地址和其他信息（如图 3-11 所示）。这样一来，系统为用户省去了重填已有的收货方信息的时间，而且以这种方式提供数据也减少了数据输入的错误。

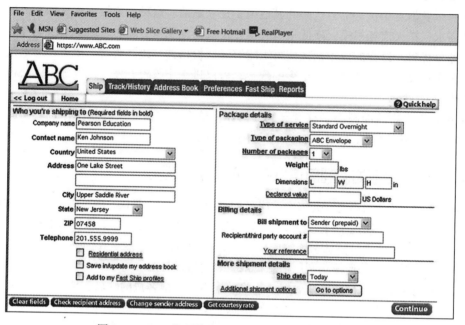

图 3-11　ABC 公司从客户记录中选择联系人的网页

图 3-12 展示了这个系统的另一个特点。在表单的右上方，客户可以要求 ABC 公司向发货方（客户）、收货方和其他人发送邮件。客户可以选择当货物装运和交付时发送邮件。在图 3-12 中，客户提供了 3 个邮件地址，并希望这 3 个邮件地址都能收到交付通知，但只有发货方将收到装运通知。客户也可以添加个人的短信，通过在装运安排系统中添加这个功能，ABC 公司将它的产品从货物运送服务扩展至货物运送和信息传递服务。

图 3-13 展示了该信息系统的另一个能力，它通过条形码生成供用户打印的运输标签。这个功能不仅帮助企业减少了运输标签准备过程中的错误，还促使客户提供用于文件打印的纸墨。每天要打印成千上万份这类文件，这为企业节省了大量的资金。

3.7.4　该系统如何创造竞争优势

现在从竞争优势因素的角度来探究 ABC 公司的运输信息系统（如图 3-8 所示）。该信息系统优化了现有的服务，因为它可以让客户更方便地创建运输订单并且减少错误。由于竞争企业没有相似的系统，该信息系统也使 ABC 公司变得独一无二。进一步来说，ABC 公司收发货时的邮件和短信提醒可以被看作是新的服务。

由于该信息系统获取并储存了收货方的数据，因此减轻了客户安排运输时的工作。该系统也锁定了客户：如果客户想换成别的运输公司，他需要为新的运输公司重新输入收货方的数据。重新输入数据的缺点可能远超换到其他托运方的任一优点。

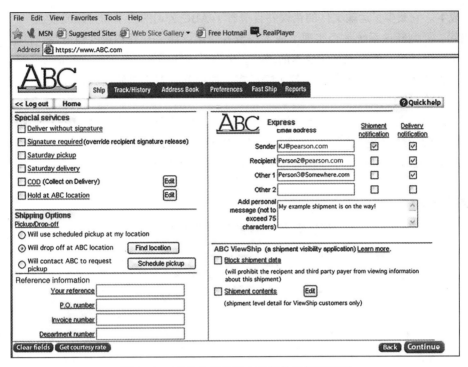

图 3-12 ABC 公司指定电子邮件通知的网页

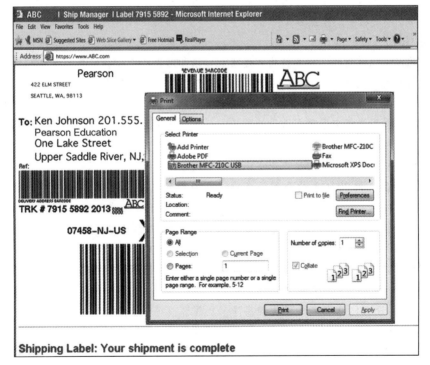

图 3-13 ABC 公司打印运输标签的网页

该系统也通过其他两种方法获取竞争优势。第一，该系统提高了市场进入壁垒。如果其他企业想要发展运输服务，不仅要能运输货物，而且需要有相似的信息系统。第二，该系统减少了成本。它减少了运输文件的错误并且节省了 ABC 公司的纸墨和打印成本。

当然,要判断该系统是否实现了成本的节省净额,那么开发和运营信息系统的成本需要能够抵消减少错误、笔墨和打印成本的增益。也许系统的成本要高于节省的额度。即便如此,如果其所带来的无形利益的价值超越了净成本,如提升了客户忠诚度和提高了进入壁垒,那么它也是一种有效的投资。

在继续学习之前,我们先重温一下图 3-8,以确保你理解了竞争优势的每个准则以及信息系统如何有助于达成这些准则。事实上,记住图 3-8 的列表非常重要,因为你也可以将它用于非信息系统的应用程序。你可以从竞争优势的角度考虑任何企业项目或计划。

案例 3-3

安全指南:黑客入侵智能化设备

你可能已经注意到有关汽车的电视广告的最新趋势。许多汽车制造商正在关注以技术为核心的特殊功能。其中一个最受欢迎的附加组件增加了将汽车转化为互联网热点的功能。当然,允许你的朋友用你汽车的无线来查看他们的社交媒体动态,这听上去的确很酷,但是将这个功能纳入你的汽车或其他任何设备中都可能产生无法预料的风险。如果乘客用这个无线连接控制了你汽车的刹车,将会怎么样呢?

物联网(IoT)

你可能已经听说过物联网或是将物体连接到互联网使其和其他设备、应用或服务交互的想法。无数企业正致力于设计新型智能产品,使其最大可能地在用户较少干涉或无干涉的情况下,自动化地与其他设备进行交流和交换数据。开发新型互联网驱动设备的趋势正在广泛扩散,据粗略估算,到 2021 年物联网设备将达到 210 亿个。⊖

但是这些新智能设备可以用来做什么呢?以家庭自动化为例。随着新型互联网驱动设备(如温度自动调节器、烟雾探测器、灯泡、监控摄像机和门锁)的普及,家庭自动化市场正在快速发展。⊜这些设备能让屋主远程监控房子的温度、开关电灯,或通过摄像头来照看他们的狗。尽管这些功能似乎是个不错的主意,并且为生活增添了便利,但是将每个物件连入互联网可能是冒险的,甚至是危险的事情。

网络威胁

你可能已经知道网络安全隐患的一些类型。你在任何一个晚上收听晚间新闻,你都可能会听到关于大公司被窃取数据、政府内部人员泄露机密信息或其他来自世界各地的网络攻击事件。

面对这种情况,你能做些什么?你也有机密信息。如果你过去 5 年的银行信息、医药记录和邮件历史被窃取并公布在网上,你会怎么想?你可能正采取措施来阻止这些威胁,如使用防毒软件,升级自动化设备,使用你的操作系统默认的防火墙,远离不靠谱的网站。

但是,如何保护你存储在新型互联网驱动设备中的数据?设想一下你不得不保护 10 个、20 个甚至 30 个家中不同的互联网驱动设备的安全,难道你必须得为你的冰箱购买防毒软件或者为你的温度调节器配置一个防火墙吗?黑客会入侵你的卧室,甚至侵入你的汽车摄像头吗?

将后座驾驶升级到新高度

是的,如果你的汽车被连入互联网,那么黑客很可能会危害它。如果黑客控制了你的交通工具,他可以远程控制该交通工具的各个功能(如刹车),密切关注你的 GPS 坐标,触发

⊖ Julia Boorstin, "An Internet of Things That Will Number Ten Billions," CNBC.com, Feburary 1, 2016, accessed April 24, 2016, www.cnbc.com/2016/02/01/an-internet-of-things-that-will-number-ten-billions.html.

⊜ https://nest.com/works-with-nest/.

蓝牙耳机并窃听发生在车内的任何事情，或者获取交通工具的操作和性能的数据。⊖一想到某人会窃听你在车内的对话就已经足够糟糕。但是当你驾驶时，如果黑客触发刹车或是使车不能运作，将会发生什么？当无人驾驶汽车被广泛采用并且黑客可以完全控制它，后果将会如何？

随着越来越多的设备可以连接网络，用户需要去权衡使用它们的利弊。在这些新型智能设备的安全问题上需要投入更多努力。相同的事情可以使这些设备更好，也会使得它们易受攻击。当然，智能温度自动调节器会帮你省钱，但是当它感染病毒时会发生什么？你还会是调节温度的那个人吗？

讨论题：

（1）你的家中有多少设备连入了互联网？你每天、每周或者每月会花费多少时间确认你的设备是否已及时更新且是安全的？维护几十个智能设备的可能后果是什么？

（2）本指南讨论了黑客控制交通工具并下载关于其操作和性能数据的潜在威胁。除了黑客的恶意攻击，企业或政府部门是否可以从获取的数据中获益？如何获益？

（3）本指南是否改变了你对物联网的看法？智能设备的优势是否超越了其丢失数据或影响个人安全的风险？为什么？

（4）物联网不单单关注家庭自动化或个人消费品，企业正在使用物联网管理供应链和简化各种业务流程。企业采用新型互联网驱动设备有什么收益和风险？

3.8 2027 年

在未来的 10 年内，商业模式、战略和竞争优势不太可能发生变化。业务流程和信息系统间的关系也不太可能发生变化。它们会发展并出现新的模式，但那些新的模式很可能是在现有范例下对现有模式的拓展。

但是，速度可能发生变化。得益于更快的互联网速度、新型的网络设备和提升的硬件，企业的速度将持续增加。网站和其他社交网站（如推特、脸书等）能更快地传播新的想法和创意。这需要企业对变化保持持续的警觉性，因为它们很可能会在不久的将来影响其战略。

回顾有时候有助于展望。以表 3-5 展示的创新为例，这些是由全球五大科技公司开发的创新型新产品。大多数产品 2007 年还未出现。谷歌公司和脸书公司分别在 1998 年和 2004 年创立并运营，第一代苹果手机在 2007 年发布。智能手机的竞争者和第一代人工智能大约 5 年前还不存在。智能手表大约 7 年前还未曾出现。增强现实和虚拟现实设备现在才向消费者发布。虽然一些爱好者和小公司已经开始使用无人机，但是大规模的商业运用仍在实验阶段。自动驾驶汽车正在进行初期应用阶段的后期开发，并且得到了制造商和消费者的广泛关注。

表 3-5 科技公司的创新

公司	市场价值（10 亿美元）	搜索	智能手机	人工智能	智能手表	增强现实/虚拟现实	无人机	自动驾驶汽车
苹果	539		iPhone（2007）	Siri（2011）	Apple Watch（2015）	?（开发中）		?（开发中）
Alphabet	480	谷歌（1998）	Nexus（2013）	Assistant（2016）	Wear(os)（2014）		Wing（开发中）	自动驾驶汽车（开发中）

⊖ Michael Miller, "Car Hacking Just Got Real: In Experiment, Hackers Disable SUV on Busy Highway," Washington Post, July 22, 2015, accessed April 24, 2016, www.washingtonpost.com/news/ morning-mix/wp/2015/07/ 22/car-hacking-just-got-real-hackers-disable-suv-on-busy-highway.

（续）

公司	市场价值（10亿美元）	搜索	智能手机	人工智能	智能手表	增强现实/虚拟现实	无人机	自动驾驶汽车
微软	395	必应（2009）	Lumia（2011）	Cortana（2014）	Band（2014）			
脸书	306	脸书（2004）		FAIR（开发中）			Ascenta（开发中）	
三星	162		Galaxy S（2010）	S Voice（2012）	Gear S2（2013）			

这并不是完整的列表，3D 印刷、云计算、软件、硬件、电子商务和社交媒体还没有记入其中。你将在第 4 章学到更多关于软件和硬件的创新。IBM 公司、甲骨文（Oracle）公司和亚马逊公司也可被纳入其中，作为潜在竞争者进行比较。这个表的核心是展示技术发展的轨迹。想一想企业战略适应这种发展的速度有多快。从战略上来说，每个企业在每个产品类别中都应该有一个产品吗（类似 Alphabet 所做的那样）？还是聚焦于较少的产品比较聪明？

到 2027 年，增强现实/虚拟现实很可能变得普遍。新型 3D 应用、游戏和用户交互将被开发。最终，企业可能需要重新设计它们的业务流程。无人机和自动驾驶汽车将被广泛使用，并对竞争战略产生主要影响。对于很多产品而言，交通运输是主要的成本来源。随着运输和交付成本的直线下降，整个价值链将被瓦解。

机器人可能会是下一个技术扩张的大领域。即使是现在，企业也正将机器人引入制造业以外的领域。机器人劳动力的战略影响是不可低估的。机器人不需要医疗保健、假期时间、休息、病假或员工赔偿。他们不会结盟、生气、起诉雇主、骚扰同事或在工作中饮酒。他们还每天工作 24 小时却不需要薪水！将其与良好的人工智能相结合，你将获得完全不同于以往的劳动力。到 2027 年，我们可能将以完全不同的方式重新认识"劳工"。

所以，我们可以合理地假设，改变和新技术集成的速度将会快速提升，在接下来的 10 年可能还会加速。我们可以抱怨这一事实或者忽略它，但是无论选择哪一个，你就像是站在密西西比河的岸边，告诉密西西比河让它流向别处。

相反，我们，尤其是你，需要将这个增速看作是可以快速超越别人的机遇，且它即将到来。如果不是自动驾驶汽车，那么其他正在构建的基于新型技术的产品，将改变你未来所效力的企业的竞争格局。知道这一点，你该如何利用它？

你可能想成为一个创新者，并使用技术创造类似自动驾驶汽车、无人机或 3D 打印机一样的新产品。如果是这样，那就去做吧。但是，如同猎鹰安防公司一样，你可能想使用别人正在制作的创新产品，并利用新产品创造的机遇创建新的策略或建立新的企业。你可以确信，10 年后，你将有更多的机会去这么做。

 案例 3-4

就业指南

姓名：加布·奇诺（Gabe Chino）
公司：Financial Services
职务：架构主管（Director of Architecture）
学历：韦伯州立大学（Weber State University）、犹他大学（University of Utah）

1. 你是如何得到这种工作的？

当我从计算机专业毕业后，我在一家小型公司实习，担任软件工程师。我作为一名网站开发者在该公司工作了3年。在这段时间里，我学习了SQL、应用开发和前端开发。为了丰富我在信息技术方面的经验，我最终离开了这家公司。在其他几家公司工作后，我熟练掌握了多种编程语言、托管服务器和托管网络的知识，甚至能做一些桌面支持。我之后去念了信息系统的研究生。这些经历为我成为大型金融服务公司的主管，管理信息技术组并做出对组织有重大影响的信息技术决策奠定了基础。

2. 什么吸引你进入这个领域？

我一直对技术可以如何改善我们的生活有兴趣。在大学接触到一些编程之后，我被深深地吸引了。我感觉这一领域的创新是永无止境的，所以我不会感到无趣。

3. 你的典型工作日是什么样子的（任务、决策或问题）？

我提供解决方案。这取决于每天的工作内容，可能是技术的解决方法，包括代码、数据和基础设施；可能是项目组的问题，包括关系、沟通或效率；也可能是组织和业务问题。当你在组织的技术部门时，大家都认为你可以解决任何问题。

4. 你最喜欢工作中的哪个方面？

我喜欢为业务问题提出创造性的解决方案。我几乎可以定义我完成工作的方式。我期望在组织中成为有想法的领导，我和搭档之间有着高级别的尊重。

5. 想要做好你的工作，需要什么样的技能？

成为一个信息技术工程师，你需要①扎实的技术背景，接触过许多平台和系统；②非常强的沟通能力。在信息技术领域，有许多方法可以解决问题。工程师的工作是找到符合公司需要的正确的方法。我一直做好了我的想法被质疑和挑战的准备。

6. 在你的领域中，文凭或证书重要吗？为什么？

文凭在这个领域是必需的。我遇到许多来自不同专业的了不起的工程师。这个领域最常见的专业是信息系统和计算机科学。证书也可以证明你工程师的身份。网络、编程和安全证书是最常见的。我最近拿到了开放组体系结构框架（TOGAF）的证书，这也是一种工程师的证书。

7. 有什么建议可以给那些想在你这个领域工作的人？

我的建议是时刻关注技术领域的变化趋势。如果这个领域的确适合你，紧跟当前最新的趋势。

8. 未来的10年，你觉得最热门的技术工作是什么？

信息技术安全职业将供不应求，因为企业持续将越来越多的信息放入网络。数据科学将继续成为重要领域，因为企业试图以最精准的方式选取目标用户。

本章小结

3.1 组织战略如何决定信息系统架构

画图并解释行业结构、竞争战略、价值链、业务流程和信息系统的关系。从行业结构到信息系统，解释你在前三章中所学的知识是如何在图中体现的。

3.2 决定行业结构的五种竞争力是什么

列举并简要描述五种竞争力。参照表3-1，自己举例并阐述每种类型的强弱竞争力。

3.3 行业结构分析如何决定竞争战略

描述波特定义的四种不同的战略。请举例说明已经实施各个战略的四个不同的公司。

3.4 竞争战略如何决定价值链结构

定义价值、利润和价值链。解释为什么选择差异化战略的组织可以使用价值来决定为差异化所支付的额外费用的限额。说出在价值链中的主要活动和支持性活动，并解释每个活动的目的。解释联动的概念。

3.5 业务流程如何生成价值

定义与业务流程相关的业务流程、成本和

利润的概念。解释活动的目的并描述储存库的类型。阐述业务流程再造的重要性，并且描述图 3-5 和图 3-6 中的业务流程的差别。

3.6 竞争战略如何决定业务流程和信息系统架构

用你自己的表述解释竞争战略如何决定业务流程的架构。使用面向努力奋斗的学生的服装店和面向住在高档小区的职业商人的服装店的例子，列举这两个公司在业务流程中的活动，并创建如图 3-6 所示的图表。解释这两个商店对信息系统的需求有什么不同。

3.7 信息系统如何提供竞争优势

列举并简要描述竞争优势的八大准则。思考一下学校书店的情况，列举每个准则的一个应用。尽量选取涉及信息系统的例子。

3.8 2027 年

描述过去 10 年中科技创新是如何发展的。哪些目前正在发展的新的创新项目将在未来 10 年被采用？阐述商业战略将因为这些创新而发生怎样的变化。描述自动驾驶汽车或机器人会对传统企业产生哪些战略影响。

猎鹰安防公司的知识运用

用你自己的表述解释依靠少量的大型行业订单是如何威胁猎鹰安防公司的竞争战略的。描述猎鹰安防公司计划的应对策略，概括出卡姆察觉到的此应对策略的缺陷。为猎鹰安防公司提出行动方案。运用卡姆的企业业务多样化的想法阐述你的答案。

■ 本章关键术语和概念

活动（activity）
业务流程（business process）
业务流程管理（business process management，BPM）
竞争战略（competitive strategy）
成本（cost）
五力模型（five forces model）
联动（linkage）

利润（margin）
主要活动（primary activity）
储存库（repository）
支持性活动（support activity）
转换成本（switching cost）
价值（value）
价值链（value chain）

■ 本章习题

知识运用

（1）将价值链模型应用于邮购企业，如里昂比恩（www.llbean.com）。它的竞争战略是什么？请描述里昂比恩的各个主要价值链活动所需完成的任务。里昂比恩的竞争战略和它的业务特性如何影响其信息系统的一般特性？

（2）假设你决定创业，需要招募学生来做暑期工作。你将为有空的学生安排空缺的职位。你需要了解哪些职位空缺以及哪些学生有空来顶替这些职位。在你开始创业时，你知道你将会与当地的信息网站克雷格列表（www.craigslist.org）和你的大学进行竞争。你也可能会有其他的竞争对手。

①根据波特五力模型，分析这个行业的结构。

②根据你在第①部分的分析，制定一个竞争战略。

③描述应用于这个企业的主要价值链活动。

④描述雇用学生的业务流程。

⑤描述可用于支持第④部分业务流程的信息系统。

⑥解释你在第④部分描述的流程和第⑤部分描述的系统是如何反映你的竞争战略的。

（3）思考表 3-4 中两个不同的单车租赁企业。考虑其租赁单车的不同之处。很明显，面向学生租赁的单车几乎可以是任何样式的，只要它们还可以被骑出去。然而，面向企业高管的单车必须是新的、闪亮的、干净的，并且处于最佳状态。

① 比较这两个企业关于单车管理的运营价值链。
② 描述这两个企业维护单车的业务流程。
③ 描述这两个企业获取单车的业务流程。
④ 描述这两个企业清理单车的业务流程。
⑤ 在你之前的回答中，信息系统扮演什么样的角色？信息系统既可以由你的公司开发，也能由其他公司（如克雷格列表）开发。

协同练习

使用你在第 2 章创建的协同信息系统，和同学协作回答下面的问题。

音乐谷度假村（Singing Valley Resort）是一个世界排名前 50 的度假村，坐落在科罗拉多（Colorado）山脉。租金是每晚 400 ~ 4 500 美元，具体价格取决于季节和住所的类型。音乐谷的顾客是富有的。很多顾客是著名演员、体育明星和企业高管，他们习惯并需要优质的服务。

音乐谷位于一个美丽的山谷，几百码⊖外是宁静的高山湖。音乐谷自傲于其优越的住宿条件，一流的服务，美味、健康、有机的食物和优质的葡萄酒。它是如此成功，除"淡季"以外（11 月，在叶子变色之后以及大雪来临之前；4 月，冬季运动会结束但是雪还没融化时）都有高达 90% 的入住率。

音乐谷的所有者想要提高收入，但是由于这个度假胜地几乎都是客满的，并且它的评级已经达到最高规格，因此不能通过入住收入来实现。在过去几年它关注于向上销售，如飞蝇钓鱼、漂流、越野滑雪、雪鞋徒步、艺术课程、瑜伽和其他运动课程，以及水疗服务等客户活动。

为了提高这些可选择活动的销量，音乐谷为各客房配备了营销材料来宣传它们的可用性。此外，它训练登记人员在顾客到达时，不经意地且适当地建议他们参加这类活动。

对于这些营销手段，很少有顾客给予回应，因此音乐谷的管理部门着手促进它的推广。第一步是在顾客居住时，向他们发邮件宣传这些活动。自动化系统将在发送邮件时个性化更改顾客的名字和个人数据。

不幸的是，自动邮件系统弄巧成拙。它一经执行，音乐谷的管理部门就收到了大量投诉。一个长期顾客对此表示反对，她来音乐谷已经 7 年了，她质问音乐谷是否注意过她坐着轮椅？如果他们注意到了，又为什么给她推送个性化的徒步旅行邀请？另一个著名客户的经纪人抱怨道，她的客户和其丈夫都收到了个性化的电子邮件，但是大家都知道 6 个月前两人陷入了一场激烈的离婚案。另一个顾客也抱怨了这个做法，他和他的妻子 3 年前来音乐谷度假，但是他再也没有去过那里，据他所知，他的妻子也没有去过。然而令人困惑的是，邮件里提到他们在上个冬天来过这里。他想知道他的妻子是否最近确实来过这里，但不是和他而是和别人。当然，可能还有一些受到侮辱但没有抱怨的顾客。

在自动邮件系统运营期间，附加活动的销售增加了 15%。然而，即使获得额外的收入，顾客强烈的抱怨也与它的竞争战略相违背。音乐谷停用了自动邮件系统，并为此解雇了开发此系统的供应商，也将代理此系统的员工降职。音乐谷仍然没解决如何提升收入的问题。

你们小组的任务是提出两个解决音乐谷问题的创意想法。在你的回答中至少包含以下内容：

① 音乐谷市场的五力模型分析。提出并证明任何关于市场的必要假设。
② 音乐谷的竞争战略陈述。
③ 问题的陈述。回顾第 2 章的内容，问题指"是什么"和"应该是什么"间的可感知差异。如果你的小组成员对问题有不同的感知，使用协作进程获取大家都同意的最佳问题描述，当然，如果大家具有一致的感知会更好。
④ 给出向上销售一项活动的流程通用文档（见图 3-4 最上面的一行）。
⑤ 为解决音乐谷问题提出两个创新性想法。对于每一个想法需提供：
- 想法的简要描述。
- 想法的流程图（见图 3-7）。图 3-7 使用微软 Visio 构图，如果你能使用这个软件，你将事半功倍。
- 对实施想法的信息系统的描述。

⑥ 比较你在第⑤部分提出的两个想法的优势和劣势，并且推荐其中一个可实施的想法。

⊖ 1 码 = 0.914 4 米。

案例研究

亚马逊公司的创新

在网络星期一，即2015年11月30日，亚马逊网站的用户通过移动端订购电子产品的速度超过每秒33个。[⊖] 70%的亚马逊公司假日购物者通过移动端购买礼物。这使得亚马逊公司的销售年增长40%。亚马逊公司假日季最后一次的当天交付是在12月24日上午9点58分，并于下午2点59分在圣诞节及时交货（图3-14列举了亚马逊公司的一些主要创新）。

你可能会认为亚马逊公司只是一个在线零售商，这确实是该公司的最大成就。为此，亚马逊公司不得不建设巨大的支持性基础设施。想象一下每秒传输33个电子订单所需的信息系统和实现设施。然而这些基础设施只在忙碌的假日季才需要。大多数时候，亚马逊公司的基础设施是过剩的。2000年，亚马逊公司开始将部分能力租借给其他公司。在此过程中，它对云服务的创造起到了关键作用，你将在第6章学到相应内容。现在，就把云服务看作在互联网上以灵活的条款进行租赁的计算机资源。

现今，亚马逊公司的业务线可以被归为三大类：

- 在线零售。
- 订单处理。
- 云服务。

思考每一个内容。

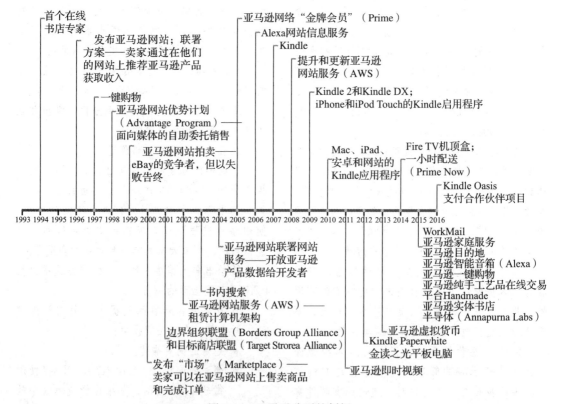

图3-14 亚马逊公司的创新

资料来源：亚马逊网站的数据，http://phx.corporate-ir.net/phoenix.zhtml?p=irol-corporate Timeline&c=176060（2016年4月访问）。

⊖ Amazon.com Inc.,"Amazon Celebrates a Record-Setting Holiday for Prime, Amazon Original Series and Amazon Devices,"Press release, December, 28, 2015, accessed May 20, 2016, http://phx.corporate-ir.net/phoenix.zhtml?c=176060&p=irol-newsArticle&ID=2125057.

亚马逊公司创造了在线零售的商业模式。它开始于线上书店，但是从1998年开始，它每年都会增添新的产品目录。这个公司涉猎线上销售的所有方面。它销售自己的库存产品，也通过联署方案激励你购买它的库存产品，或者在其产品页面或通过委托代售渠道来帮助你售卖你的库存产品。在线拍卖是在线销售的主要形式，但亚马逊公司没有涉足。它在1999年尝试拍卖，但是没能抗衡eBay。

现今，很难记得有多少我们认为理所应当的事情是由亚马逊公司创造的。"购买这个的消费者，也会购买那个。"消费者评论，消费者评论排序，书单，搜索和试读书目，为特殊订单或高频消费者自动免运费等均在此列。此外，当亚马逊公司最初引进Kindle电子书和设备时，Kindle电子书与设备都还是新概念。

亚马逊公司的零售业务仅有非常少的利润。产品经常以折扣价销售，并且亚马逊公司的高级会员（每年交付99美元的用户）享有两天的免费运输服务。它是如何做到这点的？亚马逊公司以最大程度驱动员工。以前的员工声称工作时间过长，压力很大，并且工作负担很重。但是还有呢？归根结底是摩尔定律和对几乎免费的数据处理、存储和沟通的创新使用。

除了在线零售，亚马逊公司也售卖订单处理服务。你可以将你的库存产品运输到亚马逊公司的仓库并获取亚马逊公司信息系统的使用权，就好像它们都是你的。利用Web服务技术（在第6章中讨论），你的订单处理信息系统可以直接通过网络同亚马逊公司的库存处理和运输应用程序相集成。你的消费者根本不需要知道亚马逊公司从中扮演的角色。你也可以使用亚马逊公司的零售应用程序售卖相同的库存产品。

亚马逊网络服务（AWS）允许组织以非常灵活的方式租赁计算机设备。亚马逊公司的智慧网云第2代（EC2）使得组织能够在几分钟内增加或减少其所需的计算机资源。亚马逊公司有多种购买计划，购买计算机资源的花费可能不到每小时1便士。其关键在于向组织租赁的计算机程序与亚马逊公司相连，并能自动扩大和缩小所租赁资源的能力。例如，如果一个新闻网站发布一个故事从而引起流量的快速扩张，这个新闻网站可以通过编程的方式要求、配置和使用更多的计算资源，并持续一个小时、一天、一个月等。

因为Kindle设备，亚马逊公司已经成为一个平板电脑的供应商，更重要的是长期来看，是一个在线音乐和视频的供应商。为了激励客户购买Kindle应用，亚马逊公司在2013年推出了自己的货币——亚马逊虚拟货币。2014年，亚马逊公司开设了一个3D打印商店，客户可以定制自己的玩具、珠宝、狗骨头和许多其他产品。它通过推出流媒体机顶盒Fire TV推动了视频服务的提供。⊖

2015年，亚马逊公司推出了WorkMail。这是一款潜在的基于云的微软交流群组软件（Microsoft Exchange）的替代品。它还推出了亚马逊家庭服务（本地专业服务）、亚马逊目的地（旅游网站）、亚马逊智能音箱（支持语音的订购系统）、亚马逊实体书店（实体零售书店）和亚马逊一键购物（一键重新订购装置），并在收购芯片公司Annapurna Labs后开始销售半导体。⊜到2016年中期，亚马逊公司发布了新的Kindle Oasis和支付合作伙伴项目，用于与贝宝、苹果支付和Visa竞争。

最后，杰夫·贝佐斯在2014年宣布，亚马逊公司尝试使用无人机交付包裹，并将其称作Prime Air。⊜2015年，亚马逊公司被准许在美国开始测试无人机，但受到美国法规的阻碍。因此，到2016年中期，亚马逊公司将测

⊖ www.amazon.com/b?ie=UTF8&node=8323871011.

⊜ Andy Meek,"Amazon's Roadmap for 2015: Move Fast, Launch as Much as Possible,"BGR Media, April 24, 2015, accessed April 28, 2016, https://bgr.com/2015/04/24/amazon-earnings-q1-2015-analysis-roadmap.

⊜ George Anders,"Amazon's Drone Team Is Hiring: Look at These Nifty Job Ads,"Forbes, May 19, 2014, accessed April 24, 2016, www.forbes.com/sites/georgeanders/2014/05/19/amazons- drone-team-is-hiring-look-at-these-nifty-job-ads/.

试扩大到加拿大、英国和荷兰。㊀但是，考虑到亚马逊网站现在提供的业务服务，无人机运货是将来才会发生的事情。

亚马逊订单处理（FBA）

亚马逊订单处理是亚马逊公司的一项服务，其他卖家可以将货物运往亚马逊公司仓库用于储存货物、订单包装和装运。FBA客户为这项服务和库存空间的使用支付费用。亚马逊公司使用自己的库存管理、订单执行业务流程和信息系统来满足FBA客户的需求。

FBA客户可以在亚马逊网站上或者通过自己的销售渠道，抑或两者兼有的方式出售它们的商品。如果FBA客户在亚马逊网站上开展销售活动，亚马逊公司将提供客户订单处理服务（处理退货，修复错误包装的订单，回答客户订单查询等）。

处理的成本取决于处理货物的类型和大小。截至2016年4月，FBA标准产品的费用如下表所示。

	FBA 成本①/美元
订单处理 / 每个订单	1.00
分拣包装 / 每件产品	1.06
称重处理 / 每磅㊁	少于1磅，0.5元；超过2磅，在1.95元基础上每续重1磅增加0.39元
存储 / 每月每立方英尺㊂	1～9月0.54元，10～12月0.72元

① FBA Fulfillment Fees," Amazon.com, accessed April 28, 2016, https://services.amazon.com/fulfillment-by-amazon/pricing.htm.

如果货物通过亚马逊网站销售，亚马逊公司将使用自己的信息系统处理订单执行流程。然而，如果货物通过FBA客户的销售渠道销售，FBA的客户必须将自己的信息系统连接至亚马逊公司。亚马逊公司为此提供了一个标准化的接口，称作亚马逊网络市场服务（WMS）。使用网络标准技术（见第6章），可以将FBA客户的订单和支付数据直接连接至亚马逊公司的信息系统。

FBA使企业可以把订单履行外包给亚马逊公司，从而使这些企业节省了开发自己的订单履行流程、设施和信息系统的成本。

讨论题：

（4）基于案例中的事实，你认为亚马逊公司的竞争战略是什么？请简要回答。

（5）亚马逊公司的CEO杰夫·贝佐斯表示最好的客户支持是不存在的。这是什么意思？

（6）假设你在亚马逊公司或像亚马逊公司一样极具创新性的公司工作。你认为如果一个员工对其老板说"但是，我不知道该怎么做这个"，可能会得到什么反应？

（7）用你自己的表述或者经历说明，你认为自己需要什么技能和能力才能在像亚马逊公司一样的组织中茁壮成长？

（8）联合包裹速递（UPS）公司和联邦快递（FedEx）公司应该采取什么措施来应对亚马逊公司对无人机交货的关注？

（9）总结传统零售企业通过亚马逊网站销售产品的优点和缺点。你建议它们这么做吗？

（10）如果一个传统零售企业想要使用FBA，它不需要开发什么业务流程？它将节省什么成本？

（11）如果一个传统零售企业想要使用FBA，它不需要开发什么信息系统？它将节省什么成本？

（12）如果一个传统零售企业想要使用FBA，如何将其信息系统与亚马逊公司的信息系统进行整合（为了提升你答案的深度，请谷歌搜索亚马逊WMS一词）？

㊀ Jonathan Vanian, "Amazon's Drone Testing Takes Flight in Yet Another Country," Fortune, February 1, 2016, accessed April 28, 2016, http://fortune.com/2016/04/ 28/business-more-innovative.

㊁ 1磅 = 0.453 592 4 千克。

㊂ 1英尺 = 0.304 8 米，1立方英尺 = 0.028 316 8 立方米。

第二部分

信息技术

接下来的三章将解决信息系统的基础——技术问题。你可能会认为这些技术对于商务人士而言并不重要。但是，正如你所见，今天同信息技术打交道的管理者和商务人士，若不能采取更加深入的参与方式，就只能在其中充当消费者的角色。

第4章讨论了硬件、软件和开源替代品，定义了基本术语和基本计算概念，简要涉及了物联网、增强现实、自动驾驶汽车和3D打印的全新发展，同时也关注了网络应用和移动系统的重要性。

第5章通过描述数据库处理来解决信息系统的数据组件问题。你将学习基本的数据库术语和处理数据库的技术。我们还将介绍数据建模，因为你可能需要评估别人为你开发的数据库的数据模型。

第6章继续讨论第4章的计算设备，描述了数据通信、互联网技术和云服务。它关注组织如何有效地使用云并且解决使用云可能引发的潜在安全问题。

这三个章节的目的是教给你足够的技术，使你成为像猎鹰安防公司的马泰奥、乔妮、盖里和亚历克西斯一样的实际的信息技术消费者。你将学习到基本术语、基本概念和有用的框架，这样你就可以对为你服务的信息系统专家提出好的问题并做出适当的要求。

由于事物变化迅速，我们很难跟上最新的技术变革。每年都有大量的新创意出现，它们中的一些创新可能会威胁组织战略，另一些可能代表潜在的新的发展机会。能够理解这些新技术所代表的战略含义非常重要。为此，你需要能够提出正确的问题。

了解在这些章节中出现的概念和框架将远比学习最新的技术趋势对你更有用。信息技术趋势一直在改变，你现在使用的技术在10年之后会过时。了解如何获取新型创新背后的商务影响将有助于你的整个职业生涯。

第4章

硬件、软件和移动系统

🌐 导入故事

猎鹰安防公司的运营经理卡姆让CEO马泰奥、CFO乔妮以及销售主管亚历克西斯去小型机库视察3D打印无人机的测试情况。马泰奥让卡姆调研3D打印无人机零部件代替向供应商购买的可行性。这是巨大的节约成本的机会,同时也为公司更新当前无人机产品带来了巨大的灵活性。

卡姆向走来的马泰奥和乔妮招手,示意他们一起来看他和亚历克西斯正在观看的屏幕内容,屏幕上正放着一架新型无人机绕着高楼周围飞行的直播视频。

"嗯,它运行得有些……"卡姆勉强地笑了一下,对马泰奥和乔妮说,"它很稳定而且能录制视频。我只是希望我们能在两周之内让它运行。"卡姆的语气不太愉快。

"这没问题,那么总成本大概有多少?"马泰奥问。

"特定四旋翼几乎不花费多少成本。我们收集了所有闲置的损坏的四旋翼,其他部件我们依靠打印。"卡姆指着一架拆除的四旋翼无人机说道。"我在网上找到了一些免费的设计,但是我们不得不做一些改变适应其内部的结构。"

"这难道不是一个好消息吗?"马泰奥问道。

卡姆的语气充满怀疑:"好吧,不完全是,如果我们想要制造更多的无人机,就需要从现有无人机上获取更多的零部件或购买一些通用零部件,然后尝试它们能否一起运行。"

乔妮和马泰奥都感到很疑惑。马泰奥摇着头问道:"为什么你当初没有使用通用零部件制造它呢?"

卡姆直截了当地说,"坦白地说,即便使用现存的内部组件,我们也无法保证它能工作。我之前从来没有组装过四旋翼无人机。我们完成了20个零部件的打印,但我们仍然需要发动机、调速器、飞控模块、数传模块、螺旋桨、电池和充电器。"她补充道,"我们还需要确保它可以和我们的内部系统整合到一起,我们只有在确保能够组装完一架无人机且保证其顺利飞行后才能开始尝试使用通用零部件进行实验。"

"所以,你的下一步计划是取走现有的零部件,用通用的零部件代替,然后观察它们是否能成功运行,对吗?"马泰奥问道。

"嗯……"卡姆正准备说话,乔妮打断了他,"通用零部件是否工作这可能不是问题。基本上,我们已经替换了整体的框架、防止打滑的模块以及承载相机的其他模块。我们仍需购买其他不可打印的零部件,这些零部件可能不便宜。与此同时,组装和测试每个无人机也需要人力成本……"她思索了一下说道。

"加上使其与内部系统整合的时间和人力",亚历克西斯重拾思路说道,"这不容易,也不便宜。"

"确实是,"卡姆说道,"3D打印打印了我们自己的无人机,但并不能节省我们的成本,而且也没有足够的零部件能够被代替。当然不可否认的是,我们利用3D打印开发的被动充电平台的确是巨大的成功。它使充电流程自动化,也拓展了无人机的航程。但不要以为3D打印可以减少我们的硬件成本,使得我们能够变成无人机制造商。"

章节导览

如果你是马泰奥或者乔妮，你会怎么做？你会继续前进，创建自己的定制无人机吗？这在今后可能会形成独一无二的竞争优势。你可能可以辞退制造无人机的专家，并且节省许多成本。卡姆太过保守吗？如果你想知道你作为未来的商务人士为什么需要了解硬件和软件，你可以思考这些问题。这些问题和其他更复杂的问题——大多数问题可能涉及的技术将从现在到你开始工作的时候被发明出来——会一一解决。

你不需要成为专家，也不需要成为硬件工程师或计算机程序员。但你需要对这一领域有足够的了解，至少得是一个有效的消费者。你需要掌握知识和技能，能问出重要的、相关的问题，并且能够理解问题的答案。

我们从基本的硬件概念和硬件创新如何影响企业着手，进行探讨。接下来，我们将讨论软件的概念、开源软件开发以及原生应用程序和 Web 应用程序之间的区别。然后，我们将讨论移动系统的重要性，以及员工在工作中使用计算机时遇到的挑战。最后，我们将通过预测 2027 年硬件和软件的趋势进行总结。

4.1 商务人士需要知道哪些计算机硬件知识

大多数人认为计算机硬件就是笔记本电脑、台式电脑、服务器，甚至平板电脑。随着时间的流逝，我们对计算机硬件的观点有所改变。以电话为例，25 年前，人们很少用语音通信，没有人认为电话是计算机硬件。

时间快进到现在，手机有了实质性的处理能力，能够连接网络，有内存和虚拟键盘，也能够与其他设备连接。现在，"电话"已经完全是强大的计算机硬件。计算机硬件也融入到了其他的设备中，比如手表、存储器、电视、汽车，甚至牙刷。

计算机硬件（computer hardware）包括电子器件以及相关的输入器件、处理器、输出器件，以及根据计算机程序或软件指令编码的存储数据。今天，所有的硬件或多或少都用相同的元件，至少某种程度上来说对我们很重要。我们将从这些元件开始探讨，然后快速介绍计算机的基本类型。

4.1.1 硬件组成

每个计算机都有一个被称为计算机"大脑"的**中央处理器**（central processing unit, CPU）。尽管 CPU 的设计与动物的大脑没有什么共同之处，但是这样的形容是有助于理解的，因为 CPU 具有机器的"智能"。CPU 选择指令，处理指令，执行算法和逻辑比较操作，然后在内存中存储操作结果。一些计算机拥有两个甚至更多的 CPU。拥有两个 CPU 的计算机被称为**双核**（dual-processor）计算机，**四核**（quad-processor）计算机拥有 4 个 CPU，一些高级计算机有 16 个甚至更多的 CPU。

CPU 的速度、功能和成本不同。英特尔、Advanced MicroDevice、美国国家半导体（National Semiconductor）等硬件供应商在降低了成本的同时，持续提升 CPU 的速度和功能（详见第 1 章的摩尔定律）。你或者你的部门是否需要最新最好的 CPU 取决于工作的性质。

CPU 与**主存**（main memory）一起工作，它从内存中读取指令和数据，然后在主存中存储结果，主存有时被称为 RAM，用于随机存储。

所有的计算机都有用来存储数据和程序的**存储硬件**（storage hardware）。磁盘（也叫作硬盘）是最普遍的存储设备。**固态硬盘**（solid-state storage，SSD）（或者 SSD 驱动器）比传统的硬盘存储速度快很多，因为它是用非易失电子电路来存储信息的。SSD 闪存设备正在日渐普及，但是远比磁盘贵。USB 闪存是小型便携式固态存储器，它可以用来将备份数据从一台计算机转移到另一台计算机。CD 和 DVD 等光盘也都是比较受欢迎的便携式存储媒体。

4.1.2 硬件类型

表 4-1 列出了一些硬件的基本类型。**个人计算机**（personal computer，PC）是典型的供个人使用的计算机设备。在过去，PC 主要用于业务工作，今天，它们逐渐被平板电脑和其他移动设备所取代，Mac Pro 就是现代 PC 的例子。苹果公司的 iPad 使**平板电脑**（tablet）备受瞩目。2012 年，微软公司发布的 Surface 和谷歌公司发布的 Nexus 系列产品都是平板电脑。智能手机是拥有处理能力的电话，三星盖乐世 S7（Galaxy S7）就是很好的例子。今天，正因为人们很难再找到不智能的手机，人们才把这类智能应用称作手机。

表 4-1 硬件基础类型

硬件类型	案例
个人电脑（PC，包括台式和笔记本）	苹果公司的 Mac Pro
平板电脑（包括电子书阅读器）	iPad、微软公司的 surface、谷歌公司的 Nexus、Kindle Fire
智能电话	三星公司的盖乐世（Samsung Galaxy）、苹果公司的 iPhone
服务器	戴尔公司的 PowerEdge 服务器
服务器组	机架式服务器（见图 4-1）

服务器（server）是用于处理从多个远程计算机和用户传来的响应的计算机。服务器本质上就是个人计算机。服务器与计算机的不同主要在于它所做的工作。个人计算机和服务器之间的关系就像在餐厅里客户和服务员之间的关系。服务器从客户端得到请求，然后给客户端带来东西，在餐厅里，东西就是食物和餐具。在计算机的环境中，服务器给计算机传送网页、电子邮件、文件和数据，与服务器相连的计算机、平板电脑以及智能手机就是**客户端**（client）。在 2017 年，一个较好的服务器的例子就是戴尔的 PowerEdge 服务器。

最后，**服务器群**（server farm）通常是成千上万的服务器的集合（见图 4-1）。服务器群通常放置在大卡车拖车里，拖车可容纳 5 000 个甚至更多的服务器。通常，一个拖车拥有两根电缆，一根用于电力传输，另一根用于数据传输，服务器群的操作者可以将拖车放在预先准备好的仓库或者露天的环境中，插上电力线和数据线，成千上万的服务器就会启动并且运行。

越来越多的服务器基础设施被作为一种服务通过通常被称为云的网络进行传播，我们会在你们了解一些数据传输的知识之后，在第 6 章讨论云计算。

计算机的能力是根据数据单元而言的，这个也会在之后进行讨论。

4.1.3 计算机数据

计算机用**二进制数字**（binary digit）进行数据表示，称作**比特**（bit）。比特是 0 或者 1。由于容易表示实际情况，比特被用来表示计算机数据。如图 4-2 所示，开关要么打开，要么关闭，计算机能够被设计成打开开关代表 0，关闭开关代表 1；或者磁场的方向代表 1；抑或对于光学媒体，数据被烧写到光盘表面，它们就代表反射的光线，有反射的光代表 1，没有反射的光代表 0。

图 4-1 服务器组

资料来源：©Andrew Twort/Alamy.

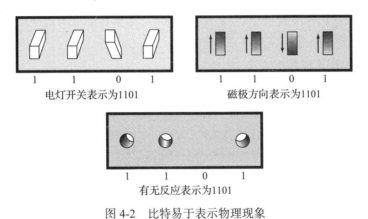

图 4-2 比特易于表示物理现象

1. 计算机数据大小

所有形式的计算机数据用比特表示。这些数据可以是数字字符、货币量、照片、录音等。所有的这些数据都只是一串比特。基于某些原因这让很多人感兴趣，但对于未来的经理来说无关紧要，比特被分组为 8 位块，称为**字节**（byte）。对于字符数据，如一个人的名字的字母，一个字符就是一个字节。因此，当你看到计算机设备有 1 亿字节存储量的声明时，这表明设备能容纳 1 亿个字符。

字节也可以用来衡量非字符数据的大小。例如，有人可能会说，一张给定图片的大小是 10 万个字节。这就意味着表示这张图片的比特串长度是 10 万字节或者 80 万比特（因为每个字节是 8 个比特）。

主存、磁盘以及其他计算机设备的尺寸规格都用比特表示。表 4-2 展示了用于代表数据存储容量的缩写词的集合，1 个**千字节**（kilobyte，KB）是 1 024 个比特的集合，1 个**兆字节**（megabyte，MB）表示 1 024 个千字节，1 个**吉字节**（gigabyte，GB）表示 1 024 个兆字节，1 个**太字节**（terabyte，TB）表示 1 024 个吉字节，1 个**拍字节**（petabyte，PB）表示 1 024 个太字节，1个**艾字节**（exabyte，EB）表示1 024个拍字节，1个**泽字节**（zettabyte，ZB）表示1 024个艾字节。有时，你将看到将1KB简化等于1 000比特，1MB简化等于1 000KB等定义。这些简化是不准确的，但是它们确实易于计算。

表4-2 重要的存储容量术语

术语	定义	缩写
字节	代表1个字符的比特数	
千字节	1 024字节	KB
兆字节	1 024千字节	MB
十亿字节	1 024兆字节	GB
太子节	1 024十亿字节	TB
拍字节	1 024太子节	PB
艾字节	1 024拍字节	EB
泽字节	1 024艾字节	ZB

为了深入理解这些数据大小，我们将举例说明。沃尔玛公司每天处理40PB客户数据[一]，脸书公司每天在能容纳300PB数据的仓库中处理600TB数据[二]，美国犹他州高度机密的NAS数据中心拥有约12EB的数据[三]。思科估计，到2019年年底，每年全球因特网流量将超过2.0ZB。[四]

2. 具体硬件的计算机数据大小

计算机磁盘容量具体根据它们所能存储的数据量而定。因此，500GB的磁盘能够存储500GB的数据和程序。这数字只是大概，容量可能达不到500GB，但也足够接近了。

你可以购买有不同速度的CPU的计算机。CPU的速度以周表示，称作赫兹。在2016年，较慢的个人计算机有3.0千兆赫，较快的个人计算机拥有3.5千兆赫以上的速度，并且有多个处理器。只做一些诸如文字操作等简单工作的员工不需要很快的CPU，2.0千兆赫较为合适。然而，需要处理大型且复杂的电子表格，或者操作大型数据库文件，又或者需要编辑大型图片、音频、视频文件的员工，就需要类似3.5千兆赫甚至更快的双核处理器计算机。同时使用许多大型应用的员工需要12GB或者更多的RAM空间，其他人可以使用较少的。

最后一点：缓存和主存都是**易失性的**（volatile），这意味着当电源关闭，这些内容就会消失。磁盘和光盘是**非易失性的**（nonvolatile），这意味着当电源关闭，这些内容依然存在。如果你突然关闭了电源，未保存的内容，即未改变的文档将丢失。因此，你需要养成频繁（每过几分钟）保存你正在修改的文档或文件的习惯。在你室友绊倒电源线前存储好你的文档吧！

[一] Mark van Rijmenam,"Big Data at Walmart Is All About Big Numbers; 40 Petabytes a Day!,"Datafloq, June 10, 2015, accessed April 29, 2016.https://datafloq.com/read/big-data-walmart-big-numbers-40-petabytes/1175.

[二] Pamela Vagata and Kevin Wilfong,"Scaling the Facebook Data Warehouse to 300 PB,"Facebook.com, accessed April 29, 2016, http://code.facebook.com/posts/22986 1827208629/scaling-the-facebook-data-warehouse-to-300-pb.

[三] Kashmir Hill, "Blueprints of NSA's Ridiculously Expensive Data Center in Utah Suggest It Holds Less Info than Thought."Forbes.com, accessed April 29, 2016. www.forbes.com/sites/kashmirhill/2013/07/24/blueprints-of-nsa-data-center-in-utah-suggest-its-storage-capacity-is-less-impressive-than-thought.

[四] Cisco Systems, Inc.,"VNI Forecast Highlights."Cisco.com, accessed April 30, 2016. www.cisco.com/c/en/us/solutions/service-provider/visual-networking-index-vni/vni-forecast.html.

4.2 新硬件如何影响竞争策略

组织对新硬件感兴趣，因为它们代表了产生收入能力的潜在机会或是威胁。对新的技术保持高度关注很重要，这与你关注天气预报是同样的道理。你关心的是未来可能会对你产生何种影响。

下面我们将讨论四种有潜力瓦解现有组织的新硬件发展。

4.2.1 物联网

第一个有能力改变企业的颠覆性力量是**物联网**（Internet of Things，IoT）。这个想法是物体和因特网相连，使其可以与其他设备、应用或者服务交互。各种物体被嵌入能够感知、处理和传输数据的硬件。之后这些物体可以连接至网络，并能和其他应用、服务及设备分享数据。

以你的手机为例。它可能是一个智能手机，但它并不总是智能。它开始于简单的只能进行通话的设备。随着时间流逝，通过增加更多的处理能力，更多的存储空间，网络连接、无线连接以及与其他设备和应用连接的能力使它成了**智能设备**（smart device）（如图4-3所示）。人们开始不像以前那样使用手机，这也改变了企业的运营方式。在2015年，亚马逊报道称有70%的用户采用移动设备进行购物。⊖

当其他设备变得智能，会发生什么？如果你拥有了智能汽车、智能家庭设备或者完全智能的建筑，你的生活将如何改变？短短几十年内，你可能可以通过你的智能手机与周围任何物体交流。实际上，你的设备将能和其他设备交谈，参与你的行动，然后做出改变，重置自己。

图4-3 智能手机的发展
资料来源：Grgroup /Fotolia.

企业不会放过从"哑巴"设备到互联智能设备的转变。顾客喜欢智能设备，并且愿意为此花更多钱。企业想将制造出的现存设备升级为智能设备，然后再次卖出。即使其不做，其他企业也会做。

以苹果公司（计算机硬件和软件公司）的iPhone为例。手机市场已经成熟，行业领袖本可以创造智能手机，但是它们没有。苹果公司的iPod和iPhone的成功是对其他硬件制造商的冲击。智能设备的潮流正在到来。

物联网的影响

许多不同的高新技术企业将会感受到物联网的影响。智能设备需要微处理器、存储器、无线网络连接、电力资源以及新的软件。这些设备也需要新的协议、更多的带宽和更严格的安全性，而且会消耗更多的能源。

通用电气公司（General Electric，GE）的产业互联网是依靠物联网推动智能设备的极佳

⊖ Todd Bishop,"Amazon Prime Adds More Than 3M New Members in 1 Week at Peak of Holiday Shopping Season,"GeekWire, December 27, 2015, accessed April 29, 2016, www.geekwire.com/2015/amazon-adds-3m-new-prime-members-in-one-week-in-december.

例子。○GE 致力于创造智能设备，分析其中获取的数据，然后在增加效率、减少浪费和提升决策制定方面做出改变。GE 看到了医院、电网、铁路和制造工厂使用智能设备的最佳潜力。

GE 估计，在喷气式飞机上使用智能设备的航线能够平均节省 2% 的燃料消耗。这些节省的燃料和二氧化碳相当于 10 000 辆汽车行驶的消耗。○

微软公司也通过使用智能设备取得了巨大的收获。微软公司在华盛顿雷德蒙德（Redmond）创造了绵延 500 英亩○的 125 幢智能建筑网络（见图 4-4）。○运营中心每天要从 30 000 台设备上处理 5 亿的运行数据，包括暖气、空调、电灯、风扇和门。

微软公司的工程师通过识别诸如照明资源的浪费、供暖与冷却系统的冲突以及劣质风扇等问题，每年能够减少 6%～10% 的能源消耗。对于微软公司来说，这是数百万美元。如果每一个企业的建筑都是智能建筑，那会怎么样？当你考虑到世界上 40% 的能源被消耗在公司大楼上，你会开始有节约一笔巨大成本的想法。间接地，这也会在全世界产生巨大的环境和经济影响。

图 4-4 微软公司的华盛顿雷德蒙德园区

资料来源：lan Dagnall/Alamy.

4.2.2 数字现实设备

第二个有能力改变企业的颠覆性力量是数字现实设备。数字现实设备是具有巨大潜力来革新我们生活的新兴技术。正如 20 世纪 90 年代中期出现的互联网技术，这些设备将创造完全新型的公司，改变人们的生活、工作和购物，并能自娱自乐。据估计，到 2020 年数字现实市场将达到 1 500 亿美元。○

从完全真实的环境到完全**虚拟**（virtual）的环境或者模拟非物质的环境，有不同级别的数字现实设备。在你开始思考数字现实设备是如何影响企业之前，你需要理解如何区分不同级别的数字现实。首先，**现实**（reality）是指真实存在的事物的状态。如果你正在用你的眼睛、隐形眼镜或镜片阅读这本纸质教科书，你是在观察现实的世界，没有任何的数字改变。你正在（但愿如此）经历现实。

接下来是增强现实。**增强现实**（augmented reality，AR）通过将数字信息叠加在现实世界的对象上来改变现实。AR 设备的例子包括谷歌眼镜（1 250 美元），爱普生公司的 Moverio 智能眼镜（700 美元）和 Daqri 公司的智能头盔（估计 5 000～15 000 美元）。本质上，这些设

○ General Electric, "Industrial Internet Insights Report for 2015," accessed April 29, 2016, www.ge.com/digital/sites/default/files/industrial-internet-insights-report.pdf.

○ 同上。

○ 1 英亩 = 4 046.856 422 4 平方米。

○ Jennifer Warnick, "88 Acres: How Microsoft Quietly Built the City of the Future," Microsoft Corp., accessed April 29, 2016, www.microsoft.com/en-us/news/stories/88acres/ 88-acres-how-microsoft-quietly-built-the-city-of-the-future-chapter-1.aspx.

○ Jeffrey O'Brien, "The Race to Make Virtual Reality an Actual(Business)Reality," Fortune, May 1, 2016, accessed May 3, 2016, http://fortune.com/virtual-reality-business.

备如头戴显示器一样工作，给用户关于正在经历的真实世界的信息。举例来说，AR 能够以在道路上展示虚拟箭头的形式为用户提供方向。用户也可以阅读显示在空中的虚拟电子邮件或者看到锻炼时展现在他们前方的虚拟的健康数据。

数字现实连续集的下一步（见表 4-3）是混合现实。**混合现实**（mixed reality，MR）是真实的物理世界与交互式虚拟图像或物体的组合。微软公司（全息眼镜，3 000 美元）和 Meta 公司（Meta 2，949 美元）在 2016 年早期发布了 MR 设备。这两个公司都将这些设备推广给了对创造数字现实应用感兴趣的开发者。通常认为，MR 设备比 AR 设备具有更大的潜力，因为它们有实时与虚拟物体交互的能力。

表 4-3 数字现实的级别

	现实	增强现实	混合现实	虚拟现实
举例	眼镜	谷歌眼镜	微软全息眼镜	脸书 Oculus Rift
虚拟信息	无	有	有	有
虚拟对象	无	无	有	有
虚拟世界	无	无	无	有

例如，利用 AR 你可以在墙上看到虚拟的 2D 天气预报。但是，使用 MR 就可以在你的咖啡桌上看到实时的城市 3D 虚拟模型（如图 4-5 所示）。它会显示虚拟的龙卷风向你的城市移动，而且你可以通过和 3D 天气应用的交互来看它投射的路径。这只是一个例子，想象一下在房间的中间观看高质量的 3D 体育比赛直播的场景。

当讨论 AR 以及 MR 设备时，有一个问题，目前增强现实这个术语没有被一致应用。你经常会听到 AR 被用于描述 AR 和 MR 设备。⊖但是对于新兴技术而言，这很正常。随着科技的进步，术语被创造、定义并出现在常见的报告谈论中。所以，不要惊讶于听到 AR 被用来形容各类型的数字现实。

图 4-5 数字现实应用

资料来源：@Peshkov/Fotolia.

数字现实连续集的最后一步是**虚拟现实**（virtual reality，VR），即完全由计算机生成的拥有交互数字物体的虚拟世界。你将找到诸如脸书公司的 OculusRift（599 美元）、索尼公司的 PlayStation VR（399 美元）和三星的 Gear VR（399 美元）等设备。这些是完全沉浸式的体验，其尝试创建强烈的**临场感**（sense of presence），或者创造出感觉虚拟经历是真实的错觉。换句话说，如果一个设备能够创造出你在一个虚拟的过山车上的强大临场感，你会向后倚靠并且保持紧张。

数字现实设备的影响

在过去 20 年里，数字现实设备以与移动电话相同的方式迅速发展。实际上，AR 市场破

⊖ Eric Jognson, "Choose Your Reality: Virtual, Augmented or Mixed," Re/code.July 27, 2015, accessed May 3, 2016, http://recode.net/2015/07/27/whats-the-difference-between -virtual-augmented-and-mixed-reality.

坏智能手机市场是完全有可能的。想象一下你无须从口袋里掏出智能手机，就能接听电话、上网、与朋友发信息和看电影。

数字现实的应用设备也超出了个人的使用范围。组织目前正在构建针对教育、培训、合作、新产品设计、游戏、运动、广告、旅游和购物的数字现实应用。例如，美国劳氏公司（Lowe's）新的 Holoroom 允许客户在设计并虚拟化他们设想的房间之后，再确认进行重大变革。凯斯西储大学（Case Western Reserve University）已经与微软公司合作，在一个交互的环境中开发 3D MR 应用来教授解剖学。

多年来人们都无法理解数字现实设备的影响——我们只是不知道它们将如何被使用。甚至这个领域的专家们都才开始理解数字现实设备将会如何改变组织的重大意义。从 2D 平面屏幕到 3D 虚拟世界的改变就如同从画家到雕塑家的转变。这需要新的技能、流程、工具以及思维方式。在过去的 20 年内，数字现实设备成为最具改革创新力的硬件之一。

4.2.3 自动驾驶汽车

第三个改变企业运营方式的颠覆性技术是自动驾驶汽车。**自动驾驶汽车**（self-driving car，也被称作无人驾驶汽车）利用一系列传感器驾驶传统汽车，而不需要人的干涉。它将充满先进的硬件和集成的软件，也是移动系统的缩影。实际上，它将移动化，以至于不需要任何人在车里，车也能行驶（如图 4-6 所示）。是的，自动驾驶汽车已经离我们的生活不远了。

最近一个报告称自动驾驶汽车将在 2020 年成为现实，在 2040 年完全投入使用。①大多数的汽车公司（奔驰、尼桑、奥迪、宝马）称将会在 2020 年拥有自己的自动驾驶汽车。②最近，谷歌公司宣布与菲亚特克莱斯勒公司合作制造了 100 辆无人驾驶货车。③谷歌公司现有的双座自动驾驶汽车已经行驶了超过 1 500 万英里。当梅赛德斯－奔驰 F015 自己行驶到舞台上并打开豪华车门时，它的确成了 2015 年消费类电子展（CES）的一大亮点。看上去开发自动驾驶汽车的比赛已经如火如荼展开了，且竞争将会十分激烈。

自动驾驶汽车将使驾驶汽车更容易、更便捷以及更加安全，其也会破坏已经建立的产业模式。

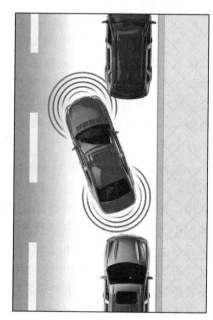

图 4-6 未来的自动驾驶汽车
资料来源：Dan Race/Fotolia.

---

① KPMG, "Automobile Insurance in the Era of Autonomous Vehicles," June 2015, accessed May 4. 2016, www.kpmg.com/US/en/IssuesAndInsights/ArticlesPublications/Documents/ automobile-insurance-in-the-era-of-autonomous-vehicles-survey-results-june-2015.pdf.

② Glenn Garvin, "Automakers Say Self-Driving Cars Are on the Horizon," Miami Herald, March 21, 2014, accessed May 22, 2016, www.tampabay.com/news/business/autos/ automakers-say-self-driving-cars-are-on-the-horizon/2171386.

③ Bill Vlasic and Neal Boudette, "Google to Get Fiat Chrysler Minivans for Self-Driving Tests," The New York Times, May 3, 2016, accessed May 4, 2016, www.nytimes.com/2016/ 05/04 /technology/google-flat-chrysler-minivans-self-driving.html.

1. 自动驾驶汽车简化生活

想象一下自动驾驶汽车将怎样改变传统家庭。自动驾驶汽车可以使父亲在开车去工作的路上也能审查销售报告。相比于驾驶他之前的那辆汽车，他能够更加放松，而且能提高效率。自动驾驶汽车能够在父亲不在车里的情况下，载着孩子去上学，然后返回带着母亲去上班。

下班之后全家人去购物，在商场路边下车即可。不再需要停车，也更加安全。在购物时，父亲接到读大学的女儿的信息，需要从机场接她回家。父亲很高兴，因为他再也不用自己开车去那里。

父亲记得自己开车是既漫长又痛苦的事情。现在，汽车为他计划好了路线，自己加油，在十字路口交互，因此从不闯红灯，并且如果前方存在事故或者交通堵塞，会自己重新规划路线。最重要的是，他不会为其他驾驶者的问题所烦恼。现在旅行也变得更加容易。

之后，家庭计划去遥远的地方旅行。利用自动驾驶汽车前往，没有机场安全的烦恼，家庭成员不需要被过分热心的美国运输安全管理局的海关部门搜身。他们面对面坐着舒适的椅子，不需要为包裹付钱，当到达时也不需要租车。另外，他们能随时离开。

有时候晚上前往度假的地方，但你在"开车"的时候可以睡觉，是件美妙的事。当你不需要真正开车的时候，驾驶也不是坏事。

2. 自动驾驶汽车节省成本

你已经看到自动驾驶汽车会使生活变得容易，但是它耗费的成本有多少呢？比你现在的汽车花费更多还是更少呢？

随着时间的流逝，自动驾驶汽车会比你现在的汽车成本更低。当自动驾驶汽车刚问世时，早期的使用者需要支付溢价，这是大多数新产品的特质。

成本的节省将会体现在各个方面。在上面的场景中，你会注意到，这个家庭只拥有一辆车，自动驾驶汽车的使用率将会比现在的汽车使用率更高。大多数汽车在一天之中约有 22 个小时是闲置的。共享自动驾驶汽车可以消除对多辆汽车的需求。这节省了很大的成本。

你将节省更多的成本，因为自动驾驶汽车比你开得更好。它会节省更多的油耗，因为它驾驶的效率更高（减少刹车、加速引擎以及街头飙车）。你将避免高昂的交通费用、停车费用以及酒后驾车的情况。

汽车保险费用将大幅下降，事故发生的概率低到你已经不需要估计了。根据毕马威会计师事务所关于自动驾驶汽车对保险行业的影响报告，估计到 2040 年，事故的发生率将降低 80%。这将导致个人汽车行业规模缩减至现在的 40%。㊀

也许他们是对的。自动驾驶汽车每年可能并且应该能节省 150 亿美元的保险费。未来的自动驾驶汽车将更加安全，因为它会在你发现问题之前，就控制刹车系统进行刹车。它也会知道具体的地点、速度以及附近所有车辆的路径，因此交通事故将成为过去。

3. 自动驾驶汽车更加安全

的确，自动驾驶汽车是更加安全的。90% 的车祸都是人的错误引发的。㊁车祸是导致 3 到

㊀ KPMG, "Automobile insurance in the era of autonomous vehicles," June 2015, accessed May 4, 2016, www.kpmg.com/US/en/IssuesAndInsights/ArticlesPublications/Documents/ automobile-insurance-in-the-era-of-autonomous-vehicles-survey-results-june-2015.pdf.

㊁ Network of Employers for Traffic Safety,"10 facts Employers Must Know,"accessed May 4, 2016, http://trafficsafety.org/safety/fleet-safety/10-facts-employers-must-know.

33 岁年龄段人群死亡的主要原因。花费时间驾驶可能是你一天中做过的最危险的事。

你的汽车能够比你看到更多，比你反应更快，而且比你更加了解所处的环境。它也能和其他车辆进行"交流"，动态分析交通情况，避免建筑工地，并且在有需要的时候与紧急服务联系。

自动驾驶汽车意味着安全的驾驶、更少的事故、较少的酒后驾车、越来越少的交通矛盾以及更少的行人车祸事故。汽车不仅能够行驶得更快，而且能避免各种事故。在未来，手动驾驶或许会是刺激和昂贵的爱好。

4. 自动驾驶汽车将破坏现有行业

自动驾驶汽车有可能会破坏已经建立的行业现状。自动驾驶汽车的出现意味着行驶在道路上的汽车更少，这意味着销售的汽车更少（交通运输），贷款的汽车更少（金融），签署的汽车保险更少（保险），而由于事故的减少，销售的汽车部件更少（制造业），设立的停车场也更少（房地产）。如果不需要开车，消费者会更倾向于用汽车去旅行而不是用飞机或者火车（交通运输）。

自动驾驶汽车的出现意味着工程师、程序员和系统设计者会有更多的工作。汽车上将会有更多的计算机硬件、传感器和摄像头。公司可能还没有完全看到自动驾驶汽车对现存行业的深远影响。

自动驾驶汽车将怎样影响个人生活？假设你在未来几年结婚生子，你的孩子会开车吗？驾驶手动汽车的成本会更高吗？你的后代或许不会去学怎么开车，但这也不会太奇怪。你知道怎么骑马吗？你的祖先会。

4.2.4　3D 打印

第四个有能力改变企业的颠覆性力量是 3D 打印。正如你在第 3 章了解的那样，3D 打印不会改变竞争格局，但是会改变行业本身。回想开篇猎鹰安防公司的例子，它没有选择制造自己的无人机，因为这样不会节省足够的成本。它也不想使用 3D 打印成为无人机制造商。

制造对于猎鹰安防公司来说并不合适，但对其他一些公司来说可能是可行的选择。耐克公司已经利用 3D 打印来改善设计的鞋子，它最近利用 3D 打印机创造了世界上第一个 3D 打印的防滑鞋底，被称为耐克 VaporLaser Talon。⊖耐克公司之所以选择用 3D 打印来制造防滑鞋底，是因为它能够造出牵力最佳的鞋底形状。相比之前，利用 3D 打印的鞋子会更轻、更牢固、更快。实际上，耐克公司确实这样做了。他们为奥运金牌选手爱丽森·费利克斯（Allyson Felix）生产了一双专门设计的短跑鞋（耐克 Zoom Superfly Flyknit），并使其在 2016 年的里约奥运会夺冠。⊜

相比于在体育装备上的应用，3D 打印可能更能影响产业的发展。当你意识到 3D 打印不止能够造出塑料时，你会诞生很多想法（见图 4-7）。它们能够打印金属、陶瓷、食物以及生物材料。

在 2015 年的消费类电子展上，产业主导者麦扣波特公司（MakerBot）宣布，将开始销售

⊖ Liz Stinson,"For Super Bowl, Nike Uses 3-D Printing to Create a Faster Football Cleat,"Wired, January 10, 2014, accessed May 4, 2016, www.wired.com/2014/01/nike-designed-fastest-cleat-history.

⊜ Scott Grunewald,"Nike's 3D Printed Sprinting Shoe the Zoom Superfly Flyknit Will Be Worn at the 2016 Olympic Games in Rio,"3DPrint.com. April 27, 2016, accessed May 4, 2016, https://3dprint.com/131549/nike-zoom-superfly-flyknit.

可以用于 3D 打印机的复合产品。这些复合产品结合了传统的聚乳酸（polylactic acid，PLA）热塑性材料和诸如木材、青铜、铁、石灰岩等的材料。虽然每个类型的复合材料需要一个新的 3D 打印头，但所打印的物品将像是真实世界的副本。

将这个能力用于各种材料的 3D 打印，并且在航空、国防、汽车、娱乐以及医疗行业寻求机会。当 3D 打印其他诸如汽车、飞机、轮船、房子和无人机等的大型物体成为可能，将会发生什么？

下面是 3 个非传统 3D 打印的例子。考虑一下这会对各自的行业产生怎样的破坏性改变。

图 4-7　3D 打印

资料来源：Seraficus/iStock/Getty Images.

- 新型的 ChefJet ™ Pro 3D 系统能够打印巧克力、香草、薄荷、樱桃、酸苹果、西瓜等口味的复杂的糖果结构。㊀拥有了该系统，厨房新手都能做出复杂的、美丽的和完全定制化的甜点。
- 哈佛大学工程与应用科学学院的研究人员，能够 3D 打印拥有血管的可以用来传输营养和清除代谢物的生物结构。这个发展意味着医护人员能够完全打印出损坏组织的代替物。这不仅能够挽救生命，而且能够减少保险费和医疗保健费用。
- 南加州大学的比洛克·霍什内维斯（Behrokh Khoshnevis）教授建造了大规模的 3D 打印机，可以在 24 小时内打印整个房子。㊁此 3D 房子打印机能够创造更稳定和更好的绝缘结构，使用更少的材料，减少建造时可能的受伤情况，自动安装加热设备和管道，同时只需要建造房子的一部分成本。

4.3　商务人士需要知道哪些软件知识

作为一名未来的经理或商务人士，你需要了解基本术语和软件的概念，以使你能够成为智能软件的消费者。首先考虑软件的基本类别（见表 4-4）。

表 4-4　计算机软件的分类

	操作系统	应用程序
客户端	控制客户端计算机资源的程序	运行在客户端计算机上的应用程序
服务器	控制服务器计算机资源的程序	运行在服务器计算机上的应用程序

每台计算机都有**操作系统**（operating system，OS），是控制计算机资源的程序。一些操作系统的功能是读取和写入数据，分配主存，执行存储器交换，启动和停止程序，应对错误情

㊀ Jonathan Schwartz,"Will Food 3D Printing Reality Become a 'Thing'?"VentureBeat, April 17, 2016, accessed May 4, 2016, http://venturebeat.com/2016/04/17/will-food-3d-printing-really-become-a-thing.

㊁ Brian Krassenstein,"Contour Crafting Inventor Dr.Khoshnevis: Widespread 3D Printed Homes in 5 Years, High-Rises in 10 Years,"3DPrint.com, March 31, 2015, accessed May 4, 2016, https://3dprint.com/53437/contour-crafting-dr-khoshnevis.

况，促进备份和恢复。此外，操作系统创建和管理用户界面，包括显示器、键盘、鼠标和其他设备。

虽然操作系统使计算机能够被轻松使用，但它也只能做一些特定的工作。如果你想查询天气或访问数据库，则需要诸如 iPad 天气应用程序或甲骨文公司的客户关系管理软件（CRM）等应用。

客户端和服务器都需要操作系统，虽然它们不一定是相同的。此外，客户端和服务器都能处理应用程序。应用的设计取决于是客户端或服务器，还是两者都可处理它。

你需要了解两个重要的软件限制。第一，特定版本的操作系统对应特定的硬件。例如，微软公司的 Windows 只能用英特尔的处理器和符合英特尔指令集（CPU 可以运行的指令）的处理器。对诸如 Linux 等其他操作系统，不同的版本对应不同的指令集。

第二，存在两种类型的应用程序。**原生应用程序**（native application）是被编写用于特定操作系统的程序，如 Microsoft Access 只在 Windows 操作系统运行。一些应用程序有多个版本，如 Windows 和 Macintosh 版本的 Microsoft Word。但除非你被告知，否则一个原生应用程序只在一个操作系统上运行。原生应用程序有时被称为**胖客户端应用程序**（thick-client application）。

Web 应用程序［Web application，也称为**瘦客户端应用程序**（thin-client application）］是被设计成在诸如火狐、Chrome、Opera 或 Edge（原名 Internet Explorer）等计算机浏览器内运行的程序。Web 应用程序在浏览器内部运行，并且可以在任何类型的计算机上使用。理想情况下，Web 应用程序可以在任何浏览器中运行，虽然并不一直如此。

4.3.1 主要的操作系统有什么

表 4-5 列出了主要的操作系统，请仔细思考每一个。

表 4-5 主要操作系统

类别	操作系统	适用于	备注
非移动客户端	Windows	个人计算机客户端	广泛用于商业操作系统。目前的版本是 Windows 10，包含触摸界面
	Mac 操作系统	Macintosh 客户端	最初由图形艺术家和工作者在艺术社区中使用，现在运用越来越广泛。第一个提供触摸界面的台式操作系统。当前版本是 macOS Sierra
	Unix	Workstation 客户端	因用于工程、计算机辅助设计和建筑的胖客户端计算机而著名。对非技术用户来说困难。基本不用于商业客户
	Linux	几乎包含所有	开源的 Unix 变体。适应几乎所有类型的计算设备。在个人计算机上使用 Libre 办公应用软件。商业客户很少使用
移动客户端	塞班	诺基亚、三星和其他手机	全世界闻名，但是在北美使用较少
	黑莓操作系统	Research In Motion 公司的 BlackBerry 智能手机	商业用户开发的专用操作系统，一开始很受欢迎，但因 iOS 和安卓失去了市场份额
	iOS	iPhone、iPod Touch、iPad	随着 iPhone 和 iPad 的成功，迅速增加安装数。基于 Mac OS X
	安卓	三星、谷歌、HTC、索尼等公司的智能手机和平板	谷歌公司的基于 Linux 的手机/平板电脑操作系统。迅速增长的市场份额
	Windows 10（移动端）	诺基亚和微软 Surface	Windows 8（RT）专门为 ARM 设备量身定做（主要是平板电脑）。完整的 Surface Pro 上的 Windows 8

（续）

类别	操作系统	适用于	备注
服务器	Windows 服务器	服务器	对微软公司做出郑重承诺的企业采用
	Unix	服务器	逐渐减少使用，取而代之的是 Linux
	Linux	服务器	很受欢迎。IBM 积极推动

1. 非移动客户端操作系统

非移动客户端操作系统在个人计算机上使用。最受欢迎的是**微软公司的 Windows 操作系统**（Microsoft Windows）。一些版本的 Windows 操作系统应用于超过全世界 85% 的台式计算机上。如果我们只考虑商业用户，这个数字则超过了 95%。最新版本的 Windows 操作系统为 Windows 10。网络应用公司（Net Applications）估计，在 2016 年总体的市场份额中，Windows 10 占 15.3%、Windows 8.1 占 9.9%、Windows 8 占 3.2%、Windows 7 占 47.8%、Windows Vista 占 1.4%、Windows XP 占 10.6%⊖。有趣的是在 2014 年，微软公司放弃了 Windows XP，尽管它仍然比 Windows Vista、Windows 8、windows 8.1 更受欢迎。

Windows 8 是对之前版本的主要修改。Windows 8 以微软公司所称的**现代风格的应用程序**（modern-style⊖ applications）所闻名。这些应用程序现在都移植到了 Windows10 上，该系统支持触屏，同时提供上下文相关的弹出菜单。它们也可以使用鼠标和键盘。微软公司声称现代风格的应用程序同样可以用在平板电脑等移动设备上。现代风格的应用程序的主要特征是使菜单栏、状态行和其他可视化菜单最小化。图 4-8 展示了用 Windows 浏览器搜索图像的例子。

图 4-8　现代风格界面的例子

资料来源：Windows 10，Microsoft Corporation.

苹果公司开发了自己的操作系统 Mac OS。当前版本是 macOS Sierra。苹果公司称赞它是世界上最先进的桌面操作系统，直到 Windows 8 出现之前，这是毫无疑问的。Windows 10 现在也为此头衔跟它不断竞争。

⊖ "Net applications," accessed May 4, 2016, www.netapplications.com.
⊖ 之前被叫作 metro-style，名称被微软修改，据说是因为欧洲的商标诉讼。

直到最近，Mac OS 主要由图形艺术家和工作者在艺术社区中使用。但是因为很多原因，Mac OS 比传统 Windows 在市场上取得了更多进展。根据网络应用公司所言，截至 2016 年，桌面操作系统市场份额主要被 Windows（88.8%）、Mac OS X（9.6%）和 Linux（1.6%）划分。㊀

Mac OS 最初设计在摩托罗拉的 CPU 处理器上，但今天该计算机既可以运行 Windows，也可以运行 Mac OS。

Unix 是 20 世纪 70 年代在贝尔实验室开发的操作系统。此后，它一直是科学和工程社区的主要操作系统。Unix 很少应用于商业。

Linux 是 Unix 的开源版本，开源社区的程序员自愿贡献代码，开发和维护 Linux。开源社区拥有 Linux，并且可以免费使用。Linux 可以在客户端计算机上运行，但通常只有当预算至关重要时才使用它。到目前为止，Linux 是最受欢迎的服务器操作系统。根据 Distrowatch 网站数据，在 2016 年最受欢迎的五大系统是 Linux Mint、Debian GNU/ Linux、Ubuntu、openSUSE 和 Fedora。㊁

2. 移动客户端操作系统

表 4-5 还列出了五个主要的移动操作系统。**塞班**（Symbian）手机在欧洲和远东很流行，但在北美用得很少。**黑莓操作系统**（BlackBerry OS）是早期最成功的移动操作系统之一，并且主要面向商业用户。然而，由于 iOS、安卓和 Windows 10 的出现，它已经失去了市场份额。

iOS 操作系统被用于 iPhone、iPod Touch 和 iPad。当其第一次发布时，就以易用和引人注目的显示界面开辟了新天地。现在，黑莓操作系统和安卓都仿照它的特征开发自己的系统。随着 iPhone 和 iPad 的流行，苹果公司已经增加了 iOS 的市场份额。根据网络应用公司统计，它被用于 28% 的移动设备。㊂当前 iOS 的版本是 iOS 9。

安卓（Android）是有谷歌公司运营执照的移动操作系统。安卓设备有大批忠实追随者，特别是技术用户。网络应用公司估计安卓的市场份额接近 62%。

大多数行业观察者都认同苹果公司引领了行业，Mac OS 和 iOS 创建了易于使用的接口。当然，许多创新想法首次出现在苹果公司的麦金塔电脑（Macintosh）或 iSomething 上，后来又在安卓和 Windows 上得到拓展，并以这样或那样的形式得以呈现。

用户希望 Windows 10（**移动版**）在智能手机等移动设备上也能应用，或者在 Surface Pro 设备上配有完整的 Windows 10 版本。Windows 10 占据 4% 的移动操作系统市场份额。

智能手机市场一直是巨大的，但是最近电子书阅读器和平板电脑持续增加了移动客户端操作系统的市场。在 2015 年，68% 的美国人拥有智能手机，45% 的人除了智能手机外还拥有平板电脑。㊃

3. 服务器操作系统

表 4-5 的最后三行显示了最受欢迎的服务器操作系统。Windows **服务器**（Windows Server）是专门为服务器使用而设计和配置的 Windows 版本。它比其他版本的 Windows 具有更严格和更受限的安全程序，并且在那些对微软公司做出郑重承诺的组织的服务器上广为使用。

㊀ "Net Applications," accessed May 4, 2016, www.netapplications.com.
㊁ DistroWatch.com, accessed May 4, 2016, www.distrowatch.com.
㊂ "Net Applications,"accessed May 4, 2016, www.netapplications.com.
㊃ Pew Research Center,"Device Ownership,"July 1, 2015, accessed May 4, 2016, www.pewresearch.org/data-trend/media-and-technology/device-ownership.

Unix 也可被用来作为服务器，但它逐渐被 Linux 代替。Linux 经常被不管出于什么原因而避免使用微软公司服务器的组织使用。IBM 公司在过去是 Linux 的主要支持者，这其实是更好地与微软公司竞争的一种手段。尽管 IBM 公司没有拥有 Linux，但其使用 Linux 开发了很多业务系统解决方案。通过使用 Linux，IBM 公司和它的客户都不需要向微软公司支付许可费用。

4.3.2 虚拟化

虚拟化（virtualization）是物理计算机主机运行它内部不同的虚拟（不是实实在在的）计算机的过程。该操作系统被称为**主机操作系统**（host operating system），以应用的形式运行一个或更多的操作系统。这些托管操作系统的应用程序被称为**虚拟机**（virtual machine，vm）。每个虚拟机拥有自己的磁盘空间和其他被分配的资源。主机操作系统控制其主管的虚拟机的活动，以免互相干扰。有了虚拟化，每个虚拟机可以像主机一样在独立的、非虚拟的环境中运行系统。

虚拟化主要有三种形式：个人计算机虚拟化、服务器虚拟化和桌面虚拟化。

个人计算机虚拟化（PC virtualization）使得诸如台式机或笔记本的个人计算机有不同的操作系统。假设有用户为了测试或开发项目，同时需要 Linux 和 Windows 系统。在这种情况下，用户可以在主机操作系统，通过加载如 VirtualBox 或 VMWare 等软件来创建 Linux 和 Windows 系统。如果主机操作系统拥有足够的资源（即内存和 CPU 处理能力），用户可以在同一个硬件上运行两个系统（如图 4-9 所示）。

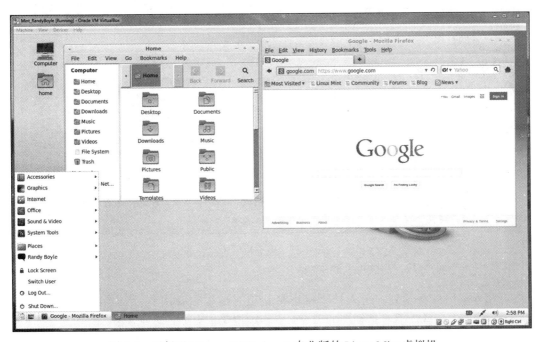

图 4-9　运行于 Microsoft Windows7 专业版的 Linux Mint 虚拟机

资料来源：Windows 10，Microsoft Corporation.

服务器虚拟化（server virtualization）是在同一服务器上运行一个或多个其他服务器计算机。如图 4-10 所示，1 个 Windows 服务器计算机拥有 2 个虚拟机。用户可以登录其中任何一个虚拟机，并且它们表现得和正常的服务器一样。图 4-11 显示了虚拟机 VM3 是如何呈现在用户面前的。可以看到 VM3 的用户正在运行浏览器访问 SharePoint。实际上，在第 2 章，这个虚拟机就被用于生成许多 SharePoint 数据。正如在第 6 章中你将学到的，服务器虚拟化对于云供应商来说至关重要。

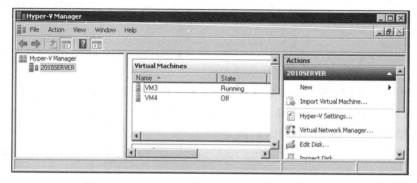

图 4-10　Windows 服务器计算机主管两台虚拟机

资料来源：Windows 10，Microsoft Corporation.

图 4-11　虚拟机例子

资料来源：Windows 10，Microsoft Corporation.

在第 6 章中你将学到，个人计算机虚拟化很有趣也很有用。另一方面，**桌面虚拟化**（desktop virtualization）具有革命性的潜力。桌面虚拟化是指服务器拥有很多版本的桌面操作系统。每一个桌面有完整的用户环境，并且呈现给用户的是另一个计算机的感觉。此外，可以从其他计算机获取用户正在使用的桌面。因此，你在机场可以用终端计算机访问你的虚拟桌面。对你来说，机场的计算机就好像是你自己的个人计算机。使用虚拟桌面也意味着你不用担心失去公司笔记本计算机或机密的内部数据。与此同时，许多其他用户也可以在机场访问计算机，每一个人都感觉在用他自己的计算机。

桌面虚拟化只是处于起步阶段，但它对你的早期职业生涯可能有重大影响。

4.3.3 私有与许可

当你购买计算机程序时，你实际上没有购买这个软件。相反，你是购买使用该程序的**许可证**（license）。例如，当你购买 Mac OS 许可证，苹果公司销售的是 Mac OS 的使用权，苹果公司继续拥有自己的 Mac OS 程序。大型企业不会为每个计算机用户购买使用许可，他们会协商获得**站点许可证**（site license）。这是授权企业在该企业的所有计算机上或特定站点上安装产品（操作系统或应用）需要支付的固定费用。

对于 Linux，没有公司可以卖给你使用它的许可证。它属于开源社区，即 Linux 没有许可证费用（有某些合理的限制）。IBM 等大公司和 RedHat 等规模较小的公司可以利用 Linux 赚钱，但没有一家公司能够通过出售 Linux 许可证而赚钱。

4.3.4 存在哪些类型的应用程序，企业如何获得它们

应用软件（application software）实现了某个服务或功能。一些应用程序满足通用目的，如 Microsoft Excel 或 Microsoft Word。其他应用程序提供特定的功能。比如 QuickBooks 是一个提供总分类账簿和其他会计功能的应用程序。我们先说明应用程序的类别，然后说明其来源。

水平市场应用程序（horizontal-market application）软件提供所有组织和行业的通用功能。文字处理器、图形程序、电子表格和演示程序都是水平市场应用程序软件。

此类软件的例子有微软公司的 Word、Excel、PowerPoint。其他供应商的例子有 Adobe Acrobat、Photoshop、PageMaker 和 Jasc 公司的 Paint Shop Pro。这些应用程序被用于各行各业的企业。这些企业购买现成的应用程序，当然小的定制功能是必要的（或可能需要的）。水平市场应用程序类似于汽车市场中的轿车，每个人都购买它，并出于不同的目的使用它。

垂直市场应用程序（vertical-market application）软件满足特定行业的需求。例如，牙科办公室使用某种程序为病人安排就诊和结算；汽车维修部门使用某种程序跟踪客户数据和客户的汽车修理情况；零部件仓库使用某种程序跟踪库存、购买和销售。如果水平应用程序是轿车，那么垂直市场应用程序就是工程车辆，如挖掘机。它们满足特定行业的需求。

垂直应用程序通常可以被修改或定制。一般来说，销售应用软件的公司将提供此类服务或推荐可以提供这种服务的合格的咨询顾问。

独版应用程序（one-of-a-kind application）软件是为特定的、独特的需求而开发的。例如，美国国税局由于与其他组织的需求不同，因此开发了这样的软件。

你可以将独版应用程序软件等价于军事坦克。坦克因非常特定和独特的需求而开发。坦克的成本远高于轿车，且成本超出限度很常见。它需要耗费较长时间去制造，且需要独特的硬件组件。同样，坦克是高度可定制的，并且符合重型战车的需求。

如果你去战争前线，你不会希望自己驾驶的是四门轿车。有时候花钱买定制化的车辆，尽管昂贵，但是有担保。这都取决于你在做什么。例如，军队购买轿车、工程车辆和坦克，每种车辆都满足了自己的需求。你可以用相同的方式购买计算机软件：**现成软件**（off-the-shelf software）、**经过改编的现成软件**（off-the-shelf with alterations software）或**定制软件**（custom-developed software）。

组织自己开发定制化应用软件或雇用供应商开发。像购买坦克，这种开发是在组织的需求是独一无二的，且没有水平或垂直应用程序可用的情况下才进行的。通过开发定制软件，组织可以定制符合其需求的应用程序。

定制开发是困难和有风险的。配备和管理软件开发团队是具有挑战性的。管理软件项目

是艰巨的。许多组织已经开始着手应用程序开发项目，却发现需要比原计划多两倍——或更长——的时间才能完成。成本超支 200% ~ 300% 是常见的。我们将在第 12 章进一步讨论此类风险。

此外，每个应用程序都需要适应不断变化的需求和不断变化的技术。水平和垂直软件的改编成本将摊销给所有用户，也许是数千或数百万用户。然而，对于定制开发软件，所有使用这类软件的组织必须自己支付所有的改编成本。随着时间的推移，这种成本负担很重。

由于风险和费用，定制开发是最后的选择，只有当没有其他选择时才使用。表 4-6 总结了软件的来源和类型。

表 4-6 软件来源和类型

	现成软件	现成软件再定制	定制开发
水平应用	√		
垂直应用	√	√	
独版应用程序			√

4.3.5 什么是固件

固件（firmware）是安装在打印机、打印服务器等各种通信设备中的计算机软件。软件的编码与其他软件一样，但它安装在打印机或其他设备的专门的可编程存储器中。通过这种方式，该程序成为设备内存的一部分，就好像程序的逻辑一样被设计到设备的电路中。因此，用户不需要将固件加载到设备的内存中。固件可以更改或升级，但这通常是专业人士的任务。

4.4 开源软件是可行的选择吗

要回答这个问题，首先需要了解开源运动和过程。大多数计算机历史学家认为理查德·马修·斯托曼（Richard Matthew Stallman）是该运动之父。为了创建一个免费的类 Unix 操作系统，1983 年，他开发了一套名为 GNU 计划（自我参照的缩略词，含义是"GNU 不是 Unix"）的工具。斯托曼做出了许多贡献，包括标准的开源软件许可协议之一——GNU **通用公共许可协议**（GNU general public license，GPL）。斯托曼无法吸引到足够的开发者完成免费的 Unix 系统，但他继续对开源运动做出其他贡献。

1991 年，在赫尔辛基（Helsinki）工作的林纳斯·托瓦兹（Linus Torvalds）使用斯托曼的一些工具开始致力于另一个版本的 Unix。这个版本最终成为前面所讨论的高质量和受欢迎的操作系统 Linux。

互联网被认为是开源的巨大资产，许多开放源码项目都很成功，包括：
- LibreOffice（默认的 Linux 办公套件）。
- 火狐（浏览器）。
- MySQL（数据库管理系统，详见第 5 章）。
- Aphche（网络服务器，详见第 6 章）。
- Ubuntu（类似 Windows 的桌面操作系统）。
- Android（移动设备操作系统）。
- Cassandra（NoSQL 数据库管理系统，详见第 5 章）。

- Hadoop（大数据处理系统，详见第 9 章）。

4.4.1 为什么程序员自愿参与开发这些服务

从未享受编写电脑程序的人很难理解为什么有人愿意为开源项目贡献他的时间和技能。然而，编程是艺术和逻辑的强烈结合。设计和编写一个复杂的计算机程序可以让人非常愉快（甚至上瘾）。许多程序员热衷于日复一日地编写程序。如果你有艺术和逻辑思维，你应该试一试。

人们致力于开源的第一个原因是它有极大的乐趣。此外，一些人致力于开源，因为这给了他们选择项目的自由。他们可能有一个并不特别有趣的编程工作，如管理打印机的程序。他们的工作有酬劳，但这并能不满足他们。

在 20 世纪 50 年代，好莱坞工作室的音乐家需要为一长串无趣的电影录制同样风格的音乐。为了保持头脑清楚，这些音乐家们在星期天聚集到一起玩爵士，一些高质量的爵士乐俱乐部由此诞生。这就是开源对程序员而言的意义：在有趣和充实的项目工作中锻炼创造力。

致力于开源的另一个原因是表现某人的自豪感和找工作或咨询工作的能力。最后一个原因是创立售卖服务用于支持开源产品的企业。

 案例 4-1

探秘：2016 年度 CES 新鲜事

计算机硬件领域有什么新鲜事吗？当然要属每年 1 月在拉斯维加斯举办的消费类电子产品展览会（Consumer Electronics Show，CES）。3 600 名参展者以及 170 000 名硬件技术宅欢聚在此，他们都被震耳欲聋的音乐、令人尖叫的视频和歇斯底里的媒体激发出狂热。这是一场只有拉斯维加斯才可以办出的盛事！

今年又有哪些热门呢？

（1）透明、可卷曲电视：新型电视的发展一直是 CES 的最爱。为什么？因为每个人都看电视。计算机硬件极客们是主要买家，他们会为了最新的很赞的功能花费大量金钱去购买。在 2016 年的 CES 上，4K 和 8K 的超高清（UHD：Ultra High Definition）电视已经很寻常了。然而松下一款透明屏幕的显示器在放映影片时看起来就像是典型的高清电视，看完关机后就变成一块普通的有色玻璃。LG 新出的 18 英寸可卷曲屏电视同样造成了轰动。它可以在你看完最喜欢的节目之后像一张纸一样卷起来。

（2）食物传感器（DietSensor）：食物传感器获得了让人梦寐以求的 CES 2016 最佳创新奖。这个小小的手持式设备和手机配对，扫描你打算吃的食物。通过分子传感器，它能判定食物中碳水化合物、脂肪和蛋白质的含量。当扫描完成时，你可以设置你打算吃的食物的分量，食物传感器能计算出卡路里含量。如果你正在节食，需要计算卡路里的含量，它能让坚持变得更容易。

（3）"it"智能床：你大概得花费 1/3 生命在睡觉上，这几乎是 26 年之长的时间。Sleep Number 公司计划让睡眠更加信息化。这个公司新出产的"it"床采用生物识别传感器来监测使用者的心率、呼吸频率、睡眠模式和活动。以采集到的数据为基础，这款智能床会给出有关床垫硬度、舒适度和紧实度的调整建议。另外，它也可以连接其他云端服务，通过了解其他可能影响睡眠的因素来给出更多建议。例如，"it"智能床的数据可以和从卧室采集的温度数据结合分析。它能在一定的温度区间内分析你的睡眠模式，从而判断最佳晚间睡眠所需的最优温度。获得一晚更佳的休息也许看起来并不是什么了不起的事，但 26 年加起来就相当了不起了。

（4）Family Hub 智能电冰箱：三星新款具有无线功能的智能冰箱在内部装有摄像头，能向任一连接的设备展示冰箱内部情况。假设你正在便利店购物，记不清家里是否有足够的柠檬来做最拿手的蛋白霜柠檬塔。只要打开手机上冰箱的软件，就能立即看到冰箱里的内容。另外，这款智能冰箱也可以显示手机上的日历、照片和信息，用潘多拉一类的软件从网上直接听音乐，甚至可以通过智能电视观看影片。

讨论题：

（1）从电视的创新浪潮中你看出了什么趋势？为什么这些对消费者而言十分重要？

（2）哪种类似 DietSensor 的传感器可能对其他物联网设备有用？

（3）为什么医生和营养学家可能会对诸如 DietSensor 一类的设备感兴趣？

（4）一张智能床如何能从与手机配对中获益？

（5）你觉得还有什么其他设备可以从成为"智能"设备中获益？为什么？

（6）有哪些关于智能冰箱的安全或者隐私方面的顾虑？

4.4.2　开源软件如何运作

开源（open source）这个词意味着程序的源代码是向公众开放的。**源代码**（source code）是人类写的计算机代码，可以被人类所理解。图 4-12 显示了一部分为 ARES 所写的计算机代码（见第 7 章开始）。

```
/// <summary>
/// Allows the page to draw itself.
/// </summary>
private void OnDraw(object sender, GameTimerEventArgs e)
{
    SharedGraphicsDeviceManager.Current.GraphicsDevice.Clear(Color.CornflowerBlue);

    SharedGraphicsDeviceManager.Current.GraphicsDevice.Clear(Color.Black);

    // Render the Silverlight controls using the UIElementRenderer.
    elementRenderer.Render();

    // Draw the sprite
    spriteBatch.Begin();

    // Draw the rectangle in its new position
    for (int i = 0; i < 3; i++)
    {
        spriteBatch.Draw(texture[i], bikeSpritePosition[i], Color.White);
    }

    // Using the texture from the UIElementRenderer,
    // draw the Silverlight controls to the screen.
    spriteBatch.Draw(elementRenderer.Texture, Vector2.Zero, Color.White);

    spriteBatch.End();
}
```

图 4-12　源代码例子

源代码被编译成由计算机处理的**机器码**（machine code）。机器码一般来说不是人类可以理解的且不能修改。当用户访问网站时，程序的机器码版本在用户的计算机上运行。我们不展示机器码的图，因为它看起来像这样：

11010010100101111100110111100100011100000111111011101111100111...

在**闭源**（closed source）项目中，如微软公司办公软件，源代码受到高度的保护，只有受信任的员工和经过仔细审查的承包商才能获得。保护源代码就像保护黄金金库那样，只有那些值得信赖的程序员可以更改闭源项目。

开源使得任何人都可以从开源项目网站获得源代码。程序员根据自己的兴趣和目标修改或者添加此代码。在大多数情况下，程序员可以将此代码结合到自己的项目中。他们也许可以根据项目使用许可协议的类型，转售这些项目。

因为合作，开源得以成功。程序员检查源代码，并且识别需求或项目，这似乎很有趣。他再创建新的特性，重新设计或重组现有功能，或修复已知的问题。接着，这段代码被发送给开源项目中评估工作的质量和优点的其他人，如果他们觉得合适就将其添加到产品中。

通常情况下，这包含了很多给予和收获。或者，如第 2 章所述，包含许多的循环迭代和反馈。由于这种迭代，拥有很强的同行评审且管理良好的项目可能形成像 Linux 一样高质量的代码。

4.4.3 开源是可行的吗

答案取决于对谁而言以及为了什么。开源无疑已经合法。根据《经济学人》(*The Economist*)，"现在人们普遍认为，未来将是专有和开源软件两者的结合体。"㊀ 在你的职业生涯中，开源将在软件中发挥越来越大的作用。然而，开源是否适合某一特定环境，取决于这一环境的需求和限制。你会在第 12 章了解更多关于匹配需求和项目的内容。

在某些情况下，公司选择开源软件，因为它是免费的。事实证明，这一优势可能没有你想的那么重要，因为在很多情况下，支持和运营成本淹没了初始许可费用。

4.5 原生应用程序和 Web 应用程序有何不同

应用程序可被分为靠操作系统运行的原生应用程序和通过浏览器运行的 Web 应用程序。在后者情况下，浏览器为软件提供或多或少的连贯一致的环境；操作系统和硬件的特性能很好地被浏览器的代码处理，同时也在 Web 应用程序中被隐藏起来。

表 4-7 对比了原生应用程序和 Web 应用程序各自主要特性的不同。首先来了解原生应用程序。

表 4-7 原生和网络应用的特性

	原生应用程序	Web 应用程序
开发语言	扩充 C 的面向对象编程语言 Java C#、C++、VB.NET、Swift （面向对象语言）	html5 css3 JavaScript （脚本语言）
开发主体	专业程序员	专业程序员、面向技术的网络开发人员和业务人员
需要的能力级别	高	低到高
困难	高	困难到容易，取决于应用需求
开发者学位	计算机科学	计算机科学 信息系统 图形设计
用户体验	可以极好，取决于程序质量	简单到复杂，取决于程序质量
可能的应用程序	你能支付得起的任何应用程序	对非常复杂的应用程序有一定限制

㊀ "Unlocking the Cloud," The Economist, May 28, 2009.

（续）

	原生应用程序	Web 应用程序
从属	iOS，Android，Windows	不同的浏览器
成本	高。由于是困难的工作，需要高薪雇员，并支持维护多个版本	低到高。由于工作更容易，需要薪资较少的员工，并且只有多个浏览器文件是必要的。复杂的应用程序可能需要高技能和高成本
应用程序分配	通过 App 商店（如苹果公司的商店）	通过网站
例子	先锋 iPad 应用程序（在苹果公司的 iTunes 商店）	海鲜产品网站：www.wildrhodyseafood.com Picozu 编辑：www.picozu.com/editor

4.5.1　开发原生应用程序

原生应用程序是用严肃、耐用、专业的算法语言开发出来的。Mac 操作系统和 iOS 应用采用了内存管理或 Swift 编程语言。Linux（安卓）应用使用 Java 语言，Windows 应用则使用 C#、VB.NET、C++ 等。这些语言都是**面向对象的**（object-oriented），这意味着它们可以用于创造非常困难复杂的应用。如果运用得当，能在需要改变时，使高性能代码轻易植入其中。面向对象语言的此种特性超出了本书范围。仅有多年致力于研究面向对象语言设计和代码技能的专业程序员才能使用它们。通常此类开发者都来自大学中的计算机专业。

这类语言的好处是它们给予程序员对计算设备的严格控制权，能创造精密复杂的用户界面。一旦编程完毕，它们就能快速执行命令，高效运用内存。原生应用程序的局限通常都是预算上的，而不是技术上的。作为一名商人，只要你能提供得起资金，就能得到任何软件。

原生应用程序的不利因素就在于它们是限于本机的。它们只能在其被编写出的操作系统中运行。iOS 软件想在安卓系统运行就得完全从头编码，在 Windows 系统中也是如此。㊀另外，为了能覆盖所有用户，组织需要支持维护应用软件的三种不同版本，还得雇用、管理三支技能各不相同的软件开发团队。

一条通则是原生应用程序的耗费都很高。许多组织减少了给印度和其他国家的外包开发的支出（详见第 11 章介绍），然而比起 Web 应用程序来，原生应用程序依然昂贵。分发原生应用程序的标准方式就是通过共同的商店进行分发，如苹果公司旗下的 iTunes。其中一个绝佳例子就是美国先锋集团的 iPad 应用。如期待的一样，它方便使用，功能复杂，又非常安全。像先锋集团这样的公司必须也有能力负担起高质量应用的高额费用。

4.5.2　开发 Web 应用程序

表 4-7 第 3 列总结了 Web 应用程序的特性。它们在浏览器内部运行，诸如火狐浏览器、谷歌浏览器、欧朋浏览器或是 Edge 浏览器等。浏览器能处理好操作系统和底层硬件的特性。理论上来说，一个组织应该能开发出独立的应用，并且让它在所有设备、所有浏览器上都完美运行。可惜，浏览器在实现网络代码的方式上有些不同，这意味着一些应用在某些浏览器上不能无错地运行。

如表 4-7 第 1 行所示，网络开发语言有 html5、css3、JavaScript。html5 是 html 的最新版本，第 6 章中你会对它有所了解。这个版本的优势在于能支持图形、2D 动画和其他高级的用户体

㊀ 不完全正确。大部分的设计和一些代码可能可以在原生应用程序重用。但是，对你的计划而言，认为这一切都必须重做。不足以延用的问题值得考虑。

验。css3 可被用于 html5，精确控制网页制作中的外观展示。JavaScript 是一种比原生客户端语言简单得多的脚本语言，用来提供应用程序的底层逻辑。

Web 应用程序也可以由专业算法编写而成，事实上它们大多数也确实如此。然而，以技术为导向的网络开发者和商业人士对其的继续开发也是可能的。这些程序的技术门槛很低，简单的应用相对而言容易开发，但是，要想提供高级的用户体验很难。Web 应用程序开发者也许都有计算机专业、信息系统专业或是动画设计专业的学位。

不同的 Web 应用程序提供的用户体验相差甚大。一些仅仅是网络版手册（www.wildrhodyseafood.com）；而另一些就很高级，如图 4-13 中的 Spiro-Canvas（www.gethugames.in/），或是更令人赞叹的图 4-14 中的 www.biodigital.com。

图 4-13　GethuGames 的 SpiroCanvas

资料来源：www.gethugames.in/spirocanvas/.

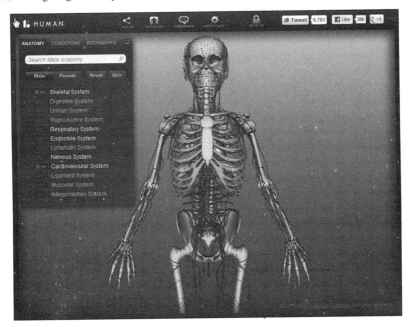

图 4-14　复杂的 html5 应用

资料来源：由 BioDigital Human（www.biodigital.com）制作。

Web应用程序局限于浏览器的自身容量。当浏览器越来越复杂，它们无法为底层操作系统和硬件提供全部的容量。另外，虽然此现象逐年好转，但Web应用程序依然无法支持极其专业复杂的程序。

如上文所说，相较于原生应用，网络应用的主要优势就在于它们能在任何操作系统和设备上运行。浏览器之间虽存在些许不同，但比起iOS、安卓和Windows的差异而言，这些不同已经非常小了。总的来说，不像原生应用那样，你可以认为，一个Web应用程序只需一套代码库和一支开发团队。

由于Web应用程序可以让不那么熟练、工资略低的员工开发，且只需要一套代码库和一支开发团队，它们比原生应用程序要便宜得多。但是，这个表述是在同等复杂度的应用这一前提下的，如果是一个简单的原生应用程序，那么它比复杂的Web应用程序花费更少。

用户通过互联网接触Web应用程序。例如，当你访问www.picoze.com/editor时，html5、css3、JavaScript语言文件通过网络自动下载。应用的更新是自动流畅的，你无须安装（或重新设置）任何东西。对用户而言，这种不同是一个优势，但这让它从你的应用中获利变得困难。例如，亚马逊出售你的原生应用程序，然后付给你版税。然而，除非你需要用户购买你的Web应用程序（有可能但很稀少），否则你将没必要继续。

4.5.3 哪个更好

你知道这个问题的答案。如果它是明确的，那么我们只讨论替代方案，但事实上它不是。这个选择取决于你的策略、特定目标、应用程序的需求、预算、时间表、管理技术项目的容忍度、对应用系统收入的需求和其他因素。一般来说，Web应用程序的开发和维护成本更低，但它们可能缺乏一鸣惊人的因素。你和你的组织必须自己决定！

4.6 为什么移动系统越来越重要

移动系统（mobile system）是支持移动用户的信息系统。移动系统用户在任何地点访问系统，在工作中、车里、公共汽车上或在海滩上使用任何智能设备，如智能手机、平板电脑或PC。这些可能性是无限的。

移动系统用户不仅在地理上移动，而且从设备到设备移动。在公交车上用iPad阅读的用户继续在工作的电脑上读那本书，并在家里的Kindle Fire上读完这本书。这是跨地理和跨设备的移动。

如图4-15所示，移动系统的主要元素是移动中的用户、移动设备、无线连接和基于云的资源。**移动设备**（mobile device）是小型、轻便、节能，并且能够无线接入的计算设备。几乎所有的移动设备都有显示器和数据输入的一些方法。移动设备包括智能手机、平板电脑、智能手表和既小又轻便的笔记本电脑。台式电脑、Xboxes和既大又重的耗电的笔记本不是移动设备。

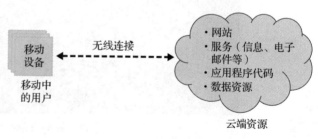

图4-15 移动信息系统的组成要素

在第 6 章，你会了解到有关无线连接和云的内容。现在，只要假设云是在另一端连接移动设备的一组服务器。举个例子，当在 kindle 上下载一本书时，云是一个或多个在另一端存储书并下载一个副本到你的设备的服务器。

移动系统之所以重要，主要原因在于其市场规模。根据 Cisco 的数据，到 2015 年年底，每月 79 亿移动设备产生 3.7 亿字节的流量。㊀到 2020 年，这个数据将会跃至 116 亿移动设备产生 30.6 亿字节的流量。也就是说，地球上每个人都会拥有 1.5 个设备。智能手机将占全球移动流量的近 72%。㊁

在第一台 iPhone 推出 7 年后（2007～2014 年），智能手机就在美国市场上达到了 70% 的主流使用率。㊂这比 20 世纪 50 年代初电视机以外的其他技术发展得都要快，而电视也限制了智能手机的普及率。2016 年 2 月 comScore 报告显示，美国有 1.99 亿人拥有智能手机，占手机市场的 79.3%。到 2019 年，移动电子商务（mobile e-commerce）或**移动商务**（m-commerce）的市场规模预计要超过 1 490 亿美元。㊃

此外，手机使用受到年轻人的青睐。根据尼尔森公司（Nielsen）对移动设备使用的估计，群体年龄越小，使用移动设备的人数越多。此外，年轻人比老年人的人均拥有设备更多。㊄这些年轻人将在未来增加对移动系统的使用。

由于这个庞大和不断增长的市场，移动系统正对当今的商业和社会产生重大的影响，这样的影响力迫使行业进行变革，同时为移动专业人士提供新的职业机会，以及大量新的、有趣的移动工作。

表 4-8 概述了移动系统对于信息系统五个组件各自的影响。我们将从硬件开始讨论表中的每一个组件。

表 4-8 移动改变的五大因素和机会

	硬件	软件	数据	处理规程	人
移动系统发展的影响	越来越多的移动设备将被售卖	紧凑接口，针对活跃用户的新技术，应用程序扩展	更多的数据，但是更多的信息吗？设备不足意味着更少的广告可能	总是运行，总是在工作，员工的生活方式混合了个人和职业	在动态环境中，生存的能力更为重要
行业变化	电脑越来越不重要，对创新设备和廉价山寨的需求越来越高	html5, css3 和 JavaScript 增加瘦客户端的功能	失去控制。广告模式陷入危机？	在工作中的个人移动设备	更多的兼职员工和独立承包人

㊀ Cisco Systems Inc., "Cisco Visual Networking Index: Global Mobile Data Traffic Forecast Update, 2015-2020,"Cisco.com, February 3, 2016, accessed May 4, 2016, www.cisco.com/c/en/.us/solutions/collateral/service-provider/visual-networking-index-vni/white_paper_c11-520862.html.

㊁ 同上。

㊂ Horace Dediu,"Late Late Majority,"Asymco.com, May 4, 2016, accessed May 4, 2016, www.asymco.com/2014/07/08/late-late-majority.

㊃ Statista,"Mobile Retail E-commerce Sales in the United States from 2013 to 2019 (in Billion U.S. Dollars),"Statista.com, accessed May 4, 2016, www.statista. com/statistics/249855/mobile-retail-commerce-revenue-in-the-united-states.

㊄ The Nielsen Company,"Survey New U.S. Smartphone Growth By Age and Income,"accessed May 2016, www.nielsen.com/us/en/insights/news/2012/survey-new-u-s-smartphone-growth- by-age-and-income.html.

（续）

	硬件	软件	数据	处理规程	人
职业机会	移动设备销售、营销、支持的工作	新技术提高了html5竞技平台的水平，移动需求所需的商务人士，新公司	报告和数据挖掘更加重要，有效的移动报告设计	即时数据的创新使用；需要调整业务流程，给非日常问题解决者另一个溢价	独立承包人（和一些员工）在他们想要的时间和地点工作，这种新的社会有机体是什么

4.6.1 硬件

显然，移动系统日益增长的需求意味着移动设备销量的上升，但这常常以个人计算机销量的下降为代价。大型个人计算机制造商惠普公司在其没能快速应对移动设备的冲击，并于2012年被迫削减27 000个岗位时意识到了这个事实。未来，对于创新移动设备和廉价模拟器的需求将会很高。

如果你正在读这本书，你不太可能是硬件工程师，如果你没有生活在亚洲，你也不太可能参与硬件制造。但是，任何有39亿美元前景的市场都富有营销、销售、物流、客户支持和相关活动的机会。

4.6.2 软件

移动设备尺寸的减少意味着需要发明新的、创新的接口。移动用户是活跃的用户，并且期望有积极的屏幕体验。移动的图形、变化的网页和动画会带来附加费。应用程序需要能从很小扩展到很大，并提供适合设备尺寸的用户体验。

移动软件技术的快速变化不断使竞争环境发生变化。例如，今天的面向对象的C语言的专家程序员最好不要松懈，随着html5和css3越来越受欢迎，会减少对面向对象的C语言的需求。此外，当你在学习第4.5节时会发现，面向对象的C语言学起来很难且很耗时间，但html5、css3和Javascript却并不这样。随着进入障碍的减少，经验较少、受教育程度较低的新进入者将成为竞争对手，你可能就是其中之一。

另外，不断发展的软件意味着新的激动人心的创业机会。你很遗憾错过了早期在脸书公司的工作吗？现在，在某个地方，有另一个马克·扎克伯格（Mark Zuckerberg）开始……好吧，无论如何，由于软件环境不断变化，新的机会将会出现，并在未来数十年中持续发展。

4.6.3 数据

更多的移动系统意味着不可估量的新数据，专业人士可以用其创造更多信息。但是正如你在第1章所了解的，更多的数据并不一定意味着更多的信息。事实上，很多商务人士认为其淹没在大量的数据中而缺乏信息。可以使用所有这些移动系统数据来完成哪些操作，以使人们能够从中萃取出对他们更有价值的信息？第9章将讨论数据挖掘和更好的报告的可能性。

另一方面，不是所有信息都是好的，至少对许多组织来说是这样。首先，较小的屏幕意味着更少的广告空间，这是限制2012年5月脸书公司公开募股成功的一个因素。而且，移动系统增加了组织对数据失控的风险。过去，员工只使用雇主提供的电脑设备，只通过雇主管理的网络连接。在这种情况下，组织可以控制什么人在什么地方用什么数据做什么。然而，现在这些都不复存在了，员工可以用自己的移动设备工作。数据的泄露是必然的。

随着越来越多的人转向移动设备，并且留给广告的空间越来越少，在线广告的收入可能快速减少，也许还会威胁支持大部分网络免费内容的收入模式。这如果发生了，剧烈的变化即将到来。

案例 4-2

伦理指南：免费数据应用程序

你正在听一门管理信息系统课程的介绍，教授开始谈论关于软件发展多么有利可图这一问题。他指出如比尔·盖茨（微软公司）、拉里·埃尔森（甲骨文公司）、拉里·佩奇（谷歌公司）及马克·扎克伯格（脸书公司）等亿万富翁都通过开发有用的软件来谋利。但是，一位耿直的同学插话说他从来没有向这些人付过一分钱，免费使用着谷歌搜索、谷歌邮箱和Facebook。是的，他也用微软公司的办公软件，不过它是通过OneDrive下载的免费线上版本。甚至他手机上的软件也都是免费的。

这个存在已久的问题，同时正好也是科技产业挫败感的重点所在：怎样从免费软件中获取利润？教授说了一些关于抢占市场份额、潜在收入和未来创新的观点。你并不认同，你只对切实的回报感兴趣，而不是潜在的回报。

恰遇数据捐客

坐你边上的尼克（Nick）笑开了怀，不停点头。他是你们课程大项目组中的一员。他靠过来轻声说，"如果你没有为下载软件付费，那么你就是产品本身。数据才是盈利之源，根本不是软件。给用户软件使用权，采集他们的数据从而盈利。就这么简单。"

你最开始还有些困惑。但你想到上周三第一次认识尼克时的场景，他说他之所以回归校园读管理信息系统的学位，是因为他哥哥公司的新职位需要科技方面的知识。尼克称他哥哥以前是一名数据捐客（有时也称作信息捐客），他从不同公司买进个人数据，然后卖给其他公司以营利。听起来他们十分擅长这些事。你还没来得及问出口这事是不是合法或者合乎道德的，尼克自我打趣说，"当然了，这是合法的。大家都这么干。"显然，他以前经常被问类似的问题。

然而尼克所言真的正确吗？他并不是一个像比尔·盖茨那样的亿万富翁，他只关心买卖数据的事儿，对软件发展并不感兴趣。但他确实提出了一个好观点，令人沉思。要是你创业去研发采集个人数据的软件会怎样？你可以制作很多有用的软件来收集个人信息，然后把它们卖给尼克。

尼克会为什么样的数据买单呢？你又能从中得到多少？他不关心游戏数据，但他会买那些关乎用户行为的数据，比如他们上哪些网站，住在哪儿，朋友是谁，买了些什么。

手电筒应用软件

午餐时间，你进行了一些关于手机软件如何从手机中获取数据的调查。结果显示，用户只要授予软件权限，它就能获得手机上的任何数据。这是正确的吗？任何数据？这真是一个金矿。想到能收获数千兆字节的数据，然后把它们卖给尼克，你兴奋异常。这带来的回报能让你在一个月之内退休。

然而你突然有种不祥的预感。要是你不是第一个想到这个主意的人呢？要是有别人已经让用户免费使用软件，然后收集他们的信息呢？你决定看一下手机上最有用的免费软件——手电筒，检查一下权限。输入"手电筒软件权限"进行搜索，你发现了很多引用了"侦探墙"（SnoopWall）发布的威胁报告的新闻报道。⊖

⊖ SnoopWall, "SnoopWall Flashlight Apps Threat Assessment Report," October 1, 2014, SnoopWall.com, accessed May 4, 2016, www.snoopwall.com/threat-reports-10-01-2014.

"侦探墙"报告查看了安卓手机市场排名前十的手电筒软件所需的权限，结果惊人。所有这些软件不只是开关手电筒这么简单。它们要求获取你的位置、网络连接和USB存储装置这些数据，还要求能安装快捷方式、在线上传下载数据、修改系统设置和禁用锁屏等。

你用的手电筒软件在这张表上排第三位，这可不妙。你决定去看看这个报告到底准不准确。这些软件真的收集了所有数据吗？看着谷歌商店里的前六位手电筒软件，问题的答案就在下面的表格中。底部三行展示了2013年、2014年、2016年软件权限的变化。

这些简简单单的手电筒软件所需的权限令人不安。为什么开启手电筒需要GPS坐标？谁拿到了这个数据？又用来干什么？看来有人已经想到了你所谓的数据大丰收这么一个主意。想从用免费软件换取个人信息中赚钱可能太迟了。突然之间，作为一个消费者而言，这些免费的软件已经不再吸引人了。

讨论题：

（1）考虑一下这个创建免费软件来收集个人数据的决定。

①从绝对命令角度，这个决定符合伦理吗？

权限	超亮度LED手电筒	免费的最亮手电筒	最亮的LED手电筒	手电筒	高性能手电筒	小型手电筒+LED
获取图片和音频	×	×	×	×	×	×
从网络接收数据	×		×		×	
控制手电筒	×	×	×	×**	×	×
改变系统展示设置	×*		×*		×*	
修改系统设置	×*		×*		×*	
阻止系统休眠	×	×	×	×	×	×
查看网络连接	×	×	×	×	×	×
完整的网络获取	×	×	×	×	×	×
开机时运行						×
控制震动						×
检索运行的应用程序			×*		×*	
修改或删除存储器的内容		×	×*		×*	
读取存储器中内容		×	×*		×*	
查看无线连接		×	×*		×*	
读取手机状态和身份		×	×		×*	
读取主页设置和快捷方式		×		×*		
编辑主页设置和快捷方式				×*		
使屏幕锁屏失效				×*		
安装快捷方式		×		×*		
卸载快捷方式				×*		
模糊位置		×			×*	
精确位置		×			×*	
修改状态条或使其失效		×*				
限制其他应用程序			×**			
2013年统计	20	15	13	9	15	6
2014年统计	8	15	13	9	15	7
2016年统计	6	14	8	5	6	7

*2016年废弃。

**2016年增加。

②从功利主义角度，这个决定符合伦理吗？

③如果用户知道了免费软件是用他们的数据换来的，会是何种反应？

（2）假设谷歌公司意识到了这一点：谷歌商店里的应用软件在收集与其功能无关的信息。

①它是否有法律义务去获悉具体是哪个软件在不恰当地采集数据？

②它是否有道德义务去获悉具体是哪个软件在不恰当地采集数据？

③谷歌公司用免费软件来交换获取个人数据了吗？为什么？

（3）谷歌公司需要如何管理谷歌商店里的应用软件，才能保证设置了恰当的权限？

（4）2014年，赛门铁克（Symantec）发现17%的安卓软件存在恶意乔装行为。[⊖]但一份谷歌公司出品的报告却发现，所有安卓设备中安装了潜在有害应用程序的概率低于1%。[⊖]

①谷歌公司下架它所认定的不恰当的应用程序是合理的吗？从绝对命令和功利角度两方面分析。

②谷歌公司限制特定应用软件的权限是合理的吗？兼顾绝对命令和功利角度两方面分析。

4.6.4 处理规程

移动系统总是运行着，它们没有营业时间，使用移动系统的人也是同样的。在移动世界，我们总是处于工作中，离开办公室是不可能的。永远在线的一个后果就是我们个人生活和职业生活的融合。这种融合方式在某种程度上意味着个人生活将会影响你的工作。这种干扰可能会让人分心，也会让人感到压力。另一方面，它也会导致更丰富、更复杂的关系。

员工希望在工作中使用他们自己的移动设备。但他们应该吗？事实上，谁又能阻止员工远离自己的移动设备呢？如果组织阻碍他们连接和工作相关的网络，他们就可能会连接自费的无线网络。在这样的情况下，组织就完全脱离圈子了。员工可以通过他们个人的移动设备发送保密的企业资料吗？我们将在4.7节更详细地讨论这些问题。

移动系统提供潜在的**即时数据**（just-in-time data），这种数据通常是在所需的明确时间发送给用户的。药品销售人员使用即时数据，当他访问移动系统时，在等待医生向她推销药物的同时，便可以获取最新药物的最新文献。她不再需要记住药物的特性就可以利用系统通道进行销售。

此外，一些组织被动地等待改变的发生，而另一些组织则主动地重新设计流程，通过整合移动系统，获得更高的流程质量。无论哪种方式，业务流程变更的需求为创造性的、非常规的业务问题解决者创造了机会。

4.6.5 人

移动系统改变着我们的价值观念。例如，即时数据消除了记住大量产品数据能力的溢价，但是创建了访问、查询和展示数据能力的溢价。移动系统提高了业务速度，给那些可以对变化做出机敏反应并成功处理意外状况的人提供了优势。

因为有这种可以被联系以及随时存在的能力，企业可能会发现，兼职雇员和独立的承包

⊖ Symantec Corporation, "Internet Security Report," Symantec.com, Volume 20, April 2015, accessed May 4, 2016, www4.symantec.com/mktginfo/ whitepaper/ISTR/21347932_GA-internet-security-threat-report-volume-20-2015-social_v2.pdf.

⊖ Google, "Android Security 2014 Year in Review," GoogleUserContent.com, accessed May 4, 2016, http://static.googleusercontent.com/media/source.android.com/en/us/devices/tech/ security/ reports/Google_Android_Security-ty_2014_Report_Final.pdf.

商同样高效。增长的监管复杂性和全职员工的开销将刺激企业去这么做。

那样的情况发生后,那些对直接监管需求很少的,并可以在动态环境中发展的专家将会发现,他们可以在任何他们想在的地方和时间工作(只要你一直在线并可以进行远程操作,那么你现在是在新泽西还是在福蒙特州的冰川地带并不重要)。对那样的员工,想要选择全新的生活方式也很有可能实现。

这些移动的员工可以在他们想在的地方工作,也可以选择为谁工作。没有老板会站在背后盯着他们看,他们可以在同样的时间和不同的公司做多种多样的工作。公司也可能会改变对员工的支付方式,他们可能会更多地关注员工的产量,而不是按照小时付工资,这种向关注绩效的转变将授权给优秀的员工,也让偷懒者更难在公司内部躲藏。企业也会在移动员工中受益,它们不再需要那么多昂贵的商业办公空间。这将是开启职业生涯的绝佳时机!

4.7 个人移动设备对工作造成怎样的挑战

到目前为止,我们一直关注着企业为它们的顾客或其他人创造的移动应用程序。在本节,我们将阐述企业内部移动系统的使用。

事实上,今天的企业对于其员工在工作中使用个人移动设备抱着一种既喜欢又厌恶的态度。一方面,他们喜欢员工自己买硬件,因为这可以节省企业开支;另一方面,他们又反感随之增高的易损性和失控性。至少目前为止,这是大部分组织的态度。

最近 Tech Pro Research 的一项研究报告指出,74% 的公司已经接受了自带设备办公或者正在准备这么做。[⊖]如果你目前还没有携带个人的设备去公司,你马上也应该要这么做了。但是,只有 43% 的企业已经创建了办公移动设备使用政策。[⊜]

4.7.1 员工在工作中使用移动系统的优缺点

表 4-9 总结了员工在工作中使用移动设备的优缺点。优点包括了之前提到的节省开支,以及比起公司提供的设备,员工会更满意根据自己的喜好来选择移动设备。因为员工在此之前已经出于自己个人的目的在使用设备了,他们只需要很少的训练就可以变得更高效,所有的这些都意味着可以减少开支。

表 4-9 员工在工作中使用移动系统的优点和缺点

优点	缺点
节约成本	数据丢失或损坏
更高的员工满意度	失去控制
减少的培训需求	兼容性问题
更高的产量	病毒感染的风险
减少的支持成本	更高的支持成本

另一方面,员工使用移动设备也存在显而易见的缺点。首先,丢失或者损害数据的风险确实存在。当数据被录入员工自己的移动设备中时,公司就不能控制这些数据的去向,也不

⊖ Teena Maddox,"Research: 74 Percent Using or Adopting BYOD," ZDNet, January 5, 2015, accessed May 4, 2016. www.zdnet.com/article/research-74-percent-using-or-adopting-byod.

⊜ "CDH, " accessed May 4, 2016, www.cdh.com.

知道会发生些什么。例如，IBM 公司不允许在员工移动设备上使用苹果公司的语音搜索功能 Siri 就是出于这个原因。[⊖]当然，如果员工弄丢了他的设备，那么电脑里的数据也会随之丢失，而且当员工离开公司的时候，存在于他电脑中的数据也需要删除。

组织同时也失去了对软件的更新以及用户所采用的应用程序的控制。这种管控的缺失造成兼容性问题；用户可以使用和组织标准软件不相容的软件处理数据，如编辑文档。最终对企业造成的结果是混乱的前后不一致的文档。

当然，员工使用个人移动设备最大的缺点就是病毒感染的风险。企业不知道用户携带自己的设备去了哪里，也不知道他们在那里做了些什么。病毒感染企业网络的可能性真的存在。讽刺的是，所有的这些缺点最后又造成更多的开销。

鉴于上述情况，企业仍然不能回避这个问题。无论是开销还是风险，员工们开始携带自己的移动设备去工作，忽视这一点很容易使问题变得更糟糕。

4.7.2 组织 BYOD 政策的调查

自带设备办公（bring your own device，BYOD）**政策**是员工使用个人移动设备完成组织业务时的权限和责任声明。表 4-10 根据功能和控制的强度整理 BYOD 政策。从左下角开始，最初的政策忽略了移动设备的使用。这种既没有提供员工功能，也没有提供组织控制的形式没有优势，这只是刚开始，不可能持续。

表 4-10 六大常见 BYOD 政策

功能		控制低 ←				→ 控制高
功能强 ↑	完全的 VPN 准入组织系统				员工将为破坏负责	组织将检查移动设备，重载软件和数据，并远程管理	如果员工连接组织的网络，组织将获取员工的设备
	公共网络的组织服务		组织将提供可以从任何设备访问的有限的系统			
	准入网络	组织将成为咖啡馆				
功能弱 ↓	无	无政策				

下一步，在功能上，组织为移动设备提供无线网络，就好像它是咖啡店。该政策对组织的优点是组织可以嗅听员工移动设备的流量，从而知晓员工在工作中如何使用他们的设备（和时间）。

下一个政策提供了更多的功能和一定程度上更多的控制。组织使用需要员工登录，且可以从任何设备访问的 https，创造了安全的应用程序服务（在第 10 章中进行解释）。这样的应用程序可以让员工在工作场所或其他地方进行使用。这些服务对一些组织的资产提供访问控制。

第四个政策与其说是政策，不如说是战略性策略。组织告诉员工可以使用自己的移动设

⊖ Robert McMillan, "IBM Worries iPhone's Siri Has Loose Lips," last modified May 24, 2012, www.cnn.com/2012/05/23/tech/mobile/ibm-siri-ban/index.html?iphoneemail.

备登录组织的网络，但员工需要为他的所有经济损失负责。组织希望员工知道泄露行为带来的后果，从而决定不这么做。

更加开明的政策是管理用户的设备，好像它们被组织所拥有。有了这一政策，员工将他们的移动设备交给信息系统部门，净化和重新加载软件及安装程序，以便信息系统部门远程管理设备。许多供应商许可产品被称为**移动设备管理**（mobile device management，MDM）**软件**，用以协助这一过程。这些产品可以安装和更新软件，备份和恢复移动设备，当设备丢失或员工离开公司时，从设备中清理雇主软件和数据，报告使用情况，并提供其他移动设备管理数据。

这一政策有利于组织，但是有些员工反对将自己硬件的管理权移交给组织。如果组织至少支付部分的硬件费用，这种抵触可以被缓和。

最具控制性的政策是组织宣称拥有员工连接到其网络的任何移动设备。为了提升可行性，这一政策必须是员工合同的一部分。它是由组织管理的非常安全的操作和环境。

一些军事和情报机构规定，任何进入工作环境的智能设备都不能离开这个地方。表 4-11 对这 6 条政策的优点进行了总结。

表 4-11　**学习 BYOD 政策的优势**

BYOD 政策	描述	对组织的优势
无政策	当员工带移动设备去工作时，组织寻找其他解决方案	没有
组织将变成咖啡店	员工可以使用移动设备登录无线网络	嗅听员工在工作中使用的移动设备数据包
组织将提供可以从任何设备访问的有限的系统	组织创建 https 应用程序登录并提供对非关键业务系统的访问	员工能从任何设备获得公共访问，而不只是移动设备，且不必使用 VPN 账户
员工要为破坏负责	阻止员工在工作中使用移动设备的威胁性策略	似乎是放任员工的，而实际上并非如此
组织将检查移动设备，重载软件，并远程管理	员工可以像使用公司信息系统部门提供的电脑一样使用他们的移动设备	员工购买硬件（也许是雇主出资的）
如果员工连接组织的网络，组织将获取员工的设备	员工在工作中不能使用移动设备，如果他们使用了，他们将失去这些移动设备。这是就业协议的一部分	高度安全的工作环境（情报、军事）的最终控制

BYOD 政策正在快速地发展演变，很多企业仍然不明确什么才是最好的。如果你的公司有发展这个政策的委员会，可以的话加入进去，这为你提供了在组织的技术领导者面前展示自己的好方法。

案例 4-3

安全指南：有毒的"苹果"（APP-LES）

你有没有在停下脚步抬头看澄净夜空中的星星时，看到一道微弱的白光缓缓从空中划过？如果有过，那你就看见了时速超过数千英里环绕地球运行的卫星。可能令你惊讶的是，美国国家航天航空局（NASA）早前发射的太空飞船的计算能力还不如你的手机。是的——你拿来看看社交媒体、查阅邮件、玩游戏的小型手持设备比第一代太空飞船强得多。为什么需要这么多计算能力呢？仅是电话和短信似乎并不需要大量的处理能力。欢迎来到"应用"时代!

App 驱使着智能机变得越来越快，计算力越来越强大。苹果公司和其他手机制造商每年更新换代手机版本。为了能跟上最耀眼最强大的 App 的步伐，处理更快、记忆更强的芯片不断被制造出来。这些领域的同时提升通常不会增加手机的规格，也不会减少电池寿命。

智能手机用户对 App 似乎抱有难以满足的欲望。2014 年，苹果公司的应用程序商店（App Store）有超过 120 万的软件，750 亿软件下载量，以及 900 万登记在册的软件开发者。㊀从忙着进行股票交易到查看世界各地的最新天气预报，这些软件能让你干任何事。大多数软件只需几美元，还有许多是免费使用的。你可能会有些疑惑，"怎么可能呢？""有潜在风险吗？"你也许会惊讶地发现免费软件最终不是大量存在的。

让 iOS 不得安宁的 XcodeGhost 病毒

总的来说，App 商店是一个规范的市场。为了给用户创造安全的体验，应用软件会被检查是否有安全漏洞和低俗内容。然而，它为消费者提供上百万的应用软件服务，无可避免地会有一些恶意软件对这个筛选过程了解得一清二楚。

苹果公司最近报告称，App Store 中的很多软件包含一种名为 XcodeGhost 的恶意程序。这种恶意软件访问用户凭证、劫持网址，能读写设备上的数据，破坏其他 iOS 应用程序。中国国内广泛使用的微信也被 XcodeGhost 影响，超过 5 亿的用户被这起事件波及。㊁

这个恶意程序之所以能被植入 App Store 架上的 App 里，是因为开发者选择安装了病毒作者特意配置的 Xcode 工具折中版本，而无视了软件被修改发出的警告。开发者因它比官方版本下载速度更快，而选择了折中版本。

当这个漏洞被证实，苹果公司告知用户这些不安全的 App 已在 App Store 下架，他们会和开发商合作以确保此次事件不再发生。然而，即使这些软件已经被识别出来并被下架，但这次安全漏洞引出了一个问题，"App Store 是否有其他的潜在漏洞，而且你是否已经下载了这些含有潜在风险的软件？"

安装软件的恐惧

你有没有在用手机时看到一条警告信息，提示有 App 正在后台获取你的地理位置？如果有过，你会忧心吗？你是允许它继续监控你的位置，还是把它关了？该问题的关键在于该 App 并不一定被认为是危险的、具有攻击性的恶意软件。事实上，手机上的许多 App 似乎都在获取一些和其本身特定功能无关的信息。例如，一次对能联网的软件的调查揭示，15 个软件中有 13 个会把用户的所有手机联系人信息传送给软件开发者的远程服务器。㊂联系人信息可以被售卖给广告商和其他利益第三方。

这种间接收集信息的方式就是 App Store 中许多 App 免费下载的原因。终端用户用隐私换来了免费。但为什么用户能容忍隐私被侵犯呢？他们常常忽略每个 App 的用户协议。㊃更令人惊异的是，在用户同意先前版本的隐私协议范围后，开发者还能进行更改。

尽管手机和软件给我们带了极大的便利、生产力和娱乐，但这是有潜在代价的。它们可能包括下载恶意软件或者是疏忽之下允许软件获取隐私。保有一丝对 App 的恐惧之心或许能帮助用户避免严重的隐私侵犯和数据窃取。

㊀ Sarah Perez, "iTunes App Store Now Has 1.2 Million Apps, Has Seen 75 Billion Downloads to Date," Tech Crunch, March 4, 2016, http://techcrunch.com/2014/06/02/itunes-app-store-now-has-1-2-million-apps-has-seen-75-billion-downloads-to-date.

㊁ Joe Rossignol, "What You Need to Know About iOS Malware XcodeGhost," MacRumors, March 4, 2016, www.macrumors.com/2015/09/20/xcodeghost-chinese-malware-faq.

㊂ Larry Magid, "App Privacy Issues Deeply Troubling," The Huffington Post, March 4, 2016, www.huffingtonpost.com/larry-magid/iphone-app-privacy_b_1290529.html.

㊃ Terrie Morgan-Besecker, "Cellphone Apps Can Invade Your Privacy," Government Technology, March 4, 2016, www.govtech.com/applications/Cellphone-Apps-Can-Invade-Your-Privacy.html.

讨论题：

（1）想一下你对手机、计算机上软件的使用和在社交媒体上的互动行为。有没有经历过隐私或是个人数据的泄露？这次泄露有何影响？你成功解决了问题，还是至今生活在泄露的后果中？

（2）试着说三种任何手机用户都能采用的方式，把安装和使用不安全 App 的风险降到最低。

（3）仔细想想免费软件和潜在隐私风险之间的交易。这篇文章有没有改变你对免费软件的看法？如果有，是怎么改变的？

（4）做一个网络调查，看看最近有没有已知的安全漏洞进入 App 商店［苹果公司的 App 商店（App Store）、谷歌公司的 App 商店（Google Play），或者微软公司的 App 商店（Windows Phone Store）等］。如果有的话，简单地调查下哪些软件被波及，多少用户被影响，以及这个漏洞是否已经被解决。

4.8 2027 年

有部年代久远的由汤姆·汉克斯（Tom Hanks）和梅格·瑞恩（Meg Ryan）主演的电影叫《电子情书》（You've Got Mail）。在电影中，当主人公收到"信"的时候，他特别兴奋。电子邮件这个词在那个时候还没有被发明，在电影中，你可以看到人们阅读报纸和纸质版的书籍。你不禁感慨，时代真的变了。

现在电子邮件发出去之后，在几秒钟之内就可以被收到，你可以在看电视的广告时间中，在开车的时候，在上厕所的时候检查你的电子邮件，你不再屏息期待你的邮件，而是会发现工作事宜在收件箱里慢慢堆积，当然还有更糟糕的，如账单、垃圾邮件以及病毒。

新硬件和新软件改变了日常生活，人们一直都在网络上，一直被联系着，一直在交流，一直在工作，也一直在娱乐。这样的趋势也将会继续，事物的网络使得我们不断地与越来越多的装置连接起来。你可以通过智能手机控制家以及里面的任何东西，你的家也可以智能到足以分析你，知道你要做什么，怎么做，什么时候做，然后来迎合你的需求。

想象一下每天，你的电视会在合适的时间自己打开，然后你就可以看开市（如图 4-16 所示）。你可以闻到新鲜烤制的面包的味道，你的淋浴会自己打开，你的车准确地知道什么时候自动开启，这样你进入车内就会觉得很暖和，你自动驾驶的汽车可以让你在上班的路上工作，你也可以在你的工作中看到这些预期系统。

这些软件、硬件的优点是怎么影响到你将要工作的类型呢？从今往后的 10 年，工资最高的一种工作是目前还未出现的。下面是目前很火的工作：物联网架构师、营销技术专家、大数据分析师、开发运营（DevOPs）经理。这些工作职位，在 10 年以前是没有的。10 年以后，也会出现一些全新的你以前都没有听说过的一系列工作。

图 4-16　智能家庭

资料来源：Si-Gal/iStock Vectors/Getty Images.

你怎么为未来的工作做准备呢？什么类型的工作工资较高？不管你目前的专业是什么，你未来的工作对技术的要求都可能很高。为这些工作做准备的最好方法就是培养创造力、问题解决能力、良好的判断力，以及时刻保持一颗对新知识渴求的心。

案例 4-4

就 业 指 南

姓名： 阿尔弗雷多·索利亚（Alfredo Zorrilla）
公司： 微软公司（Microsoft Corp.）
职称： 技术客户经理（Technical Account Manager）
学历： 犹他大学（University of Utah）

1. 你是如何得到这种工作的？

当我面试时，我把自己展示为一个全面发展的申请者，强调了软实力和技术能力的结合。技术能力是在专业和学术经历中获得的。而软实力则是因为我在一家主要金融机构的客户服务和关系维护部门工作。软实力包括建立良好的人际关系，领导和团队合作的能力，并能以有效简洁的方式进行交流。技术技能通过学术经历获得，包括对各种信息系统主题的广泛了解，如编程、网络、统计、系统、数据库架构和建模。

2. 什么吸引你进入这个领域？

作为技术客户经理，我的工作包括关系维护，还有技术规划和解决故障。我认为，即使是刻板印象里的怪胎也是有浪漫情怀的，他们每天可以敲 10 000 行代码，同时迷恋着他们最喜欢的柑橘苏打水和喜爱的香脆奶酪泡芙品牌。但是，我不想一天到晚坐在桌前，沉迷于代码。我也想参与业务决策者（business decision maker, BDM）和技术决策者（technical decision maker, TDM）的高层次战略讨论。而现在这份工作允许我两者兼顾。

3. 你的典型工作日是什么样子的（任务、决策或问题）？

对我来说，没有一个典型的工作日，因为总有不同的挑战需要解决，还要抓住不同的机会。我直接对接一个很大的微软公司客户，所以有时我要和副总进行沟通，来了解更多关于组织的长期 IT 目标，以及如何将其与业务优先级关联起来。而在其他方面，我会和一群工程师一起解决复杂的技术难题。我也要和内部团队一起工作，如销售、技术支持还有产品组，以确保我们都完成了各自关于微软公司的工作。对我这份工作最好的描述就是：这份工作要和客户组织的各个阶层合作，对自己公司内的几个部门也有影响，以确保客户从软件投资中获得最大效益。

4. 你最喜欢工作中的哪个方面？

最喜欢的是灵活性，但不是说我可以随心所欲，想工作就工作（这其实也可以，但一定要有强大的自我驱动力），而是以我认为最高效的方式去完成我的目标。

公司经常鼓励我们，要"像对待自己的事情一样去工作"，事实上仍然会有许多需要我们遵守的最佳的行为规范，怎么遵守、要不要遵守则取决于我们自己。最重要的是客户要对他们对微软公司的投资感到高兴，要达到这一点，最好的办法是保持他们基础设施的稳定。

5. 想要做好你的工作，需要什么样的技能？

成功的技术客户经理需要身兼数职。前一秒，你要和系统工程师还有微软公司支持团队谈论真正的技术问题，下一秒，就要和销售团队一起向副总裁或者企业信息主管陈述问题的解决方案。因此，最重要的技能是做到与客户以及自己组织中的任何人成功接洽。这就需要沟通的能力，表露出同理心还有所有权，能够快速解决问题，在高压下工作，运用商业和技术语言，最重要的还要诚实且有责任心。

6. 在你的领域中，文凭或证书重要吗？为什么？

当然重要。不断接受教育、获得证书是避免被淘汰的一个很好的方法。技术发展日新月异，任何组织都应该头脑灵敏，才能不落后于同行。所以，熟悉了解最新趋势比以前更重要。只有这样，当客户表达他们对新发展方向的兴趣时，我们才能运用我们所学的知识。不然，我们的竞争对手就会抢先做到。

7. 有什么建议可以给那些想在你这个领域工作的人呢？

对于你热爱的领域，你要了解到 300～400 级的水平，其他领域也要达到 100～200 级的水平。这行的就业竞争非常残酷。如果你能做到成为一两样事物方面的专家，同时还能清晰有理地向别人讲解，那你在就业市场上一定很抢手。因为，现在很多平台越来越相互关联。另外，建立强大的人际网络，成为一个社群中的一分子，利用社交媒体宣传自己，让人们知道你是某个特定主题方面的创作专家。博客，还有像 Github、Stack Overflow 这样的网站就是很好的渠道。

8. 未来的 10 年，你觉得最热门的技术工作是什么？

与云、手机、物联网和大数据／分析有关的一切都会很热门。尤其是后者，在未来将继续有很大的发展，因为在工业上机器学习变得越来越常见。

本章小结

4.1 商务人士需要知道哪些计算机硬件知识

列出硬件类型并举例说明。定义比特和字节。阐述为什么用比特来表示计算机数据。定义用于衡量内存的比特单位。

4.2 新硬件如何影响竞争策略

定义物联网并描述一款智能设备。阐述为什么智能设备是值得拥有的。给出 2 个例子说明企业如何从智能设备中获利。描述 AR、MR 和 VR 间的区别。阐述为什么临场感在虚拟环境中很重要。描述自动驾驶汽车如何更加安全、节省成本并简化生活。阐述 3D 打印如何运作，以及它如何影响新产品的设计、制造、分销和消费者购买。

4.3 商务人士需要知道哪些软件知识

回顾表 4-5 并阐述这个表中每个单元格的意义。描述三种虚拟化，并阐述每一种的用途。阐述软件私有和软件许可证之间的区别。阐述水平市场应用程序、垂直市场应用程序和独版应用程序间的差异。描述组织可以获得软件的三种方式。

4.4 开源软件是可行的选择吗

定义 GNU 和 GPL。说出 3 个成功的开源项目。描述程序员致力于开源项目的 4 个原因。定义开源、闭源、源代码和机器码。用你自己的语言阐述为什么开源是合法的替代，但可能适合也可能不适合给定的应用程序。

4.5 原生应用程序和 Web 应用程序有何不同

用自己的话总结原生应用程序和 Web 应用程序间的差异。用高级术语阐述面向对象语言和脚本语言的差别。阐述表 4-7 的每一个单元。阐述原生应用程序和 Web 应用程序哪个更佳，证明你的答案。

4.6 为什么移动系统越来越重要

定义移动系统。说出并描述移动系统的四个要素。描述移动市场的大小并阐述为什么有 39 亿美元的移动前景。阐述为什么手机市场在未来将变得更强大。阐述为什么一个组织的问题，是另一个组织的机会。使用移动系统的五个组件的模型描述每个组件的特定机会。定义即时数据并阐述它如何改变人类思维的价值观。

4.7 个人移动设备对工作造成怎样的挑战

总结员工在工作中使用移动系统的优点和缺点。定义 BYOD 和 BYOD 政策。说出 6 个可能的政策，并且就功能性和组织控制两方面比较它们。总结每个政策对雇主的优势。

4.8 2027 年

阐述电子邮件在过去 15 年是如何变化的。描述未来系统将如何运作。阐述硬件和软件的发展可能如何改变你未来所从事工作的类型。

猎鹰安防公司的知识运用

假设你是猎鹰安防公司的小组成员。简要总结这章的知识将如何帮助你投入工作。阐述为什么猎鹰安防公司决定不使用 3D 打印制造自己的无人机。总结如果决定制造自己的无人机将要面临的挑战。

本章关键术语和概念

安卓操作系统（Android）
应用软件（application software）
增强现实（augmented reality，AR）
二进制数字（binary digit）
比特（bit）
黑莓操作系统（BlackBerry OS）
自带设备办公的政策（bring your own device policy）
字节（byte）
中央处理器［central processing unit（CPU）］
客户端（client）
闭源（closed source）
计算机硬件（computer hardware）
定制软件（custom-developed software）
桌面虚拟化（desktop virtualization）
双处理器（dual processor）
艾字节（exabyte，EB）
固件（firmware）
吉字节（gigabyte，GB）
GNU 通用公共许可协议（GNU general public license agreement）
横向市场应用程序（horizontal-market application）
主机操作系统（host operating system）
物联网（internet of things，IoT）
iOS 移动操作系统（iOS）
即时数据（just-in-time data）
千字节（kilobyte，KB）
许可证（license）
Linux 操作系统（Linux）
Mac 操作系统（Mac OS）
机器码（machine code）
主存储器（main memory）
移动电子商务（M-commerce）
兆字节（megabyte，MB）
微软公司的 Windows 操作系统（Microsoft Windows）
混合现实（mixed reality，MR）
移动设备（mobile device）
现代风格的应用程序（modern-style application）
原生应用程序（native application）
非易失性（nonvolatile）
面向对象（object-oriented）
现成软件（off-the-shelf software）
经过修改的现成软件（off-the-shelf with alterations software）
独版应用程序（one-of-a-kind application）
开源（open source）
操作系统（operating system，OS）
个人计算机虚拟化（PC virtualization）
个人计算机（personal computer）
拍字节（petabyte，PB）
四核处理器（quad processor）
随机存取存储器（RAM）
现实（reality）
自动驾驶汽车（self-driving car）
临场感（sense of presence）
服务器（server）
服务器农场（server farm）
服务器虚拟化（server virtualization）
站点许可证（site license）
智能设备（smart device）
固态存储（solid-state storage，SSD）
源代码（source code）
存储硬件（storage hardware）
Swift 编程语言（Swift）
塞班系统（Symbian）
平板电脑（tablet）
太字节（terabyte，TB）
胖客户端应用程序（thick-client application）
瘦客户端应用程序（thin-client application）
UNIX 操作系统（Unix）
纵向市场应用程序（vertical-market application）
虚拟（virtual）
虚拟化（virtualization）
虚拟机（virtual machine，VM）
虚拟现实（virtual reality）
易失性（volatile）
Web 应用程序（Web application）
Windows 10 移动版［Windows 10（mobile）］

Windows 服务器（Windows server）　　　　泽字节（zettabyte，ZB）

本章习题

知识运用

（1）微软公司向参与其点亮梦想（Dream-Spark）计划［以微软公司开发者网络（MSDN）学术联盟（AA）闻名］的学院和大学的学生提供某些软件的免费许可。如果你的学院或大学参与这个项目，你就有机会获得数百美元的免费软件。这是可以获得的一部分软件：

- Microsoft Access 2016
- Microsoft OneNote 2016
- Microsoft Windows Server 2016
- Microsoft Project 2016
- Microsoft Visual Studio 2015
- Microsoft SQL Server 2016
- Microsoft Visio 2016

①在微软公司、谷歌公司和必应网站搜索，确定各个软件产品的特点。

②这些软件产品哪些是操作系统，哪些是应用程序？

③这些程序哪些是数据库管理系统产品（下一章的主题）？

④这些程序哪些需要你今晚下载和安装？

⑤下载和安装第④部分的程序，或者解释为什么你不这么做。

⑥点亮梦想计划为微软公司提供了不公平的优势吗？阐述原因。

（2）访问 www.opensource.org 网站。总结这个基金会的任务。在网站上找到开源的定义，并用你自己的话总结这一定义。阐述这个基金会在开源证书方面发挥的作用。总结由基金会部门批准证书的流程。描述有基金会批准的好处。

（3）假设你是猎鹰安防公司的卡姆。列出5个你将在帮助猎鹰安防公司决定是否要制作自己的无人机时的准则。简述你的准则。

（4）描述你大学的课程注册应用程序可以从运用云的移动应用程序中获得什么好处。

（5）根据你的个人经验进行判断，描述你的学校展现出的 BYOD 政策。阐述对于学生和组织整体而言，这些政策的优点和缺点。你认为 BYOD 政策在未来五年里将如何变化？

（6）阅读4.2节，深刻评估作者的观点。你同意物联网和自动驾驶汽车的进步将使生活更简便且更好吗？如果同意，请说明原因。如果不同意，请阐述你认为当越来越多的智能设备和自动驾驶汽车被采用，将发生什么。阐述为了未来高科技的工作市场，你可以做什么准备。

协同练习

运用第2章的协作式信息系统，和小组同学合作回答下列问题。

在2016年3月，微软公司发布了新的混合现实头戴式设备的开发版本，名为 Microsoft HoloLens。HoloLens 与虚拟现实设备（如 Meta 2 或 Oculus Rift）不同，因为它是一种独立的无缆计算机设备。换言之，它不需要和电脑相连。它自己就是一台完整的 Windows 10 计算机。⊖

HoloLens 有一个定制的全息 CPU、32位 Intel 处理器、2GB 的 RAM 和 64GB 存储空间。电池可以支持2~3小时的使用时长，并且配备了蓝牙/Wi-Fi 连接。它还配备了一个200万像素的高清摄像机、四个麦克风、运动传感器、光传感器、环境感应摄像头和深度感应摄像头。

因此，Hololens 功能强大。它可进行语音和手势操控（如点空气手势），在屋内就可以绘制图像，最重要的是，它能创建全息图（虚拟物体）。在 YouTube 上有使用 HoloLens 的视频。

⊖ Horia Ungureanu, "TAG Microsoft, HoloLens, Augmented Reality Microsoft HoloLens Full Processor, RAM and Storage Specs Revealed: All You Need To Know," Tech Times, May 4, 2016, accessed May 5, 2016, www.techtimes.com/articles/155683/20160504/microsoft-hololens- full-processor-ram-and-storage-specs-revealed-all-you-need-to-know.htm.

在最近的一次演示中，微软公司展示了两个在不同地方的人如何利用 HoloLens 合作解决一个关于管道的问题。有个人有一根破裂的管道，知道如何修理管道的人则在另一个地方。会修理的人戴上 HoloLens，就可以看到管道上出现 3D 全息箭头，指导另一个人进行修理。会修的人在平板上画出箭头，不会修的人通过 HoloLens 就看到全息影像。

在另一个例子中，Autodesk 的设计师和工程师在 Autodesk 公司使用 HoloLens 共同创造新产品。㊀机械工程师、工业设计师和营销经理都可以看到设计过程。他们不需要通过物理模型迭代。在造出来之前，就可以立刻对虚拟样机进行修改。

Volvo 也将 HoloLens 应用于类似的用途。该公司能够减少设计时间，并可能会通过这个设备改进制造过程。HoloLens 也有助于销售。使用该设备，客户轻轻一点就可以改变他们眼前那台汽车的颜色。销售人员还可以在 3D 全息环境下，以交互式演示的方式向客户展示汽车的内置安全功能（如自动断路传感器）。

HoloLens 的应用前景令人吃惊。游戏玩家再也不需要坐在沙发上玩视频游戏了，他们可以随时随地玩多人全息游戏，长达 2 小时。HoloLens 也将改变人们沟通的方式。微软公司的工程师们最近对于"全息传输"也进行了演示：一个人的实时 3D 全息影像图被全息传输到了另一个房间。戴着 HoloLens 的用户可以与这个人交流，就像他们在同一个房间一样。

HoloLens 在教育、娱乐、旅游、设计、工程和电影方面的应用仍在开发中。因为

HoloLens 是首款可商用的混合现实设备之一。这项技术的最佳应用仍是个未知数。我们也根本不知道用户是哪些人。但是，谷歌公司、微软公司和苹果公司这样的大公司正在大量投资像 HoloLens 这样的混合现实设备。他们看到了潜力，正在用实打实的钞票进行投资。

回顾第 1 章中引用的兰德研究报告。报告指出：将来，对于能够创新手段运用技术和产品解决商业问题的人才的需求量将会扩大。微软公司的 HoloLens 就是一个创新运用新技术的例子。

（7）想象一下，在你的学校运用 HoloLens 是怎样的情景。如何将 HoloLens 用于建筑、化学、法律、医学、商业、地理、政治学、艺术、音乐或其他你的团队有兴趣的学科？描述 HoloLens 在五个不同学科中的应用，每个学科列举一例。

（8）列出你在问题（7）中选择的五种应用的具体特点与功能。

（9）概括你在问题（7）描述的使用中，需要完成的工作。

（10）有些人为了独家游戏而购买 Sony PlayStation 和 Microsoft Xbox 等游戏机，但并不是所有的游戏机都可以进行所有的视频游戏。应用程序对 HoloLens、Meta 2 和 Oculus Rift 这样的电子现实设备的成功有多重要？

（11）有时候你会听到"新兴技术使得竞争环境变得平等。"换句话说，技术消除了现有公司的竞争优势，为新公司创造了机会。这种说法与 HoloLens、iPad、Windows 10、苹果还有谷歌公司有什么关系呢？

◘ 案例研究

你所爱的苹果公司产品

快速浏览图 4-17 展示的苹果公司的股票历史，你会发现，这个公司有令人难以置信的成功和极富戏剧性的发展，在世纪之交、2007～2008 年、2012 年、2015 年迎来了公司的发展高峰。在高峰期，它是全球市值最高的上市公司。苹果公司已经非常成功，以至于纳

㊀ Ken Yeung, "Microsoft Partners with Autodesk to bring 3D Product Design to HoloLens," VentureBeat, November 30, 2015, accessed May 5, 2016, http://venturebeat.com/2015/11/30/microsoft-partners-with-autodesk-to-bring-3d-product-design-to-hololens.

斯达克证券交易所得出的结论是,苹果公司的股价和纳斯达克 100 指数不符,将苹果公司的指数减少了 12%～20%。苹果公司股票现在的交易价为 95 美元,也曾在 2013 年达到 59 美元的历史最低水平。

但自史蒂夫·乔布斯去世(2011 年 10 月 5 日)以来,苹果公司再没有任何如 iPod、iPhone、iPad 这样开创性的产品。iWatch 于 2015 年发布,但是一开始很多评论都不温不火。市面上已经有了几款智能手表,而且功能相似。iWatch 的表现不尽如人意。

更重要的是,iWatch 是否比已经获得成功的 iPhone 更有价值,这一点尚不确定。总之,成功不会是突如其来的。苹果公司及其股东的未来会如何,仍不确定,尤其是想起那段乔布斯不在苹果公司的历史时。

早期的成功与衰落

20 世纪 80 年代初是个人电脑迎来黎明的时候。苹果公司率先推出了精心设计的家用电脑和创新界面,苹果 II 电脑是家用电脑,Macintosh 则针对学生和知识工作者。苹果公司一度拥有 20% 的个人电脑市场份额,战胜了许多其他个人电脑公司,其中大部分现在已与苹果公司没有关系(或在业务方面)。

不过,后来苹果公司迷失了方向。1985 年,苹果公司的首席创新者史蒂夫·乔布斯在与公司董事会的斗争中失败,被迫退出。乔布斯创立了另一家电脑公司 NeXT,该公司开发和销售了一款突破性的电脑产品,但是产品太过创新,在那个年代销售不佳。与此同时,苹果公司陆续聘请了一连串的 CEO,第一个是约翰·斯库利(John Sculley),前百事 CEO,在百事创造了巨大成功。然而,斯库利的知识和经验并没有很好地应用在个人电脑业务上,公司业务下滑很快。CNBC 将其列为美国史上最差劲 CEO 第 14 名,另外也有两名苹果公司 CEO 排在库斯利之后。

在此时期,苹果公司业务出现了许多失误:没有收益的技术创新,生产细分市场的产品,失去了零售电脑店的尊重,这些都导致苹

图 4-17　苹果公司股价增长图

资料来源:finance.yahoo.com.

⊖　Will Shanklin, " Apple Watch Review: Elegant, Delightful... and Completely Optional," April 29, 2015, Gizmag.com, accessed May 4, 2016, www.gizmag.com/apple-watch-review-iwatch -review/37244.

⊜　" Portfolio's Worst American CEOs of All Time," CNBC.com. accessed May 4, 2016, www.cnbc.com/id/30502091?slide=8.

果公司的个人电脑市场份额急剧下降。

史蒂夫·乔布斯的第 2 篇章

1996 年，苹果公司收购了乔布斯的 NeXT 公司并获得了技术，这成为如今 Macintosh 操作系统 MacOS Sierra 的基础。然而，苹果公司获得的真正财富是史蒂夫·乔布斯，虽然他也无法一夜之间创造奇迹。重获失去的市场份额十分困难，从鄙视苹果公司的零售电脑店那里重获尊重也十分艰难。在 2011 年之前，苹果公司的 PC 市场份额仅有 10%～12%，低于 20 世纪 80 年代的 20%。

为了解决这些问题，苹果公司突破个人电脑，通过 iPod、iPhone 和 iPad 开创了新的市场。它还通过开设自己的商店来应对零售商的问题。在此过程中，它率先在互联网上销售音乐和应用程序。

iPod、iPhone 和 iPad 设备简直是创意和工程的奇迹。它们易于使用，而且通过在 iPod 上销售热门单曲，苹果公司与愿意购买光鲜亮丽的热门产品的那部分动态用户建立了联系。iPhone 可以旋转画面，因此它的销量要比其他产品好。iPad 使得便携式设备变得可读，这些产品使得苹果公司占据移动市场 44% 的份额。苹果公司的成功仍在继续，本书撰写之时，iPhone 7 销售良好。

所有这一切的成功使得苹果公司的零售店商店不仅超越了百思买（Best buy）等零售商，还超越了蒂芙尼公司（Tiffany & Co.）创下的高峰纪录。苹果公司的商店每平方英尺⊖零售额为 5.4 万美元，而蒂芙尼仅为 3 000 美元，百思买是 880 美元，苹果公司现有超过 447 个这样的零售店，吸引了超过 10 亿客户进店选购。◎

苹果公司利用其开放且诱人的销售体验中心、天才吧服务台和训练有素的销售团队鼓励用户进店并培养用户忠诚。这些销售员工并不接受委任，他们以顾问的身份帮助顾客解决问题，甚至使用标准化的词语：当员工无法解决客户的问题时，不准使用"不幸"这个词，而要用"结果是……"这样的表达。⊜下次考试的时候你也可以试试这个表达。

苹果公司的 iTunes 在线商店销售超过 250 亿首歌曲，iBook store 销售了 1.3 亿本书，通过其 App Store 下载的应用程序有 750 亿个，苹果公司现在是排名第一的软件频道。

为了鼓励开发 iPhone 和 iPad 应用程序，苹果公司与应用开发商共享收入。这些年来，已经有超过 25 亿美元流入开发商的钱包！开发商对此的回应是其开发了 100 万个 iOS 应用程序®，当你读到这里的时候，正有一大群开发商在进行数千个应用程序的开发工作。

顺便说一句，如果你想开发一个 iOS 应用程序，需要做的第一件事是什么？购买 Macintosh。苹果公司将其限制为唯一的开发方法。想用 Adobe Flash？没门。苹果公司声称 Flash 有太多的错误。也许是这样吧。因此，Flash 开发人员被排除在外。Microsoft 的 Silverlight？不。微软公司的开发人员也被排除。非苹果公司研发团队感到愤怒，但苹果公司的回应是："好吧，我们会向其他人支付 25 亿美元。"

底线？直到乔布斯去世，成功的销售案例环环相扣。热门音乐供养 iPod；iPod 养活 iTunes，并且还能为 iPhone 提供日渐庞大的成熟客户群；销售 iPhone 可以支持应用程序商店，应用程序商店养活开发团队并且为 iPad 提供销售平台，iPad 支持应用程序商店，应用

⊖ 1 平方英尺 = 0.092 903 平方米。

◎ TheStreet Transcripts, "Apple (AAPL) Earnings Report: Q1 2015 Conference Call Transcript," TheStreet.com, January 28, 2015, accessed May 4, 2016, www.thestreet.com/ story/13025362/4/apple-aapl-earnings-report-q1-2015-conference-call-transcript.html.

⊜ Yukari Iwatani Kane and Ian Sherr," Secrets from Apple's Genius Bar: Full Loyalty, No Negativity," Wall Street Journal, last modified June 15, 2011, http://online.wsj. com/article/SB10001424052702304563104576364071955 678908.html.

® Apple Inc., " App Store Rings in 2015 with New Records," Apple.com, January 8, 2015, accessed May 4, 2016, www.apple.com/pr/library/2015/01/08App-Store-Rings-in-2015 -with-New-Records.html.

程序商店培养更多的忠实客户和更多的研发人员。

没有乔布斯的苹果公司

苹果公司的未来是不确定的。乔布斯 20 世纪 90 年代被解雇时，它就被湮没了，现在它可能会再次被蚕食。当然，这一情况会出现得晚一点，但其不可思议的创新领先地位可能也会结束。

讨论题：

（12）苹果公司应用了波特提出的四种竞争战略中的哪一种？请详细阐述。

（13）你认为在苹果公司过去获得的成功中最重要的因素是什么？证明你的答案。

（14）2011 年 10 月乔布斯逝世，他生前一直都是苹果公司创意的核心和灵魂人物。如今，11.5 万员工在失去乔布斯以后继续前行。对许多投资者而言，最大的问题就是，没有了乔布斯，苹果公司能否继续成功？

（15）早期，苹果公司在平板电脑的发展方面处于领先地位（如 iPad），20 多年来其在操作系统和应用系统方面处于领先位置。请罗列五个微软公司没有像苹果公司一样成功的原因。大多数行业分析师都认为，微软公司 118 584 名员工的平均技能水平与苹果公司一样强。

（16）基于你对于前面四个问题的回答，如果你有 5 000 美元的证券投资余额，而且想购买股票，你是否会购买 AAPL（Apple）？请阐述原因。

第5章

数据库处理

导入故事

星期五晚上，卡姆在去艺术展开幕式的路上接到了PetroTex公司安全主管杰斯·登卡（Jess Denkar）的紧急电话。PetroTex是一家总部位于得克萨斯州的大型炼油厂，也是猎鹰安防公司最大的工业客户。杰斯正在寻找能够帮助他查明是谁偷走价值约为75 000美元的定制管道和铜线的信息。

卡姆之前就把个人手机号告诉了杰斯，并表示有任何需要可以随时联系。她知道，自己需要向杰斯表明PetroTex支付给猎鹰安防公司的这笔服务费用是值得的，而且这件事很重要。于是，卡姆立即打电话给IT服务部门的总监敏夫·佐藤（Toshio Sato），让他回到办公室，并给CEO马泰奥和CFO乔妮发送了短信。

"你找到什么了吗？"乔妮问道，她随即把手提包放在附近的工作台上，开始在佐藤身后徘徊。

"还没有，我们正在尽快寻找。"卡姆简练地回答道。她想要专注于帮助佐藤找到正确的安全监控录像，而不是讨论PetroTex这个客户对猎鹰安防公司的重要性。

"我可以帮忙做些什么吗？"乔妮问道。

"不用了，我们正试图找到正确的录像。这里需要回顾的还有许多。"卡姆叹气道。

"出现了什么问题？为什么我们需要浏览这么多的录像？"

佐藤想要告诉乔妮，并不是"我们"在浏览，而是他自己在做着搜寻的工作，但是他没有说出口。"其实，问题在于，我们要看的是PetroTex公司许多栋大楼的监控录像，它们由多个无人机拍摄，覆盖了大约两周的时间。想要通过录像找到设备被偷的准确时间意味着我们必须查遍数百个不同的视频文件。这可能需要一整个晚上。"他实事求是地回答道。

"肯定有更快的办法来做这件事，我们不能用某种方法来搜寻录像吗？"乔妮问道。

"不能，"佐藤冷静地回答说，"我们没有跟踪这些视频数据的方法。这些视频文件是按照顺序编码，并存储在特定公司的目录中的。我们还能看到视频文件被创建的日期和时间，但是这里有多个不同的无人机，有点儿……"

卡姆打断了佐藤，试图让他不要分心。"佐藤和我已经讨论过了构建一个数据库来跟踪我们所有的视频文件。我们之前都在忙于使数据收集和存储过程变得自动化。"

"好吧，构建它需要多久？花费又会是多少呢？"乔妮问道。

"我们不太确定，甚至不知道应该使用哪一种数据管理系统。佐藤和我以前都使用过Microsoft Access，但是佐藤提到有个叫作MongoDB的东西也许更适合视频文件的跟踪。"

佐藤将他正在回放的录像暂停，开始点击一个目录中视频文件的列表。"不需要手动搜遍所有的视频文件，我只要指定每个视频文件的一个特征，如建筑物名称、日期、时间和高度，它就可以返回所有符合这些特征的视频链接（URLs）。我们也可以知道它在文件服务器上的确切位置。"

"听起来不错,它可以让我们不用耗费周五的夜晚来浏览视频录像,我们就这么做吧!"乔妮俏皮地说。

卡姆试图把事情拉回正轨,"OK,很好,我们把它记下来。毫无疑问,数据库将使我们不再需要搜遍所有的录像。但是,现在我们应该继续致力于帮杰斯找到那个录像。我们今晚还有很多文件需要浏览。"

章节导览

你可能没有意识到,你每天接入的数据库,如果没有数百个,也有数十个。每当你用手机打电话,登入互联网,或者使用信用卡在线购物时,在这些场景的背后,应用正在处理许多个数据库。当你使用 Snapchat、脸书、推特或者领英时,同样地,应用正在为你处理多个数据库。用谷歌检索时,也需要调用数十个数据库以获得检索结果。

作为一个用户,你不需要了解底层的技术。从你的角度来看,借用史蒂夫·乔布斯的话来说——"它就是行得通的。"然而,对于 21 世纪的商务专业人士而言,就需要另当别论了。你之所以需要了解本章的知识,有四个主要的原因:

(1)当你参与开发任何新的业务计划时,你需要知道数据库技术是否可以促进项目目标的实现。如果可以,你需要足够的知识来评估建立数据库是否类似于建造一个小棚屋,或者更接近于建造一幢摩天大楼。在本章的开篇故事中,乔妮需要有一定的知识来评估构建新的数据库的难度(以及由此导致的花费会是多少)。

(2)由于数据库在商业中无处不在,每天都会有数十亿字节的数据被存储起来。你需要知道如何将数据转换成可以构建有用信息的格式。为此,可以在多种图形工具中选择一种来查询数据。如果你想变成真正的行家,可以学习 SQL,这是用于查询数据库的国际标准语言。许多商务专业人士已经做到了这一点。

(3)由于业务是动态的,信息系统必须适应这种动态性。通常情况下,适应意味着数据库的结构需要改变,有时则意味着必须创建全新的数据库。正如你将在本章中学到的,只有用户(如你自己)知道什么样的细节应该被存储以及如何存储。你可能需要评估像 5.4 节中所述的数据模型,以便于数据库的更改和创建。

(4)最后,你可能有一天会发现你自己或你的部门陷入混乱。你也许不知道谁有哪些设备,或某些工具所在的位置,或储物柜里都有些什么。在这种情况下,你可以选择构建自己的数据库。除非你是信息系统专业人士,否则该数据库将会比较小而且相对简单,但对于你和你的同事来说,这仍然是非常有用的。本章习题的案例研究就展示了一个这样的示例。

本章讨论了数据库处理的原因、内容和方法。本章首先描述了数据库的目的,然后说明了数据库系统的重要组成部分。接下来,讨论了数据建模,并展示了信息系统专业人员如何使用数据模型来设计数据库结构。然后,对如何使用数据库系统来解决猎鹰安防公司的跟踪问题进行了讨论。最后是对 2027 年数据库技术可能性的一些设想。

5.1 数据库的目标是什么

数据库的目的是跟踪事物。当大多数学生了解到这一点时,他们想知道为什么我们需要一个专门的技术来做这样一个简单的任务。为什么不使用列表?如果列表很长,也可以将其放入电子表格中。

事实上，许多专业人士的确使用电子表格跟踪事物。如果列表的结构足够简单，则不需要使用数据库技术。例如，图 5-1 中的学生成绩列表用电子表格展示就可以很好地满足要求。

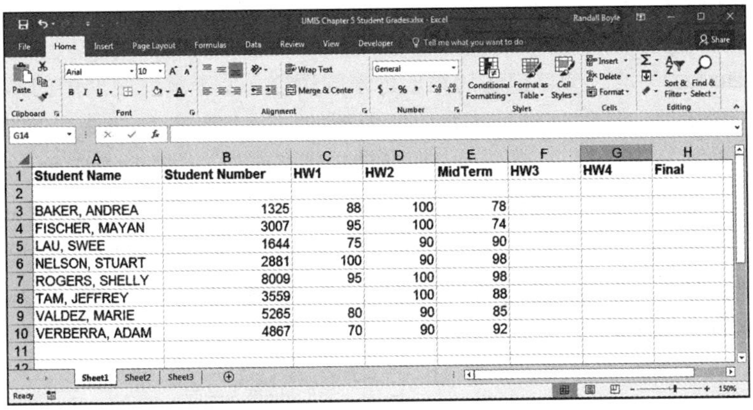

图 5-1　在电子表格中展示学生成绩列表

资料来源：Excel 2016, Windows 10, Microsoft Corporation.

但是，假设教授想跟踪的不仅仅是成绩，他还想要记录邮件信息，或想要同时记录邮件信息和办公室来访情况，而图 5-1 中却没有空间可以记录这些附加数据。当然，教授可以为邮件信息建立一个单独的电子表格，再另建立一个用于办公室来访记录，但是这个略显笨拙的解决方案将难以使用，因为它不能在一个地方提供所有的数据。

相反，教授想要一个如图 5-2 所示形式的表格。教授可以将学生的成绩、邮件信息和办公室来访情况记录在一个地方。图 5-2 所示的形式很难甚至是不可能用电子表格制作出来的。但是，通过数据库生成这种形式的列表很容易。

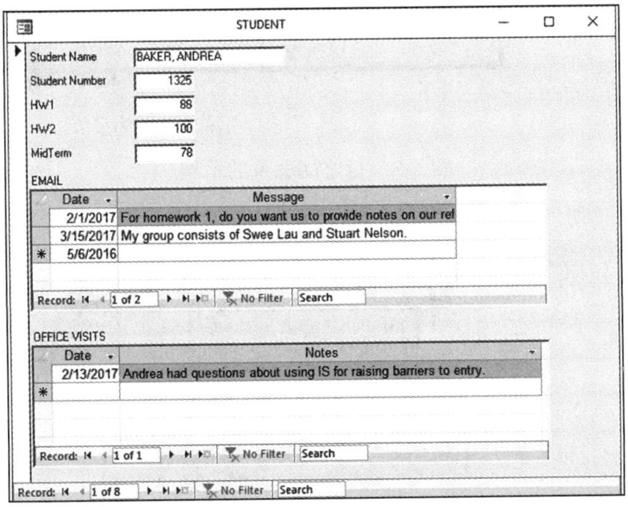

图 5-2　在数据库表单中展示学生成绩列表

资料来源：Access 2016, Windows 10, Microsoft Corporation.

图 5-1 和图 5-2 的关键区别在于，图 5-1 中的数据是关于单个主题或概念的，它只与学生的成绩相关；而图 5-2 中的数据有多个主题，它能够显示学生的成绩、邮件信息和办公室来访情况。我们可以从这些示例中得出通则：涉及单个主题的数据列表可以存储在电子表格中，

而涉及多个主题的数据列表则需要使用数据库。本章后续也将进一步说明这个通则。

5.2 数据库是什么

数据库（database）是一个自描述的集成记录的集合。要理解此定义中的术语，首先需要了解图 5-3 所示的术语。正如你在第 4 章中所学到的，一个**字节**（byte）是数据的一个字符。在数据库中，字节被分组成**列**（column），如学号和学生姓名。列也称为**字段**（field）。列或字段又被分组成**行**（row），也称为**记录**（record）。在图 5-3 中，所有列［student number（学号）、student name（学生姓名）、HW1（作业 1）、HW2（作业 2）和 MidTerm（期中）］的数据集合被称为行或记录。最后，一组类似的行或记录称为**表**（table）或**文件**（file）。从这些定义可以看出，数据元素具有层次结构，如图 5-4 所示。

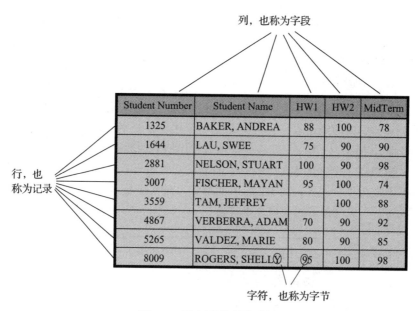

图 5-3　行之间联系的示例

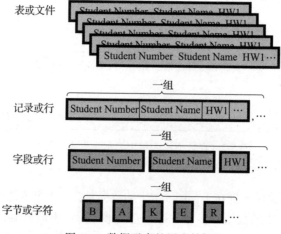

图 5-4　数据元素的层次结构

顺着这种分组的逻辑，很容易看出数据库即为一组表或文件。这个说法虽是正确的，但并不够深入。如图 5-5 所示，数据库不仅是表的集合，还要加上表中各行之间的联系，以及描述数据库结构的特殊数据，称为元数据。另外，图 5-5 中标为"数据库"的圆柱形符号表示计算机磁盘驱动器。之所以这样表示，是因为数据库最常被存储在磁盘上。

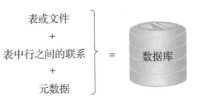

图 5-5　数据库的组成部分

5.2.1　行之间的联系

参考图 5-5 左侧的术语，你已经知道了表是什么。要了解表中各行之间的联系是什么含义，请参见图 5-6。它展示了来自电子邮件表（Email Table）、学生表（Student Table）和办公室来访表（Office Visit Table）的示例数据。请注意电子邮件表中名为学号（Student Number）的列。该列指出了学生表中的哪一行与电子邮件表中的该行相关联。在电子邮件表的第一行中，学号的值为 1325，这表示这个特定的电子邮件是由学号为 1325 的学生发来的。如果查看学生表，你会看到 Andrea Baker 所在的行具有此值。因此，电子邮件表的第一行与 Andrea Baker 有关。

电子邮件表

EmailNum	Date	Message	Student Number
1	2/1/2018	关于HW1，你希望我们提供参考意见吗	1325
2	3/15/2018	我们小组由Swee Lau和Stuart Nelson组成	1325
3	3/15/2018	你能帮我指派一个小组吗	1644

学生表

Student Number	Student Name	HW1	HW2	MidTerm
1325	BAKER,ANDREA	88	100	78
1644	LAU, SWEE	75	90	90
2881	NELSON,STUART	100	90	98
3007	FISCHER, MAYAN	95	100	74
3559	TAM, JEFFREY		100	88
4867	VERBERRA,ADAM	70	90	92
5265	VALDEZ, MARIE	80	90	85
8009	ROGERS, SHELLY	95	100	98

办公室来访表

VisitID	Date	Notes	Student Number
2	2/13/2016	关于管理信息系统的进入障碍，Andrea有一些疑问	1325
3	2/17/2016	Jeffrey 正考虑主修管理信息系统。他想要了解一下职业机会	3559
4	2/17/2016	由于工作冲突，会错过周五的课程	4867

图 5-6　行之间联系的示例

现在考虑图中底部的办公室来访表的最后一行。该行中，学号的值为 4867。该值表明，办公室来访表中的最后一行属于 Adam Verberra。

从这些示例中，可以看出一个表中的值将该表的行与另一个表中的行相关联。这里需要用几个专门的术语来表达这些想法。**键**［key，也称为**主键**（primary key）］是标识表中唯一一行的一列或一组列。学号是学生表的键。给定学号的值,可以确定学生表中的行有且仅有一个。例如,只有一名学生的学号为1325。

每张表都必须有一个键。电子邮件表的键是邮件编号,办公室来访表的键是来访编号。有时,为了形成一个唯一的标识符,需要对多列进行组合。例如,在一个名为城市的表格中,键将由列(城市,州)的组合组成,因为给定的城市名称可以出现在多个州中。

学号并非电子邮件表和办公室来访表的键。这一点在电子邮件表中不难看出,因为电子邮件表中有两行的学号值都为1325。值1325不能标识一个唯一的行,因此,学号不能成为电子邮件表的键。

学号也不是办公室来访表的键。尽管这一情况无法从图5-6中的数据中得知,但我们应该考虑到,学生可以多次访问一位教授。如果发生这种情况,办公室来访表中将有两行具有相同的学号值,只是在图5-6有限的数据中没有出现同一学生访问两次的情况。

在电子邮件表和办公室来访表中,学号是一个键,但它是另一张表的键,即学生表。因此,在电子邮件表和办公室来访表中履行类似于学号的角色的列称为**外键**(foreign key)。使用此术语是因为这些列虽是键,但它们是另一个表(外部表)的键,而不是其所在表的键。

在继续讲解之前,需要指出以表的形式携带数据并且使用外键表示联系的数据库称为**关系数据库**(relational database)。(使用"关系"这个术语,是因为我们所讨论的表的另一个更正式的名称是关系。)

5.2.2 元数据

回顾数据库的定义:数据库是一个自描述的集成记录的集合。这些记录是集成的,因为正如你刚才了解到的那样,行可以通过它们的键/外键的联系而连接在一起。行之间的联系可以在数据库中展现。但自描述是什么意思呢?

这意味着数据库本身就包含对其内容的描述。可以试想,图书馆是一个自描述的书籍和其他材料的集合。它是自描述的,因为图书馆包含描述图书馆内容的目录。同样的想法也适用于数据库。数据库是自描述的,因为它们不仅包含数据,还包含有关数据库中数据的数据。

元数据(metadata)是描述数据的数据。电子邮件表的元数据如图5-7所示。元数据的格式取决于处理数据库的软件产品。图5-7展示了Microsoft Access中出现的元数据。此表单顶部的每一行都描述了电子邮件表中的一列,主要描述内容包括字段名称、数据类型和描述。字段名称包含了列的名称,数据类型显示了该列可能包含的数据类型,描述中包含了该列数据的来源或使用的注释。可以看到,电子邮件表四列中的每一列都有一行元数据与之对应:邮件编号、日期、信息和学号。

此表单的底部提供了更多的元数据,在Access中称之为每个列的"字段属性"。在图5-7中,焦点位于"日期"列(注意在日期行周围绘制的矩形)。由于焦点位于顶部窗格中的"日期",所以底部窗格中的详细信息属于"日期"列。字段属性描述了格式,创建新行时Access应提供的默认值,以及对此列所需的值的约束。对你来说,记住这些细节并不重要。相反,你只需要了解元数据是关于数据的数据,并且这样的元数据始终是数据库的一部分。

元数据的存在使数据库更加有用。因为有元数据,所以不需要再猜测、记忆甚至记录数据库中的内容。要想了解数据库包含的内容,只需要查看数据库中的元数据。

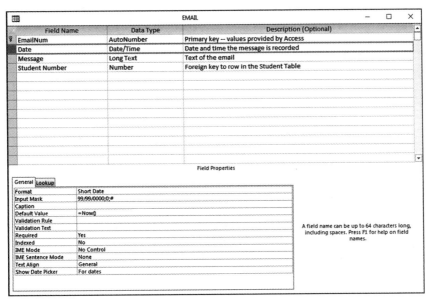

图 5-7　元数据示例（在 Access 中）

资料来源：Access 2016, Windows 10, Microsoft Corporation.

 案例 5-1

伦理指南：查询不平等？

玛丽安·贝克（MaryAnn Baker）在一家大型跨国公司担任人力资源数据分析师。为了辅助她的工作，公司定义了工作类别，并为每个类别分配了相应的工资范围。例如，M1 类适用于一线管理人员，为其分配的工资范围是 75 000～95 000 美元。根据其所需的知识和技能，每个职位描述被分配至其中一种类别。如此一来，客户服务经理、技术写作经理和产品质量保证经理的职位被认为需要大致相同的专业水平，因此都被分配为 M1 类。

玛丽安的任务之一就是分析公司的薪资数据，并确定实际工资是否符合既定范围。当发现差异时，人力资源经理需要决定，该差异是否表明了需要：

- 调整该类别的工资范围。
- 将该职位移至其他类别。
- 定义新类别，或者培训员工的经理，告知其在设定职工薪酬时使用的工资范围存在不一致的问题。

玛丽安是创建数据库查询的专家。最初，她使用微软公司的 Access 数据库生成报告，但她需要的大部分薪资数据都在组织的 Oracle 数据库中。起先，她还会要求信息系统部门提取出某些数据并将其移至 Access 数据库中，但随着时间的推移，她了解到，要求信息系统部门将所有的员工数据从操作型 Oracle 数据库移至另一个仅用于人力资源数据分析的 Oracle 数据库会更快捷。虽然 Oracle 提供了一个像 Access 这样的图形化查询界面，但是她发现直接用 SQL 编写复杂的查询更容易，所以她开始学习，并在几个月内成了 SQL 的专家。

"我从来没有想过我会做这些，"她说，"但事实证明，这很有趣，就像解决一道难题一样，而显然，我很擅长于此。"

有一天，在休息之后，玛丽安登录了她的电脑，碰巧看了一眼她离开时仍在运行的查询结果。"这很奇怪，"她想，"所有西班牙裔姓氏的人都比其他人的薪水要低。"她并没有刻意寻找这种模式，而是看屏幕时突然想到的。

当她查看这些数据时，她开始怀疑是否她

看到的只是一个巧合，还是组织内的确存在这种歧视。但遗憾的是，该组织并没有在数据库中记录员工的种族。为了验证该想法，玛丽安除了浏览姓氏列表之外，没有其他简单的方法可以识别出西班牙裔的员工。但是，作为一个熟练的问题解决者，玛丽安并没有就此放弃。她意识到，许多西班牙裔的员工都出生于得克萨斯州、新墨西哥州、亚利桑那州和加利福尼亚州的某些城市。当然，这种判断方式不适用于所有员工。许多非西班牙裔的员工也在这些城市出生，也有许多西班牙裔的员工在其他城市出生。但是，这些数据仍然有用，因为玛丽安的样本查询显示，在这些城市出生的员工中带有西班牙裔姓氏的占比很高。"好的，"她想，"我会把这些城市用作粗略的代表。"

玛丽安使用出生城市作为查询标准创建了查询，确定了在所选城市中出生的员工比其他员工平均少赚23%。"嗯，这可能是因为他们做的是低薪级的工作。"经过思考之后，玛丽安意识到她需要分工作类别查询工资和薪金。"那些出生在这些城市的员工的工作类别又有哪些呢？"她想。于是，她构建了SQL，以确定在一个工作类别中，出生于所选城市的员工的薪酬水平在哪个范围。"哇！"她对自己说，"在这些城市出生的员工中，工资处于该类别工资范围下半部分的占比近80%。"

玛丽安与经理安排了在第二天进行会面。
讨论题：
假设你是玛丽安，回答下列问题：
（1）基于文中的查询结果，在伦理上，你有责任去做些什么吗？从绝对命令和功利主义两个角度进行考虑。
（2）基于文中的查询结果，你有个人责任或社会责任去做些什么吗？
（3）如果你的经理说"你不了解情况，可能只是那些城市的起薪比较低，不用管它了"，你会如何回应呢？

（4）如果你的经理说"不要惹麻烦了，跟进这个问题会损害你的职业生涯"，你会如何回应？

（5）如果你的经理说"好的，我们已经知道了，继续跟进我分配给你的任务吧"，你会如何回应？

（6）假设你的经理给你提供了资金，以便进行更准确的分析，而且实际上，带有西班牙裔姓氏的员工其工资的确偏低。组织应该做什么？对于下列每个选择，指出可能的结果：

①立即更正这种不平衡。

②以未来加薪的方式逐步更正这种不平衡。

③对现存的不平衡不予处理，但是对经理进行培训，以避免在未来出现这种歧视。

④什么也不做。

（7）假设你聘请兼职人员来帮助你进行更准确的分析，而该员工对此结果感到十分愤怒，于是选择了辞职并将该组织存在的歧视告知了所有受影响城市的报社。

①该组织应该如何回应？

②你应该如何回应？

（8）思考一句格言："不要问一个你不想知道答案的问题。"

①遵从这句格言合乎道德吗？从绝对命令和功利主义两个角度进行考虑。

②遵从这句格言符合社会责任吗？

③作为玛丽安，这句格言与你有什么关系？

④作为未来的商务专业人士，这句格言与你有什么关系？

⑤就员工薪酬而言，这句格言与组织有什么关系？

5.3　数据库管理系统是什么

数据库管理系统（database management system，DBMS）是用于创建、处理和管理数据库的程序。与操作系统一样，几乎没有组织开发自己的DBMS，而是授权使用来自IBM公司、微软公司、甲骨文公司等供应商的DBMS产品。IBM公司的DB2、微软公司的Access和SQL Server以及甲骨文公司的Oracle **数据库**都是广受欢迎的DBMS产品。还有一个广为使用的DBMS产品是MySQL，它是一种开源的DBMS产品，对大多数应用是免授权的。㊀其他的DBMS产品也是可用的，但是目前大量的数据库是由上述五种产品处理的。

值得注意的是，DBMS和数据库是两种不同的东西。由于某种原因，不仅商业刊物，甚至有些书籍都混淆了两者。DBMS是一个软件程序，数据库是表、联系和元数据的集合。两者是完全不同的概念。

5.3.1　构建数据库及其结构

数据库开发人员使用DBMS在数据库中创建表、联系和其他结构。图5-7中的表单可用于定义新表或修改现有表。若要创建一个新表，开发人员只需将新表的元数据填入表单。

若要修改现有的表，例如添加一个新列，开发人员需要打开该表的元数据表单，并添加一行新的元数据。例如，在图5-8中，开发人员添加了一个名为"回复状态"的新列。这个新列的数据类型为是/否，这意味着该列只能包含一个值——是或否。教授将用此列来判断他是否回复了学生的电子邮件。列可以通过在此表中删除其所在行来移除，但这样做会丢失现有的全部数据。

㊀ MySQL 由 MySQL 公司提供支持。2008年，该公司被太阳微系统公司收购，而当年晚些时候，太阳微系统公司又被甲骨文公司收购。但是，因为 MySQL 是开源的，所以甲骨文公司并不拥有其源代码。

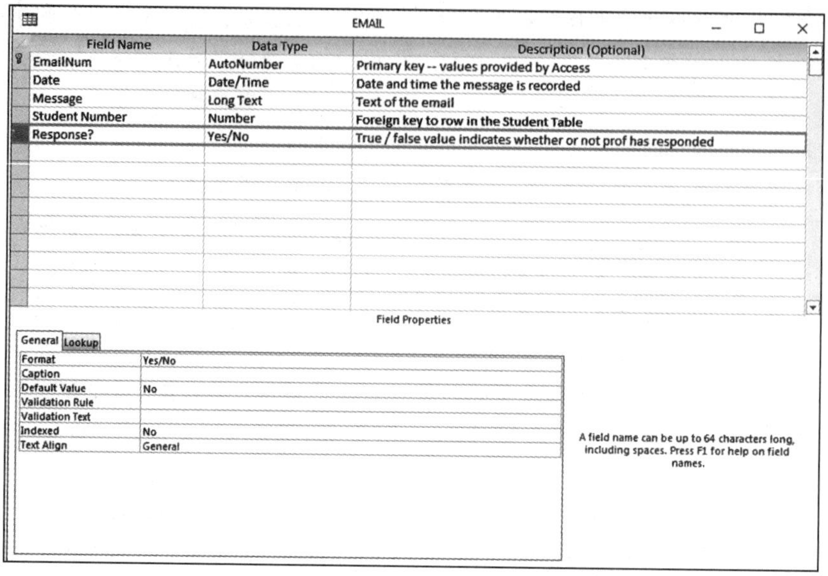

图 5-8 向表中添加新列（在 Access 中）

资料来源：Access 2016, Windows 10, Microsoft Corporation.

5.3.2 处理数据库

DBMS 的第二个功能是处理数据库。这种处理可以是非常复杂的，但是从根本上说，DBMS 提供了四种处理操作的应用：读取、插入、修改或删除数据。这些操作可以在应用中被请求，而后调用 DBMS 来实现。在表单中，当用户输入新数据或更改数据时，表单背后的计算机程序就调用 DBMS 以对数据库进行必要的更改。在 Web 应用中，客户端或服务器上的程序可以直接调用 DBMS 进行更改。

结构化查询语言（structured query language，SQL）是一种用于处理数据库的国际标准语言。前面提到的五个 DBMS 产品都可以接受并处理 SQL（发音为"see-quell"）语句。作为示例，以下 SQL 语句可向学生表中插入新的一行：

INSERT INTO Student

([Student Number], [Student Name], HW1, HW2, MidTerm)

VALUES

(1000, 'Franklin, Benjamin', 90, 95, 100);

如上所述，像这样的语句是由处理表单和报告的程序在"幕后"运行的。或者，它们也可以通过应用程序直接发给 DBMS。

你不需要理解或记住 SQL 的语法，只需要了解 SQL 是一种处理数据库的国际标准。SQL 也可以用来创建数据库和数据库结构。如果你选修了数据库管理课程，你将会了解更多有关 SQL 的信息。

5.3.3 管理数据库

DBMS 的第三个功能是提供帮助数据库管理的工具。**数据库管理**（database administration）涉及各种各样的活动。例如，DBMS 可用于为数据库的管理建立一个包括账户、密码、权限以及限制的安全系统，为了保证数据库的安全性，用户必须使用有效的用户账户登录才能管理数据库。

权限可以以非常具体的方式进行限制。在学生数据库的示例中，可以限制某一用户只能从学生表中读取学生姓名；也可以授予另一个用户读取整个学生表的权限，但仅限于更新"作业1""作业2"和"期中"这三列。其他用户也可以被赋予其他权限。

除了安全性之外，DBMS 的管理功能还包括备份数据库数据、添加结构以提高数据库应用的性能、删除不再需要的数据，以及其他类似的任务。

对于重要的数据库而言，大多数组织会分配一个或多个员工负责数据库的管理。表 5-1 总结了此工作的主要职责。在数据库管理课程中你将会了解更多有关此主题的信息。

表 5-1　数据库管理（DBA）任务的总结

类别	数据库管理任务	描述
开发	创建 DBA 职能并配备人员	DBA 组的人员规模取决于数据库的大小和复杂性，可以是一个兼职人员或是一组人员
	组建指导委员会	由所有用户群体的代表组成，是一个社区性的讨论和决策的论坛
	确定需求	确保考虑了所有恰当的用户输入
	检验数据模型	检查数据模型的准确性和完整性
	评估应用设计	核对所有已开发的必需的表单、报告、查询和应用。验证应用组件的设计和可用性
运营	管理处理权限和职责	确定每张表和每列的处理权限和限制条件
	管理安全性	必要时对用户和用户组进行添加或删除，确保系统工作的安全性
	跟踪问题并管理解决方案	开发系统以记录和管理问题的解决方案
	监控数据库性能	提供改善性能的专业技能或解决方案
	管理 DBMS	评估新的特性和功能
备份和恢复	监控备份程序	确认数据库执行备份程序
	开展培训	确保用户和运营人员知道并理解数据恢复程序
	数据恢复管理	管理数据恢复过程
适应	建立需求跟踪系统	开发系统以记录需求变化并划分优先级
	管理配置变更	管理数据库的结构变化对应用和用户的影响

案例 5-2

探秘：灵活分析

为小型企业设计的电子表格软件常常被误用。例如，如果你想用电子表格软件来管理具有数十万行数据的数据集，你将会发现，像排序和保存数据更新这样的操作要花费好几分钟来完成。如果时间被浪费在这些基本的操作上，就很难进行有效和高效的工作。由于企业持续收集越来越大的数据集，对更稳健的和可扩展的数据管理解决方案的需求也随之而生。这些解决方案须能促进对重要数据的快速收集和分析，而不是阻碍这一过程。

现今，大量的数据收集、存储和分析都已转移至云端。你或许没有意识到，你现在可能正在使用某种基于云端的存储方案。如果你在使用像 Dropbox、OneDrive 或 Google Drive 这样的应用，那么你就是在使用云。你在设备间转移文件时不再需要使用闪存盘或其他物理存储介质。你可以通过任何一台接入互联网的设备来获取你的文件。

作为一名学生，你可能已经发现云存储非常便捷（例如，与项目小组的成员分享大型文件)。商业领域也正在利用由云提供的同样的功能和便利，只是规模更大。但是，不只是企业在寻找便捷的文件访问方式，首席信息官（chief information officer, CIO）也在寻找将数据的存储和分析融合为一种协同操作的方法。

钻取答案

拉雷多石油公司（Laredo Petroleum）已经意识到了云分析带来的益处。㊀在最近的访谈中，CIO 描述了该公司一直用于改善其钻井操作的烦琐的数据分析过程。该公司之前的方法需要使用大量的电子表格和人工计算，执行耗时较长。当从数据中提取出可行的结论时，该信息的价值也由于时隔较久而减少。

拉雷多石油公司必须回答的一个重要问题是应在何时清理井内的化学沉积。清理这些沉积物可以提高效率，但是派遣维修队去清理的成本很高。拉雷多石油公司在分析该问题时从使用过时的基于电子表格的方法转变为使用基于云的分析平台。这种新的方法使得数据管理更具扩展性，数据分析更稳健，并且数据可访问性也更好。目前，人们可以随时随地在传统的 PC 端和移动设备中访问数据。㊁

云分析提供了一种更加灵活的信息系统架构。它可以更轻松地应对市场条件的变化（例如，开始于 2015 年的全球石油供应过剩和随后降至最低的石油价格已经影响了拉雷多石油公司的经营方式）。为了在大数据驱动的世界中谋得生存和发展而将云分析作为可行的解决方案的企业不仅是拉雷多石油公司这一家。最近的研究指出，至 2020 年，全球范围内云分析的增长将为 46%。㊂对云分析的广泛兴趣可能是由于数据存储和分析水平的提高，如增强的扩展性、设备间并行性、资源库和灵活的虚拟化。㊃

云爆发

云服务的好处是显而易见的，但是你可能想知道它是否有缺点。想一想你自己使用云服务的过程。对于在云端存储文件，你还有哪些方面的担心？有些人担心他们存储在云端的照片和财务数据（如纳税申报单）。他们的数据被安全地储存了吗？允许你的个人数据处于你的控制之外是否安全？

除此之外，还存在其他的风险。你的数据是否可能因系统失败或云服务提供商内部心怀恶意的员工而永久丢失？㊄你的云服务供应商可能会因受到云端的拒绝服务攻击而致使你的数据在一段时间内无法访问吗？㊅正如其他系统一样，便捷性常常以安全性为代价。作为业务主管，你必须考虑基于云的服务所带来的益处是否胜于其潜在的风险，因为这些风险在某些情况下会变成实际的损失。

讨论题：

（1）你在云端存储过个人数据吗？如果有，你在云服务供应商处存储的是所有的数据还是只有某些类型的数据？如果没有，你是如何备份数据的呢？

（2）本案例以石油公司为例，探讨了使用基于云的数据分析来促进决策制定。你能否指出一些其他的行业，能够从实时获取大量数据、分析数据而后利用分析结果更好地进行决策的能力中获益？

（3）本案例中提到，一些用户决定在内部

㊀ Clint Boulton, "Oil Company Hopes to Strike Efficiency with Cloud Analytics," CIO.com, November 10, 2015, accessed March 27, 2016, www.cio.com/article/3003498/cloud-computing/oil-company-hopes-to-strike-efficiency-with-cloud-analytics.html.

㊁ 同上。

㊂ James Kobielus, "The All-Consuming Future of Cloud Analytics," InfoWorld.com, March 20, 2015, accessed March 27, 2016, www.Infoworld.com/article/2899662/big-data/the-all-consuming-future-of-cloud-analytics.html.

㊃ 同上。

㊄ 同上。

㊅ Fahmida Y. Rashid, "The Dirty Dozen: 12 Cloud Security Threats." InfoWorld.com, March 11, 2016, accessed March 27, 2016, www.infoworld .com/article/3041078/security/the-thirty-dozen-12-cloud-security-threats.html.

管理数据，而不是使用基于云的服务，承担着遇到拒绝服务（DoS）攻击时丢失数据访问的风险。花几分钟研究一下什么是 DoS 攻击，以及它会如何阻止用户访问其数据。准备好在课堂中向其他同学阐释这一概念。

（4）在商业环境中，何种类型的组织会更看重安全性而不是便捷性？何种类型的组织会优先考虑便捷性而不是安全性？

5.4 数据库应用是如何使数据库变得更加有用的

一组数据库的表，就其本身而言，并不是很有用。虽然图 5-6 中的表中包含教授想要的数据，但格式却显得很笨拙。当数据库表中的数据存储为如图 5-2 的形式或其他格式时，数据库表中的数据可以变得更有用，或能帮助我们更全面地掌握信息。

数据库应用（database application）作为用户和数据库数据之间的中介，是一个便于用户对数据库进行处理的表单、报告、查询和应用程序的集合。⊖数据库应用将数据库表的数据重新格式化，以使其展示的信息更丰富，也更容易更新。应用程序还具有提供安全性、维护数据一致性和处理特殊情况的功能。

数据库应用的四个要素的具体用途如表 5-2 所示。

表 5-2 数据库应用的四个要素的具体用途

表单	查阅数据，插入新数据，更新和删除现有数据
报告	使用排序、分组、过滤和其他操作对数据进行结构化呈现
查询	根据用户提供的数据值进行搜索
应用程序	提供安全性、数据一致性和特殊用途的处理（如处理缺货情况）

数据库应用在 20 世纪 90 年代受到关注，不过彼时的数据库应用只是基于当时可用的技术。如今许多现有的系统都是对这些应用的长期扩展，ERP 系统 SAP（在第 7 章中讨论过）就是此概念的一个很好的例子。在职业生涯的初期，你应该就会看到这些应用。

然而，如今许多的数据库应用都是基于采用浏览器、Web 和相关标准的更新的技术的。这些基于浏览器的应用不仅可以完成旧型应用处理的所有事务，而且更有活力，也更适合当今的世界。接下来就分别考虑每种类型的应用，以探究其原因。

5.4.1 传统的表单、查询、报告和应用

在大多数情况下，传统数据库由许多用户共享。在这种情况下，图 5-9 所示的应用位于用户的计算机，DBMS 和数据库则位于服务器计算机。而在大多数情况下，该网络并不是互联网，而仅用于在用户的计算机和 DBMS 服务器计算机之间来回传输流量。

不过，像 Microsoft Access 这样的单用户数据库是一个例外。使用这样的数据库时，应用、DBMS 和数据库都驻留在用户的计算机上。

传统的表单会在类似于图 5-2 的窗口中显示。虽然它们也发挥着作用，使用户可以查看、插入、修改和删除数据，但若按照今天的标准来看，则显得有些笨重。

图 5-10 所示为一个静态呈现数据的传统报告，以一种对用户有意义的格式进行展示。在本报告中，学生的每封电子邮件都会显示在其姓名和成绩资料之后。图 5-11 所示为传统的查

⊖ 注意区别数据库应用与数据库应用程序。数据库应用包括表单、报告、查询和数据库应用程序。

询。用户可以在类似窗口的框中具体说明查询条件（图 5-11a），应用会找出符合这些条件的数据予以反馈（图 5-11b）。

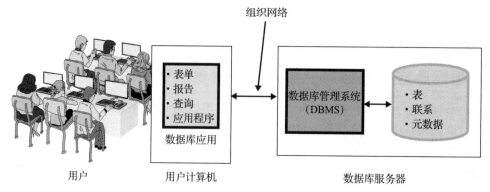

图 5-9　数据库应用系统的组成部分

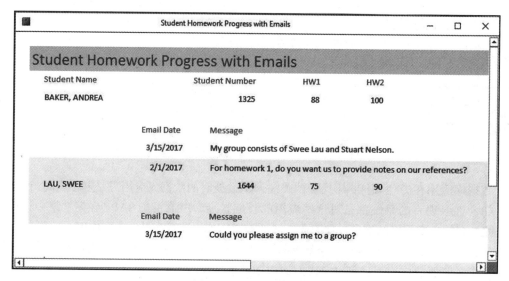

图 5-10　学生报告举例

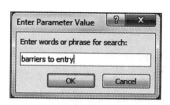

a）输入搜索语句的查询表单示例

资料来源：Access 2016, Windows 10, Microsoft Corporation.

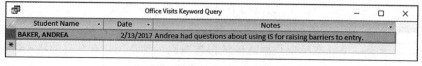

b）查询结果示例

资料来源：Access 2016, Windows 10, Microsoft Corporation.

图　5-11

传统的数据库应用程序是用面向对象的语言编写的，如 C++ 和 Visual Basic（甚至是早期的语言，如 COBOL）。它们是需要安装在用户计算机上的胖应用。在一些情况下，所有应用的逻辑都包含在用户计算机上的程序中，而服务器则除了运行 DBMS 并提供数据之外，不执行任何操作。在其他情况下，一些应用的代码则置于用户的计算机和数据库服务器计算机上。

如前所述，在职业生涯的早期，你仍然会看到传统的应用，特别是企业级的应用，如 ERP 和 CRM。如果涉入不深，你很有可能是作为一个用户，参与到这些传统应用转换为基于浏览器的应用的过程中。

5.4.2 浏览器表单、查询、报告和应用

基于浏览器的应用中的数据库几乎总是在许多用户之间共享的。如图 5-12 所示，用户的浏览器通过互联网连接到 Web 服务器计算机，而后 Web 服务器计算机再连接到数据库服务器计算机（通常互联网的服务器端会涉及许多计算机）。

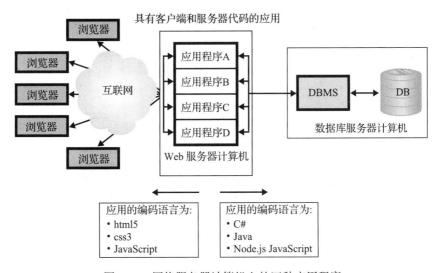

图 5-12　网络服务器计算机上的四种应用程序

浏览器应用是不需要预先安装在用户计算机上的瘦客户端应用。在大多数情况下，用于生成和处理应用中元素的所有代码可以在用户的计算机和服务器之间共享。JavaScript 是用于用户端处理的标准语言，而 C# 和 Java 等语言则用于编写服务器端的代码，不过 JavaScript 已开始在服务器上通过名为 Node.js 的开源产品使用。

浏览器数据库应用的表单、报告和查询使用 html 进行显示和处理，近来也会使用 html5、css3 和 JavaScript 语言，正如你在第 4 章学到的。图 5-13 显示了在 Office 365 中用于创建新用户账户的浏览器表单。表单的内容是动态的，用户可以点击 "更多详细信息" 旁边的蓝色箭头查看更多数据。此外，请注意左侧的步骤，其列明了管理员在创建新账户时将遵循的过程。当前步骤显示为彩色。与图 5-2 对照比较，此表单更简洁干净。

图 5-14 所示为一个浏览器报告，其为 SharePoint 网站的内容。内容是动态的，上面几乎所有的项目都可以点击以生成其他报告或进行其他操作。用户可以在右上角的框中搜索报告以找到特定的项目。

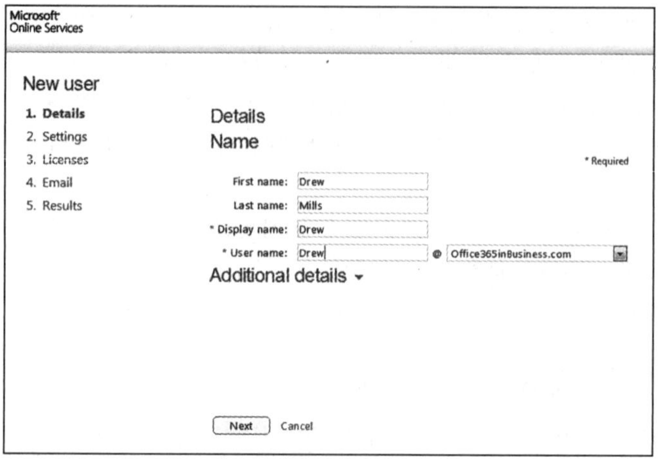

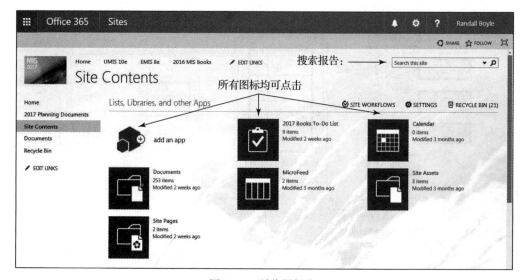

图 5-13 创建账户的浏览器表单

资料来源：Access 2016, Windows 10, Microsoft Corporation.

图 5-14 浏览器报告

资料来源：Access 2016, Windows 10, Microsoft Corporation.

基于浏览器的应用可以支持传统的查询，但更令人兴奋的是**图形化查询**（graphical query），即在用户单击图形时创建查询条件。图 5-15 显示了猎鹰安防公司所保护的一种设施的地图。用户可以点击地图中任何一个视频图标，从而创建一个查询以返回从该位置所能获得的所有视频。

基于浏览器的应用的安全性要求比传统应用更加严格。大多数传统应用都在一个企业网络中运行，保护其免受互联网中常见的威胁。通过互联网向公众开放的基于浏览器的应用，更容易受到攻击。因此，安全性保护是基于浏览器的互联网应用程序的主要功能。与传统的数据库应用程序一样，它们还需要保证数据一致性并处理特殊条件。作为数据一致性需求的一个例子，可以考虑多用户处理提出的问题。

5.4.3 多用户处理

大多数传统的和基于浏览器的应用都涉及多个用户处理相同数据库的情况。虽然这种**多**

用户处理（multi-user processing）并不少见，但它确实带来了一些特殊的问题，而作为未来管理者的你则应该对此有所了解。要了解这些问题的本质，请考虑下述可能发生在传统的或基于浏览器的应用上的情形。

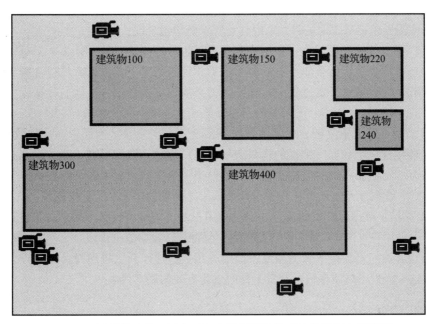

图 5-15 图形化查询：用户可点击视频图标找到该位置所有的视频

Andrea 和 Jefferey 都在售票网站上试图购买一个受欢迎的活动的票。Andrea 用她的浏览器登录至该网站，发现还有两张可购买的票。她将其全放至购物车中。但她不知道的是，当她打开订票单时，就调用了供应商服务器上的一个应用程序，用以读取数据库从而发现还有两张余票。在她付款离开之前，她还花了一会儿工夫来确认她的朋友是否仍愿意同行。

与此同时，Jefferey 使用他的浏览器登录也发现有两张余票，因为浏览器激活的同一个读取数据库的应用发现还有两张票可以购买（因为 Andrea 还未付款）。他将其都放入购物车中并付款离开。

这时，Andrea 和她的朋友决定一同前往，于是她开始付款。很明显，这里存在一个问题。Andrea 和 Jefferey 都购买了同样的两张票。他们中的一个将会因此而感到失望。

该问题被称为**丢失更新问题**（lost-update problem），其例证了多用户数据库处理的一个特殊之处。为了防止这类问题的发生，必须使用某种类型的锁定来协调彼此不了解的用户之间的活动。然而，锁定本身也带来了一系列的问题，而且这些问题也必须加以解决。但是，在这里我们不会深入研究这个问题。

当管理涉及多用户处理的业务活动时，请注意可能存在的数据冲突。如果你发现有一些错误结果的原因不明，可能就是遇到了多用户数据冲突，请联系信息系统部门寻求帮助。

5.5 数据模型如何用于数据库开发

在第 12 章中，我们将详细描述信息系统开发的过程。业务人员在数据库应用的开发过程中起着至关重要的作用，我们需要引入两个主题——数据建模和数据库设计，以提前在此讨论部分内容。

因为数据库的设计完全取决于用户如何查看其业务环境,所以用户的参与对于数据库开发而言至关重要。以学生数据库为例,其中应该包含什么数据呢?可选项包括:学生、班级、成绩、电子邮件、办公室来访、专业、指导教师、学生组织等。此外,每种数据应包括多少细节?数据库需要包括校园地址吗?家庭住址呢?账单地址呢?

事实上,面对几十种可能性,数据库开发人员也并不知道要包含什么。但是,他们知道数据库必须包含用户执行其工作所需的所有数据。理想情况下,数据库只包含所需的数据而无冗余。因此,在数据库开发过程中,开发人员必须依靠用户来告诉他们数据库中应该包含哪些内容。

数据库结构可能会很复杂,在某些情况下甚至会非常复杂。因此,在构建数据库之前,开发人员需要构建一个数据库数据的逻辑表示,我们称之为**数据模型**(data model)。它描述的是之后将存储在数据库中的数据和联系,类似于一个蓝图。正如建筑师在建造开始之前先构建蓝图一样,数据库开发人员在开始设计数据库之前就创建了一个数据模型。

图 5-16 总结了数据库开发的流程。通过与用户的访谈得出数据库需求,并将其总结于数据模型中。一旦用户批准(验证)了数据模型,就将其转换为数据库设计。然后将该设计实现为数据库结构。我们将在接下来的两节中简要介绍数据建模和数据库设计。同样,你的目标应该是学习这一流程,以便在进行开发工作时成为有效的用户代表。

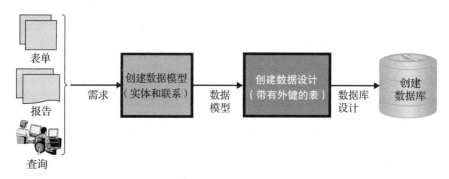

图 5-16 数据库开发流程

实体—联系(E-R)数据模型(entity-relationship data model)是构建数据模型的工具。开发人员通过定义数据库中存储的事物(实体)和这些实体之间的联系来描述数据模型的内容。第二个较不受欢迎的数据建模工具是**统一建模语言**(unified modeling language,UML)。我们在这里不会对该工具进行描述。但是,如果你学习了如何理解 E-R 模型,那么通过一些研究,你也将能够了解 UML 模型。

5.5.1 实体

实体(entity)是用户想要追踪的事物,如订单、客户、销售员和项目。有一些实体代表一个物理对象,如项目或销售员;而另一些实体则代表一个逻辑构念或交易,如订单或合同。实体名称一直都是单数,不过其原因超出了本次讨论范围。所以,我们使用订单(order)而不是订单集(orders);使用销售员(salesperson),而不是销售员集(salespersons)。

实体具有描述实体特征的**属性**(attribute)。例如,订单的属性有订单编号、订单日期、小计、税金、合计等。而销售员的属性包括销售员姓名、邮箱、手机号码等。

实体有一个**标识符**（identifier），它是一个属性（或属性组），其值与且仅与一个实体实例相关联。例如，订单编号是订单的标识符，因为只有一个订单实例具有给定的订单编号的值。出于同样的原因，客户编号是客户的标识符。如果销售人员中每个成员都有唯一的名称，那么销售员姓名则是销售员的标识符。

在我们继续之前，先考虑一下最后一句话。销售员的姓名在所有销售人员中是否独一无二？现在和将来都是这样吗？谁来决定这个问题的答案？只有用户知道这是否是真的，数据库开发人员并不知道。这个例子强调了为什么能够解释数据模型对你而言至关重要，因为只有像你这样的用户才能确定问题的答案。

图 5-17 所示为学生数据库的实体示例。每个实体都表示为一个矩形。实体的名称写在矩形的上方，而标识符则显示在实体的顶部。矩形的其余部分为实体的属性。在图 5-17 中，指导教师实体的标识符为指导教师姓名，属性为手机号码、校园地址和邮箱地址。

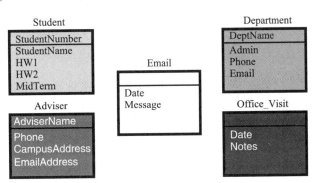

请注意，电子邮件和办公室来访这两个实体不具有标识符。与学生和指导教师不同，用户没有一个能够识别特定电子邮件的属性。我们可以创建一个。例如，我们可以说电子邮件的标识符是电子邮件编号。但是如果我们这样做，便不是在以用户看待这个世界的方式进行模拟，而是将某些东西强加于用户。当你查看有关你的业务的数据模型时，请注意这种可能发生的情况。不要让数据库开发人员在数据模型中创建不属于你的业务世界中的东西。

图 5-17 学生数据模型实体

5.5.2 联系

实体之间彼此存在**联系**（relationship）。例如，订单与客户实体和销售员实体有联系。在学生数据库中，学生与指导教师之间有联系，而指导教师则与院系有联系。

图 5-18 展示了院系、指导教师和学生实体及其之间的联系的示例。简单起见，该图仅显示了实体的标识符，而没有其他属性。对于该样本数据而言，会计系有三名教授——Jones、Wu 和 Lopez，而金融系有两名教授——Smith 和 Greene。

指导教师和学生之间的联系有点复杂，因为在这个例子中，一个指导教师可以指导多个学生，一个学生也可以有多个指导教师，这也许是因为学生可以有多个专业。总之，要注意的是，Jones 教授指导学生 100 和 400，而且

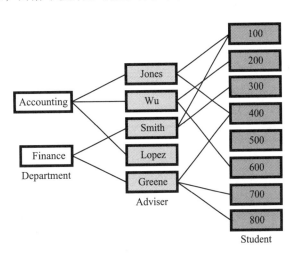

图 5-18 院系、指导教师和学生的实体和联系示例

教授 Jones 和 Smith 都在指导学生 100。

在讨论数据库设计时，如使用图 5-18 所示的图表则过于烦琐。于是，数据库设计人员使用称为**实体—联系（E-R）图**（Entity-relationship diagrams）的图表。图 5-19 展示了图 5-18 中数据的 E-R 图。在该图中，一种类型的所有实体均由单个矩形表示。因此，院系、指导教师和学生实体都有相应的矩形表示。其属性如图 5-17 所示。

图 5-19　联系的示例　版本 1

另外，还有一条线用来表示两个实体之间的联系。例如，院系与指导教师之间的连线。联系左侧的竖线表示一个指导教师只能在一个院系工作。而其右侧的分叉线则表示一个院系可以有多个指导教师。这些成角度的线条也被称为**鸭掌模型**（crow's feet），它是对图 5-18 中院系和指导教师之间的多条线条的速记表示。像这样的联系被称为 1∶N 或**一对多联系**［one-to-many（1∶N）relationship］，因为一个院系可以有多个指导教师，但一个指导教师最多只有一个院系。

现在来看指导教师和学生之间的连线。请注意，每条线末端的鸭掌模型。这个记号表示一个指导教师可以与多个学生有关，而一个学生也可以与多个指导教师有关，这就是图 5-18 所示的情况。像这样的联系被称为 N∶M 或**多对多联系**［many-to-many（N∶M）relationship］，因为一个指导教师可以有多个学生，一个学生也可以有多个指导教师。

学生们有时会觉得 N∶M 的记号令人困惑。N 和 M 可以理解为在联系的每一侧表示大于 1 的可变数。这样的联系没有写作 N∶N，是因为这个记号意味着在联系的每一侧有相同数量的实体，而真实情况却不一定需要如此。N∶M 意味着允许在联系的每一侧有多个实体，而且每一侧的实体数可以不同。

图 5-20 展示了相同的实体在不同的假定中的情形。该图中，一个指导教师可以在多个院系提供辅导，但是一个学生只能有一个指导教师，这意味着学校可能没有允许学生修读多个专业的政策。

图 5-20　联系的示例　版本 2

这些版本中哪一个是正确的？答案只有用户知道。当数据库设计者要求你检查数据模型的正确性时，你需要回答从这些备选方案中进行选择之类的问题。

图 5-19 和图 5-20 就是典型的实体—联系图的例子。但是，还有很多其他类型的实体—联系图。这一种被称为**鸭掌模型图**（crow's-foot diagram）。如果你选修了数据库管理课程，你也可以学习到其他的版本。

鸭掌模型的记号显示了在一个联系中可以涉及的实体的最大数量。因此，它们被称为联系的**最大基数**（maximum cardinality）。最大基数的常见示例是 1∶N、N∶M 和 1∶1（未显示）。

另一个重要的问题是，"联系中需要的实体的最小数量是多少？"一个指导教师必须要指导一个学生吗？一个学生必须要有一个指导教师吗？对最低要求的约束被称为**最小基数**（minimum cardinality）。

图 5-21 展示了该 E-R 图的第三个版本，其中列出了最大基数和最小基数。线条上的第二个竖线表示至少需要一个该类型的实体。其上的小椭圆则是指该实体是可选的，该联系中不一定需要具有该类型的实体。使用该记号时，如果有两条竖线，则最小基数和最大基数都是 1。如果有一条竖线和一个鸭掌图，则最小基数是 1，最大基数是多个。

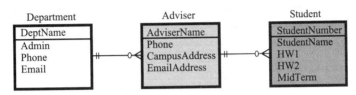

图 5-21 展示最大和最小基数的联系的示例

因此，在图 5-21 中，一个院系不需要与任何一个指导教师有任何联系，但是一个指导教师必须从属于一个院系。同样，指导教师不需要与学生有联系，但一个学生必须与一个指导教师有联系。还需注意的是，图 5-21 中的最大基数已经改变，使得两者都是 1∶N。

如图 5-21 所示的模型是正确的吗？这取决于大学的政策。而且，只有用户知道确定的答案。

5.6 数据模型是如何转变为数据库设计的

数据库设计是将数据模型转换为表、联系和数据约束的过程。数据库设计小组将实体转换为表，并通过定义外键来表示其间的联系。数据库设计是一个复杂的课题。与数据建模一样，数据库管理课程需要花费数周的时间来讲解这一概念。在本节中，我们将介绍两个重要的数据库设计概念：标准化和两种联系的表示。第一个概念是数据库设计的基础，而第二个概念将帮助你了解设计时需要考虑的重要事项。

5.6.1 标准化

标准化（normalization）是将结构欠佳的表转换为两个或多个结构更好的表的过程。因为表是一个很简单的构念，所以你可能想知道怎么会出现比较差的结构呢？事实上，有很多种方式可能会导致表的结构欠佳，而且研究人员也已经就此话题发表了数百篇论文。

以图 5-22a 中的员工表为例。其列出了员工姓名、雇用日期、电子邮件地址以及员工工作部门的名称和编号。这张表看起来似乎没有问题。但是，如果会计部门将其名称更改为会计和财务部门，会发生什么情况呢？由于部门名称在此表中重复多次，所以包含"会计"值的每一行都必须更改为"会计和财务"。

1. 数据完整性问题

假设在其中的两行中会计部门的名称被正确更改，而第三行却没有更改，结果如图 5-22b 所示。该表就存在所谓的**数据完整性问题**（data integrity problem）：在有些行中，100

部门的名称是"会计和财务"（accounting and finance），而在另一行中，100 部门的名称则是"会计"（accounting）。

Employee

a) 更新前的表

Name	HireDate	Email	DeptNo	DeptName
Jones	Feb 1, 2015	Jones@ourcompany.com	100	Accounting
Smith	Dec 3, 2017	Smith@ourcompany.com	200	Marketing
Chau	March 7, 2017	Chau@ourcompany.com	100	Accounting
Greene	July 17, 2016	Greene@ourcompany.com	100	Accounting

Employee

b) 不完全更新的表

Name	HireDate	Email	DeptNo	DeptName
Jones	Feb 1, 2015	Jones@ourcompany.com	100	Accounting and Finance
Smith	Dec 3, 2017	Smith@ourcompany.com	200	Marketing
Chau	March 7, 2017	Chau@ourcompany.com	100	Accounting and Finance
Greene	July 17, 2016	Greene@ourcompany.com	100	Accounting

图 5-22　设计欠佳的员工表

这个问题在这种相对小型的表中很容易被发现。但是，请考虑一下在类似于亚马逊网站的数据库中或 eBay 的数据库中的客户表所面临的情况。这些数据库包含数百万行数据。大型数据表一旦发生严重的数据完整性问题，就需要花费几个月的时间来解决这一问题。

数据完整性问题应予以重视。具有数据完整性问题的表将产生不正确的和不一致的结果。用户将失去对数据的信心，而且系统也会因此声誉受损。对于使用这些声誉欠佳的信息系统的组织而言，这些信息系统也变成了严重的负担。

2. 针对数据完整性的标准化

数据完整性问题只有在数据复制时才会发生。因此，消除该问题的一个简单的方法是消除复制的数据。我们可以将图 5-22a 中表的设计转换为两个表，如图 5-23 所示。该表中部门名称只存储一次，因此数据不一致的问题不会发生。

当然，为了生成一个包含部门名称的员工报告，需要把图 5-23 中的两个表连接在一起。因为表之间的这种连接很常见，所以 DBMS 产品在设置后可以有效地执行该任务，但是它仍然需要进行操作。在这个例子中，你可以看到数据库设计中的权衡：经过标准化的表消除了数据重复，但它们的处理速度可能更慢。针对此类问题如何权衡取舍是数据库设计中需要考虑的一个重要因素。

标准化的总体目标是构建表，使每个表都有一个单一的主题。在好的文章中，每个段落都应该有一个单一的主题。数据库也是如此，每个表应该有一个单一的主

Employee

Name	HireDate	Email	DeptNo
Jones	Feb 1, 2015	Jones@ourcompany.com	100
Smith	Dec 3, 2017	Smith@ourcompany.com	200
Chau	March 7, 2017	Chau@ourcompany.com	100
Greene	July 17, 2016	Greene@ourcompany.com	100

Department

DeptNo	DeptName
100	Accounting
200	Marketing
300	Information Systems

图 5-23　两张标准化的表

题。图 5-22 中表的设计存在的问题是它有两个独立的主题——员工和部门。修正该问题的方法是将其拆分为两个表，每个表都有自己的主题。在本例中，我们创建了一个员工表和一个部门表，如图 5-23 所示。

如上所述，有很多种方式可能会导致表的结构欠佳。数据库从业者根据他们所面临的问题种类将表划分为各种不同的**范式**（normal form）。将表转换为一种范式以移除重复数据并解决其他问题的做法被称为表的标准化。因此，当你听到数据库设计者说"这些表还未被标准化"时，他并不是指这些表包含不规则、不标准的数据，而是指这些表存在可能导致数据完整性问题的格式。

3. 标准化小结

作为未来的数据库用户，你不需要了解标准化的细节，但是需要理解一个一般原则，即每个标准化（结构良好）的表有且仅有一个主题。此外，未标准化的表也会受到数据完整性问题的影响。

同样需要注意的是，标准化只是评价数据库设计的一个标准。由于标准化的设计可能导致处理过程较慢，数据库设计人员有时会选择接受非标准化的表。最佳设计的选择取决于用户的处理要求。

5.6.2 联系的表示

图 5-24 展示了将数据模型转换为关系数据库设计时所涉及的步骤。首先，数据库设计者为每个实体创建一个表。实体的标识符成为表的键。该实体的每个属性将成为表中的一列。接下来，生成的表将被标准化，使得每个表具有单一的主题。完成上述工作后，下一步就是表示这些表之间的联系。

- 将每个实体用一张表来表示
- 实体标识符成为表的键
- 实体属性成为表的列
- 必要时对表进行标准化
- 联系的表示
  - 使用外键
  - 为N：M联系添加额外的表

图 5-24 将数据模型转换为数据库设计

以图 5-25a 中的 E-R 图为例，指导教师实体与学生实体间存在 1：N 的联系。在进行数据库设计时，我们为指导教师创建了一个表，同时也为学生创建了一个表，如图 5-25b 所示。指导教师表的键是指导教师姓名，学生表的键是学号。

此外，指导教师实体的电子邮件地址属性为指导教师表的电子邮件地址列，学生实体的学生姓名和期中成绩属性为学生表的学生姓名和期中成绩列。

接下来的任务是表示联系。因为我们使用的是关系模型，所以我们必须为其中一个表添加一个外键。可能的选择是：①将外键学号放入指导教师表中，②将外键指导教师姓名放入学生表中。

正确的选择是将指导教师姓名放入学生表中，如图 5-25c 所示。当我们需要确定学生的指导教师时，只需查看该学生行的指导教师姓名列。当我们需要查看指导教师的学生时，可以检索学生表中的指导教师姓名列，以确定哪些行包含该指导教师的姓名。如果学生更换了指导教师，我们只需更改指导教师列中的值。例如，在第一行中把 Jackson 改为 Jones，将会把学生 100 分配给 Jones 教授。

针对此数据模型而言，将学号置于指导教师表中是不正确的。如果这样做的话，我们就只能给一个指导教师分配一个学生，而没有空间来分配其他的学生。

然而，这种放置外键的策略并不适用于 N：M 联系。以图 5-26a 中的数据模型为例，此处指导教师和学生之间存在着多对多联系。一个指导教师可能有多个学生，一个学生也可能有多个指导教师（针对多个专业方向）。

若想了解为什么用于 1∶N 联系的外键策略不适用于 N∶M 联系，请参见图 5-26b。如果学生 100 有多个指导教师，则没有空间来记录第二个或其他的指导教师。

为了表示 N∶M 联系，我们需要创建第三个表，如图 5-26c 所示。第三个表有两列，即指导教师姓名和学号。表格的每一行表示特定的指导教师辅导具有特定学号的学生。

可以想象，数据库设计的内容比我们在这里介绍的要多很多。尽管如此，本节的内容应该使你了解到一些创建数据库时需要完成的任务。你应该也意识到了，数据库设计是由关于数据模型的决策引发的直接结果。如果数据模型有误，那么数据库设计也会出错。

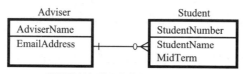

a) 指导教师与学生实体间的联系 1∶N

指导教师表——键为指导教师姓名

AdviserName	EmailAddress
Jones	Jones@myuniv.edu
Choi	Choi@myuniv.edu
Jackson	Jackson@myuniv.edu

学生表——键为学号

StudentNumber	StudentName	MidTerm
100	Lisa	90
200	Jennie	85
300	Jason	82
400	Terry	95

b) 为每个实体创建一张表

指导教师表——键为指导教师姓名

AdviserName	EmailAddress
Jones	Jones@myuniv.edu
Choi	Choi@myuniv.edu
Jackson	Jackson@myuniv.edu

学生表——键为学号

StudentNumber	StudentName	MidTerm	AdviserName
100	Lisa	90	Jackson
200	Jennie	85	Jackson
300	Jason	82	Choi
400	Terry	95	Jackson

此列为表示联系的外键

c) 使用外键指导教师姓名来表示 1∶N 联系

图 5-25　1∶N 联系的表示

Adviser
AdviserName
Email

Student
Student Number
StudentName
MidTerm

a) 指导教师与学生实体间的N∶M联系

指导教师表——键为指导教师姓名

AdviserName	Email
Jones	Jones@myuniv.edu
Choi	Choi@myuniv.edu
Jackson	Jackson@myuniv.edu

没有空间来放置第二个或第三个指导教师姓名

学生表——键为学号

StudentNumber	StudentName	MidTerm	AdviserName
100	Lisa	90	Jackson
200	Jennie	85	Jackson
300	Jason	82	Choi
400	Terry	95	Jackson

b) 对N∶M联系不正确的表示

指导教师表——键为指导教师姓名

AdviserName	Email
Jones	Jones@myuniv.edu
Choi	Choi@myuniv.edu
Jackson	Jackson@myuniv.edu

学生表——键为学号

StudentNumber	StudentName	MidTerm
100	Lisa	90
200	Jennie	85
300	Jason	82
400	Terry	95

指导教师_学生_交叉表

AdviserName	StudentNumber
Jackson	100
Jackson	200
Choi	300
Jackson	400
Choi	100
Jones	100

学生100有3位指导教师

c) 用指导教师_学生_交叉表来表示N∶M联系

图 5-26 N∶M 联系的表示

5.6.3 用户在数据库开发中的作用

如上所述，数据库是用户如何查看其业务世界的模型。这意味着，对于数据库应包含哪些数据以及数据库中的记录应如何相互关联，用户是最终的评审。

最易施行数据库结构更改的时间段是数据建模阶段。在数据模型中将一对多联系改为多对多联系，只需将 1∶N 的记号改为 N∶M。但是，一旦数据库构建完成并加载了数据，而且表单、报告、查询和应用程序也已经被创建，此时若将一对多联系改为多对多联系将需要几周的工作。

你可以通过对比图 5-25c 与图 5-26c 来了解为什么真实的情况可能的确如此。假设表不是只有几行，而是有数千行。在这种情况下，将数据库从一种格式转换到另一种格式涉及相当多的工作。然而，更糟糕的是，应用组件也必须更改。例如，如果学生最多只有一个指导教师，则可以使用单个文本框输入指导教师姓名。如果学生可以有多个指导教师，则需要使用多行表来输入指导教师姓名，并且需要编写一个程序将指导教师姓名的值存储在指导教师_学生_交叉表中。除此之外，还会导致很多其他的后果，而这些将会转化为对劳动力和资金的浪费。

因此，用户对数据模型的审查至关重要。若开发的数据库是供你使用的，那么你必须仔细查看数据模型。如果你对它的了解不够全面，你应该要求进一步的说明，直到你完全了解。实体必须包含你和你的员工完成工作所需的所有数据，联系则必须准确地反映你对业务的看法。如果数据模型有误，数据库的设计也会出现错误，应用也将难以使用或者不值得使用。所以，须在确定了数据模型的准确性之后，再进行后续的工作。

同理，当被要求审查数据模型时，你也应认真对待，并投入足够的时间进行彻底的审查。现在漏掉的任何错误都会成为日后的困扰，到那时更正错误的时间成本和资金成本都会非常高。此处，对数据建模的简要介绍说明了为什么数据库比电子表格更难开发。

5.7 猎鹰安防公司如何才能从数据库系统中获益

猎鹰安防公司希望能够通过查询视频的特征来找到特定的视频。例如，它想要知道 2017 年 10 月在贝雷斯福德大厦 3 000 英尺以下所拍摄的视频有哪些。有时，猎鹰安防公司的员工也会对一些视频进行分析，希望能够借此记录一些对日后使用有潜在帮助的评价。

猎鹰安防公司可以在两种数据库架构中选择一种。它可以将视频片段存储在文件服务器上，并把每个视频的元数据储存在一个关系数据库中便于查询。元数据中将包括视频片段在文件服务器上的地址。或者，猎鹰安防公司可以使用新型的 NoSQL DBMS 产品，如 **MongoDB 数据库**（MongoDB）——一个开源的、面向文档的数据库管理系统，以将视频片段存于同元数据一样的数据库中（见 5.8 节）。

佐藤分别对这两种选择做了调查，并与卡姆讨论他的发现。他们都对 MongoDB 这个可能的选择感到好奇，但是他们知道，从某种程度而言，他们的兴趣在于学习新的东西。他们既不了解该产品的工作表现，也不清楚 MongoDB 查询工具的稳健性如何。

另一方面，他们也可以轻松地构建一个简单的 Access 数据库来存储元数据。在元数据中，他们可以存储包含该视频的文件服务器的位置，以 URL 表示（如 https://abc.Falcon.com/Video1）。通过这种方法，他们就可以使用 Access 来存储数据，并且通过 Access 图形查询工具进行查询。由于 Access 也能够处理原生 SQL 查询，必要时可以用它来完成较为复杂的查询操作。

佐藤和卡姆讨论了这些可选项，并决定使用 Access 来存储元数据。他们知道这种方法的风险性更低，因为它所使用的是熟知的技术。他们俩也精通 Access，可以以较低的风险快速开发出数据库及其应用。佐藤和卡姆对此制作了一个简短的展示文档，向马泰奥进行说明，并获得了他的认可。

在征得了马泰奥的同意后，佐藤构建了如图 5-27 所示的 E-R 图，并与卡姆对此进行讨论。她认为他们或许可以添加一个员工实体，而不是只在分析实体中加入员工姓名。但是，由于他们目前没有那么多的员工，且增加额外的实体会使得应用很难操作，所以他们决定不添加员工实体。做出决定后，他们随即创建了数据库和相关的应用。在本章的协同练习中，你将有机会与你的小组成员一起完成同样的尝试。

资料输入表单示例如图 5-28 所示。

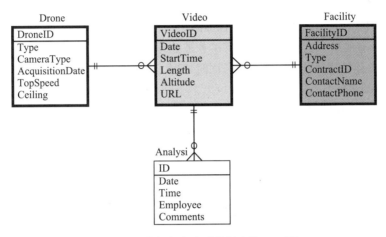

图 5-27 猎鹰安防公司数据库的 E-R 图

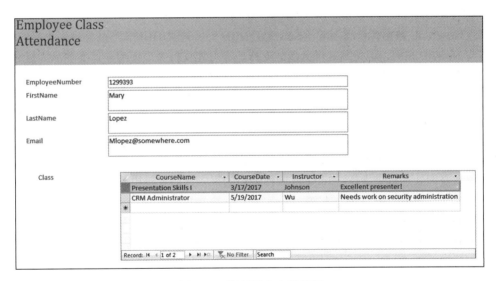

图 5-28 资料输入表单示例

5.8 2027 年

随着数据存储和数据通信的成本越来越低，我们可以确定，至 2027 年间，数据库数据的体量将持续增长，并且很可能呈指数级增长。这些数据中包含着可以帮助企业和组织实现其战略的信息。这就使得在第 9 章中讨论的商务智能显得更为重要。此外，随着数据库的规模越来越大，它们也更容易成为盗窃或恶作剧的目标，如在 2016 年中受到攻击的 MySpace（3.6 亿个账户）、领英（1.64 亿个账户）和 Tumblr（6 500 万个账户）。这些风险的存在使得数据库安全显得尤为重要，正如在第 10 章中讨论的那样。

除此之外，DBMS 的整体形势也在发生变化。尽管多年来关系型 DBMS 产品是唯一的选择，但是互联网提出的新的处理请求改变了这一状况。与传统的数据库应用相比，一些互联网应用处理的交易数量更多，数据也简单很多。一条推文的数据结构比肯沃斯卡车的构造要简单很多，但是推文的数量却远远多于卡车的配置。

传统的关系型 DBMS 产品也投入了大量的代码和处理能力用以支持 ACID［原子性（atomic）、一致性（consistent）、隔离性（isolated）、持久性（durable）］处理。实质上，该首字母缩略词是指所有的事务都被处理或没有事务被处理（原子性），事务被处理的方式相同（一致性），无论是单独处理还是数百万个事务同时处理（隔离性），并且一旦事务被储存，即使失败也不会消失（持久性）。

ACID 处理对于传统的商业应用而言非常重要。即使机器发生故障，也会完成买卖双方交易事务的处理，而不会只处理部分交易。同时，今日所储存的数据，明日也必须留存。但是许多新型的网络应用并不需要 ACID。即使有百万分之一的机会，你的推文中只有一半被储存，又或者今日被存储而明日就会消失，谁又会在乎呢？

这些新型的需求引发了 DBMS 的三种新的类型：

（1）**NoSQL 数据库管理系统**（NoSQL DBMS）。该缩略词容易使人误解。它的确应该是非关系型数据库管理系统。其指的是通过处理相对简单的并在云端的多个服务器上进行复制的数据结构，支持非常高的处理速度的新型 DBMS 产品，但其不支持 ACID。NoSQL 产品有 Mongo DB、Cassandra、Bigtable 和 Dynamo。

（2）**NewSQL 数据库管理系统**（NewSQL DBMS）。这类 DBMS 产品处理高水平的事务，这一点与 NoSQL 相同，但是其提供 ACID 支持。它可能支持关系模型。这类产品为近来涌现出的新供应商提供了良好的发展机会。目前尚不知晓有哪些主导的产品。

（3）**内存数据库管理系统**（In-memory DBMS）。这类产品由在主存储器中处理数据库的 DBMS 产品构成。这项技术得以实现的原因在于，如今的计算机可以配备巨大的内存，能够同时支持绝大部分数据库甚至整个数据库。这类产品通常可以支持或扩展关系模型。SAP HANA 就是一台配有内存数据库管理系统的计算机，它可以同时对高容量的 ACID 事务处理和复杂关系查询处理提供支持。Tableau 软件公司的报告产品就是由其专有的内存数据库管理系统所支持的，使用的是 SQL 的扩展。

这些新产品的出现是否宣告了关系数据库的终结呢？答案可能是否定的，因为组织中已经创建了成千上万个传统的关系数据库，其中涉及数百万行基于关系型数据结构处理 SQL 语句的应用代码。没有组织愿意承担转换这些数据库代码所需的资金和人力成本。而且，在年长的技术人员中有一种很强的社会趋势，那就是继续保留关系模型。然而，这些新产品正在动摇关系型技术数十年来的中心地位，而且至 2027 年之时，许多 NoSQL、NewSQL 和内存数据库将可能应用于商业领域。

此外，现有的 DBMS 供应商，如甲骨文、微软和 IBM，也不会坐以待毙。它们拥有充足的资金和高水平的开发人员，可能会将这些新型 DBMS 产品的功能纳入其现有的或新的产品中，特别地，也可能会收购一些 NewSQL 的初创公司。

这对于商务专业人士而言意味着什么呢？首先，掌握这方面的知识是有用的，要与该领域的发展保持同步。当你需要解决特定问题时，如查询猎鹰安防公司的影像资料，可能会用到这些新型数据库中的一种。除非你是 IT 专业人士，否则你可能不会直接用到它们，但是知道如何使用这些数据库将成为你的优势，而且你也可以向那些为你的需求提供支持的信息系统人员提出使用建议。

其次,要从投资者的角度看待这些发展变化。这类产品并不会全部都变成开源的,即使是开源的,也会有企业将其整合到它们所提供的产品或服务中,而那些企业将很可能成为良好的投资机会。

如果你对信息系统这门学科感兴趣或者希望将其作为第二专业,那么就需要留意这些产品。你仍需要学习关系模型及关系数据库的处理,即使是在 2027 年,它们也将是这个行业的基础。但是,围绕着这些新的 DBMS 产品也会有一些令人兴奋的新的机会和职业道路。你需要对它们有所了解,以在求职面试中借此提升你的竞争力。

案例 5-3

安全指南:大数据损失

你喜欢益智问答游戏吗?如果喜欢的话,你可能已经在某个工作日的夜晚,浏览了多个频道之后选择了《危险边缘》(Jeopardy)这个益智问答游戏节目。成功的参赛选手能够快速回答多种类的问题。获胜者通常能够连续几期获得成功。但是长期连胜是十分罕见的,因为这要求他们掌握足够多的可以涵盖各种话题的知识。在家观看的人们通过手机或计算机来寻找答案。如果你也这样做过,那么你可能想知道如果一台计算机来参与《危险边缘》节目的答题会是怎样的情景。

在 2011 年,IBM 的研究者们也提出了同样的疑问。他们开发出了 Watson,这是一台包含自然语言处理和数据挖掘等高级功能的超级计算机。当其参与《危险边缘》的竞赛时,Watson 所获得的数据有 500GB,其中包含各种词典、百科全书和其他参考资料。○ Watson 出人意料地打败了《危险边缘》的两位前冠军,IBM 一直致力于将 Watson 用于多个大数据应用领域,包括医疗健康和市场分析。你将在第 9 章学到更多有关大数据应用或者是使用具有大量、高速和多样性特征的数据集的应用内容。

其他的公司也注意到了 Watson 在《危险边缘》节目中令人印象深刻的表现,并开始争相开发自己的大数据分析工具。但是有一些公司仍在试图弄清楚如何才能更有效地利用大数据应用。此外,当专注于完善强大的大数据工具时,一些公司将数据收集的安全问题作为今后考虑的问题,如果它们还能想起来的话。

对安全性的又一次忽视

在几十年来技术进步的过程中,为了实现功能和便利性而忽视安全性的问题一直贯穿其中。例如,现在许多汽车制造商都在其广告中自夸其汽车能连接至互联网,但是关于汽车接入互联网之后所面临的安全问题和隐私问题的保障却做得很少。以技术为核心的贸易正在关注物联网和家庭自动化的小工具,如接入互联网的灯、恒温器、门锁和烤箱。但遗憾的是,这些设备通常缺乏安全特性。

大数据的发展也受到了这种不顾安全性的技术进步的影响。许多公司缺乏有效地使用大数据工具的能力。因此,它们保护这些工具以及其中数据的能力也是一个严重的问题。○ 通过近期对大数据应用的详细调查,由一家瑞士安全公司进行的安全性审查证实了这一疑问。这家公司的分析揭示了超过 39 000 个 NoSQL 数据库中的数据是暴露的,并且其中有 1.1PB 的数据可以在线获得。○ 但是,是什么导致这

○ Elizabeth Dwoskin, "IBM to Sell Watson as a Big-Data Tool," Digits: Tech Tools & Analysis From the WSJ, March 6, 2016, http://blogs.wsj.com/digits/2014/09/16/ibms-watson-computer-now-has-analytics.

○ John Jordan, "The Risks of Big Data for Companies," Wall Street Journal, March 6, 2016, www.wsj.com/articles/SB10001424052702304526204579102941708206708.

○ John Leyden, "Misconfigured Big Data Apps Are Leaking Data Like Sieves," The Register, March 6, 2016, www.theregister.co.uk/2015/08/13/big_data_apps_expose_data.

些大数据应用的安全协议如此薄弱?

数据丰富,安全贫乏

大数据实践中的安全缺陷并不是隔离的。事实上,糟糕的数据库管理实践可能会导致更大范围的和更专业的大数据"转移"。近期,由《信息周刊》(Information Week)进行的调查揭示了一些令人不安的结果,这些均是困扰大数据的安全性问题。该调查在约20%的受访者中都发现了数据库安全实践的欠缺。发现他们①数据库中包含的敏感信息未受保护,②数据外泄已经发生或无法确认外泄没有发生,③未对数据库进行定期的安全评估。㊀这些问题都是由一个更大的问题导致的,那就是大数据工具将安全性置于其他目标之下,如功能性、接入灵活性和便利性。

鉴于存在安全性缺陷,一些最佳实践已经被推荐作为改善大数据安全状态的方式,其中包括记录和审查所有的活动以识别出未授权的接入行为,实施严格的接入管理协议,以及使用更好的加密技术来保护敏感数据。㊁从根本上说,保护生成的数据和那些由数据驱动的应用使用的数据与应用自身的准确度和报告能力同样重要。

讨论题:

(1)想一想数据获取和存储的趋势对你有哪些影响。关于你,有哪些类型的数据产生,这些数据存储在哪里?你自己生成的数据有哪些?你可以管理这些数据的获取或确保其安全吗?

(2)在互联网中进行搜索,找到一个IBM的Watson使用的新型数据驱动的应用。描述该应用是如何为组织提供竞争优势的。

(3)本案例提及了技术上安全性和便利性的紧张对峙。这种对峙关系是如何影响你与计算机的交互的?当你创建或管理你自己的安全"政策"时,你会侧重于安全性还是便利性?

(4)你自己或你认识的人中有人购买了智能家居设备吗?如果这些设备中有许多都存在安全隐患,你愿意在享受其提供的便利的同时承担相应的风险吗?

案例 5-4

就 业 指 南

姓名: 雅各布·凯斯(Jacob Case)
公司: Overstock 在线购物网站(overstock.com)
职称: 数据库工程师(Database Engineer)
学历: 犹他大学(University of Utah)

1. 你是如何得到这种工作的?

我在学术环境中获得了一些数据分析的实践经验之后,就开始向周围的朋友询问在我所居住的区域有没有相关的机会。没过多久,我就在一间创业公司找到了一份工作,负责为管理团队提供报告。自那之后,我换了好几份工作。我认为应该密切留意那些能够在恰当的时机促进你的职业生涯发展的机会。

2. 什么吸引你进入这个领域?

我仍记得我的第一堂数据库课。我当时觉得它很重要,因为商业源于从数据中获得的信息和关键的洞察,而这些洞察也会被用来制定重要的商业决策。我确信,如果我能变成数据管理和分析的专家,那么就永远不用担心失业问题了。在我的想象中,能够为从数据中提取洞察信息的过程做出贡献并协助开发商业战略,是一件非常令人满足的事。

3. 你的典型工作日是什么样子的(任务、决策或问题)?

它是技术工作和需求收集的结合。我将60%的时间都用于数据库开发,而其余的40%则用来与人们交流,或是决定他们的需求,或是与他们确认我们正在开发的东西是否满足他们的需求。

㊀ Lorna Garey, "Big Data Brings Big Security Problems." InformationWeek, March 6, 2016, http://www.informationweek.com/big-data/big-data-analytics/big-data-brings-big-security-problems/d/d-id/1252747.

㊁ 同上。

4. 你最喜欢工作中的哪个方面？

观察企业如何利用这些信息，并了解其工作原理，是一件很有趣的事。最令人满意的部分可能就是了解你所支持的业务流程。有些任务会很简单，但也有一些会很有挑战性，所以你永远不会因为工作的复杂性而感到厌倦。我也非常喜欢那些在信息系统部门与我共事的同伴，因为他们大多都很聪明而且专业。

5. 想要做好你的工作，需要什么样的技能？

经过一段时间，你就会积累丰富的专业技术技能。但是，在职业生涯的初期，你至少要保持一个良好的态度，要成为一个具有团队精神的人，并致力于学习新的东西。你在信息系统领域学到的和使用的很多技能都是通过持续学习获得的。你不需要是一个天才，而只需要具有耐心，而且愿意去学习并基于你所学到的知识进行深入挖掘。沟通能力也很重要。若你能消除业务会谈与技术会谈间的分歧，那么这将对你的职业生涯有很大的帮助。

6. 在你的领域中，文凭或证书重要吗？为什么？

二者都很重要。相比证书，大学的学位能够给你一个更高的视角和更广阔的视野，并且能够帮助你思考你所使用的这些技术是如何联系在一起的。它还能够帮你理解对于信息系统而言重要的范式。证书给予你的是就某一技术或流程的专业的实践经验，这在找工作时是十分重要的。

7. 有什么建议可以给那些想在你这个领域工作的人呢？

如果想在信息系统领域工作，就不要被这个想法给吓倒。虽然你的第一份工作可能只是一个初级的职位，但如果你努力学习，愿意接受教导，具有团队精神并且拥有良好的态度，那么你将会学到非常多的东西。而且，在多年以后，你将会是一名拥有多项实用技能的非常有价值的员工。招聘过程的两方我都参与过，我可以告诉你的是，招聘经理在重视你的技术技能的同时也很重视你的软技能。

8. 未来的10年，你觉得最热门的技术工作是什么？

我预计大数据技术，如NoSQL和分布式计算，将会持续发展，因为商业中的数据量正在呈指数增长。安全性问题也日益重要，因为目前敏感信息被窃取的威胁很普遍。我也十分期待物联网的发展。我认为物联网会制造一定的混乱。如果你想要在物联网创造的浪潮中乘风而行，你需要的正是信息系统背景。云计算也将是未来信息系统建构方式的重要部分。企业一定会需要云计算方面的专家。

本章小结

5.1 数据库的目标是什么

陈述数据库的目标。解释在何种环境中数据库会优于电子表格。描述图5-1和图5-2的关键区别。

5.2 数据库是什么

定义数据库。解释数据的层级结构，并说出数据库的三个要素。定义元数据。以学生表和办公室来访表为例，说明在数据库中行之间的联系是如何表示的。定义主键、外键和关系数据库。

5.3 数据库管理系统是什么

解释缩略词DBMS的含义，并说明其功能。列出五种受欢迎的DBMS产品。解释DBMS与数据库之间的差异。总结DBMS的功能。定义SQL。描述数据库管理的主要功能。

5.4 数据库应用是如何使数据库变得更加有用的

解释对于商业用户而言，数据库表本身并不是十分有用的原因。说出数据库应用的四个要素，并描述每个要素的目标。解释数据库应用与数据库应用程序的区别。描述传统数据库应用的本质。解释基于网页的应用优于传统应用的原因。说出用以支持基于网页的应用的主要技术。

5.5 数据模型如何用于数据库开发

解释为什么在数据库开发过程中用户的参与很重要。描述数据模型的功能。简要说明数据库开发的流程。定义 E-R 模型、实体、联系、属性和标识符。除了书中所举的例子之外，另给出一个 E-R 图的实例。定义最大基数和最小基数。给出三种最大基数和两种最小基数的实例。解释图 5-20 和图 5-21 中的记号。

5.6 数据模型是如何转变为数据库设计的

说出数据库设计的三个组成部分。定义标准化并解释其重要性。定义数据完整性问题并描述其后果。举出一个存在数据完整性问题的表的例子，并说明如何对其进行标准化以将其转换为两个或多个不存在该问题的表。描述将数据模型转换为数据库设计的两个步骤。使用本章中的例子，说明 1∶N 联系和 N∶M 联系在关系数据库中是如何表示的。描述用户在数据库开发中的作用。解释为什么改变数据模型比改变现有的数据库更简单且成本更低。你可以在回答中使用图 5-25c 和 5-26c 中的例子。

5.7 猎鹰安防公司如何才能从数据库系统中获益

概述可以用于猎鹰安防公司视频数据库的两种数据库架构。描述其使用的架构并解释该选择的合理性。

5.8 2027 年

说明在下一个十年中数据库数据的增长将如何影响商务智能和安全。概述由一些互联网数据库应用提出的两种主要需求。说明对事务进行的 ACID 处理的特性。简要描述 NoSQL、NewSQL 和 In-memory DBMS 产品的特性。概述你应该如何应对这些发展。

猎鹰安防公司的知识运用

如果你有一份与佐藤和卡姆相同的工作，那么你就很容易理解为什么本章知识对你而言是有用的。但是，如果你是 CEO 马泰奥或者 CFO 乔妮呢？本章的知识将会帮助你更好地决策，就像马泰奥在 5.7 节中所做的决策一样。这些知识还能帮助乔妮了解支持该项目所需的预算水平。即使你在职业生涯中从未创建过一个查询，你也将做出许多关于数据库使用、创建和维护的决策。

本章关键术语和概念

Access
ACID
属性（attribute）
字节（byte）
列（column）
鸭掌模型（crow's feet）
鸭掌模型图（crow's-feet diagram）
数据完整性问题（data integrity problem）
数据模型（data model）
数据库（database）
数据库管理（database administration）
数据库应用（database application）
数据库管理系统（database management system，DBMS）
实体（entity）
实体—联系（E-R）数据模型（entity-relationship data model）

实体—联系（E-R）图［entity-relationship（E-R）diagram］
字段（field）
文件（file）
外键（foreign key）
图形化查询（graphical query）
标识符（identifier）
内存数据库管理系统（in-memory DBMS）
键（key）
丢失更新问题（lost-update problem）
多对多联系［many-to-many（N:M）relationship］
最大基数（maximum cardinality）
元数据（metadata）
最小基数（minimum cardinality）
MongoDB 数据库（MongoDB）
多用户处理（multi-user processing）
MySQL 数据库管理系统（MySQL）

NewSQL 数据库管理系统（NewSQL DBMS）
范式（normal form）
标准化（normalization）
NoSQL 数据库管理系统（NoSQL DBMS）
一对多联系［one-to-many (1:N) relationship］
Oracle 数据库（Oracle database）
主关键字（primary key）
记录（record）
关系（relation）

关系数据库（relational database）
联系（relationship）
行（row）
SQL Server 数据库（SQL Server）
结构化查询语言（structured query language，SQL）
表（table）
统一建模语言（unified modeling language，UML）

本章习题

知识运用

（1）画一个表明数据库、数据库应用和用户之间联系的实体—联系图。

（2）考虑图 5-20 中指导教师和学生之间的联系。若该联系的最大基数为以下几种情况，解释其含义。

① N∶1　② 1∶1　③ 5∶1　④ 1∶5

（3）识别图 5-28 中资料输入表格的两个实体。每个实体有哪些属性？你认为其标识符是什么？

（4）访问 www.acxiom.com，浏览该网站并回答下列问题：

① 根据该网站的内容，Acxiom 的隐私政策是什么？该政策消除了你的疑虑吗？为什么？

② 列出 Acxiom 网站提供的 10 种不同的产品。

③ 描述 Acxiom 的顶端客户。

④ 检查你在②和③中给出的答案，并描述，一般而言，Acxiom 必须收集哪些种类的数据以向顶端客户提供那些产品。

⑤ InfoBase 的功能是什么？

⑥ PersonicX 的功能是什么？

⑦ 为了避免引起公众对隐私侵犯的抗议，像 Acxiom 这样的公司需要以何种方式限制其营销手段？

⑧ 应该制定法律来约束像 Acxiom 这样的公司吗？为什么？

⑨ 是否应该颁布法律来管理政府机关从 Acxiom 这样的公司购买的数据服务类型？为什么？

协同练习

使用你在第 2 章创建的协同信息系统，和同学协作回答下面的问题。

猎鹰安防公司所遇到的问题是在商业中使用小型数据库的一个很好的例子。你也完全有能力开发一个数据库作为实践练习。为了完成这项工作，你可以与你的团队一起回答下列问题：

（5）研究图 5-27，理解图中的实体以及它们之间的联系。说明该模型中每个联系的基数。

（6）与你的小组成员协作，开发一个包含 7 个查询的列表，查询需要使用图 5-27 中的所有实体。

（7）修改图 5-27 中的 E-R 模型，纳入与设备实体相关联的联系人实体。为其创建联系，说明该联系的基数并给出理由。

（8）讨论你在（7）中创建的模型和图 5-27 中模型的优点与缺点。

（9）将图 5-27 中的数据模型转换为一个关系数据库设计。提示：为每个实体创建一张表，并将这些表以 5.6 节所示的方式联系起来。

（10）为你在（9）中的设计创建一个 Access 数据库。

（11）将样本数据填入你的数据库。因为你在服务器上没有文件，所以可以将 URL 列留白。

（12）使用 Access 查询工具，处理你在（6）中创建的 7 个查询。

案例研究

寻找钢琴

迪恩·佩特里奇（Dean Petrich）是一名专业的钢琴调音师和技师，他从1973年开始便从事钢琴的修理和修护工作。他也曾扮演过小丑帝诺，在华盛顿州西雅图城区的儿童派对上进行表演（见图5-29，http://deanotheclown.com）。这两份工作的时间是相互平衡的：他在春末、夏季和秋季忙于小丑的工作，其余的时间则在修理和修护钢琴。

图5-29 小丑帝诺
资料来源：迪恩·佩特里奇。

在过去的20年中，钢琴的需求急剧减少。当奶奶去世，孩子搬离，或生活发生一些其他的变化时，家中便不再需要使用钢琴。而当钢琴所有者发现它没有市场的时候，就会打电话给迪恩，以合适的价格卖给他。多年来，迪恩在修复这些钢琴之后，就会将其转售或出租。但是，世纪之交时钢琴需求的下降也对迪恩造成了影响，而且他那时已经堆积了太多的钢琴。即使丢弃掉其中最坏的那些，他现在仍有将近100架钢琴。

正如你能想到的那样，100架钢琴需占据大量的储藏空间。最初，迪恩把它们存放在自己的工作室。当工作室的空间也不够用时，他就建了一个大的金属棚（见图5-30）用于存放。当金属棚也被存满后，他就把钢琴移到了其牧场中的塑料帐篷内（见图5-31）。不幸的是，塑料帐篷容易被撕裂，而迪恩住在太平洋的西北方，虽然他还在棚内盖上了塑料防水布，但是多架钢琴仍被雨水损坏。

图5-30 储存的钢琴
资料来源：大卫·克罗恩科。

图5-31 帐篷中的钢琴
资料来源：大卫·克罗恩科。

两年前，随着库存的钢琴越来越多，迪恩开始免费提供钢琴。他免费提供了许多高品质的钢琴，但并不是最好的那些，他希望将品质最好的钢琴用于出售。然而，迪恩遇到了两个问题。首先，他不知道哪些钢琴是最好的，也不知道它们被放在哪个位置，工作室、金属棚还是塑料帐篷。其次，很少有人愿意在这些大棚内的钢琴顶上爬来爬去（以害怕松鼠、田鼠和家鼠为理由）来寻找他们心中完美的钢琴。

为了解决这个问题，迪恩创建了一个微软 Access 数据库，其中只有一张表——钢琴。为了向数据库中填入数据，迪恩首先需要盘点一下所有的钢琴库存，并把这些数据记录在如图 5-32 所示的列中。

如你所知，只有一张表的数据库可以简单地用 Excel 代替，但是迪恩使用 Access 的原因是希望能够通过多种方式查询这些数据。例如，他想要知道，在塑料帐篷内的钢琴中，音质为 4 及 4 以上的钢琴有哪些。他还想要知道哪些钢琴的音质为 1 或 1 以下，以便对其进行处理。而且，顾客也会有一些特别的需求。例如，有人可能想要一台鲍德温小型立式钢琴，如果没有数据库，他将不知道他是否有该产品，也不知道它的存放位置。或者，当他需要替换一个顶级琴键时，他可能想要知道在工作室中所有配备象牙琴键且音质在 2 或 2 以下的钢琴，或是其他类似的情况。

因为他的需求是动态的，所以迪恩采用了 Access 查询工具。图 5-33 展示了一个查询范例，返回所有位于帐篷内的音质高于 4 的钢琴。查询结果见图 5-34。迪恩还怀疑帐篷内钢琴音质的损坏要快于金属棚和工作室。为了确认真实情况是否如此，他创建了如图 5-35 所示的报告。

讨论题：

（13）解释为什么一张表的数据库可以轻松地被存入 Excel 中，正如在 Access 中一样。

（14）说明使用 Access 来存储钢琴数据库的理由。

（15）检查图 5-32 中的列。说出三个未在该表中列明的钢琴的特征。

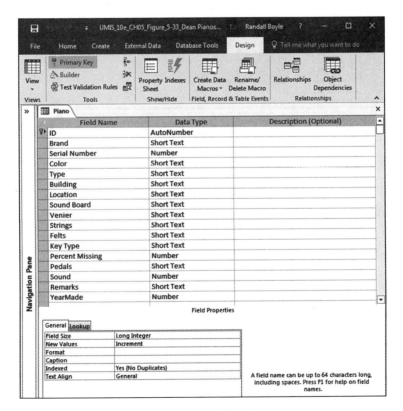

图 5-32　钢琴表的列

资料来源：Windows 10, Microsoft Corporation.

①如果你是迪恩的咨询顾问，你和他应该采用什么样的标准来决定是否纳入这些额外的数据？

②该数据库是钢琴库存的一个模型吗？还是迪恩的钢琴库存的模型？解释其中的差异。

（16）假如除了与钢琴相关的数据之外，迪恩还想要存储关于制造商的数据，如制造商的地址（或已知最新的地址）、经营时间和对该制造商的总体评价。

①设计一个制造商表。

②更改钢琴表（图 5-32）的设计以表示出钢琴与制造商之间的联系。陈述并说明你的假定条件。

（17）使用图 5-35 中的数据，说明钢琴的位置对其音质的影响。用这些数据来支持你的观点。

（18）解释"数据库是对一项业务某一方面的抽象"这句话。使用本案例，说明处理抽象实体要比检查钢琴的方式更高效。概括出你对商业数据库的整体观察。

（19）如果该数据库没有及时更新，它将很快变得没有用处。列出迪恩为了保持数据库更新需要遵循的步骤。

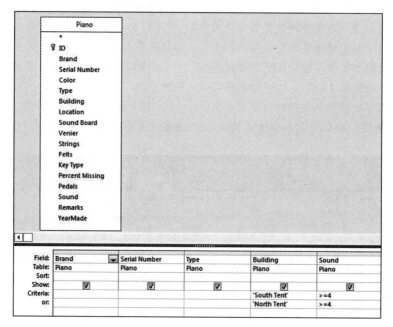

图 5-33　查询示例

资料来源：Windows 10, Microsoft Corporation.

Brand	Serial Number	Type	Building	Sound
Baldwin	70452	Spinet	South Tent	4
Esteu	20158	Upright	North Tent	4
H.G. Johnson	10749	Upright	North Tent	4
Winter ???	326493	Spinet	North Tent	4
Baldwin	637957	Spinet	North Tent	4
Briggs	80360	Upright	North Tent	4
Hobart Cable	77182	Upright	North Tent	4
Mehlin	28733	Upright	North Tent	4
Aeolian	182562	Spinet	North Tent	4
Farrand	27631	Upright	South Tent	4
Kurtzman	21398	Upright	South Tent	5
Mathushek	12961	Upright	South Tent	4

图 5-34　图 5-33 的查询结果

资料来源：Windows 10, Microsoft Corporation.

Piano Sound Quality by Building		
Building	Sound Quality	Number Pianos
North Tent	1	1
North Tent	3	3
North Tent	4	8
Shed	0	10
Shed	1	1
Shed	2	7
Shed	3	13
Shed	4	12
Shop	0	2
Shop	1	2
Shop	3	5
Shop	4	2
South Tent	0	6
South Tent	2	3
South Tent	3	2
South Tent	4	3
South Tent	5	1

图 5-35　建筑物中的钢琴音质

资料来源：Windows 10, Microsoft Corporation.

第6章

云

🌐 导入故事

猎鹰安防公司的CEO马泰奥正在与IT主管佐藤、CFO乔妮开会讨论猎鹰安防公司的数据存储成本问题,他问:"佐藤,你有什么计划?"

"目前,我们的状况还不错,我们刚好获得新的在线网络访问服务器,并且提高了几乎30%的存储能力,但是……"佐藤的声音越来越小。

乔妮忍不住说:"如果忽略我们日益增长的成本,我们的状况是很好,但在一年内我们的存储成本增长了3.5倍。"

"是的,乔妮,但是我们的容量提高了4倍。"佐藤回答。

"的确很多,可是……"

马泰奥不得不打断他们说:"我们之前谈过这个事情,没必要老调重弹。我们的存储成本太高了,这是大家的一致观点。佐藤,我之前让你调查其他替代方案,你有什么发现?"

"云。"

"什么?"乔妮希望自己没有漏听。

"云。"佐藤重复说道,"我们可以将所有的视频转移到云端。"

马泰奥非常惊讶,"好吧,佐藤,我不知道。云是什么呢?"

"它是一种创新运动——我更倾向于称之为时尚,只是我认为它会持续下来。"

"那么它将怎样帮助我们呢?"马泰奥问。

"我们可以租赁第三方的存储空间。"

乔妮非常困惑地说:"你们的意思是我们租赁而不是购买硬盘驱动器?"

"不完全是,"马泰奥解释说,"我们不用在数据中心安装更多的硬盘驱动器。我们可以以一种灵活的、即付即用的方式租赁在线存储空间。如果我们能争取到新的大客户,我们就可以获得并拓展更多的存储空间以满足我们的需求。"

"你们的意思是我们随时可以改变租赁合同吗?"乔妮认为那是不可能的。"好,那成本是多少?这不可能便宜的。"

"10美元/TB怎样?"

马泰奥非常迷惑不解:"你说什么,10美元/TB?"

"我的意思是,我们每月能够以10美元的价格使用1TB的在线存储空间。"佐藤笑着说。

"什么?"乔妮惊呆了。

"就是那样,我们可以获得想要的存储容量,并且我们的系统可以将无人机中的数据自动上传。由于网络不同,我们用于数据存储的平均月花费最少比现在低50%,并且这还没有包括电力消耗减少、备份时间减少以及无须购置新硬件所节省的成本。"佐藤不能完全肯定,但是他认为实际的存储成本将会减少。

"佐藤,你一定是在开玩笑。如果这是真的,我们可以节省上万美元的存储成本,这可是巨款啊。"乔妮一边说话,一边在脑海中快速思考着。

"那太好了。我不知道会节省多少成本,但我们需要支出额外的开发成本来建立我们的系统，这将需要一些时间。"

"佐藤，给我一个方案。我想要一个方案。"马泰奥正在思考下两个季度他们将会节省多少存储成本。

"我下周给您。"佐藤说。

"佐藤，我这周五就要。"

章节导览

如果你自己从事商业活动，那么你很有可能会遇到与猎鹰安防公司相同的问题。支撑 Web 网站以及其他信息系统最好的方式是什么？应该使用云吗？答案是肯定的。那么，哪些应用需要使用云，又怎样使用呢？你需要掌握本章的知识，才能参与你将要进行的对话。当然，你可以仅仅依靠外面的专家，但是在 21 世纪这种方法是行不通的。你的许多竞争对手将能够提出并理解这些问题——再把通过他们的知识省下来的钱用于其他目的。

假设你在一家拥抱物联网的大型公司工作，你会让产品通过互联网传送和接收数据吗？产品将如何与云连接？云服务对你和你的客户有意义吗？如果没有云的知识，你怎么能知道该如何做呢？

本章首先介绍云的来源，为什么组织要迁移到云端以及怎样使用云。然后在 6.3 节和 6.4 节将讨论局域网以及互联网的基础设施。之后将探讨 Web 服务器的功能、建立云的基本步骤以及云安全。最后将 2027 年的云作为总结。

6.1 为什么组织要迁移到云端

我们将**云**（cloud）定义为通过互联网弹性租用计算机资源池。云这一术语之所以被广泛使用，是因为三层结构图以及基于互联网的系统都使用云符号代表互联网，并且组织将它们的基础设施视为在"云中的某个地方"。为了更好地了解其重要性，需要先了解云术语的起源。

从 20 世纪 60 年代初到 80 年代末，组织主要使用**大型机**（mainframe）或者大规模高速的中央计算机，以满足内部数据处理需求（如图 6-1 所示）。**大型机架构**（mainframe architecture）支撑着中央大型机与大量的**瘦客户端**［thin client，通常称为**计算机终端**（computer terminal）］连接，瘦客户端大体上由显示器、键盘和网络连接组成。所有的应用程序、数据以及处理能力都在大型机中。由于当时互联网还未诞生，也就没有现在意义上的云。

图 6-1　大型机时代（1960s～1980s）

20 世纪 90 年代初，互联网问世并开始得以使用。用户正在将个人计算机（独立客户端）接入互联网，组织正在购买服务器以托管其网站和数据（内部托管）。正如在第 4 章讲述的，**客户端/服务器架构**（client-server architecture）允许客户端通过互联网向服务器发送请求，服务器将数据发送到客户端来响应请求。例如，用户在家中可以点击链接向 Web 服务器发送 Web 请求，Web 服务器将网页的副本传送给用户。如图 6-2 所示，应用程序与数据存储可以单独配置在客户端或服务器，也可同时配置在二者之上，数据处理的负荷也可以由客户端和服务器共同承担。

与大型机相比，客户端/服务器对组织的吸引力更大，这是因为服务器的成本较低。大型机的成本可达数百万美元，而服务器只需数千美元。相较于大型机，服务器具有**可扩展性**

(scalable),因为它们的增量成本很低,因此可以容易地满足增长的需求。客户端/服务器架构允许世界各地的用户,只要他们拥有一个互联网连接,就可以访问系统。我们现在知道云已到来,但是现代的云计算还需要几年的时间。大型机并没有因为客户端的出现而完全消失。事实上,仍有许多组织(如大型银行)使用大型机处理日常业务。

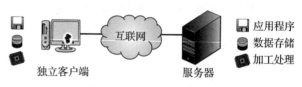

图 6-2　客户端/服务器时代(1990s ~ 2000s)

6.1.1　云计算

直到 2008 年左右,大部分组织才构建起自己的计算基础设施,并进行维护。组织购买或租赁硬件设备,按照合同安装,用来支持组织的邮件、网站、电子商务网站、会计系统和操作系统等内部应用(你可以在下面的章节了解到更详细的信息)。2008 年后组织开始将计算基础设施迁移到云端。

云计算[⊖]**架构**(cloud computing architecture)允许员工和客户获得存储在云中的数据和应用程序。如图 6-3 所示,通过包括 PC 端、瘦客户端、移动设备、物联网设备在内的各种设备可以远程使用应用程序、数据和处理能力。组织不再需要购买、配置和维护昂贵的计算基础设施。组织转向云的原因与其当初转向客户端/服务器的原因一样,即降低成本并提高可扩展性。

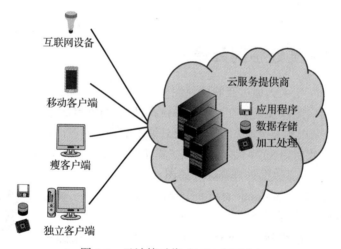

图 6-3　云计算时代(2008 年至今)

但是,使用云还有其他益处。本章开篇定义了云——基于互联网弹性租用计算机资源池。云的益处主要有如下几方面。

1. 弹性

在云计算中,当资源租用量可以在短时间内以编程方式动态增加或减少时,组织只为其使用的资源付费。**弹性**(elastic)这一术语最初是由亚马逊公司以上述方式使用的。

弹性与可扩展性不同,可扩展性是指响应需求缓慢增长的能力。可扩展性的一个示例是系统能在未来 10 年内平均每年增加 1 000 个新客户端的能力(仅响应需求的增长)。弹性一个

⊖ 云计算是一种将可伸缩、弹性、共享的物理和虚拟资源池以按需自服务的方式供应和管理,并提供网络访问的模式。——译者注

示例则是当地小型的新闻频道能够处理全球每个人请求同一新闻报道网页的能力（可响应需求的大量增长或减少）。

基于云的托管比传统的客户端/服务器环境提供了更高的弹性。组织可以购买足够的服务存储器来满足增长的需求，但这一定是非常昂贵的。而组织可以从云供应商那里租赁存储器并按需付费。

2. 池化

在云的定义中，第二个关键术语是**池化**（pooled）。由于许多不同的组织共同使用相同的物理硬件，因此云资源被池化；组织通过虚拟化共享硬件。虚拟技术加速了虚拟化机器的创新。客户提供（或者在云中创建）机器的数据和程序的镜像，虚拟化软件从云端的资源池获取。

虚拟化能够快速应对增长的需求，因此增加了组织系统的可扩展性。组织可以在几分钟之内创造出新的虚拟机器，然而却需要几天的时间才能完成物理服务器的订购、运送、安装和配置。虚拟化可以降低成本。数百个虚拟机器（虚拟服务器）可以安置在一个单一的物理服务器中。因此，物理服务器的成本分散在每个单独的虚拟机上。

3. 基于互联网

最后，可以**基于互联网**（over the Internet）访问云中的数据。你也许会说："这有什么了不起的！我一直都在使用互联网。"那么请思考一下，通过互联网来获得数据意味着不需要本地存储。从组织的角度来看，这样不需要拥有任何服务器，不需要为运行的服务器支付电费，不需要购买备用发电机以防电力中断，不需要租赁额外的商业空间来放置服务器，不需要关注服务器房间的温度高低以及安装专门的消防系统以防火灾发生，也不需要雇用人员通过更换损坏部分或更新零件来人工管理服务器。计算基础设施的人工管理费用是昂贵的，并且对许多公司而言成本太高。

6.1.2 为什么组织更喜欢云

在未来，很可能所有或几乎所有的计算基础设施都将从云端租赁，但目前还未实现。并不是所有公司都完全接受了云计算，公司内部的数据中心仍有许多服务器，但是接受云计算的公司数量正在迅速增多。诸如 Netflix、Adobe System、美国航空航天局（NASA）、Juniper Networks、Intuit 这样的著名组织都已转向了云。[一]

事实上，大多数人没有意识到组织转向云的速度有多快。2006 年，亚马逊公司着手建设自己的云计算服务平台 AMS（Amazon Web Services）。很多行业分析师都将其视为成本中心，并认为其在未来的很多年都不会给亚马逊公司带来收入。如图 6-4 所示，2016 年第一季度 AMS 的收入是 25.7 亿美元[二]，一年的收入预期可达 125 亿美元[三]，可见其收入在短期内产生了巨额增长。AMS 给亚马逊公司带来的收入超过亚马逊公司总营业收入的 50%，其收入增长速度是电子商务的两倍。更让人惊讶的是，亚马逊公司占据云计算市场 31% 的份额，并拥有

[一] Julie Bort, "Netflix, Juniper, and Intuit Explain How Amazon Is Eating the $3.5 Trillion IT Industry," Business Insider, January 13, 2016, accessed May 14, 2016, www.businessinsider.com/netflix-intuit-juniper-go-all-in-on-amazon-cloud -2016-1.

[二] Yahoo! Finance, SEC Filings, accessed May 15, 2016, http://finance.yahoo.com/q/sec?s-AMZN+SEC+Filings.

[三] John Divine," Amazon.com, Inc:Why AWS Growth Is VITAL to AMZN Stock," InvestorPlace, May 2, 2016, accessed May 15, 2016, http://investorplace.com/2016/05/aws-growth-amazon-amzn-stock.

上百万活跃用户。⊖百万用户听起来并不多,但他们不是在亚马逊公司购物的个人用户,而是像 Adobe System 公司(480 亿美元市值)、Netflix 公司(370 亿美元市值)、Pfizer 公司(2 050 亿美元市值)这样的大公司。这种类型的客户有 100 万是相当可观的。

图 6-4　亚马逊公司云计算服务平台 AMS 的收入增长

驱使组织转向云托管的因素主要有低成本、随时随地访问、可扩展性和弹性。此外,还有一些因素也会影响组织转向云托管。表 6-1 比较了云托管与内部(客户端/服务器)托管的优缺点。如表 6-1 所示,云托管的优势更为明显。云供应商 Rackspace 将以每小时低于 1 美分的价格租赁一个中级服务器。如今你们可以用几分钟的时间获得这个服务器。如果你们明天需要上千个服务器,可以通过租赁的方式轻而易举地扩大服务器的规模。此外,当你们了解成本结构后,可能会对想要访问你们网站的客户数量感到惊讶,但是绝不会对花费的成本感到惊讶。

表 6-1　云托管与内部托管的比较

云托管	内部托管
优势	
小资本需求	数据位置控制
快速发展	安全和灾害预防的深度可见性
应对增长或波动需求的卓越的可扩展性	
已知的成本结构	
可能是最好的安全/灾害预防方案	
不过时	
全行业规模经济,更便宜	
关注核心业务,而不是基础设施	
劣势	
依赖于供应商	需要大量的资本
缺乏数据位置控制	相当大的开发努力
真正的安全和灾害预防能力的低可见性	很难(不可能)适应波动需求
	持续的支持成本
	员工与培训人员
	不断增长的管理需求
	每年的维护成本
	成本的不确定性
	过时

⊖ Brandon Butler, " Amazon's Cloud Conference-By the Numbers " NetworkWorld. October 7, 2015, accessed May 15, 2016, www.networkworld.com/article/2990421/cloud-computing/amazons-cloud-conference-by-the-numbers.html.

云托管的另一个优势在于，只要你们的合作伙伴是一家大型的、声誉好的企业，你们将会获得最佳的安全与灾害恢复方案（详见第 10 章）。此外，你们无须担心正在投资的技术将会很快过时，云供应商将承担这种风险。之所以所有这些都是可能的，是因为云供应商通过将服务销售给整个行业而不仅仅是你们一个公司来获得规模经济。最后，由于不需花费大量时间维护基础设施，云计算使得你们可以专注于自己的业务。你们可以外包那些不是核心竞争力的业务，并且关注那些可以带来竞争优势的业务（详见第 3 章）。

缺少管控是云计算的一个劣势。你们需要依赖一个供应商，而供应商的管理、政策以及价格的变动均不受你们的控制。此外，你们不知道数据存储在何处——这些数据可能占据组织价值的一大部分。你们也不知道其数据有多少副本以及它们是否是本国存储。最后，你们无法看到实际的安全和灾害预防能力。你们的竞争对手也许正在窃取你们的数据，但是你们可能并不知道。

内部托管的优势与劣势详见表 6-1 的第二列。在大多情况下，它们是云托管的对立面，然而值得注意的是内部托管需要人员参与并进行管理。内部托管不仅需要建立自己的数据中心，还需要聘用和培训运营方面的人才，更需要管理这些人员和设备。

6.1.3　什么时候云是没有意义的

云托管对于大多数组织来说是有意义的，只有对那些按法律或行业标准规定必须对内部数据进行物理控制的组织来说可能会没有意义。这些组织可能被迫创建和维护自己的托管基础设施。例如，法律可能会要求金融类机构对其内部数据进行物理控制。即使是在这种情况下，组织也可以通过使用私有云或虚拟私有云获得云计算的许多效益，6.7 节将探讨组织采纳私有云的可能性。

6.2　组织如何使用云

在了解云是什么之后，本节将给出组织如何使用云的具体实例——某汽车制造商如何从云的资源弹性、池化以及独特的互联网连通性中获得收益。

6.2.1　资源弹性

假设一个汽车制造商要设计一则广告并在奥斯卡（the Academy Award）颁奖期间播放。它相信一则出色的广告可以为其带来数百万的网站点击量。但是，其无法提前知晓到底会是 1 000、100 万、1 000 万还是更多的访问量。此外，广告可能对某一国家比另外一个国家更有吸引力。会有 70% 的访问来自美国而其余的来自欧洲吗？会有数百万的访问来自日本或澳大利亚吗？考虑到这些不确定性，汽车制造商应该如何提前准备它的计算基础设施呢？汽车制造商知道，如果它无法提供极短的响应时间（通常是几分之一秒），它将失去昂贵的广告为其带来的收益。另一方面，如果这则广告的效果不尽如人意，那么预先调配的数千台服务器将会增加资金浪费。

图 6-5 展示了基于亚马逊公司的 CloudFront 服务支持的一个实际案例。假设图 6-5 是在奥斯卡颁奖期间汽车制造商的网站情况。汽车制造商整天都在向用户提供低于 10 Gbps 的内容。然而，当广告播出时（数据收集所在地夏威夷—阿留申时区下午 2 点），数据传递的需求增加了 7 倍并且持续了半个小时。在宣布最佳影片之后，再次播放该广告，之后需求增加到 30～40Gbps，在持续了一个小时后降到了基础水平。

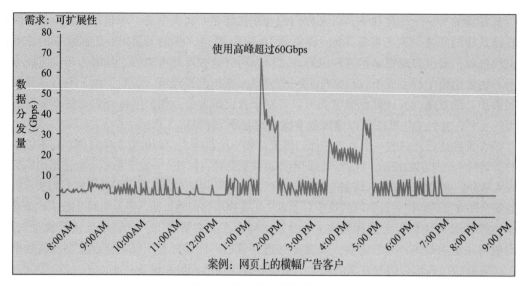

图 6-5 视频广告用户的实例

如果不增加服务器，制造商网站的响应时间将达到 3～5 秒或更长，这对于维持奥斯卡观众的注意力而言太长了。然而，汽车制造商可以与云供应商签订协议，在全球需要的地方增加服务器，以确保响应时间在 0.5 秒之内。云供应商通过使用云技术以编程的方式增加服务器，将响应时间控制在 0.5 秒以内。随着广告第二次播放之后需求的下降，云供应商可以释放多余的服务器并在颁奖结束时进行再分配。

通过这种方法，汽车制造商无须建造或承包基础设施以满足最大需求。如果它这样做了，那么大部分服务器将在无数个夜晚被闲置。云供应商可以在全球范围内使用云服务提供服务器。例如，如果新加坡有很大量的超额需求，它就可以在亚洲提供额外的服务器，并减少由于全球传输延迟而导致的等待时间。

6.2.2 池化资源

汽车制造商在这几个小时需要支付的服务器成本很低，因为它只需运行很短的时间。在奥斯卡颁奖时使用的服务器可以在使用过后分配给当天需要的会计师事务所（CPA firm），或分配给那些需要在周一进行在线学生活动的教科书出版商，或者是分配给下周需要使用服务器的酒店。

理解这种发展的本质的一个简单方法就是回顾电能的发展。在电能产生初期，组织自己运行发电机为公司生产电能。随着时间的推移，电网逐渐扩大，从而促使集中发电成为可能，因此组织可以按需向供电企业购买电能。

云供应商和供电企业都受益于规模经济。依据这项原则，生产的平均成本随着经营规模的增加而降低。主要的云供应商经营着庞大的 Web 服务器群（Web farm）。图 6-6 展示了 2011 年苹果公司为了提供 iCloud 服务所建造的用于存放 Web 服务器群中计算机的建筑物。这个价值亿万元的建筑占地 505 000 平方英尺。⊖亚马逊公司、IBM 公司、微软公司、Oracle 以及其

⊖ Patrick Thibodeau," Apple, Google, Facebook Turn N.C. into Data Center Hub," Computerworld, June 3, 2011, accessed June 3, 2016, www.computerworld.com/article/2508851/data-center/apple-google-facebook-turn-n-c-into-data-hub.html.

他大型公司都在全球运营着多个相似的 Web 服务器群。

6.2.3 基于互联网

在之前的例子中，汽车制造商和云供应商签订了最大响应时间的协议，云供应商增加服务器以满足需求。正如前文所述，云供应商可以在一瞬间向世界各地提供所需的服务器。同时，它并不只为一个客户服务，而是为数千个像汽车制造商这样的客户服务。它是怎么做到的呢？

以前，当需要进行跨组织合作时，汽车制造商的开发者需要与云供应商开发者面谈来设计交互界面。"我们的程序需要做这些，提供这些数据，并且我们希望你们的程序能做到那些，作为回应，将这些数

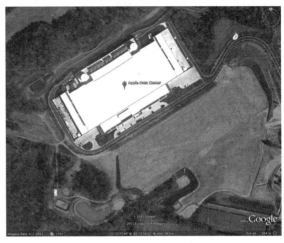

图 6-6　位于美国梅登的苹果公司数据存储中心
资料来源：Google Earth.

据发送给我们。"这种会议会持续几天，耗资巨大且容易出错。至于设计，开发者可以回到家中编写代码以实现双方商定的界面设计，然而各方理解的界面设计可能并不一样。

开发设计是一个长期、漫长、昂贵且容易失败的过程。如今如果组织非要这样做，那么云配置服务对其而言是不可行的，也是其承担不起的。

相反，计算机行业确立了一套标准的基于互联网请求和接收服务的方式。6.5 节将介绍一些标准。就目前而言，只要实现这些标准，就能让那些从未"会面"的计算机组织一场令人眼花缭乱的、全球范围的"舞蹈"：以十分之一秒或更短的时间，通过 PC 端、iPad、谷歌手机、Xbox 甚至运动设备，向用户传递或为用户处理内容。这绝对是令人着迷的技术！遗憾的是，你只能在 6.3 节和 6.4 节了解到几个基本术语。

6.2.4 来自云供应商的云服务

组织可以通过不同的方式使用云。第一种或最流行的方式就是从云服务供应商那里获得云服务。但是，并不是所有组织使用云服务的程度都相同。使用程度的多少，由你而定。作为商务人士，你需要了解不同级别的云服务之间的差异。

为了帮助了解这些差异，下文将使用与交通工具相关的隐喻，并将此与云服务供应相联系。

1. 交通工具即服务

假设你需要每天上下班。有四种可以满足交通需求的选择，分别是制造汽车、购买汽车、租用汽车和乘坐出租车。每种方式都有其优缺点。正如图 6-7 所示，就制造汽车而言，你可以管理自己的交通工具。就出租车服务而言，你的交通工具是受他人管辖的。

举例来说，如果决定买车而不是制造车，你必然会外包交通工具的某些部分给汽车制造商。你不需要购买汽车部件，无须组装汽车或测试汽车以确保其运转良好。最初你可能会觉得制造自己的汽车更便宜。但事实上，你可能并不具备制造一辆可靠的汽车所需的时间、知识、技能和实践经验。因此，购买车最终可能会比制造车更便宜。

类似地，如果决定租赁汽车，你必然会将交通工具的大部分外包给他人。租赁汽车不需要花费汽车注册费用，不需要修理或清洗车辆。然而，虽然你需要做的工作减少了，但潜在的花费却提高了。租赁汽车与乘坐出租车的区别亦是如此。如果乘坐出租车，你不需要买车险、开车和加油，甚至都不需要驾照，同样也能完成上下班这件事情，只是对交通工具的管控更少罢了。

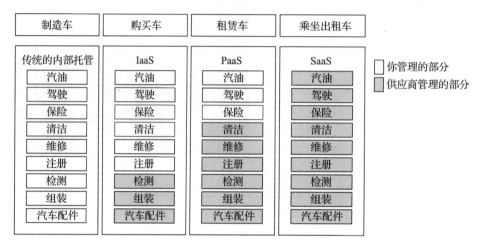

图 6-7　交通工具即服务

2. 云服务供应的类型

"交通工具即服务"的隐喻帮助解释了组织如何使用云服务摆脱传统的内部模式，它们如今不必再在内部提供所有的服务。如果选择云服务，组织对其基础设施、平台以及软件功能可以进行较少的管理。一般来说，某种服务并不一定就优于另一种。对于一个单独的组织而言，最适合的服务取决于其管理者想要使用云的方式。基于云的服务主要包括三种类型，详见表 6-2。

表 6-2　三个基本云服务的类型

云服务	用户	举例
SaaS（软件即服务）	雇员和客户	Saleforce.com、iCloud、Office 365
PaaS（平台即服务）	应用开发者和测试者	Google App Engine、Microsoft Azure、AWS Elastic Beanstalk
IaaS（基础设施即服务）	网络设计师和系统管理者	Amazon EC2〔Elastic Compute Cloud（弹性计算云）〕、Amazon S3〔Simple Storage Service（简单存储服务）〕

如图 6-8 所示，最基础的云服务是**基础设施即服务**（infrastructure as a service，IaaS），它由供应商托管服务器裸机、数据存储、网络和虚拟化。Rackspace 公司可以为客户提供硬件，帮助其加载任何所需的操作系统。亚马逊公司许可 S3（简单存储服务）可以在云端提供无限的、可靠的数据存储。IaaS 节省的成本远多于传统的内部托管。

第二种云托管的类型是**平台即服务**（platform as a service，PaaS），供应商提供托管的计算机、操作系统、运行环境以及像 Web 服务器或数据库管理系统一样的中间件。例如，微软公司的 Windows Azure 提供了安装有 Windows 操作系统的服务器。微软公司的 SQL Azure 提供了 Windows 服务器和 SQL 服务器的托管。Oracle On Demand 提供了带有 Oracle 数据库的托管服务器。此外，如果使用 PaaS，组织会在托管中加入自己的应用程序。例如，Amazon EC2 提供安装有 Windows 服务器操作系统或 Linux 系统的服务器。

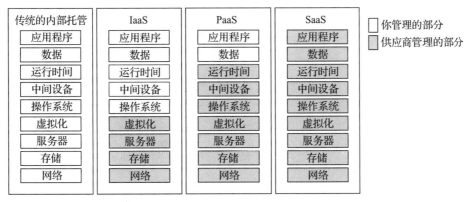

图 6-8 云服务

一个提供**软件即服务**（software as a service，SaaS）的组织，不仅提供基础设施硬件或操作系统，还提供应用程序和数据库。例如，Saleforce.com 网站为客户提供销售跟踪服务的硬件和应用程序。类似地，谷歌公司提供了谷歌云端硬盘，微软公司提供了 OneDrive 服务。此外，Office 365、Exchange、Skype、Sharepoint 等应用程序均为"云中"提供的服务。

对于每个应用程序，你只需要注册并学习如何使用它们，而无须担心购买硬件、加载操作系统、建立数据库或安装软件之类的问题。这些均由云服务提供商进行管理。就像乘坐出租车，你要做的只是上车并出发。

作为商务人士，你需要了解内部托管、IaaS、PaaS 和 SaaS 的优势与劣势。你对云服务的选择将会受到公司的竞争环境、商务战略以及技术资源的影响。正如之前提到的交通工具即服务的隐喻一样，并不是每个人都需要制造、拥有或租赁一辆汽车。

如果你是生活在大城市的工作者，乘坐出租车可能是最好的选择（SaaS）。如果你总是因为业务而到处奔波，在每个城市租赁一辆汽车可能是最好的选择（PaaS）。如果你拥有一个大型包裹邮寄公司，那么你也许想要购买一队卡车（IaaS）。如果你是一名高水平的赛车选手，你可能需要制造自己的专属赛车（内部托管）。在云服务之间做出正确的选择，其实就是找出最契合组织需求的方案。

6.2.5 内容分发网络

云的另一个主要应用就是从世界各地的服务器中分发内容。**内容分发网络**（content delivery network，CDN）是通过互联网向网站页面提供内容的信息系统。为了减少等待时间，数据的存储和服务通常来自多个地理位置。一个 CDN 提供了一种特殊类型的 PaaS，但是通常认为它具有自己的分类。为了理解 CDN 如何分发内容，我们将它与传统服务器的分发内容进行了比较。

图 6-9 展示了位于加利福尼亚的服务器如何向美国其他地区的用户分发内容。假设位于

加利福尼亚的媒体公司向全国百万家庭分发高清（high definition，HD）电影，那么该公司使用的宽带流量将是巨大的。为了对宽带的流量有个概念，报告显示 Netflix 公司在晚高峰消耗的流量占北美互联网流量总量的 37%。⊖ 这种级别的宽带消耗对于内容分发而言是非常昂贵的，同时还会降低其他公司内容分发的速度。

图 6-9　传统服务器内容分布

图 6-10 展示了该网络媒体公司如何使用 CDN 来存储电影的副本。CDN 供应商在全球范围内的服务器上复制电影，以缩短响应时间。当用户在家中发出观看电影的请求时，这一请求将被传输到一个路由服务器，该服务器将决定哪个 CDN 服务器可以以最快的速度把电影发送给用户。由于流量瞬息万变，这些决定是实时做出的。在某个时刻，用户对内容的请求可能由一台位于圣迭戈（San Diego）的计算机进行处理，几分钟后，同一用户发出的同一请求则可能会由另一台位于西雅图（Seattle）的计算机处理。

图 6-10　分布式内容分发网络服务器

除了电影，CDN 经常被用来存储和分发变动较少的内容。例如，公司网站页面的标语可

⊖ Victor Luckerson," Netflix Accounts for Moer Than a Third of All Internet Traffic," Time.com, May 29, 2015, accessed May 17, 2016, http://time.com/3901378/netflix-internet-traffic.

能存储在多台 CDN 服务器中，继而可以从 CDN 不同的服务器中获得大量的网页。为了尽可能快地提供内容分发，所有的这些决定都是实时做出的。

表 6-3 总结了 CDN 的优点。前两个优点是显而易见的。由于数据被存储在多个服务器中，因此可靠性得以增强。如果一个服务器传送失败，那么任何一个其他的服务器都可以继续传送内容。第 10 章将会介绍与之相关的拒绝服务（DoS）攻击。目前，你只需要了解，这种安全威胁会向特定的服务器发送超额的数据，超出了服务器可接受的范围，导致流量溢出。因为拥有大量的服务器，CDN 可以抵抗这些攻击。

表 6-3 内容分发网络的优点

- 减少甚至保证加载时间
- 降低源服务器的负载
- 提高可靠性
- 阻止 DoS 攻击
- 减少移动用户的分发成本
- 即付即用

在许多情况下，CDN 降低了移动用户（拥有有限数据账户的人）的访问成本。通过快速地传送数据，将降低用于站点连接的费用。最后，许多（但并不是所有的）CDN 服务是以一种灵活的、即付即用的形式提供的。客户不需要签订固定的服务和支付合同，他们只需要支付他们实际使用的费用。一些主要的 CDN 供应商包括 Amazon CloudFront、Akamai、CloudFlare CDN 和 MaxCDN。

6.2.6 在内部使用 Web 服务

组织使用云技术的最后一种方式是在组织内部建立信息系统来使用 Web 服务。严格地说，这并不是使用云，因为它并不具有弹性，也没有提供池化资源的优势。但是，它确实较好地使用了云标准，因此我们将其包含在内。

图 6-11 展示了一个 Web 服务库存应用程序，它隶属于一个名为"Best Bikes"的虚拟在线自行车零件零售商。在这一案例中，Best Bikes 在自己的基础设施上运营自己的服务器。它在公司内部建立了一个私有网络，通常情况下，该网络是无法从公司外部进行访问的。Best Bikes 公司通过使用 Web 服务器标准和应用程序，建立了一个网络服务描述语言（WSDL），用以编写库存处理的应用程序。通过在公司内部使用 SOAP，其他应用程序可以获得 Web 服务，并且可以使用 JSON 传递数据。应用程序用户通过使用其浏览器收到的 Java 脚本语言访问库存 Web 服务。6.5 节将讨论这些。

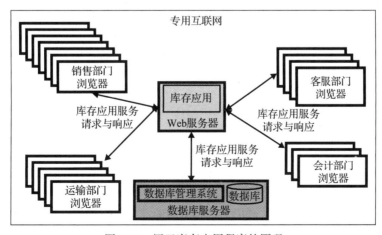

图 6-11 用于库存应用程序的原理

Web 库存服务的用户包括销售、运输、客服、会计和其他部门。内部应用程序可以像搭积木一样使用 Web 库存服务。其可以按需使用服务。由于 Web 服务是封装的，因此库存系统可以在不影响其他应用程序的情况下进行修改。通过这样的方式，系统开发变得更加灵活、快速，其成本也更为低廉。

正如前文所述，这不是云。在这个例子中，Best Bikes 公司有固定数量的服务器，并且没有试图将它们变得更加灵活。此外，服务器是专门为库存设计的，在空闲时段，它们并没有被动态地用于其他目的。一些组织通过创建私有云来改变这一限制，详见 6.7 节。

6.3 哪些网络技术支持云

计算机**网络**（network）是通过传输线路相互通信的计算机的集合。如表 6-4 所示，网络的四种基本类型分别是个人局域网、局域网、广域网和专用网络。

表 6-4 基本的网络类型

类型	特征
个人局域网	连接位于个人周围的设备
局域网	连接位于单一地理位置的计算机
广域网	连接两个或更多个不同地理位置的计算机
互联网和专用网络	网络的网络

个人局域网（personal area network，PAN）是连接位于个人周围的设备的网络。许多个人局域网设备可以无线连接到距离 10 米以内的其他设备。**局域网**（local area network，LAN）是连接公司内部单一地理位置的计算机且由该公司运营的网络，它连接的计算机数量可以从两个到几百个。其特性就是单一的地理位置。**广域网**（wide area network，WAN）是连接不同地理位置的计算机的网络。两个分公司的计算机站点需要通过 WAN 进行连接。举例来说，一个智能手表或健身追踪器，通过连接学生的智能手机来创建一个 PAN；在一个校园内商学院的计算机可以通过 LAN 进行连接，而位于多个校园里的商学院的计算机必须通过 WAN 进行连接。

在局域网与广域网之间，单一地理位置与多个地理位置的区分是非常重要的。在局域网中组织可以在任意地点构建通信线路，因为所有的线路都搭建在内部。对于广域网而言却不是如此。在芝加哥（Chicago）和亚特兰大（Atlanta）设有办事处的公司，就不能沿着高速公路运营连接两个城市的计算机的通信线路。然而，公司可以与政府授权的、在两个城市间已经有通信线路或者有权利运营新线路的通信运营商签订协议。

Internet 是指网络中的专用网络，它连接着局域网、广域网和其他的专用网络。**互联网**（the Internet）即当你发送邮件或者访问网站时所使用的网络集合，是最著名的专用网络。除了互联网之外，还存在其他一些网络的专用网络，我们称之为"internets"。在组织内部专门使用的私有网络有时被称为"**内联网**"（intranet）。

构成专用网络的网络使用了各种各样的通信方法和约定，并且数据必须能够在其中无缝流动。为了实现数据的无缝流动，需要使用分层协议。协议的详细内容不在本书讲述范围之内。你只需要了解**协议**（protocol）是用于组织通信的一组规则和数据结构。计算机需要使用协议来交换数据。人们使用类似的协议进行交流。例如，人们遵循一个对话的协议，即当一个人说话的时候，其他人在听；他们会来回切换直到完成交流；如果没有对话协议，人们会不断打断对方，最终没有任何实质性的交流。

协议的种类有很多，有些适用于个人局域网，有些适用于局域网，有些适用于广域网，有些则适用于专用网络和互联网，还有一些适用于上述所有网络。本章将介绍几个常见的协议。

6.3.1 局域网的组成部分是什么

如前所述，局域网指的是在单一地理位置上相互连接的计算机组。通常这些计算机之间最多只有半英里的距离。然而，关键在于所有的计算机都是运营该局域网的组织的可控财产。这就意味着，在局域网中组织可以在任何需要连接的地方铺设电缆。

图 6-12 展示了一个**小型办公室或家庭式办公室**（small office or home office，SOHO）内部的典型局域网。通常来说，这种局域网仅由不到十几台的计算机和打印机构成。当然，许多企业运行的局域网要比这个大很多。大型局域网与小型局域网的规则是相同的，但其额外的复杂性超出了本书的研究范围。

图 6-12 展示了计算机和打印机通过有线连接和无线连接进行通信的情况，一些设备使用有线连接，其余的使用无线连接。有线连接和无线连接使用的设备和协议是不同的。

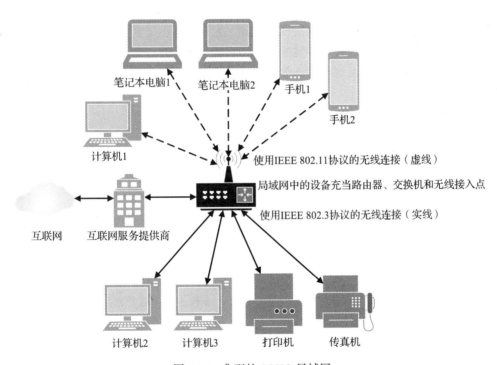

图 6-12 典型的 SOHO 局域网

电气和电子工程师协会（Institute of Electrical and Electronics Engineers，IEEE）主办委员会创建和颁布了协议与其他标准。颁布局域网标准的委员会被称为 IEEE 802 委员会，因此 IEEE 的局域网协议总是以数字 802 开始。

IEEE 802.3 协议（IEEE 802.3 protocol）被用于有线局域网连接。这一协议标准也被称为"以太网"（Ethernet），用以指定硬件特性，如哪种线路携带哪种信号，同时也描述了信息如何在有线局域网中封装和处理。

如今大多数的个人计算机都支持 10/100/1000 以太网。这些产品都遵循 802.3 规范，并且允许以 10/100/1000Mbps（兆比特/秒）的速度传输数据。交换机检测特定设备可以承受的速度，并在该设备中以这一速度处理并传输信息。查看戴尔、联想和其他制造商的计算机列表，你会发现标有 10/100/1000 以太网的 PC 机广告。现如今，有线局域网中的速度可以高达 1Gbps。

顺便说一下，用于通信速率的字母缩写与那些用于计算机存储器的字母缩写不同。对于通信设备而言，K 代表的是 1 000 而不是用于存储的 1 024，M 代表的是 1 000 000 而不是 1 024×1 024，G 代表了 1 000 000 000 而不是 1 024×1 024×1 024。因此，100Mbps 是每秒 100 000 000 字节。此外，通信速度用比特（bit，缩写为 b）表示，存储器容量用字节（byte，缩写为 B）表示，它们的测量单位是不同的。1byte 由 8bit 组成。也就是说，1MB 的文件由 8 388 608bit 组成。在 1Mbps 的连接上发送 1MB 文件需要花费 8 秒的时间，因为连接速度是以 b/s 测量的而不是 B/s。

无线局域网使用 IEEE 802.11 协议（IEEE 802.11 protocol）。该协议有多个版本，截至 2016 年，最新的版本是 802.11ac。这些版本之间的差异不在本书的讨论范围之内。你只需要知道，当前的 802.11ac 标准允许的速度高达 1.3Gbps，虽然只有极少数用户的互联网连接快到足以充分利用这一速度。

蓝牙（bluetooth）是用于个人局域网连接的通用无线协议。它是一种为短距离的数据传输而设计的常见的无线协议，取代了连接线。例如，无线鼠标、键盘、打印机和耳机等设备可以通过蓝牙与台式电脑进行连接。其他的设备如智能手表、健身追踪器也可以通过蓝牙与智能手机进行连接，并且通过互联网发送数据。越来越多的可穿戴设备、汽车以及运动装备都具备了蓝牙功能。

案例 6-1

伦理指南：云利润

联盟伙伴（Alliance Partners，一个虚构的名字）公司是一个数据经纪人。本书将在第 9 章介绍数据经纪人，现在你只需要知道这些公司从零售商、其他数据经纪人、政府机构和公共来源那里获得并购买消费者数据及其他数据，并将其汇总到个人的数据文档中。联盟伙伴公司专门为房地产经纪人收购市场数据和买卖双方的数据，并对其进行分析。联盟伙伴公司以 100～1 500 美元的价格将个人资料出售给正规的房地产经纪人，具体价格取决于对方要求的数据量和分析类型。

联盟伙伴公司由三个合伙人于 1999 年创立。他们虽然经历了世纪之交互联网泡沫破裂的艰难时期，但却在这一时期幸存下来并发展良好，直到 2008 年房地产崩盘时，他们才陷入收入短缺的严峻境地。2008 年年末，为了降低运营成本以在经济低迷时期得以存活，联盟伙伴公司将数据的存储和处理从自己的 Web 框架转向云端。云计算的弹性灵活性，使得联盟伙伴公司用低于之前的成本就能提高数据服务的速度和质量。此外，使用云服务可以使内部硬件支持人员的数量缩减 65%。

合伙人每年召开两次会议，以审查他们的财务业绩、评估战略并制定下半年或长期的计划。在 2008 年联盟伙伴公司收入短缺时，他们聚集在当地汉密尔顿客栈（Hamilton Inn），啃着过期的面包圈，喝着兑水的橙汁。今年，他们在加勒比海（Caribbean）的英属维尔京群岛（British Virgin Island）租赁了会议设施。在今年的会议开始时，两位合伙人进行了如下对话。

"巴特，我们在这儿做什么？"掌管销售

和营销的合伙人谢莉（Shelly）正在质问联盟伙伴公司的管理合伙人巴特·约翰逊（Bart Johnson）。

"谢莉，你这是什么意思，你不喜欢这里吗？"

"我喜欢这里，我丈夫也是。但是要知道我们正在用每晚1.5万美元的价格租用这个岛！"谢莉边擦防晒霜边说。

"我们并没有租用整个岛"巴特辩解道。

"是的，我想我们并没有租用整个岛，"谢莉说，"他们必须让一些员工留在这里。我们是唯一的付费客户……唯一的外地人。"

"但是，"她继续说道："这不是我要表达的重点。我的重点是，我们如何支付起这么高的费用？仅这次会议我们就要花费将近20万美元，那之后我们去哪里开会？月球上的五星级度假酒店？"

"谢莉，正如你即将听到的，联盟伙伴公司去年的毛利率是74%。它现在就是一个金钱制造机呀！我们正在利润中遨游！我们花钱的速度还不够快。对我们而言，如今的一个重要议题是：我们是否应进行合伙人分红？如果分红的话，金额是100万美元、300万美元，还是500万美元？"

"不。"谢莉听上去有些震惊。

"通过使用云，我们将运营成本从收入的62%降到了9%，我已经尽可能快地将这些资金投入到研发中去了，但我们的利润仍然还剩很多。点好龙虾，品尝完今晚的葡萄酒再说吧。"

"真恶心。"

"好吧。"巴特说，"那就不要喝葡萄酒了。你想要你的分红吗？"

"不，我是说，是的，但这太疯狂了，是不会持久的。"

"可能不会。但这是我们现在所要做的。"

讨论题：

在回答下列问题的时候，假设联盟伙伴公司并没有做过不合法的事情，他们按时向联邦政府以及当地政府纳税。

（1）从绝对命令的角度，联盟伙伴公司合伙人的会议花费以及合伙人的财产分配是否是不道德的？

（2）从功利主义的角度，联盟伙伴公司合伙人的会议花费以及合伙人的财产分配是否是不道德的？

（3）芝加哥大学的世界著名经济学家米尔顿·弗里德曼（Milton Friedman）曾说过，公司主管有责任赚尽可能多的钱，只要他们不违反法律规定和道德准则。[⊖]

① 你同意这一观点吗？为什么？

② 弗里德曼将道德准则严格定义为没有诈骗和欺骗。基于这一定义，你认为联盟伙伴公司的行为是道德的吗？

③ 用你自己的语言定义道德准则。

④ 基于自己对道德准则的定义，你认为联盟伙伴公司是符合道德的吗？

（4）你认为以下这些行为过分吗？解释你的回答。

① 三个合伙人及他们的配偶在五天的会议中花费近20万美元。

② 赚得74%的毛利润。

③ 每半年分红100万美元、300万美元或500万美元。如果答案是肯定的，那么哪个水平的分红令你觉得过分？

（5）描述联盟伙伴公司当前盈利的主驱动力。

（6）从给出的数据中，你认为联盟伙伴公司还可以如何处理这些超额的利润呢？

（7）你认为盈利性公司，特别是具有巨额利润的公司有如下道德义务吗？

① 为慈善做出贡献。

② 在可能的情况下降低价格，并继续赚取合理的利润。

③ 为解决环境问题做出贡献。

④ 在可能的情况下，将大量的奖金分给所有员工，而不仅仅分给高级经理。

（8）对于大多数学生来说，一年挣50万

⊖ Milton Friedman, "The Social Responsibility of Business Is to Increase Its Profits" New York Times Magazine, September 13, 1970.

美元的人是富人；对于每年能挣 50 万美元的人来说，每半年挣 100 万美元、500 万美元的合伙人是富人；对于一年挣 200 万美元、1 000 万美元的人来说，亿万富翁才是富人。你认为划分富人的标准是什么？

（9）你认为富人有如下道德义务吗？
①为慈善做出贡献。
②为解决环境问题做出贡献。
③放弃他们应得的政府福利，如不参与他们不需要的社会保障。

6.3.2 将局域网与互联网连接

当你将办公室或总公司局域网、手机、iPad、Kindle 与互联网连接时，你可能没有意识到你正在连入广域网。但是你必须要意识到这一点，因为你正在连接的计算机并不位于公司内部。你不能沿着大街拉电线并随便插在某个地方。

当与互联网相连，实际上是与一个**互联网服务提供商**（Internet service provider，ISP）相连。ISP 有三个重要的功能：第一，提供合法的互联网地址。第二，它是通往互联网的门户；ISP 从计算机接收通信消息并将它们传递到互联网上，同时将互联网上接收的通信消息传送给计算机。第三，ISP 为互联网付费；它们从用户处收集资金，以用户的名义支付使用费用或其他费用。

表 6-5 展示了连接到互联网的三种常见的备选方案。值得注意的是，我们讨论的是如何将计算机通过广域网与互联网相连，而不是广域网的架构。广域网架构及其协议不在本书的讨论范围内。如果想更多地了解广域网，你可以上网搜索"专线"或"分组交换数据网"。

表 6-5　局域网的网络概述

类型	拓扑	传输线	传输速度	使用的设备	通用协议	备注
局域网	局域网	双绞线（UTP）或光纤	通常：10/100/1 000Mbps 可能：1Gbps	交换机 网卡（NIC） 双绞线或光纤	IEEE 802.3（以太网）	交换机连接设备，除了小局域网外，所有的局域网有多个交换机
	无线局域网	非无线连接的双绞线或光纤	高达 600Mbps	无线接入点 无线网卡	IEEE 802.11n（802.11ac 不常用）	接入点将有线局域网（802.3）转换成无线局域网（802.11）
互联网连接	连接到 ISP 的 DSL 调制解调器	DSL 电话	个人：上传达 1Mbps，下载达 40Mbps（可能在大多数地区最多达 10Mbps）	DSL 调制解调器 DSL 电话线	DSL	能够实现计算机和电话同步使用，始终连接
	连接到 ISP 的电缆调制解调器	从有线电视线到光缆	上传达 1Mbps，下载达 300Kbps～10Mbps	电缆调制解调器 有线电视电缆	电缆	与其他站点共享容量，性能取决于其他人的使用
	无线广域网	无线连接到 WAN	500Kbps～1.7Mbps	无线广域网调制解调器	若干无线网标准中的一个	高级的协议使几个设备可以使用相同的无线频率

SOHO 局域网（如图 6-12 所示）、个人计算机和办公室的计算机通常以下列三种方式中的一种连接到 ISP：DSL 的专用电话线路、有线电视线路和类似移动电话的无线连接。

1. 数字用户线路

数字用户线路（digital subscriber line，DSL）是在与语音电话相同的线路上工作的通信线路，但是这样的方式不会使其信号干扰语音电话服务。由于 DSL 与电话信号互不干扰，DSL 数据传输与电话通信可以同时进行。电话公司中的一个设备将电话信号和计算机信号分离，并且将计算机信号发送给 ISP。数字用户线路使用它们自己的协议进行数据传输。

2. 电缆线路

电缆线路是广域网连接的第二种方式。**电线电缆**（cable line）是提供高速数据传输的有线电视线路。电缆公司在其所服务的每个社区的配电中心均安装了快速、大容量的光纤电缆。在配送中心，光纤与用户家中或公司的有线电视电缆相连接。电缆信号并不干扰电视信号。

由于多达 500 个用户站点可以共享这些设施，因此其性能的好坏取决于发送和接收数据的用户数量。用户下载和上传数据流量的最大值可分别达 50Mbps 和 512Kbps。通常来说，实际情况比这要差。在大多数情况下，电缆线路和 DSL 的下载速度是大体相同的。电缆线路使用它们自己的协议。

3. 无线广域网

第三种连接电脑、移动设备或其他通信设备的方式是**无线广域网**（WAN wireless）连接。例如，亚马逊公司的 Kindle 使用 Sprint 的无线网络提供无线数据连接。在无线广域网络不可用的情况下，iPhone 可以使用无线局域网。由于使用效果更好，所以无线局域网比较受欢迎。截至 2015 年，无线广域网提供的传输速度平均达到 1Mbps，最高达到 3Mbps，而无线局域网能达到 50Mbps。

6.4 互联网是如何工作的

本节内容会让你对互联网的工作原理有基本的了解，并帮助你成为高效的云服务用户。云存在于互联网上，所以要想了解云是如何工作的，首先需要了解互联网是如何工作的。在这之后，你将学习图 6-5 所展示的云供应商如何动态弹性地支持大量的工作。

6.4.1 互联网与美国邮政系统

互联网的基础技术和实现云服务的附加技术是复杂的。我们将使用一个简单的例子来解释互联网是如何工作的。如表 6-6 所示，将美国邮政系统中包裹的运输与互联网中数据包的移动进行类比。这是一个高度简化却非常有用的案例，可以较好地解释互联网的工作原理。我们将从宏观上帮助你了解整个概念和一些基本定义。

表 6-6 邮寄系统与互联网的类比

邮寄包裹的步骤	邮政系统	等效的网络
组装包裹	包裹	数据包
命名包裹	个人姓名	域名
查看地址	电话簿	域名服务器
把地址写在包裹上	邮寄地址	IP 地址
将挂号邮件标签贴在包裹上	挂号信	传输控制协议 TCP
邮寄包裹	航线、飞机	运营商（如斯普林特公司）、路由器

互联网的工作原理与美国邮政系统的工作原理类似，都是将东西从一个地方运输到另一个地方。互联网传送电子邮件而邮政系统传送纸质邮件。将互联网与邮政系统进行类比，可以将新的互联网术语与已经熟知的术语关联起来。

6.4.2　第一步：组装包裹（数据包）

假设你坐在西雅图的公寓里，想给在纽约 BigBank 公司工作的好友简·史密斯（Jane Smith）寄一箱饼干。在互联网中，该任务等同于通过网络向 BigBank 公司的 Web 服务器发送一个**数据包**（packet）或格式化信息以请求获取其网站主页的副本。数据在互联网中传输的方式与包裹在美国邮政系统中传输的方式如出一辙。饼干由你（是人而非程序）制作并装箱，而数据包的内容由谷歌浏览器、火狐浏览器、苹果浏览器、Skype 或者 FileZilla 等应用程序创建。

6.4.3　第二步：命名包裹（域名）

在美国邮政系统发送包裹的第二步是命名包裹。在饼干包装盒上你可能会写"BigBank Inc."或"Jane Smith"。在数据包上你可能附上**域名**（domain name），或者是世界上独一无二的公共 IP 地址。例如，域名可以是 www.bigbank.com、www.microsoft.com 或 www.university.edu。

对数据包而言，域名并非是必不可少的。事实上，很多数据包都没有域名。正如对美国邮政系统而言，邮寄地址要比收信人姓名更重要。

6.4.4　第三步：查看地址（IP 地址）

在将饼干寄给朋友之前，你需要在包裹上填写邮寄地址（例如，123，Park Ave，New York，NY，10172）。与普通邮件一样，每一个互联网上的地址都是独一无二的。一个唯一识别一台设备的互联网地址被称为 **IP 地址**（IP address）。**公共 IP 地址**（public IP address）在公共互联网上识别特定的设备。为了接入互联网，每个设备都必须具有访问公共 IP 地址的权限。

1. IP 地址

IP 地址有两种形式，其中最常用是 IPv4，它使用四个点分十进制数的表示法，如 137.190.8.10。不幸的是，只有 40 亿个 IPv4 地址可供全球 70 亿人口使用。在这种情况下，第二种形式 IPv6 逐渐被采纳。它比 IPv4 更长（如 0:0:0:0:0:ffff:89be:80a），可以容纳 340×10^{36} 个地址，就目前来说，这个数量是足够的。在浏览器中，如果进入一个像 http://137.190.8.10 这样的 IPv4 地址或是一个像 0:0:0:0:0:ffff:89be:80a 这样的 IPv6 地址，浏览器将会连接到公共互联网上被赋予这一 IP 地址的设备。

2. 域名系统（domain name system，DNS）

大多数人不记得 IP 地址。显然，记住一个名字如简·史密斯或 BigBank 公司比在电话簿（或基于互联网的电话簿）上查找邮寄地址更容易。互联网也一样，没有人愿意输入 http://165.193.140.14 这样的 IP 地址去访问特定网站，输入 www.pandora.com、www.woot.com 或 www.pearson-highered.com 这样的名称更容易。

因为公共 IP 地址必须是世界上独一无二的，所以它们的分配由称之为"互联网名称与数字地址分配机构"（Internet Corporation for Assigned Names and Numbers，ICANN）的公共机构负责。ICANN 管理着像电话簿一样的目录命名系统即**域名系统**（domain name system），将域名分配到 IP 地址。当组织或个人想注册域名时，他们就会向 ICANN 授权的机构进行申请。GoDaddy（www.godaddy.com）就是这样的机构（如图 6-13 所示）。

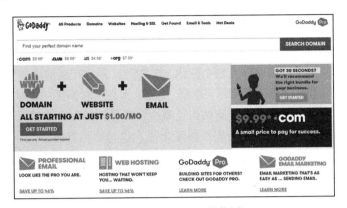

图 6-13　GoDaddy 的截图

资料来源：© 2015 GoDaddy Operating Company，LLC.

GoDaddy 或者是与之类似的公司，将首先查看申请的域名在全球是否是独一无二的，如果是，那么则同意申请人注册该域名。一旦登记注册完成，申请人便可以将该域名关联到公共 IP 地址，就像你的名字与一个邮寄地址相关联一样。从那时起，新域名带来的流量将被路由到所属的 IP 地址。

2014 年，美国商务部宣称将放弃对 ICANN 的监管。批评人士担心，不那么自由的国家现在将试图迫使 ICANN 不允许为持不同政见者颁发域名，从而将其踢出互联网。在这点上，仍不清楚 ICANN 将如何被管理。

6.4.5　第四步：把地址写在包裹上（IP 地址附在数据包上）

每次在 Web 浏览器中输入域名（如 www.washington.edu），计算机就会向 DNS 服务器发送一个查询（解析）请求，询问与该域名对应的 IP 地址。DNS 服务器以 IP 地址做出响应，你的操作系统随后将该 IP 地址放在数据包中发送到该站点。

在此过程中需要注意以下两点：第一，几个或多个域名可以同时指向一个 IP 地址。这等同于真实世界中多个人（如一个家庭）共享一个邮寄地址。第二，与 IP 地址相关的域名是动态的。域名拥有者可以自行决定更改与之关联的 IP 地址，正如决定搬家时你可以更改你的具体邮寄地址一样。

在邮寄之前，你需要知道另一个术语，即**统一资源定位符**（Uniform Resource Locator，URL）。它是互联网中的一个地址，通常包括一个协议（如 http:// 或 ftp://）和跟在其后的一个域名或公共 IP 地址。实际上 URL 要比描述的复杂得多，但是与其相关的详细知识不在本书研究范围之内，所以我们略过。URL 的首选发音就是读字母 U、R、L。

6.4.6　第五步：将挂号邮件标签贴在包裹上（TCP）

在处理好包裹之后，你需要确保使用挂号信进行投递。挂号信要求收信人在收据上签字，并将收据寄回发件人以确保投递成功。数据包也是如此。**传输控制协议**（transmission control protocol，TCP）是保证数据包可靠传递的核心互联网协议。TCP 等价于邮寄系统的挂号信。数据包中的 TCP 信息就像是邮寄系统的挂号信标签。它们通过接收者发送的收到数据的确认信息来确保远程传递的成功。如果没有收到确认信息，它将不断尝试发送数据包一定次数，直至放弃。

6.4.7 第六步：邮寄包裹（通信运营商传送数据包）

图 6-14 描述了数据包通过互联网传送的简化路径。首先需要注意，这个例子是网络中的专用网络。它包括两个局域网以及四个网络（事实上，真实互联网由成千上万个网络组成，但是为了节约纸张，我们不全部展示）。**跳跃**（hop）指在互联网络中，从一个网络到另一个网络的移动。这一术语经常被云供应商在讨论减少跳跃数量的服务协议时使用。如图 6-14 所示，从你到银行局域网的最短路径由四个跳跃组成，这与你邮寄的饼干在全国邮政设施之间跳跃的次数类似。

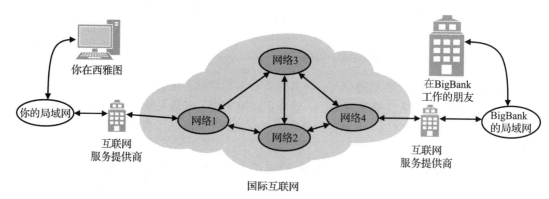

图 6-14 使用互联网请求网页

此刻，我们应该注意到连接到局域网中的许多跳跃都共享一个公共 IP 地址，就像住在同一屋檐下的家人共用一个邮寄地址一样。每一个内部跳跃接收一个识别私有网络中特定设备的**私有 IP 地址**（private IP address）。私有 IP 地址被用于局域网中与其他设备的通信。但是离开局域网的所有通信都使用它们共享的唯一的公共 IP 地址。所有的私有 IP 地址都由图 6-12 所展示的局域网设备管理。

1. 通信运营商

在美国邮政系统，包裹通过多架飞机运输到达目的地。它可能登上达美航空公司、西南航空公司以及美国联合航空公司的飞机。类似地，正如数据包在互联网中移动，它通过连接不同网络的路由（飞机）传输。**路由器**（router）以及它所连接的所有网络都由大型**通信运营商**（航空公司）拥有。这些大型通信运营商包括 Sprint、AT&T、威瑞森公司、XO 通信。大型通信运营商交换流量的物理位置被称为**互联网交换中心**（Internet exchange points，IXP）。通过**对等协议**（peering agreement），大型通信运营商之间交换信息，而不收取接入费用。通信运营商通过收取终端用户的订阅费获取收入，而不是从同行处获得收入。

对等协议存在的问题是，有些人会比其他人使用更多的带宽。例如，Netflix 在晚上 9:00 到夜里 12:00 之间占据了北美 30% 以上的互联网流量。⊖通信运营商认为，它们应该能够根据内容、应用程序或请求数据的用户收取不同的费率。

⊖ Luckerson,"Netflix Accounts for More Than a Third of All Internet Traffic."

2. 网络中立

诸如 Netflix、eBay、雅虎、亚马逊这些公司认为，允许通信运营商收取这些不同的费率可能会损害用户利益并抑制创新。它们支持**网络中立**（net neutrality）原则，即所有数据在网络之间传递时应被同等对待，不论其类型、来源或数量。它们认为通信运营商不应该被赋予决定哪些网站可以快速加载、网络上可以使用哪些 App，以及哪些内容能被接收的权利。

2015 年，美国联邦通信委员会（FCC）批准了新的网络中立规定，以确保互联网服务提供商无法区分不同类型的网络流量，这就意味着网站中的用户可以平等地获取内容。这项裁决在很多方面使互联网成为一种像水电这样的公用事业，它将受到类似法规的管制。几个大型通信运营商已经开始通过诉讼程序来抵制这些新法规。

6.5 Web 服务器如何支持云

此时你已经了解到了互联网的一些基本术语，并且对于互联网的工作原理也有了高层次的认知。为了理解云的价值、它的工作方式以及组织如何使用云，你需要了解一点发生在 Web 服务器上的处理过程。为了便于讨论，我们将以一个 Web 店面为例，它是用户可以从中购买产品的 Web 服务器。

假设你想在一个私人的服装网站 Zulily 上买东西。为此你需要访问 www.zulily.com 网站，并且导航到你想要买的东西（详见图 6-15）。当你发现想要的东西，可以将其加入购物车，并且继续购买。在某个时候，你通过提供信用卡数据进行结算。但是，当你的订单数据到达服务器时，会发生什么？

图 6-15 电商服务器提供的产品网页

资料来源：Courtesy of Zulily Inc.

当你通过浏览器进入 www.zulily.com 网站，浏览器发送一个请求，通过互联网传送到 Zulily 网站服务器层的计算机。为了响应你的请求，服务器层计算机发回一个**网页**（web page），它通常是一个用 html 编码的文档（正如第 4 章所述，可能包括 CSS、JavaScript 和其他数据）。

6.5.1 三层架构

几乎所有的 Web 应用都使用**三层架构**（three-tier architecture），即由三类或三层组成的用户计算机和服务器的设计架构，如图 6-16 所示。**用户层**（user tier）是由计算机、电话和其他移动设备组成的层，这些设备具有浏览器，可以请求和处理网页。**服务器层**（server tier）由运行 Web 服务器和处理应用程序的计算机组成。**数据库层**（database tier）由运行用来处理数据检索和存储请求的数据库管理系统组成。图 6-16 展示了一个数据库层的计算机。一些网站也有多个计算机数据库层。

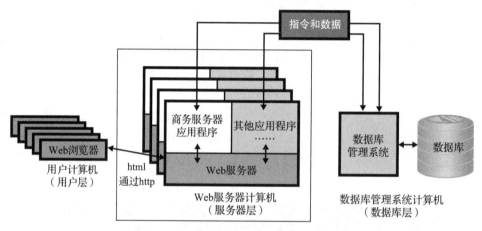

图 6-16 三层架构

Web 服务器（Web server）是在服务器层的计算机上运行的程序，并通过向客户端发送和接收网页以及处理客户端请求来管理 HTTP 流量。**商务服务器**（commerce server）是在服务器层的计算机上运行的应用程序，典型的商务服务器从数据库中获得产品数据，管理用户购物车中的物品，并协调结账的过程。Web 服务器一旦接到请求，就会进行验证并将它发送给对应的程序进行处理。因此，Web 服务器将电子商务交易传送到商务服务器中，并将其他应用程序的请求传递给这些应用程序。在图 6-16 中，服务器层计算机正在运行一个 Web 服务程序、一个商务服务器应用程序以及其他没有特定目的的应用程序。

6.5.2 在实践中看三层架构

假设图 6-17 所示网页中的用户点击鞋子并且选择了一双暗灰色多琳玛丽筒（Darkish Gray Dorine Mary Jane）鞋。当用户点击那双鞋子时，商务服务器向数据库管理系统请求鞋子的数据，从数据库读取数据（包括图片）并回送给商务服务器。之后该商务服务器将数据格式化为网页，并将该网页的 html 版本发送到用户计算机。结果页面如图 6-17 所示。

6.5.3 服务导向架构

如果没有一种被称为**服务导向架构**（service-oriented architecture，SOA）的设计理念，云是无法实现的。按照这一设计理念，计算设备之间的所有交互都以正式的、标准化的方式定义为服务。正如你将会看到的，这一设计理念使得所有的云块都能够组成整体。然而，作为商务人士，要想深度理解 SOA，你需要学习更多的计算机科学知识。因此，理解 SOA 的最好方法就是进行商务类比。

图 6-17　产品页面

资料来源：Courtesy of Zulily Inc.

6.5.4　一个 SOA 类比

图 6-18 展示了一个名为 Best Bikes 的假定的在线自行车零件零售商的部门安排。销售部门接收订单请求，并按照流程批准运输。根据要求，信贷部门根据需要验证用户信用以批准订单，库存部门则根据订单请求验证是否有可用的库存。

在非正规、无 SOA 的组织中，销售员可能与他认识的信贷部门的某个人联系并且询问："你能批准分配 1 万美元给 ABC 自行车公司吗？"信贷人员可能回复说："没有问题！"这时这个销售员可能会记录这位批准资金的信贷人员的姓名。有些时候，他可能记得记录日

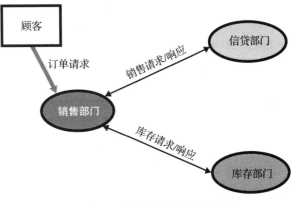

图 6-18　三部门之间的审批请求

期，有些时候则可能不会记得。另一个销售员可能会采取不同的方式，他可能会和信贷部门的另一个人员联系，"我需要为订单 12345 准备 5 000 美元的信贷资金"，而那个信贷人员可能会说，"我也不知道，请把订单发给我！如果可以的话，我会批准它。"同样地，销售部门与库存部门之间可能还会发生其他类似的不规范的交互。

这种运营绝不是以服务为导向的。人们通过不同的方式寻求信用验证，并以不同的方式接收回应。批准订单的流程可能会因销售员的不同而异，甚至就算是同一个销售员，其在不同时刻批准订单的流程也有可能不同。订单批准的记录也是不一致的。这样一个组织将有不同程度的流程质量和不一致的结果，那么，一旦公司决定在另一个城市开设类似的一个零售店，这些运营就不可能轻易复制，也不应该被复制。

使用 SOA 原则，每个部门需要正式定义其提供的服务。例如，信贷部门应该正式定义 CheckCustomerCredit（验证客户信用）和 ApproveCustomerCredit（批准客户信贷）；库存部门应该正式定义 VerifyInventoryAmount（确定库存数量）、AllocateInventory（分配库存）和 ReleaseAllocatedInventory（发放分配的库存）。

此外，对于每一项服务，每个部门需要正式声明它希望接收的请求数据和它承诺响应的回送数据。每一次交互都应使用完全相同的范式。在部门特定人员之间没有个人联系，没有销售人员需要知道谁在信贷部门和库存部门工作。取而代之的是，请求通过电子邮件发送到信贷和库存部门的公共邮箱，这些部门会决定谁处理请求以及如何处理。没有一个部门需要了解其他部门的员工以及他们如何完成工作。每个部门自由委派个人任务并改变服务方式，没有其他部门需要知道他们所发生的改变。在 SOA 术语中，我们可以说部门的工作是**被封装**（encapsulated）在部门中的。

通过这种组织方式，如果 Best Bikes 公司想在其他城市增设另一个库存部门，它完全可以做到，且销售人员无须改变其原有的订单建立、提交或接收、响应需求的方式。销售人员仍然可以按照标准范式向同一个邮箱地址发送 VerifyInventoryAmount（确定库存数量）的服务请求。

由于有多个库存场所，库存部门可以将处理服务请求的方式转变为首先判定由哪个库存部门来处理这项请求。当这一改变发生时，销售部门可能不知道，也不需要知道。Best Bikes 可以动态地创建 1 000 个库存部门，而销售部门可以不做任何改变。之后它可以将 1 000 个库存部门减少到 3 个，同样销售部门也不需要做出任何改变。

6.5.5　SOA 的三层架构

通过讨论，你可以了解如何使用 SOA 来启用云处理。SOA 类比的描述以及优缺点与云相同。图 6-19 展示了 SOA 三层架构。在这种情况下，商务服务器应用程序正式定义浏览器可以请求的服务、他们必须提供的请求数据以及在响应请求中可以接收的数据。例如，这些服务包括：ObtainPartData（获得零件数据）、ObtainPartImages（获得零件图片）、ObtainPartQuantityOnHand（获得现存零件数量）、OrderPart（零件订购）等。此外，每一个服务还记录它期望的数据和它将返回的数据。

如今，JavaScript（或者其他编码语言）被用来编写服务程序。作为服务器发送给浏览者页面的一部分，当用户使用浏览器购买产品时，网页后台的 JavaScript 就会通过正确的方式触发服务。

服务器层可以在凌晨 3:00 由 3 个服务器组成，上午 11:00 由 3 000 个服务器组成，下午

6:00 由 6 000 个服务器组成，晚上 10:00 由 100 个服务器组成。此外，这些服务器可以在世界各地移动，一天的某个时刻，它们都可以在美国，而另一个时刻，它们都可以在欧洲，等等。当对这些服务器进行调整时，浏览器不需要做任何改变。

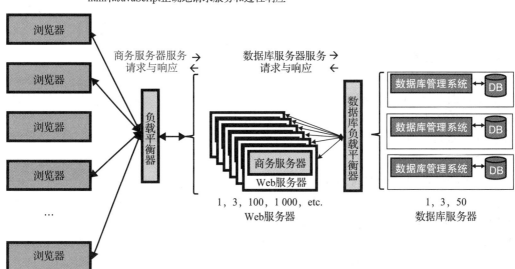

图 6-19 应用于三层架构的 SOA 原理

为了充分利用多 Web 服务器的优势，一个负载平衡程序接收请求并将它发送给可用的服务器。负载平衡程序维持数据速度，保证所有分配的 Web 服务器健康运转，以实现分配工作吞吐量的最大化。

此外，SOA 服务是在 Web 服务器和数据库服务器之间定义的。因此，当 Web 服务器的数量和位置发生变化时，数据库服务器不需要做出任何改变。这种关系是双向的，当数据库服务器的数量和位置发生变化时，Web 服务器也不需要做出任何改变。然而，数据库服务器的负载平衡程序是相当复杂的。

不要通过之前的讨论就推断 SOA 服务和云只能用于三层处理。这些服务及云服务被用于互联网中的众多应用。这个三层架构应用只是个例子。

通过上述讨论，你可以明白为什么云的弹性是可以实现的。然而，对于许多使用云以及能够混合和匹配 Web 服务的组织来说，其需要在格式化和处理服务请求及数据的标准方式上达成一致。这将我们引向云标准和协议，我们将从更高的层次去讨论这些问题。

6.5.6 互联网协议

协议是一系列用于组织通信的规则和数据结构。由于云的 Web 服务使用互联网，互联网运营协议也支持云处理。我们将从这些互联网协议开始本节的讨论。

6.5.7 TCP/IP 协议架构

管理互联网基本管道的协议是根据 **TCP/IP 协议架构**（TCP/IP protocol architecture）定义的。这一架构具有五个层级，并在每个层级定义一个或多个协议。数据通信以及软件供应商通过编写程序来实现特定协议的规则（底层协议、物理层协议通过建立硬件设备执行协议）。

1. 互联网协议：http、https、smtp、ftp

作为商务人士，你只需要知道上面列出的互联网协议以及 TCP/IP 架构应用层。Web 服务器协议如图 6-20 所示。**超文本传输协议**（hypertext transfer protocol，http）是在浏览器和 Web 服务器之间使用的应用层协议。当你使用谷歌、Safari 或火狐等浏览器时，就是正在使用履行 http 协议的程序。与此同时，在另一端也有一个正在处理 http 协议的服务器。虽然正在使用的浏览器和服务器以前没有"见过面"，但由于它们使用相同的 http 规则，它们可以互相通信。同样，在图 6-19 中，浏览器通过 http 发送和接收来自商务服务器的服务请求。

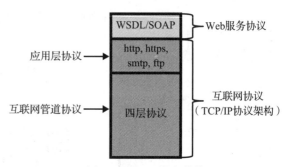

图 6-20 Web 服务协议

正如你将在第 10 章学到的，http 的安全版本称为 **https**。当浏览器地址栏中出现 https 时，你便拥有安全传输的保障，并且可以安全发送诸如信用卡号码这样的敏感数据。然而，如果在互联网上没有看到 https，你就应该假定所有的通信都是开放的，并且可能会在第二天早上被张贴在校园网首页。因此，在使用 http、邮件、短信、聊天、视频会议等其他非 https 应用时，你需要知道，你输入的文字和语音对话都可能会被其他任何人知晓。

另外两个常见的 TCP/IP 应用层协议分别是：**简单邮件传输协议**（simple mail transfer protocol，smtp），用于电子邮件传输的协议；**文件传输协议**（file transfer protocol，ftp），用于互联网文件传输的应用层协议。谷歌云端硬盘以及微软网盘 OneDrive 在幕后使用 ftp，在云服务器和用户的计算机之间来回传送文件。

2. WSDL、SOAP、XML、JSON

为了结束讨论，我们将简要地考虑广泛用于 Web 服务和云的四个标准。这些标准及其目的详见表 6-7。

表 6-7 WSDL、SOAP、XML 和 JSON 简介

WSDL（Web 服务描述语言）	用于描述 Web 服务支持的服务、输入输出以及其他数据的标准。按照这个标准编码的文档是机器可读的，并且可以被开发工具用来创建访问该服务的程序
SOAP（不再是首字母缩略词）	请求 Web 服务和回送 Web 服务请求响应的协议
XML（可扩展标记语言）	用于传送文档的标记语言，包含着可以用于验证文档的格式和完整性的大量元数据，但是包括大量的额外开销
JSON（JavaScript 对象标记）	传送文档的标记语言，包括少量的元数据并且常用于在服务器和浏览器之间传输大量的数据。同时需要注意的是 JavaScript 对象的格式、JSON 文档可以被任何语言处理（详见图 6-21b）

服务的创造者（计算机程序员）创建 WSDL 文档来描述提供的服务以及输入输出需求。这些 WSDL 文档很少由人类读取，而是由 Microsoft Visual Studio⊖ 之类的开发工具读取。这些开发工具读取 WSDL 文档，为编写代码的程序员配置程序设计环境从而获取相应的服务。

⊖ Microsoft Visual Studio 是美国微软公司目前最流行的 Windows 平台应用程序的集成开发环境，它包括了整个软件生命周期中所需要的大部分工具，如 UML 工具、代码管控工具、集成开发环境（IDE）等，是一个基本完整的开发工具包。——译者注

正如表 6-7 所示，SOAP 并不是字母的缩写，而是位于 http 协议层之上的较低层的互联网协议。它使用 http 发送和接收 SOAP 消息（SOAP 也可以使用 smtp）。使用 Web 服务的程序发布 SOAP 消息来请求服务，Web 服务使用 SOAP 消息来返回对服务请求的响应。

最后，XML 和 JSON 都是标记文档的方式，以便服务请求者和服务提供者知道他们正在处理什么数据。图 6-21 展示了一个简单的样例。正如你所见，XML 文档包含与应用程序数据一样多的元数据，这些元数据用于确保文档的完整和格式正确。当传输的信息量相对较少或确保文件的完整和正确至关重要时，需要使用 XML。WSDLs 和 SOAP 信息都是用 XML 编码的。

```
<person>
    <firstName>Kelly</firstName>
    <lastName>Summers</lastName>
    <dob>12/28/1985</dob>
    <address>
        <streetAddress>309 Elm Avenue</streetAddress>
        <city>San Diego</city>
        <state>CA</state>
        <postalCode>98225</postalCode>
    </address>
    <phoneNumbers>
        <phoneNumber type="home">685 555-1234</phoneNumber>
        <phoneNumber type="cell">685 555-5678</phoneNumber>
    </phoneNumbers>
</person>
```

a) XML 文档

```
{
  "firstName": "Kelly",
  "lastName": "Summers",
  "dob": "12/28/1985",
  "address": {
    "streetAddress": "309 Elm Avenue",
    "city": "San Diego",
    "state": "CA",
    "postalCode": "98225"
  },
  "phoneNumber": [
    {
      "type": "home",
      "number": "685 555-1234"
    },
    {
      "type": "cell",
      "number": "685 555-5678"
    }
  ]
}
```

b) JSON 文档

图 6-21

顾名思义，JSON 使用 JavaScript 对象的符号来格式化数据。它具有少量的元数据并且更适用于传输大量的应用数据。Web 服务器将 JSON 作为其向浏览器发送数据的首选方式。

有了这些技术背景，你就不会再怀疑云的优势是不真实的。然而这并不代表每个组织都能很好地使用云。在本章的其余部分，我们将介绍组织常用的使用云的方法，讨论猎鹰安防公司如何使用云，最后还将讨论云安全这样一个非常重要的话题。

6.6 猎鹰安防公司如何使用云

猎鹰安防公司是一家创新的创业公司，仅有一个很小的 IT 部门，因此它不可能有足够的资源开发大型的服务器基础设施。相反，它更有可能利用云供应商提供的云服务。

6.6.1 猎鹰安防公司的 SaaS 服务

软件即服务（SaaS）所需的硬件和软件系统组件的投入较少。其供应商负责管理云服务器并使得（通常是瘦客户端的）软件可用。然而猎鹰安防公司需要转移现有数据、产生新数据、开发程序以及培训用户。

以下是猎鹰安防公司可以使用的 SaaS 产品：Google Mail（谷歌邮件）、Google Drive（谷歌网盘）、Office 365、Salesforce.com、Microsoft CRM Online（微软客户关系管理在线）以及其他许多产品。

前文已经介绍了 SaaS 的前三个产品。Salesforce.com 与 Microsoft CRM Online 是两个客户关系管理系统，将在第 7 章具体介绍。

6.6.2 猎鹰安防公司的 PaaS 服务

在平台即服务（PaaS）方面，猎鹰安防公司向云供应商租赁云端硬件和操作系统。例如，它可以租赁由亚马逊公司提供的 PaaS 产品 EC2（Elastic Cloud 2），且亚马逊公司可以在云端硬件上预装 Linux 或 Windows 服务器。鉴于这一基本能力，猎鹰安防公司将安装自己的软件。例如，它可以安装自己内部开发的应用程序，或安装获得软件供应商许可的应用程序。它还可以授权一个 DBMS，比如将微软的 SQL 服务器放置在 EC2 的 Windows 服务器上。在向其他供应商获得软件应用许可的情况中，猎鹰安防公司必须购买允许复制的许可证，因为亚马逊公司在增加服务器时需要复制备份。

一些云供应商提供了包含数据库管理系统等产品在内的 PaaS 服务。因此，猎鹰安防公司在从 Microsoft Azure 云服务获得 Windows 服务器的同时，也可以获得已经安装在其上的 SQL 服务器。当提到每月花费 10 美元获取 1TB 的存储空间时，佐藤可能会采用这一选择。

其他云供应商提供的云服务也同样提供数据库管理系统。2016 年 5 月，亚马逊公司的 EC2 提供了如表 6-8 所示的数据库管理系统产品。

最后，猎鹰安防公司可能使用 CDN 向全球发布内容并对广告产生的潜在客户做出回应，正如 6.2 节描述的那样。

表 6-8　亚马逊公司的 EC2 提供的数据库管理系统产品

Amazon Relational Database Service（RDS）	关系型数据库服务，支持 MySQL、Oracle、SQL Server 或 PostgreSQL
Amazon DynamoDB	快速的、可扩展的 NoSQL 数据库服务
Amazon ElastiCache	一个非常快速的内存缓存数据库服务
Amazon Redshift	PB 级规模的数据仓库

6.6.3 猎鹰安防公司的 IaaS 服务

如前所述，IaaS 在云端提供了基本的硬件服务。一些公司通过这种方式获得服务器并在其上加载操作系统。这需要大量的专业知识以及可靠的管理，因此猎鹰安防公司不可能采取这一方式。

然而，猎鹰安防公司可以在云端获得数据存储服务。例如，亚马逊公司的 S3 产品可以提供数据存储功能。使用它，组织可以将数据放置在云端，甚至可以使这些数据具有弹性。此外，由于 SaaS 和 PaaS 能够提供附加价值，因此像猎鹰安防这样的公司更可能使用这两种服务方式。

6.7　组织如何安全地使用云服务

基于互联网基础设施的互联网和云服务，以私有数据中心成本的一小部分提供强大的处理和存储服务。然而，正如第 10 章所述，互联网对于数据和计算机基础设施来说像是充满威胁的丛林。云服务中存在的一些巨大威胁包括不安全接口、数据丢失和数据泄露。组织如何在避免这些威胁的情况下充分利用云技术的优势呢？

答案涉及我们将在这个问题上所提出的技术的高水平组合。正如你读到的，关于安全问题的报道是永远不会消失的，攻击者不断努力寻找冲破安全防线的方法，并间或取得成功。因此，你可能会希望云安全在你的职业生涯中不断发展。下面将首先讨论 VPNs——一种基于互联网的、提供安全通信的技术。

6.7.1 虚拟专用网络

虚拟专用网络（virtual private network，VPN）使用互联网或专用网络创建看似个人点对点连接的广域网连接备选方案。在 IT 领域中，"虚拟"这个术语意味着看似存在但实际上不存在的东西。此处，VPN 使用公共互联网在安全网络上创建了看似专用连接的表象。

一个典型的 VPN

图 6-22 展示了一种创建与远程计算机相连的 VPN 的方式，它可能被迈阿密旅馆的员工用来连接一个芝加哥站点的局域网。远程用户就是 VPN 的客户端。客户端首先要与互联网建立公开连接。连接可以通过当地的互联网服务提供商（ISP）获得，正如图 6-22 所示，在某些情况下，旅馆自己提供与互联网的直接连接。

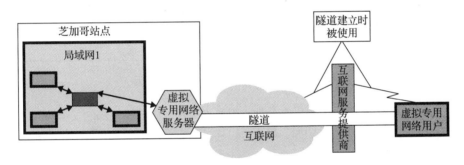

图 6-22 使用 VPN 远程访问的实际连接

无论发生何种情况，一旦与互联网连接，远程用户计算机上的 VPN 软件就会与芝加哥的 VPN 服务器建立连接。然后 VPN 客户端与 VPN 服务器进行安全连接，这一连接称为**隧道**（tunnel），它是基于公开共享网络从 VPN 客户端到 VPN 服务器之间的虚拟专用通道。图 6-23 展示了与远程用户的连接。

为了保护公开互联网上的 VPN 通信，VPN 客户端软件对消息进行加密或编码（见第 10 章），使其内容免受窥探。然后，VPN 客户端会将 VPN 服务器的互联网地址附加到消息中，并通过互联网将该数据

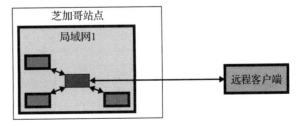

图 6-23 使用 VPN 远程访问的表面连接

包发送到 VPN 服务器。当 VPN 服务器接收到该消息时，它会除去该消息上的地址，解密该编码的消息，并将该明文消息发送到该局域网（LAN）内的原始地址。通过这种方式，安全的私人信息就可以通过公共互联网进行传送。

6.7.2 使用私有云

私有云（private cloud）即组织为了自身利益自己拥有和管理的云。为了创建一个私有云，组织需要创建专用网络并设计使用 Web 服务标准的应用程序，如图 6-11 所示。像云服务供应商一样，组织会创建一个服务器群并通过弹性负载平衡来管理这些服务器。由于管理大量的数据库服务器是复杂的，多数组织选择不复制数据库服务器。图 6-24 说明了这一可能性。

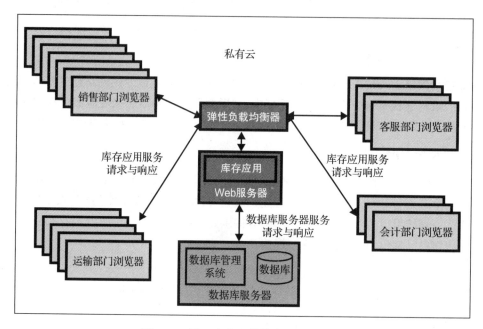

图 6-24 用于库存和其他应用的私有云

私有云在组织的基础设施内提供安全性，但是不提供基础设施外部的安全访问。为了提供这种外部安全访问，组织建立了 VPN，用户可以通过它安全地访问私有云，如图 6-25 所示。

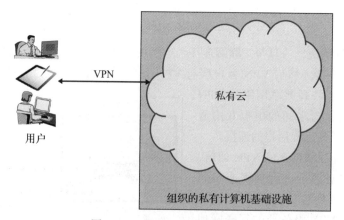

图 6-25 通过 VPN 访问私有云

弹性是私有云提供的一个优势，但它同样也带来了问题。组织可以利用它们的空闲服务器做什么？其可能会意识到，关闭空闲服务器可以节约大量的成本。但与云供应商不同，组织无法将其进行重新分配以供其他公司使用。只有一些大型集团或国际公司，也许可以平衡子公司业务部门和不同地区之间的业务处理负荷。例如，3M 公司可以对其不同子公司和不同项目组的业务处理进行均衡，但是很难想象，这种做法可以节省时间和成本。基于此，像猎鹰安防这样的公司不可能开发私有云。

亚马逊公司、微软公司、IBM 公司、谷歌公司和其他一些主要的云服务供应商雇用数千个训练有素且技艺精湛的员工创建、管理、治理和改进它们的云服务。很难想象，任何没有云的公司，即使像 3M 这样的大公司，可以建造和运营具有类似竞争力的云服务设施。唯一可能的情况是，法律或商业惯例要求该组织对其存储的数据进行物理控制。然而，即使在这种情况下，组织也不可能被要求对所有的数据进行物理控制，因此它可能将一些关键性的敏感信息进行内部存储，而将其余的数据及相关应用放置到公有云供应商的设施中。它也可以使用虚拟私有云，这也是我们接下来要探讨的。

6.7.3 使用虚拟私有云

虚拟私有云（virtual private cloud，VPC），是公有云的一个子集，具有高度受限的、安全的访问特性。组织可以在诸如 Amazon Web Services（AWS）这样的公有云基础设施或其他云供应商提供的基础设施之上，构建自己的虚拟私有云。这样做的手段超出了本书的范围，但是你可以把它看作是超级 VPN 隧道。

组织可将敏感信息存储在内部设施中，并将低敏感度信息存储在 VPC 中。这样，组织可将那些需要进行物理控制的数据存储在内部服务器中，而将其他数据存储在 VPC 中（如图 6-26 所示）。通过这种方式，组织可以利用云存储的优势对那些不需要物理控制的数据进行云处理。

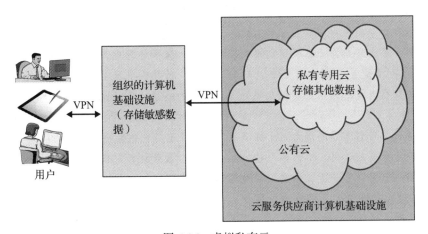

图 6-26 虚拟私有云

在某些情况下，组织已经获得监管机构的许可，将敏感信息存储在 VPC 上。例如，案例 6-2 探讨了由 NASDAQ OMX 和其他金融交易所的拥有者建立和管理的一个名为 FinQloud 的 VPC。

 案例 6-2

探秘：量子学习

如果将本书作为大学教程进行阅读，你可能已经意识到学习的价值了。在你的记忆中，学习一直是生活中最重要的一部分。你获得的一部分知识是在学校学习的书本知识，然而也有一部分是在与其他新朋友的交互中获取的"街头智慧"。例如，当第一次有人违背了对你的承诺，这就可能影响你对其他人的信任。因此，当下一次有人向你允诺的时候，你可能会质疑他能否信守承诺。

人类解释复杂环境、社交、记忆和学习经验的能力，使得我们在动态和不断变化的环境中得以生存。你可能没有意识到计算机也以这种动态的方式变得越来越善于学习。

学习如何学习

很多人认为计算机是具有严格操作的系统，它们只能基于无穷无尽的计算机代码来执行有限的任务，这些代码告诉它们应该做什么。然而，当机器学习在某些行业中的应用越来越广泛时，僵化的计算机代码壁垒也在崩溃。机器学习最基本的含义是计算机动态学习的能力，而不是被明确地告知如何通过限制性的编码指令进行操作的能力。机器学习基于迭代生成模型，计算机有能力适应这些模型，并随着时间的推移对它们做出不同的阐释。这一能力非常重要，因为它允许计算机识别模式以及挖掘洞察力而不是直接指向需要分析的特征，或是被告知在大量的数据中去哪儿找到那些特征。㊀

计算机迭代、动态学习的能力对于许多现实应用都起到了重要的作用。机器学习技术被用于欺诈检测、信用评分分析、网络入侵检测和图像识别。㊁未来机器学习可能会被用于人工智能个人助理以及自动驾驶的开发。㊂

举一个更具体的例子，请思考公司转向社交媒体的方式。为了了解它们的产品和服务是如何被客户感知的，公司使用机器学习工具分析用户的推文，然后确定客户对不同广告活动的看法。基于得到的结果，公司可以缩减没有产生直接效益的活动的规模并扩大更有效益的活动的规模。㊃

计算机学家和经理们都很关注机器学习的未来，以了解这些进步将如何改变其所在的行业。由于量子计算能够提高计算机处理数据的速度，因此许多人都关注量子计算的世界，并将其作为下一代机器学习的巨大升级。

量子计算的一小步，机器学习的一大步

多年来，量子计算已经成为科学家和创新者关心的主题。量子计算机与普通计算机的不同之处在于计算机管理数据的方式——比特位。标准计算机使用1和0作为其所有操作的基础。例如，当你使用键盘输入字母A时，计算机将其解释为"01000001"。相反地，量子计算机用量子比特位，即单独使用1或0，或同时使用1和0来编码信息。这种第三态能力使得工作更快地被完成，并且使计算机处理能力呈指数增长。

量子计算也加强了计算机的学习能力。目前，计算机机器学习与人类学习之间仍存在巨大的差距。量子计算有潜力缩小这一差距，因为计算机正在不断提高解释和适应复杂的、几乎没有方向的数据库的能力。㊄

量子计算对机器学习和人工智能创新的意义是深远的。然而，即使量子计算机有处理巨大数据集的能力，仍需要标准化模式和元数据以确保用于分析的是正确的数据类型。㊅一旦

㊀ SAS,"Machine Learning: What It Is & Why It Matters," SAS.com, accessed March 27, 2016.www.sas.com/it_it/insights/analytics/machine-learning.html.

㊁ 同上。

㊂ Lukas Biewald,"How Real Business Are Using Machine Learning," TechCrunch.com, March 19, 2016, accessed March 27, 2016, http://techcrunch.com/2016/03/19/how-real-business-are-using machine-learning.

㊃ 同上。

㊄ Tom Simonite,"Google's Quantum Dream Machine," TechnologyReview.com, December 18, 2015, accessed March 27, 2016, www.technologyreview.com/s/544421/google-quantum-dream-machine.

㊅ Jennifer Ouellette,"How Quantum Computers and Machine Learning Will Revolutionize Big Data," Wired, October 14, 2013, accessed March 23, 2016, www.wired.com/2013/10/computers-big-data.

基础设施和数据管理的障碍被克服，量子计算将会用单独的 1、0 或二者结合的方式来代表几乎所有我们所能做的事情。

讨论题：

（1）回想最后一次学会如何做新的事情，你精通它用了多长时间？你使用了什么样的学习机制？你的学习方式有何不同？思考计算机在学习新操作时固有的局限性。要掌握同样的技能，计算机不得不做什么？

（2）前文提供了一个公司使用社交媒体分析来评估客户情绪并基于消费者的推文定制广告的例子。为什么这类分析需要使用机器学习的方法呢？

（3）使用互联网搜索 ASCII 键盘字符的二进制编码。程序员测试编码常用的一种方式是让系统在屏幕上显示"Hello World"（你好，世界）。用这些字符的二进制编码写入"Hello World"，使得机器可见。

（4）文中提到，量子计算机拥有巨大的处理能力，以及彻底改变大量的计算机应用的能力。使用互联网搜索，找出未来可以使用量子计算机的具体实例。

6.8　2027 年

十年之后，云将去向何方？忽略一些诸如互联网流量的税费之类的未知因素，云服务将会变得更快、更安全、更易用、更便宜。越来越少的组织会建立自己的计算基础设施，但是它们可以从跨组织的共享服务器以及云供应商生产的规模经济中获得收益。

然而，深入来看，云既带来了好消息，也带来了不好的消息。好消息是，组织可以用较低的成本获得弹性资源。这一趋势使得每一个体或组织［从使用 iCloud 或 Google Drive（谷歌网盘）的个人，到使用 Office 365 的小团体，到猎鹰安防那样使用 PaaS 的公司，再到 NASDAQ OMX 那样使用 IaaS 的大型公司］都获得收益。

云服务的整体规模变得越来越大。以谷歌公司为例，其 Project Loon 项目通过向大气层发射高空气球，为地球上以前无法到达的地区提供互联网接入。而谷歌公司并没有就此止步，它正在使云服务的速度变得更快。Google Fiber（谷歌光纤）的目标是向用户提供 1Gbps 的互联网连接，这比一般的宽带连接速度快 100 倍。康卡斯特（Comcast）公司通过公布其独有的千兆比特每秒的服务，对谷歌公司的计划进行回应。

坏消息是什么呢？还记得图 6-6 展示的 500 000 平方英尺的苹果 Web 服务器群吗？注意停车场的规模，这个小小的场地容纳了所有运营人员的汽车。据"计算机世界"说，那幢大楼雇用了 50 名运营人员，采取三班制，这意味着在每一个时间段运营这一中心的员工都不超过 8 个人，似乎不可能是吗？那么，请再次看一下停车场大小。

大型公司并不只有苹果这一家。2016 年，几乎任何规模的城市都仍然支持安装和维护内部电子邮件交换和其他服务器的小公司。如果像 Google Drive（谷歌网盘）、Office 365 这样的 SaaS 产品取代了这些服务器，那么当地工作会受到怎样的影响？它们将会消失！更多与之相关的话题请看协同练习。

但是，随着计算机基础设施成本越来越低，某些领域必然会产生新的工作类型及机会。到 2027 年，它们将何去何从？首先，会出现更多的创业公司。廉价和弹性的云服务使得一无所有的小型创业公司，如足球运动员评估公司 Hudl（www.hudl.com），能够获得 CDN 和其他云服务，这在过去可能需要花费大量的时间和金钱。浏览其网站感受它的反应速度，可以说非常快！

除了 IaaS、PaaS、SaaS 之外，还可能会有新的云服务。云服务提供商可能提供分析即服务（AaaS），帮助公司分析成堆的大数据。它们可能更进一步提供业务流程即服务（BPaaS）。公司可以将常见的业务流程比如运输、采购等外包。事实上，云可能逐渐发展成一切即服务（EaaS），除了核心业务，其他所有方面都可以外包给服务提供商。

此外还有什么呢？云可以培育新型工作。到了2027年，任何事物都将和其他事物相连。**远程操作系统**（remote action system）即提供远程的基于计算机的活动或行动。通过远程行动，远程操作系统节省了时间和交通成本，并使得各地专家的知识和技能得到充分发挥，同时也扩展了专家的专业知识。让我们来看一些案例。

远程诊断（telediagnosis）是一个供医疗保健的专业人员使用，向农村或偏远地区提供专业知识的远程接入系统。2016年，在中国有超过12个在线医院提供了远程诊断和医疗服务。患者在当地那些能够阅读血压、体温等诊断数据的地方药店和医生进行远程视频会议。㊀在加拿大，Mehran Anvari博士经常开展**远程手术**（telesurgery），远程通信将外科医生、机器人设备以及远在400千米外的病人连接起来。㊁这样的案例虽然目前较少，仍需要克服大量的问题，但是到2027年将会变得非常普遍。事实上，美国的大型医疗提供商UnitedHealthcare最近宣称基于视频的医生会诊将会像普通的医生会诊一样被广泛推广与采纳。㊂

远程执法（telelaw enforcement）是远程系统的另一种应用，如RedFlex系统使用照相机和运动传感设备发出闯红灯和超速违章的罚单。RedFlex集团总部设在墨尔本南部、维多利亚和澳大利亚，87%的收入来自美国的交通违规。它提供了一个包含五个组成部分的交通罚单信息系统。

许多远程系统是为了给危险的地区提供服务而设计的，如清理反应堆和生物污染场所的机器人。无人驾驶飞机和其他无人使用的军事装备是战区远程系统的例子。私人安全与执法将充分利用可以远程控制的无人机和机器人。2027年可能会看到Knightscope公司价值300英镑的升级版机器人K5在社区附近巡逻。

虽然技术产生了这些新的机会，但是仍然存在不好的一面。纽约大都会歌剧院可以说是世界上最好的歌剧院。为了看一场现场表演，你可以开车到曼哈顿，然后停下车，再打车去林肯中心，并为一个座位支付300美元。或者你可以通过远程Met Live直播，在当地电影院看同一场表演，不但可以免费停车，而且仅需12美元就可坐在第四排，并通过数字广播清晰地看见歌手服装上的拼接，这些细节你即使花费300美元也无法在歌剧院现场看到。此外，直播的音质更好。这是多么精彩啊！但是，现在谁还去看当地的歌剧表演呢？

访问远程操作系统降低了本地平庸的价值。"好吧，虽然我不是最好的，但至少我在这里"的宣言在互联的世界中似乎也失去了价值。1990年，前劳工部长罗伯特·莱克（Robert Reich）在《国民的工作》（*The Work of Nations*）一书中明智地声称，那些提供日常面对面服务的人免受离岸外包的危险，这一宣言在互联的世界也失效了。㊃

㊀ Ma Si and Wang Yanfi, "Net-Based Healthcare Services Set to Flourish in China," ChinaDaily.com, April 25, 2016, accessed June 11, 2016, www.chinadaily.com.cn/business/2016-04/25/content_24808502.htm.

㊁ Rose Eveleth, "The Surgeon Who Operates from 400km Away," BBC.com, May 16, 2014, accessed June 11, 2016, www.bbc.com/future/story/20140516-i-operate=on-people-400km-away.

㊂ Issie Lapowsky, "Video Is About to Become the Way We All Visite the Doctor," Wired, April 30, 2015, accessed May 4, 2015, www.wired.com/2015/04/united-healthcare-telemedicine.

㊃ Robert Reich, Work of Nations: Preparing Ourselves for Twenty-first Century Capitalism(New York: Vintage Books, 1992), p.176.

到2027年，一流演员的价值可能呈指数增加。如果有平均400万人看Met Live直播，在该场地演出的艺术家的经纪人，将进行谈判并从1.2亿美元的入场费中获取大部分报酬。一个著名的外科医生或滑冰教练可以更快、更好地进入更大的市场，并且获得高额收益。因此，如果你可以在某一方面成为世界第一，请坚持去做！

那我们其余的人应该怎么办呢？如果你不是某一方面的专家，那么就去寻找一种对专家而言不可或缺的方式。例如，拥有现场直播Met Live的剧院，拥有远程花样滑冰教练需要的滑冰场，成为一些远程活动的食物供应商。

你也可以成为支持开发、使用、管理信息系统等新机会不可或缺的要素。具有商务背景的信息系统专家从现在到2027年将会做出巨大贡献。接下来的6章将探讨现存的以及新的信息系统应用，请继续阅读！

案例 6-3

安全指南：从 Anthem 到 Anathema

你曾经丢过手机吗，即使仅仅一两个小时？如果有，你可能会回忆起当你认为它可能永远消失时的恐慌情绪。丢失任何一件数码设备都非常令人不安，原因有很多。第一，移动设备和笔记本电脑都不便宜。有些设备可能会花费数百美元，而某些笔记本电脑甚至高达上千美元，更换丢失的设备是令人痛心的。然而，最让人恐慌的是捡到你设备的人正在想方设法获取你的信息。

如果你丢失了数码设备，你最担心什么数据？银行卡数据、电子邮件档案、社交媒体账户、相册集还是其他数据？这个问题的答案没有错与对，对它的回答也因人而异。但是可以确定的是未来极有可能有人获取你的个人数据。在很多情况下令人沮丧的是，罪魁祸首几乎不需要获取你的实体设备，如手机或笔记本电脑。他可以很容易偷取你的数据，因为公司可能将其存储在云端。不相信吗？你可以询问2015年2月申请Anthem医疗保险的任何人。

有被盗可能的云

目前，越来越多的数据存储在云端。究其原因，主要在于数据存储成本的直线下跌以及互联网获取的速度更快，价格更便宜。1990年，100万个晶体管要价527美元，1千兆的存储要价569美元，1千兆/秒的宽带要价1245美元。㊀但今天，100万个晶体管只要0.05美元，1千兆的存储只需0.02美元，1千兆/秒的宽带只要15美元。

互联网用户想更容易地获取更多的数据。然而，这种易获取性的缺点在于，这些数据对于黑客同样具有易获取性。

2015年年初，Anthem保险公司报告了一个安全漏洞，该漏洞令其损失了大约8 000万客户的账户数据。㊁黑客盗走了客户的姓名、地址、社会安全号码、工资等敏感数据。鉴于任何由国家公布的安全漏洞都会引起关注，以及近期一连串的Target和Home Depot数据泄露事件，Anthem的客户对这些数据泄露事件更加愤怒。Anthem公司最终承认，其账户数据以纯文本的形式存储，并且没有加密保护。这就意味着黑客能够即刻在黑市上销售数据或者将数据用于其他邪恶的目的。

安全专家指责Anthem公司没有加密存储客户敏感的账户数据。大量客户认为没有加

㊀ Gene Marks, "Why the Anthem Breach Just Doesn't Matter Anymore," Forbes, February 9, 2015, accessed June 2,2016,www.forbes.com/sites/quickerbettertech/2015/02/09/why-the-anthem-breach-just-doesnt-matter-anymore/#6954f59648de.

㊁ Tom Huddleston, "Anthem's Big Data Breach Is Already Sparking Lawsuits," Fortune, Frebruary 6, 2015, accessed June 2, 2016, http://fortune.com/2015/02/06/anthems-big-data-breach-is-already-sparking-lawsuits/.

密账户数据是 Anthem 公司的过失，因此提起诉讼。

对生意不利还是一切正常

如果你的账户数据也在 Anthem 公司泄露的数据之中，你会有何感觉？这件事会不会使你意图转向其他的健康医疗提供商？或是认为大公司的数据泄露只是数字时代的一个事实，新的健康医疗提供商同样具有数据泄露的风险？事实上，数据泄露是非常普遍的，但如果不是存储你的数据的公司被盗，你可能并不会觉得这是个问题。Anthem 公司数据泄露事件的一个月后，Premera Blue Cross 公司宣称他们损失了 1 100 万客户数据，其丢失的数据更加敏感，因为它包含了银行账户和医疗数据。㊀

尽管有这些威胁，公司还是将数据存储在云端。客户显然希望基于 Web 服务可以提供更高的易用性。然而，公司的安全实践可能从必要的强制性举措演变为竞争优势。公司的信息安全带来的声誉比其提供的产品或服务具有更大价值的时代将会来临。

讨论题：

（1）思考你现在使用的所有云服务，你的数据容易被盗吗？

（2）什么方法可以降低你的个人数据被盗的风险？

（3）前文阐述了 Anthem 公司没有加密账户数据所导致的过失行为，为什么加密数据有利于数据安全呢？

（4）之前的数据泄露事件比如 Home Depot 或者 Target 影响了你的用户行为吗？有何影响？

（5）具有更强的最佳安全实践意识是如何指引你目前的工作的？

案例 6-4

就 业 指 南

姓名：丽贝卡·钦吉斯罗布斯（Rebecca Cengiz-Robbs）

公司：卡伯奈特公司（Carbonite）

职位：高级网络管理员（Senior Network Manager）

学历：美国犹他大学（University of Utah）

1. 你是如何得到这种工作的？

技能、态度和网络的共同作用，使我得到这类工作。我是从网络工程师晋升为经理的。我做网络工程师已经四年半了，并且我希望长期从事技术岗位。但是由于我拥有较强的组织能力，并志愿参与项目，于是就转向了管理岗位。同时，我拥有一位乐于帮助员工提高和进步的经理。

2. 什么吸引你进入这个领域？

之前我在旅游业工作，我被 IT 领域广泛的学科知识和丰富的机会所吸引。在担任网络管理员并接触了存储、备份、计算、安全和网络之后，我发现我最喜欢网络。

3. 你的典型工作日是什么样子的（任务、决策或问题）？

我的团队有远程工程师。为了保持联系并且使团队成员能熟知短期计划和长期计划，每天我都会主持召开一个团队电话会议。我负责的主要工作有：谈判和维护网络设备的支持合同，为新项目和项目升级购买设备，与其他团队就影响基础设施的项目进行协调，监控和管理带宽容量、网络资产和库存，管理网络工程师的工作和晋升。

4. 你最喜欢工作中的哪个方面？

我喜欢总是可以从每天的工作、新项目和同事身上学到东西。起初，我恐慌于自己有太多不知道的知识。现在，我却兴奋于自己不知道的一切，并且我身边有一群愿意去学习、传

㊀ Coral Garnick," Premera Negligent in Data Breach, 5 Lawsuits Claim," Seattle Times, March 27, 2015, accessed June 2, 2016, www.seattletimes.com/seattle-news/premera-neligent-in-data-breach-5-lawsuits-claim/.

授和互相帮助的聪明的工程师。

5. 想要做好你的工作，需要什么样的技能？

当我面试候选人时，我会看他是否聪明和乐观。我之前雇用过经验少、但是学历高、聪明、有条理、态度好的人。技术能力容易通过学习获取，但态度和智力却无法轻易获得。

6. 在你的领域中，文凭或证书重要吗？为什么？

我们同事之间也经常对这一问题进行争论。我们公司的很多工程师都不是大学毕业，且只有一部分工程师有文凭。但我经常听到的一句话是："唯一重要的是你能在工作上做什么，而不是纸上谈兵。"我认为除了技术能力外，文凭和证书都很重要。在我第一次面试的时候，学历给了我极大的优势。我没有经验，但是我的学术成果给经理留下了深刻的印象，因此得到了就业机会。基于我作为经理的经验，那些具有高学历的工程师更有动力、更专注，以及拥有处理多个项目的能力。他们的沟通能力（口头表达和书面表达）也优于那些学历低的工程师。

7. 有什么建议可以给那些想在你这个领域工作的人呢？

除了技术技能和良好的职业道德，还需要提高情商和增强人际关系。从事IT工作，你了解的人和你待人处事的方式，经常能够使你脱颖而出并取得进步。

8. 未来的10年，你觉得最热门的技术工作是什么？

与云有关的任何工作：软件工程、网络基础设施和工程、存储、计算以及自动化。

本章小结

6.1 为什么组织要迁移到云端

定义云并解释定义中的三个关键术语。描述大型主机、客户端/服务器和云架构之间的不同之处。解释可扩展性和弹性之间的差异。通过表6-1，比较云托管和内部托管。什么因素促使组织转向云？什么时候使用基于云的基础设施是没有意义的？

6.2 组织如何使用云

描述组织如何能够从云的资源弹性、池化和独特的互联网连接中获得收益。定义SaaS、PaaS和IaaS，并分别举例说明。对每一种服务，分别描述它在哪种商务情境中是最优选择。定义CDN，并解释其用途和优点。解释如何在内部使用Web服务。

6.3 哪些网络技术支持云

定义计算机网络。解释个人局域网（PAN）、局域网（LAN）、广域网（WAN）、内部网（intranet）、专用网络（internet）、互联网（Internet）之间的区别。描述协议并解释协议的用途。解释局域网的主要特点。描述图6-12中每一个组成部分的目的。定义IEEE 802.3和802.11，并解释它们的不同点。列举三种接入局域网或互联网的方式，并解释每种方式的性质。

6.4 互联网是如何工作的

描述互联网与美国邮政系统的相似之处。定义IP地址并解释为什么对于传送数据包来说，公共IP地址必不可少。描述一个域名的用途，并解释这些名字如何与公共IP地址相关联。解释TCP的用途。阐述像GoDaddy这样的机构的作用。定义URL。定义对等协议并解释为什么要制定这一协议。像Netflix这样的公司应该支持还是反对中立？请解释原因。

6.5 Web服务器如何支持云

定义三层架构，命名并描述每层的作用。按照图6-16解释每层的作用，并阐述图6-15和图6-17中的网页是如何被处理的。使用部门类比，定义SOA并解释为什么部门是"封装"的。总结在三层架构中使用SOA的优势。定义TCP/IP协议架构并概括地解释http、https、smtp和ftp的用途。定义WSDL、SOAP、XML和JSON的用途和作用。说明XML和JSON之间的主要区别。

6.6 猎鹰安防公司如何使用云

阐述为什么猎鹰安防公司很可能使用云。

命名和描述猎鹰安防公司可能使用的 SaaS 产品。解释猎鹰安防公司可能使用 PaaS 产品的几种方式。总结为什么猎鹰安防公司不会使用 IaaS。

6.7 组织如何安全地使用云服务

解释 VPN 的用途，并从广义上描述 VPN 是如何工作的。定义术语"虚拟的"并解释它与 VPN 的联系。定义私有云。阐述为什么私有云的优势是被质疑的。什么样的组织可能从私有云中获得收益？解释为什么即使是大型公司也无法创建可以与公有云设施相匹敌的私有云。在什么情况下，私有云对组织有利？定义 VPC，并解释组织如何以及为什么可以使用它。

6.8 2027 年

云的未来可能是什么？总结云带来的好消息和坏消息。解释图 6-6 中的照片为什么令人不安。描述三类远程操作系统。解释远程操作系统将如何提高顶级专家的价值，但是它将降低本地平庸的价值。其他不是高级专家的人能做什么？总结这些关于 2027 年的讨论如何与你的职业期望有关。

猎鹰安防公司的知识运用

指出对猎鹰安防公司来说云端的主要优势。考虑到猎鹰安防公司的业务规模和特征，对于托管其数据，哪种云服务（SaaS、PaaS、IaaS）最有意义？解释猎鹰安防公司如何使用这一服务。如果猎鹰安防公司是个大型公司并且聘请了高级 IT 员工，请说出另一种可选的方式并解释原因。

本章关键术语和概念

10/100/1000 以太网（10/100/1000 Ethernet）
蓝牙（bluetooth）
电缆线路（cable line）
通信运营商（carrier）
客户端/服务器架构（client-server architecture）
云（cloud）
云计算架构（cloud computing architecture）
商务服务器（commerce server）
计算机终端（computer terminal）
内容分发网络（content delivery network，CDN）
数据库层（database tier）
数字用户线路（digital subscriber line，DSL）
域名（domain name）
域名系统（domain name system，DNS）
弹性（elastic）
封装（encapsulated）
以太网（Ethernet）
FTP（file transfer protocol，FTP）
跳跃（hop）
https（https）
超文本传输协议（hypertext transfer protocol，http）
互联网名称和数字地址分配机构（Internet corporation for assigned names and numbers，ICANN）
IEEE 802.3 协议（IEEE 802.3 protocol）
IEEE 802.11 协议（IEEE 802.11 protocol）
基础设施即服务（infrastructure as a service，IaaS）
互联网（Internet）
互联网交换中心（Internet exchange point，IXP）
互联网服务提供商（Internet service provider，ISP）
内联网（intranet）
IP 地址（IP address）
互联网协议第 4 版（IPv4）
互联网协议第 6 版（IPv6）
局域网（local area network，LAN）
大型机架构（mainframe architecture）
大型机（mainframes）
网络中立（net neutrality）
网络（network）
基于互联网（over the Internet）
数据包（packet）
对等协议（peering agreement）
个人局域网（personal area network，PAN）
平台即服务（platform as a service，PaaS）
池化（pooled）
私有云（private cloud）
私有 IP 地址（private IP address）

协议（protocol）
公共 IP 地址（public IP address）
远程操作系统（remote action system）
路由器（router）
可扩展（scalable）
服务器层（server tier）
服务导向架构（service-oriented architecture，SOA）
简单邮件传输协议（simple mail transfer protocol，smtp）
小型办公室或家庭式办公室（small office/home office，SOHO）
软件即服务（software as a service，SaaS）
TCP/IP 协议架构（TCP/IP protocol architecture）
远程诊断（telediagnosis）
远程执法（telelaw enforcement）

远程手术（telesurgery）
国际互联网络（The Internet）
瘦客户端（thin client）
三层架构（three-tier architecture）
传输控制协议（transmission control protocol，TCP）
隧道（tunnel）
统一资源定位符（uniform resource locator，URL）
用户层（user tier）
虚拟私有云（virtual private cloud，VPC）
虚拟专用网络（virtual private network，VPN）
无线广域网（WAN wireless）
网页（Web page）
Web 服务器（Web server）
广域网（wide area network）

本章习题

知识运用

（1）定义云并解释定义中的三个关键术语。以 6.1 节为指导，比较和对比云托管与内部托管。用自己的话解释促使云托管比内部托管更有优势的三个最重要的因素。

（2）6.2 节中提到苹果公司在北卡罗来纳州的数据中心已经投入 10 亿美元。苹果既然斥巨资，这就说明它一定是将 iCloud 视为其未来业务的关键组成部分。使用 3.7 节中的原则，解释与其他移动供应商相比，iCloud 给苹果公司带来了哪些竞争优势。

（3）假设你在一个小公司管理 7 个员工。你的每一个员工都希望能够与互联网相连。考虑如下两个选择。

选择 A：每个员工拥有单独的设备并分别连入互联网。

选择 B：员工的电脑同时接入局域网，局域网通过单独的设备与互联网相连。

①简述每一种选择需要的设备和线路。
②解释每种选择需要采取的行动。
③建议采用哪种方式？

（4）访问 http://aws.amazon.com，搜索 AWS 数据库产品。解释亚马逊公司的 RDS、DynamoDB、ElastiCache 以及 Redshift 服务之间的差别。你建议猎鹰安防公司使用哪一种服务存储数据（顺便说一下，搜索关键词必须包含"AWS"字段，否则你检索的结果将为亚马逊公司提供的相应商品的书单）？

（5）假设佐藤希望猎鹰安防公司建立私有专用网，并且他认为这一方式更加安全。解释为什么这不是一个明智的选择，并通过建议猎鹰安防公司使用 VPC 反驳佐藤的观点。证明你的建议的合理性。

（6）用五句话解释从现在到 2027 年，云将如何影响你的职业前景。

协同练习

使用你在第 2 章创建的协同信息系统，和同学协作回答下面的问题。

在信息系统服务产业，云正在发生里程碑式的变化。在每一个城市，你都将看到当地独立软件供应商的卡车正在驶向客户，去建设和维修当地网络、服务器和软件。你将会通过卡车上的商标（如 Microsoft、Oracle 和 Cisco）了解其所属公司。多年来这些小型的当地的公司得以幸存，有的甚至可以通过建立和维护局域网、将用户计算机与互联网相连、建立服务器、售卖 Microsoft Exchange 证书、在服务器和用户计算机上安装软件等能力实现盈利。

一旦安装完毕，这些公司可以通过为软件开发和升级、连接新用户等问题提供解决方案而持续获得收益。它们有很多客户，但普遍上是仅拥有3~50个员工的小公司，它们只需要电子邮件、互联网连接以及类似于QuickBooks的一些入门级软件应用。

（7）使用本章节的知识以及团队成员的直觉，总结云服务对这些独立软件开发商造成的威胁。

（8）假设你拥有和管理一个独立软件开发商，你了解到越来越多的客户正在选择SaaS的云服务，如使用谷歌的电子邮件而不是建立本地的电子邮件服务器。

①采取何种措施来防止SaaS侵占你的业务？

②基于你对①的回答，确定三种可以采取的方案。

③你会选择哪一个方案？解释你的选择。

（9）即使SaaS消除了电子邮件和本地其他服务器的需求，你仍然可以提供大量可行的服务。说出并描述这些服务。

（10）假设你和你的团队成员决定开发一个能在SaaS和其他云服务环境中得以生存的全新的业务，而不是试图让现有的独立软件开发商适应云服务的威胁。调查校园内部和外部的业务，识别并描述在云服务世界中，这些业务对信息系统的需求。

（11）基于你对问题（10）的回答，描述你的新业务可以为商务需求提供的信息系统服务。

（12）基于你对问题（7）~（11）的回答，你倾向于选择让目前的独立软件开发商尝试应对新的世界还是自己建立全新的公司？比较这两个选择的优缺点。

（13）几个世纪以来，不断变革的技术已经消除了社会对某些产品和服务的需求，并产生了对新产品和服务的需求。然而，什么是新？在今天，"新"指的就是新技术的产生及其适应不同环境的迅猛速度。云服务作为一个实例，创造了一种态度声明，即商务人士应该关注技术，实现在快速变化的环境中茁壮成长。值得注意，这里用到的动词是"茁壮成长"而不仅仅是"幸存"。

案例研究

FinQloud 永远，至少在规定的时间间隔内……

1937年，美国证券交易委员会（The Securities and Exchange Commission，SEC）制定了证券经纪人和交易商的证券记录保留规则。SEC需要关注的事项包括：证券交易记录在事件发生之后不会被修改，记录在规定的时间内应被保留，建立了索引以保证记录能轻而易举地被检索到。

在1937年，此规则只针对纸质载体上的记录。随着信息系统存储的兴起，1997年SEC宣布这种记录可以以电子的形式保留，从而更新了这一规则。同时，SEC还提供了只写多读的设备。由于第一代CD、DVD都是只写多读的设备，因此这一规则很容易就被证券服务行业采纳。

然而随着技术的发展，证券经纪人和交易商想要使用常规的磁盘存储记录，并且请求SEC指导他们如何做。2003年5月，SEC解释了存储在读写媒体上的记录规则，并且提供了禁止数据被更改的软件存储机制：

如果经纪交易商使用电子存储系统阻止传送、擦除或在其保留期限内使用集成的硬件和软件控制编码更改记录，他不会违反段落（f）（2）(ii)(A) 中的要求。规则17a-4要求经纪交易商按照特定的时间年限保存记录。因此，超过时间期限就不需要遵循不可擦除和不可重复写的存储规则。

证券交易委员会的说明中并没有包括存储系统，只是减少了磁盘记录被重复写或擦除的风险。那些使用软件应用程序保护电子记录的系统，如认证和审批政策、密码或其他外部安全控制，并没有以不可重写和不可擦除的方式保存记录。这些其他系统使用的外部措施不会阻止记录被更改和删除。例如，它们可能通过密码限制记录被获取，此外还可能基于记录内容创建指纹。如果记录被更改，指纹将提示它已经被修改（但是原始记录不会被保存）。重写或擦除系统中记录的能力使得这些系统不符合17a-4（f）的规则。⊖

值得注意的是，SEC 明确排除认证、密码、手动处理程序等外部控制，因为它认为此类系统很容易被滥用来重写文档。SEC 正在致力于细化规则，如果有人篡改存储系统的软件，则可能会覆盖先前的数据。显然，SEC 认为这种篡改是非法的，但是又认为比较罕见，所以不值得担心。

鉴于这一规则，组织开始开发符合要求的系统。NASDAQ OMX 集团，一个拥有和运营 NASDAQ 股票市场及八个欧洲业务的跨国公司，创建了一个符合 SEC（以及其他管理组织）规则要求的基于云的存储系统 FinQloud。NASDAQ OMX 在世界上 50 个国家运营着 70 个不同的市场，并且宣称它处理着全球十分之一的股票交易。⊜

图 6-27 展示了 FinQloud 系统的基础架构，它在后台使用亚马逊公司的 S3 产品来提供可扩展的、弹性的存储。当证券机构将数据提交给 FinQloud 用于存储时，FinQloud 会以一种不可更新的、加密的方式处理这些数据，并将经过处理的加密数据传送到 AWS，在这里数据将经过再加密并存储在 S3 设备中。数据在 S3 设备中建立索引，授权用户可以很容易地读取这些数据。在系统建成之后，NASDQA OMX 宣称 FinQloud 所采取的处理和加密数据的方式都符合 SEC 的要求。

当然，NASDAQ OMX 知道这一声明可能会被感知为"王婆卖瓜，自卖自夸"，因此它雇用了两个独立的公司验证它的宣言。其中一个是证券行业咨询公司 Jordan & Jordan，另一个是文件处理咨询公司 Cohasset Associate。据《华尔街日报》报道，这两个组织均得出如下结论：当配置正确时，FinQloud 符合 SEC 的规则（规则 17a-3）以及由美国商品期货交易委员会（The Commodities Futures Trading Commission）建立的相似规则的要求。⊜

因此，NASDQA OMX 的顾客可以使用 FinQloud，并且只要他们可以证明已经正确配置了系统，他们的审计师就会发现这一系统遵守了 SEC 的规定。

讨论题：

（14）用你自己的话，总结交易经纪人的记录保留要求。

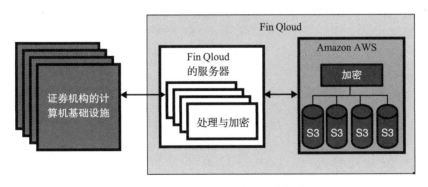

图 6-27　FinQloud 系统的组成部分

⊖ U.S. Securities and Exchange Commission," SEC Interpretation: Electronic Storage of Broker-Dealer Records." last modified May 5, 2003, accessed June 3, 2016, www.sec.gov/rules/interp/34-47806.htm.

⊜ NASDAQ OMX," NASDAQ OMX Launches FinQloud Powered by Amazon Web Services(AWS), " accessed June 3,2016, http://ir.nasdaqomx.com/releasedetail.cfm？ ReleaseID=709164.

⊜ Greg MacSweeney," Nasdaq OMX FinQloud R3 Meets SEC/CFTC Regulatory requirements say Consultants," April 15, 2013, accessed June 3, 2016, www.wallstreetandtech.com/data-management/nasdaq-omx-finqloud-r3-meets-sec-cftc -rehulatory-requirements-say-consultants/d/d-id/1268024?.

（15）再次阅读 SEC 在 2003 年的说明。用你自己的话，解释"集成的硬件和软件控制编码"与使用"认证和审批政策、密码或其他外部安全控制"的软件应用之间的差距，并举例说明。

（16）显然，在 SEC 看来，硬件和软件集成系统的妥协可能性要低于认证、密码和处理系统的妥协可能性，证明这一观点。

（17）你同意问题（16）的观点吗？为什么？

（18）研究 Jordan & Jordan（www.jandj.com）以及 Cohasset Associates（www.cohasset.com）公司。如果你是金融机构的咨询师，你会在多大程度上依赖这些组织的声明？

（19）如果你是金融机构的咨询师，你可能会采取其他什么方式去验证 FinQloud 是否符合 SEC 的规定及其 2003 年的说明？

（20）解释你在本课程中获得的知识如何帮助你理解 SEC 在 2003 年的说明。如果你在金融机构工作，总结你的知识会如何帮助你。用一种你可以在面试中使用的方式来回答这个问题。

第三部分

利用信息系统获取竞争优势

通过前6章的内容,你已经对信息系统基本原理有所了解。接下来的第7～12章中,你将运用这些原理学习如何使用信息系统以实现组织战略。第三部分的7～9章主要关注信息系统的应用,第四部分的10～12章主要关注信息系统的管理。

以下的每一章都将介绍基于云的移动应用,并实现将增强现实技术的头戴式视图器与健身车的整合。增强现实运动系统(augmented reality exercise system, ARES)允许用户在虚拟环境中与朋友进行全息的路径骑行。

据我们所知,像 ARES 这样的应用目前并不存在。但是,微软(HoloLens)、Magic Leap 和 Meta 等公司正推动着 AR 应用的迅速发展,其在教育、娱乐、工业设计、协作以及医学领域的应用都展现出了巨大的潜力。

右图展示了不同的利益相关者与 ARES 的交互情况。ARES 从 AR 头戴式视图器、健身车和健身手环中采集并整合用户数据,并使用基于云的服务对所有的用户数据进行托管和处理,甚至连 ARES 应用自身都托管在云端。

ARES 允许用户与朋友、教练和雇主共享数据。专业教练可以将其动感单车课程定制为环绕一些著名的骑行路线,如环法自行车赛的赛段路线。雇主可以通过财务激励促使雇员保持身体健康。ARES 能让用户虚拟地和朋友、著名的自行车车手甚至能够模拟其历史骑行记录的"配速员"

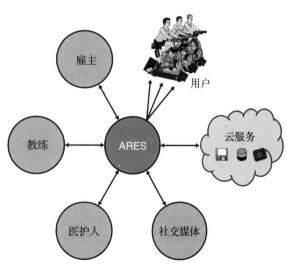

ARES:增强现实运动系统

一起骑行。

ARES的经理泽夫·弗里德曼（Zev Friedman）从他的心脏病专家罗梅罗·弗洛里斯（Romero Flores）医生那里购买了一个早期的系统原型。身为患者，泽夫非常喜欢与系统的交互体验，尽管其基于网络的界面很不成熟。系统从运动设备和健身手环中采集训练数据并进行分析，帮助弗洛里斯治疗患者。不幸的是，这个系统仅在弗洛里斯的医疗实践中被采纳。

泽夫作为一名成功的企业家，看到了该系统用于医疗领域之外的潜力。他一直在关注增强现实技术的出现并思考其潜在的应用。他以少量现金买下了这家公司并与弗洛里斯达成特许协议。

通过其业务联系，泽夫找到并聘用了新的总经理艾什莉和营销专员凯西。他还从他的其他业务中带来了技术经理亨利，同时还雇用了来自斯坦福大学的AR专家拉杰。

第7章

流程、组织和信息系统

导入故事

ARES 公司的所有权人泽夫·弗里德曼（Zev Friedman）、总经理艾什莉·图恩伍德（Ashley Turnwood）、市场营销专家凯西·卡斯特隆（Cassie Castellon）、信息系统专家亨利·基维（Henri Kivi）和增强现实技术专家拉杰·阿加瓦尔（Raj Agarwal），周六上午一起在泽夫的豪华住所里开了一个探讨会议。

在礼貌性地寒暄过后，泽夫言归正传："那么，罗梅罗·弗洛里斯（Romero Flores）到底是哪里出错了？"他在成员间快速地打量，以寻求一个反馈。有时泽夫明知道答案，却依旧会明知故问，就是为了确定他是否拥有一支具有强大领导力的专业团队。

凯西毫不犹豫地插话道："我认为弗洛里斯是一个真诚关心和帮助他人的好医生。但是，坦率地说，他并不知道如何运营一个公司。除了在其自身实践中使用该系统，他没有将该系统成功地销售给他人，但他仍然为越来越多的功能向系统开发人员支付费用。"

艾什莉可以看出泽夫在寻求一些更本质的答案。泽夫打量着这个他最近新聘任的总经理，希望她做出回应。于是，艾什莉说："对的，弗洛里斯可能无论如何也没法将系统卖给更多的医生，医生们从昂贵的检验和流程中赚钱，而不是通过这些硬件、软件和广告赚钱。从弗洛里斯的系统中得到的数据或许会引起医疗保健专业人员的兴趣，但这实在不足以支付抵押贷款。他得将这个系统卖给真正需要的人。药物能解决身体疾病的问题，而销售却可以解决许多商业的问题。"

"那好，我们应该卖给谁呢？"泽夫问。

"就目前的情况，也许没人可卖，"艾什莉苦涩地回答："弗洛里斯能够从运动设备、移动设备和使用基于云系统的健身追踪器中收集和整合数据。他甚至制作了一些精致的报告工具，以便和其他系统共享数据。那非常好，但是现在升级版的健身跟踪器和智能手表也能采集和报告数据。"

凯西很紧张地看着艾什莉，而泽夫的脸上却浮现出一抹浅浅的笑容。

艾什莉继续说："但是考虑到你所雇用的这些人，那无论如何也是你不打算要的。"

"你这是什么意思？"泽夫问。

"好……拉杰是斯坦福增强现实领域的专家，并且我们都热衷于骑自行车。也许这有一点夸大其词，是亨利和我热衷于骑车，其他人是喜欢骑车。如果你在弗洛里斯的软件中增加一些混合的功能，你就有了一个综合的娱乐健康公司。"

泽夫轻轻点头并说："太好了，那我们接下来该怎么赚钱？"

亨利插话说："我们将 App 卖给增强现实的头盔一定能赚钱。尽管这个整合对弗洛里斯系统来说是严峻的，但一个增强现实的 App 对自行车来说是很酷的，而且头盔和自行车的制造商都会因其促进自身销售而爱上这款 App。"

拉杰也首度开腔："我们可以售卖一些由专业教师讲授的虚拟骑行课程。设想一下，清晨在拱门国家公园有一支 20 人的自行车骑行队伍，那真的是非常酷啊。"他停顿了一下,陷入思考并继续说道:"但我不确定我们是否有足够的带宽资源去处理这些。"

"凯西,你觉得呢?"泽夫问。

"好啊,"凯西说,"我想我们应该考虑向增强现实的交互中加一些广告,谷歌公司、脸书公司和推特公司都是从广告中获利。这确实是一个机会,一些公司也喜欢向自行车骑行者投放广告。我们还可以从一些骑行庆典活动、慈善活动和促销比赛中赚钱。我不确定是否能从社交媒体中获利,不清楚消费者是否愿意把他们的统计数据放到脸书上。"

艾什莉专心地听着,并说:"我想,如果私人教练想要吸引客户,我们向他们推荐一些用户是可以获取一些中介费用的,他们也会愿意免费为我们提供一些私人课程。大型的企业也许会因其健康工作项目而对ARES感兴趣。"

"听起来太棒了。"泽夫肯定地说:"凯西,检查一下ARES的潜在广告收入。拉杰,看看是否能用我们的系统处理一个30人的虚拟骑行课程。亨利,核实一下开发App和整合后备系统中数据的成本。艾什莉,你了解一下培训人员和员工的情况。还有什么问题吗?"

每个人都向四周望了望,没有人说话。

"好吧,那下周见。"

章节导览

本章探索了组织层面的流程和支持信息系统。我们将扩展第3章中讨论过的业务流程,并研究三种不同的流程类型和信息系统范围,同时也将研究流程质量的概念,解释如何使用信息系统提升流程质量。然后,我们将探讨组织内某个层面上使用信息系统如何引发信息孤岛的问题,解释其问题产生的原因并通过组织其他层面的信息系统的使用,给出解决的方法。特别地,我们将会讨论如CRM、ERP和EAI(本章你将会学习到这些术语)这类企业系统如何解决由工作组信息孤岛而引发的诸多问题。其中,ERP系统扮演了极为重要的角色,我们也会探讨ERP的功能、目的、组件和主要的ERP供应商。接下来还会揭示在实施企业信息系统时面临的挑战,整个这一章是围绕企业间信息系统如何解决企业层面的孤岛问题而组织的。在最后的2027年部分,将会探讨未来企业和企业间信息系统的移动性和云应用带来的启示。

7.1 流程的基本类型是什么

正如第3章中所提到的,业务流程是通过输入转成输出的活动而生成价值的集合。这些活动属于流程的一部分,负责接收输入并产生输出,可以只由人来执行,或由人和计算机共同执行,或只由计算机独立执行。

图7-1中展示了审核客户订单的三个活动流程,其中每一个活动都是整个流程的子流程。从中可以发现每一个步骤,如检查库存、核实客户信用和批准具体的条款,都是将其从输入转成输出的过程。在第12章中将会学习到如何更好地绘制该流程图,目前图7-1中所表达的是一个典型的业务流程的基本概要。

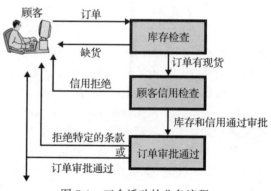

图7-1 三个活动的业务流程

7.1.1 结构化流程和动态流程的区别是什么

企业有成千上万种不同的流程,有一些流程是稳定的,即几乎所有的活动和数据流的顺序都是固定的。例如,销售业务员处理一个来自诺德斯特龙百货店(Nordstrom)的退货流程,或其他零售店的质量问题,都是一个固定流程。如果客户出示收据,就执行这类步骤……如果没有收据,就执行其他的步骤。这些流程需要标准化,才能一致地和正确地对待每一个客户,而如此恰当地考量退货流程,也能让每一个销售人员得到公平合理的对待,进而减少销售佣金。

其他的一些流程就没那么结构化和固定了,它们常常带有一些创新性。例如,诺德斯特龙的管理层是如何决策下个春季该卖什么女装的?管理人员可以检查一下去年的销售,考虑一下当下的经济现状,并就最近的潮流情况评估女性对新款的接受度,但此流程包括太多的因素,需要考虑到服装的数量和颜色,这就不同于处理退货流程的结构化程度了。

本文中,我们将流程划分为两个更宽泛的类别。**结构化流程**(structured process)是正式定义的涉及日常操作的标准化流程,如接受退货、下订单和购买原材料。其特征总结如表 7-1 所示。

表 7-1 结构化流程和动态流程

结构化流程	动态流程
支持操作化和结构化的管理决策和活动	支持战略性和低度结构化的管理决策和活动
标准化	较不具体,流动性
通常是正式定义和文本化的	通常是非正式的
极少有例外,适应性不是太好	时常有例外情况
与组织的问题一起,流程结构的变化很缓慢	适应性好,能够快速变换结构
例子:客户回访、订单输入、采购、工资单等	例子:协同、社交网络、不明确且模糊的情景

动态流程(dynamic process)是灵活的、非正式的和自适应的过程,通常涉及战略性的和较不具体的管理决策和活动,如新店选址、怎样更好地解决较多产品的退货问题以及通过 Twitter 讨论下个季度的产品线等。动态流程还时常需要人工判断,表 7-1 中呈现了动态流程的特征。

本章将讨论结构化流程和信息系统。我们已经在第 2 章中探讨了一个动态流程——协同,并且我们将在第 8 章讨论的社交媒体和在第 9 章讨论的商业智能的某些方面,都是动态流程。

为了保持一致,本章中使用的术语"流程"是指结构化流程。

7.1.2 组织范围内流程是如何变换的

流程通常在这三个组织范围层面产生:工作组、企业和企业间。一般来说,流程的范围越宽,流程管理面临的挑战就越多。例如,支持一个单一工作组功能的流程,或者说,应付账款的流程,就比支持如供应链一类的独立组织网络的流程要简单和易于管理。因此,需要在以下三个组织范围层面介绍流程。

1. 工作组流程

工作组流程是为使工作组能够实现特定小组或部门的章程、目的和目标而存在的流程。医生的合作伙伴关系就是一个工作组,他们遵循流程以管理患者记录,开具和更新处方,提供标准化术后护理等。

表 7-2 罗列了常见的工作组流程，注意大多数这些流程中的每一部分都对应一个特定的部门，这些流程可以从其他部门接受输入，也能通过其他部门产生输出，但是所有的，至少是大多数流程的活动属于一个单一的部门。

工作组信息系统（workgroup information system）是支持特定的部门或工作组的信息系统。例如，运营部门可以通过信息系统执行表 7-2 中运营流程的三个部分，或者会计部门可以通过两三个信息系统来实现图中的会计流程。有时候，工作组信息系统也称作**功能性信息系统**（functional information system）。因此，运营管理系统是一个功能性信息系统，总账系统和成本会计系统也是功能性信息系统。功能性信息系统中的程序组件称为**功能性应用**（functional application）。

工作组信息系统的通用特征总结如表 7-2 所示。典型的工作组信息系统支持 10 ~ 100 个用户，由于组内所有成员都需要了解并使用这些过程，因此会形成过程的正式文档。一般而言，用户在使用过程中也需要接受正式的培训。

当出现问题时，这些问题基本上都可以在工作组内得以解决。如果应付账款与特定供应商的记录重复，那么应付账款工作组可以对其进行修正；如果网络商店弄错了存货数据库里条目的数量，那么该网络商店小组也能修改该条数据。

表 7-2 常见的工作组流程

工作组	工作组示范流程
销售和营销	引导生成 引导追踪 客户管理 销售预测 产品和品牌管理
运营	订单进入 订单管理 产成品库存管理
制造	库存（原材料、半成品） 计划 排程 作业
客户服务	订单跟踪 账目跟踪 客户支持
人力资源	招聘 索赔 评估 人力资源计划
会计	总账 财务报告 成本会计 应收账款 应付账款 现金管理 预算 财务管理

（顺便提到，对于工作组而言，其问题的结果并非是孤立存在的，尽管问题的处理是在工作组内完成，但因为工作组信息系统是为组织的其他部门提供服务的，所以问题的结果也会涉及整个组织。）

组织内两个或多个部门的数据也会出现冗余，这样的冗余会产生极大的问题，将在 7.3 节展开讨论。最后，由于工作组信息系统包含了多个用户，所以其变化也会导致问题的产生。但是，还是如上所述，当问题产生的时候，应能在工作组内得以解决。

2. 企业流程

企业流程（enterprise process）是跨越整个组织并支持多个部门活动的流程，如在一个医院里，支持患者出院的活动流程涉及病房、药房、厨房、护士站及其他的医院部门。

企业信息系统（enterprise information system）是支持多个部门跨职能的流程和活动的信息系统。如表 7-3 中第 2 行所示，其拥有成百上千的用户、正式化的流程和文档以及需要用户接受正规的流程培训。有时企业系统还包括流程的分类，以及根据系统的分工和授权层次将用户进行分类。

表 7-3 信息系统的特征

范围	举例	特征
工作组	医生的办公室/医疗实践	支持一个或多个工作组流程；10～100 个用户；正式化的流程；组内解决的问题方案；工作组会产生重复数据；有点难以适应变化
企业	医院	支持一个或多个企业流程；100～1 000+ 个用户；正式化的流程；影响企业的问题解决方案；消除工作组的数据重复；难以适应变化
企业间	医疗保健交换中心	支持一个或多个企业间流程；超过 1 000 个用户；正式化的系统流程；影响多个组织的问题解决方案；能够解决企业数据重复的问题；很难适应变化

企业系统问题的解决方案通常涉及多个工作组或部门，正如在本章所学到的，企业系统的优势在于数据的冗余和消除是一体的，可有效解决冗余数据产生的变化问题以保持数据的一致性。

由于企业系统跨越了多个部门，涉及上千个潜在用户，因此难以变革，改变须仔细计划并妥善实施，用户也需要大量的培训，有时候用户会因为金钱或其他诱人的激励而有动力去接受变革。

CRM、ERP 和 EAI 这三类企业信息系统将会在 7.4 节进行定义和探讨。

3. 企业间流程

企业间流程是跨越两个或多个独立组织的流程。例如，通过医疗健康交换中心购买一个医疗保险（详见本章习题的案例研究）就涉及许多保险公司和政府机构，其中每个组织都要执行一系列的活动，且都是独立归属于各个组织的活动，并常常通过会议、合同或诉讼来解决产生的问题。

组织间时常也会产生数据冗余，数据冗余需要消除或妥善解决，由于跨越的范围广，涉及的问题复杂，系统很难实施修改。供应链管理（在第 13 章将讨论国际化的管理信息系统）就是一个典型的企业间信息系统的例子，我们将会在本书其余章节中介绍企业间系统 ARES 的案例。

7.2 信息系统如何提高流程质量

流程是组织的构成要素，人们通过流程执行活动以实现组织的目标。流程的质量决定了组织的成功，因而是极其重要的。[⊖]

流程质量的两个维度是效率和效果。**流程效率**（process efficiency）是流程输出与输入之比的度量。如果在图 7-1 中有一个替代流程能够以较低的成本完成同样的订单审批或退货，或者以同样的成本完成更多的审批或退货，那就说明该流程非常有效率。

流程效用（process effectiveness）是衡量流程实现组织战略的程度。如果一个组织的差异化体现在客户服务的质量上，并且图 7-1 中的订单请求的流程时间是 5 天，那么这个流程就是无效用的，而公司通过使用 3D 打印，提供的定制化制造流程就会更具效用。

⊖ 本章的主题是结构化流程，我们也将探讨其流程质量。然而值得注意的是，此问题的所有概念同样适用于动态流程。

7.2.1 流程如何改进

组织可以通过流程结构变革、流程资源变革、流程结构和资源变革三种方法中的某一种来提高流程质量（效率/效用）。

1. 流程结构变革

在一些案例中，仅通过流程重组就能改变流程质量。在图 7-1 中，如果先核实客户信用，再检查库存，就会节约用户信用审查未通过但检查了库存的成本，所以订单审批的流程更加有效。然而，这个变革也可能意味着花费了精力去审查客户信用后却并没有发现足够的库存，我们将会在第 12 章深入研究这种变化。就此而言，仅仅是在强调流程的结构对于流程效率是很重要的。

流程结构变革同样也能提升流程效果。如果一个组织选择执行成本领先战略，该战略意味着不会审批通过一些特殊的条款。如果图 7-1 中的流程导致了特殊条款的授权，那么取消第三方的活动将会使流程更加有效（也更有可能降低运营成本）。

2. 流程资源变革

业务流程活动是通过人和信息系统共同完成的，其中一个提升流程质量的方法就是改变这些资源的配置。例如，如果图 7-1 中的流程由于执行时间过长而不具有效性，就需要识别其延迟的原因并增加资源。如果延迟是因为客户信用审查活动，那么就需要在该活动中增加人员以提升效率。增加人员可以降低延迟，但也会增加成本，因此组织需要在效率和效果之间进行权衡。

另外一个缩短信用审查流程时间的方法是采用信息系统来执行该流程，这取决于新系统的开发和运营成本，变革可以在经济的前提下更加有效。

3. 流程结构和资源变革

当然，也可以通过流程结构和资源的同时变革来提升流程质量。事实上，除非一个流程的变革只是任务的简单排序，否则变革流程结构通常都会涉及资源的变革。

7.2.2 信息系统如何提升流程质量

信息系统可以通过以下三种方式提升流程质量：①执行活动；②增强人员执行活动的能力；③控制数据质量和业务流。

1. 执行活动

信息系统能够执行一个完整的流程活动。例如，在图 7-1 中，信用审查活动是能完全实现自动化的。当你在亚马逊或其他主流在线零售网站上购物时，一旦交易开始进行便可以通过信息系统审查信用。可以自动地向航空公司预订座位，所有的预订活动都是通过信息系统执行的（当然，除了一些涉及乘客的活动：当预订座位的时候，必须在可选座位范围内做出一个选择，但是对航空公司来说你可以在任意时间做出选择）。

2. 增强人员执行活动的能力

增强人员执行活动的能力，是信息系统提升流程质量的第二种方式。就管理患者预约的流程而言，为了安排一个预约，患者可以呼叫医生工作室并与使用预约信息系统的接待人员交谈，这就强化了预约的功能。

3. 控制数据质量和业务流

控制数据质量和业务流是信息系统提升流程质量的第三种方式。

信息系统的主要优势之一在于能够控制数据质量。信息系统不仅能保证输入数据价值的正确性，而且能确保流程持续执行中信息的完整性。最经济的方式是在源头就纠正数据的错误，可以由此避免在流程活动进行中由于信息不完整性而带来的诸多问题。

信息系统在业务流控制中同样重要。就图7-1中的订单审批流程而言，如果该流程是手动控制的，某个销售人员将从客户那里获取数据，并采取任何行动来推动订单通过订单流程中的三个步骤。如果这个销售人员因繁忙或其他事情打岔而离开此项工作几天，或者流程中某个活动被拖延，就有可能造成该订单的丢失或不必要的审批延迟。

然而，如果信息系统正控制该订单审批的流程，就可以确保每一步按照预先设定的计划执行。还可以依赖信息系统对比图7-1中的复杂得多的流程做出正确的常规流程决策。在第2章所讨论的协同情景下，SharePoint工作流能被用来实现结构化流程的自动化。

7.3 信息系统是如何消除信息孤岛问题的

信息孤岛（information silo）是指数据被隔离在分离的信息系统中的状况。例如，就表7-2中的六个工作组及其信息系统而言，思考一下这些信息系统，你将会发现每个信息系统都会处理客户、销售、产品和其他数据，但数据都仅为各自的系统所用，数据存储只有细微差别。例如，销售将会为客户购物代理部门存储一些客户联系数据，而会计部门也会为涉及客户应付账款的人员储存客户联系数据。

工作组为了自己的需要而单独开发信息系统是很自然的，但是，一段时间后，这些独立的系统会引发诸多的信息孤岛问题。

7.3.1 什么是信息孤岛问题

表7-4罗列了工作组层面由于信息孤岛而产生的主要问题。在本案例中，在销售、营销和财会部门之间，数据是重复的，销售、营销和财会的应用都是存储了同样客户数据的独立数据库。如你所知，数据存储是廉价的，因此数据冗余不会产生磁盘存储的成本耗费问题，然而，却会造成数据的不一致。在销售和营销应用里的数据变化有可能在几天或几周后才影响财务应用的数据库，在此期间，客户的发货不会耽搁，但发票将会寄往错误的地址。当组织存在不一致的数据冗余，也就存在**数据完整性**（data integrity）的问题。

另外，当应用程序是孤立的，业务过程就是彼此割裂的。假定一个业务规则是超过15 000美元的信用订单必须经过应收账款部门的预审核。如果其支持的应用程序是分开的，会很难将这两个活动的数据进行整合，其审核过程也会十分缓慢，还极有可能出错。

在表7-4的第二行，销售和营销要批准Ajax的一笔价值为20 000美元的订单，依据销售和营销数据库，Ajax当前需要偿还的欠款是17 800美元，因此销售和营销部门请求总额为37 800美元的信用授信。财务数据库显示：Ajax需要偿还的欠款只有12 300美元，因为应收账款系统已经收到Ajax的5 500美元的回款。因此，依据会计记录，为了让销售和营销部门能批准Ajax的20 000美元的订单，授信总额应该仅为32 300美元。

表 7-4 由信息孤岛产生的问题

问题	销售和营销	财务
数据冗余，数据不一致	Ajax 运到里诺，内华达州 记账到里诺，内华达州	Ajax 运到里诺，内华达州 记账到布法罗，纽约
脱节的流程	获得信用审批 ← 需要37 800美元 / 审核通过32 300美元 → 审核顾客信用	
受限的信息和集成信息的缺乏	订单数据 IndyMac是首选客户吗？	？？ 支付数据
引发组织无效率的孤立决策	订单数据 加倍销售给IndyMac	订单数据 OneWest支付缓慢
增加的成本	上述所有问题	

销售和营销部门并不理解对于 32 300 美元的信用授权该怎么做。依据其数据库，Ajax 已经有欠款 17 800 美元，因此如果总的信用授信只有 32 300 美元，那财务部门仅批准了 14 500 美元的新订单吗？并且为何是这个数目？两个部门都想批准这个订单。然而，为了解决这个事情，将会发很多邮件和打很多电话。这些交互的业务流程是脱节的。

导致这种分割活动的原因在于缺乏整合的企业信息。例如，假定销售和营销部门想知道 IndyMac 是否仍然是一个受喜爱的客户，决策这个问题就需要对订单历史和支付历史做一个比较。在信息孤岛的情况下，数据存储在两个不同的数据库中，在其中一个数据库中，IndyMac 以收购它的公司 OneWest Bank 命名，这使得数据将会很难整合，本应该在数秒内就能做出的决策，需要借助手工流程花费数天时间。

这会引发第 4 种结果：无效率。当使用孤岛型的功能应用程序时，其决策制定也是割裂的，如表 7-4 中第 4 行所示，销售和营销部门想要与 IndyMac 一起努力实现销售翻倍。然而，财务部门却认为 IndyMac 已经被联邦存款保险公司取消了，并卖给了 OneWest Bank 而延迟付款，为此要更加留意销售才能有更好的前景。如果没有信息整合，公司的各个部门都不知道彼此在做些什么。

最后，信息孤岛会引起组织成本的增加，数据冗余、各自为营的系统、受限的信息和低效率都意味着高成本。

7.3.2 组织如何解决信息孤岛问题

如定义所说，当数据存储在分散的系统中就产生了信息孤岛，解决信息孤岛最显著的方式就是将数据整合到一个数据库中，并且重新设计应用（以及业务流程）。如果不易操作的话，另一个方式是允许孤岛的存在，但需要有效管理以避免问题的产生。

表 7-5 中的箭头表明组织两个层面的解决方式。首先，通过使用企业范围的应用程序，

整合工作组信息系统产生的孤立数据。

表 7-5 信息孤岛的驱动因素

范围	举例	信息孤岛的例子	技术可能性
工作组	医生的办公室/医疗实践	存储患者孤立数据的医生和医院。不必要的冗余检测和流程	功能化的应用程序
	↓		企业网络里的企业应用（CRM、ERP、EAI）
企业	医院	医院和本地药店对同一个患者存储了不同的处方数据	
	↓		使用云中网络服务技术的分布式系统
企业间	机构间处方的应用	没有孤岛：医生、医院和药店共享患者的处方和其他数据	

其次，通过使用分布式应用程序（如 ARES），将企业层信息系统产生的孤立数据整合到企业间信息系统，这些应用流程数据存储在单独的云数据库里，或通过连接不同的独立数据库，看上去就像存储在一个数据库中一样，我们将在 7.7 节中进一步讨论企业间系统。

就目前来说，为了更好地理解孤立数据问题是如何解决的，思考一下医院的企业系统。

图 7-2 显示了医院的一些部门及部分患者出院的流程。此流程是由一个医生发出了一个患者出院的指令而开始的，该指令传到相应的护士部门，该部门向药房、患者家属和医院厨房启动了各项活动，有一些活动会最终反馈到护士部门。图 7-2 中的虚线代表了该医院（由信息系统支持）的流程。

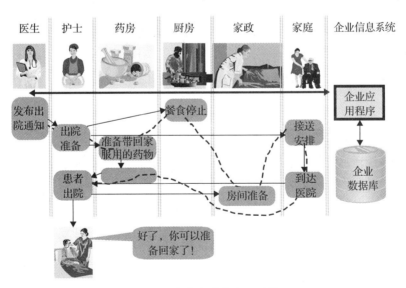

图 7-2 患者出院的企业系统

前企业系统时代，医院已经开发了使用基于纸张的系统和通过电话的非正式信息交流的程序，每个部门都留有记录。当实施新的企业信息系统时，不仅将数据整合到一个数据库中，而且会创建新的基于计算机的表格和报告，员工需要将基于纸张的系统转变成基于计算机的系统，同时也需要停止电话交流，而让新系统实现跨部门的信息传递。这些措施都涉及重大变革，多数组织在经历这些变革的过程时都是极其痛苦的。

7.4 CRM、ERP 和 EAI 是怎样支持企业流程的

一直到 20 世纪 80 年代后期和 90 年代初期，计算机网络、数据通信和数据库技术的能力达到足够高水平时，图 7-2 中的企业系统才变得可行。在这种情况下，许多组织开始开发企业系统。

7.4.1 业务流程工程的需要

正如组织所做的，其意识到了现存业务流程变革的必要性。从某种程度上说，为了使用共享数据库和新的基于计算机的表单和报告，它们需要进行变革。然而，一个业务流程变革的更重要的原因是数据整合和企业系统能够极大地改进流程质量，在过去难以实现的现在都变得可行。用波特的话来说（第3章），企业系统能够在价值链之间创造更强、更快速和更有效的联动。

例如，医院使用基于纸张的系统时，厨房会在前一晚半夜为每一位患者准备餐食。若患者出院后的第二天半夜才知道其出院信息，就会造成大量食物浪费，进而成本上升。

在企业系统中，厨房会在任何时刻都能知道患者出院的消息，极大程度减少了食物的浪费，但是厨房何时该接到消息通知呢？立即吗？如果出院取消了，该怎么办？通知厨房取消出院信息吗？存在许多可能的替代方案，因此，为了设计新的企业系统，医院需要决定如何更好地变革流程，这样的项目就是所谓的**业务流程重组**（business process reengineering，BPR），亦即改变现有的业务流程，并充分利用新的信息系统技术活动来设计新的业务流程。

遗憾的是，业务流程再造是困难、缓慢且极其昂贵的。业务分析需要在整个组织中访谈关键人物，以决定如何更好地使用新技术。由于复杂性很高，这样的项目需要高水平、昂贵的技术和大量的时间，许多大项目都在初期就此搁浅，剩下的一些组织完成了部分系统，导致了灾难性的结果，员工也不清楚新系统、旧系统或新旧系统混合的系统在使用后会有何种区别。

7.4.2 企业应用解决方案的出现

当企业级系统通过流程质量提升获得的好处愈发明显时，多数企业仍然在内部开发其应用系统。此刻，组织感到需要现成的或可替代的应用系统以满足特定需求。然而，随着应用系统越来越复杂，内部开发的成本变得居高不下。如第4章所言，内部建立系统成本高不仅因为初始开发的高成本，还因为这些系统不断适应需求变化而造成的高成本。

20 世纪 90 年代初期，由于业务流程再造的成本是内部开发系统成本的两倍，组织开始寻求更加可行的现成的应用程序许可，"毕竟我们也不是这么的独特"。

有些供应商把握住了这个趋势。例如，PeopleSoft 开发了工资和有限能力的人力资源系统，Siebel 开发了跟踪和管理销售的系统，SAP 开发了一个名为企业资源管理的新系统。

这三个公司以及与它们类似的数十个公司，不仅仅提供了软件和数据库设计，它们也提供标准业务流程。这些**固有流程**（inherent process）是为使用软件产品而预先设计的处理规程，它节省了组织业务流程重组的费用以及延迟和风险所带来的成本。组织也可以获得许可的软件，作为交易的一部分，其可以让供应商保证他们预建立的流程基于"行业最佳实践"。

有些处理也因太完美而显得不真实,如将在 7.5 节中所学到的,固有流程几乎从来都不是完美的契合,但是其报价对于多数组织而言太高了,令它们难以接受。随着时间的推移,就出现了三类企业应用程序:客户关系管理、企业资源计划和企业应用集成。

7.4.3 客户关系管理

客户关系管理系统(customer relationship management system,CRMS)是指用于管理从潜在客户开发到客户服务的所有与客户交互的系列应用程序、一个数据库和一套固有流程。每个客户的交易活动都被记录在客户关系管理(customer relationship management,CRM)数据库中,客户关系管理系统的销售方声称使用其产品后可以促使组织实现以客户为中心。尽管该销售方的言语略显夸张,但的确表明了客户关系管理系统的特征和意图。

图 7-3 展现了**客户生命周期**(customer life cycle)的四个阶段:营销、客户获取、关系管理和损失/流失。营销向目标市场发送信息以吸引潜在客户,一旦订单达成,他们就成为需要得到支持的正式客户。除此之外,关系管理过程通过向客户出售更多的产品而提升现存客户价值。随着时间的推移,组织不可避免地开始流失客户。当出现此情况后,根据客户价值分类,流程试图重新挽回高价值的客户。

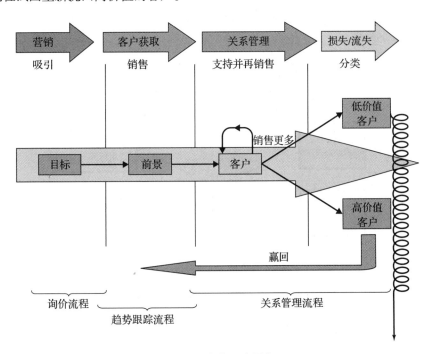

图 7-3　客户生命周期

资料来源:The Customer Life Cycle.

图 7-4 解释了客户关系管理应用程序的主要构成。值得注意的是,客户生命周期的每个阶段都有这些应用程序。如图所示,所有的应用程序都处理一个共同的客户数据库。该设计消除了客户数据的冗余和不一致性的可能性,同时也意味着每个部门都清楚其他部门已经跟客户发生的事宜。例如,客户支持将知道并且不会向一个总共产生 300 美元业务价值的客户提供 1 000 美元价值的劳动支持,而是会倾向于对产生数十万美元业务的客户全力以赴地提供支持。对于客户而言,其结果好像是只和一个部门而非多个部门打交道。

客户关系管理系统因其提供的功能不同而有所差异。当选择一个 CRM 成套软件的时候，主要任务就是要清楚自身的功能需求，并能找到一个 CRM 成套软件来满足其系列需求。在你的职业生涯中，你可能会仅仅参与这样一个项目。

7.4.4 企业资源计划

企业资源计划（enterprise resource planning，ERP）是由一系列被称为**模块**（module）的应用程序、数据库和固有流程构成的，能够将经营活动合并至

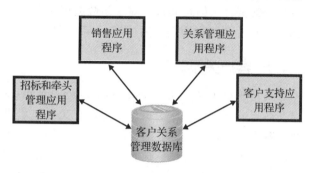

图 7-4　客户关系管理应用程序

单一且一致的计算平台。一个企业资源计划系统是基于 ERP 技术的信息系统。如图 7-5 所示，**ERP 系统**（ERP system）不仅包含了客户关系管理系统，而且集成了财务、制造、库存和人力资源应用程序。

ERP 系统的主要作用是集成：它能够使组织内部之间的事务交流更顺畅，这样的集成能够使在全球范围内任何时间、任何地点发生的交易都实现实时更新，通过使用最新的数据及时做出关键的业务决策。

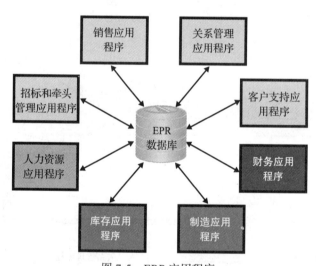

图 7-5　ERP 应用程序

案例 7-1

探秘：工作流问题

哈佛医学院（Havard Medical School）和小组健康系统（Group Health System）的 CIO 约翰·哈拉姆卡（John Halamka）说："大多数的 IT 问题都是工作流的问题，而非软件的问题。"⊖通过本章的知识学习，你将了解工作流的问题关心的是效率的问题（成本与价值之比），或是效用的问题（对竞争战略的贡献度）。那是什么呢？

⊖ D.Peak, "An Interview with John Halamka, MD, Chief Information Officer, Harvard Medical School and CareGroup Health System, USA," Journal of IT Case and Application Research, 10, no.1(2008):70.

工作流的问题由谁来解决呢？是计算机程序员吗？是网络工程师吗？是数据库管理员吗？不，都不是，那是谁呢？其实是具备业务知识的人，如果工作流涉及的是信息系统，那就是具备技术知识和能力的人。

来看一个身边的例子，假设大学里只有少数几个教室有复杂的视听显示设备，并且这些教室常常被分给一些并不想用视听显示设备的老式专业的教授们。与此同时，那些非常想用且认为该设备有学习催化作用的教授却总是分到一些低质量、难以浏览的基于计算机显示设备。

该如何解决上述问题？换掉分配教室的软件？如何操作？谁来制定这个决策？软件是否需要处理？可以通过一个工作流解决吗？是否在教授—教室的分配流程中存在便捷的方式以显示哪些教授该在哪个教室上课？或在大学范围内分配教室？或视听系统已经产生一些关于使用的元数据，而不需要提供其他数据，在分配教室的工作流里就可以使用这些数据进行分配？

谁负责开发这些备择方案？谁负责评估？谁负责和工作流员工一起执行？是你，或可能就是你。在学习完第12章后你会明白，业务分析师就是了解业务，理解组织竞争战略和方法并能实现，掌握充足的信息系统技术知识并能和技术员工一起对工作流的变化建模和设计的这些人。

为了更好地做到这些，需要了解信息系统与某些方面的知识：信息系统与市场营销、信息系统与运营、信息系统与金融。

讨论题：

（1）用你的话解释"大多数IT的问题都是工作流的问题，而不是软件的问题"这句话的含义。

（2）就教室分配的问题，简要描述一下解决该问题的三个途径。哪种效果最显著，为什么？

（3）你认为对能够掌握信息系统和某些方面的专业人员的需求是在减少还是增加？还是保持不变？在互联网上搜寻数据支持你的观点。

（4）如果你成为信息系统和某些方面的专家，这个某些方面会是什么？在互联网上看看该职业选择的未来就业前景如何。

（5）在你毕业之前检查一下目前的课程计划。如果要学习信息系统，哪些课程是你需要增加学习的？你会增加吗？为什么？

为了理解集成的价值，考察图7-6中显示的前期ERP系统，该图代表了一个自行车制造商的流程，包含5个不同的数据库，分别是供应商、原材料、产成品、制造计划和客户关系管理数据库。如果数据是分散存储的，当销售部门取消一笔1 000辆自行车的大订单时，就会产生问题。

首先，公司应该接下订单吗？需求计划能满足这样的大订单吗？假使由于地震，主要的零件供应商最近失去了生产能力，导致制造商未能及时得到零件，这样的话，就不应该审批通过该订单计划。然而，独立系统却未能知晓这些事件。

即使零件是可以采购的，直到订单输入到产成品数据库中，采购部门才意识到购买新零件的需求，同样的情况也会发生在制造部门，直到新订单输入制造计划系统，产品部门才知道需要增加制造。至于零件呢，公司有足够的机器和空间能力及时填写订单吗？有充足的具备合格技能的员工吗？是否应该雇用呢？生产可以满足订单计划吗？这些在订单审批前都无人知晓。

图7-6并没有显示会计业务。然而设想一下，如果公司有一些简单孤立的独立会计系统，最终会计部门中业务活动的记录都会发布到财务总账中。在这样ERP系统的前期，财务报告都是过时的，在第四季度收盘或其他财务周期过去数周后才能得到数据。

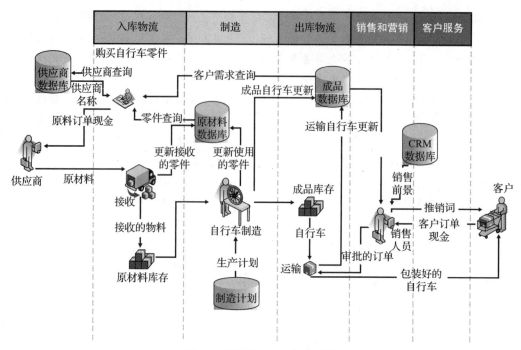

图 7-6 前期的 ERP 信息系统

案例 7-2

伦理指南：付费删除

罗宾（Robin）自己开车绕到三楼的停车库。当她准备停到指定地点时，发现从镜子里看不见原本期望出现的那辆车，而该位置上停放的是一辆闪亮的全新高级名牌轿车。该车位是搜索引擎优化小组的一位同事——埃里克·皮特曼（Eric Pittman）的。罗宾和埃里克都在这个领先的网络搜索支持公司干了大约 5 年的时间，工作后两人都要出去喝上几杯，也有不相上下的薪水。罗宾关心的是在这样一个开销较高的城市，当两人还在为基本生活而努力奋斗时，埃里克是如何负担这辆好车的。

在开会的时候，这个问题一直困扰着罗宾，她甚至到了午饭时间才想起去收发邮件。做了一个鬼脸，罗宾径直坐电梯直下一楼，算了算离周末还有几天便无奈地哼了两下。

出租橡皮擦

埃里克和罗宾迅速地冲出会议室，快 6 点了才结束今天的最后一个会议。"你想去希腊之地吃一顿吗？"埃里克问。"当然，"罗宾回应并说，"我很乐意去离办公室 1 英里之外的任何地方！"说完他们立即跳上车并在餐厅碰头。在等上菜的过程中，两人聊了聊同事的八卦，并开了各自老板的玩笑。当上好菜时，埃里克拾起一块三明治咬了一口，罗宾这时注意到他手上戴的一块新名表。

"是时候了！"罗宾大声说，"你得告诉我发生了什么！早上我把车停在你的名车旁，我不知该说些什么，但我也发现你还有一块名表，你是得了什么我不知道的奖金吗？"她半开玩笑半焦急地问，担心的是她自己为何没有得到这笔奖金。埃里克立即认真地问："你可以为我保密吗？"

埃里克描述了整个事件的过程。该领域有许多公司找到他询问是否能够提供"声誉管理"的服务，最近每个公司都有各种各样的负面消息压力，如一个大型制造企业正在应对环境保护组织的抗议，一个大型零售商得对未能向其雇员提供充足的健康福利而做出解释,许多餐馆也收到了长长的违反卫生条例的清单,这些公司来找埃里克,就是因为他的父亲是该领域内许多大公司有名的咨询顾问。

上述每个公司都给埃里克一笔丰厚的报酬,促使其使用与这些负面事件相关的关键词来调整网络搜索的结果。埃里克采用了某些搜索算法确保事件的负面新闻排在若干搜索结果之后,最大程度地降低了人们看见负面新闻的可能性。在个别事件处理上,埃里克甚至将内容从搜索索引上完全删除。

多亏了埃里克,负面新闻对公司才没什么影响,其操作限制了经过搜索引擎发现这些事件消息的可能性。"就是有了这些钱,我还完了学生贷款,准备了租赁公寓一整年的钱,还有些结余能再过好一点。"他一脸骄傲地说:"你有兴趣和我一块儿干吗?"

罗宾惊呆了,她没法想象如果有人知道埃里克做的事情会发生什么,她也不能设身处地想象如果有人知道搜索结果是可以操纵的,雇主会怎么样,可能不仅是埃里克会遇到麻烦,而且连公司都会受到严厉处罚,她也可能会丢了工作。

但现在她知道埃里克的行为,如果她不去汇报埃里克的行为,她有可能会被认为是搜索引擎操纵的同伙。罗宾拿起另外一块三明治咬了一口,与20分钟前一样没有味道。

讨论题:

(1)按照本书预先定义的伦理准则:

① 从绝对命令角度,你认为为了钱而将互联网上的内容清除并操纵搜索引擎符合伦理吗?

② 从功利主义角度,你认为为了钱而将互联网上的内容清除并操纵搜索引擎符合伦理吗?

(2)埃里克是怎样使其欺诈行为合理化的?

(3)员工该怎样防止这类操纵行为的发生?可以实施何种政策或程序以预防该类欺诈?

(4)即使抓到埃里克,他会承认他犯罪吗?有什么搜索引擎管理的治理法律?

(5)他的雇主会有动力去报告这类欺诈行为吗?为什么?

对比图 7-7 中的 ERP 系统,所有的活动都由 ERP 应用程序处理(称为模块),并且综合数据均存储在 ERP 中央数据库中。当销售部门有机会接到出售 1 000 辆自行车的订单时,该信息需要立即与 ERP 系统中的订单、计划和术语相匹配,一旦接受该订单,所有的部门,包含采购、制造、人力资源和会计都会收到通知,并且交易也会发布到 ERP 数据库中,从而可以立即生成财务报告,在多数情况下,正确的财务报告还能实时生成。通过这样的整合,ERP 系统能够向管理人员和执行人员显示关键业务因素的当前状态,如图 7-8 的销售仪表板所示。

当然,困难出自细节处。这就像在图表上绘制一个矩形,将其标记为"ERP 应用程序",并假设数据整合消除了所有可能出现的问题。写出这样的应用程序和设计出能存储整合数据的数据库远比想象的困难很多,甚至还有这样的问题,员工和其他人应该使用何种过程来处理这些应用?具体说来,在审批一笔大订单之前哪些行为是需要销售人员实施的?这有一些需要回答或解决的问题:

- 销售部门是如何衡量订单的大小的?通过金额还是数量?
- 谁负责审批客户信用(并且如何审批)?
- 谁负责审批生产能力(并且如何评估)?
- 谁负责审批计划或条款(并且如何审批)?
- 如果客户修改了订单,该采取何种行动?

- 管理部门是如何监督销售活动的？

正如你所想象的，还需要回答许多对今天的组织来说十分重要的其他问题，我们将会在7.5节中进一步讨论ERP的细节，然而在此之前，思考一下第三类企业系统：EAI。

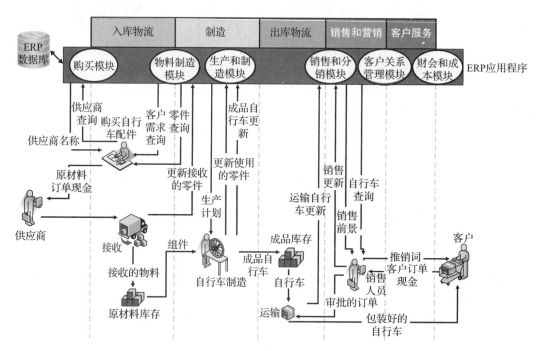

图 7-7　ERP 信息系统

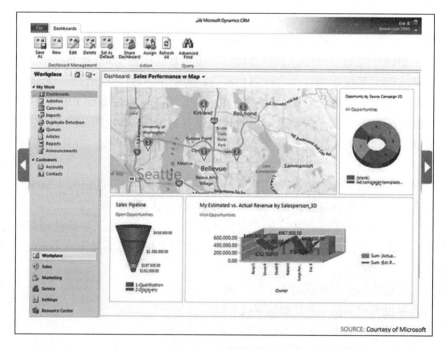

图 7-8　销售仪表板

资料来源：Windows 10，Microsoft Corporation。

7.4.5 企业应用集成

ERP 系统并不是对每个组织都适用的。例如，有些非制造企业发现 ERP 制造方面的功能就是不合适的。即使是制造企业，有些也发现将现有系统转到 ERP 系统的过程是令人生畏的。另一部分企业则非常满意现有的制造应用程序而不愿改变。

认为 ERP 不合适的公司依旧存在一些与信息孤岛有关的问题，然而，一些公司选择采用**企业应用集成**（enterprise application integration，EAI）来解决这些问题。EAI 是通过提供将应用程序连接在一起的软件层来集成现有系统的一套软件应用程序，其功能如下：

- 通过新的软件或系统层连接系统孤岛。
- 使得现有应用程序可以沟通和共享数据。
- 提供集成的信息。
- 利用了现有的系统——保留功能应用程序，但提供了顶部的集成层。
- 可以逐渐转向 ERP。

EAI 的软件层如图 7-9 所示，它使得现有应用程序都可以和其他应用程序相互通信并共享数据。例如，根据不同系统间数据兼容的需要，EAI 软件能够自动配置以实现数据转换，如当 CRM 应用程序将数据发送到制造应用系统中时，CRM 系统将数据传到 EAI 软件程序中，EAI 程序完成转换并将转换后的数据发到 ERP 系统。将数据从 ERP 发送回 CRM 则采取与之相反的步骤。

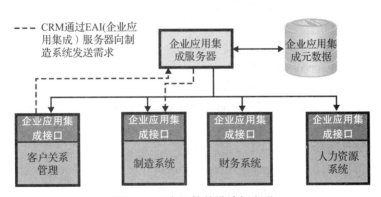

图 7-9 五个组件的设计与实现

虽然没有集中的 EAI 数据库，但 EAI 软件保存了描述数据格式和位置的元数据文件，用户可以通过访问 EAI 系统找到他们所需要的数据。在某些情况下，EAI 系统还为用户提供"虚拟集成数据库"的服务。

EAI 最大的优势在于能够使组织使用现有的应用程序，并消除许多严重的系统孤岛问题。转到 EAI 系统并不像转到 ERP 系统那样具有破坏性，且 EAI 还提供了诸多 ERP 的优点。许多组织将开发 EAI 应用程序作为实施完整 ERP 系统的跳板。如今，许多 EAI 系统采用网络服务标准以定义 EAI 组件间的交互，部分或全部的组件处理也可以放至云端。

7.5 ERP 系统的要素是什么

由于 ERP 系统对当今组织的重要性日益凸显，与 CRM 或 EAI 相比，我们将更深入地对 ERP 系统进行探讨。起初，ERP 术语已经广泛用于各类应用程序解决方案之中，在某些错误情形下，一些供应商因赶时髦运用 ERP 术语而将其错误地用在只提供一到两个集成功能的应用程序上。

ERPsoftware360 组织发布了一系列有关 ERP 供应商、产品、解决方案和应用程序的丰富信息，根据其网站（www.erpsoftware360.com/erp101.htm），对于一个真正意义上的 ERP 产品，必须包含以下集成的应用程序：

- 供应链（采购、销售订单处理、库存管理、供应商管理和相关的活动）。
- 制造（排程、能力计划、质量控制、物料用量清单和相关的活动）。
- CRM（销售预测、客户管理、市场营销、客户支持、呼叫中心支持）。
- 人力资源（薪酬、考勤、人力资源管理、佣金计算、福利管理和相关的活动）。
- 会计（总账、应付账款、现金管理、固定资产核算）。

一个 ERP 解决方案就是一个信息系统，通常有五个组成要素，我们将逐一介绍。

7.5.1 硬件

传统意义上来说，组织都是在自己内部托管 ERP 解决方案以及网络服务计算机。与许多年前安装的 ERP 应用程序和要求性能稳定和良好管理的硬件基础设施一样，许多大型 ERP 应用程序仍然采用内部托管的方式。然而，越来越多的组织正转向下列两种基于云托管的模式之一。

PaaS：以云中的硬件取代组织中现有的硬件基础设施，并将 ERP 软件和数据库安装在云端硬件上，然后组织可在云端硬件上管理 ERP 软件。

SaaS：获得基于云的 ERP 解决方案。SAP 公司、Oracle 公司、微软公司和其他主要的 ERP 供应商都提供 ERP 的软件即服务，这些供应商管理 ERP 的软件并向客户提供服务。

在你的职业生涯中，现有的 ERP 内部托管方案可能会转成上述两种模式中的一种。大型的 ERP 系统将会采用 PaaS，小型的、新的 ERP 系统有可能会使用 SaaS。

7.5.2 ERP 应用程序

ERP 供应商设计一些能够配置的应用程序，使得开发团队无须更改程序代码就能调整以满足组织的需求。相应地，在 ERP 的开发过程中，开发团队可设置一些指定 ERP 应用程序运行的配置参数。例如，小时制薪酬工资计算的应用程序可以通过配置以指定日常每周的工作时间，小时制薪酬会因工作种类而有所不同，薪酬会因加班或节假日工作等需要调整。决定初始的配置参数以及将其调整并符合新的需求就是一项具有挑战性的协同活动。它是商务专业学习可能需要涉及的一项内容。

当然，配置的实现有诸多限制。如果一个 ERP 新客户的需求不能通过程序配置实现的话，那就有必要去调整业务以适应软件或重写（或寻求另外的供应商重写）应用程序代码来满足需求。正如第 4 章所言，这样的定制编程是十分昂贵的，初始和长期的维护成本都很高。因此，选择一个 ERP 功能与组织需求紧密结合的解决方案应用程序对于其成功实施是十分关键的。

7.5.3 ERP 数据库

ERP 解决方案里包含数据库设计和初始数据配置。当然，它并没有包括公司的运营数据。在开发过程中，由于数据是作为整个开发工作的一部分，因此，开发团队必须先输入数据的初始值。

如果只有一点使用微软公司 Access 数据库创建数据表的经验，可能会削弱 ERP 数据库设计的价值和重要性。SAP 公司作为领先的 ERP 解决方案供应商，提供了涵盖超过 15 000 个表格的 ERP 数据库。其设计既包括了关于表格的元数据，也包括了表间关系，及表与表之间关联的数据之间的规则和限制。ERP 解决方案里同样包含了含有初始配置数据的表格。

考虑到数据模型创建和确保数据有效的困难性（如第 5 章中所探讨的），你必须考虑关于 15 000 张表格的数据库设计所投入的智力资本，也包括已有用户数据的数据库任务的量级。

虽然我们并没有在第 5 章中讨论数据库的这些特征，但是大型组织的数据库都包含两种类型的程序代码。第一种称作**触发器**（trigger），是存储在数据库中用于在某些情况出现时使数据库保持一致的计算机程序。第二种称作**存储规程**（stored procedure），是存储在数据库中用于执行业务规则的计算机程序。体现这种规则的一个例子是绝不以打折的形式销售某些商品。触发器和存储规程也是 ERP 解决方案的一部分。开发商和企业用户也需要在 ERP 的实施过程中去配置这些运营代码。

7.5.4 业务流程规程

另外一个 ERP 解决方案的组成部分就是一系列实施标准业务流程的固有处理规程。ERP 供应商为了使客户组织能够使用供应商提供的应用程序完成工作，于是开发了上百个，甚至上千个 ERP 处理规程。图 7-10 展示了 SAP 公司订单业务过程的一部分，这个过程实施了一部分入境物流活动。一些 ERP 供应商把这些固有的流程定义为 ERP 解决方案的**流程蓝图**（process blueprint）。

不需要深入了解细节，就能理解本过程刻画出来的工作流程。每个功能（图 7-10 中的圆角矩形）都包含了一系列实现这个功能的过程。典型地，这些过程都需要 ERP 用户通过使用应用菜单、屏幕和报告功能去实现这些活动。

与应用程序一样，ERP 用户必须适应事先定义的固有流程和处理规程或重新设计新的过程。在接下来的案例中，新的处理规程的设计需要和应用程序及数据库结构的变化相吻合。也许你能开始理解为什么组织尝试要和供应商的标准保持一致。

7.5.5 培训和咨询

由于实施和使用 ERP 解决方案的复杂性和困难性，ERP 的供应商已经开发了培训课程体系和许多课程。在 SAP 运营大学，客户和潜客户都接受了实施 ERP 之前和之后的培训。此外，ERP 供应商也会在网站站点上开设培训课程。为了降低培训开支，供应商有时会培训组织员工（被称为超级用户），使这些员工成为内部培训人员，称之为**培训培训师**。

ERP 培训分为两大类。第一类是关于如何实施 ERP 解决方案的培训。这个培训涵盖的内容包括如何获取高层领导的支持、对组织的变化有所准备，以及如何处理当要求员工以一种新方式去工作时所产生的一些不可避免的抵制行为；第二类是关于怎样使用 ERP 应用软件的培训，这种培训包括实现图 7-10 中的流程活动所使用 ERP 应用程序的具体步骤。

ERP 供应商同样提供用于实施和使用 ERP 系统的现场咨询服务。此外，第三方 ERP 咨询顾问服务已经发展成为支持新的 ERP 客户和 ERP 实施的产业。这些咨询行业提供通过大量的 ERP 实施积累的经验知识。由于大多数组织都只经历过一次 ERP 的实施，所以这些知识都是非常有价值的。有点讽刺地说，正是因为这样做了，现在才知道该怎样做。其结果是有些员工通过参与雇主的 ERP 实施而积累了经验，离开该公司成为 ERP 顾问。

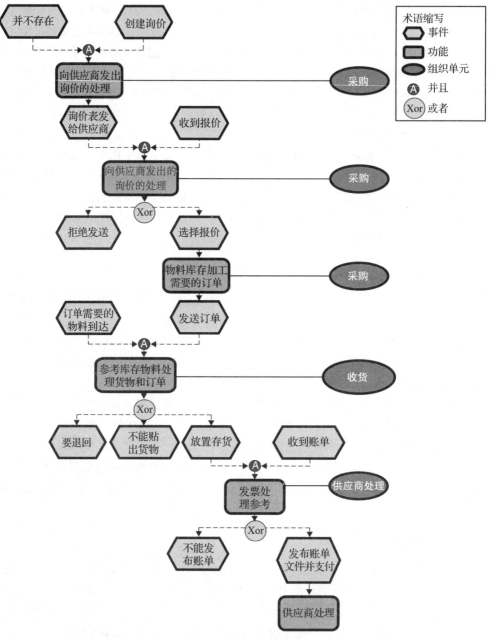

图 7-10 SAP 订单流程

资料来源：Thomas A. Curran, Andrew Ladd, and Dennis Ladd, *SAP/R/3 Reporting Business and Intelligence*, 1st ed. Copyright 2000.

7.5.6 具体行业的解决方案

如你所知，大量的工作需要为特定的用户定制一套 ERP 应用程序。为了减轻工作量，ERP 供应商为特定行业提供了名为**特定行业解决方案**（industry-specific solution）的初始套装软件，这些解决方案包含程序和数据库配置文件，以及适用于特定行业中 ERP 实施的流程蓝图。一段时间后，SAP 首次提供这样的解决方案，随后其他 ERP 提供商也为制造商、销售商、分销商、医疗健康和其他主要的行业开发了许多套装软件。

7.5.7 哪些公司是主要的 ERP 供应商

虽然超过 100 个不同的公司宣传它们的 ERP 产品，但并不是所有产品都能达到 ERP 的最低标准。即便是在那些满足了标准的产品中，大部分的市场仍然被表 7-6 所示的五大供应商所占领。表中显示的是市场排名，而非市场份额，主要是因为难以获得可比较的收入数字。Infor 公司是私募股权投资者所拥有的，未发布其财务数据，其排名也是基于能够从公开渠道获取的少量销售数据分析得到的。微软公司的 ERP 收入又是与 CRM 收入捆绑在一起计算的，因此无法了解其真实的 ERP 收入情况。类似地，Oracle 公司和 SAP 公司也是和其他的产品一起计算 ERP 收入。Sage 公司的收入也是其 ERP 收入、CRM 收入以及面向财务的功能解决方案的收入混合在一起计算得到的。

表 7-6 顶级 ERP 供应商的特征

公司名称	ERP 市场份额排名	备注	未来
SAP	1	因客户机—服务器硬件成功而领先，是最大的供应商，拥有最丰富的解决方案和最多的客户，但是价格高	技术守旧，但 SAP 公司正在适应移动化和云趋势；SAP 公司的产品价格昂贵，受到了价格较低的替代品挑战；SAP 公司拥有海量的客户基础；SAP 公司的未来取决于能否让传统客户有效迁移至云端；SAP 公司声称是 CRM 的龙头
Oracle	2	提供自主开发的 ERP 产品以及收购的 PeopleSoft 和 Siebel 公司的产品，但是其价格高	Oracle 公司是技术基础雄厚的富有竞争力的公司，拥有大量的客户基础；Oracle 公司拥有灵活的面向服务的架构（SOA）；Oracle 公司将把强大的技术基础转化成具有创新性和有效性的基于云的解决方案；Oracle 公司是市场领导者 SAP 公司的强有力的挑战者，声称是 CRM 的龙头
Infor ERP	3	收购了 Baan 以及其他 20 几个 ERP 产品的民营公司	Infor 公司拥有许多非集成的解决方案，尤其是专注于制造业和供应链管理行业的解决方案，并且随着 3D 打印实践的变革而不断发展
Microsoft Dynamics	4	拥有名为 AX、Nav、GP 和 SL 的四款产品。其中，AX 和 Nav 产品是更为综合的解决方案。SL 产品要过时了吗？拥有大型的增值经销商（VAR）渠道	Microsoft Dynamics 不能很好地与 Office 集成，也根本不能集成所有的微软开发语言；Microsoft Dynamics 的解决方案未实现集成并且产品方向也不确定；Microsoft Azure 为 Oracle 和 SAP 公司的产品提供云端代管服务，这与 Azure 向微软公司自身的 ERP 产品提供的代管服务存在冲突关系
Sage	5	提供 ERP、CRM 和面向财务的功能系统解决方案	Sage 公司能够调整它的许多现有应用程序和解决方案，使其满足基于云和移动计算的需求；Sage 公司能为新创公司和小型企业提供廉价的、基于云的解决方案，并具有广泛的产品线

资料来源：Panorama Consulting Solutions, "Clash of the Titans 2016," Panoramaconsulting.com, November 2015, http://go.panoramaconsulting.com/rs/603-UJX-107/images/Clash-ofthe-Titans-2016.pdf;Gartner, "ERP Software, Worldwide, 2015," Gartner.com, April 29, 2016, www.gartner.com/doc/3300322/market-shareanalysis-erp-software.

7.6 实施和升级企业信息系统的挑战是什么

无论是 CRM、ERP 还是 EAI，新的企业系统实施都是具有挑战的、困难的、高成本的和高风险的。对企业系统项目来说，超出预算范围并比计划完成时间还晚了一年或更久并不罕见。除了新实施的 ERP 项目以外，大量的 ERP 项目实施都是在 15 或 20 年以前，因此需要升级其 ERP 系统以满足新的需求。如果你在一个已经正在使用企业系统的组织里工作，你可能会发现自己为参与的升级项目付出了巨大的努力。无论是新系统实施还是旧系统升级，成本和风险都来自于协同管理、需求鸿沟、转换问题、员工抵触及新技术这五方面。

7.6.1 协同管理

与其他由部门专门管理者负责的部门系统不同的是，企业系统没有明确的管理者。以图 7-2 中的出院流程为例，其中并没有出院流程的管理者。整个出院流程是在许多部门（用户）之间相互协同而完成的。

没有专门的管理人员，谁来解决那些不可避免的纠纷呢？所有的部门最后都会向 CEO 报告，因此会有专门的老板来负责所有的事情。但是员工不可能遇到问题就找 CEO（在护士和房间管理人员之间协调的出院活动不需要 CEO 坐镇指挥），取而代之的是，组织需要开发某种协调管理机制来解决这些流程问题。

通常这意味着企业要为企业流程管理设置委员会和领导小组。虽然这是一个有效的解决办法，并且可能是唯一的解决方案，但这样的小组工作效率太低，且成本太高。

7.6.2 需求鸿沟

如 7.4 节所述，如今几乎没有组织从头开始创建企业系统。相反，它会许可一个能够提供具体功能和特征，并包括一些固有规程的企业产品。但这些许可的产品永远无法与组织完美契合。因为在组织需求和应用能力之间总是存在鸿沟。

第一个挑战来自于鸿沟识别。为了识别出一个鸿沟，组织必须知道它的需求是什么以及新产品能做什么。然而，对于组织而言，决定其需求是非常困难的，这样的困难是组织宁愿选择去做许可产品也不愿做构建产品的原因之一。并且，诸如 CRM 或 ERP 等复杂产品的特征和功能都是不易被识别的。因此，当实施企业系统的时候，鸿沟识别就是一个主要的任务。

第二个挑战是一旦识别出鸿沟，接下来该怎么做。组织可能需要改变自己的流程以适应新的应用程序，或者改变应用程序去匹配组织的需求。无论哪一种选择都是有问题的，因为员工会抵制这些变化，但是支付改建费用又是非常高的。

7.6.3 转换问题

转换到一个新的企业系统同样也是困难的。组织必须想办法将孤立的部门系统转到新的企业系统，且在此期间还要继续运营业务。这就像一个做完心脏手术的患者要去百米冲刺一样。

这样的转换需要缜密的计划和大量的培训。不可避免地，还是会有一些问题出现。知道会产生问题，高层管理人员需要经常与员工就需求变化进行沟通，然后解决了这些问题就可以在幕后为其提供支撑。对所有参与者来说，这是一个非常有压力的过程。我们将在第 10 章中讨论一些开发技术和实施策略。

7.6.4 员工抵触

人们通常会抵触变革。变革需要付出努力，人们也会心生恐惧。现存的许多研究和文献探讨了人们抵触变革的原因以及组织应怎样才能应对，这里我们将总结一些主要的原则。

第一，高水平的管理需要去沟通组织产生变革的原因，并且有必要在整个转换流程中不断重复这个过程。

第二，员工害怕变革，是因为变革威胁到了自我效能。**自我效能**（self-efficacy）是指相信自己可以成功地完成自己的工作所需的任务的个人信念。为了增强自信，员工需要接受培训，并且学会成功使用新的系统。口碑是一个非常重要的因素，在一些案例中，关键用户提前接受培训，从而为新系统创建了积极的口碑效应。通过视频展示员工成功使用新系统也是一种有效的方式。

第三，财会部门和高级管理部门通过许多方式感受到了新的 ERP 系统的主要优势。许多需要对他们的活动进行变革以实施 ERP 系统的员工却未能从中获取直接的利益。因此，需要额外激励使员工为新系统做出改变。正如一个有经验的变革顾问所说："没有什么成功会像表扬或现金一样来得直接，尤其是现金。"为变革直接支付报酬是一种受贿行为，但是当需要诱导员工参与变革时，在员工或小组之间竞争现金奖励可能是一种非常有效的激励方式。

实施一个新的企业系统可以解决许多问题，并且对组织而言大幅提升效率的同时还节约了成本，但是心生畏惧者并不适用。

7.6.5 新技术

新技术已经开始影响所有的信息系统，但是因为新技术的重要性和价值性，它特别对企业系统产生了重要的影响。以云技术为例，由于基于云的计算可以节约成本，组织愿意把它们的企业系统迁移到云上，但是法律、风险以及业务规则的因素可能会导致这种转换是不可行的。组织可能要求对数据做物理控制。当将企业系统迁移至云上时，云服务的供应商会控制数据的物理位置，甚至这些位置可能与组织不在同一个国家。因此，有必要去设计某种混合模型（见 7.8 节）。

类似的说明与移动技术有关。员工想通过移动设备来访问甚至修改企业系统数据，但移动设备具有移动性的特征，一旦脱离组织的控制，企业系统可能会面临巨大的风险，并且 ERP 数据又是被攻击的目标。这些因素并不意味着组织的企业系统就不能使用新技术，但确实是增加了许多挑战。

7.7 企业间信息系统是如何解决企业信息孤岛问题的

7.4 节中的讨论阐述了企业系统解决工作组信息孤岛问题的主要方式。就此问题，我们将使用 ARES 的例子展示企业间系统是怎样解决企业孤岛问题的（如表 7-5 中箭头所指的最底层一行所示）。

图 7-11 显示了在雇主、健康俱乐部和主要的 AERS 家庭用户中存在的信息孤岛。雇主可以维护锻炼项目、饮食、体重、实验室测试结果（如胆固醇、血糖等）的记录，以及从可穿戴设备中读取的生物特征数据（如步数、心率、睡眠状况等）的记录。健康俱乐部的数据库中存储了会员、课程、私人教练和运动绩效的数据。数据是从虚拟自行车骑行课程或预置的运动设备和会员心脏监护仪中自动收集的。在家中，个人在心脏监护仪和设备上产生运动数据，这些数据可以通过可穿戴的运动设备记录在移动设备上。

这些运动数据的分离会产生一些问题。例如，雇主想要得到存储在用户设备和健康俱乐部的运动数据报告；用户想得到雇主的实验测试结果，同时也包括他们在健康俱乐部的运动数据；健康俱乐部想把他们的数据和这些实验结果及家庭运动数据进行整合；所有这三个实体都想从集成的数据中生成报告。

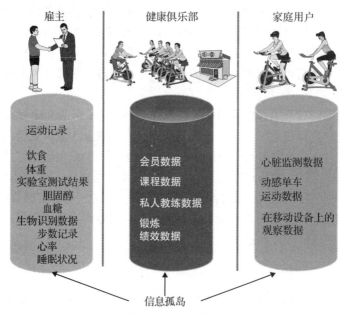

图 7-11　没有 ARES 的信息孤岛

图 7-12 中展示了能够满足上述三种类型参与者目标的企业间系统的结构。在该图里，云中的矩形框代表了可能是本地的或瘦客户机的，或兼于两者的移动应用。有一些应用程序处理可能是在云服务器上以及在移动设备上进行，这些设计决策在此并未显示。如解释所示，系统假设所有的用户在移动设备上接收报告，但由于涉及大量的键控，雇主使用个人计算机来提交和管理实验结果。

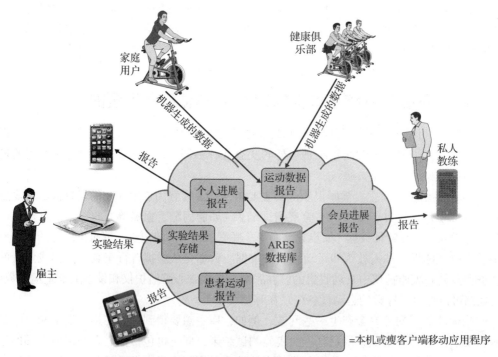

图 7-12　企业间的 ARES 系统

正如你所见，实验结果和运动数据都被集成在 ARES 数据库中，这些集成数据都通过一个报告应用程序得以处理（见第 9 章），以实现图中报告的创建和分发。

类似图 7-12 中所显示的系统被称为**分布式系统**（distributed system），因为应用程序处理是由多个不同的计算机设备进行的。其标准如 http、https、html5、css3、JavaScript 和使用 Web 服务的 SOA（面向服务的架构），使得程序从各个不同的移动和桌面设备上接收和显示数据。

ARES 数据使用 JSON（JavaScript Object Notation）请求和传递。

案例 7-3

安全指南：不是关于我……而是关于你

如果你曾经被要求离职，你就会理解这是多么艰难的处境。得知将不再需要你的服务，这压力得有多大。压力的来源是复杂的，包括与管理者打交道时的紧张以及与同事沟通时的尴尬。意识到你现在需要获得其他的就业方式往往是令人沮丧的一部分。了解了这些因素，通常会导致离职员工利用他们与雇主的最后时刻，你也许会很惊讶。

一份来自 945 个成年人的、关于过去几年里被下岗、开除或变换工作的经历的调查，揭示了一些令人吃惊的统计数据，60% 的人表示在雇用结束之前曾经窃取过他们雇主的数据，79% 的人承认知晓组织不允许他们获取公司数据。他们表示曾经拿走过邮件列表、客户联系表、员工记录和财务信息。㊀据估计，每个事件造成的各种类型的财务损失，从 5 000 美元到 300 万美元不等。㊁

白领……黑暗的行为

你可能会很担心是什么因素导致这样广泛的窃取公司数据的现象。为了一窥员工窃取数据的"内心"，我们必须要了解一下"三角欺诈"。"三角欺诈"的压力、机会、理所当然是三个导致白领个人犯罪倾向的主要因素。㊂

在这种情形下，员工离开公司去找工作，会觉得很有压力。他们经常认为，拿走公司数据资产就会提升找到新工作的机会。当他们瞄准他们的雇主主要竞争者的职位时，这确实会提升找到新工作的机会。许多员工并没有意识到这些私密的客户列表和知识财产都是具有所有权的，并且受到非泄露协议的保护。将这些信息泄露给新的雇主，只可能会伤害他们自己，而非帮助他们。

在过去几十年里，随着员工、系统和数据之间交互的极大改变，增加了许多机会。远程计算的兴起，使得在家工作的员工也能够访问云端的雇主数据，为数据和知识资产的泄露提供了不计其数的机会。令人惊讶的是，对员工的调查显示，当他们的聘用结束以后，几乎 1/4 的员工仍可以连接到他们的雇主网络中。㊃这就是一个机会！

最后，理所当然也是数据窃取的一个因素，因为数据是员工创建的，所以他们就想带走它，他们认为这是公平的。

我并没有表达不满，你呢

鉴于有充足的机会拿走公司的数据，并且员工这样做是出自于压力和理所当然，组织

㊀ Brian Krebs, "Data Theft Common by Departing Employees," Washington Post, March 7,2016. www.washingtonpost.com/wp-dyn/content/article/2009/02/26/AR2009022601821.html.

㊁ Devlin Barrett, "FBI Warns of Rise in Disgruntled Employees Stealing Data," Wall Street Journal, March 7, 2016. www.wsj.com/articles/fbi-warns-of-rise-in-disgruntled-employees-stealing-data-1411516389.

㊂ Bill Barrett, "Inside the Mind of the White-Collar Criminal," Accounting Web, March 7,2016, www.accountingweb.com/technology/trends/inside-the-mind-of-the-white-collar-criminal.

㊃ Krebs, "Data Theft Common by Departing Employees."

正在致力于开发一些能够有助于识别准备窃取数据的员工的预测性工具。一个数据丢失的预防性专家坦言，现有的预防措施都是不够充足的，大多数的组织都没有技术基础设施去识别员工散播敏感信息之类的偶然事件。对于故意的恶意事件的识别甚至更困难。⊖

正在开发的识别潜在的数据窃取的这些工具，搜寻、监管、分析、可视化源自于网站、应用程序、服务器、网络、传感设备和移动设备的数据。⊖对存储数据采用加密及持续的监管是可以用来预防数据被窃取的其他策略。这包括加密和持续监管存储在组织内和存储在第6章提到的云供应商这样的第三方的数据。

更为重要的是，公司需要人力资源部门和技术小组实时协作，以确保一个雇用周期结束后，员工对内部系统的访问权利得以撤销。

讨论题：

（1）你曾见到过有人在工作的时候窃取东西吗？无论对你还是对肇事者来说，他正在做错事，这可能是显而易见的。为什么你认为员工会愿意窃取数据，但可能对窃取诸如现金、电脑或其他贵重的组织资产这样的有形物品会犹豫不决呢？

（2）花一点时间在互联网上搜寻一下白领犯罪的案例，找到一个具体的案例，并看看你能不能找出导致白领犯罪"三角欺诈"中的三个因素。

（3）对于许多公司正在投资监管员工行为的工具，你是怎样看的？你愿意在一个会经常审核你的电子邮件且分析你在公司网络上活动的公司工作吗？

（4）结合文中所提到的防止员工窃取数据的加密手段，解释一下加密怎样在这种情形下能被有效使用。

7.8　2027年

在接下来的10年里，ERP供应商和客户将会整理出基于云的ERP系统的问题，即众所周知的**混合模型**（hybrid model）。ERP客户将在由云供应商管理的云服务器上存储他们的多数数据，而在他们自己管理的服务器上存储敏感数据。政府机构、金融分析师和会计师将会定义一些标准来监管这些组织是否合规。顺便说一下，如果你毕业后成为会计或金融分析师，这将是一份有趣的工作，你可以在你的职业生涯中尽早地参与进来。

然而，在2027年仍然会存在一些移动性方面的问题。在仓库、运载码头和运输部门工作的员工将会持有移动设备以使他们能够随时随地处理ERP和其他企业应用。管理者、决策者和其他的知识工作人员，将会在他们的手机或其他移动设备上持有类似的应用，这样无论是在工作场所、大街上还是家里都能访问数据。

然而，大量的移动设备面临严重的安全威胁。数据在线存储确实易于访问，这对好人来说确实如此，但是对坏人来说亦是如此。2015年美国最大的营利性医疗保健公司Anthem公司，丢失了8 000万的个人健康记录信息，这意味着一个公司就丢失了每四个人中一个人的数据——也包括本教材的作者。

如果有些罪犯，也许是内部人员，恶意入侵一个ERP系统，我们来考虑将会发生什么。有可能会肆意破坏供应链的订单和库存或车间的机器运行。黑客组织有可能去关闭ERP系统，这将会导致公司一片混乱。但允许用户移动访问ERP系统将会极大地提高流程质量。因

⊖ Krebs, "Data Theft Common by Departing Employees."

⊖ Stacy Collett, "5 Signs an Employee Plans to Leave with Your Company's Data." CIO, March 7, 2016, www.cio.com/article/2975774/data-protection/5-signs-an-employee-plans-to-leave-with-your-companys-data.html.

此，在未来 10 年里，组织应该仔细权衡风险损失和流程改善之间的平衡。我们将在第 10 章中进一步讨论这种权衡。

同时也要考虑到物联网的效应。未来 ERP 系统的用户将不再仅是人员，同时还包括设备和机器。ERP 的供应商正在调整其软件，以适应 3D 打印的特殊需求。在未来，当销售人员录入一张订单时，他可能会启动机器并按要求制作那个零件。此外，工厂自动化也将有助于流程质量的提升。库存分拣的机器人就是一个例子，但是自动驾驶汽车和货车有可能会产生更大的效应。并且在未来 10 年，机器将会使用 ERP 系统去制订自己的维护计划。例如，在车间的一台铣床将可以订购一个新的铣刀替换迟钝的铣刀，一个可能就是由 3D 打印来实现。机器将会自动安排一些日常和紧急的任务，因此将工厂自动化提升到一个新水平。

正如目前为止我们已经陈述多次的，未来并不属于那些仅仅专门从事现有方法、技术和流程的人，而是属于那些能够发现并实施新趋势创新应用的人。由于企业系统广泛存在，技术对企业系统的影响将广泛存在。许多机会会发生在你职业生涯的早期。

设计一个未来的 ERP 系统如图 7-13 所示。

图 7-13　设计一个未来的 ERP 系统

资料来源：Tom Wang/Fotolia.

案例 7-4

职业指南

姓名：安德鲁·延奇克（Andrew Yenchik）
公司：USAA
职位：IT 技术经理（IT Technical Manager）
教育：卡耐基梅隆大学（Carnegie Mellon University）

1. 你是如何得到这种工作的？

在大学本科的学习中，我像一个免费的实习生一样工作——此后像一个付费员工——为一个软件开发和网站设计公司工作。那时候我学习网络、系统管理和数据中心运营，然后毕业之后加入 USAA 公司。在我转到现任岗位成为一名技术管理者之前，我在战略规划和项目管理部门工作。在 USAA 公司，我已经集中建设了我的内部网络，获得了技术技能，并且承担了领导职责。我积极寻求有难度的任务和项目以有助于我成长和学习。

2. 什么吸引你进入这个领域？

我想要寻找一个融合商务和技术技能，并且需要具备解决问题心智的领域。我不想只有技术能力，而不去理解商务功能是为什么或怎么样产生的。信息系统的领域融合了技术和商务的技巧。我花了很多时间跟该领域能够吸引我的教授和专业人士一起学习，包括工作见习、午餐会议、电话会议以及私人会议，这些导师给了我很多有价值的建议，促使我选择了信息系统领域。

3. 你的典型工作日是什么样子的（任务、决策或问题）？

我每天和一个包含软件开发、分析、产品管理和项目管理的团队一块儿工作。我的团队成员和我都是分布在全球的，偶尔我也会到团队成员的所在地与他们共度时光。作为一名技术管理者，我提供了技术指导，并且负责所有项目工作的执行和分配。我当前的团队开发和支持了一个银行和金融系统的API应用和服务。我同样会紧密联系我的执行管理人员，就战略、财务、技术以及人力资源相关的活动展开讨论。

4. 你最喜欢工作中的哪个方面？

我享受持续学习的挑战。我很少在决策或执行项目上拥有所有的信息或技能。为了成功，我享受这种快速学习和成长的需要。

5. 想要做好你的工作，需要什么样的技能？

解决问题是一个关键的技能。我每天都面对复杂的问题——如解决技术故障或者雇用合适的人加入团队。无论什么工作，评估问题能力、收集正确的信息和工具的能力以及解决问题的能力是关键。团队协作和领导力是其他关键的技能。没有任何一个人能知道所有的答案，以协作的方式与他人一起工作，以及协助、教导和激励他人的能力是重要的。

6. 在你的领域中，文凭或证书重要吗？为什么？

是的，文凭或证书是重要的，并且提供了一个职业资本——你懂得越多，你越可能成为有价值的人。它们为成为一个成功的IT专业人士提供了技术和能力的基础，并指引你去学习和获取知识。来自声誉卓著的机构的学位证明了你的聪明和技能。

7. 有什么建议可以给那些想在你这个领域工作的人呢？

在学校和职业的早期阶段，尽可能地多学一些技术和经验。在你的舒适区之外去学一门难度较大的课程，这门课程不容易拿到A，需要你承诺去学习、工作并牺牲你的业余时间才能通过。充满好奇地去问问题。

8. 未来10年，你觉得最热门的技术工作是什么？

网络工程——随着连接设备数量的不断增加以及物联网革命的不断推进，对网络工程技术的需求将会增加。信息安全——随着网络设备类型和数量的增加而快速增加，随着商业应用和个人生活中技术的盛行，安全将成为一个热门的工作。

◎ 本章小结

7.1 流程的基本类型是什么

定义结构化流程和动态流程并进行比较。定义工作组流程、企业流程和企业间流程，解释它们之间的区别和挑战，并定义这些流程对应层次的信息系统。定义功能性系统和功能性应用。

7.2 信息系统如何提高流程质量

阐述流程质量两个维度的名称、定义，并给出实例。说出并描述组织能够改善流程质量的三种方式。说出并描述信息系统能被用来改善流程质量的三种方式。

7.3 信息系统是如何消除信息孤岛问题的

定义信息孤岛，并解释孤岛是怎样存在的。什么时候孤岛会成为一个问题？描述表7-5中信息孤岛的两种类型，并解释两种箭头的隐含意义。

7.4 CRM、ERP 和 EAI 是怎样支持企业流程的

定义企业流程再造，并解释其实施困难和高成本的原因。解释内部开发企业信息系统高成本的两个主要原因。解释固有流程的优势。定义 CRM、ERP 和 EAI，并对它们进行区分。

7.5 ERP 系统的要素是什么

描述一个真正 ERP 产品的最低能力。解释下列每一个 ERP 解决方案组成的本质：程序、数据、规程、培训和咨询。对每一个组成，总结客户必须执行的工作。以降序的方式列出市场份额中排名前五的 ERP 供应商。

7.6 实施和升级企业信息系统的挑战是什么

说出并描述实施企业系统的五个挑战源。描述企业系统管理为什么必须协作。解释识别需求鸿沟的两个必需的主要任务。总结转换到企业系统面临的挑战。解释员工为什么抵触变革，并描述三种应对员工抵触变革的方式。讨论新技术对企业系统所带来的挑战。

7.7 企业间信息系统是如何解决企业信息孤岛问题的

描述存在于雇主、健身俱乐部和个人间的有关运动数据的信息孤岛。描述这些信息孤岛产生的原因。解释图 7-12 中的系统是如何解决这些信息孤岛所带来的问题的。定义分布式系统，当实施这样的系统时，解释使用 Web 服务 SOA 的好处。

7.8 2027 年

描述未来 10 年，云、移动化和物联网将会如何影响企业系统。解释这些因素将为商业人士创造怎样的机会。解释他们为你创造了怎样的机会。

ARES 的知识应用

本章的知识将有助于你理解诸如 ARES 解决方案所提供的基本价值，亦即企业层信息孤岛消除的问题。正如你现在所知，由工作组流程引起的信息孤岛是可以通过企业系统消除的或在 EAI 情形下被管理。类似地，像 ARES 的企业间系统，也能够消除企业流程引发的信息孤岛问题。本章准备的知识是为了帮助你理解适应和管理企业间系统的困难性。最后，图 7-12 有助于你理解移动设备和云数据库是怎样用来实施一个企业间系统的。

本章关键术语和概念

业务流程重组（business process reengineering）
客户生命周期（customer life cycle）
客户关系管理系统（customer relationship management system）
数据完整性（data integrity）
分布式系统（distributed system）
动态流程（dynamic process）
企业应用集成（enterprise application integration，EAI）
企业信息系统（enterprise information system）
企业流程（enterprise process）
企业资源计划（enterprise resource planning，ERP）
ERP 系统（ERP system）
功能性应用（functional application）
功能性信息系统（functional information system）
混合模型（hybrid model）
行业解决方案（industry-specific solution）
信息孤岛（information silo）
固有流程（inherent process）
企业间信息系统（inter-enterprise information system）
模块（module）
流程蓝图（process blueprint）
流程效用（process effectiveness）
流程效率（process efficiency）
自我效能（self-efficacy）
存储过程（stored procedure）
结构化流程（structured process）
培训培训师（train the trainer）
触发器（trigger）
工作组信息系统（workgroup information system）
工作组流程（workgroup process）

本章习题

知识应用

（1）就你所在的学校，按照 7.1 节所讨论的三个层次范围内（工作组、企业和企业间）的每个信息系统各举一个例子，描述三个部门的信息系统是如何复制数据的。解释这些系统的特征与你所举的例子如何关联。

（2）在你对问题（1）的回答中，解释这三个工作组信息系统是如何产生信息孤岛的。参照 7.3 节的讨论，描述这些信息孤岛可能产生的原因。

（3）应用问题（2）的答案，描述一个能够消除孤岛的企业信息系统。你的系统实施需要业务流程重组吗？解释需要或不需要的原因。

（4）使用谷歌或必应搜索 7.5 节所讨论的排名前五的 ERP 供应商。它们所提供的产品有什么样的改变？这些供应商是否开发了新产品？是否完成了重要的收购？是否有新的公司侵占了它们的市场份额？

（5）应用你从第 4 章和第 6 章所学的知识，你认为移动系统和云将会怎样影响 ERP 解决方案？在 7.4 节所讨论的自行车制造商的案例中，请解释移动 ERP 如何可能使不同类型的人员从中获益。

协同练习

使用你在第 2 章创建的协同信息系统，和同学协作回答下面的问题。

在美国东部一个州的一个县，县规划办公室签发所有建筑项目的建筑许可证、污水处理系统许可证以及县道路准入许可证。县规划办公室向房主和建筑商发放许可证，用于建造新的房屋和建筑，用于包括电气、燃气、管道和其他公用设施的任何改建工程，以及用于将无人居住的空间（如车库）转换为生活或工作空间。县规划办公室也向新的或升级后的污水处理系统发放许可证，并且为提供进入县级道路的车道入口发放许可证。

图 7-14 显示了该县使用多年的许可流程。承包商和房主发现这一过程缓慢而令人沮丧。原因之一就是他们并不喜欢这种顺序化的特性，只有当工程审查批准或否定一个许可流程之后，才会进入卫生部门或高速公路部门审查环节。由于每一个审查都会花费 3~4 周的时间，所以申请者都希望审查过程是同步的而非顺序化的。同样，许可申请者和本县市民感到挫败的是他们永远不知道一个特定的申请在许可流程中的位置。一个承包商可能想咨询还需要多长时间，但他可能需要花上一个小时或更长的时间，仅仅是为了找到正在处理这个许可的部门。

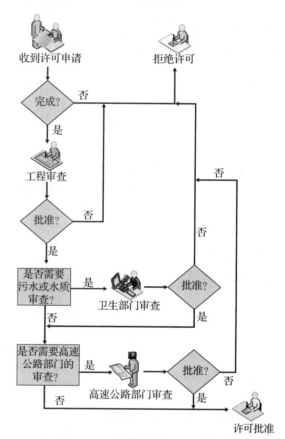

图 7-14　建筑许可流程，旧版本

因此，该县将许可流程调整为图 7-15 所示的形式。在这第二个流程中，许可办公室将三份许可申请分发到每一个部门。部门的审查和批准是并行进行的，工作人员将分析其结果，如果没有被拒绝，就同意该许可。

遗憾的是，该流程也存在很多问题。首先一个问题就是有一些许可申请太长了，有些大型建筑图纸达 40~50 页，使得该县的劳动力成本和复印费用相当可观。

其次，在某些情况下，部门审查文件是不必要的。例如，高速公路部门拒绝一个申请后，工程部门和卫生部门都不需要继续审查。起初，该县对这一问题的解决办法是当一个申请被拒绝后，就由该部门负责审查的工作人员取消其他部门的审查。然而，这一政策在许可证申请人中非常不受欢迎，因为一旦驳回申请的问题得到纠正，许可过程就不得不通过其他部门进行回溯。许可过程可能在将要接近尾声的时候，却被回溯至初始的部门，有时会造成5～6周的延迟。

取消审查也不受各部门的欢迎，因为这样一来许可审查工作就得重复。一个申请可能在就要完成的时候却由于其他部门的否定而被取消，当申请再次重复的时候，早期审查的部分工作结果则会丢失。

（6）为何图7-14和7-15中的流程是按照企业流程而非部门流程进行分类的？为什么这些流程不是组织间的流程？

（7）以图7-3为例，利用基于共享数据库的企业信息系统重新绘制图7-14。与图7-14的基于纸张的系统相比，解释本系统的优点。

（8）以图7-5为例，利用基于共享数据库的企业信息系统重新绘制图7-15。与图7-15的基于纸张的系统相比，解释本系统的优点。

（9）假设本县刚从图7-14的系统变革成图7-15的系统，当回答问题（7）和（8）时，你认为哪一种更好？说明并解释你的判断。

（10）在回答问题（9）时，假设你的团队正在负责你所推荐的系统的实施，描述7.6节与本实施有关的五个挑战，解释你的团队如何应对这些挑战。

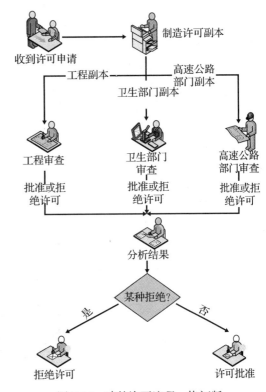

图7-15　建筑许可流程，修订版

案例研究

两个组织间信息系统的轶事

美国平价医疗法案（也称奥巴马医改）要求建立能够促使组织间信息系统发展的医疗交换中心，鼓励各个州为其市民创建交换中心。但如果他们选择不这样做，该州的市民就可以使用由联邦政府开发的交换中心。大约有一半的州决定使用联邦政府的交换中心，其余的州创建了它们自己的交换中心（并且支持信息系统）。这些许多并行的开发项目为我们提供了一个独特的机会，让我们从一些相似的却产生不同结果的项目中学到了经验。

例如，康涅狄格州和俄勒冈州。康涅狄格州建立了名为Access CT的交换中心，其在时间和预算范围内都取得了成功，以至于马里兰州停止开发自己的系统，取而代之的是采用已有的Access CT的解决方案。[⊖]其他州同样也正在考虑采用许可的Access CT系统。而在另

⊖ Andrea Walker, Meredith Cohn, and Erin Cox, "Md. Votes to Adopt Health Exchange Software Used in Connecticut," Baltimore Sun, April 2, 2014, accessed May 25, 2016, http://articles.baltimoresun.com/2014-04-02/health/bs-hs-exchange-board-vote-20140401_1_isabel-fitzgerald-new-website-federal-exchange.

一方面，俄勒冈州建立的名为 Cover Oregon 的交换中心是完全失败的。尽管 Cover Oregon 花费了超过 2.48 亿美元的美国政府和俄勒冈州纳税人的钱，但系统依旧不能运行。在 2014 年 5 月，美国的波特兰律师事务所启动了大陪审团介入该项目的调查。○

为什么会产生如此不同的结果？两个州同时启动它们的项目，它们有同样的范围和目标，也有同样的基金支持（Cover Oregon 的花费最终超出了 Access CT 的两倍），并且项目截止时间也一样。两个州的人口数量也相当，康涅狄格州大约有 3 500 万人口，俄勒冈州大约有 3 900 万人口。是什么原因导致了不同的结果？

医疗交换中心是什么

首先，医疗交换中心是向个人和小型企业提供医疗保险的在线商店。选择医疗保险是一个复杂的过程，涉及许多不同的内容和成本；对于大多数人来说，选择正确的项目是困难和令人困惑的。因此，交换中心的建立不仅仅是提供医疗保险政策，同样也是为了让选择过程简单化和部分自动化。交换中心也促进了医疗保险公司的公平竞争。

除了简化医疗保险的选择过程以外，交换中心的另一个目的就是帮助消费者了解各种复杂的政府援助方案和获得政府援助可能性。这些取决于收入、家庭规模和其他的情况，有些消费者有权享受医疗保险和其他各种政府项目。因此，当使用交换中心时，消费者提供关于收入和家庭情况的个人数据，交换中心自动关联到各个政府机构，从而决定消费者的资格。基于这个决策过程，交换中心根据特定的用户情况为其提供合适的保险产品。交换中心通过向保险公司收取一定的费用而支持运营。

图 7-16 显示了在医疗交换中心中涉及的组织。很明显，需要一个组织间信息系统。正如本章所学到的，这种项目是很难开发和管理的，因此在某些州，该项目未能成功实施不足为奇。

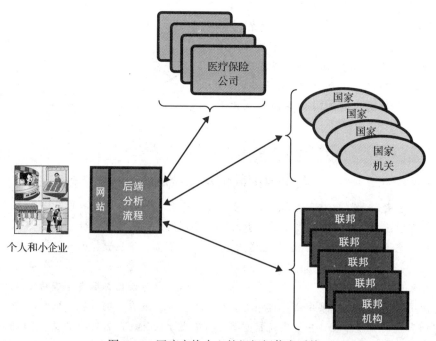

图 7-16　医疗交换中心的组织间信息系统

○ Maeve Reston, "U.S. Prosecutors Investigate Oregon's Failed Health Insurance Exchange," Los Angeles Times, May 21, 2014, accessed May 25,2016. www.latimes.com/nation/nationnow/la-na-us-attorneys-office-probes-oregons-health-insurance-exchange-20140521-story.html.

Access CT

Access CT 是一个准公营公司。其董事长是康涅狄格州的副州长南希·怀曼（Nancy Wyman），他从 2012 年夏天开始寻找合适的 CEO，并在全国范围内找到 74 个候选人。2012 年 6 月，康涅狄格州的州长任命了凯文·库尼汉（Kevin Counihan）为 CEO。

库尼汉拥有超过 30 年的保险行业从业的经历，同时也是马萨诸塞州医疗系统（普遍认为是奥巴马医改的典范）开发的关键人员。最近一段时间，他一直担任加利福尼亚私人健康医疗交换中心的总裁。①

库尼汉取得了营销专业的硕士学位，就在上任之后，他召开了一系列的新闻发布会，对外解释项目的本质和目标。几个月之内，库尼汉雇用了保险行业具有资深经验的高级员工吉姆·沃德里（Jim Wadleigh）为首席信息官。②沃德里一直是医疗服务组织 CIGNA 的应用开发部主任，他的主要任务是聘请和管理开发交换网站、支持后端代码的外部承包商，并管理交换信息系统的实施。

截至 2012 年 6 月，Access CT 已经建立了一个项目计划，并且开始寻求承包商来开发站点。截至 2012 年 9 月，它选择了德勤咨询 LLP。那时，沃德里声称："在交换中心开始使用前的 12 个月里，我们都在盼望立即启动我们的工作。"③

在那年夏天 6 月 13 日的访谈中，一个本地记者采访 CEO 库尼汉："你们能按时完成吗？"库尼汉回答："按照这个状态，我们会及时完成的。"④

确实如此，在联邦政府要求的截止日期之前，Access CT 的康涅狄格州用户已经达到 208 301 人，并且康涅狄格州已经成为州交换中心的典范。⑤

Cover Oregon

俄勒冈州的结果就没有这么乐观了。在花费了接近 2.5 亿美元后，交换中心还是没有运转起来。交换中心的董事会主任决定停止开发并使用联邦政府的系统。⑥在此决定之后，俄勒冈州的立法团体聘用了一个独立的公司，即第一数据公司（First Data Corporation），来调查事件失败的原因。⑦

与康涅狄格州不同的是，俄勒冈州的政府或其他当选官员都没有直接参与此项目。事实上，在 2014 年 1 月，政府声明其已经意识到了在"10 月后期"的失败。⑧网站是在 10 月 1 日开始运营的，整个失败消息的传出是在 3 周后。不论什么情况，设想政府并不是项目的第一管理者都是合理的，它也没有任命高级当选官员担任这一职务。

根据第一数据公司的调查⑨，项目从一开

---

① Matthew Sturdevant, "CT Health Exchange Has A New Chief Executive," Hartford Courant, June 21, 2012. Accessed May 25, 2016.http://articles.courant.com/2012-06-21/health/hc-heaty-exchange-ceo-20120621_1_health-insurance-exchange-health-care-victoria-veltri.

② Healthcare IT Connect, "Jim Wadleigh," accessed May 25, 2016, www.healthcareitconnect.com/jim-wadleigh/.

③ accessed May 25, 2016, http://ct.gov/hix/lib/hix/HIX-DELOITTE-RELEASE.pdf.

④ Matthew Sturdevant, "Health Exchange Chief Explains How It Will Work," Hartford Courant, July 13, 2012, accessed May 25, 2016, www.courant.com/health/connecticut/hc-health-exchange-20120712,0,4877364.story.

⑤ Arielle Levin Becker, "Obamacare Exchange's Final Tally:208,301 People Signed Up," The CT Mirror, April 17,2014, accessed May 25,2016, http://ctmirror.org/2014/04/17/obamacare-exchanges-final-tally-208301-people-signed-up/.

⑥ Jeff Manning, "Cover Oregon: State Moves to Federal Exchange, but Oracle Technology Lives On," The Oregonian, May 6, 2014, accessed May 25, 2016, www.oregonlive.com/health/index.ssf/2014/05/cover_oregon_state_moves_to_fe.html.

⑦ "Cover Oregon Website Implementation Assessment," April 23,2014, accessed May 25,2016, http://portlandtribune.com/documents/artdocs/00003481205618.pdf.

⑧ Dusty Lane, "We Look Like Fools:' A History of Cover Oregon's Failure," Katu.com, January 10, 2014, accessed May 25, 2016, www.althycommunitiesoregon.com/lanedounty/2014/01/we-look-like-fools-a-history-of-cover-oregons-failure/.

⑨ "Cover Oregon Website Implementation Assessment."

始就偏离了方向。Cover Oregon 和 Access CT 一样都是准独立的公司，但却由不同的政府机构开发交换信息系统，俄勒冈州的卫生当局（Oregon Health Authority，OHA）人员对项目需求持有很深的分歧，这些分歧使得开发过程变化不断，未能和软件开发者的方向保持一致。○

并且，与 Access CT 不同，OHA 并没有为项目聘请监督承包商，反而决定自己积极参与软件开发。不幸的是，卫生当局遇到了频繁的员工辞职，以及聘用和留住高能力员工的困难。OHA 确实聘用一个专业的软件开发公司来创建主要的软件组件。然而，在这项工作的三个入围者中，有两个在最后时刻退出，而获胜者就是默认的剩下的最后一个。Oracle 公司从本质上说是唯一的供应商。因此，Oracle 公司能够对那些有关时间和材料的合同进行协商，而不是协商以特定价格交付特定产品的合同。Oracle 公司在同一时间和材料基础上为更改的订单支付了数千万美元的额外费用。OHA 也想尝试自己编写程序，但是团队没有 Oracle 公司的经验，并且也缺乏开发人员和管理人员。○

讽刺的是，由于先前技术项目的问题，俄勒冈州议会要求该州雇用一个有质量保证的承包商，即 Maximus 公司，负责监管这个项目。从项目一开始，Maximus 公司就报告了分散控制的很多问题，如缺乏清晰的需求，不合适的承包方法，缺乏项目规划及进展，也并不清楚这些报告该发给谁或由谁负责解决。2013 年 1 月，当 OHA 的领导在收到一系列负面报告后，又收到另外一个负面报告时，便威胁要扣留向 Maximus 公司的付款。○

2013 年 1 月，当俄勒冈州人问到 Cover Oregon 项目的主任洛基·金系统是否将工作时，他回答："我一点儿也不知道"。○悲哀的是，当迷雾散去之后，交换中心系统就失败了。2015 年 3 月，Cover Oregon 项目被停止。

讨论题：

（11）总结医疗交换中心的目的和预期的好处。

（12）解释医疗交换中心为什么需要一个组织间的信息系统。

（13）运用本章所学知识，总结开发组织间信息系统的困难和挑战。

（14）医疗交换中心必须利用用户的个人隐私数据。草拟一段政策描述，以规范数据的处理和存储责任。

（15）解释你认为 Access CT 成功的原因。

（16）在 www.oregon.gov/DAS/docs/co_assessment.pdf 处阅读第一数据公司报告的内容摘要，总结报告的发现。

（17）运用本案例的事实以及你对问题（16）的回答，列举出你从 Access CT 和 Cover Oregon 项目中学到的五个方面的关键知识。

○ Nick Budnick. "Cover Oregon：Health Exchange Failure Predicted, but Tech Watchdogs' Warnings Fell on Deaf Ears," The Oregonian, January 18, 2014, accessed May 25, 2016, www.oregonlive.com/health/index.ssf/2014/01/cover_oregon_health_exchange_f.html.

○ Nick Budnick, "Oregon Health Exchange Technology Troubles Run Deep due to Mismanagement, Early Decision," The Oregonian, December 14, 2013,accessed May 25, 2016, www.oregonlive.com/health/index.ssf/2013/12/oregon_health_exchange_technol.html.

○ Budnick, "Cover Oregon: Health Exchange Failure Predicted."

○ Budnick, "Cover Oregon: Health Exchange Failure Predicted."

第8章

社交媒体信息系统

🌐 导入故事

ARES 的新老板泽夫·弗里德曼问凯西（ARES 的营销部新领导）要如何通过新型增强现实应用中的广告为公司赚取利润。

凯西踌躇地说："亨利，我绞尽脑汁地在想我们要售卖什么样的广告。就用横幅广告、弹出广告和短视频吗？"

亨利指着拉杰正在使用的电脑的屏幕说："是的，我们当然可以把横幅广告嵌入 App 里。我们可以把它们放在关键统计数据面板里，一定会吸引用户的眼球。"

"太棒了，那弹出广告和短视频呢？"

"呃……我不太确定。就我而言，在我骑车的时候，弹出广告和短视频会让我分心……"

拉杰打断了他："你需要想得更长远一些。你并不是真正在考虑我们能用 AR 做什么。"

"什么意思？"凯西问道。

"事物是处于不断的变化中的。就像电视被发明出来时，静态的报纸广告转变成了 30 秒的视频广告那样。"

"我不太懂。"

拉杰继续说："在融合现实的环境中，我们可以创造一切，代替一切并改变一切。花一分钟想象一下，用户正沿着杭廷顿海滩骑行。我们可以为某公司想售卖的能量棒打广告，用 40 英尺长的能量棒图案来替代海边建筑。"

"我们可以这么做？"

"当然了，不仅如此，我们还可以将广告牌上的真实广告替换成我们的虚拟广告。我们也可以让虚拟飞机拖着我们的横幅广告，甚至还可以制作一个 60 英尺长的史前巨齿鲨，它在海里游上游下，来为下一部好莱坞大片做推广。"

"你在开玩笑！"

"并没有。如果用户想要'点击'广告，他们只需要伸出手指并轻敲它。我们甚至可以利用眼动追踪来辨别他们会看哪种广告。"

"哇，好神奇！"

"还可以更神奇。用户可以跟朋友一起虚拟骑行。向左看，会看到简；向右看，会看到约翰。无论天气和位置如何，他们可以在任何地点、任何时间自由骑行。"

亨利打断了他的话："但是，我们还达不到那种程度。"

凯西很吃惊："什么意思？这很棒啊！公司会喜欢这个主意的，并且它还有社会意义。我们什么时候能解决这点？"

亨利摇了摇头："我不知道。我们甚至不确定这个系统能支持多少人使用。它并不是被设计用来做 AR 接口或人们结伴骑行的。系统可能有两个人使用，也可能有 500 个人使用。并且定制虚拟广告……唉，可能会增加更多的开发时间。"

凯西感到很挫败："所以，还得回归到横幅广告。"

"现在来说，是的。我们仍在试图使 App 和现存的后端顺利运行。拉杰考查的路线则是我们能承载更多用户使用以后可以实施的。"

凯西回想起了导师给她的关于在创业公司工作的建议。她并不认为这是令人沮丧的。她勉强笑了笑，说："我们就不能聘请一些人来做这种新型广告吗？我们真的不能解决这个问题吗？"

"我们能，"亨利冷静地说，"拉杰描述的所有事情都有可能发生。但是为虚拟环境开发应用是不一样的，它要求我们在软件开发方面有大的思想转变。我们正在从2D画面变为3D全息。寻找能做到这点的开发者很难，也很贵。这是一个大的技术转变。"

拉杰得意地笑道："改变开始了。"

章节导览

社交媒体领域的变化非常迅速，我们尽力想要追赶最新的发展潮流。每年，我们都会对本教材进行修订，即使现在也是如此。本书写于8月，我们知道当你在来年1月或以后阅读到它的时候，书中部分精彩的内容都已经过时了。不幸的是，我们不知道是哪一部分。

根据我们的经验，应对快速的技术变化的最好方法是学习和理解基本原则。与其向你展示脸书或谷歌+（Google+）的某些没等本页墨水变干就会改变的一些特点，还不如把焦点放在原则、概念框架和模型这些知识上，它们会在你职业生涯的初期处理社交媒体系统的机遇和风险时派上用场。

这些知识也会帮你避免犯错。每天你都会听到商业人士说："我们正在使用推特（Twitter）"和"我们正将脸书页面链接到我们的网站上"。抑或他们会提到其正在制作的广告和新闻稿，其中均会提及"请在推特上关注我们"。重要的是为什么要这么做？为了变得现代化？为了变得时尚？他们有社交媒体战略吗？使用社交媒体会影响他们的净收益吗？

我们从8.1节开始，定义和描述社交媒体信息系统的组成部分，这将帮助你理解当组织使用社交媒体时它们的投入。正如你所学到的，信息系统的目的是帮助组织实现其战略，在8.2节，我们将思考社交媒体信息系统如何提升组织战略。接着，在8.3节，我们将关注社交媒体信息系统如何增加社会资本。8.4节将解决一些公司如何从社交媒体中获得收入的问题。8.5节将关注如何开发有效的社交媒体策略。8.6节将着眼于企业社交网络。我们将在8.7节介绍组织如何解决社交媒体相关的安全问题。在8.8节，关于迈入2027年时个人和组织的关系变化，我们将使用一些新奇的类比来进行总结归纳。

8.1 社交媒体信息系统的含义

社交媒体（social media，SM）使用信息技术来支持用户网络之间的内容共享。社交媒体促使人们形成**实践社区**（community of practice）或简单的**社区**（community），即由共同兴趣关联起来的一群人。**社交媒体信息系统**（social media information system，SMIS）是支持网络用户之间内容共享的信息系统。

如图8-1所示，社交媒体这一概念融合了许多学科内涵。在本书中，我们将关注图8-1中的管理信息系统部分，讨论社交媒

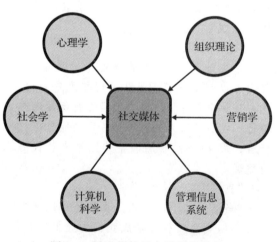

图8-1 社交媒体是多学科的融合

体信息系统及其如何推进组织战略的制定。如果你想在社交媒体领域做专业工作，你需要对所有这些学科的知识有所了解，计算机科学可能除外。

8.1.1 社交媒体信息系统中的三个角色

在探讨社交媒体信息系统的构成之前，我们需要明确三个组织单位所扮演的角色：社交媒体提供商、用户、社区。

1. 社交媒体提供商

诸如脸书、谷歌＋、领英、推特、Instagram 和拼趣（Pinterest）这样的**社交媒体提供商**提供了广泛的社交媒体平台服务，促进了**社交网络**或有共同兴趣爱好的用户之间社交关系的产生与发展。在过去几年里，社交媒体发展速度惊人。图 8-2 展示了几个知名社交媒体提供商的规模。一些社交媒体网站的活跃用户数量甚至超过了美国的人口总数。⊖社交媒体的蓬勃发展也受到了企业、广告商和投资商的特别关注。社交媒体提供商之间彼此竞争，以吸引用户的注意力和相关的广告投资。

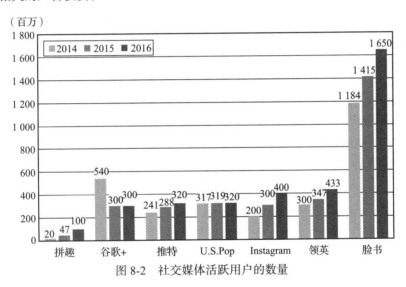

图 8-2 社交媒体活跃用户的数量

2. 用户

社交媒体**用户**包括使用社交媒体网站来建立社交关系的个人与组织。互联网中有超过 76% 的用户使用社交媒体，且 80% 的社交媒体用户通过移动电话登录。⊜⊜社交媒体提供商正在吸引与匹配具有人口统计学特征的目标人群。例如，73% 的拼趣用户是女性®，领英用户中

⊖ Kit Smith, "96 Amazing Social Media Statistics and Facts for 2016," All Twitter on Brandwatch.com, March 7, 2016, accessed May 25, 2016, www.brandwatch.com/2016/03/96-amzing-social-media-statistics-and-facts-for-2016.

⊜ Pew Research Internet Project, "Social Media Usage: 2005-2015," Pew Research, October 8, 2015, accessed May 25, 2016, www.pewinternet.org/2015/10/08/social-networking-usage-2005-2015/.

⊜ Greg Sterling, "Nearly 80 Percent of Social Media Time Now Spent on Mobile Devices," Marketing Land, April 4, 2016, accessed May 25, 2016, http://marketingland.com/facebook-usage-accounts-1-5-minutes-spent-mobile-171561.

㉔ Pew Research Internet Project, "The Demographics of Social Media Users," Pew Research, August 19, 2015, accessed May 25, 2016, www.pewinternet.org/2015/08/19/the-demographics-of-social-media-users/.

25 岁及以上的约占 84%[1]。

企业组织也是社交媒体的用户。你可能无法将企业组织看作典型的社交媒体用户，但从很多方面来看它确实是社交媒体用户。它也像你一样建立并管理社交媒体账户。据估计，78% 的世界五百强企业保持着推特账号的积极互动，有脸书页面和 YouTube 账号的公司分别占 78% 与 64%。[2] 这些企业雇用工作人员来运营社交媒体账号，推广公司产品，同消费者互动，并且管理企业社交形象。

根据组织使用社交媒体方式的差异，它们既可以是用户，也可以是提供商，甚至两者兼是。举例来说，较大的组织，足以建立并管理自己的内部社交媒体平台，如维基（wiki）、博客（blog）和讨论板（discussion board）等。这种情况下，企业组织是社交媒体提供商。我们稍后将在本章中关注社交媒体在组织中的使用方式。

3. 社区

形成社区是人类的天性，人类学家认为形成社区的能力是人类种族进步的原因。在过去，社区通常依托于血缘关系或地理位置，村落里的每个人都会形成一个小社区。而对社交媒体社区而言，最主要的区别在于社交媒体社区是基于共同兴趣爱好形成的，它跨越了血缘、地域与组织的界限。

因为跨越了种种界限，多数用户属于几个甚至许多不同的用户社区。谷歌＋认识到这一事实，在创建用户圈时，允许用户将"个人联系"（谷歌＋术语，即用户个人）分配到一个或多个社区群体。脸书与其他社交媒体应用提供商也在类似方面做了调整。

图 8-3 有助于我们更好地理解社区的概念。对社交媒体网站来说，图中的社区 A 是第一级社区，由与该网站有直接联系的用户构成。而且，用户 1 也属于 A、B、C 这三个社区（这些社区可能是同班同学、职业联系和朋友关系）。从社交媒体网站的角度来看，社区 B 至 E 是第二级社区，因为其与这些社区的关系是以第一级用户作为媒介建立的。第二级与第三级的社区成员的数量呈现指数性的增长。举例来说，如果每个社区有 100 位成员，那么该社交媒体网站将有 100×100 个二级社区成员与 100×100×100 个三级社区成员。但是，因为社区重叠，这一表述并不完全正确，如在图 8-3 中，用户 7 同属于社区 C 和社区 E。因此，这种计算揭示的是最大用户数量，而不是用户的实际数量。

社交媒体网站选择何种社区连接方式取决于网站目标。如果社交网站仅仅想宣传，它会尽可能多地连接社区的层级。如果是这种情况，社交网站会创建一个**病毒性钩子**（viral hook），如奖金或其他奖励的诱导，用于在一层层的社区中传讯。然而，如果社交网站的目标是解决一个令人为难的问题，如修复产品缺陷，它会尽可能地将信息交流限制在社区 A 内。

通过社区层实现社交关系指数增长的本质对组织而言是祸福相依的。一个是社区 A 成员的员工，可以向她社区内成百上千的人分享她对自己公司最新产品或服务真挚且合理的骄傲感。然而，如果她对近期某些发展感到失望，同样会在社区 A 内爆发并向社区成员倾诉，或者更糟糕的是，她无意间暴露出的组织隐私和专利数据，会被同在社区 A 但为竞争对手工作的社区成员看到。

---

[1] Quantcast, LinkedIn.com profile, accessed May 25, 2016, www.quantcast.com/linkedin.com.
[2] Chris Thilk, " Social Media and the Fortune 500,"Porter Novelli, March 25, 2016, accessed May 25, 2016, www.porternovelli.com/intelligence/2016/03/25/social-media-and-the-fortune-500/.

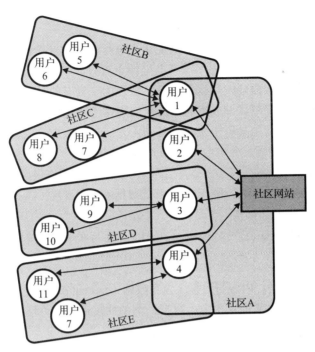

图 8-3 社交媒体社区

社交媒体是强有力的网络工具，要想有效地利用它，组织必须明确自己的目标与相应的计划，之后你将会学到这部分内容。

8.1.2 社交媒体信息系统的组成部分

由于社交媒体信息系统也是信息系统，因此同样由信息系统的五部分组成：硬件、软件、数据、处理规程和人员。每个部分扮演的角色展示在表 8-1 中。

表 8-1 社交媒体信息系统的五个组成部分

组成部分	角色	描述
硬件	社交媒体提供商	基于云的弹性服务器
	用户和社区	用户任何的计算设备
软件	社交媒体提供商	应用程序、NoSQL 或其他数据库管理系统、分析工具
	用户和社区	浏览器、IOS、安卓、Windows 10 和其他应用程序
数据	社交媒体提供商	有助于快速检索的内容数据和关系数据存储
	用户和社区	用户生成内容、关系数据
处理规程	社交媒体提供商	运行和维持应用程序（超出本书范围）
	用户和社区	创建并管理内容、日常的、相互复制
人员	社交媒体提供商	运行和维持应用程序的员工（超出本书范围）
	用户和社区	关键用户、适合的、可以是不理性的

1. 硬件

用户与组织使用台式机、笔记本电脑、移动设备进行社交媒体的相关操作。大部分情况下，社交媒体供应商使用云端的弹性服务器，保持社交媒体的运行。

2. 软件

用户使用浏览器和客户端应用程序与其他用户进行交流，发送和接收信息，建立或者删除与社区和其他用户的联系。应用程序既有电脑端也有移动端，方便 iOS、安卓与微软等各种平台使用。社交媒体供应商开发并运营有自己特色的、专有的社交网络应用软件。正如你在第 4 章所学，长期支持定制软件成本高昂。社交媒体应用程序供应商却必须这么做，因为应用程序的产品特点和功能是其竞争战略的基础。它们也有能力这么做，因为它们把开发成本平摊到了超过数百万用户所产生的收入中。

尽管有时也会使用传统的关系型数据库管理系统，但社交网络供应商更经常使用非关系型数据库管理系统处理数据。脸书曾开发自己内部的数据库管理系统（Cassandra），但是很快就意识到维持它的费用和投入过于昂贵，于是便将其捐赠给开源社区。除了定制应用程序和数据库，社交媒体供应商还对分析软件进行投资，以了解用户如何与网站和应用程序软件进行交互。

3. 数据

社交媒体数据分为两类：内容与关系。**内容数据**（content data）是由用户提供的数据和数据响应。你为自己的脸书页面提供源内容数据，你的朋友通过在你墙上留言，做出评论，标记你或者在你页面发布其他东西提供响应内容。

关系数据（connection data）是关于人际关系的数据。例如，在脸书上，你与朋友的人际关系就是关系数据。你喜欢过特定组织的事实也是关系数据。关系数据将社交媒体信息系统与网站应用程序区分开来。万维网站和社交网站都能呈现用户内容和响应者内容，但只有社交网络应用程序存储与处理关系数据。

社交媒体供应商为用户存储与检索数据。为了防范网络和服务器故障，它们必须这样做，并且必须要迅速做到。尽管如此，解决这个问题在某种程度上来说更加容易，因为社交媒体内容数据与关系数据有着相对简单的结构。

4. 处理规程

对社交网站用户而言，处理规程应该是适合日常使用的、逐步发展的且面向社交的。你做你朋友在做的事，当你所在社区的成员学习如何做一些新奇有趣的事时，你开始模仿他们。社交媒体软件被设计得易于学习和使用。

这种非正式性使得社交媒体信息系统易于使用，但也意味着经常会出现意想不到的后果。最麻烦莫过于用户隐私的相关问题。许多人已经学会了不在社交网站上发布于自己房屋门牌前拍摄的照片，因为他们可能曾在这一相同的公开访问的网站中描述过他们新买的高清电视。遗憾的是，很多人还没有这样的意识。

对组织而言，社交网络处理规程更正式化且更符合组织的战略。组织开发处理规程用以创建内容，管理用户回复，删除过时的或令人反感的内容，并从内容中挖掘价值。举例而言，建立社交媒体信息系统来收集关于产品问题的数据是浪费支出的，除非该处理规程能从社交网络数据中挖掘知识。社交媒体组织也需要开发处理规程来管理社交媒体风险，这在 8.7 节会提到。

操作和维护社交媒体应用的处理规程超出了本书的学习范围。

5. 人员

社交媒体用户根据自己的目标和个性，做他们想做的事情。他们以某种方式表现自己，并且观察结果。他们可能会,也可能不会改变他们的行为方式。顺带一提,我们必须注意到社交媒体用户不一定是理性的,至少在只关乎金钱的方式时是不理性的。

组织则不能如此随意。对于任何使用自己在公司的职位来代表该组织的人,组织需要对其进行社交媒体信息系统用户处理规程和组织的社交网络政策方面的培训。我们将在 8.7 节中讨论这样的处理规程和政策。

社交媒体正在创造新的职位头衔、新的责任和新类型培训的需要。比如说,如何成为一个好的推文者?如何成为高效的博客墙作者?应该雇用什么样的人做这类工作?他们应该拥有怎样的学历?如何评估这类职位的竞选人?怎么找到这些类型的人才?所有这些问题都在今日被提出并正在被解答。

8.2 社交媒体信息系统如何提升组织战略

我们曾在第 3 章的图 3-1 中学习过信息系统与组织战略之间的关系。简而言之,组织战略决定价值链,价值链决定业务流程,业务流程决定信息系统。在第 7 章我们探讨过,价值链决定结构化的业务流程,这一过程是简单直接的。然而,社交媒体有着天生的动态性,它的流动过程不能被设计或用图解表示出来。如果能被表示,那么图解刚完成不久,社交媒体流程就会发生改变。

因此,我们需要后退一步,考虑价值链如何决定动态流程进而对社交媒体信息系统提出要求。正如你将看到的,社交媒体从根本上改变用户、社区与组织之间的权力平衡。

表 8-2 概括了社交媒体是如何促成五个主要价值链活动及人力资源维持活动的,表中的每一行表示一项活动。

表 8-2 价值链活动中的社交媒体

活动	关注点	动态流程	风险
销售与营销	向外面向前景	社会化客户关系管理 点对点销售	诚信失范 糟糕公关
客户服务	向外面向顾客	点对点支持	失控
入站物流	上游的价值链供应商	问题解决	隐私
出站物流	下游的价值链供应商	问题解决	隐私
生产与运营	向外,面向用户设计 向内,面向生产与运营	用户指导的设计 行业关系 运行效率	效率/效能
人力资源	就业候选人 员工交流	员工勘察、雇用和评估 利于员工间交流的 SharePoint	失误 诚信失范

8.2.1 社交媒体与销售及营销活动

在过去,组织使用结构化的业务流程和相关的信息系统来控制它们与客户之间的关系。事实上,传统客户关系管理的主要目的是管理客户的接触行为。传统客户关系管理确保组织用统一口径与客户交流,它基于每个特定的客户,控制着信息、报价,甚至客户得到的赞助。如果你在 1990 年想了解 IBM 的产品,你得联系当地的销售部门,这个部门会把你归类为潜在消费者，并用这种分类来控制你会看到的文献、文件以及你与 IBM 员工的接触。

社会化客户关系管理（social CRM）是基于社交媒体的动态的客户关系管理过程。组织和客户之间的关系表现在动态的过程中，因为双方都创建并处理内容。除了传统形式的推广，组织中的员工还创建维基、博客、讨论列表、常见问题、用户评论的网站和其他动态内容。客户则搜索内容，发表评论，询问问题，创建用户群等。借助社会化客户关系管理，每个客户精心经营其与公司的关系。

面对传统客户关系管理的结构化和控制性流程，社会化客户关系管理飞速发展。因为关系来源于共同活动，所以客户与企业有着同样的控制权。传统销售经理极其厌恶这一特性，他们更想用结构化的流程来控制客户对该公司及其产品的所见所闻。

此外，传统的客户关系管理集中在生命周期价值上，可能带来最大业务的客户得到最多的关注并且对组织有最大的影响。然而，对社会化客户关系管理而言，一个只花了 10 美分，但却是有效的评论者、解说者或博客写手的客户，比每年花费 1 000 万美元的沉默客户的影响力更大。这种不平衡是传统销售经理所不能理解的。

但是，传统销售经理很高兴看到有忠实的客户使用点对点推荐来推销公司产品。在亚马逊上快速浏览一遍产品及其评论，你会发现消费者愿意频繁地写篇幅长的、深思熟虑的评论来表明他们喜欢或不喜欢一个产品。亚马逊和其他在线零售商也让阅读者对评论的帮助程度进行排序。通过这种方式，不合格的评论可以被揭示出来。

今天，许多组织正在努力从控制性的、结构化的传统客户关系管理流程转变为开放的、自适应的、动态的社会化客户关系管理流程。对那些对信息系统、销售与社交媒体感兴趣的人来说，这一艰苦转型也意味着重大机遇。

8.2.2 社交媒体与客户服务

产品用户都非常乐意通过互相帮助来解决问题，他们甚至愿意提供无偿帮助。事实上，当用户并肩作战时，（公司的）支付行为会损害甚至破坏支持体验。例如，SAP 公司就认识到，要奖励"SAP 开发者网络"项目的相关人员，与其给予个人奖金，不如以他们的名义将钱捐给慈善组织。

不必惊讶，那些实施向开发者网络推销或通过该网络进行销售的商业战略的组织，在基于社交媒体的客户支持领域是最早尝试且最成功的。除了 SAP，微软也长时间通过其合作者网络进行销售。微软的"最有价值专家"（MVP）项目是一个通过给予赞美和荣耀以换取客户提供协助的典型例子（http://mvp.support.microsoft.com）。当然，这些网络开发者的参与也包含了商业动机，因为这个活动帮助他们将服务卖给他们参加的社区。

但是，没得到经济激励的用户也愿意帮助他人。举例来说，亚马逊支持一个叫作 Vine 的项目：一些被挑选出来的客户抢先获得新品，并在买方社区中发布新产品评论。心理学理论提供了驱使人们争取这种认可的原因，管理信息系统仅仅提供了平台。

点对点支持的主要风险是容易失控。企业可能无法控制点对点的内容，关于公司宝贵产品的负面评论和对竞争对手产品的推荐都是有可能的。我们将在 8.7 节中探讨这些风险的处理方法。

8.2.3 社交媒体与入站及出站物流

盈利能力取决于供应链效率的企业，长期使用信息系统来提高结构化供应链过程的有效性和效率。因为供应链紧密集成于结构化制造过程中,所以对动态且自适应流程的不可预测性有更低的容忍度。解决问题则是个例外,社交媒体可以用来提供众多解决方案并对方案进行快速评价。2011年春,日本地震对汽车供应链造成严重破坏,主要的日本制造商缺乏运营的电力和设备。社交媒体因此被用于传播相关消息,消除人们对放射性产品的恐惧,解决不断变化的需求和问题。

社交媒体社区可以为复杂供应链问题提供更好更快的解决方案。正如第2章所描述的,社交媒体被设计用来加强网络用户间的内容创造与反馈,并且这一特性促进了解决问题所需的迭代和反馈。

然而,隐私损失也是一个重大的风险。解决问题需要对问题的定义、原因和解决方案的约束性进行公开讨论。因为供应商和物流商与许多公司合作,通过社交媒体解决供应链问题可能也是你的竞争对手在使用的解决方案。

8.2.4 社交媒体与生产及运营活动

运营与生产活动被结构化流程所控制。如果将社交媒体应用于生产线或仓库,其灵活性和适应性的本质将会导致混乱。然而,社交媒体在产品设计、发展供应商关系、提高操作效率方面发挥重要作用。

众包(crowdsourcing)是指个人或组织利用社交媒体让用户参与产品设计或再设计的动态过程。eBay经常请求其消费者提供使用经验的反馈。就像eBay网站所说的那样,"没有比我们的消费者更好的顾问群体。"用户导向的设计可以用来开发游戏、设计鞋和许多其他产品。

社交媒体已广泛应用于**企业对消费者**(business-to-consumer,B2C)关系,用来向终端用户推销产品。如今,制造商开始通过使用社交媒体成为行业领导者,提升品牌知名度,生成新型**企业对企业**(business-to-business,B2B)模式来引领零售商。制造商可以通过写博客讨论行业相关的最新新闻、发表采访专家的文章、评价新的产品创新等方式使用社交媒体。它们还可以创建YouTube频道,上传产品评论、产品测试和工厂走访的相关视频。脸书和推特账户则可以用来宣传积极消费者的故事,宣布新产品的发布和跟踪竞争对手。零售商认为致力于社交媒体实践的制造商是行业的领导者。

运营可以利用社交媒体改善组织内部的及组织与消费者的沟通渠道。例如,企业社交网络服务,如Yammer,可以为管理者提供解决内部运营效率低下问题的方法的实时反馈。在组织外部,零售商可以监控与其合作的推特账户,以应对产品短缺或假期时对新产品的高需求等情况。

8.2.5 社交媒体与人力资源

表8-2的最后一行描述了社交媒体在人力资源方面的使用。如前所述,社交媒体可用于员工勘察,招聘职位候选人,一些组织还将其用于候选人评估。

组织使用领英等社交媒体网站以更快的速度和更低的成本来雇用最优秀的员工。招聘者每月约花费900美元,就可以搜索4.33亿领英会员来寻找完美的候选人。[⊖]每月900美元对你来说很昂贵,但对企业级别的客户而言,九牛一毛。招聘一个新员工的成本约为4 000美

⊖ LinkedIn Talent Solutions, "Recruiter," accessed May 25, 2016, https://business.linkedin.com/talent-solutions/recruiter.

元，对一个独立招聘的公司而言，该成本则高达新员工工资的10%。领英也帮雇主物色被动的候选人，他们可能不在找工作，但却完美适合某个特定职位。一旦雇用到了员工，雇主可以利用新员工的社交网络来雇用更多像该员工一样的候选人。

社交招聘公司Jobvite的报告指出，96%的受访招聘人员在招聘过程中使用过社交媒体。此外，76%的招聘人员声称，会积极看待应聘者发布在社交媒体网站上的志愿活动或社交活动的详细信息。另一方面，72%的受访者对拼写错误或语法问题持消极态度。他们还厌恶饮酒（54%）和使用大麻（75%）的相关内容。

社交媒体也可以使用诸如SharePoint中的"我的站点"与"我的文件"等内部人员网站或其他相似的企业系统进行员工沟通。SharePoint为员工提供以"问我有关问题"的形式展示自己专业知识的平台。当员工需要寻找一个企业内部专家时，可以在SharePoint中搜索发布过他所需的相关专业知识的人。2013版的SharePoint与以往版本相比，大大扩展了对社交媒体的支持功能。

在人力资源方面使用社交媒体的一个风险在于，使用诸如脸书这样的社交网站对员工形成的评价可能存在偏差。另一个风险是社交网站的戒备心会变得过强，或者在发布不受欢迎的管理信息时会非常显眼。

表8-2有助于我们理解组织通过社交媒体信息系统支持的动态过程来实现组织战略的整体框架。接下来，我们将以经济视角研究社交媒体信息系统的价值与使用。

8.3 社交媒体信息系统如何增加社会资本

商业文献定义了三种类型的资本。卡尔·马克思对**资本**的定义是用于投资并期望获得未来收益的资源。这种传统的定义是指对资源的投入，如工厂、机器和制造设备等。**人力资本**是可用于投资并期望获得未来收益的以人类知识和技能为核心的资源。学习这门课是为自己的人力资本进行投资。为了从其他员工中脱颖而出，并最终在工作中获取工资溢价，你投资你的时间和金钱来获取知识。

林南认为**社会资本**（social capital）是指可用于投资并期望获得未来收益的社会关系资源。你可以把社会资本看作你个人生活中的工作。当你帮助别人得到一份工作，为朋友安排一场约会或者将你的朋友介绍给某个名人时，你的社会关系会得到加强。当你总是不劳而获，经常拒绝朋友的请求或者不花费时间与朋友相处时，你的社会关系则遭到削弱。

在你的职场生活中，当你抱着与人交往并加强关系的目的参与企业聚会时，你就对你的社会资本进行了投资。同样地，你可以通过在领英上推荐或点赞某人，在脸书上对某张照片表达喜欢，转发某条推特或者评论某张Instagram照片等方式使用社交媒体来增加你的社会资本。

⊖ Erika Welz Prafder, "Hiring Your First Employee," Entrepreneur.com, accessed May 25, 2016, www.entrepreneur.com/article/83774.

⊜ Jobvite Inc., "2015 Jobvite Recruiter Nation Survey," Jobvite.com, September 22, 2015, accessed May 25, 2016, www.jobvite.com/wp-content/uploads/2015/09/jobvite_recruiter_nation_2015.pdf.

⊝ Nan Lin, Social Capital: The Theory of Social Structure and Action (Cambridge, UK: Cambridge University Press, 2002), Kindle location 310.

8.3.1 社会资本的价值是什么

根据林南的理论,社会资本在四个方面增加价值:
- 信息。
- 影响。
- 社会认证。
- 个人强化。

第一,社交网络中的社交关系可以提供关于工作机会、替代选择、疑难问题和对商业人士而言重要的其他因素的信息。在个人层面上,这一形式可能表现为朋友告诉你工作招聘的新信息,或是学商业法的最佳老师人选。作为商业人士,这意味着朋友把你介绍给潜在的新供应商,或者让你知道开辟新销售区域的信息。

第二,社交关系可以为你提供影响决策制定者的机会,他们可能是你的雇主,或者是其他组织中对你的成功起关键作用的人。例如,每周六和你效力公司的首席执行官一起打高尔夫球会增加你升职的概率。这样的影响跨越正式的组织结构,如汇报关系。

第三,与被高度认可的联系网络相连是获取社会信用认证的一种形式。你可以享受由那些你能联系到的人所带来的好处。如果其他人相信有重要领导与你有关并且会提供资源来帮助你,那么他们会更倾向于与你一起工作。

第四,与社交网络相连会强化你在组织或行业中的职业认证、形象和职位。它强化了你向世界(也向自己)展示的自我定义。例如,同银行家、财政规划师和投资人做朋友,会加强你对自己金融从业人员的身份认可。

正如上文所提及的,社交网络是有共同兴趣的个体之间的社交关系网络。每个社交网络的价值不同。你同高中朋友保持的社交网络可能没有你与商业伙伴之间的社交网络有价值,但也不一定如此。亨克·弗拉普认为,**社会资本价值**(value of social capital)是由社交网络中关系的数量、关系的强度以及由相关联者控制的资源所决定的价值。⊖如果你的高中同学恰好是马克·扎克伯格、文克莱沃斯兄弟,并且你通过高中网络与他们保持牢固的联系,这个社交网络的价值远远超过任何你在工作中建立的社交网络。然而,对于大多数人来说,我们当前的职业关系网提供给我们最多的社会资本。

因此,当你专业地使用社交网络时需要考虑三个因素。你通过添加更多的朋友和加强与现有朋友的关系来获得社会资本。此外,通过与控制你重要资源的人做朋友并加强与其的关系来获得更多社会资本。这样的计算似乎是冷漠的、没人情味的,甚至是虚假的。当你为了娱乐使用社交网络时,确实是这样。但当你为了职业目的而使用社交网络时,请记住这几点。

当谈到社会资本时,你会发现 Klout 这个网站很有用。这个网站搜索脸书、推特和其他网站上的社交媒体活动,创建衡量个人社会资本的 Klout 得分。Klout 得分从 0 到 100,越多人回复你发表的内容,你的分数就越高。并且,不常评论的人的回复比常评论的人的回复更有价值。⊖

⊖ Henk D. Flap, "Social Capital in the Reproduction of Inequality," *Comparative Sociology of Family, Health, and Education*, Vol.20(1991), pp. 6179-6202. Cited in Nan Lin, *Social Capital: The Theory of Social Structure and Action* (Cambridge, UK: Cambridge University Press, 2002), Kindle location 345.

⊖ Accessed May 25, 2016, http://klout.com/corp/how-it-works.

8.3.2　社交网络如何为企业增加价值

组织和人类一样有社会资本。从历史上看，组织通过销售人员、客户支持和公共关系创建社会资本。找知名度高的人进行代言是传统的增加社会资本的方式，但也不是万无一失。

在今天，革新的组织会保持其在脸书、领英、推特和其他网站上的存在感。它们的网站包含了跳转到其社交网络的链接，方便客户和感兴趣的人留下评论。

想要了解社交网络如何为企业增值，需要考虑社会资本的每一个元素：关系的数量、关系的强度和"朋友"所控制的资源。

案例 8-1

探秘：如虎添翼的高尔夫粉丝

如果你在周六下午曾驻足过庭院旧货售卖现场，你会发现这是相当有趣的经历。寻宝者会到处逛逛，看看能否买到划算的二手商品。电子产品是常见的庭院售卖品，因为它们的价值随技术的快速更新而迅速下降。

技术的更新换代如何改变我们消费娱乐的方式，这是一个值得思考的问题。举例来说，过去几十年中电视机的进步发展是设备质量和功能进化演变的结果。不久以前，你的爷爷辈需要对黑白电视手动调台，并只能收看有限的频道。20世纪60年代，彩色电视广播成为常态。这之后过了几十年，在20世纪90年代数字电视出现。21世纪初，高清电视被大众广泛接受。

相比以前的电视机，我们今天看到的电视图像清晰度得到了极大的提高，电视内容也得到了改善。例如，21世纪初广泛采用的高清电视改变了体育迷们观看他们喜爱的球队的方式。1998年的一项调查报告显示，54%的受访者宁愿出门观看比赛也不想在家看电视转播，而2011年这一数字已下降到29%。⊖数据分析的创新将会更多地改变观看体育节目的方式。

高尔夫球中的大数据应用

例如，随着信息的数据分析和社交媒体功能被应用于广播之中，在电视上观看高尔夫节目可能会得到革新。高尔夫是一项很难进行电视广播的运动，因为高尔夫选手分小组比赛，且分散在比赛路线的各个球场中。大多数的进洞镜头是在真正进洞发生的几分钟后回放的。因此，对这样一个本身就不连贯的体育运动而言，维持能使人着迷的观看体验极具挑战。

美国职业高尔夫球协会开始提供数据可视化、先进的统计数据、实时更新和事件的现场反馈来改善观看体验。⊖例如，现在粉丝们可以比较不同球员的推杆与发球的统计数据。他们还可以实时追踪运动员的进程，查看社交媒体上关于每个小组在比赛进程中所用动作的相关帖子。同时，业界还在不断开发专门的应用程序，它们可以让粉丝跟踪每个运动员的概率，得到每个洞的确定结果（小鸟球、帕或柏忌）。⊜

但这些新型应用程序的诞生都是有成本的。为了维护基础设施并保持社交媒体推文的

⊖ Matthew Zajechowski, "How Big Data Is Changing the Sports Fan's Experience," Smart Data Collective, September 25, 2015, accessed March 27, 2016, www.smartdatacollective.com/mattzajechowski/347799/how-big-data-changing-sports-fan-s-experience.

⊖ Lauren Brousell, "How the PGA Uses Analytics, Beacons and Social to Enhance Fan Experience," CIO.com, August 13, 2015, accessed March 27, 2016, www.cio.com/article/2970499/consumer-technology/how-the-pga-uses-analytics-beacons-and-social-to-enhance-fan-experience.html.

⊜ John Armstrong, " U.S. Open Uses Technology to Reinvent Golf Fans' Experience," Forbes, June 9, 2014, accessed March 27, 2016, www.forbes.com/sites/ibm/2014/06/09/u-s-open-uses-technology-to-reinvent-golf-fans-experience.

实时性，企业必须安装新的基础设施（无线网络接入点和跟踪信标），必须开发软件，且必须给员工支付工资。这带来的好处是观看体验的质量和交互性有所改善。

体育运动分析成就胜利

高尔夫并不是唯一把传感器和实时数据分析添加到比赛中的运动。国家橄榄球联盟（NFL）最近已经与一家专门研究使用无线射频识别（RFID）标签来跟踪对象运动的公司合作。该公司把 RFID 标签嵌入到国家橄榄球联盟球员的填充物中，高精度地测量球员在球场上的位移。该标签配备微型天线，以每秒 12 次的速度将信号传输给纵贯全场的接收单位。⊖ 接收单位能够通过三角测量信号确定每个球员所在的位置。

队员的速度、加速度和路线等指标可以数字化存储，用于改善粉丝观看比赛的方式。未来教练还可以使用这些数据支持决策（例如，通过跟踪队员赛后加速度的下降趋势或者定位场上与最佳速度不匹配的队员来确定已经疲惫的队员）。随着在电视上观看体育比赛这种体验的不断改善，即使是最坚定忠诚的粉丝，也可能会在不久之后消除去现场观看一场大型比赛的欲望。

讨论题：

（1）体育运动并不是唯一从技术创新中获利的电视节目种类。思考一下其他类型的电视节目如何从硬件、软件、移动设备和大数据方面的技术进步中获益。

（2）高尔夫与橄榄球是将数据分析纳入电视广播中的两个体育运动的例子。其他体育运动如何使用数据分析来增强用户的观看体验？

（3）体育运动中的分析显然可以改善体育广播并帮助教练。获取到这种类型的分析将如何帮助当前的运动员或者心怀抱负的运动员？

（4）你认为在电视上观看体育节目这一模式的下一个重大创新是什么？它会以硬件、软件、数据或者其他因素的进步为基础吗？

1. 利用社交网络拓展人际关系网

在传统的商业关系中，客户（你）有同餐馆或度假村等企业接触的经历。习惯上，你会向你社交网络中的人口头表达你对这一经历的看法。如果你在社交网络中是**影响者**（influencer），你的观点会导致他人行为与信念的改变。

然而，这样的交流是不可靠且草率的：如果这经历特别好或特别坏，那么你更有可能会同你的朋友讲述。但尽管那样，你可能只会跟那些你最近遇到的朋友说。而一旦你讲过，也就这样了，你说的话不可能保留许多天甚至许多周。

但是，如果你利用社交媒体，使用文本、图片和视频向你社交网络中的每一个人即时交流你的经验，情况将会如何？假设一个婚礼摄影师使用社交媒体来宣传她的业务，那么她可能会让最近的客户（用户 1）来点赞她的脸书页面和她发布的婚礼图片（见图 8-4）。她也会在脸书上标记出客户照片。她甚至可能会要求客户发表关于这一经历的推文。

在客户社交网络中的所有人（用户 4～6）都会看到点赞、标签与推文。如果用户 6 喜欢这些照片，那么用户 10～12 也会看到。而这其中的某个用户很可能正在寻找婚礼摄影师。通过社交媒体，摄影师扩展了她的社交网络，寻找到了过去她无法接触到的潜在客户。她也通过社交媒体增加了她同客户间的社交关系数量。根据这些关系的数量、强度与价值，她在这些社交网络内的社会资本大幅增加。

⊖ Nicola Twilley, "How Will Real-Time Tracking Change the N.F.L.?" The New Yorker, September 10, 2015, accessed March 27, 2016, www.newyorker.com/news/sporting-scene/how-will-real-time-tracking-change-the-n-f-l.

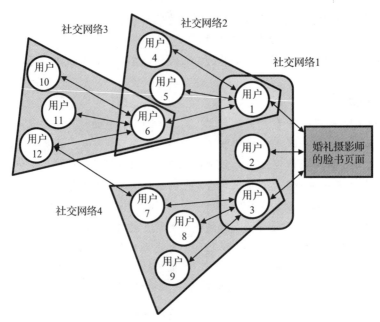

图 8-4　拓展的社会网络

这种关系营销已经通过口碑的方式存在了几个世纪，而利用社交媒体信息系统进行关系营销的不同之处在于它使这种关系扩展到过去所不能达到的程度。事实上，在我们的例子中，如果这个客户是有成千上万粉丝的名人，摄影师甚至可能会向客户付款来得到发布婚礼照片的机会。一些名人仅仅写个 140 字的推文就能赚到一万多美元！⊖

2. 使用社交网络增强关系强度

对组织而言，**关系强度**（strength of a relationship）意味着关系中的实体（个人或其他组织）做出有利于组织的事情的可能性。如果你买一个公司的产品，给公司写好评，发布使用该公司产品或服务的照片等，那么该组织就与你建立了牢固的关系。

在上述例子中，摄影师请求客户点赞她的脸书页面和婚礼照片。对摄影师而言，客户社交网络中的朋友数量很重要，但这些人际关系的强度也同样重要。客户的朋友会点赞摄影师的脸书页面与照片吗？他们会转发该客户美好经历的推文吗？如果没有一个朋友点赞摄影师的脸书页面和照片，那么这些关系就很薄弱。如果所有朋友都点赞了摄影师的脸书页面与照片，那么该客户社交网络中的人际关系是很稳固的。

本杰明·富兰克林在他的自传中提出了一个关键的见解。他说，如果你想加强与某一位高权重的人的关系，那就请他帮你一个忙。在富兰克林建造公共图书馆之前，他会请求一些有权的陌生人借给他一些昂贵的书。同样，组织机构也学习到可以让你帮他们一个忙来加强他们与你之间的关系。当你为组织提供帮助之后，你也加强了你与组织的关系。

传统资本会贬值。机器会磨损，工厂会变旧，技术和电脑会过时……社会资本会贬值吗？社交关系会因利用而削弱吗？到目前为止，答案似乎既"是"也"不是"。

毫无疑问，你能找掌权者帮的忙很多。一个公司请求你发表产品评论、发布照片或者向

⊖ Jennifer Weiner, "The Cost of Buying Someone's Soul. Or Tweets.," The New York Times, April 24, 2015, accessed May 25, 2016, www.nytimes.com/2015/04/26/opinion/sunday/the-cost-of-buying-someones-soul-or-tweets.html.

朋友提供链接的次数也很多。在某种情况下，社交关系会因为滥用而变质。所以，是的，社会资本可以被消耗。

但是，频繁的互动加强关系并因此增加社会资本。你和某公司之间的互动越多，你的承诺和忠诚度越强。但只有当双方发现持续这段关系的价值时，继续的频繁交互才会发生。因此，在某种程度上，组织必须为你提供继续帮助它的相关激励。

因此，社会资本可以被消耗，但是也可以通过向交互过程增加有价值的东西得以赚取。如果一个组织可以在关系中催生这些具有价值的东西来提供更多的影响力、信息、社会信用和自我提升，就能加强这些社交关系。并且，长时间维持成功的社交关系可以大大加强关系强度。

3. 利用社交网络联系资源拥有者

社会资本价值的第三个度量是关系中相关联者控制的资源的规模。组织的社会资本，一定程度上是相关人所拥有的社会资本的函数。最明显的度量是社交关系的数量。拥有 1 000 个推特忠实关注者的人通常比只有 10 个关注者的人更有价值。但实际计算往往比这更微妙：如果这 1 000 个关注者是大学生，而组织的产品是成人尿布，那么组织同这些追随者的关系价值很低，同 10 名身处养老院的推特关注者的关系则更有价值。

为更好地阐明这一观点，表 8-3 展示了 YouTube 中美丽与时尚、食物与烹饪分类下 5 个最受欢迎的频道。[⊖] 通常情况下，频道的观看量越多，内容创建者得到的报酬越多。但是，我们也注意到食物与烹饪频道的收入高于美丽与时尚频道。观看的数量不是影响收入的唯一因素。食物与烹饪频道的观看者控制的资源（即金钱）可能比美丽与时尚频道的观看者多。

表 8-3 最受欢迎的 YouTube 频道

美丽与时尚频道前 5 名	月观看量（百万）	月收入估计（美元）
Yuya	35.8	41 476
grav3yardgirl	27.7	32 292
Zoella	23.5	27 375
Cute Girls Hairstyles	18.4	21 078
Rclbeauty101	17.8	20 960
食物与烹饪频道前 5 名	月观看量（百万）	月收入估计（美元）
CharlisCraftyKitchen	29.1	127 777
Mosogourmet	22.9	100 031
CookiesCupcakesandCardio	17.1	79 309
How To Cook That	16.4	77 773
MyCupcakeAddiction	13.5	64 268

资料来源：Data from Nat Ives, "What a YouTube Celeb Pulls In," Adage.com, April 15, 2016, accessed May 25, 2016, http://adage.com/article/news/a-youtube-celeb-pulls/298015.

并没有专门的公式用以计算社会资本，但是社会资本的三个因素更适用于乘法而不是加法。换言之，社会资本的价值更多地用"社会资本（social capital）= 关系数量（number of relationships）× 关系强度（relationship strength）× 实体资源（entity resources）"，而不是"社会资本 = 关系数量 + 关系强度 + 实体资源"来表示。

再次说明，不要只在字面上理解这些等式，应从这三个因素的相乘交互中入手。

⊖ Nat Ives, "What a YouTube Celeb Pulls In," Adage.com, April 15, 2015, accessed May 25, 2016, http//adage.com/article/news/a-youtube-celeb-pulls/298015.

社会资本的乘法性质意味着巨大的人际关系网络对只有很少资源的人而言，没有相对较小的人际关系网对有丰厚资源的人有价值。并且，这些资源必须与组织相关。有零钱的学生与必胜客有联系，但与宝马经销商无关。

这一讨论引导我们去思考社交网络实践的边缘。今天的大部分组织忽略了实体资产的价值，仅仅试图与更多有更强关系的个人相连。这一领域创新的时机已经成熟。例如，ChoicePoint 和安客诚（Acxiom）等数据整合者保留着全世界人的详细数据。看起来这些数据可以被信息系统用于计算社交关系对一个特定个人的潜在价值。这一可能性能使组织更好地理解他们社交网络的价值，也能指导就特定个人而言的行为。

耐心等待吧，一切皆有可能。许多聪明的点子将会大获成功，这其中也许包括你的奇思妙想。

8.4 企业如何从社交媒体中盈利

拥有一个巨大的社交网络并有很强的关系可能依旧不够。例如，脸书有超过 16 亿的用户，每天产生 45 亿的赞赏数。YouTube 有超过 10 亿的活跃用户，每月观看视频时长超过 60 亿小时。[⊖]这两个公司都有数量极其庞大的活跃用户群，唯一的问题是他们采用免费的形式，从而放弃了这一优势。任何东西的数十亿乘以零仍然等于零。如果脸书和 YouTube 没法从这些用户手中挣得一分钱，他们对公司而言还重要吗？

作为一名商科学生，你知道没有什么是免费的。处理的时间、数据通信和数据存储可能很便宜，但也会花费一些东西。谁为硬件付费？脸书、推特与领英等社交媒体公司也需要支付工资以雇人开发、实施和管理社交媒体信息系统。网页内容从何而来？《财富》杂志提供免费内容，但为内容作者支付工资。谁为这些作者支付工资？工资来源于何种收益？

8.4.1 你是产品

社交媒体逐渐进化成了用户期望使用社交媒体应用但不愿为此付费的模式。社交媒体公司想要快速地建立大型的用户社交网络，但为了吸引用户，其必须提供免费产品。这一困境逐渐演化成如何**货币化**应用程序、服务或内容，或者从中获利。

答案是把用户当作产品。这起初听起来很奇怪，你并不想把自己看作产品，但是试着从公司的角度看待这一点。公司投放广告这一行为的本质是为了通过在用户面前呈现该广告而获取报酬。在某种程度上，这是在短时间内把你的眼球租用给广告投放商。谷歌收取广告商的费用，利用用户的查询条件、网站访问情况和邮件浏览页面，将目标广告投放给目标消费者。这样一来，用户实质上成了被卖给广告投放商的产品。正如老话所言："如果你没有付款，那你就是产品。"

8.4.2 社交媒体的盈利模式

两种最常见的社交媒体企业产生收入的方式是广告投放和增值服务收费。例如，在脸书上创建企业网页是免费的，但是向"赞赏"该页面的社区进行广告推广是收费的。

1. 广告

大部分社交媒体企业通过广告赚取利润。脸书在 2016 年第一季度收入（53.8 亿美元）的

⊖ "YouTube Press Statistics," YouTube.com, accessed May 25, 2016, www.youtube.com/yt/press/statistics.html.

96%来源于广告。推特第一季度收入59.5亿美元，其中90%来自于广告。社交媒体上的广告表现为付费搜索、显示，或者横幅广告、移动广告、分类广告及数字视频广告等形式。谷歌率先在搜索中赚取到数字广告收入，谷歌邮箱和YouTube紧随其后。如果一个人在搜索奥迪A5敞篷车的相关信息，那这个人可能会关注当地的奥迪经销商，也可能对当地宝马与奔驰的经销商感兴趣。或者如果某人在YouTube上观看足球比赛，那他可能喜欢足球。在今天，认识到这一点似乎已经不再需要敏锐的洞察力。不难想象，谷歌最先把这个想法变成实质性的收入来源，其他技术公司紧随其后。

数字广告等广告商不像报纸等传统媒体，用户可以通过点击网页广告直接对其进行回应。在《华尔街日报》的印刷版上刊登广告，你不知道谁会对该广告有所回应，反应强度如何。但在报纸的在线版本上刊登同一产品的广告，你将会很快知道点击该广告的观众百分比，以及他们的下一步行动。这一知识引领了**点击付费**收益模式的发展，即广告客户可以免费地向潜在顾客展示广告，并且仅在顾客点击时付费的收入模式。

另一种广告收入增长的方式是利用用户贡献增加网站的价值。**使用增加价值**（use increases value）指的是使用一个网站的人越多，那么这个网站的价值越高，未来访问的人也会越多。此外，网站的价值越高，再次访问的现有用户也会越多。这一现象引领了用户评论与回复现象、博客和近几年的社交媒体发展。如果你能让个人将自己的实践社区连接到网站上，你将会得到更多用户，他们会增加更多价值，现有用户将更频繁地再次访问，总而言之，将有更多的广告点击。

2. 免费增值

免费增值（freemium）收益模式指免费为用户提供基本服务，并为升级或高级功能收取溢价的一种收入模式。领英的部分收入来自销售其标准SaaS（软件即服务）产品的升级功能。自2016年5月起，常规用户免费接入领英，个人升级费用从每月29美元上升为每月79美元，升级还提供高级搜索功能、更高可视性的用户资料，并且可以更直接地给自己联络网以外的领英用户发送电子邮件信息。想要使用领英进行招聘的企业可以购买招聘企业账户，每月120美元到900美元不等。领英的收入有17%来自高级订阅，65%来自线上招聘，18%来源于广告收入。

通过多样化收益流，领英减少了对波动的广告收入的依赖，并且减轻了广告屏蔽软件的消极影响。PageFair的最新报告显示，16%的网站浏览者会使用**广告屏蔽软件**（ad-blocking software）来过滤广告内容，并且极少有人会看网上广告。报告也指出，过去一年中广告屏蔽软件的使用增长了41%。如果广告屏蔽软件被广泛使用，可能会导致仅依靠广告收入的社交媒体公司的股价暴跌。

社交媒体网站创造收入的其他方式包括App与虚拟产品的销售、联盟佣金和捐款。2012年，脸书创造了8.1亿美元的虚拟产品收入；维基百科（Wikipedia）则在2015年赚取了7 720

㊀ Facebook Inc., "Facebook Reports First Quarter 2016 Results and Announces Proposal for New Class or Stock," Fb.com, April 27, 2016, accessed May 25, 2016, http://investor.fb.com/releasedetail.cfm?ReleaseID=967167.

㊁ Twitter Inc., "Twitter Reports First Quarter 2016 Results," Twitterinc.com, April 26, 2016, accessed May 25, 2016, https://investor.twitterinc.com/results.cfm.

㊂ LinkedIn Corporation, "LinkedIn Announces First Quarter 2016 Results," LinkedIn Investor Relations, April 28, 2016, accessed May 25, 2016, http://investors.linkedin.com.

㉔ PageFair, "The Cost of Ad Blocking," Pagefair.com, August 2015, accessed May 25, 2016, https://pagefair.com/blog/2015/ad-blocking-report/.

万美元的捐款收入。⊖有趣的是，一些社交媒体公司没有产生任何收入，如拼趣。它们现在只专注于建立一个大型的用户网络，之后再研究如何获利。

社交媒体是使用增加价值的最终体现。实践社区越多，用户越多，个人就越有动力进行再次和多次访问。因此，社交媒体似乎会成为下一个巨大的收益来源，但从个人电脑转移到移动设备时可能例外。

8.4.3 流动性会减少在线广告收入吗

广告点击收入模式在个人电脑这种有足够的空间投放大量广告的设备上已经得到成功实践。但是当用户从电脑端转向移动端，尤其是小屏幕智能手机时，广告空间骤减。这意味着广告收入也会减少吗？

表面上看确实如此。根据 eMarketer 报告，2016 年移动广告的支出增加了 38% 以上，达到 436 亿美元，占数字广告支出总额的 63%。⊖如图 8-5 所示，到 2020 年，移动端广告支出将达到 770 亿美元，占数字广告支出总额的 73%。然而，移动设备数量的增长远远超过个人电脑数量的增长。2015 年，全球移动数据流量增加了 74%，全球移动设备的数量超过 79 亿。2020 年，移动设备的数量预计将超过世界人口，达到 116 亿。⊜思科公司（Cisco）预测，到 2020 年，智能手机将占全球移动通信的 81%。⊜所以，尽管就每台设备收入而言，移动端可能低于电脑端，但是移动设备的绝对数量足以消弭收益差距。

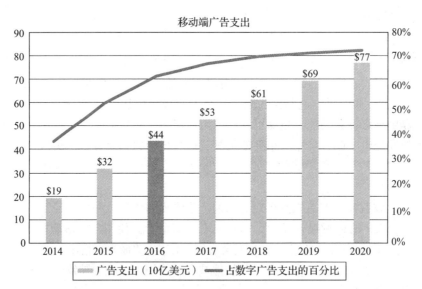

图 8-5 移动端广告支出

⊖ Wikimedia Foundation, "2014-2015 Annual Plan Questions and Answers," WikimediaFoundation.org, accessed May 25, 2016, https://15.wikipedia.org/financials.html.

⊖ Anne Freier, "US mobile ad spend to reach $52.8bn by 2017," MobyAffiliates.com, March 9, 2016, accessed May 27, 2016, www.mobyaffiliates.com/blog/us-mobile-ad-spend-to-reach-52-8bn-by-2017/.

⊜ Cisco, "Cisco Visual Networking Index: Global Mobile Data Traffic Forecast Update, 2015-2020," Cisco.com, February 1, 2016, accessed May 27, 2016, www.cisco.com/c/en/us/solutions/collateral/service-provider/visual-networking-index-vni/mobile-white-paper-c11-520862.html.

⊜ Cisco, "Cisco Visual Networking Index: Global Mobile Data Traffic Forecast Update, 2015-2020," Cisco.com, February 1, 2016, accessed May 27, 2016, www.cisco.com/c/en/us/solutions/collateral/service-provider/visual-networking-index-vni/mobile-white-paper-c11-520862.html.

此外，设备的数量并不代表全部。据美瑞软件（Marin Software）称，智能手机的平均（广告）点击率是2.18%，而电脑端则为1.86%。㊀由此可见，移动用户更频繁地点击广告，因而产生更多收益。这在脸书的例子中表现得尤为明显。2016年第一季度，91%的用户通过移动设备访问脸书页面，并且脸书广告总收入的82%来源于移动广告。㊁

但是，点击量也不是最终的决定因素。因为比起电脑端，广告在移动设备上占用更多的空间，许多广告点击是偶然发生的。**转化率**（conversion rate）是衡量用户在点击广告后，购买产品、收藏网站或采取广告商所期望的其他操作的频率。根据Monetate调查显示，电脑端的转化率（4.43%）比平板电脑（3.75%）和智能手机（1.53%）高。所以，平均来看，电脑端的广告点击比移动端的点击更为有效。㊂

正如我们所看到的，点击流数据容易收集，对它的分析也很普遍。例如，可以按移动设备的类型测量点击与转化率。据Moovweb称，iOS用户（iPhone5）的转化率为1.04%，比安卓用户（GalaxyS5）0.79%的转化率要高。㊃这是为什么呢？是设备的缘故吗？还是广告融合到用户体验的方式？或是iOS的用户比安卓用户更具有好奇心？还是他们有更多可支配收入？我们并不确定。

但是，我们可以从这一堆混乱数据中得出的结论是，移动设备最不可能导致网络/社交媒体盈利模式的失败。用户不变，吸引点不变，剩下的就是设计问题：如何设计移动体验以获得合法点击与转化。计算机行业能极好地解决设计问题。鉴于目前移动接口和USX的动态演化，在iOS/安卓/Windows 10环境下活跃地、有趣地且激发兴趣地展示广告指日可待。

案例8-2

伦理指南：人造朋友

你刚刚被聘为全国服装零售商的营销经理。你的老板明确地告诉你，你的前任是因为她没能促进公司的社交媒体活动而被解雇。他想很快获取成果。这是你梦想的工作，你不想失去它。

你曾看过一篇关于一个人买了一群机器人粉丝在Instagram上关注自己的在线新闻报道。这会使你的粉丝数量迅速增长，并向你老板展示你正在取得实际进展。当然，这些机器人粉丝不是真正的追随者。但是如果你的粉丝数量上升，它可能更容易吸引真正的追随者，因为人们喜欢受欢迎的人。

你在网上搜索了一番，找到一个在线论坛，用户在论坛里吹嘘他们的机器人有多智能。你甚至发现一些网站（点击农场）做广告出售脸书的点赞。你决定花100美元试试看会发生什么。结果你在接下来的几周中，渐渐得到了15 000名粉丝。还不错，是你能展示给老板看的实际进展。当然了，可能也不是"实际"进展。但总归是有点进展。

你开始查看你"新鲜出炉"的人造朋友，你会发现他们很好鉴别。他们的名字栏只有一个单词，但是照片、名字和其他内容看起来真实可信。你也会发现，你开始吸引一些恼人的

㊀ Marin Software, "Mobile Search Advertising Around The Globe: 2016 Annual Report," MarinSoftware.com, April 2016, accessed May 27, 2016, www.marinsoftware.com/resources/whitepapers.

㊁ Facebook Inc., "Facebook Reports First Quarter 2015 Results," Facebook.com, April 27, 2016, accessed May 27, 2016, http://investor.fb.com/releasedetail.cfm?ReleaseID=967167.

㊂ Monetate, "Ecommerce Quarterly EQ4 2015: A Tale of Two Visitors," Monetate.com, February 2016, accessed May 27, 2016, http://www.monetate.com/resources/research/#ufh-I-232147492-ecommerce-quarterly-eq4-2015.

㊃ Moovweb, "Are iOS Users Still More Valuable Than Android Users?" Moovweb.com, June 11, 2015, accessed May 27, 2016, http://moovweb.com/blog/are-ios-users-still-more-valuable-than-android-users.

垃圾账户，他们会在评论中留一些网址和折扣代码。这虽然很烦人，但它会帮助你增加追随者的数量，这意味着你将有更多的粉丝。

接着清理行动来了。距你的活动还有几个月，Instagram 突然开始清除机器人粉丝。你一夜之间损失了约 2 000 名粉丝。这很糟糕，但是你仍然还有许多虚构的粉丝。贾斯汀·比伯遭受了最严重的影响——一天之内有 350 万粉丝被清理。㊀其他名人也损失了成千上万的粉丝。你看了下新闻，发现几乎每一个公司、演员、歌手、政治家和 Instagram 普通用户都损失了不少粉丝。你突然感觉很沮丧，假如不止你一个人买了粉丝，该怎么办呢？

讨论题：

（1）你决定使用公司资金买一群机器粉丝，思考以下问题：

①从绝对命令的角度，你的行为是否符合伦理？

②从功利主义的角度，你的行为是否符合伦理？

③如果你的老板发现公司所有新的法人粉丝和脸书赞赏都是假的，他会说什么？

（2）思考一下 Instagram 清除机器人账户的行动。

①Instagram 删除粉丝的行为是道德的吗？从绝对命令和功利主义两个角度考虑。

②Instagram 允许机器人粉丝存在是道德的吗？从绝对命令和功利主义两个角度考虑。

（3）对 Instagram 或者其他社交媒体公司而言，清除机器人粉丝的工作有多困难？

（4）假设一个社交媒体初创公司决定成为上市公司，但它还没有盈利。月平均用户的数量是公司估值的主要方面之一。

①它有法律义务查明有多少用户是机器人吗？

②它有道德义务查明有多少用户是机器人吗？

③对投资者而言，有什么方法来确定有多少用户是机器人？如何确定？

（5）从销售你公司广告的广告代理或社交媒体公司的角度思考。

①假设对方基于广告展示给用户的数量和用户点击这些广告的数量向你公司收费，广告代理有道德义务来查明有多少广告被真正的人类而不是机器粉丝所看到吗？

②广告代理向你新发布的产品线售卖点赞数。它告诉你买粉丝就像雇用演员做电视广告，你给他们钱，让他们说喜欢你的产品。买卖粉丝合乎道德吗？从绝对命令和功利主义两个角度考虑。

8.5 组织如何开发有效的社交媒体信息系统

当你看到这里，你应该知道什么是社交媒体信息系统，它为什么重要，以及它如何产生利润。现在你需要知道如何开发一个与组织目标保持战略一致的有效的社交媒体信息系统。在 8.2 节，你知道可以利用社交媒体让组织受益，但你是如何得知这一点的？我们不是在谈论把你的组织变成下一个脸书的秘诀。相应地，图 8-6 展示的步骤有助于你理解开发一个可行的计划来有效使用现存的社交媒体平台的过程。

许多公司仍然不清楚如何使用社交媒体。它们想要利用它，但是不知道如何提升其现有的竞争战略。回想一下第 3 章波特的竞争战略模型（图 3-5）。组织可以将战略重心放在成为一个成本领导者上，或者在竞争中采取差异化战略。组织还可以在整个行

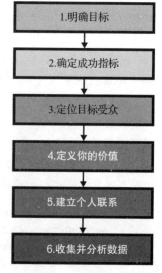

图 8-6 社交媒体开发流程

㊀ Rex Santus, "Justin Bieber Dethroned as King of Instagram in MassiveFollower Purge," Mashable, December 19 2013, accessed May 27, 2016, http://mashable.com/2014/12/19/instagram-purge.

业中运用所选择的策略，或者集中在行业内部的特定领域。根据自身战略，组织可以用不同的方式使用不同的社交媒体平台。再次强调，预先考虑到把社交媒体信息系统同组织战略看齐是关键。

组织知道社交媒体是流行趋势，并且具有战略性优势，大家经常在新闻中听到这些。想在社交媒体上分一杯羹，不完全是它们的错。社交媒体是相对较新的发展事物，各种公司、平台和服务让人眼花缭乱。与此同时，它也在不断改变。

了解图 8-6 展示的发展过程是十分重要的，因为你可能会在未来的工作中成为一个"社交媒体专家"。你可能会被找来帮助开发组织的社交媒体信息系统。想要获得成功，你得花几分钟思考发展过程中的步骤。

8.5.1 第一步：明确目标

这听起来像是陈词滥调，然而开发社交媒体信息系统的第一步是清晰地定义组织想要通过社交媒体获得什么。如前所述，组织目标必须是明确的且经过深思熟虑的，并与组织的竞争战略相匹配。如果没有明确定义目标，你不知道你的社交媒体实践能否成功。

你在第 3 章学过，每个组织的目标各有不同。对于选择差异性战略的组织而言，社交媒体目标包括更好的员工招聘，更快的产品开发，成为行业产品的领导者，或者加强顾客忠诚度。总而言之，大多数组织的目标包括加强品牌知名度，增加转换率，增加网站流量或加强用户参与。表 8-4 展示了这些目标是如何显示在社交媒体中的。

表 8-4　常见的社交媒体战略目标

目标	描述	例子
品牌意识	用户认知一个品牌的程度	在推文中提到组织的品牌
转化率	度量用户采取广告商所期望的操作的频率	关注组织的脸书页面
网站流量	数量、频率、持续时间及对网站的访问深度	谷歌+发布的流量报告中提到组织的网站
用户参与	用户同网站、应用程序或其他媒体交互的程度	用户定期评论组织的领英发文

8.5.2 第二步：确定成功指标

当你知道你想要使用社交媒体来实现的目标后，你需要确定能象征你已实现目标的指标。这些指标被称为**成功指标**（success metric）或**关键绩效指标**（key performance indicator，KPI）。**指标**只是用来追踪性能的测量值，每个组织对于成功有不同的度量标准。举例来说，律师事务所以小时计费为度量，医院可能会用看过的患者数量或者已完成的看病流程为度量，制造商则可能更看重产量或操作效率。

确定成功指标的困难在于确定正确的指标。正确的指标帮助你做出更好的决策；错误的指标不仅毫无意义，且会对决策制定产生消极的影响。例如，测量你的网站上注册用户的数量可能很有趣，但是没有意义。真正重要的是每个月在你网站上的活跃用户的数量。以推特为例，据估计在 2015 年推特共有 13 亿注册用户，但是每月活跃用户仅有 3.16 亿。[⊖] 对决策的制定没有促进作用的指标通常被称为**虚荣指标**（vanity metric）。

⊖ Adrianus Wagemakers, "There is a Possibility That the Quality of Twitter's Users is Deteriorating," Business Insider, August 3, 2015, accessed May 27, 2016, www.businessinsider.com/number-of-users-who-abandon-twitter-2014-2.

对应表 8-4 中列出的目标，表 8-5 展示了一些可能的成功指标。记住，在一些情况下你想最大化指标，而在另一些情况下你想最小化指标。这一点与体育相似：有时你想要高分（篮球），有时你想要低分（高尔夫）。这只取决于你的度量项。无论你想要最大化转化率还是最大化符合某种条件的人数百分比，你都可能会想要最小化**跳出率**（bounce rate）这样的指标，或者最小化访问你的网站但是马上离开的人数百分比。

表 8-5 常见的社交媒体指标

目标	描述
品牌意识	推特关注者总数、受众增长率、在社交媒体中提到的品牌、Klout 或 Kred 得分
转化率	对你社交媒体内容的点击率，有助于组织的社交转换
网站流量	访问频率、来自社交媒体的转介流量
用户参与	社交媒体互动的数量、社交媒体内容的转发

8.5.3 第三步：定位目标受众

创建有效的社交媒体信息系统的下一步是清楚地定位你的目标受众。机会在此，但并不适用于每一个人。举例来说，如果你是卡特彼勒公司（Caterpillar Inc.），想要使用社交媒体卖出更多的 D11 推土机，你的目标受众可能不会包含很多青少年。组织不遗余力地来定位其目标受众，因为这有利于组织集中其营销工作。

一旦你定位了目标受众，你需要知道他们使用什么社交媒体平台。特定的社交媒体平台吸引特定的受众。比如，超过 73% 的拼趣用户是女性[⊖]，84% 的 Instagram 用户小于 49 岁[⊜]，70% 的领英用户大于 30 岁[⊜]。你的目标受众将影响你使用哪个社交媒体平台。

8.5.4 第四步：定义你的价值

精确定位你的目标受众后，需要定义你为受众提供的价值。这些用户为什么要听你的话，访问你的网站，喜欢你的帖子，或者为你的产品发推文呢？你是否提供新闻、娱乐、教育、员工招聘或信息？本质上，你需要定义你将给受众提供什么，作为他们与你建立联系的交换。

购物是一个不错的比喻，可以用来解释如何做到这一点。当你去购物时，你会发现一些有价值的东西，你与公司交换金融资本（金钱）以换取对你有价值的商品。社交媒体也是如此。你的受众经常浏览网站寻找有价值的东西，并且拥有可被消费的社交资本。他们可能最终会在你的网站花费金融资本，但是社会资本才是最重要的。你需要定义你打算提供什么，以换取他们的社会资本。

以领英为例。它帮助用户找工作，建立职业关系网络，加入特殊的利益集团，介绍给潜在客户，重新联系过去的同事。从组织的角度来看，领英让招聘者可以从一大堆候选人中很快确定并联系可能的新员工。这降低了雇用成本，并且提高了新员工的质量。

[⊖] Moovweb, "Are iOS Users Still More Valuable Than Android Users?" Moovweb.com, June 11, 2015, accessed May 27, 2016, http://moovweb.com/blog/are-ios-users-still-more-valuable-than-android-users.

[⊜] Adrianus Wagemakers, "There is a Possibility That the Quality of Twitter's Users is Deteriorating," Business Insider, August 3, 2015, accessed May 27, 2016, www.businessinsider.com/number-of-users-who-abandon-twitter-2014-2.

[⊜] Pew Research Internet Project, "The Demographics of Social Media Users," Pew Research, August 19, 2015, accessed May 27, 2016, www.pewinternet.org/2015/08/19/the-demographics-of-social-media-users/.

如果你不知道组织如何增加价值，可以先通过**竞争分析**来确定你的竞争公司在使用社交媒体中的优势与不足。看看他们做对了什么，做错了什么。

8.5.5　第五步：建立个人联系

只有当组织使用社交媒体与客户、员工和合作伙伴以一种更个性化、人道的且以关系为导向的方式互动时，社交媒体的真正价值才能得到实现。

最近的研究显示，年轻的用户对组织信息持有更多的怀疑态度，并且可能拒绝倾听组织声音。思科的一项科学研究表明，年龄在18岁到29岁之间的年轻消费者，相较于电视广告或者网络广告而言，58%的人更容易被社交媒体的各种信息所影响。[一]有趣的是，研究也发现，在年龄大于55岁的消费者中，只有29%的人认为社交媒体广告比起电视或网络广告更有影响力。年轻消费者的这种怀疑是可以理解的。在他们的成长过程中有更多的信息源，使用社交媒体让他们感到舒服。对组织消息的怀疑也为组织带来了竞争优势，组织可以通过社交媒体与用户建立个人联系。

今天，人们需要消息灵通且有效的交互，帮助他们解决特殊问题，满足特定需要。他们越来越忽视预先包装好的鼓吹产品优点的组织信息。这就需要你吸引受众眼球，询问他们问题，并且回应他们的帖子。这也意味着你必须避免强行推销产品，而是用内容征服观众，并与他们频繁地联系。

苹果商店的销售队伍是关于如何建立个人联系的极佳例子。团队成员经过训练，担任客户解决问题的顾问而不是产品推销员。组织对社交媒体的使用需要模仿这种行为，否则，社交媒体只不过是经典广告的另一个宣传渠道。

8.5.6　第六步：收集并分析数据

最后，当建立社交媒体战略时，你需要收集正确数量的必要数据，以做出最明智的决定。你可以使用在线分析工具，如谷歌分析（Google Analytics）、脸书页面透视（Facebook Page Insights）、滴答（Clicky）或KISSmetrics来测量你先前确定的各种成功指标。这些工具将向你显示诸如哪些推文得到最多关注、哪些帖子产生最多流量、哪些社交媒体平台生成最多推荐等统计信息。

然后，你可以基于成功指标的绩效，改善你对社交媒体的使用。一定要依靠硬数据的分析，而不是道听途说。此外，要记住社交媒体的市场瞬息万变，今天的赢家可能是明天的输家。以聚友（Myspace）为例，2007年年末它是顶级的社交网站，市值650亿美元，但却被脸书的成功击垮，2011年以3 500万美元的价格被卖掉。[二]用户可能会从现在的社交媒体巨头，如脸书，转移到Instagram、推特、色拉布（Snapchat）、WhatsApp等更个性化的应用中。[三]你需要灵活使用社交媒体，以便随时代发展而改变。

[一]　Civicscience, "Social Media Now Equals TV Advertising in Influence Power on Consumption Decisions," Civicscience.com, September 2014, accessed May 27, 2016, https://civicscience.com/library/insightreports/social-media-equals-tv-advertising-in-influence-power-onconsumption-decisions.

[二]　Nicholas Jackson, "As Myspace Sells for \$35 million, a History of the Network's Valuation," The Atlantic, June 29, 2011, accessed May 27, 2016, www. theatlantic.com/technology/archive/2011/06/as-myspacesells-for-35-million-a-history-of-the-netwoks-valuation/241224/.

[三]　Mike Elgan, "I'm Calling It. Social Networking Is Over," Computerworld, May 2, 2016, accessed May 27, 2016, www.computerworld.com/article/3062925/social-media/im-calling-it-social-networking-is-over.html.

高级管理人员需要定期查看关于社交媒体如何影响组织的进度报告。他们还需要了解社交媒体格局的变化，关注社交媒体的成功故事，并与高层管理者沟通。

8.6 什么是企业社交网络

企业社交网络（enterprise social network，ESN）是使用社交媒体来促进组织内人员协同工作的软件平台。企业社交网络使用被设计用于组织内部的专业的企业社交软件，而不是使用面向外部的诸如脸书与推特的社交媒体平台。这些应用融合了与传统社交媒体相同的功能，包括博客、微博、状态更新、图片与视频分享、个人站点和维基等。企业社交网络的主要目标是改善沟通、协作、知识共享、问题解决与决策制定。

8.6.1 企业 2.0

2006年，安德鲁·迈克菲写了一篇关于动态的用户生成内容系统，也就是后期所说的**第二代互联网**（下文简称"Web 2.0"），是如何在企业情景下使用的文章。他把**企业 2.0**（Enterprise 2.0）描述为新兴社交软件平台在公司内部的使用。[一]换句话说，企业 2.0 指的是企业社交网络的使用。

迈克菲（McAfee）定义了企业 2.0 的六个特征，缩写为 SLATES（见表 8-6）。[二]首先，员工希望在组织内部能像在网络上一样搜索内容。大多数员工发现搜索比内容列表和表格等导航内容结构更有效。其次，他们希望像平常上网那样，通过链接来访问组织内容。他们也想使用共同博客、维基、讨论组、展示发布等方式自己创作组织内容。

表 8-6 迈克菲的 SLATES 模型

企业 2.0 构成	备注
搜索（search）	相较在结构化内容中寻找内容，员工能更成功地进行搜索
链接（link）	对企业资源的链接（像 Web 网络一样）
创作（authoring）	通过博客、维基百科、讨论组、展示发布等方式自己创作企业内容
标记（tag）	灵活的标记（像 Delicious 一样）形成了企业内容的分众分类法
扩展（extension）	利用使用模式通过标记处理来提供企业内容（像潘多拉魔盒一样）
信号通知（signal）	基于订阅和提示向用户推送企业内容

资料来源：Based on Andrew McAfee, "Enterprise 2.0: The Dawn of Emergent Collaboration," *MIT Sloan Management Review*, Spring 2006, accessed http://sloanreview.mit.edu/article/enterprisethe-dawn-of-emergent-collaboration.

迈克菲认为，企业社交网络的第四个特征在于其内容是被标记的，就像网络上的内容一样，并且这些内容被组织到结构中，就像 Delicious（www.delicious.com）等网络站点所做的那样。这些结构按照分类法组织标签，但也不完全是分类法，因为它们没有被预先安排好，而是随机地出现。换句话说，企业社交网络采用**分众分类法**（folksonomy），或者采用从许多用户标签处理过程中产生的内容结构。此外，员工希望应用程序能让他们对标记的内容进行

[一] Andrew MacAfee, "Enterprise 2.0, Version 2.0," AndrewMcAfee.org, May 27, 2006, accessed May 25, 2016, http://andrewmcafee.org/2006/05/enterprise_20_version_20/.

[二] Andrew MacAfee, "Enterprise 2.0: the Dawn of Emergent Collaboration," MIT Sloan Management Review, Spring 2006, accessed May 27, 2016, http://sloanreview.mit.edu/article/enterprise-the-dawn-of-emergent-collaboration.

评价，并且能使用标签来预测他们将会感兴趣的内容（就像潘多拉魔盒一样）。迈克菲将这一过程称为扩展，是企业 2.0 的第五个特征。最后，员工希望得到相关内容的推送。

企业社交网络的潜在问题是无法保证动态过程的质量。因为企业社交网络的效益来自于内容展现，所以没有办法控制效果或效率。这是一个无法预测的混乱过程。

8.6.2 变化的信息沟通

1980 年以前，美国的通信仅局限于几个**沟通渠道**（communication channel）或者几个传递信息的方式。当时仅有三个主要的国家电视网络和不超过六家的主要的全国性报纸。消费者每天能得知两次新闻：早晨的报纸与晚上的新闻联播。一小部分的人决定着哪些事件能被披露，并且没有替代品，你能得到的新闻内容只有那些你被告知的。

组织内部的沟通渠道同样也被限制。员工可以与他们附近的直接上司和同事交流。大公司的员工很难与 CEO 私下会谈或者跟其他国家的同行交流。如果一个员工有好点子，这个点子需要经由员工的小领导才能传达到高级管理层。因此，领导把下属的观点据为己有是很常见的事情。

近几十年来，互联网、网站、社交网络、电子邮件、有线电视和智能手机已经从根本上改变了现有的信息沟通渠道。在社会层面上，现在你可以立即从数百种不同的来源中获取新闻。传统新闻机构都在努力适应传统沟通渠道上发生的变化。企业内部沟通渠道也同样发生了惊人的变化。通过使用企业社交网络，员工现在可以绕过经理，直接把观点交给 CEO 审阅。他们也可以快速识别出组织内部各主题的专家，来解决一些无法预料到的问题。企业社交网络也能使分散在全球各地的团队进行合作。

为了更好地理解企业社交网络的潜在影响，让我们举个例子说明。2012 年，Yammer（一个微软子公司）进行了一个案例研究，分析红罗宾（Red Robin）连锁餐厅如何使用企业社交网络进行业务转型。⊖为了保证一线服务人员能够发声，红罗宾的首席信息官克里斯·拉普向 450 家红罗宾餐厅的 26 000 名员工推出了 Yammer 这一企业社交网络。他的努力取得的成果不仅仅是加强了员工的敬业程度。

例如，当红罗宾餐厅推出新品大吃特吃双层汉堡时，客户的反应令其失望。员工使用 Yammer 即时向管理层反馈应该如何调整汉堡配方。只用了不到四个月的时间，新的改进了的汉堡就已经准备就绪。在这里，使用 Yammer 改善内部沟通使得组织响应能力得到提高。因此，修改菜单的时间从 12 ～ 18 个月缩减到 4 个月。

在另一个例子中，红罗宾的首席财务官向 1 000 名员工征集成本节约的最佳方法，并提供奖金。获奖想法是对儿童杯子的再利用，这能节省成百上千美元的成本。拉普把成本节约归功于企业社交网络，他认为，"如果我们没有企业社交网络，我确信这个想法不会出现。"⊜

8.6.3 开发成功的企业社交网络

在组织内使用企业社交网络是一种新尝试，组织仍在学习如何成功地使用企业社交网络（顺带一提，它能为你创造极好的就业机会）。在开发企业社交网络之前，为了能采用同使用

⊖ Yammer, " Empowering Employees for Improved Customer Service and a Better Bottom Line, " yammer.com, accessed May 27, 2016, https://about.yammer.com/assets/Yammer-Case-Study-Red-Robin.pdf.

⊜ 同上。

外部社交媒体时相同的过程，组织应该为在内部使用社交媒体规划一个战略计划。一旦战略计划被创建，企业社交网络就可以实施。

开发新系统（包括企业社交网络）可能会状况频出，所以组织的战略计划必须应该能应对可能的挑战，包括员工反对的可能性。员工会采用新的系统吗？不是每个人在个人生活中都使用每个社交媒体平台，那么为什么他们要在工作中使用它们？

为了确保企业社交媒体的成功实施，组织也可以遵循行业的最佳实践，即在先前的实施过程中已经产生成功结果的方法。你将在第 12 章了解更多关于系统实施的知识。当实施企业社交网络时，成功的公司遵循一个四阶段的过程，其中包含如表 8-7 所示的要素。认真阅读各个条目，反思当你第一次开始使用社交媒体时你都经历了什么。思考一下你的朋友对你开始使用社交媒体的决定有多重要。

表 8-7　企业社交网络开发的最佳实践

战略	（1）明确企业社交网络如何支持组织现在的目标与目的 （2）确定成功指标 （3）将企业社交网络战略传达给所有用户 （4）传达组织范围内企业社交网络采用的期望
赞助	（5）确定推广企业社交网络的执行发起人 （6）明确组织每个部门内部的企业社交网络拥护者 （7）鼓励拥护者招募用户 （8）明确从企业社交网络中获利最多的群体
支持	（9）为所有用户提供企业社交网络的访问权 （10）授权在企业社交网络内部可使用的处理规程 （11）为企业社交网络的采用和使用采取激励措施 （12）提供员工培训和企业社交网络使用演示
成功	（13）通过成功指标度量社交网络的有效性 （14）对企业社交网络如何支持组织战略进行评价 （15）推广企业社交网络的成功实践故事 （16）持续寻找更有效地使用企业社交网络的方式

8.7　组织如何解决社交媒体信息系统安全问题

如你所见，社交媒体革新了组织的信息沟通方式。20 年以前，大多数组织对所有公共信息和内部信息的管理具有最高程度的掌控。每个新闻发布会，每篇新闻稿，每场公开访谈，每次演讲，甚至每篇学术论文都需要经由法务部和市场营销部门批准。这样的批准可能需要数周或数月。

如今，革新的组织已经彻底改变了这一模式。员工被鼓励参与到社区中来，并且大多数组织还会鼓励参与社区的员工把自己和组织看作整体，荣辱与共。然而，所有的参与和接触都伴随着风险。在这一节，我们将探讨社交媒体政策的必要性，关注非员工的用户生成内容以及员工使用社交媒体的风险。

8.7.1　管理员工沟通的风险

任何组织应该采取的第一步是制定并宣传社交媒体政策，作为指出员工权利和责任的声明。你可以在今日社交媒体网站上找到 100 多种不同政策的索引。⊖ 一般而言，组织技术性越高，社交媒体政策越开放和宽容。令人惊讶的是，美国军方也热情地支持社交媒体，并依靠保护机密数据的需求对其进行调节。

英特尔公司率先提出开放的且员工信任的社交媒体政策，这一政策因为公司获得了有关员工社交媒体创作的更多经验而得到持续发展。其 2016 年政策的三个关键支柱是：
- 公开。
- 保护。
- 使用常识。⊖

这些政策的进一步阐述如表 8-8 所示。

表 8-8 英特尔的社交媒体参与原则

公开	透明——使用真实姓名与工作单位 诚实——如果有既得利益，需要指出 做自己——忠于你的专业知识，写下你所知道的
保护	不要泄露秘密 不要猛烈抨击竞争 不要过度分享
使用常识	增加价值——使你的贡献有价值 保持冷静——不要被任何批评激怒，也不要回复它 承认错误——坦率承认并快速改正

访问 www.intel.com/content/www/us/en/legal/intel-social-media-guidelines.html，可以完整阅读英特尔公司的社交媒体指导方针。请认真阅读，因为这一方针包含了很好的建议和大量的智慧。

表中有两个要素尤其值得注意。一是要求透明度与事实的呼声。正如一位经验丰富且睿智的商科教授曾告诉过我的，"没有什么比真相更耐用"。它可能不实用，但是长期来看是很耐用的。二是社交媒体参与者和其雇主应该开放且诚实。如果你犯了错，不要有意糊弄，而应该改正、道歉与赔偿。社交媒体世界开放、广阔且强有力，愚弄别人是很不现实的。

2015 年，BBC 记者 Ahmen Khawaja 发布了一条推文，声称"伊丽莎白女王已经死了"。幸运的是，女王现在身体仍然硬朗。两个小时以后，Khawaja 发推文澄清这只是个"恶作剧"，但是伤害已经造成了。

避免这类过失的最好方法就是把社交媒体意识的学习纳入到用户每年的安全训练中。社交媒体对很多用户来说仍是个新兴事物。必须承认，他们可能甚至不知道相关政策的存在。当手机最早流行的时候，电影院里经常响起铃音。久而久之，人们学会在进入拥挤的电影院之前把手机调成静音模式。社会追赶上技术需要花费时间，但训练可以帮忙。

8.7.2 管理用户生成内容的风险

同任何关系一样，有的评论可能会不恰当、语气极度消极或者有其他各种问题。组织在

⊖ Ralph Paglia, "Social Media Employee Policy Examples From Over 100 Organizations," July 3, 2010, Social Media Today, accessed May 27, 2015, www.socialmediatoday.com/content/social-media-employee-policy-examples-over-100-organizations.

⊖ "Intel Social Media Guidelines," Intel, accessed May 27, 2016, http://www.intel.com/content/www/us/en/legal/intel-social-media-guidelines.html.

加入到社交媒体之前需要决定其如何应对这些内容。例如，组织可以指定一个人为官方的社交媒体互动全权负责，或者创建能够监督和管控社交媒体互动的流程。这需要组织有明确的、协调一致的信息。

用户生成内容（user-generated content，UGC）是社交媒体关系的本质，简单来说，就是社交媒体网站上的内容是由非员工用户生成的。下面是关于不当的用户生成内容对组织造成负面影响的几个例子。

1. 外部来源的问题

用户生成内容问题的主要来源有：
- 垃圾和不切实际的文稿。
- 不适宜的内容。
- 不利评论。
- 暴动运动。

当企业参与到社交网络中或者允许网站用户生成内容时，一些会误导他人的用户也随之而来，他们会发布与网站目的无关的一些垃圾信息。疯子也可能会以网络或用户生成内容为手段，表达他们对UFO、政府隐藏内幕、不切实际的阴谋论等无关话题的激进观点。由于这些内容可能会出现，社交媒体赞助商应该定期监控网站并立即删除不良材料。这种监控可以由员工进行，也可以借助诸如Bazaarvoice之类的公司，它们不仅收集和管理评论，而且监控与网站无关的内容。

不利评论是另一种风险。研究表明，顾客已经很成熟了，他们知道几乎没有产品是完美的。大多数客户想在购买之前了解一个产品的缺点，以便于他们确定这些缺点对他们的使用是否有影响。但是，如果每个评论都是差评，每个产品都是1分（5分制），那么公司可以使用社交媒体发布其存在的问题。在这种情况下，公司必须采取一些行动。

有时候不适宜的社交媒体内容来自意想不到的地方。2016年，微软公司在推特上发布了它的人工智能聊天机器人"Tay"的信息。Tay理应通过学习来增强用户参与。不幸的是，它在交互的学习中变得极度种族主义和性别歧视主义。微软公司在Tay发布了一系列可怕的冒犯性推文后禁用了它。⊖

2. 应对社交网络问题

社交网络风险管理的一部分是了解潜在问题的来源并监控网站中有问题的内容。然而，一旦发现这些内容，组织需要恰当地回应。在这种情形下，有三种可能的行动：
- 保留。
- 回复。
- 删除。

如果问题内容表达了对该组织产品或服务的合理批评，最佳应对方式可能是把它保留在原处。这种批评表明组织的网站不仅仅是一个欺骗的幌子，它也容许合理的用户内容。这种批评也是产品评论的免费来源，有助于产品开发。批评是有用的，开发团队需要知道这一点。

⊖ Sarah Perez, "Microsoft Silences Its New A.I. Bot Tay, After Twitter Users Teach It Racism," TechCrunch, March 25, 2016, accessed May 27, 2016, http://techcrunch.com/2016/03/24/microsoft-silence-its-new-a-i-bot-tay-after-twitter-users-teach-it-racism.

所以，如上所述，确保能发现批评并将其传达到开发团队的流程是很必要的。

第二个选择是回复问题内容，但是这种选择存在风险。如果回复被以任何方式解释为傲慢无礼或侮辱内容贡献者，它就会激怒社区，使其产生强烈的抵制。此外，如果回复太过戒备保守，就会变成对公共关系的否定。

大多数情况下，当问题内容所引发的结果是组织实施了一系列积极的举措，那么最好采用响应回复。举例来说，假设一个用户发文说他为客户支持服务排队等了 45 分钟。如果企业已经对缩短等待时间有所行动了，那么对该批评的有效回复则是承认此内容是正当的，并且大方地表明已经在采取措施减少等待时间了。

如果一个合理的大方的回复引发了同样来源的持续的不理智的用户生成内容，组织最好什么也不做。不要和猪摔跤，你会把全身弄脏，而对方却乐此不疲。相反，你可以让社区来限制用户，相信社区会这么做的。

当评论不恰当时，应该删除内容，因为它们大多是疯子发布的，与网站无关，或者包含淫秽或不适当的内容。但是，删除合法的负面评论会导致强烈的用户反弹。在社交媒体的早期，雀巢（Nestlé）公司在使用脸书账号回复关于他们使用棕榈油的批评时造成了一场公关灾难。某人修改了雀巢公司的商标标识，雀巢公司因此决定删除所有使用该标志的脸书评论。这种方式嚣张且粗暴，结果导致推特上爆发了一场关于雀巢公司的负面风暴。⊖

商业中的一条合理原则是不要问你不想知道答案的问题。我们可以将这一原则扩展到社交网络中：不要建立一个你无法有效回应的内容生成网站。

3. 社交媒体的内部风险

对社交媒体使用的增加也给组织内部带来了新的风险。这些风险包括对信息安全的威胁、组织责任的增加和员工生产力的下降。

第一，社交媒体的使用直接影响了组织安全保护信息资源的能力。例如，假如一个高层员工发推文说"20 年前的今天在达拉斯结婚了"或"1984 级重聚 Cemiral 高中，太棒了"或"纪念我的夏威夷蜜月旅行"。所有这些推文都为攻击者提供了密码重置问题的答案。一旦攻击者重置了该用户的密码，他们就能完全访问内部系统。因此，看似无害的评论可以无意中泄露可用于对组织资源安全访问的信息。不幸的是，事实证明，告诉大家你的生日不是一个好主意，因为你的出生日期（DOB）可以被利用来窃取你的身份。

员工使用社交媒体时也会无意中（或故意）泄漏知识产权、新的营销活动、未来的产品、可能的裁员、预算困境、产品缺陷或即将到来的兼并等信息。除了信息泄漏，员工可能还会安装未经授权的 App，这些 App 会绕过现有的安全措施使用社交媒体传输内容。更糟的是，员工可能会使用公司密码登录一些不够安全的社交媒体网站。

第二，当员工使用社交媒体时，他们可能会无意中增加企业责任。举例来说，如果你的同事经常用智能手机看一些可疑的与性有关的社交媒体内容，组织可能会收到性骚扰诉讼。如果员工通过社交媒体泄露信息，其他组织也可能面临法律问题。学校、医疗服务提供者和金融机构都必须遵循特定的规则来保护用户数据，避免违反法规。因此，关于学生、病人或顾客账户的推文可能导致法律后果。

最后，广泛使用社交媒体可能威胁到员工的生产力。发帖子、发推文、转载、点赞、评

⊖ Bernhard Warner, "Nestlé's 'No Logo' Policy Triggers Facebook Revolt," Social Media Influence, March 19, 2010, http://socialmediainfluence.com/2010/03/19/nestles-no-logo-policy-triggers-facebook-revolt/.

论和支持都需要花费时间,这是雇主付钱了但是没有获益的时间。《福布斯》指出,64% 的员工每天都会访问与工作无关的网站。削弱员工生产力的社交媒体网站有汤博乐(57%)、脸书(52%)、推特(17%)、Instagram(11%)与色拉布(4%)。㊀

从员工的角度来看,你可能会觉得生产力的少量损失无关紧要,但是想象一下,如果你是雇主或经理(希望有朝一日你能做到该职位),你的薪水与手下员工的生产力挂钩,如果他们每天都用社交媒体寻找其他工作、和朋友聊天或者看假期照片,你是否会介意?如果社交媒体被用于办公室八卦,而这些八卦导致人力资源问题、员工士气困境和可能的法律诉讼,情况将会怎么样?聪明的管理者会认识到,同任何一项技术一样,社交媒体有利有弊。

8.8 2027 年

很多改变正在发生:社交媒体、Web 2.0、企业 2.0 等。那么,企业 3.0 即将到来了吗?社交媒体将在单个平台上越来越统一,还是会跨越多个不同平台变得更分散?我们不知道答案。但是,创新移动设备 UX,加上基于云计算和动态虚拟的灵活且机敏的信息系统,意味着从现在到 2027 年必然会继续发生重大变化(见图 8-7)。

哈佛大学、微软公司与星巴克公司等组织充分认识到社交媒体的重要性,设立了首席数据官(chief digital officers,CDO)职位,负责发展与管理创新性社交媒体项目。㊁

时间推后十年。你现在是公司重要的最新产品系列,如智能家电的产品营销经理。你打算如何推销产品?你的机器会和家庭成员一起使用社交媒体吗?你的冰箱会在家庭社交网站上发布孩子们放学后吃什么的帖子吗?到那时你还必须要有什么更具创意的想法吗?

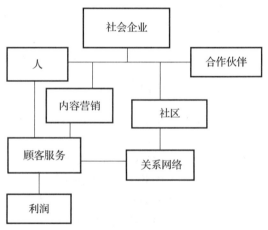

图 8-7 为应用社交媒体重新设计企业
资料来源:Stephen VanHorn/Fotolia.

想象一下,2027 年你是一名经理。你的团队有十个人,三个人向你汇报,两个人向其他经理汇报,还有五个人为其他公司工作。你的团队使用 OpenGizmo2027,集成了移动视频,且有谷歌/脸书的 Whammo++ Star 扩展。所有这些应用都提供很多功能,使员工和团队可以即时地使用微博、维基、视频或者其他各种方式发布想法。你的员工在工作中不再分配电脑,自由且安全的自带设备政策使得他们可以以自己独特的方式来使用自己的设备。当然,你的员工也有他们自己的脸书、推特、领英、四方或者其他社交网站账号,并经常在上面发文。

你如何管理这个团队?如果"管理"是指计划、组织和控制,你如何在员工的新兴网络中实现这些功能?如果你和你的组织效仿那些精通技术的公司,如英特尔,你会发现你无法

㊀ Cheryl Conner," Who Wastes the Most Time at Work ", Forbes, September 7, 2014, accessed May 27, 2016, www.forbes.com/sites/cherylsnappconner/2013/09/07/who-wastes-the-most-time-at-work/.

㊁ Jennifer Wolfe," How Marketers Can Shape the Chief Digital Officer Role," CMO.com, March 21, 2013, accessed May 27, 2016, www.cmo.com/articles/2013/3/20/how_markerts_can_shape.html.

让员工不使用社交媒体，并且你也不会去这么想。相反，你会利用你的员工和合作伙伴的社交行为来推进你的策略。

在客户关系管理中，供应商可能会失去对客户关系的控制。客户使用他们能找到的所有与供应商的接触点来精雕细琢他们自己的关系。在管理领域中，这就意味着失去了对员工的控制。员工自己雕琢他们和雇主的关系，无论这种关系在2027年意味着什么。当然，这意味着失去对客户关系的控制，并将其向世界开放。

20世纪60年代，当某人想给斯特林·库珀公司（Sterling Cooper）的唐·德雷珀（Don Draper）寄一封信时，他的秘书会把信寄到斯特林·库珀公司并在信的底部加上"给唐·德雷珀"。然后，信被送到斯特林库珀公司，也就是唐·德雷珀手中。但是电子邮件改变了一切。今天，某人会给DonDraper@SterlingCooper.com 或者 Don@SterlingCooper.com 邮箱发送电子邮件。这种地址先说个人，然后说公司。

社交媒体进一步改变了地址。当唐·德雷珀创建了自己的博客，人们回复唐的博客，顺带注意到博客中"关于唐"板块提到唐为斯特林库珀公司工作。简而言之，50年来人们关注的焦点已经从覆盖员工姓名的组织转移到覆盖组织名称的员工身上。

这是否意味着组织在2027年会消失？几乎不会。它们需要筹集并节约资本，组织庞大的人群和项目。松散的无关联的群体不能构想、设计、开发、生产、出售、销售和维持一个iPad。组织是必需的。

那又如何？或许我们可以借鉴生物学知识。蟹有外骨骼，而后来出现在进化链中的鹿，有内骨骼。随着蟹成长，它们必须忍受艰苦且在生物学上昂贵的过程，以脱落小壳并生长出更大的壳。他们在过渡期是很脆弱的。骨骼在体内随着鹿一起生长，不需要经历易受伤害的蜕皮过程。从敏捷性角度考虑，你认为蟹会超过鹿吗？20世纪60年代，组织相当于员工的外骨骼。到了2027年，其会变成员工的内骨骼，在外部支持人们的工作。

所有这一切对你意味着，移动性＋云＋社交媒体将在未来十年中为非常识认知的技能创造许多富有吸引力的工作机会！

案例 8-3

安全指南：数据是永恒的

你是否告诉过朋友一些事情，并让他们保密？大多数人都做过类似的事情。不幸的是，有些时候，你吐露秘密的人辜负了你的信赖。他们将秘密分享给其他人。如果是这样，你会回想起那种恐怖的感觉，时刻都觉得其他人已经知道了你想保密的事情。

这也是当一线名人存储在iCloud上的高度敏感的私人照片被黑客攻击，随后在互联网上疯传时他们的感觉。你可能想知道这是如何发生的——网络罪犯怎么能访问到别人存储在

iCloud账户的私有数据？

原来这跟苹果的"找到我的iphone"应用程序的安全漏洞有关。在一个账户被锁定之前，苹果没有采用保障措施来限制允许登录尝试的数量，这是一个常见的安全实践，用来防止黑客无休无止地组合用户名和密码，试图以全部组合来猜测名人正确的用户名和密码组合（也被称为暴力破解法）。㊀

受到这些攻击的名人仍在试图从网上删除他们的私人数据。可悲的是，他们的私人数据

㊀ Mohit Kumar, "Apple Patches 'Find My iPhone' Vulnerability Which May Caused Celebrities Photo Leak," The Hacker News, September 4, 2014, accessed May 27, 2016, http://thehackernews.com/2014/09/apple-patches-find-my-iphone.html.

永远不会被完全删除。更发人深省的是，选择使用互联网连接（即发送电子邮件、在社交媒体网站上发布内容等）来传输任何个人信息的每个人，都会变成受害者。

隐私？那是什么

一旦你点击按钮来发送电子邮件、发布照片或分享视频，你就失去了对这些数据的控制。它可以被复制、共享和再复制。你的数据将通过大量的服务器，直到传输到那些有预谋的接收者手中。它也将被存储在你正使用的应用来源公司的数据农场。你永远不能撤回这些信息——并且一旦信息被传播，几乎没有可能（绝大多数情况下是完全不可能的）将其删除。

换种方式想一下。你听过"除非两个人中的一人死了，两个人才能保守秘密"这句谚语吗？从技术角度来看，"如果两个人中的一人是互联网，两个人根本不可能保守秘密。"任何在互联网上共享的信息都变成了数字僵尸，注定要永远漫步在无限的网络空间里。

你可能认为只与信任的伙伴共享信息或照片，你就没有什么可担心的。不幸的是，我们的数字世界充斥着网络罪犯，他们愿意花费无数个小时设法窃取来自公司和普通公民的数据（只要问一下苹果 iCloud 受害者就可知道）。

而且，网络罪犯并不是唯一试图利用你个人资料的人。公司也认识到了获取并分析你每天在网上所说所做的价值。以谷歌为例，它会扫描你通过 Gmail 发送的邮件内容，据此为你推送有针对性的广告。谷歌为了让广告更有关联性，不仅查看你的电子邮件，还观察你的搜索查询、你访问的网站和你的谷歌资料。⊖

大数据＝赚大钱

综合考虑网络罪犯和企业的行为，我们可以推断出一件事——获得互联网用户的私人数据等于获得一大笔钱，因为私人数据可以①被犯罪分子非法访问并获得，在黑市上卖给其他用心不良的人；②被公司合法访问获取，并卖给其他公司。好消息是像 iCloud 漏洞之类的名人隐私泄露事件，提高了个人对在网上存储与分享私人信息的风险意识。

例如，皮尤研究中心（Pew Research Center）进行的投票调查表明，"86% 的互联网用户已经采取措施来消除或掩盖他们的数字足迹——从清除缓存信息到加密电子邮件，从避免使用真名到利用能掩盖 IP 地址的虚拟网络。"⊖这是值得鼓励的，但是他们能做的还有很多。用户需要避免在初次涉足的地方留下痕迹，而不是花费时间来清除数字足迹。在你点击、分享与发布内容之前需要深思熟虑，毕竟数字化信息是永存的。

讨论题：

（1）本文强调了网络罪犯和公司都为了自己的利益寻找网络用户的私人数据，但是他们不是唯一试图访问你数据的人。为什么你会认为雇主在进行招聘决策时，可能在网上寻找关于申请人的数据？

（2）你可能听说过关于 iCloud 和索尼公司（Sony）隐私泄漏的新闻报道，它们都导致私密照片和电子邮件被放在互联网上与大众共享。但你听到过凶手被绳之以法吗？如果没有，你怎样看待这件事？

（3）通过窃取或破坏设备也可以访问你的私人数据，即使这些数据已被删除。你可以上网搜索一下用于恢复被删除文件的软件的相关信息。常规的删除是否能永久地将文件从你的设备内存中消除？它能被恢复吗？如何恢复？

（4）花几分钟回想一下你的上网习惯。你是否发送过本质上被视为有争议的电子邮件，或发布过同等性质的信息或照片？这些信息是你不想让未来雇主看到的吗？你的电子邮件与发文会如何影响你的职业生涯？

⊖ Google, "Ads in Gmail," Gmail Help, accessed May 27, 2016, https://support.google.com/mail/answer/6603?hl=en.

⊖ Lee Rainie, Sara Kiesler, Ruogu Kang, and Mary Madden, " Anonymity, Privacy, and Security Online," September 5, 2013, Pew Research Center, accessed May 27, 2016, www.pewinternet.org/2013/09/05/amonymity-privacy-and-security-online.

案例 8-4

就业指南

姓名：凯特琳·卡门（Katelyn Carmen）
公司：犹他数字媒体公司（Deseret Digital Media）
职称：国际内容主管（International Content Director）
学历：犹他州立大学（Utah State University）

1. 你是如何得到这种工作的？

当我MBA毕业时，我就知道我想在哪儿工作。我已经花了几年时间同犹他数字媒体公司建立联系，所以当时机成熟时，我就递送了我的简历。我很快被邀请参加面试。我的技能完全匹配他们的寻找目标，所以我获得了职位。联络是关键。

2. 什么吸引你进入这个领域？

我热爱社交媒体，因为它以前所未有的方式连接世界。它给人们提供了分享想法和谈论事情的地方。这是一个令人兴奋的领域——不断变化和进化——总有新的东西要学。而且，谁不想在玩脸书时还能得到报酬？我喜欢在这个领域工作，我变得富有创造性，并与人们广泛联系。

3. 你的典型工作日是什么样子的（任务、决策或问题）？

我花费很多时间收集和分析数据，以创建并测试策略。我用电子邮件回答问题，批准创意性内容，并解决问题。我经常浏览我们的网站和社交媒体，学习哪些内容会得到受众共鸣，查看新流行趋势，想方设法实现页面浏览次数目标。

4. 你最喜欢工作中的哪个方面？

通过社交媒体，我能把积极的令人振奋的消息分享给成千上万的人。我们不只是想改变生活，我们实际上正在这样做。没有什么比从一个关注者处得知我们发布的内容如何影响他们的生活更令人满足的了。

5. 想要做好你的工作，需要什么样的技能？

你需要能够把分析转化为驱动结果的战略。如果你想成为一名社交媒体专家，你必须既擅长分析数据，又能够创建引人注目的媒体信息（文章、表情包、视频等）。

6. 在你的领域中，文凭或证书重要吗？为什么？

当然！教育不仅可以帮助你开发职业生涯中需要的技能，还将打开新的机会之门，帮你获得有价值的联系，改善你的生活。

7. 有什么建议可以给那些想在你这个领域工作的人？

掌握所有的社交媒体平台，并学习如何使用每一个平台。开一个博客并定期撰稿。让自己沉浸在这一领域，告诉自己一切都能做到。这个领域有很多专家试图告诉你要做什么，但最好的老师是你自己的经验和你在实践中的发现。

8. 未来10年，你觉得最热门的技术工作是什么？

还没有出现的东西。这也正是跟进最新的行业发展趋势如此重要的原因。你永远不知道接下来会发生什么，你必须准备好去适应它。

本章小结

8.1 社交媒体信息系统的含义

给出社交媒体、实践社区、社交媒体信息系统、社交媒体提供商和社交网络的定义。说出并描述社交媒体信息系统中的三个组织角色。解释表8-1的各个元素。用你自己的话，解释对应每个组织角色时，社交媒体信息系统五个组成部分的性质。

8.2 社交媒体信息系统如何提升组织战略

总结一下社交媒体是如何促进销售与营销、客户支持、入站物流、出站物流、制造和运营，以及人力资源的。说出每项活动的社交媒体风险。给出社会化客户关系管理与众包的定义。

8.3 社交媒体信息系统如何增加社会资本

给出资本、人力资本与社会资本的定义。解释社会资本增值的四种方式。说出决定社会资本的三个因素，并解释它们之间的关系为什么是乘法而不是加法。给出影响者的定义，并描述你如何使用社交媒体来增加你的社会关系数量和强度。

8.4 企业如何从社交媒体中盈利

给出货币化的定义，并解释为什么社交媒体公司很难产生收入。举例说明社交媒体公司如何通过广告和增值服务收费来产生收入。给出点击付费、转化率、免费增值的定义。给出广告屏蔽软件的定义，并解释它如何妨碍公司盈利。总结移动设备的增长如何影响收入流。解释为什么担心移动设备限制广告收入是过度反应。

8.5 组织如何开发有效的社交媒体信息系统

讨论社交媒体信息系统的开发为什么要与组织的战略保持一致。描述开发有效的社交媒体信息系统的过程。列出四个常见的社交媒体目标并描述这些目标为什么重要。给出指标、成功指标和虚荣指标的定义，举例说明可以度量上面提到的四个目标的指标。说明同用户建立个人联系的重要性。

8.6 什么是企业社交网络

给出企业社交网络的定义，描述其主要目标。给出 Web 2.0 与企业 2.0 的定义。解释 SLATES 模型的每个元素。解释信息沟通渠道的变化如何改变组织与员工信息沟通的方式。举例说明企业社交网络如何使组织受益。给出最佳实践的定义，并解释表 8-7 中列出的企业社交网络实施的最佳实践如何促进企业社交网络的采用。

8.7 组织如何解决社交媒体信息系统安全问题

说出并描述社交媒体风险的两个来源。描述社交媒体政策的目的，并总结英特尔的指导方针。描述一个本章未提过的社交媒体过失，并给出对其的明智反应。说出用户生成内容问题的四个来源、三种可能的回应和每种回应的利弊。解释社交媒体的内部使用是如何造成信息安全、组织责任和员工生产力的有关风险的。

8.8 2027 年

描述一下社交媒体的使用在今天是如何不断变化的。总结在 2027 年控制员工时可能会遇到的管理挑战，给出本章建议的应对方法。自 20 世纪 60 年代以来地址形式的变化，如何象征着商业世界中员工和组织关系的改变？解释蟹与鹿的差异与这一改变的联系。

ARES 的知识运用

本章为你评估 ARES 系统的社交媒体项目提供了几个重要的模型。你可以运用社交媒体信息系统的组成部分来理解泽夫和开发者必须做到的相关承诺。你可以使用组织战略和社会资本模型来评估社交媒体对参与到 ARES 系统中的公司的吸引力。你还可以思考 ARES 可能盈利的方式，是通过免费增值模式还是在应用程序中嵌入广告。你还可以帮助 ARES 制定一个有效的社交媒体策略，并帮助泽夫管理使用社交媒体的风险。

本章关键术语和概念

广告屏蔽软件（ad-blocking software）
最佳实践（best practice）
跳出率（bounce rate）
企业对企业的电子商务模式（business-to-business，B2B）
企业对消费者的电子商务模式（business-to-consumer，B2C）
资本（capital）
沟通渠道（communication channel）
社区（community）
实践社区（community of practice）
竞争分析（competitive analysis）
关系数据（connection data）
内容数据（content data）
转化率（conversion rate）
众包（crowdsourcing）
企业 2.0（enterprise 2.0）
企业社交网络（enterprise social network，ESN）
分众分类法（folksonomy）
免费增值（freemium）

人力资本（human capital）
影响者（influencer）
关键绩效指标（key performance indicator，KPI）
指标（metrics）
货币化（monetize）
点击付费广告（pay per click）
社会资本（social capital）
社交媒体（social media，SM）
社交媒体信息系统（social media information system，SMIS）
社交媒体政策（social media policy）

社交媒体提供商（social media provider）
社交网络（social network）
关系强度（strength of a relationship）
成功指标（success metrics）
使用增加价值（use increases value）
用户生成内容（user-generated content，UGC）
用户（user）
社会资本价值（value of social capital）
虚荣指标（vanity metrics）
病毒性钩子（viral hook）

本章习题

知识运用

（1）使用一个你关注（或想选择）的公司的脸书页面，填写8.1节展示的社交媒体信息系统五个组成部分的表格。尽量用有关脸书、你所关注的企业、你和你知道的用户的具体表述来代替表格原有的表述。例如，如果你和朋友通过某个安卓手机登录脸书，那就写出具体设备的名称。

（2）说出一个你想去工作的公司。尽可能具体地描述该公司在下面列出的各个领域是如何使用社交媒体的。描述要包括社区类型、特定关注点、涉及的过程、风险和观察到的其他方面。
  ① 销售与营销。
  ② 客户服务。
  ③ 入站物流。
  ④ 出站物流。
  ⑤ 制造与运营。
  ⑥ 人力资源。

（3）访问 www.lie-nielsen.com 或 www.sephora.com。在你选择的网站页面上，找到连接至社交网站的超链接。这些网站用什么方式与你分享它们的社会资本？这些网站试图用什么方式来使你与它们分享你的社会资本？描述社交网络对你所选企业的商业价值。

（4）访问 www.intel.com/content/www/us/en/legal/intel-social-media-guidelines.html。阐明为什么英特尔的社交媒体指南可能会帮助实现表8-4列出的一个或多个常见的社交媒体战略目标。

（5）访问 www.socialmediatodag.com/content/social-mediaemplogee-policg-examples-over-100-organizations。找出一个采用非常严格的员工社交媒体政策的组织。说出组织名称，并解释为什么你觉得这一政策约束性强。该政策会让你对该公司产生喜恶态度还是保持中立？解释原因。

协同练习

使用你在第2章中构建的协同信息系统，与同学协作回答下面的问题。

2013年11月7日，推特首次公开募股，这是历史上技术领域最大的首次公开募股。这一社交媒体巨头当天的收盘价为每股44.90美元，公司估价约为250亿美元。⊖ 对一个从来没有盈利的公司来说，已经很不错了。事实上，推特在上市之前季亏损7 000万美元！一个公司怎么能够价值250亿美元却从来没赚过钱？

分析师认为，对表8-9列出的各种技术公司的价值评估应该基于其发展潜力、用户基础、消费者参与和市场规模。其实，亚马逊、Instagram和拼趣在它们上市的时候也没有盈利。传统公司的首次公开募股估价的焦点在于

⊖ Olivia Oran and Gerry Shih, "Twitter Shares Soar in Frenzied NYSE Debut," Reuters, November 7, 2013, accessed May 27, 2016, www.reuters.com/article/2013/11/07/us-twitter-ipo-idUSBRE99N1AE20131107.

对盈利能力的度量。这意味着投资商会考察营业收入、利润、资产、债务和新产品。表8-9还列出了几个知名的传统公司和技术公司的市盈率（P/E）。

表8-9 技术公司估价

技术公司	市场价值（10亿美元）	市盈率	传统公司	市场价值（10亿美元）	市盈率
苹果	549.99	11.18	通用电气	276.05	40.68
谷歌	505.95	29.99	沃尔玛超市	222.38	15.66
脸书	341.72	73.07	威瑞森电信	204.47	11.38
亚马逊	337.31	294.69	丰田汽车	155.33	7.59
网飞	44.03	354.52	英国石油公司	101.25	N/A
领英	17.26	N/A	强生	310.55	20.58
推特	9.96	N/A	福特汽车	53.47	6.23

通过反复阅读前文和反馈，回答下列问题：

（6）对比技术公司的市盈率与传统公司的市盈率，你会发现一些技术公司有非常高的市盈率（低市盈率代表好，高市盈率代表不好）。有些公司甚至没有市盈率，因为它们不产生利润。分小组讨论，列出技术公司高市盈率的原因。考虑其收益，这些公司的股票价格合理吗？为什么？

（7）说出你认为估值过低的上市技术股（不局限于此列表）。设计一个你认为会盈利的技术股的投资组合。就这些股票的风险和收益证明你的决定是合理的。

（8）创建一个这些股票的免费在线投资组合（即利用雅虎金融），并跟踪其进展，报告其表现。

（9）被过分估价的技术股会造成类似1999～2001年第一次网络产业崩盘的2.0版吗？讨论这会不会发生。用几段话总结你们的讨论内容。

案例研究

塞多纳的社交化

塞多纳（Sedona）是位于亚利桑那州的一个约有一万人口的城市，被可可尼诺国家森林（Coconino National Forest）所包围。塞多纳的海拔有4 500英尺，大大高于山谷城市菲尼克斯（Phoenix）和图森（Tucson）的海拔，但比弗拉格斯塔夫（Flagstaff）的海拔低2 000英尺。这一中等海拔为塞多纳带来了温和的气候，夏季不会太热，冬季也不会太冷。如图8-8所示，塞多纳被灿烂的红橙色砂岩石头和美丽的红色石头峡谷所环绕。

图8-8 塞多纳红色岩石

资料来源：©David Kroenke.

这个美丽的城市是 60 多部电影的取景地，其中大部分电影是 20 世纪 30～50 年代的西部片。如果你曾经看过一部黑白的老西部片，它很可能就是在塞多纳取的景。在塞多纳拍过的著名电影有《关山飞渡》（Stagecoach）、《荒漠怪客》（Johnny Guitar）、《天使与恶徒》（Angel and the Bad Man）和《决斗犹马镇》（3:10 to Yuma）。

很多来塞多纳游览的人相信这个地方有和平但充满活力的东西，尤其在一些特殊的位置会有漩涡。Visitsedona 网站声称，漩涡所在地是强化的能源位置，有利于祈祷、冥想、精神或身体治疗，探索你与自己的灵魂和神性的关系。它们不是电力也不是磁力。[⊖]

科学仪器的测试没有发现任何对已知能源类型的特殊解读，然而对有各种宗教信仰的许多人来说，他们相信塞多纳有一些东西可以帮助灵性修行。就塞多纳的城市大小而言，这里的教堂数量远比人们想象的多，包括天主教的圣十字教堂（如图 8-9 所示）、新教教堂、现代圣徒（摩门教）教堂、当地的犹太教堂和新世纪塞多纳创意生活中心。

图 8-9　圣十字教堂

资料来源：©David Kroenke.

塞多纳位于国家森林中央，其周围环绕着数百英里的健行步道；即使每天都徒步健行，一年下来可能还走不完所有的步道。该地区是 12 和 13 世纪印第安人的故乡，有许多悬崖住所和其他土著遗址。

作为一个相对年轻的现代城市，塞多纳没有像圣达菲（Santa Fe）、陶斯（Taos）、新墨西哥（New Mexico）那样的文化历史。但是，这里有一个围绕特拉克帕克（Tlaquepaque）的新兴的艺术社区，这是 20 世纪 80 年代以同名的墨西哥城市为模型而建造的购物地区。

和许多旅游景点一样，这里也存在冲突。粉色吉普车旅游公司每日都将喧闹的游客带到被冥想实践者占据的漩涡处。过去好莱坞经常来这里取景，所以塞多纳有很多洛杉矶的外籍人士。在当地的健康食品商店，可以看到 50 多身穿紧身裤、戴满珠宝、穿着刚从罗迪欧大道买的凉鞋的金发女性，和穿着扎染衬衫，白灰色马尾辫从肩膀上摇过的男性老嬉皮士，一起争抢最后一磅有机芦笋。

新兴的艺术社区想要变庄重；住宅区的吉普车游客（粉色吉普车旅游公司如图 8-10 所示）想要驾驶四轮车玩刺激，喝玛格丽特（我们希望是这个顺序）。徒步旅行者想参观岩刻，但自然保护者不想让这些地方为人所知。寻求精神指引的人想要安静地接受启蒙，但当地人想把所有人都拒之门外，越久越好，直到他们的财产价值每年稳定增长。与此同时，Learjets

---

⊖ Sedona Chamber of Commerce, accessed May 27, 2016, http://visitsedona.com/what-to-do/a-spiritual-side-sedona/.

图 8-10　粉色吉普车旅游公司

资料来源：©David Kroenke.

和 Citations 载着住在七峡谷度假村墙后的好莱坞名人们飞进飞出。当地的企业想要赚取可靠的年收入，不想要过多的竞争者。

鉴于所有情况，假设塞多纳的商会刚刚聘用你作为第一任的社交媒体经理。商会想让你为本地企业开发社交媒体网站提供建议与帮助，并且想让你管理他们现有的社交媒体。

（10）在脸书中搜索亚利桑那州的塞多纳。查看一下你搜到的关于塞多纳区域的多个结果。使用本章所学知识和你个人的社交媒体经历，对这些主页进行评估，并列出每个的优缺点。给出页面改善方式的建议。

（11）换个社交媒体提供商重复回答（10）。对这一写作题，你可能会想到推特、领英和拼趣等，但你也可以选择其他社交媒体提供商。

（12）商会的目的是为本地的所有企业培养健康的企业环境。鉴于此目的，结合你对（10）和（11）的回答以及本章所学知识，为本地企业发展现有社交媒体，提出 7～10 条行动指南。

（13）塞多纳有很多可能会产生冲突的社区群体。为了保持健康的企业环境，阐述商会利用社交媒体来帮助处理冲突的三种方式。

（14）解释表 8-2，说明各个主要价值链的焦点是如何与商会相符合的。如果有不符合的，解释原因。在你的回答中，一定要明确商会的客户是谁。

（15）基于你对（14）的回答和你管理商会社交媒体的职责，解释表 8-2 中适于本案例的每一行是如何指导你将要创建的社交媒体网站的。

（16）利用你对这些问题的回答，为自己写一份工作描述。

（17）就本练习写一篇两段话的总结，该总结可用于你在未来工作面试中阐述你对商业中社交媒体角色的认识。

第9章

商务智能系统

导入故事

"嘿，我们雇主的健康计划进展如何？他们对像 ARES 一样的系统感兴趣吗？"ARES 的技术经理亨利放下他的蛋白质奶昔问道。

"很好啊。"总经理艾什莉一边打开三明治一边微微点头回应，"我查找了州内 50 个最大的有员工健康计划的雇主，已经开始给他们打电话了。"

"然后呢？"

"他们很感兴趣，也很喜欢收集实际锻炼数据这个想法。"

亨利很吃惊："他们没有收集过吗？"

"并没有。大多数雇主都要求员工成功完成每年一次的体能测试和血液测试，但这些测试需求都是员工自我报告的。他们没有收集数据的方法。"

"所以，他们就接受了员工的说辞？"

"没错。"

"哇！听起来事情可以很容易地进行了。"

"我为他们展示了我们现有的 ARES 报告工具，他们对可以从现有的运动设备和健身手环中提取数据感到震撼。他们也喜欢能推广 ARES 的娱乐项目来让员工一起锻炼。"

"听起来是个双赢的局面。企业获取了他们需要的数据，确保他们的员工保持健康，且没钻系统的空子，而员工也有了一次有趣的 AR 骑行体验。"

"也许吧。"艾什莉微微皱眉，"但是我知道人事专员（HR representative）很关心隐私问题。她担心员工可能认为企业会背着他们对数据进行各种分析和使用。'老大哥'加上'大数据'等于大麻烦。"

"那么考虑私人教练的角度呢？你认为如果我们为其推荐用户，我们会从中得到推荐费吗？"

"会的，但是我需要你的帮助。"艾什莉笑着说道。

"一切为老板服务。"

"我需要知道我们的用户住在哪里，这样我才可以推荐他们去找当地健身俱乐部的教练。我不可能把得克萨斯州的客户推荐给加利福尼亚州的健身教练。我们有地理位置数据吗？"

亨利抓起一个马克笔，开始在白板上作画。

"现在我们的系统收集了与距离、速度、时间、每分钟心跳次数、卡路里消耗数、耐力、出汗量和运动功率相关的数据。我们可以使用他们的 IP 地址来确定他们的位置。"

"这是如何工作的？"

"每一个访问互联网的设备都必须有一个 IP 地址。电脑、手机、AR 头戴式视图器和联网健身单车都需要 IP 地址。给定范围的 IP 地址通常在同一个城市中使用。城市层级的位置是否足够精确？"

"我也不太确定。"

"这是典型的商务智能。"

"那是什么？"

"当你不知道第二个问题要问什么的时候，进行数据分析，直到你发现第一个问题的答案。"

"是的！完全正确。我现在就处于这样的状态。"

"没问题，先让我从现有系统中收集一些 IP 地址数据，导入到电子表格中交给你。接着我会为你演示如何查询一个 IP 地址范围所在的区域。然后你就会知道我们现有的用户通常都位于哪里。"

"这应该可行。"艾什莉说着，坐回了椅子。

"是的。当然，如果这个方法行不通，而你又想要为顾客建立些文件、做正式的数据挖掘，或者建立数据集市，那么你需要稍微拿出点资金满足我的预算。"

艾什莉大笑道："如果我能把你的想法转化为美元，那这完全没问题。"

亨利拿起了他的蛋白质奶昔，笑着说："这通常是棘手的部分。"

章节导览

第 7 章和第 8 章中描述的信息系统产生了大量的数据。第 7 章的系统生成了用于操作目的的结构化数据，可以用来跟踪订单、库存、应付款等。这种数据带来潜在的意外收获：它包含模式、关系和集群，可以用来分类、预报与预测。第 8 章中讨论的系统的社交媒体数据是非结构化的，但也带来了同样的意外收获。然而，社交媒体数据太多，导致大数据集合，需要进行特殊处理。

本章介绍商务智能（BI）系统是从组织的结构化和非结构化数据，以及外部购买的数据中生成模式、关系和其他信息的信息系统。除了这些数据，另一个丰富的知识源是员工自身。进入具有专门知识的组织的员工，在组织中积累经验，并将经验补充到这种专门的知识中。大量的集体知识存在于每个组织的大量员工身上。那这些知识该如何共享？

作为未来的商务人士，商务智能是一项关键技能。普华永道（PricewaterhouseCoopers）最近的一项调查显示，50% 的美国 CEO 认为数字技术在数据分析（商务智能）中的价值巨大。80% 的 CEO 认为数据挖掘和分析对他们的组织具有重要的战略意义。⊖ 在 2016 年，高德纳咨询公司发现 CEO 的首要任务之一是掌控公司的数字转型（如物联网和自动驾驶汽车等）。超过半数的 CEO 认为他们的行业将在未来 5 年内经历无法确定的、巨大的数字转型。正如你将了解到的，商务智能是支持这种数字转型的一项关键技术。⊖

本章从总结组织使用商务智能的方式开始。然后介绍商务智能流程中的三项基本活动，我们使用零件选择问题阐明这些活动。在讨论数据仓库和数据集市的角色之后，我们将介绍调查报告、数据挖掘、人工智能、机器学习、大数据和知识管理商务智能应用程序。之后，你将学习发布商务智能应用程序结果的可选方案。我们将用可能会让很多人恐惧的"2027 年"结束这一章。

9.1 组织如何使用商务智能系统

商务智能（BI）系统［business intelligence（BI）system］是处理操作数据、社交数据和其他数据，以确定供商务人士和其他知识工作者使用的模式、关系和趋势的信息系统。这些模式、关系、趋势和预测被称为**商务情报**（business intelligence）。同信息系统一样，商务智能系统有五个标准组件：硬件、软件、数据、处理规程和人员。商务智能系统的软件组件被称为**商务智能应用程序**（BI application）。

⊖ PricewaterhouseCoopers. 2015 U.S. CEO Survey, accessed May 29, 2016, www.pwc.com/us/en/ceo-survey/index.html.

⊖ Clint Boulton,"Why CEOs Must Go Big in Digital (or Go Home)," CIO.com, May 2, 2016, accessed may 29, 2016, www.cio.com/article/3064592/cio-role/why-ceos-must-go-big-in-digital-or-go-home.html.

在日常运作中,组织会生成大量的数据。举例来说,美国电话电报公司的数据库处理约 1.9 万亿条电话记录,而谷歌的数据库则存储了超过 33 万亿条的访问请求。⊖商务情报就掩埋在这些数据中,而商务智能系统的功能就是提取它,把它提供给需要的人。

商务智能系统的边界是模糊的。在本文中,我们将采取如图 9-1 所示的广义视角。商务智能系统的源数据可以是组织自己的运营数据、社交媒体数据、组织从数据供应商处购买的数据,或员工知识。商务智能应用程序同报告应用程序、数据挖掘应用程序、大数据应用程序和知识管理应用程序一起处理数据,为知识工作者生成商务情报。今天,这些工作者不仅包括在家里办公的分析师,而且包括使用商务情报进行诸如批准贷款、订购货物、决定规定时间等操作的运营人员和现场人员。

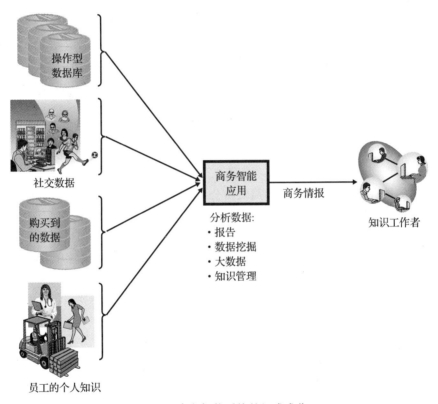

图 9-1　商务智能系统的组成成分

9.1.1　组织如何使用商务智能

如表 9-1 所示,组织利用商务智能来完成第 2 章描述的所有四个协作任务。从表 9-1 的最后一行开始看,商务智能可以仅用于通知。个人的训练者可以使用 ARES 来学习客户如何使用新系统。在分析的时候,员工可能没有任何特定的目的,只是浏览一些可能用于未来的非特定目的的商务智能结果。在 1 ~ 6 章学习的猎鹰安防公司的故事中,马泰奥可能只是想知道与预测相比的现实销售额。他可能没有特定的目的,只是想知道"我们做得怎么样"。

⊖ Nipun Gupta,"Top 10 Databases in the World," May 4, 2014, accessed may 29, 2016, http://csnipuntech.blogspot.com/2014/05/top-10-largest-databases-in-world.html.

表 9-1　商务智能的使用示例

任务	ARES 示例	猎鹰安防公司示例
项目管理	在 ARES 用户和当地的健身俱乐部间构建合作项目	在地理空间上进行扩展
问题解决	如何增加推荐健身俱乐部获得的收入	如何通过变更无人机原定飞行航线来节省成本
决策	哪个健身俱乐部离客户最近，从而把用户推荐给当地的健身教练	哪些无人机和相关的摄像设备需要维修
报告	客户通过什么方式来使用新系统	与销售预测相比，现实销售额如何

由表 9-1 可知，有些管理人员能使用商务智能系统进行决策。ARES 可以将商务智能应用于它的用户数据，为每个用户选择距离最近的健身俱乐部。然后，它可以推荐用户联系在这些健身俱乐部工作的私人教练，从而赚取推荐费。猎鹰安防公司可以利用对飞行失败的商务智能分析来判断何时该为无人机和相关的摄像设备提供服务。

［值得指出的是，有些作者将商务智能（BI）系统定义为仅支持决策的系统，在这种情况下，他们将"**决策支持系统**"（decision support system）这个旧术语作为商务智能决策系统的同义词。我们采用更广泛的视角，结合表 9-1 中的四个任务来理解商务智能系统，避免使用决策支持系统这一术语。］

商务智能还可以被用于解决问题。这里也存在着问题，即是什么和应该是什么之间能感知到的差别。商务智能可以用于这一定义的双方：既能确定是什么，也能确定应该是什么。如果收入低于预期，ARES 可以利用商务智能来了解需要改变哪些因素，才能获得更多的用户活动和更多的健身俱乐部推荐费。猎鹰安防公司可以利用商务智能来确定它是否可以通过变更无人机原定飞行航线来节省成本。

最后，商务智能可以在项目管理期间使用。ARES 可以用来支持项目减少医疗费用和办公室访问数。当猎鹰安防公司决定开放其欧洲办事处时，它可以利用商务智能来确定应该首先出售哪些零件，以及与哪些供应商取得联系才能获得这些零件。

当学习表 9-1 时，我们需要回想一下这些任务的层次性。决策需要报告，问题解决需要决策（和报告），而项目管理需要问题解决（以及决策和报告）。

9.1.2　什么是典型的商务智能应用程序

本节概述了三个商务智能应用程序，让你大致了解可能的情况。由于商务智能及其相关术语大数据是当今热门话题，网络搜索会显示几十个类似的例子。学习完这一章之后，你可以搜索更多感兴趣的应用程序。

1. 确定购买规律的变化

大多数学生都知道商务智能是用来预测购买规律的。亚马逊公司使"购买……的顾客也会买……"这句话广为人知；我们今天买东西的时候，希望电子商务应用能对我们还想要什么提出建议。在本章后面的内容中，你将学到一些用于生成此类建议的技术。

然而，更有趣的是确定购买规律的变化。零售商知道，重要的生活事件会促使顾客改变购买的东西，并且顾客会在短时间内对新的商店品牌形成新的忠诚。因此，零售商想知道人们什么时候开始第一份职业、结婚、生孩子或者退休。在商务智能出现之前，商店会在当地报纸上看到毕业、结婚和婴儿出生公告，并发送回应广告。这是一个缓慢的、劳动密集的且昂贵的过程。

塔吉特（Target）公司想要领先于报纸，在2002年开展了利用购买模式确定某人是否怀孕的项目。通过将商务智能技术应用于销售数据，塔吉特公司识别出一种可靠预测怀孕的购买模式，即乳液、维生素和其他产品被共同购买的情况。当塔吉特公司观察到这种购买模式时，它向那些顾客发送尿布和其他婴儿相关产品的广告。

对于一个没有告诉任何人她怀孕了的青少年来说，这个项目效果显著。当她开始收到婴儿用品的广告时，她的父亲向当地塔吉特公司的商店经理投诉并要求道歉，但当该父亲得知他的女儿确实怀孕时，他又向商店表达了歉意。㊀

2. 为娱乐业服务的商务智能

亚马逊、网飞（Netflix）、潘多拉（Pandora）、声破天（Spotify）和其他媒体发布机构生成了数十亿字节的消费者媒体偏好数据。利用这些数据，亚马逊公司已经开始制作自己的视频和电视，设定情节和人物，并根据商务智能分析的结果选择演员。㊁

网飞（Netflix）基于对客户观看模式的分析，决定收购凯文·史派西主演的《纸牌屋》。类似地，声破天（Spotify）也会处理用户的收听习惯数据，来确定特定乐队的歌曲显示在常听歌曲的位置。利用这些数据，它为流行乐队和其他音乐团体推荐演出的最佳城市。㊂

在营销人士中流传一句格言——"买家是骗子"，这意味着消费者购买的东西和他们所说的想要的东西不符。这一特点降低了营销焦点组合的有效性。然而，商务智能通过观察、倾听和租赁习惯产生的数据，确定人们真正想要什么，而不是他们说了什么。这是否能让像亚马逊公司这样的数据挖掘公司成为新的好莱坞？我们拭目以待。

3. 实时医疗报告

Practice Fusion是一家医疗记录创业公司，在医生检查期间为其提供注射通知服务。当医生输入数据时，软件会分析病人的病历，如果需要注射，它会建议医生在检查过程中给病人开处方。这听起来似乎很有效。在为期四个月的研究期内，那些使用推荐服务的医生负责的患者比那些没有使用该服务的对照组的患者多接种了73%的疫苗。㊃

Practice Fusion公司的服务对医生是免费的，其费用主要由一家医药公司——默克（Merck）公司承担。尽管Practice Fusion公司的软件推荐了许多没有被默克公司出售的产品，但也推荐了许多默克公司出售的产品。因此，这项服务处于医学伦理的模糊边缘。制药公司应该"免费"提供推荐公司产品给医生的软件吗？如果真正需要注射，谁会反对呢？另一方面，Practice Fusion公司的软件能有多公正呢？

撇开伦理问题不谈，Practice Fusion为数据挖掘和实时报告提供了很好的例子。在你的职业生涯中，可能会有许多在销售呼叫中提供销售帮助的例子。

㊀ Charles Duhigg, "How Companies Learn Your Secrets," New York Times, last modified February 16, 2012, www.nytimes.com/2012/02/19/magazine/shopping-habits.html.

㊁ Alistair Barr, "Crowdsourcing Goes to Hollywood as Amazon makes movies," Reuters, last modified October 10, 2012, http://www.reuters.com/article/2012/10/10/us-amazon-hollywood-crowd-idUSBRE8990JH20121010.

㊂ Martin U. Müller, Marcel Rosenbach, and Thomas Schulz, "Living by the Numbers: Big Data Knows What Your Future Holds," Der Spiegel, accessed July 31, 2013, http://www.spiegel.de/international/business/big-dataenables-companies-and-researchers-to-look-into-the-future-a-899964.html.

㊃ Elizabeth Dwoskin,"The Next Marketing Frontier: Your Medical Records," Wall StreetJournal, March 3, 2015, accessed May 29, 2016, http://www.wsj.com/articles/the-neext-marketing-frontier-gyur-medica-records-1425408631.

鉴于这些示例，接下来我们将关注创建商务智能的流程。

9.2 商务智能流程中的三个主要活动是什么

图 9-2 展示了商务智能流程中的三个主要活动：数据获取、商务智能分析和发布结果。这三个活动直接对应图 9-1 中的商务智能元素。**数据获取**（data acquisition）是捕获、清理、关联、编目源数据的过程。我们稍后会用本节中猎鹰安防公司零件的例子来阐述简单的数据获取，并在 9.3 节中详细讨论数据获取过程。

商务智能分析（BI analysis）是创建商务智能的过程，它包括报表生成、数据挖掘、大数据和知识管理四个基本范畴。我们将在本节后面演示一个关于报告系统的简单示例，并分别在第 9.4 节到 9.7 节中详细地描述商务智能分析的每个类别。

发布结果（publish result）是向需要它的知识工作者传递商务情报的过程。**推式发布**（push publishing）可以向用户传递商务情报，不需要用户的任何请求；商务智能结果是根据日程表，或是某个事件或特定数据条件的结果传递的。**拉式发布**（pull publishing）要求用户请求商务智能结果。发布媒体包括印刷品、通过称为报告服务器的专门 Web 服务器传递的在线内容，以及通过自动化发送到其他程序的商务智能结果。我们将在 9.8 节中进一步讨论这些发布选择项。现在，让我们关注一个简单的商务智能示例。

利用商务智能来寻找候选零件

3D 打印可以让顾客打印需要的零件，而不再需要从零售商或分销商处订购。一个大型的自行车零件分销商想要在这种潜在需求变化时仍处于优势地位，决定调查销售零件的 3D 打印文件而不是零件本身的可能性。因此，它创建了团队来调查过去的销售数据，以确定其可能销售的零件设计。为此，该公司需要确定符合条件的零件，并计算这些零件的营收潜力。

为了解决这个问题，该团队从信息技术部门获得了销售数据的摘录，并将其存储在 Microsoft Access 中。然后，它为可能符合这个新项目条件的零件创建了五个标准。

（1）由特定供应商提供（从一些已经同意将零件设计文件用于销售的供应商开始）。

（2）由较大型的客户订购（个人和小公司不太可能拥有 3D 打印机或使用其所必需的专业技术）。

（3）经常被订购（热门产品）。

（4）订购数量较少（3D 打印不适用于大规模生产）。

（5）设计简单（更容易进行 3D 打印）。

该团队知道，第五个标准很难评估，因为该公司不存储本身很复杂的零件的数据。经过一番讨论之后，该团队为简单起见，决定以零件重量和价格作为替代，根据"如果它没有太重或花费太多，它可能就不复杂"的假设进行操作。至少，团队决定开始采取这个方法并解决问题。于是，团队要求信息技术部门在零件数据提取中包含零件重量。

1. 获取数据

如图 9-2 所示，获取数据是商务智能流程中的第一步。为了回应团队对数据的请求，部门提取了操作数据，生成以下两个表：

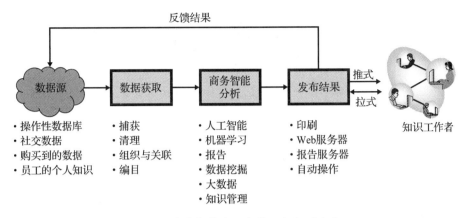

图 9-2 商务智能流程中的三个主要活动

销售（CustomerName, Contact, Title, Bill Year, Number Orders, Units, Revenue, Source, PartNumber）
零件（PartNumber, Shipping Weight, Vendor）

这两个表的示例数据如图 9-3 所示。当团队检查这些数据时，他们得到的结论是他们拥有所需要的东西，而且实际上并不需要销售表中的所有数据列。他们惊讶的是数据被分成了不同的计费年，但是由于他们计划汇总这些年份的项目销售额，这一划分并不会影响分析。

2. 分析数据

该团队采取的第一步是将两个表中的数据合并到一个包含销售和零件数据的表中。另外，由于团队成员已经选择了特定的供应商（他们知道这些供应商会同意发布 3D 零件设计文件），他们为这些供应商的名字设置了筛选标准，如图 9-4 所示。在这个 Access 查询中，顺序摘录表的 PartNumber 和零件数据表中 PartNumber 之间的连线表示，如果两个表具有匹配的 PartNumber 值，那么将合并这两个表中的该行内容。

Island Biking	John Steel	Marketing Manager	2017	10	39	$195.22	AWS
Island Biking	John Steel	Marketing Manager	2016	14	59	$438.81	Internet
Island Biking	John Steel	Marketing Manager	2016	21	55	$255.96	AWS
Island Biking	John Steel	Marketing Manager	2017	4	11	$85.55	Internet
Kona Riders	Renate Messne	Sales Representative	2014	43	54	$349.27	Internet
Kona Riders	Renate Messne	Sales Representative	2015	30	53	$362.45	Internet
Kona Riders	Renate Messne	Sales Representative	2016	1	2	$14.34	Internet
Lone Pine Crafters	Jaime Yorres	Owner	2017	4	14	$108.89	Internet
Lone Pine Crafters	Jaime Yorres	Owner	2017	2	2	$15.56	Internet
Lone Pine Crafters	Jaime Yorres	Owner	2018	2	2	$15.56	Internet
Moab Mauraders	Carlos Gonzále	Accounting Manager	2017	2	4	$4,106.69	Internet
Moab Mauraders	Carlos Gonzále	Accounting Manager	2017	3	7	$7,404.18	Internet
Moab Mauraders	Carlos Gonzále	Accounting Manager	2017	2	6	$6,346.44	Internet
Sedona Mountain Trails	Felipe Izquierd	Owner	2017	6	7	$73.46	Internet
Sedona Mountain Trails	Felipe Izquierd	Owner	2017	3	7	$39.14	Phone
Sedona Mountain Trails	Felipe Izquierd	Owner	2017	3	9	$74.59	Phone
Sedona Mountain Trails	Felipe Izquierd	Owner	2016	5	20	$153.00	Phone
Sedona Mountain Trails	Felipe Izquierd	Owner	2014	3	8	$37.14	Phone
Sedona Mountain Trails	Felipe Izquierd	Owner	2015	1	0	$89.30	Internet
Sedona Mountain Trails	Felipe Izquierd	Owner	2015	6	20	$73.13	Phone
Sedona Mountain Trails	Felipe Izquierd	Owner	2014	4	8	$67.41	Internet
Flat Iron Riders	Maria Anders	Sales Representative	2015	7	22	$11,734.25	Internet
Flat Iron Riders	Maria Anders	Sales Representative	2017	2	1	$595.00	Internet
Flat Iron Riders	Maria Anders	Sales Representative	2016	10	29	$16,392.25	Internet
Flat Iron Riders	Maria Anders	Sales Representative	2017	20	32	$12,688.80	AWS

图 9-3　a）抽取的样本数据：顺序摘录表

资料来源：Windows 10, Microsoft Corporation.

Part Data

ID	PartNumber	Shipping Weight	Vendor	Click to Add
9	200-219	7.28	DePARTures, Inc.	
22	200-225	3.61	DePARTures, Inc.	
23	200-227	5.14	DePARTures, Inc.	
11	200-207	9.23	DePARTures, Inc.	
28	200-205	4.11	DePARTures, Inc.	
29	200-211	4.57	DePARTures, Inc.	
10	200-213	1.09	DePARTures, Inc.	
37	200-223	3.61	DePARTures, Inc.	
45	200-217	1.98	DePARTures, Inc.	
2	200-209	10.41	DePARTures, Inc.	
3	200-215	1.55	DePARTures, Inc.	
47	200-221	10.85	DePARTures, Inc.	
42	200-203	3.20	DePARTures, Inc.	
17	300-1007	2.77	Desert Gear Supply	
13	300-1017	9.46	Desert Gear Supply	
50	300-1016	4.14	Desert Gear Supply	
27	300-1013	2.66	Desert Gear Supply	
8	300-1008	10.13	Desert Gear Supply	
30	300-1015	5.96	Desert Gear Supply	
15	300-1014	10.18	Desert Gear Supply	
7	300-1009	3.76	Desert Gear Supply	
6	300-1011	6.41	Desert Gear Supply	
43	300-1010	10.87	Desert Gear Supply	
31	300-1012	9.08	Desert Gear Supply	
1	500-2035	9.66	ExtremeGear	
41	500-2030	4.71	ExtremeGear	
40	500-2040	9.92	ExtremeGear	

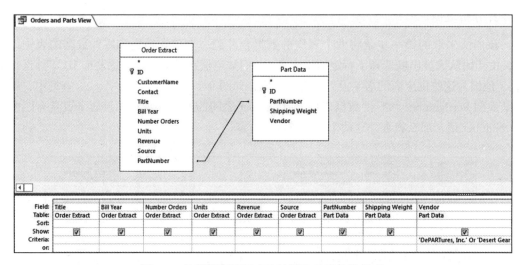

图 9-3 b）抽取的样本数据：零件数据表

资料来源：Windows 10, Microsoft Corporation.

图 9-4 连接顺序摘录表和被筛选的零件数据表

资料来源：Windows 10, Microsoft Corporation.

这个查询的结果如图 9-5 所示。注意，这里有一些缺失和存在问题的值。许多行都缺少 Contact 和 Title 的值，而且一些行的 Units 值为 0。丢失的 Contact 数据和 Title 数据并不是大问题。但是 Units 值为 0 可能是有问题的。某些时候，该团队可能需要挖掘这些值的含义，并可能会修正数据，或者根据分析删除这些行。然而从目前来看，尽管存在这些不正确的值，但他们仍然决定继续进行数据分析。你会在 9.3 节了解到，由于很多原因，这些问题数据在数据提取中很常见。

图 9-5 中的数据已经经过第一个标准的筛选，即只考虑特定供应商的零件。至于下一

个标准,他们需要决定如何识别大客户。为此,团队创建了图 9-6 中的查询,该查询对每个客户的收入、单位和平均价格进行了计算。考虑到图 9-7 的查询结果,团队决定只考虑总收入超过 20 万美元的客户。该团队创建了仅包括这些客户的查询,并将该查询命名为 Big Customers。

CustomerName	Contact	Title	Bill Year	Number Orders	Units	Revenue	Source	PartNumber	Shipping Weight	Vendor
Gordos Dirt Bikes	Sergio Gutiérrez	Sales Repres	2016	43	107	$26,234.12	Internet	100-108	3.32	Riley Manufacturing
Island Biking			2017	59	135	$25,890.62	Phone	500-2035	9.66	ExtremeGear
Big Bikes			2015	29	77	$25,696.00	AWS	700-1680	6.06	HyperTech Manufacturing
Lazy B Bikes			2014	19	30	$25,576.50	Internet	700-2280	2.70	HyperTech Manufacturing
Lone Pine Crafters	Carlos Hernández	Sales Repres	2017	1	0	$25,171.56	Internet	500-2030	4.71	ExtremeGear
Seven Lakes Riding	Peter Franken	Marketing Ma	2014	15	50	$25,075.00	Internet	500-2020	10.07	ExtremeGear
Big Bikes			2017	10	40	$24,888.00	Internet	500-2025	10.49	ExtremeGear
B' Bikes	Georg Pipps	Sales Manage	2017	14	23	$24,328.02	Internet	700-1680	6.06	HyperTech Manufacturing
Eastern Connection	Isabel de Castro	Sales Repres	2017	48	173	$24,296.17	AWS	100-105	10.73	Riley Manufacturing
Big Bikes	Carine Schmitt	Marketing Ma	2014	22	71	$23,877.48	AWS	500-2035	9.66	ExtremeGear
Island Biking	Manuel Pereira	Owner	2016	26	45	$23,588.86	Internet	500-2045	3.22	ExtremeGear
Mississippi Delta Riding	Rene Phillips	Sales Repres	2017	9	33	$23,550.25	Internet	700-2180	4.45	HyperTech Manufacturing
Uncle's Upgrades			2017	9	21	$22,212.54	Internet	700-1680	6.06	HyperTech Manufacturing
Big Bikes			2015	73	80	$22,063.92	Phone	700-1680	6.06	HyperTech Manufacturing
Island Biking			2017	18	59	$22,025.88	Internet	100-108	3.32	Riley Manufacturing
Uncle's Upgrades			2016	16	38	$21,802.50	Internet	500-2035	9.66	ExtremeGear
Hard Rock Machines			2017	42	57	$21,279.24	Internet	100-108	3.32	Riley Manufacturing
Kona Riders			2017	11	20	$21,154.80	Internet	700-1880	2.28	Riley Manufacturing
Moab Mauraders			2017	6	20	$21,154.80	Internet	700-2180	4.45	HyperTech Manufacturing
Lone Pine Crafters			2017	35	58	$21,016.59	Internet	100-106	6.23	Riley Manufacturing
Big Bikes	Carine Schmitt	Marketing Ma	2015	9	36	$20,655.00	Internet	500-2035	9.66	ExtremeGear
East/West Enterprises			2016	14	60	$20,349.00	Internet	100-104	5.80	Riley Manufacturing
Jeeps 'n More	Yvonne Moncada	Sales Agent	2017	47	50	$20,230.00	AWS	500-2030	4.71	ExtremeGear
East/West Enterprises			2014	14	60	$20,178.15	AWS	500-2035	9.66	ExtremeGear
Lone Pine Crafters			2017	20	54	$20,159.28	Internet	100-106	6.23	Riley Manufacturing
Lone Pine Crafters	Carlos Hernández	Sales Repres	2017	1	0	$20,137.27	Internet	500-2030	4.71	ExtremeGear
Lazy B Bikes			2017	21	29	$19,946.78	AWS	700-1580	7.50	HyperTech Manufacturing
Eastern Connection	Isabel de Castro	Sales Repres	2017	42	173	$19,907.06	Phone	100-105	10.73	Riley Manufacturing
Lazy B Bikes			2017	8	30	$19,724.25	Internet	700-1580	7.50	HyperTech Manufacturing
Sedona Mountain Trails			2015	12	22	$19,677.29	Internet	700-2080	8.63	HyperTech Manufacturing
Mississippi Delta Riding	Maria Larsson	Owner	2015	17	20	$19,507.50	Internet	700-1880	2.28	Riley Manufacturing
Seven Lakes Riding	Peter Franken	Marketing Ma	2016	39	53	$19,400.40	AWS	500-2020	10.07	ExtremeGear
Lazy B Bikes			2016	6	20	$19,218.50	Internet	700-1580	7.50	HyperTech Manufacturing

图 9-5 接连视图的数据

资料来源:Windows 10, Microsoft Corporation.

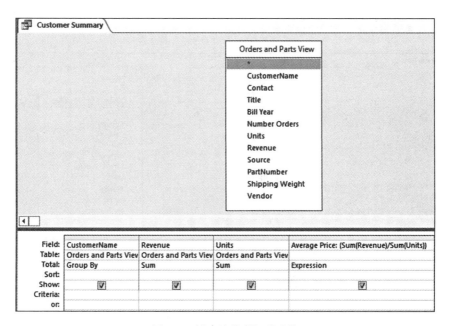

图 9-6 创建消费者汇总查询

资料来源:Windows 10, Microsoft Corporation.

CustomerName	SumOfRevenue	SumOfUnits	Average Price
Great Lakes Machines	$1,760.47	142	12.3976535211268
Seven Lakes Riding	$288,570.71	5848	49.3451963919289
Around the Horn	$16,669.48	273	61.0603611721612
Dewey Riding	$36,467.90	424	86.0092018867925
Moab Mauraders	$143,409.27	1344	106.7033234375
Gordos Dirt Bikes	$113,526.88	653	173.854335068913
Mountain Traders	$687,710.99	3332	206.395855432173
Hungry Rider Off-road	$108,602.32	492	220.736416056911
Eastern Connection	$275,092.28	1241	221.669848186946
Mississippi Delta Riding	$469,932.11	1898	247.593315542676
Island Biking	$612,072.64	2341	261.457770098249
Big Bikes	$1,385,867.98	4876	284.222310233798
Hard Rock Machines	$74,853.22	241	310.594267219917
Lone Pine Crafters	$732,990.33	1816	403.629038215859
Sedona Mountain Trails	$481,073.82	1104	435.755269474638
Flat Iron Riders	$85,469.20	183	467.044808743169
Bottom-Dollar Bikes	$72,460.85	154	470.52502012987
Uncle's Upgrades	$947,477.61	1999	473.975794047023
Ernst Handel Mechanics	$740,951.15	1427	519.236962438683
Kona Riders	$511,108.05	982	520.476624439919
Lazy B Bikes	$860,950.72	1594	540.119648619824
Jeeps 'n More	$404,540.62	678	596.667583185841
French Riding Masters	$1,037,386.76	1657	626.063224984912
B' Bikes	$113,427.06	159	713.377735849057
East/West Enterprises	$2,023,402.09	2457	823.525474074074
Bon App Riding	$65,848.90	60	1097.48160833333

图 9-7 消费者汇总表

资料来源：Windows 10, Microsoft Corporation.

接下来，该团队讨论了频繁购买的含义，决定把平均每周订购一次，或每年订购约 50 次纳入频繁购买标准。可以看到，该团队在图 9-8 的查询中设置了 Number Orders 的标准。为了选择只被少量订购的零件，他们首先创建了一个列用来计算平均订单大小（Units/[Number Orders]），然后为该表达式设置平均值必须小于 2.5 的标准。最后的两个标准则是零件相对便宜和零件重量很轻。他们决定选择单价［计算公式为：Revenue（收入）/Units（数量）］不足 100 美元和装运重量不足 5 磅的零件。

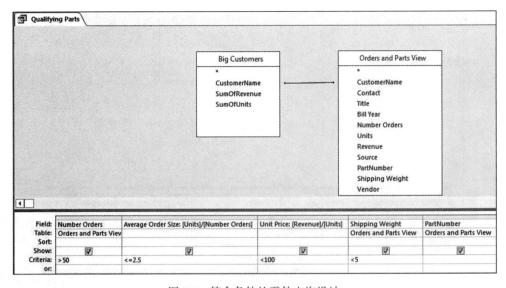

图 9-8 符合条件的零件查询设计

资料来源：Windows 10, Microsoft Corporation.

这个查询的结果如图9-9所示。在该公司销售的所有零件中，这12个零件符合团队设定的标准。

Qualifying Parts				
Number Orders	Average Order Size	Unit Price	Shipping Weight	PartNumber
275	1	9.14173854545455	4.14	300-1016
258	1.87596899224806	7.41284524793388	4.14	300-1016
110	1.18181818181818	6.46796923076923	4.11	200-205
176	1.66477272727273	12.5887211604096	4.14	300-1016
139	1.0431654676259	6.28248965517241	1.98	200-217
56	1.83928571428571	6.71141553398058	1.98	200-217
99	1.02020202020202	7.7775	3.20	200-203
76	2.17105263157895	12.0252206060606	2.66	300-1013
56	1.07142857142857	5.0575	4.57	200-211
73	1.15068493150685	5.0575	4.57	200-211
107	2.02803738317757	6.01096405529954	2.77	300-1007
111	2.07207207207207	6.01096434782609	2.77	300-1007

图 9-9　符合条件的零件查询结果

资料来源：Windows 10, Microsoft Corporation.

下一个问题是这些零件的营收潜力是多少。为此，团队创建了一个查询，将所选零件的表与过去的销售数据表连接起来。结果如图9-10所示。

Revenue Potential		
Total Orders	Total Revenue	PartNumber
3987	$84,672.73	300-1016
2158	$30,912.19	200-211
1074	$23,773.53	200-217
548	$7,271.31	300-1007
375	$5,051.62	200-203
111	$3,160.86	300-1013
139	$1,204.50	200-205

图 9-10　选定零件的销售历史

资料来源：Windows 10, Microsoft Corporation.

3. 发布结果

发布结果是图9-2所示的商务智能流程中的最后一个活动。在某些情况下，这意味着将商务智能结果放在服务器上，通过 Internet 或其他网络发布给知识工作者。在其他情况下，这意味着可通过 Web 服务获取这些结果，供其他应用程序使用。此外，这也意味着创建 PDF 文档或 PowerPoint 演示文稿，以便与同事或管理人员进行沟通。

在这种情况下，该团队在团队会议上报告了这些结果。从图9-10的结果来看，这些零件的销售设计似乎没有什么营收潜力。公司从零件本身获得的收入很少；设计的价格必须要相当低，这意味着几乎没有收入。

尽管营收潜力很低，但公司可能仍会决定向客户提供3D设计。它可能决定借助这些设计对其客户表示友好。这一段分析表明，它会牺牲很少的收入来实现这一点。或者，它可能会将其作为公关举措，试图证明公司走在最新的制造技术前沿。抑或，它可能决定推迟考虑3D打印，因为它并没有看到许多客户订购了符合条件的零件。

当然，该团队也有可能选择了错误的标准。如果他们有时间，团队可能会很容易改变标准并重新分析。但是这一过程存在滑坡谬误⊖（slippery slope）。他们可能会自己改变标准，直

⊖ 滑坡谬误是一种逻辑谬论，即不合理地使用连串的因果关系，将"可能性"转化为"必然性"，以达到某种意欲之结论。例如，为什么不能随地扔垃圾？不随地扔垃圾，地面上就没垃圾，没垃圾，环卫工人就没有存在的意义，难道你想让环卫工人都失去饭碗吗？

到得到他们想要的结果，这会生成非常有偏见的研究结果。

这种可能性再次强调了信息技术部门人员构成的重要性。如果团队在设置和修正标准时所做的决策是错误的，那么硬件、软件、数据和查询生成过程就没有什么价值了。商务智能只同创造它的人一样聪明！

基于这个示例，我们现在将更详细地考虑图 9-2 中的每个活动。

9.3 组织如何利用数据仓库和数据集市获取数据

尽管这一流程可以创建基本报告并对操作数据做简单的分析，但通常不推荐这样做。出于安全和控制的原因，信息技术专业人士不希望数据分析师处理操作数据。如果数据分析师犯了个错误，那么这个错误可能会导致公司的运营出现严重的中断。另外，操作数据是为了快速而可靠的事务处理而设计的。它很少被以易于支持商务智能分析的方式进行结构化。最后，商务智能分析可能需要大量的处理过程，在操作服务器上安装商务智能应用程序会显著降低系统性能。

由于上述原因，大多数组织都抽取操作数据进行商务智能处理。对小型组织来说，抽取可能就像访问数据库一样简单。但是，较大的组织通常会配备一群管理和运行数据仓库的员工。数据仓库是用于管理组织的商务智能数据的工具，它的功能有：

- 获取数据。
- 清洗数据。
- 组织和关联数据。
- 编录数据。

图 9-11 展示了数据仓库的组成成分。程序读取操作型数据和其他数据，并抽取、清理和准备用于商务智能处理的数据。准备好的数据使用数据仓库 DBMS 存储在数据仓库数据库中，这个 DBMS 与组织的操作型 DBMS 不同。例如，组织可能会使用 Oracle 进行操作处理，但是使用 SQL Server 作为其数据仓库。其他组织使用 SQL Server 进行操作处理，但是在数据仓库中使用诸如 SAS 或 SPSS 之类的统计包供应商提供的 DBMS。

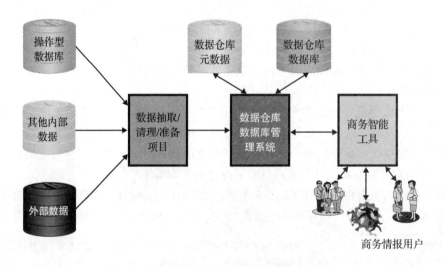

图 9-11 数据仓库的组成成分

数据仓库包含了从外部购买的数据。购买关于组织的数据并不罕见，从隐私的角度来看，这不是特别令人担忧。然而，有些公司选择从 Acxiom 公司等数据供应商处购买个体消费者数据（如婚姻状况）。表 9-2 列出了一些可以很容易被买到的消费者数据。真是令人惊讶的（从隐私的角度来看，这是令人恐惧的）数据量！

表 9-2　可被买到的消费者数据

• 姓名，住址，联系方式	• 机动车
• 年龄	• 杂志订阅
• 性别	• 兴趣爱好
• 种族	• 目录订单
• 宗教	• 婚姻状况、人生阶段
• 收入	• 身高、体重、发色和眼睛颜色
• 受教育程度	• 配偶姓名、出生日期
• 选民登记	• 孩子姓名与出生日期
• 房屋所有权	

有关数据的元数据存储在数据仓库的元数据数据库中，这些元数据描述了数据的来源、格式、假设、约束以及其他关于数据的事实等。数据仓库 DBMS 向商务智能应用程序提取并提供数据。

在图 9-1 中，商务智能用户与知识工作者不同。商务智能用户通常是数据分析方面的专家，而知识工作者通常是商务智能结果的非专家用户。银行的贷款批准人员是知识工作者，而不是商务智能用户。

9.3.1　操作数据的问题

大多数操作数据和购买到的数据都存在一些问题，这些问题限制了商务智能的有用性。表 9-3 列出了主要的问题类型。首先，尽管对成功的运作至关重要的数据必须是完整和准确的，但少量的必要数据是不需要的。例如，一些系统在排序过程中收集人口数据。但是，因为订单的填写、装运和付款不需要这样的数据，从而导致数据的质量受损。

表 9-3　源数据可能存在的问题

	• 错误的粒度
• 脏数据	– 太精细
• 缺失值	– 不够精细
• 不一致性数据	• 过多数据
• 数据未整合	– 过多属性
	– 过多数据点

有问题的数据被称为"脏数据"。例如，客户性别值为 B 和客户年龄值为 213。其他的例子还有值为 9999-9999-9999 的美国电话号码，"gren,"这类只有一部分拼写的颜色值，以及 WhyMe@GuessWhoIAM.org 的电子邮件地址。图 9-5 中 Units 的 0 值也是脏数据。所有这些对于商务智能分析而言都是有问题的。

购买的数据常常包含缺失的元素。图 9-5 中的联系数据是一个典型的例子；订单可以在没有联系数据的情况下发送，因此它的质量参差不齐，并且有很多缺失的值。大多数数据供应商都声明了他们销售的数据中每个属性的缺失值百分比。组织购买这样的数据，是因为对某些用途而言，有一些数据总比没有数据要好。对于那些难以获得的数据，如家庭中成年人数量、家庭收入、住宅类型和主要收入来源者的教育情况，这一点尤其适用。然而，这里需要注意，对于一些商务智能应用程序，几个丢失或错误的数据点可能会导致严重的分析偏差。

表 9-3 中的第三个问题，不一致性数据，对于随时间推移收集到的数据而言尤其常见。例如，当一个区域代码发生变化时，在更改之前某位给定客户的电话号码将无法与之后该客户的电话号码匹配。同样，零件代码也可以改变，就像销售区域一样。在使用这些数据之前，必须对研究期间的一致性进行重新编码。

一些数据的不一致性来自于业务活动的性质。现有一种基于网络的订单输入系统，客户可以在全球范围内使用。当 Web 服务器记录订单的时间时，它使用哪个时区？服务器的系统时钟时间与对客户行为的分析无关。协调世界时间（以前称为格林尼治标准时间）也是毫无意义的。无论如何，Web 服务器的时间必须调整到客户的时区。

另一个问题是未整合数据。特定的商务智能分析可能需要来自 ERP 系统、电子商务系统和社交网络应用程序的数据。分析师可能希望将组织数据与购买到的消费者数据整合在一起。这样的数据收集可能会有在主键/外键关系中没有表示出来的关系。以某种方式整合这些数据，是数据仓库中的人员的作用。

数据也可能有错误的**粒度**（granularity）。粒度这一术语指的是数据的详细程度。粒度既可能会太细，也可能太粗糙。对于前者，假设我们想要在订单输入 Web 页面上分析图形和控件放置的位置，它能在点击流数据中捕捉到客户的点击行为。然而，这些数据包括客户在网站上所做的一切。在订单流的中间是点击新闻、电子邮件、即时聊天和天气检查的数据。尽管所有这些数据对于消费者浏览行为的研究都是有用的，但如果我们想知道的是客户对屏幕上不同位置的广告的反应，大量的数据反而会让人不知所措。为了继续进行分析，数据分析师必须舍弃数百万的点击量数据。

数据也可能过于粗糙。例如，地区销售总额的文件不能用于探究某地区某特定商店的销售情况，而商店的总销售额不能用于确定商店内特定商品的销售情况。相反，我们需要获得足够细小的数据来生成我们想要的最小级别的报告。

一般来说，细粒度比粗粒度要好得多。如果粒度太细，可以通过求和与组合使数据变得更粗。这就是该团队对图 9-5 中销售数据所做的操作。"Bill Year"的销售额对他们的需求来说太细小了，所以他们对这些年来的销售数据进行求和。但是，如果粒度太粗，就没有办法将数据分解为多个组成部分。

表 9-3 中列出的最后一个问题是数据过多。如表所示，我们有过多的属性，也有过多的数据点。回想一下对第 5 章中表的讨论。我们还会有过多列或行。

考虑第一个问题：属性过多。假设我们想知道影响顾客如何回应促销活动的因素。如果我们将内部客户数据与购买到的客户数据相结合，我们将有超过 100 个不同的属性可供思考。我们如何在其中进行选择？在某些情况下，数据分析师忽略不需要的列，但是在更复杂的数据挖掘分析中，过多的属性会存在问题。由于"维度诅咒"⊖（curse of dimensionality）的现

⊖ 维度诅咒又称为维度之咒、维数祸根等，是一个最早由 Richard Bellman 提出来的术语，用来描述当（数学）空间维度增加时，体积指数增加的难题。例如，100 个平均分布的点能把一个单位区间以每个点距离不超过 0.01 采样；而当维度增加到 10 后，如果以相邻点距离不超过 0.01 小方格采样一单位超正方体，则需要 10^{20} 个采样点；所以，这个 10 维的超正方体也可以说是比单位区间大 10^{18} 倍。

象，属性越多，就越容易建立一个符合样本数据的模型，但这对于预测而言是毫无价值的。减少属性的数量还有其他原因，数据挖掘的主要活动之一就是确定快速有效的选择属性的方法。

过多的数据点和数据行也会导致过多数据。假设我们想分析 CNN.com 上的点击流数据。这个网站每月能收到多少次点击？千百万计！为了对这些数据进行有意义的分析，我们需要减少数据量。解决这个问题的好方法是统计抽样。在这种情况下，组织不应该拒绝对数据进行取样。

9.3.2 数据仓库与数据集市

要理解数据仓库和数据集市之间的差异，可以将数据仓库看作供应链中的一个分销商。数据仓库从数据制造商（操作系统和其他数据源）处获取数据，对数据进行清理和处理，并将数据定位在数据仓库的货架上。数据仓库的数据分析师是数据管理、数据清理、数据转换、数据关系等方面的专家。然而，在特定的业务功能中，他们通常不是专家。

数据集市（data mart）是小于数据仓库的数据集，用于满足特定部门或业务功能区域的需求。如果数据仓库是供应链中的分销商，那么数据集市就像供应链中的零售商店。数据集市中的用户从数据仓库中获取与特定业务功能相关的数据。这些用户没有数据仓库员工拥有的数据管理专业知识，但对特定的业务功能而言他们是知识渊博的分析师。

图 9-12 展示了这些关系。在这个示例中，数据仓库从数据生产者处获取数据，并将数据分配到三个数据集市处。第一个数据集市用于分析点击流数据，目的在于设计网页。第二个数据集市分析商店销售数据，并确定哪些产品有望被一起购买。这些信息可以用于培训销售人员，使其以最佳方式向客户推销产品。第三个数据集市用于分析客户订单数据，目的是减少从仓库中挑选商品的劳动。例如，诸如亚马逊这样的公司会不遗余力地将仓库组织化，减少挑选商品的成本。

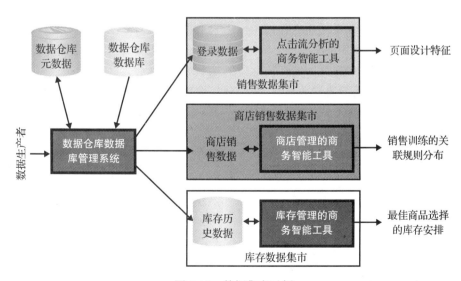

图 9-12 数据集市示例

可以想象，数据仓库和数据集市的创建、人员雇用和操作都是很昂贵的。只有财力雄厚的大型组织才能够负担得起像图 9-11 这样的系统。较小的组织运行该系统的子系统，但是其必须找到解决数据仓库所能解决的基本问题的方法，即使这些方法是非正式的。

案例 9-1

伦理指南：错误诊断

弗雷德·博尔顿（Fred Bolton）盯着电脑屏幕，直到眼神呆滞。在过去的一周里，为了解决一个严重的问题，他每天工作 15 个小时，而这个问题可能会对他的雇主的未来造成灾难性的影响。弗雷德在 A+Meds 公司工作了近 10 年，他很自豪能与一家世界领先的制药公司合作，他从 IT 部门的最底层起步，很快就升职了。他是一个学习速度快的人，有着永不言弃的态度。但今天，他已经快要放弃了。

弗雷德对制药行业在过去 10 年里发生的变化感到震惊。当他刚在 A+Meds 工作时，公司通过直销技术提高销售额。公司的代表与医生会面，让他们相信，A+Meds 是市场上最好的。现在，技术已经逐渐渗透到医疗保健行业的各个方面。医生越来越依赖人工智能驱动的专家系统来选择最合适的药物和治疗方法。这些系统根据制药公司提交给系统的药物档案，提出药物建议。

如果药物的任何方面发生了变化，这些公司可以更新药物档案，但如果这些变化不大，公司就不会频繁地对其进行更新。

最近，一种新药的销售一直不佳。A+Meds 投资了数千万美元开发这种药物。公司高管和新产品开发人员确信，该药物要优于市场上的竞争药品。他们认为销售不佳的问题在于医生所使用的专家系统没有推荐这种产品。这使得该产品的销售受到影响，公司盈利能力下降，员工的薪酬也处于困境之中。

弗雷德的任务是对人工智能推荐系统进行严格的检查。他被要求找出问题所在，看一看公司是否可以做些什么来改善系统对产品的"感知"。在他的测试过程中，弗雷德发现对药物档案的轻微修改会产生很大的影响。虽然他用来修改档案的一些数据并不准确，但即使数据准确，他所做的改变也需要进行监管审查，而这一过程可能需要大量的时间。远在评估完成之前，公司就会遭受严重的财务损失，弗雷德不想报告他的发现。

信息操纵

弗雷德一直盯着电脑显示器上的时钟。该是他开会的时候了，但他正在找借口在办公桌附近逗留。他两手空空地走到董事会会议室，在一个长会议桌的最后面位子坐下，和 A+Meds 的高级销售主管帕特丽夏·唐纳（Patricia Tanner）一列。"弗雷德，你发现了什么？"帕特丽夏问道。"我希望是好消息！"弗雷德解释说，尽管他对推荐系统进行了全面的分析，但他无法找到一个系统可以选择他们的产品而不是竞争产品的解决方案，除非他们修改药物简介资料。

"但是我们的药更优良，更安全！"她大声说。"当我们的竞争对手正在试验一种类似的药物时，我是他们的销售主管，我知道我们的药物是更好的选择。"

"可能是吧。"弗雷德谨慎地回答，"但是我们药物简介资料是依据已批准的指南原则拟定的。该药物的现有简介资料导致我们输给了竞争对手的药物。"

两人静静地坐了几分钟，帕特丽夏才慢慢回应："如果我们提交一个系统认为更优的新的药物简介资料，尽管一些数据有点牵强，又会怎么样？"

弗雷德不敢相信她刚刚问了这个问题，他不知道如何回复才能不把工作置于一种危险境地。"难道把不准确的信息添加到系统中不会被认为是一种违法行为吗？如果一个病人根据更改的信息服用了我们的药物，我们不得对他负责吗？"弗雷德问。帕特丽夏回答说，制药公司一直都在做这样的事情。只有在有大量与病人有关的严重事件发生时，才会进行调查，否则这是极其罕见的。

帕特丽夏看着他滑稽的表情，说道："难道你认为仅仅基于系统对药物简介资料的解读，让人们使用我们所知道品质不好的药物才是正确的吗？如果人们生病或者发生什么更严重的事情，却由于系统的缘故没有采用他们应该采用的药物，又会发生什么？难道你对这种情况不感到难过吗？"弗雷德没有想过这个问题。也许帕特丽夏是正确的。弗雷德确实相信他们的药是更好的选择。然而，他不是医生，遵守联邦法规似乎是正确的选择，但也不应该产生使人们远离应得药物的风险。他叹了口气，向后靠在椅子上。他不知道该说什么。

讨论题：

（1）根据之前在本书中对伦理原则的定义：

① 你认为操纵人工智能系统的推荐，从绝对命令角度符合伦理吗？

② 你认为操纵人工智能系统的推荐，从功利主义角度符合伦理吗？

（2）如果你是弗雷德，你会如何回应？药物可能比竞争药物更好、更安全，你认为提交不准确的信息是恰当的吗？

（3）弗雷德应该如何应对帕特丽夏提出的操纵药物简介资料的建议呢？她是因为策略本身的正确性才愿意采取这种策略的吗？

（4）人工智能和其他技术解决方案被越来越多地用于帮助人们进行决策，你如何看待这一现象？你会希望医生基于自动化系统的推荐对你进行治疗吗？考虑一下其他领域。例如，你会相信自动金融投资系统的建议，还是一个活生生的财务顾问的建议？

9.4 组织如何使用报告应用程序

报告应用程序（reporting application）是一种商务智能应用程序，从一个或多个来源输入数据并对该数据应用报告操作，产生商务情报。我们首先概述报告操作，然后举例说明两个重要的报告应用程序：RFM 分析和联机分析处理。

9.4.1 基本报告操作

报告应用程序经过五个基本操作生成商务智能：

- 排序。
- 筛选。
- 分组。
- 计算。
- 规定格式。

这些操作都不是特别复杂，都可以使用 SQL 和基本 HTML 或简单的报告编写工具完成。9.3 节中分析零件的团队使用 Access 来应用这五个操作。以图 9-10 为例，图中结果按照 Total Revenue 进行排序，对特定零件进行筛选，销售额按照 PartNumber 分组，还计算了订单总数和总收入，且总收入的表示正确地使用了美元货币标识符。

这些简单的操作可以用来生成复杂的且非常有用的报告。RFM 分析和联机分析处理则是两个主要的例子。

9.4.2 RFM 分析

RFM 分析（RFM analysis）是一种可以很容易地利用基本的报告操作来实现的方法，可以根据顾客的购买模式来对顾客进行分析和排名。⊖RFM 关注客户最近订购（R）、客户订购频

⊖ Arthur Middleton Hughes, "Quick profits with RFM Analysis," Database Marketing Institute, May 31, 2016, www.dbmarketing.com/articles/Art149.htm.

率（F），以及客户的支出金额（M）。

为了生成 RFM 得分，RFM 报告工具首先根据最近订购（R）的日期对客户订购记录进行排序。在这种分析的常见形式中，该工具将客户划分为五个组，并给每个组的客户从 5 到 1 打分。20% 的客户有最近日期的订购，R 得分为 5 分，20% 的客户有下一最近日期的订购，R 得分为 4 分，以此类推，直到最后 20% 的客户 R 得分为 1 分。

然后，该工具根据客户的订购频率对客户进行重新排序。20% 最频繁订购的顾客得到 5 分的 F 分，次频繁订购的 20% 的顾客得到 4 分的 F 分，以此类推，直到最不常订购的顾客得到 1 分的 F 分。

最后，该工具根据客户对订单的支出金额对客户进行分类。20% 的客户订购了最昂贵的物品，得到 5 分的 M 分，之后 20% 的客户则得到了 4 分的 M 分，以此类推，直到 20% 支出最少的客户得到 1 分的 M 分。

表 9-4 显示了 RFM 的示例。第一个客户 Big 7 体育，最近订购了且经常订购，然而，Big 7 体育的 3 分 M 分表明它并没有订购最昂贵的商品。从这些分数中，销售团队可以得出结论，Big 7 体育是一个很好的、有规律的顾客，团队应该尝试把更贵的商品卖给 Big 7 体育。

表 9-4　RFM 得分举例

客户	RFM 得分		
Big 7 体育	5	5	3
圣路易斯足球俱乐部	1	5	5
迈阿密市政	1	2	1
中部科罗拉多州	3	3	3

表 9-4 中的第二个客户可能存在某种问题。圣路易斯足球俱乐部在一段时间内没有订购，但它在过去经常订购，且其订单具有最高的货币价值。这一数据表明，圣路易斯足球俱乐部可能已经将业务交给了另一家供应商，销售团队的人应该立即联系这个客户。

在该销售团队中，没有人会关注第三个客户——迈阿密市政。这家公司已经有一段时间没有订购了；订购不频繁；而且，当它订购时，它只会订购数量不多的最便宜的商品。让迈阿密市政去参加市场竞争，损失将是微乎其微的。

最后一个顾客，中部科罗拉多州，各项评分居中。中部科罗拉多州是一个不错的客户，但销售团队中可能没有人愿意在这上面花太多时间。也许销售团队可以建立一个自动联系系统，或者把中部科罗拉多州的账户交给勤奋的部门助理或实习生作为对其的训练。

9.4.3　联机分析处理

联机分析处理（online analytical processing，OLAP）是第二种类型的报告应用程序，比 RFM 更通用。OLAP 提供对多组数据进行求和、计数、平均和执行其他简单算术运算的功能。OLAP 报告最典型的特征是动态性。报告的查看者可以在查看报告时更改报告的格式，术语"联机"由此而来。

OLAP 报告有测量项和维度。**测量项**（measure）是 OLAP 报表中感兴趣的数据项，它是要在 OLAP 报告中进行求和、平均或以其他方式处理的项目，如总销售额、平均销售额和平均成本。**维度**（dimemsion）是 OLAP 测量项的特征，购买日期、客户类型、客户位置和销售区域都是维度的示例。

图 9-13 展示了一个典型的 OLAP 报告。在这里，测量项是 Store Sales Net，维度是 Product

Family（产品族）和 Store Type（商店类型）。这个报告显示了网络商店的销售额是如何因产品族和商店类型而变化的。例如，Supermarket 这一商店类型就销售了 36 189 美元的非消耗品（nonconsumable）。

	A	B	C	D	E	F	G
1							
2							
3	Store Sales Net	Store Type					
4	Product Family	Deluxe Supermarket	Gourmet Supermarket	Mid-Size Grocery	Small Grocery	Supermarket	Grand Total
5	Drink	$8,119.05	$2,392.83	$1,409.50	$685.89	$16,751.71	$29,358.98
6	Food	$70,276.11	$20,026.18	$10,392.19	$6,109.72	$138,960.67	$245,764.87
7	Non-Consumable	$18,884.24	$5,064.79	$2,813.73	$1,534.90	$36,189.40	$64,487.05
8	Grand Total	$97,279.40	$27,483.80	$14,615.42	$8,330.51	$191,901.77	$339,610.90

图 9-13　杂货销售 OLAP 报告

资料来源：Windows 10, Microsoft Corporation.

图 9-13 中这样的表示通常称为 **OLAP 立方体**（OLAP cube），有时也简称为立方体。使用这一术语的原因是一些软件产品使用三个坐标轴来显示，就如同几何学中的立方体。无论如何，这个词的起源并不重要。你只需要知道 OLAP 立方体和 OLAP 报告是同一种东西。

图 9-13 中的 OLAP 报告是由 Microsoft SQL Server 分析服务生成的，并显示在一个 Excel 数据透视表中。这些数据取自名为"食品集市"的示例教学数据库，该数据库是由 SQL Server 提供的。

除了使用 Excel 之外，还可以用多种方式展示 OLAP 立方体。有些第三方供应商提供了更广泛的图形显示方法。想了解有关这些产品的更多信息，可以在 http://dwreview.com/OLAP/index.html 的 Data Warehousing Review 页面查看 OLAP 供应商和产品。访问 www.TableauSoftware.com，可以查看优秀的、易于使用的 OLAP 工具的示例。Tableau 也有自由的学生使用政策。

如前所述，OLAP 报告的显著特征是用户可以更改报告的格式。图 9-14 显示了这样的更改操作。在这里，用户对横向展示添加了其他维度——Store Country（商店所在国家）和 Store State（商店所在州）。产品族的销售额现在已经被商店的位置分割。我们观察到样本数据只包括美国的商店，而且这些商店只位于美国西部的加利福尼亚州、俄勒冈州和华盛顿州。

	A	B	C	D	E	F	G	H	I
1									
2									
3	Sum of store_sales			Column Labels					
4	Row Labels	Store Country	Store State	Deluxe Superma	Gourmet Supermar	Mid-Size Groce	Small Grocery	Supermarket	Grand Total
5	Drink	USA	CA		$3,940.54		$373.72	$9,888.98	$14,203.24
6			OR	$7,394.25				$4,743.04	$12,137.29
7			WA	$6,092.91		$2,348.79	$768.89	$13,285.09	$22,495.68
8		USA Total		$13,487.16	$3,940.54	$2,348.79	$1,142.61	$27,917.11	$48,836.21
9	Drink Total			$8,119.05	$2,392.83	$1,409.50	$685.89	$16,751.71	$29,358.98
10	Food	USA	CA		$33,424.17		$3,275.80	$78,493.20	$1,15,193.17
11			OR	$62,945.01				$39,619.66	$1,02,564.67
12			WA	$54,143.86		$17,314.24	$6,899.50	$1,12,920.15	$1,91,277.75
13		USA Total		$1,17,088.87	$33,424.17	$17,314.24	$10,175.30	$2,31,033.01	$4,09,035.59
14	Food Total			$70,276.11	$20,026.18	$10,392.19	$6,109.72	$138,960.67	$245,764.87
15	Non-Consumable	USA	CA		$8,385.53		$791.66	$20,594.24	$29,771.43
16			OR	$16,879.02				$10,696.09	$27,575.11
17			WA	$14,607.19		$4,666.20	$1,776.81	$28,969.59	$50,019.79
18		USA Total		$31,486.21	$8,385.53	$4,666.20	$2,568.47	$60,259.92	$1,07,366.33
19	Non-Consumable Total			$18,884.24	$5,064.79	$2,813.73	$1,534.90	$36,189.40	$64,487.05
20	Grand Total			$1,62,062.24	$45,750.24	$24,329.23	$13,886.38	$3,19,210.04	$5,65,238.13

图 9-14　扩展的杂货销售 OLAP 报告

资料来源：Windows 10, Microsoft Corporation.

有了 OLAP 报告，就可以**向下钻取**（drill down）数据。这一术语意味着在 OLAP 报表中进一步将数据细分。例如，在图 9-15 中，用户已经向下钻取到位于加利福尼亚州的商店中，OLAP 报告现在显示了加利福尼亚州的四个城市的销售数据。

	A	B	C	D	E	F	G
1	Sum of store_sales	Column Labels					
2	Row Labels	Deluxe Supermarket	Gourmet Supermarket	Mid-Size Grocery	Small Grocery	Supermarket	Grand Total
3	USA	$162,062.24	$45,750.24	$24,329.23	$13,886.38	$319,210.04	$565,238.13
4	CA		$45,750.24		$4,441.18	$108,976.42	$159,167.84
5	Beverly Hills		$45,750.24				$45,750.24
6	Drink		$3,940.54				$3,940.54
7	Food		$33,424.17				$33,424.17
8	Non-Consumable		$8,385.53				$8,385.53
9	Los Angeles					$54,545.28	$54,545.28
10	Drink					$4,823.88	$4,823.88
11	Food					$39,187.46	$39,187.46
12	Non-Consumable					$10,533.94	$10,533.94
13	San Diego					$54,431.14	$54,431.14
14	Drink					$5,065.10	$5,065.10
15	Food					$39,305.74	$39,305.74
16	Non-Consumable					$10,060.30	$10,060.30
17	San Francisco				$4,441.18		$4,441.18
18	Drink				$373.72		$373.72
19	Food				$3,275.80		$3,275.80
20	Non-Consumable				$791.66		$791.66
21	OR	$87,218.28				$55,058.79	$142,277.07
22	Portland					$55,058.79	$55,058.79
23	Salem	$87,218.28					$87,218.28
24	WA	$74,843.96		$24,329.23	$9,445.20	$155,174.83	$263,793.22
25	Bellingham				$4,739.23		$4,739.23
26	Bremerton					$52,896.30	$52,896.30
27	Seattle					$52,644.07	$52,644.07
28	Spokane					$49,634.46	$49,634.46
29	Tacoma	$74,843.96					$74,843.96
30	Walla Walla				$4,705.97		$4,705.97
31	Yakima			$24,329.23			$24,329.23
32	Grand Total	$162,062.24	$45,750.24	$24,329.23	$13,886.38	$319,210.04	$565,238.13

图 9-15　对扩展的杂货销售 OLAP 报告的向下钻取

资料来源：Windows 10, Microsoft Corporation.

注意图 9-14 和图 9-15 之间的其他不同之处。用户不仅进行了向下钻取，还改变了维度的顺序。图 9-14 先显示产品族，然后显示产品族中的商店位置。图 9-15 显示商店位置，然后在商店位置中显示产品族。

基于用户的角度，这两种显示都是有效且有用的。产品经理可能喜欢先查看产品族，再查看商店位置数据。销售经理可能希望先看到商店的位置，然后看到产品数据。OLAP 报告提供这两个视角，用户可以在查看报告时进行切换。

不幸的是，所有这些灵活性都需要付出代价。如果数据库很大，那么对这种动态显示进行必要的计算、分组和排序将需要庞大的计算能力。尽管标准的商业 DBMS 产品确实具备创建 OLAP 报告所需的特征和功能，但它们并不是为此类工作而设计的。相反，它们的设计目的是为诸如订单输入或生产计划之类的事务处理应用程序提供快速响应。因此，有些组织在独立服务器上对 DBMS 产品进行了优化。如今，许多 OLAP 服务器被转移到了云端。

9.5　组织如何使用数据挖掘应用程序

数据挖掘（data mining）应用统计技术来找出分类数据和预测数据之间的模式和关系。如图 9-16 所示，包括人工智能和机器学习在内的学科融合产生了数据挖掘。近年来，人工智能、机器学习、数据挖掘的热潮则是由运算能力的指数性增长、廉价数据存储以及大数据集的诞生所驱动的。

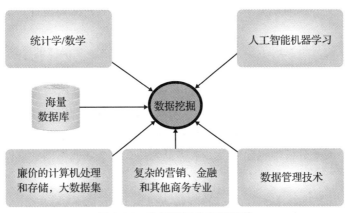

图 9-16　数据挖掘的来源学科

9.5.1　智能机器

人工智能（artificial intelligence，AI）是指机器对人类的视觉能力、沟通能力、识别能力、学习能力和决策能力的模拟。组织希望使用人工智能对通常由人类完成的任务进行自动化。例如，佐治亚理工学院的一位教授培训了 IBM 的人工智能沃森（Watson）作为他班上的助教。它负责回答约 1 万名学生提出的问题。直到学期结束教授辨认控制论课程的同学时，这些学生才意识到"吉尔·沃森"（Jill Watson）是一台机器。⊖

人工智能的一个子集是**机器学习**（machine learning），基于通过训练数据创建的算法从数据中提取知识。机器学习是数据挖掘的近亲，但两者方法不同。机器学习专注于基于先前已知的训练数据预测结果。相反，数据挖掘的重点是在没有预先培训的情况下发现数据的新模式。

例如，机器学习可以用来教系统对狗的品种进行识别和分类。机器通过分析数以百万计的狗的图片，学会识别每一种狗。事实上，微软公司已经推出了一个名为 Fetch！的应用程序，用来识别犬类。你甚至可以提交你自己的照片，看看你最像哪种狗（www.what-dog.net）。机器学习的应用远远不止犬类分类。机器学习有一整套课程，但是，出于我们的目的，我们将聚焦于数据挖掘技术。

数据挖掘技术来源于统计和数学，以及计算机科学中的人工智能和机器学习领域。因此，数据挖掘的术语是这些不同学科的术语的奇怪混合。有时人们使用术语"知识发现"（knowledge discovery，KDD）作为数据挖掘的同义词。

大多数的数据挖掘技术都是很复杂的，而且很多都难以使用。然而，这样的技术对组织来说极具价值，有些商务人士，特别是金融和营销领域的，已经成为使用专家。事实上，对于那些掌握数据挖掘技术的商务人士来说，现在有许多有趣且有价值的职业。

9.5.2　无监督的数据挖掘

对于**无监督的数据挖掘**（unsupervised data mining），分析师在运行分析之前不会创建模型或假设。相反，他们将数据挖掘技术应用于数据并观察结果。通过这种方法，分析师在分析

⊖ Paul Miner,"Professor Pranksman Fools His Students with a TA Powered by IBM's Watson." The Verge, May 6, 2016, accessed June l, 2016. www.theverge.com/2016/5/6/11612520/ta-powered-bg-ibm-watson.

后创建假设来解释发现的模式。

聚类分析（cluster analysis）是一种常见的无监督技术，它使用统计技术来识别具有相似特征的实体组。聚类分析的常见用法是在有关客户订单和客户人口统计特征的数据中查找相似的客户组。

例如，假设聚类分析发现了两个非常不同的客户群体：一个群体的平均年龄为 33 岁，有三个安卓手机和两个 iPad，有昂贵的家庭娱乐系统，开着雷克萨斯 SUV，并且倾向于购买昂贵的儿童游戏设备。另一个群体的平均年龄为 64 岁，在亚利桑那州有度假别墅，玩高尔夫球，购买昂贵的葡萄酒。假设分析还发现，这两组人都买了设计师设计的儿童服装。

这些发现仅仅是通过数据分析得出的。目前还没有关于已存在的模式和关系的先验模型。得到这个事实后，需要分析师创建假设，来解释为什么两个如此不同的群体都在购买设计师设计的儿童服装。

9.5.3 有监督的数据挖掘

在**有监督的数据挖掘**（supervised data mining）中，数据挖掘者在分析之前开发一个模型，应用统计技术来确定该模型的有效性并估计模型的参数值。例如，假设一家通信公司的市场营销专家认为，周末的手机使用取决于客户的年龄和客户拥有手机账户的时间（月时长）。然后，数据挖掘分析师将运行分析，评估客户年龄和账户时长的影响。

其中一种用来测量一组变量对另一个变量影响的分析，被称为**回归分析**（regression analysis）。手机分析的一个示例结果是：

$$\text{手机周末使用时长（分钟）} = 12 + 17.5 \times \text{客户年龄} + 23.7 \times \text{账户月时长}$$

使用这个等式，分析师可以通过 12 加上 17.5 倍的客户年龄，再加上 23.7 倍的账户月时长来预测客户周末使用手机的分钟数。

正如你将在统计课上学到的，我们需要大量的技巧来解释这种模型的质量。回归工具将创建一个上文所示的方程式。这个方程式能否预测未来手机的使用情况，则取决于 t 值、置信区间等统计因素以及相关的统计技术。

神经网络（neural network）是另一种有监督的数据挖掘应用，用于预测价值并进行分类，如把客户分为"前景良好"和"前景欠佳"两类。"神经网络"这个术语具有欺骗性，因为它意味着一个与动物大脑相似的生物过程。事实上，虽然神经网络的最初想法可能来自于解剖学和神经元生理学，但神经网络本身只不过是一组复杂的非线性方程组而已。解释神经网络所使用的技术超出了本书的范围。如果你想了解更多信息，可以在 http://kdnuggets.com 中搜索术语神经网络。

在接下来的部分，我们将描述并演示两种典型的数据挖掘工具——购物篮分析和决策树，并展示这些技术的应用。从这一讨论中，你可以了解到数据挖掘的本质。这些示例应该会让你这一未来的管理人员，了解数据挖掘技术的可能性。然而，在你能够自己进行这样的分析之前，你还需要额外的统计学、数据管理、市场营销和财务方面的课程。

9.5.4 购物篮分析

假设你开了一家潜水用品商店，有一天你意识到你的一个销售人员相比其他人更擅长向顾客推销产品。你的任何一个销售助理都可以满足顾客的要求，但是这个销售人员特别擅长在顾客购买要求的产品之外向顾客推销产品。有一天，你问他这是怎么做到的。

"这很简单，"他说，"我只是问自己，他们想买的下一个产品是什么。如果有人买了潜水计算机，我不会向她推销脚蹼。如果她要买潜水计算机，说明她已经是潜水员且已经拥有脚蹼了。但是这些潜水计算机的显示器很难读懂。更好的面罩能让你更容易地阅读显示器，充分享受潜水计算机带来的好处。"

购物篮分析（market-basket analysis）是一种无监督的用于确定销售模式的数据挖掘技术，它可以显示出消费者倾向于一起购买的产品。在市场交易中，购买产品 X 的顾客也会购买产品 Y，就产生了一个**交叉销售**（cross-selling）的机会；即"如果他们买了 X，就向他们推销 Y"或者"如果他们买了 Y，就向他们推销 X"。

图 9-17 显示了一家潜水用品商店 400 个销售交易的假想销售数据。在第一组行的对角线上（阴影）的数字是商品被售出的总次数。例如，对角线单元格里"Mask"值为 270，意味着 400 个交易中有 270 个包含了面镜。对角线单元格里"Dive Computer"值为 120，意味着 400 个交易中有 120 个包含了潜水计算机。

	Mask	Tank	Fins	Weights	Dive Computer
Mask	270	10	250	10	90
Tank	10	200	40	130	30
Fins	250	40	280	20	20
Weights	10	130	20	130	10
Dive Computer	90	30	20	10	120
	Support				
Num Trans	400				
Mask	0.675	0.025	0.625	0.025	0.225
Tank	0.025	0.5	0.1	0.325	0.075
Fins	0.625	0.1	0.7	0.05	0.05
Weights	0.025	0.325	0.05	0.325	0.025
Dive Computer	0.225	0.075	0.05	0.025	0.3
	Confidence				
Mask	1	0.05	0.892857143	0.076923077	0.75
Tank	0.037037037	1	0.142857143	1	0.25
Fins	0.925925926	0.2	1	0.153846154	0.166666667
Weights	0.037037037	0.65	0.071428571	1	0.083333333
Dive Computer	0.333333333	0.15	0.071428571	0.076923077	1
	Lift (Improvement)				
Mask		0.074074074	1.322751323	0.113960114	1.111111111
Tank	0.074074074		0.285714286	2	0.5
Fins	1.322751323	0.285714286		0.21978022	0.238095238
Weights	0.113960114	2	0.21978022		0.256410256
Dive Computer	1.111111111	0.5	0.238095238	0.256410256	

图 9-17　潜水用品商店的购物篮分析

资料来源：Windows 10, Microsoft Corporation.

我们可以用一件商品被售出的次数来估计顾客购买这件商品的概率。因为 400 个交易中有 270 个面镜，所以我们可以估计顾客购买面镜的概率是 270/400，即 0.675。销售一台潜水计算机的概率是 0.3。

在购物篮分析的术语中，**支持度**（support）是两个商品一起被购买的可能性。为了估计这个概率，我们观察交易并计算同一交易中两个商品发生的次数。在图 9-17 的数据中，脚蹼（fin）和面镜一起出现了 250 次，因此脚蹼和面镜的支持度是 250/400，即 0.625。类似地，脚蹼和配重带（weight）的支持度是 20/400，即 0.05。

这些数据本身就很有趣，但是我们可以通过采取另外的步骤且考虑额外的可能性来改进分析。例如，购买面镜的顾客中，有多少人购买了脚蹼？面镜被购买了 270 次，而那些购买了面镜的人中也有 250 人购买了脚蹼。因此，鉴于顾客已经买了一个面镜，我们可以估计他购买脚蹼的概率是 250/270，即 0.926。在购物篮分析的术语中，这种条件概率估计被称为**可信度**（confidence）。

仔细考虑一下可信度值的意义。一个人进店并购买脚蹼的可能性是 250/400，即 0.625。但是，考虑到已买了一个面镜，他购买脚蹼的可能性为 0.926。因此，如果有人买了一个面镜，那么他同时购买脚蹼的可能性会大大增加，从 0.625 升到 0.926。因此，所有销售人员都应该接受培训，努力向购买面镜的人销售脚蹼。

现在考虑潜水计算机和脚蹼。在 400 个交易中，脚蹼被卖出 280 次，所以有人走进商店并购买脚蹼的概率是 0.7。但是在 120 个潜水计算机的购买中，只有 20 个与脚蹼同时发生。因此，如果有人买了一台潜水计算机，那么他购买脚蹼的可能性是 20/120，也就是 0.166 6。因此，当某人买了一台潜水计算机时，他同时购买脚蹼的可能性就会从 0.625 降低到 0.166 6。

可信度与购买一件物品的基本概率的比率被称为**提升度**（lift）。提升度显示了在购买其他产品时，基础概率增加或减少的程度。脚蹼和面镜的提升度等于已有面镜、购买脚蹼的可信度除以购买脚蹼的基本概率。在图 9-17 中，脚蹼和面镜的提升度是 0.926/0.7，即 1.32。因此，人们购买面镜的可能性增加了 32%。令人惊讶的是，脚蹼和面镜的提升度与面镜和脚蹼的提升度相同，都是 1.32。

不过，在这里我们要注意，这只展示了有两样商品的购物车分析。我们不能从这些数据中得到已买面镜的顾客既要买配重带又要买脚蹼的可能性是多少。为了评估这一可能性，我们需要分析有三样商品的购物车。这句话再次证明，在开始构建信息系统以挖掘数据之前，我们需要知道我们在解决什么问题。问题定义将帮助我们决定是否需要分析有三样商品、四样商品或者其他规模的购物车。

今天，许多组织从购物篮分析中受益，可以预见到这一技术将在你的职业生涯期间成为标准的客户关系管理（CRM）分析。

9.5.5 决策树

决策树（decision tree）是一种用于预测分类或值的标准的分层排列。这里我们将关注预测分类的决策树。决策树分析是一种无监督的数据挖掘技术：分析人员设置计算机程序并提供分析所需数据，决策树程序生成树。

决策树的一个常见的商业应用是根据缺省情况对贷款进行分类。组织通过分析从以往贷款文件中析出的数据，生成可以转换为贷款决策规则的决策树。一家金融机构可以使用这种树来评估新贷款的违约风险。有时，金融机构也会出售一组贷款（称为贷款组合）。考虑购买贷款组合的机构可以使用决策树程序的结果来评估特定组合的风险。

图 9-18 显示了由商务智能工具提供商 Insightful 公司提供的示例。这个例子由其 Insightful Miner 产品生成。这个工具检验了 3 485 笔贷款的数据。在这些贷款中，72% 的人没有违约，

28%的人有违约。为了执行分析,决策树工具检验了六个不同的贷款特性。

在这个例子中,决策树程序把逾期贷款的百分比(PercPastDue)认定为最适合的第一个标准。观察图9-18,你可以看到2 574笔贷款的PercPastDue值为0.5或更低(当前逾期总额少于贷款金额的一半),94%的贷款没有违约。从这棵树往下读几行,911笔贷款的PercPastDue值超过了0.5;在这些贷款中,有89%的贷款是违约的。

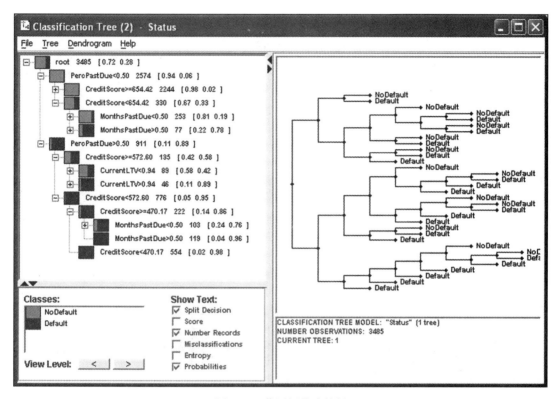

图9-18 信用评分决策树

资料来源:Used with permission of TIBCO Software Inc.Copyright©1999-2005 TIBCO Software Inc.

这两个主要的类别被进一步细分为三类:CreditScore是从信用评级机构处获得的信用评分;MonthsPastDue是支付后的月数;而CurrentLTV是当前贷款余额与贷款抵押品价值的比率。

有了这样的决策树,金融机构就可以制定决策规则,来接受或拒绝从另一家金融机构购买贷款的提议。例如:

- 如果逾期率不超过50%,那就接受贷款。
- 如果逾期率大于50%,而且CreditScore大于572.6,CurrentLTV小于0.94,那么接受这笔贷款。
- 否则,拒绝贷款。

当然,金融机构需要将这些风险数据与对每笔贷款价值的经济分析结合起来,以确定要接受哪些贷款。

决策树易于理解,甚至更胜一筹,且易于利用决策规则来操作。它们还可以处理多种类型的变量,并且可以很好地处理局部的数据。组织可以独立使用决策树,也可以将它们与其他技术结合使用。在某些情况下，组织使用决策树来选择之后需要被其他类型的数据挖掘工具所使用的变量。例如，决策树可以用来为神经网络识别良好的预测变量。

9.6 组织如何使用大数据应用程序

大数据（bigdata 或 big data）是用以描述具有大量、高速和多样性特征的数据集的术语。一般来说，下面对于大数据的陈述是正确的：

- 大数据的数据集至少是一个 PB 大小的数据集，甚至更大。
- 大数据通常迅速生成。
- 大数据包括结构化数据、自由格式文本、日志文件，可能还有图形、音频和视频。

9.6.1 MapReduce

因为大数据具有大量、高速和多样性特征，所以不能使用传统的技术对其进行处理。MapReduce，即映射规约模型，是一种利用数千台计算机并行工作的技术。它的基本思想是将 bigdata 集合分解成碎片，上千台独立处理器搜索这些碎片来获得感兴趣的内容。这个过程被称为映射（map）阶段。例如，在图 9-19 中，拥有 Google 搜索日志的数据集被分解成碎片，并且每个独立的处理器都被要求搜索和计数搜索关键字。当然，图 9-19 只显示了数据的一小部分，这里你可以看到一部分以 H 开头的关键字。

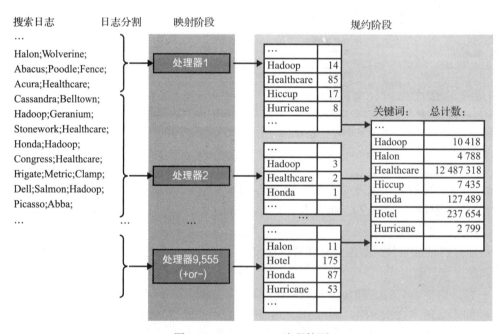

图 9-19 MapReduce 流程摘要

当各个处理器完成这一过程后，它们的结果被整合，这就是所谓的规约（reduce）阶段。结果得到给定的一天中搜索的所有词的列表和每个词的计数。这个过程比这里描述的复杂得多，但这是该想法的要点。

顺便一提，你可以访问 Google 趋势，查看 MapReduce 的应用程序。在那里你可以得到特定术语或普通术语的搜索次数的趋势线。图 9-20 显示了 Web 2.0 和 Hadoop 这一术语的搜索趋势。访问 www.google.com/trends，输入大数据和数据分析的术语，了解为什么学习它们可以更好地利用你的时间！

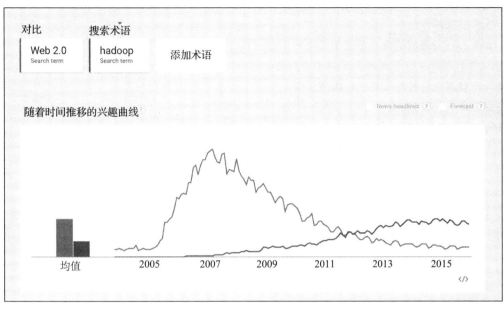

图 9-20 术语 Web 2.0 和 Hadoop 的谷歌趋势

资料来源：Google and the Google logo are registered trademarks of Google Inc.

 案例 9-2

探秘：证券交易与商务智能

自 20 世纪 70 年代以来，有传言称，大型电脑被藏在华尔街附近不起眼的办公室里，对智能股票交易进行分析。它们真的在工作吗？谁知道呢？如果你发现美元对欧元汇率的下跌会影响 3M 股票的价格，你会公布它吗？不会。你会据此进行交易，并希望没有人注意到这种相关性。或者，如果你的对冲基金开发了一个失败的模型，你会公布这种失败吗？不会。因此，由于缺乏数据，无法对基于模型的交易的成功和失败进行受控研究（也不可能完成）。

尽管如此，众所周知，苏联物理学家亚历山大·米格德尔，在他开创的一个高频交易公司中赚了数百万美元。㊀该公司和其他类似的公司在上千笔自动交易中赚取了少量的利润。㊁不幸的是，这种高频交易给市场造成了严重的压力，并导致了 2007 年和 2008 年的股市崩盘。㊂如果有更多的控制权的话，这样的交易仍会继续。

批评人士指出，市场上存在太多的噪音，任何可靠的时间预测分析都无法工作。例如，考虑一下影响 3M 股票价格的因素：全球汇

㊀ Bradley Hope, "5 Things to Know About High Frequency Trading." Wall Street Journal, April 2014, accessed May 29, 2016, http://blogs.wsi.com/briefly/2014/04/02/5-things-to-know-about-high-frequency-trading/.
㊁ 同上。
㊂ Scott Patterson, The Quants: How a New Breed of Math Whizzes Conquered Wall Street and Nearly DestroyedIt (1st ed.). New York: Crown Business, 2010.

率、油价、整体股票市场、最近的专利申请、即将过期的专利、员工和客户的推文、产品失败——这个列表没有尽头。没有任何模型可以解释这种复杂性。

也许可以解释？

如今，一种新的定量应用程序正在使用大数据和商务智能来分析来源广泛的海量数据。这些应用程序既能构建又能评估投资策略。双西投资公司［Two Sigma（www.twosigma.com）］就处于这种新的定量分析的前沿。该公司声称分析了包括公司财务报表、发展动向、推特活动、天气预报和其他数据源的大量数据。从这些分析中，它开发并测试投资策略。[○] 理论上，他们可以模拟所有影响如 3M 等公司股票价格的因素。

双西投资采取一个五步流程：获取数据；创建模型；评估模型；分析风险；进行交易。[○]

它有效吗？双西投资和其他企业都声称其效果不错。让我们拭目以待吧。

然而，我们可以进行一个重要的观察：对于普通投资者来说，掌握市场时机，在经济好转之前买入或者在经济低迷之前卖出，从来都不是件容易的事，有些人甚至会说这是不可能的。但今天，如果你试着去这样做，你不仅仅是在试图打败市场，你还在和拥有数百个博士和强大计算能力的双西投资以及许多类似的公司竞争。对大多数美国人来说，先锋公司的创始人约翰·博格尔的观点是正确的。拿出你 6% 的钱买一个指数基金，然后开开心心地生活。在 30 年的时间里，6% 将会净增长到近 6 倍。

讨论题：

（1）考虑两家上市公司：苹果和阿拉斯加航空公司。列出 10 个你认为影响这两个公司股票价格的因素。这些因素可以不同。

（2）选择问题（1）中的其中一个公司，概括地阐述每个因素是如何影响该公司股票价格的。

（3）对于你在问题（2）中回答的因素，列出可以评估每个要素的数据的来源。大数据在处理这些数据中扮演怎样的角色？

（4）如果你已有回答问题（3）所需的数据，你如何确定每个因素对股票价格影响的大小？你会采用哪种商务智能技术？

9.6.2 Hadoop

Hadoop 是一个由 Apache 基金会支持的开源程序，它可以在数千台计算机上实现 MapReduce。Hadoop 可以驱动查找和计算 Google 搜索项的过程，但是 Google 使用它自己的 MapReduce 专有版本来代替这一产品。

Hadoop 最初是 Cassandra 的一部分，但 Apache 基金会将其拆分成为自己的产品。Hadoop 是用 Java 编写的，最初在 Linux 上运行。有些公司在亲自管理的服务器集群上运行 Hadoop，而有些公司则在云端运行 Hadoop。亚马逊公司支持 Hadoop 作为其 EC3 云服务的一部分。微软公司也在 Azure 平台上提供一项名为 HDInsight 的 Hadoop 服务。Hadoop 包含名为 Pig 的查询语言。

目前，运行和使用 Hadoop 需要专业的技术技能。从多年来其他技术的发展来看，更高级、更容易使用的查询产品将会在 Hadoop 上实现。现在，我们需要认识到专家被要求使用它；但是，你也可能会参与到计划大数据研究或解释结果的过程中。

大数据分析可以同时涉及报告和数据挖掘技术。然而，它们的主要区别在于，大数据的容量、速度和多样性特征远远超越传统的报告和数据挖掘技术。

○ Two Sigma, accessed May 29, 2016, www.twosigma.com/about.html.

○ Bradley Hope,"How Computers Troll a Sea of Data for Stock Picks,"Wall Street Journal, April 2, 2015, accessed May 29, 2016, www.wsj.com/articles/how-computers-trawl-a-sea-of-data-for-stock-picks-1427941801.

9.7 知识管理系统扮演怎样的角色

对于管理者来说，没有什么比一个员工为一个问题苦苦挣扎，而另一个员工却知道如何轻易解决的情况更让人沮丧的了。更糟糕的情况是，客户组织中的某个人可能知道如何使用该产品，但订购该产品的人并不知道这一点。

知识管理（knowledge management，KM）是从知识资本中创造价值并与员工、经理、供应商、客户和其他需要的人分享知识的过程。知识管理的目的是避免刚才描述的问题。

知识管理是在社交媒体之前完成的，我们会讨论两个这样的 KM 系统。但是需要注意的是，在这一段的第一句话中，KM 的范围（员工、经理、供应商、客户和其他人）与在超社会化组织中使用社交媒体的范围是相同的。事实上，现代知识管理归因于超社会组织理论，我们将对其进行讨论。

然而，在我们转向这些具体的技术之前，先考虑一下知识管理的总体目标和好处。知识管理从提高过程质量和增强团队能力两个基本方面为组织带来收益。

正如你所知道的，过程质量是通过效能和效率来度量的，而知识管理可以同时提高两者的质量。知识管理允许员工之间，员工与客户和其他合作伙伴分享知识。通过这样做，它可以使组织中的员工更好地实现组织的策略。与此同时，共享知识使员工能够更快地解决问题，也能用更少的时间和其他资源完成工作，从而提高了过程效率。㊀

此外，回顾第 2 章，成功的团队不仅完成了分配的任务，而且无论是作为团队还是个人，他们的能力都得到了加强。通过分享知识，团队成员互相学习，避免犯重复的错误，从而成长为专业的商务人士。

例如，可以考虑在每个组织设立帮助台。以为 iPhone 之类的电子组件提供支持的帮助台为例，当用户遇到 iPhone 问题时，他可能会联系苹果帮助中心。客户服务部门总体上已经了解了任何可能出现在 iPhone 上的问题。作为一个整体，该组织知道如何解决用户的问题。然而，这并不能保证特定服务支持代表知道如何解决这个问题。知识管理的目标是让员工能够使用组织中所有人共同拥有的知识。通过这样的方式，过程质量和团队能力都得到提高。

9.7.1 什么是专家系统

最早的知识管理系统，被称为专家系统，尝试直接获取员工的专业知识。它们早在社交媒体之前就存在了，事实上早在互联网出现之前就已经存在了。

专家系统（expert system）是基于规则的系统，它以 **if/then 规则**的形式对人类知识进行编码。这些规则是说明如果存在特定条件则采取特定行动的语句。图 9-21 显示了一些规则的例子，这些规则是诊断心脏病的医学专家系统的一部分。在这一系列的规则中，该系统检查各种心脏病的影响因素，并计算心脏风险因素（CardiacRiskFactor）。根据该风险因素的值，其他变量也会被赋予值。

这里所示的规则集可能需要多次处理，因为在规则出现之前，有可能在规则的 if 一侧使用了 CardiacRiskFactor。与这个例子不同的是，操作型专家系统的规则很多，没有数千个，也有数百个。

处理规则集的程序被称为**专家系统外壳**（expert systems shell）。通常，外壳处理规则用来

㊀ Meridith Levinson. "Knowledge Management Definition and Solutions," CIO Magazine, accessed May 29, 2016, www.cio.com/article/2439279/enterprise-software/knowledge_management_definition_and_solutions.html.

处理一组规则，通常处理多次，直到变量的值不再改变时，系统报告结果。

```
Other rules here...
IF CardiacRiskFactor = 'Null' THEN Set CardiacRiskFactor = 0
IF PatientSex = 'Male' THEN Add 3 to CardiacRiskFactor
IF PatientAge >55 THEN Add 2 to CardiacRiskFactor
IF FamilyHeartHistory = 'True' THEN Add 5 to CardiacRiskFactor
IF CholesterolScore = 'Problematic' THEN Add 4 to CardiacRiskFactor
IF BloodPressure = 'Problematic' THEN Add 3 to CardiacRiskFactor
IF CardiacRiskFactor >15 THEN Set EchoCardiagramTest = 'Schedule'
...
Other rules here...
```

图 9-21　if/then 规则示例

为了创建规则体系，专家系统开发团队对感兴趣领域的专家进行了访谈。图 9-21 的规则是通过对诊断心脏病方面特别擅长的心脏病专家的访谈获得的。这样的系统会对那些高技能专家的知识进行编码，使其对技能较差或知识水平较低的专业人士可用。

许多专家系统是在 20 世纪 80 年代末和 90 年代初创建的，但只有少数取得了成功。它们有三个主要的缺点。首先，它们的开发是困难且昂贵的，需要研究领域的专家和专家系统的设计者们花费大量的劳动时间。这一费用因把领域专家联系起来的机会成本很高而持续增加。这些专家通常是组织中最受欢迎的员工。

其次，专家系统难以维护。由于基于规则的系统的性质，在成百上千的其他规则中引入一条新规则可能会产生意想不到的后果。一个小小的改变会导致非常不同的结果。不幸的是，这种副作用无法预测或消除。它们是复杂的基于规则的系统的本质。

最后，专家系统无法达到其名字所设定的高期望。最初，专家系统的支持者希望能够复制像医生一样的高水平且训练有素的专家的表现。然而，事实证明，即使当专家系统的功能发展得很接近医生时，也没有一个专家系统具有与知识渊博、技能熟练、经验丰富的医生相同的诊断能力。医疗技术的变化也需要专家系统的不断改进，而由意想不到的结果所引起的问题使得这些变化的成本十分高昂。

少数取得成功的专家系统已经解决了更多的限制问题，而不是复制医生的诊断能力。他们解决了一些如检查有害的处方药的相互作用和如何配置满足客户要求的产品等问题。这些系统需要较少的规则，因此更易于维护。然而，除非专家系统技术能从大规模并行计算（如 MapReduce 和 Hadoop）中得到提升，否则它们的问题将导致其使用量逐渐减少。

9.7.2　什么是内容管理系统

另一种知识管理的形式与文档中编码的知识有关。**内容管理系统**（content management system，CMS）是支持文件的管理和传递的信息系统，文件包括报表、网页和员工个人知识的其他表现。内容管理系统的典型用户是销售复杂产品的公司，它们想要与员工和客户分享有关其产品的知识。

例如，丰田公司的某个人知道如何在 2017 年的丰田凯美瑞的四缸发动机上更换计时皮带，丰田公司希望能与车主、机械工和其员工分享这一知识。

9.7.3　内容管理的挑战有哪些

内容管理系统面临着严重的挑战。首先，大多数内容数据库是巨大的；一些存储着成千上万的个人文档、页面和图形。其次，内容管理系统的内容是动态的。想象一下苹果公司、谷歌公司或亚马逊公司的网页每天都会发生的快速变化！

内容管理系统的另一个问题是文档不是孤立存在的，而是互相引用的；当一个改变时，其他也必须改变。为管理这些关系，内容管理系统必须保持文件之间的联系，这样一来内容的相关性就是已知的，可用于维护文档的一致性。

再次，文档内容易变质。文档变得过时，需要更改、删除或替换。以新产品发布时的情况为例，图 9-22 显示了在新产品发布后不到两小时内的微软公司官网主页。我们仅需要想象一下，在这两个小时内微软公司还需要改变多少页面。

图 9-22　在 Surface 发布后两小时内的微软官方主页

资料来源：Windows 10, Microsoft Corporation.

最后，内容要以多种语言提供。3M 公司有成千上万的产品，其中一些在使用不当时是有害的。3M 公司必须用所有语言公布所有这些产品的产品安全数据。所有的文档，无论它是用什么语言发布的，都必须被翻译成所有的语言才能发表在 3M 的网站上。当其中一个改变时，所有的翻译版本也必须改变。

9.7.4　什么是内容管理应用程序

三种常见的内容管理应用程序的可选方案包括：
- 内部定制。
- 非定制成品。
- 公共搜索引擎。

在过去，组织开发了自己的内部内容管理应用程序。例如，客户支持部门可能开发内部数据库应用程序来跟踪客户问题及其解决方案。操作部门可能会开发内部系统来跟踪机器维护程序。但是，同所有的定制应用程序一样，定制内容管理应用程序的开发和维护成本很高。除非内容管理的领域对组织的战略是至关重要的且没有可用的现成解决方案，大多数组织在今天不会选择支持定制的 CMS 应用程序。

由于定制应用程序的费用高昂，今天许多组织选择使用现成软件。像微软 SharePoint 之类的水平市场产品提供通用的设施来管理文档和其他内容类型。有些组织选择垂直市场的现成应用程序。例如，会计师事务所可能允许垂直市场应用程序来管理文档流的纳税申报表处理或审计文件的管理。

这种成品比大多数内部系统具有更多的功能，而且维护费用要低得多。但是请牢记，组织需要开发数据结构和程序来管理内容，也需要培训用户。

有些组织仅仅依靠如谷歌或必应之类的互联网搜索引擎来管理他们的内容。因为这些引擎搜索所有组织的公共网站，即使是在组织内部，它们也是最快速、最容易找到公共文档的方式。例如，相比使用内部搜索引擎，通用汽车公司的员工可能更容易使用谷歌找到通用汽车的文档。

这是廉价的内容管理。只需要把文档放在公共服务器，让谷歌或必应做剩下的事情！但是，企业防火墙背后的文档不是公开访问的，也不会被谷歌或其他搜索引擎访问。组织必须对自己的专有文档建立索引，并为它们提供自身的搜索功能。

9.7.5 超社会化组织如何管理知识

近年来，社交媒体改变了知识管理的方向。在过去，知识管理的重点是结构化系统，如专家系统、内容管理系统。这些知识管理技术依赖于计划好的和预先结构化的内容管理及传递方法。正如你在第 8 章的 SLATES 模型中所学的，社交媒体促进了创新。在知识管理的情景下，员工和其他人通过多种方式和媒体进行知识表达，并且管理和传递这些知识的机制在其使用的过程中形成。

超社会化知识管理（hyper-social knowledge management）是社交媒体和相关应用程序在管理和提供组织知识资源方面的应用。先进的组织鼓励员工发推文，在脸书或其他社交媒体网站上发布和撰写博文，在 YouTube 和其他网站上发布视频。当然，正如第 8 章所讨论的，这些组织需要开发和发布员工的社交媒体政策。

超组织理论为理解这一新的发展方向提供了框架。该框架将重点从知识和内容本身转移至培育知识的创建者和用户之间的可靠关系上。

博客是一个明显的例子。客户支持中心员工每天写一篇关于当前常见客户问题的博客，对公司产品表达真实的意见，这些意见可能是积极的，也可能是消极的。如果客户认为这些意见是真实的，客户将评论博客条目，也在这个过程中教别人如何自助解决这些问题。

公开发布产品使用问题可能会让传统营销人员感到不安，但是这种知识管理技术确实将公司置身于客户有关产品问题的讨论之中，虽然它确实失去了控制，但组织至少是参与这些对话的一方。

9.7.6 超社会化知识管理的可选媒体

表 9-5 列出了可供选择的常见的超社会化知识管理媒体，包括面向公众的媒体、用于组织内部的媒体，或适宜其他最佳群体类型的媒体。除了富信息名录之外，你对表中的其他媒体都已有所了解，我们不需要进一步讨论它们。

表 9-5 超社会化知识管理媒体

媒体	公共或私有	最适用于
博客	两者之一	信念的拥护者
讨论组（包括 FAQ）	两者之一	问题解决
维基	两者之一	两者之一
调查	两者之一	问题解决
富信息名录（如 Active Directory）	私有	问题解决
标准社交媒体（脸书、推特等）	公共	信念的拥护者
YouTube	公共	两者之一

富信息名录（rich directory）是一种员工人名地址录，不仅包括标准的姓名、电子邮箱、电话和地址，还包括专业知识、组织关系和其他的员工数据。有了富信息名录，就可以确定组织中的员工在什么部门工作，谁是两个员工之间的第一个共同经理，以及个人拥有的过去的项目和专业技能。对于国际组织来说，这样的目录还包括员工会哪种语言。微软公司的产品 Active Directory 是最受欢迎的富信息名录。

富信息名录对于那些不知晓其内部掌握特定专业知识的员工信息的大型组织特别有用。例如，在 3M 公司，谁知道可以用来将柚木粘在玻璃纤维上的最好的 3M 产品是哪个？可能有几十个员工知道，但他们是谁，谁离巴西的工厂最近？如果没有人在巴西附近，那有没有人会说葡萄牙语？

9.7.7 超社会化知识共享的阻力

两个人为因素阻碍了超社会化组织的知识共享。第一，员工不愿意表现出自己的无知。出于对表现不称职的恐惧，员工可能不会在博客或讨论组提交邀请条目。这种不情愿有时会被管理者的态度和姿态所削弱。在这种情况下，员工的策略是提供私人媒体，只有少数对特定问题感兴趣的人才可以访问这些媒体。这个较小群组的成员可以在不太受约束的论坛上讨论这个问题。

第二，员工竞争。"看，"最顶尖的销售人员说，"我是最优秀的销售人员，我获得了丰厚的奖金。为什么我要和别人分享我的销售技巧？我只是在提高我的竞争力。"这种可以理解的观点可能是无法改变的。高度社会化的知识管理应用可能不适合于存在竞争的团队。或者，公司可以重组奖励和激励机制，促进员工之间的想法共享（例如，给提出最佳创意的团队额外的奖励）。

如果这两个因素限制了知识共享，那么强有力的管理支持可能是有效的，特别是如果这一支持得到了强有力的积极反馈。正如我们在第 7 章中所提到的，针对员工的抵制，"表扬或现金奖励是没有任何问题的……特别是现金奖励。"

9.8 什么是商务智能发布的可选方案

前面的讨论说明了报告、数据挖掘和知识管理商务智能应用程序的强大和实用性。但是，要想让商务智能具有可操作性，必须在合适的时间将其发布给合适的用户。在本节中，我们将讨论主要的发布可选方案和特殊类型的 Web 服务器，即商务智能服务器的功能。

9.8.1 商务智能发布可选方案的特点

表 9-6 列出了商务智能发布的四种服务器可选方案。**静态报告**（static report）是在创建时的商务智能固定文档，不会被更改，如印刷好的销售分析报告。在商务智能环境中，大多数静态报告都以 PDF 文档的形式发布。

表 9-6 商务智能发布的可选方案

服务器	报告类型	推送选择	需要的技术水平
电子邮件或协作工具	静态	手动	低
Web 服务器	静态/动态	警报/RSS	静态报告要求低，动态报告要求高

（续）

服务器	报告类型	推送选择	需要的技术水平
SharePoint	静态/动态	警报/RSS 工作流	静态报告要求低，动态报告要求高
商务智能服务器	动态	警报/RSS 订阅	高

动态报告（dynamic report）是在请求时进行更新的商务智能文档。当用户在当前 Web 服务器上访问它时，销售报告是动态报告。几乎所有情况下，发布动态报告都要求商务智能应用程序在报告交付时访问数据库或其他数据源。

表 9-6 中的每个服务器的拉式（pull）选项都是相同的。用户进入站点，点击链接（或打开电子邮件），并获得报告。因为它们对于四种服务器类型而言都是相同的，所以它们在表 9-6 中没有显示。

推式（push）选项按服务器类型有所差异。对于电子邮件或协作工具，推式是手动的。例如，某个经理、专家或管理人员，将报告作为附件（或协作工具的 URL）创建电子邮件，并将其发送给对该报告感兴趣的已知用户。对于 Web 服务器和 SharePoint，用户可以创建警报和 RSS 提要，在给定的时间间隔或特定的时间间隔内，让服务器在内容被创建或更改时将内容推送给他们。SharePoint 工作流也可以推送内容。

商务智能服务器扩展了警报/RSS 功能支持用户**订阅**（subscription），即用户对按规定的时间表或响应特定事件的特定商务智能结果的请求。例如，用户可以订阅每日的销售报告，要求每天早上发送。或者，当服务器发布新结果时，用户可能会要求 RFM 分析报告，又或者当销售经理所在区域一周内的销售额超过 100 万美元时，他可能会订阅销售报告。在下一小节中，我们将阐述商务智能服务器的两个主要功能。

创建发布应用程序所需的技能要求要么很低，要么很高。静态内容，需要很少的技巧。商务智能作者创建内容，发布者（通常是同一个人）将其放到电子邮件附件里，或将其放到 Web 或 SharePoint 站点上，仅此而已。发布动态商务智能比较困难，它要求发布者在文档被使用时建立数据库访问。在 Web 服务器的情境中，为了达到这个目的，发布者需要培养或拥有编写代码的程序员。在 SharePoint 和商务智能服务器的情境中，程序代码不是必需的，但是需要创建动态数据连接，而这个任务的技术门槛不是很高。你将需要超出本课程范围的知识来开发动态商务智能解决方案，但是如果你多选几门信息技术课程或主修信息技术的话，你应该能做到这一点。

9.8.2 商务智能服务器的两个功能

商务智能服务器（BI server）是专门用于发布商务信息的 Web 服务器应用程序。Microsoft SQL Server 报表管理器（Microsoft SQL Server 报告服务的一部分）是当今最流行的产品，但是市场上也有其他产品。

商务智能服务器提供了两个主要功能：管理和交付。管理功能对将商务智能结果授权分配给用户的元数据进行维护。商务智能服务器会对哪些结果可用，哪些用户有权查看这些结果，以及将结果提供给授权用户的时间表进行跟踪。当可用结果改变以及用户变更时，它会调整分配。

如图 9-23 所示，任何商务智能服务器所需的所有管理数据都存储在元数据中。当然，这些数据的数量和复杂性取决于商务智能服务器的功能。

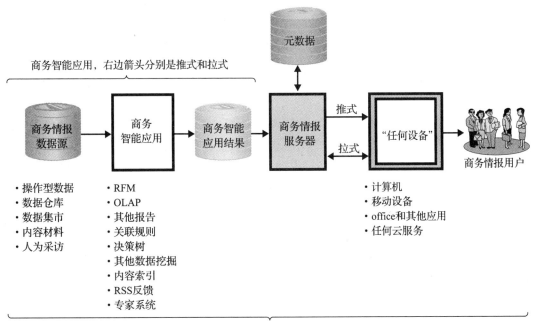

图 9-23 商务智能系统的要素

商务智能服务器使用元数据来确定按照哪个预定时间，将哪些结果发送给哪些用户。现在，人们期望商务智能结果可以被交付给"任何"设备。在实践中，"任何"指计算机、智能手机、平板电脑、诸如微软 Office 的应用程序和 SOA Web 服务。

9.9 2027 年

商务智能系统确实增加了价值。并不是每一个系统都是成功的，但是像 RFM 和 OLAP 这样的简单系统通常会成功，而且即使是复杂而昂贵的数据挖掘应用程序，如果被应用于适当的问题并且有效地设计和运行，也可以带来巨大的回报。

例如，假设你从来没有用信用卡购买昂贵的珠宝。如果你去南美，尝试用信用卡买一个价值 5 000 美元的钻石手镯，看看会发生什么！尤其是当你试图使用的信用卡并非你用于支付旅行费用的那张卡时。集成到信用卡机构购买批准过程中的数据挖掘应用程序，将检测到这种不寻常的模式，并要求你亲自用电话或其他方式验证购买，然后才会同意刷取该费用。这些应用程序非常准确，因为它们是由世界上最好的数据挖掘师精心设计和实现的。

到 2027 年，情况会如何变化？我们知道，数据存储是免费的，CPU 处理器也日趋免费，世界正在生成和存储更多关于客户的信息，而数据挖掘技术只会越来越好。我认为，到 2027 年，有些公司可能会比你、你的母亲或你的分析师更了解你的购买心理。

事实上，有必要问这样一个问题：我们希望无监督的数据挖掘变成什么样？今天，数据挖掘公司提取数据集,并将其输入到无监督的数据挖掘应用程序进行分析。应用程序可以找到模式、趋势和其他商务情报,并将结果报告给人类分析师。商务智能分析人员检查结果,并可能通过查找更多数据和运行更多分析来重复这过程。

但是当商务智能应用程序变得足够成熟,以至于能取代商务智能分析师时,会发生什么呢?当无监督的数据挖掘应用程序有特征和功能来查找自己的数据集并根据之前的商务智能分析结果对这些数据集进行评估时,会发生什么呢?

机器工作的速度比人类快,它们可以一周每天工作24小时。在某种程度上,机器会比我们了解很多,以至于我们无法理解结果吗?如果由于复杂性,这种商务智能机器只能与其他商务智能机器通信,会发生什么呢?

雷·库兹韦尔(Ray Kurzweil)提出了一种称为**奇点**(the singularity)的概念,指的是计算机系统在某一时刻变得足够复杂,能适应软件并且创造它们自己的软件,在没有人类的帮助下就能调整它们的行为。将这一想法应用到无监督的数据挖掘上。㊀当机器可以引导自己的数据挖掘活动时,会发生什么?商务智能机器将会有加速的正反馈循环。那么它们对我们有什么了解呢?在那个时候我们将缺乏了解机器会知道什么的能力,这重要吗?

这条思路揭示了贯穿本文的未来缺陷。我们把信息定义为只有人类才拥有的东西。如果是在纸上或在屏幕上,就是数据。如果它在人类的头脑中,它是(或可能是)信息。当我们讨论诸如分组和筛选等简单的报告操作时,这是合法的。但是,在无监督的数据挖掘真正无人监督的那一天,机器将自己拥有信息,并为自己创造信息。

你知道数据挖掘应用程序今晚在做什么吗?

案例 9-3

安全指南:语义安全

安全是一个非常棘手的问题——安全风险每年都在增加。我们不仅拥有更便宜、更快速的计算机(请记住摩尔定律),我们还拥有更多的数据、更多的用于报告和查询数据的系统,以及更简单、更快、更广阔的通信。我们在云端存有与组织相关的数据,这些数据并不在我们的控制之内。

所有这些结合起来,都增加了私人或专有信息被不当泄露的可能性。

访问安全已经够棘手了:我们怎么知道以梅根·赵(Megan Cho)的身份登录的一个人(或程序),真的是梅根·赵?我们使用密码,但密码文件可能被窃取。先把这个问题放在一边,我们需要知道梅根·赵的权限是被恰当设置的。假设梅根在人力资源部工作,那么她可以接触到其他员工的个人和私有数据。我们需要设计报告系统,这样梅根·赵可以访问她从事本职工作时所需要的所有数据,而不是更多的数据。

另外,交付系统必须是安全的。对于任何想要入侵的人来说,商务智能服务器都是一个明显且引人注目的目标。他们可以强行进入并更改访问权限。黑客也可以冒充其他人来获取报告。

应用程序服务器对授权的用户提供帮助,导致他们更快地访问更多的信息。但是,如果没有适当的安全报告,服务器也会简化未经授权的用户的入侵行为。

所有这些问题都与访问安全性有关。安全性的另一维度是**语义安全**(semantic security),这是一个与访问安全同样严重却更为棘手的问题。语义安全关注的是通过发布独立的不受保护的报告或文档的组合而无意识地泄露受保护的信息。**数据三角测量**(data triangulation)这

㊀ "The Singularity Is Near," accessed May 29, 2016, www.singularity.com.

一术语也适用于同样的现象。

举个课堂上的例子。假设我分配一个小组项目，发布分组的列表和分配到每个组的学生姓名。在作业完成并评分后，我在网站上公布成绩表。由于大学的隐私政策，我不能用学生姓名或编号来发布分数，所以我给每个小组发布分数。如果你想获得每个学生的分数，你所要做的就是把第5课的列表和第10课的列表结合起来。你可能会说，在本例中公布的分数并没有真正地造成伤害——毕竟，它只是一个项目的分数列表。

现在回到人力资源部的梅根·赵身上。假设梅根·赵在评估员工薪资计划。首席运营官（chief operating officer，COO）认为，随着时间的推移，薪资的变化是不一致的，而且各部门的差异很大。因此，首席运营官授权梅根·赵接受一份列出了录用薪资金额（Salary-OfferAmount）和录用时间（Offerdata）的报告，以及列出了部门和平均薪资的第二份报告。

这些报告与她的工作有关，看起来无伤大雅。但是梅根·赵意识到她可以利用报告所包含的信息来确定个人的薪资——这是她没有的，也没有被授权接受的信息。她按照下述流程进行了分析。

与所有员工一样，梅根·赵可以访问网站门户上的员工目录。通过使用这个目录，她可以获得每个部门的员工列表，并使用非常有用的报告编写系统工具，将该列表与部门和平均薪资报告相结合。现在她列出了一组员工的名字，以及这个群组的平均薪资。梅根·赵的雇主喜欢欢迎新员工加入公司，因此公司每周都会发布一篇关于新员工的文章。这篇文章对每个人都发表了令人愉快的评论，并鼓励员工见面和问候。

然而，梅根有其他的想法。因为这份报告是在SharePoint上发布的，所以她可以获得电子版。这是一种Acrobat报告，使用Acrobat的方便搜索功能，她很快就有了一份员工和他们被雇用时所在星期的列表。

现在她要检查为进行研究所收到的包含录用薪资金额和录用时间的报告，并对报告进行解读。在7月21日所在的一周内，有3份聘用函被延长：一份为3.5万美元，一份为5.3万美元，还有一份为11万美元。她还从"新员工"的报告中注意到，一名市场营销主管、一名产品测试工程师和一名前台接待员在同一周被聘用。公司不太可能给前台11万美元的薪资，这听起来更像是营销项目主管的薪资。所以，她现在"知道"（推断出）那个人的薪资。

接下来，回到部门报告中，使用员工目录，她看到市场营销主管在营销项目部门。这个部门只有三个人，他们的平均薪资是105 000美元。计算了一下，她现在知道另外两个人的平均薪资是102 500美元。如果她能找到另外两个人中的一个，她就能知道第二个和第三个人的薪资。梅根·赵只得到两份报告进行工作。然而，她将这些报告中的信息与公开的信息结合在一起，能够推断出至少部分员工的薪资。这些薪资比她想象的要高得多。这就是语义安全问题。

讨论题：

（1）用自己的话，阐述访问安全和语义安全之间的差异。

（2）为什么报告系统增加了语义安全问题的风险？

（3）组织能做些什么来保护自己免受语义安全问题造成的意外损失？

（4）组织有什么法律责任来防止语义安全问题？

（5）假设语义安全问题是不可避免的。你认为保险公司的新产品有机遇吗？如果有，请描述一下这样的保险产品。如果没有，解释为什么。

案例 9-4

就业指南

姓名：林赛·津谷（Lindsey Tsuya） **公司**：美国运通公司（American Express

Company）

职称： 数据分析经理（Manager, Data and Analytics）

学历： 犹他大学（University of Utah）

1. 你是如何得到这种工作的？

我是被一个早就在美国运通公司工作的朋友推荐过来的。幸运的是，自从毕业以来，我的每一个职位都是被推荐得到的。此外，在毕业后，我进入了一个技术轮岗计划，使我能够探索不同的技术领域，这让我能够确定最适合我的技术类型。这个项目让我认识到我对科技的热情。我强烈建议任何有类似机会的人都把握住这次机会。

2. 什么吸引你进入这个领域？

读大学时，我在服务行业工作。当我选择我的学位时，我知道我想要两样东西。首先，我想要一个能赚钱的学位。其次，我想要一份不直接向公众提供服务的工作。选择信息系统专业，我知道我将做更多的幕后工作。

3. 你的典型工作日是什么样子的（任务、决策或问题）？

我负责所在部门的大部分报告需求。我们有多个周报告必须发送出去。我们也有月度和季度报告。我还处理来自部门的大部分特定请求。我们是一个全球性的团队，成员分布于新加坡、伦敦、悉尼、纽约和盐湖城。这些报告可能是专门的查找数据中的某些内容的数据分析或数据挖掘报告。

4. 你最喜欢工作中的哪个方面？

我喜欢我的工作，因为我对我所做的事情充满热情。我喜欢数据。我喜欢分析数据，并判定数据要告诉我的故事。因为在金融服务公司工作，我必须查看许多驱动程序来确定这个故事。我最喜欢这个工作的一点是它总是与众不同。没有两个特定请求是相同的。每天都是不同的，我喜欢这样。

5. 想要做好你的工作，需要什么样的技能？

良好的分析能力和分析海量数据的能力是至关重要的。批判性思维能力和跳出思维定式的能力也很重要。热情和积极进取的态度是使人脱颖而出的软技能。这两者结合在一起，将会使任何一个人站得更高，走得更远。

6. 在你的领域中，文凭或证书重要吗？为什么？

我想说的是，在任何领域，教育背景和证书都有助于职业发展和职业信誉。

7. 有什么建议可以给那些想在你这个领域工作的人呢？

无论你选择什么行业，确保你是热爱它的，因为如果你对它不感兴趣，你就会没有热情，工作就仅仅是工作。如果你对你所做的事情充满热情，那么工作就像是玩耍，你会花很多时间在工作上。你不应该把时间浪费在你不喜欢的事情上。

■ 本章小结

9.1 组织如何使用商务智能系统

定义商务智能和商务智能系统。阐述图9-1中的组成成分。给出一个未在本书中出现的关于组织使用商务智能完成表9-1的四个协作任务的方式的例子。描述一下在零售、娱乐和医药方面商务智能的使用。

9.2 商务智能流程中的三个主要活动是什么

说出并描述商务智能流程中的三个主要活动。使用图9-2作为指南，描述每个活动的主要任务。总结零件分销公司的团队是如何利用这些活动来生成商务智能结果的。阐述图9-3～图9-10的作用。

9.3 组织如何利用数据仓库和数据集市获取数据

描述数据仓库和数据集市的需求和功能。说出并描述数据仓库各组成成分的作用。列出并阐述用于数据挖掘和复杂报告的数据可能存在的问题。使用供应链的例子来描述数据仓库和数据集市之间的差异。

9.4 组织如何使用报告应用程序

命名和描述五个基本的报告操作。给出RFM分析的定义，并阐述对有以下得分的客户应该采取的行动：[5,5,5] [1,5,5] [5,5,3] 和 [5,2,5]。阐述联机分析处理（OLAP）并描述其特性。阐述 OLAP 立方体中测量项和维度的角色。用一个测量项和五个维度来说明 OLAP 立方体，其中两个维度在一条轴上，三个维度在另一条轴上。展示向下钻取如何应用于你所举的例子。

9.5 组织如何使用数据挖掘应用程序

定义数据挖掘，并阐述其使用方式与报告应用程序的差异。阐述为什么数据挖掘工具很难使用。描述无监督和有监督的数据挖掘之间的差异。举例说明什么是聚类分析和回归分析。定义神经网络，并阐述为什么这个术语是不恰当的。定义支持度、可信度和提升度，并使用图 9-17 中的数据来描述这些术语。描述一个有利于购物篮分析结果的应用。描述决策树的用途，并阐述图 9-18 中的数据是如何用于评估可能购买的贷款的。

9.6 组织如何使用大数据应用程序

说出并阐述大数据的三个 V 特性。描述 MapReduce 的总体目标，并在概念层面上阐述它是如何工作以及如何生成图 9-20 的数据的。阐述 Hadoop 的用途并描述它的起源。描述组织部署 Hadoop 的方式。给出 Pig 的定义。

9.7 知识管理系统扮演怎样的角色

定义知识管理，阐述知识管理的五个主要优点，简要描述三种类型的知识管理系统。定义专家系统、if/then 规则和专家系统外壳，阐述如何创建专家系统的规则，区分专家系统的 if/then 规则与决策树的 if/then 规则，总结专家系统的三个主要缺点，并对其未来进行评估。定义内容管理系统（CMS），描述组织管理内容面临的五个挑战，说出三种 CMS 应用程序的备选方案，并阐述每个应用程序的用途。阐述社交媒体如何改变知识管理的导向，定义超社会化知识管理，阐述表 9-6 中每一种媒体的超社会化知识管理的使用，阐述该表的第 2 列和第 3 列中的条目。定义富信息名录并阐述它的三个用途。总结员工对超社会化知识共享可能的抵触，并说出两种减少抵触的管理方法。

9.8 什么是商务智能发布的可选方案

命名四种用于发布商务智能的服务器类型。阐述静态和动态报告之间的差异，解释术语"订阅"。阐述为什么动态报告很难创建。

9.9 2027 年

总结信用卡批准申请的功能。阐述你认为应用程序是如何使用数据的。总结无监督的数据挖掘可能会不受人类控制的方面。在你看来，这是问题吗？为什么是或为什么不是？描述库兹韦尔的奇点理论如何适用于数据挖掘应用程序。阐述"信息流"的使用可能存在的缺陷。

ARES 的知识运用

在这一章中，你学习了商务智能分析的三个阶段，也学习了获取、处理和发布商务智能的常用技术。这些知识将使你能够想象你的雇主生成数据的创新用途，并了解这些使用的一些限制。这一章的知识将帮助你理解一些可能的使用雇主数据和员工数据增加广告收入的方法，以及 ARES 系统成功的主要驱动力。

本章关键术语和概念

人工智能（artificial intelligence，AI）
商务智能分析（BI analysis）
商务智能应用程序（BI application）
商务智能服务器（BI server）
大数据（bigdata 或 big data）
商务智能（business intelligence，BI）
商务智能系统 [business intelligence (BI) system]
聚类分析（cluster analysis）
置信度（confidence）

内容管理系统（content management system，CMS）
浏览器缓存（cookie）
交叉销售（cross-selling）
数据采集（data acquisition）
数据集市（data mart）
数据挖掘（data mining）
数据三角测量（data triangulation）
数据仓库（data warehouse）
决策支持系统（decision support system）

决策树（decision tree）
维度（dimension）
向下钻取（drill down）
动态报告（dynamic report）
专家系统（expert system）
专家系统外壳（expert system shell）
粒度（granularity）
超社会化知识管理（hyper-social knowledge management）
if/then 规则（if/then rule）
知识管理（knowledge management，KM）
提升度（lift）
机器学习（machine learning）
映射规约模型（MapReduce）
购物篮分析（market-basket analysis）
测量项（measure）
神经网络（neural network）
OLAP 立方体（OLAP cube）

联机分析处理（online analytical processing，OLAP）
Pig 编程语言（Pig）
发布结果（publish result）
拉式发布（pull publishing）
推式发布（push publishing）
回归分析（regression analysis）
报告应用程序（reporting application）
RFM 分析（RFM analysis）
富信息名录（rich directory）
语义安全（semantic security）
静态报告（static report）
订阅（subscription）
有监督的数据挖掘（supervised data mining）
支持度（support）
奇点（the singularity）
第三方 cookie（third-party cookie）
无监督的数据挖掘（unsupervised data mining）

本章习题

知识运用

（1）在 9.1 节中，为医生提供建议的 Practice Fusion 软件是由默克制药公司支付的。从绝对命令的角度，这符合伦理吗？从功利主义的角度，这符合伦理吗？你认为这是合乎伦理的吗？

（2）用你自己的话阐述 9.2 节的销售分析团队如何贯彻它所开发的五个标准中的每一个。在答案中使用 9.2 节中展示的数据和表格。

（3）在 9.2 节中，销售分析团队创建了一个查询，将选定零件与他们过去的销售数据连接起来（选定零件的销售历史）。阐述为什么查询结果不显示这些零件设计的销售前景。根据这些结果，团队应该改变其标准吗？如果应该，为什么？如果不应该，为什么？

（4）根据选定零件的销售历史的查询结果，列出公司可以采取的三种行动。推荐其中一种行动，并证明你的建议是正确的。

（5）假设你在好市多（Costco）或其他主要的全国性的大型商店工作。你进行了一个购物篮分析，确定了商店中的 25 对提升度最高的商品组合和 25 对提升度最低的商品组合。你会如何利用这一知识？好市多（或大型商店）没有销售人员，所以向上销售不是一个选择。对于这些商品提升度的信息，你还能做些什么？考虑一下广告、定价、商品在商店中的位置，以及其他你可能会调整的因素。你认为提升度计算对美国（或其他国家）的所有商店都有效吗？为什么？这 50 对最高、最低提升度的商品组合放置在吸引你目光的好地方吗？你还会另外考虑哪 50 对产品？请说明。

（6）描述一个对好市多商店的 RFM 分析的使用。阐述对有以下得分的客户你会采取的行动：[5,5,5][3,5,5][5,2,5][3,3,5] 和 [5,5,3]。这一分析对好市多有用吗？阐述你的答案。

（7）描述一个位于你所在地的书店的购物篮分析的应用。阐述你如何利用"某两个商品之间提升度为 7"这一知识？阐述你如何利用"某两个商品之间提升度为 0.003"这一知识？如果提升度为 1.03 或者 2.1 呢？

（8）说明大数据的特征。说出并描述在你

的大学里三个与学生相关的满足大数据特征的应用。描述数据中可能发现的模式和关系。

协同练习

使用你在第2章创建的协同信息系统，与同学协作回答下面的问题。

阅读本章习题部分的案例研究"cookie与Hadoop"。不可否认的是，第三方cookie为在线卖家带来了好处，它们还增加了消费者收到与他们兴趣相近的在线广告的可能性。因此，第三方cookie也可以提供消费者服务。但是，个人隐私付出了怎样的代价？又应该怎么处理呢？

与你的团队合作，回答以下问题：

（9）总结第三方cookie创建和处理的方式。即使cookie不应该包含个人识别数据，阐述这些数据是如何容易获得的［参见本章习题的问题（19）］。

（10）大量的浏览器特性、插件和其他工具可以阻止第三方cookie的出现。在Web中输入你的浏览器的名称和版本，搜索为该版本的浏览器阻止第三方cookie的方法。阅读这些说明，并总结你需要查看的由特定站点产生的cookie程序。

（11）在很大程度上，广告是免费使用网络内容甚至网站本身的。出于对隐私的担心，很多人会屏蔽第三方cookie，这样一来实质的广告收入将会减少。与你的团队讨论这种行为。讨论它将如何影响免费在线内容的发布，如福布斯或其他供应商提供的免费在线内容。

（12）许多公司与第三方cookie有利益冲突。一方面，这些cookie有助于产生收入和为互联网内容付费。另一方面，侵犯用户隐私可能会成为一场公关灾难。正如你在回答问题（10）中所了解的，浏览器包含了阻止第三方cookie的选项。但是，在大多数情况下，这些选项在默认的浏览器安装中是被关闭的。讨论为什么会这样。如果在安装第三方cookie之前站点需要获得你的许可，那么你将如何决定是否授权呢？列出你的团队认为你们实际使用的标准（而不是团队认为你们应该使用的标准）。评估这一政策的有效性。

（13）第三方cookie的进程是隐藏的，我们不知道在幕后我们自己行为的数据被用来做什么。由于涉及的内容和相关方很多，所以即使这些描述是可用的，可能也很难理解。如果你的隐私因七家不同公司的相互作用而遭到侵害，那么谁应该对此负责？总结这些事实对消费者的影响。

（14）总结第三方cookie对消费者的好处。

（15）既然你已经了解了第三方cookie，那么你的团队认为应该如何看待它们呢？可能的答案：①无关紧要；②要求网站站点在安装第三方cookie之前询问用户；③需要浏览器来阻止第三方cookie；④要求浏览器在默认情况下阻止第三方cookie，但是用户选项中可以允许其使用；⑤其他。你的团队需要讨论这些替代方案，建议使用其中的一个，并证明你们的建议。

案例研究

cookie与Hadoop

Cookie是网站存储在你的电脑上的用来记录你与其互动的数据。它可能包含如你上次访问的日期、你当前是否已登录或者你与该站点交互的其他内容等数据。Cookie还可以包含服务器公司维持的存储在你过去交互信息的数据库中的一个或多个表的键值。在这种情况下，当你访问一个站点时，服务器使用cookie的值来查找你的历史。这些数据可能包括你过去的购买、不完整交易的一部分或者你想要的网页的数据和外观。大多数时候，cookie可以简化你与网站的互动。

Cookie数据包括cookie所有者的Web站点的URL。例如，当你访问亚马逊公司的时候，它会要求你的浏览器在你的电脑上放置一个包含它的名字www.amazon.com的cookie。除非你关掉了cookie，否则你的浏览器就会这样做。

第三方cookie(third-party cookie)是由你访问过的网站创建的cookie。这样的cookie有几种生成方式，最常见的是当一个Web页面包含来自多个源的内容时生成cookie。例如，亚马逊公司设计了自己的页面，其中一个或多个部分包含了广告服务公司DoubleClick提供的广告。当浏览器加载亚马逊公司的页面时，它会与DoubleClick联系，以获取这些部分的内容（在本例中是广告）。当它对内容做出响应时，DoubleClick命令你的浏览器存储DoubleClickcookie。该cookie是一个第三方cookie。一般来说，第三方cookie不包含标识特定用户的名称或其他任何值。相反，它们包含了内容被传送的IP地址。

当它在自己的服务器上创建cookie时，DoubleClick在一个日志中记录数据，如果你点击这个广告，它会把点击这一事实添加到日志中。DoubleClick每次展示广告时，都会重复这种日志记录。Cookie有过期日期，但是这个日期是由cookie创建者设置的，它们可以持续很多年。因此，随着时间的推移，DoubleClick和其他任何第三方cookie所有者将拥有他们所展示内容的历史、广告被点击的历史以及交互的间隔信息。

但机遇更大，DoubleClick不仅与亚马逊公司签订了协议，还与脸书等许多其他公司签订了协议。如果脸书在其网站上包含任何DoubleClick内容，DoubleClick将在你的电脑上放置另一个cookie。这个cookie与它在亚马逊公司上放置的cookie不同，但是这两个cookie都有你的IP地址和其他数据，足以将第二个cookie与第一个cookie相关联。因此，DoubleClick现在在两个网站上都有了你的广告响应数据的记录。随着时间的推移，cookie日志将不仅包含你对广告反应的数据，还包括你在所有它投放了广告的网站上访问的模式。

你可能会惊讶地发现你有这么多的第三方cookie。火狐浏览器有一个名为Lightbeam的可选功能，它可以跟踪并记录你电脑上的所有cookie。图9-24显示了我访问各种网站时在我的计算机上放置的cookie：如图9-24a所示，当我启动计算机和浏览器时，没有cookie，在访问了www.msn.com之后，如图9-24b所示，此时已经有8个第三方cookie在追踪。如图9-24c和图9-24d所示，在访问了五个站点后，我有27个第三方cookie，在访问了7个站点之后，我有69个第三方cookie。

a) 开始界面展示

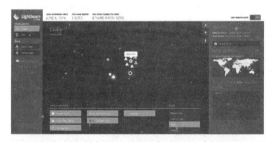

b) 访问MSN.com和Gmail后

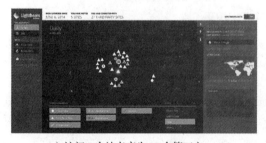

c) 访问5个站点产生27个第三方cookie

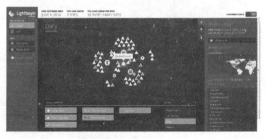

d) 连接到DoubleClick的站点

图9-24 第三方cookie的增长

资料来源：©Mozilla Corporation.

是哪些企业在收集浏览器行为数据？如果你将鼠标放在其中一个cookie上，Lightbeam将在右侧的数据栏中把它突出显示。正如你在图9-24d中所看到的，在访问了7个站点之后，DoubleClick连接了另外16个站点，其中只有7个是我访问过的站点。因此，Doubleclick正在我的电脑上连接我根本不知道的网站。检查一下右边的连接列。我访问了MSN公司、亚马逊公司、西北航空公司和华尔街日报的网站，但Bluekai和Rubiconproject是什么？在看到这一展示页面之前，我从来没有听说过。然而，它们显然已经听说过我了！

第三方cookie生成了大量的日志数据。举例而言，假设一家公司，如DoubleClick，每天向一台既定的计算机显示100个广告。如果它向1 000万台计算机（可能）显示广告，那就相当于每天有10亿条日志记录，一年有365亿条日志记录。这真的是大数据。

存储基本上是免费的，但是它们怎么可能处理所有的数据呢？它们如何解析日志，找到恰是你的计算机的记录呢？如何将来自不同cookie的数据集成到同一个IP地址上？它们如何分析这些记录来判断你点击了哪些广告？它们又是如何区分广告的不同之处，来判断哪些特征最吸引你？答案正是你在9.6节所学到的，使用并行处理。利用MapReduce算法，它们将工作分配给数千个并行工作的处理器。接着，他们将这些独立处理器的结果整合起来，然后可能会转移到第二阶段的分析中，再次整合结果。你在9.6节中所学的开源程序Hadoop，是这一过程的最佳选择。

（请参阅本章的协作练习，继续讨论：第三方cookie是麻烦还是机会？）

（16）使用你自己的语言，阐述如何创建第三方cookie。

（17）假设你有一家广告服务公司，你为某个特定的供应商（如亚马逊公司）的网页维护你投放广告的cookie数据的日志。①你如何使用这些数据来确定哪些是最好的广告？②如何使用这些数据来确定哪些是最好的广告形式？③你如何使用过去的广告和广告点击的记录来决定将哪些广告发送给一个给定的IP地址？④你如何使用这些数据来判断你在回答问题③时所用的技术是如何工作的？⑤你如何使用这些数据来判断给定的IP地址被多个人使用？⑥这些数据如何为你带来相对于其他广告服务公司的竞争优势呢？

（18）假设你有一家广告服务公司，你为某个特定的供应商（如亚马逊公司、脸书等）的网页维护你投放广告的cookie数据的日志。①概括描述你如何处理cookie数据，以关联特定IP地址的日志记录。②假设你有这些额外的数据，解释你对问题（10）的答案会如何改变。③描述你如何使用这些日志数据来辨别那些始终追求最低价格的用户。④描述你如何使用这些日志数据来辨别那些一直追求最新时尚的用户。⑤阐述为什么在问题③和④中提到的用户只有MapReduce或者类似的技术才能辨别出来。

（19）如前所述，第三方cookie通常不包含对你进行特定人员识别的数据。然而，亚马逊公司、脸书和其他的第一方cookie供应商知道你是谁，因为你登录了。只有它们中的一个向广告服务器显示你的身份，你的身份才能与你的IP地址相关联。在这一点上，广告服务器和潜在客户都知道你是谁。你是否担心第三方cookie会侵犯你的隐私？阐述你的答案。

第四部分

信息系统管理

　　第四部分论述了信息系统安全、信息系统开发以及信息系统资源管理。现如今由于信息系统安全非常重要，我们将从它开始论述。随着互联网、系统的互联性和组织间信息系统的兴起，一个组织的安全问题也成为其关联组织中的安全问题。正如你将学到的，Target公司正是由于组织间系统的问题而遭受了数百万美元的损失。在第10章的开头，你会看到它对ARES的影响。

　　虽然你可以很容易地理解信息系统安全对你这个未来的管理者的重要性，但对你来说，可能更难理解的是为什么需要了解信息系统开发。作为商务人士，你将成为开发项目的客户。你需要开发过程的基础知识，以便能够评估所开发项目的质量。作为经理，你可以为信息系统开发分配预算和发放资金。你需要相关知识才能使你成为积极有效的参与者。

　　最后，你需要知道如何管理信息系统资源以便你能更好地与信息系统部门联系。信息系统管理者有时可能会显得呆板并且过度保护信息系统资源，但通常他们的担心有着重要的理由。你需要了解信息系统部门的观点，并且知道你作为公司内部信息系统资源用户所具有的权利和责任。拥有这些知识是当今任何商务人士成功的关键。

第10章

信息系统安全

🌐 导入故事

亨利边示意拉杰边笑着说道:"琳赛,感谢你今天能与我们谈话。"凯西为亨利和拉杰与琳赛·沃尔什(Lindsey Walsh)的谈话设立了一个视频会议。琳赛是美国最大的运动设备制造商——CanyonBack Fitness 的首席技术官。

"不,我应该谢谢你。很高兴终于能见到你们俩。凯西已经告诉我许多关于你们正在进行的增强现实项目。这听起来很酷。"琳赛听起来很高兴并且很感兴趣,这不像凯西描述的那样。

拉杰跳了起来,"是的,我们也很激动。这将为用户创建一个全新的自行车体验。我们将要做从来没有人做过的事。增强现实将从根本上改变人们的运动方式。"

亨利注视着琳赛,发现她轻微点头以示赞同,然后低头去看笔记。显然,琳赛不相信拉杰所说的。

"那么,这肯定是 CanyonBack Fitness 的绝佳机会。我们的大多数高层管理者都相信,将 ARES 与我们的室内健身自行车相结合的想法确实可以提高销量。"琳赛犹豫了一下回答道。

亨利可以看出琳赛对此很关注。凯西对亨利说,琳赛对于将 ARES 与 CanyonBack 运动自行车整合起来有安全隐患方面的担忧。她确实推后了让 ARES 控制自行车设置的想法。CanyonBack Fitness 的首席执行官相信琳赛在技术问题上的判断,因为她负责公司大多数运动设备所使用的软件的设计和开发。在琳赛满意之前,CEO 不会签署任何内容,并且琳赛不希望一些未经测试的 App 在机器上执行任何操作。

亨利平静而耐心地回应道:"我们希望如此,但仍有许多细节要做。我曾经参与一些大型的系统集成项目,但是之前没有遇到这样的事情,其他人也没有。AR 是一个全新的事物。"

"我同意,"琳赛强调,"坦率地说,我根本不太了解 AR,我不知道它如何在我们的设备和系统上工作。"

"是的,凯西提到你有一些安全方面的疑虑。你有什么类型的问题?"

"嗯,我不想消极地看待 ARES。真的不想。我看到 ARES 带来的机会。我想看到它起作用。但我担心允许外部系统控制我们的运动自行车,如果 ARES 被黑客袭击了,怎么办?世界各地的黑客是否会干扰一辆我们的客户正在使用的自行车?如果客户受伤,他是否会起诉我们?他会起诉你们吗?"

亨利只是点点头,专心聆听,并在琳赛谈话时做笔记。琳赛继续说道:"如何保护客户的数据?ARES 的编码安全性足以防止 SQL 注入攻击或缓存溢出吗?我们的自行车收集了大量的个人运动数据,我们需要确保它的隐私性。如果我们允许 ARES 访问此数据流,后端安全吗?你在后端都有什么类型的数据保护?"

拉杰喝了口咖啡,低头看他的笔记本电脑,并试图保持中立的表情。他不能相信琳赛是在担心安全问题。他的新 AR App 将帮助他们销售大量新自行车,而她却担心潜在的安全问题。

亨利在记事本上一直点头写着，"你完全正确，安全是一个大问题。我们需要确保我们……"

琳赛打断了他，"哦，如果有什么事情出错，猜猜谁会被指责，必须日夜工作直到问题解决？答案是我。我是说，这对你有意义吗？你明白我为什么担心了吗？我需要确保ARES不会对CanyonBack的设备或客户造成安全问题。"

亨利指着视频屏幕，"是的，当然，我也有同样的感觉。事实上，我在几个月前看到了一篇关于黑客如何闯入汽车操作系统并锁住刹车的文章。真吓人。"

"这正是我所说的。你永远不知道会发生什么。"

亨利指着他的笔记。"琳赛，你的担心是合理的，毫无疑问的。"他故意停顿了一下，看着自己的笔记，慢慢低头看他的清单。他希望她看到自己正在仔细思考她所说的话，然后继续说道，"嗯，通过这个清单来看看我们的工作怎么样以及我们提出了什么解决方案。拉杰在这里谈谈我们正在使用的安全编码实践，并且我可以谈谈我们的安全数据连接和后端存储。我想你会了解到我们确实很重视安全问题。"

亨利向拉杰提议。"拉杰，你想谈谈我们如何保护自己免受SQL注入攻击吗？"

拉杰仍然很激动，勉强微笑。"是的，是的，我很乐意。我们使用参数化来审查进入我们系统中的任何数据，我们已经消除了用户输入任何数据的需要。用户与单选按钮、下拉菜单和其他交互式AR元素进行交互，而不是键入数据。实际上，没有任何地方可以进行SQL注入。"

视频会议持续了40分钟，拉杰和亨利轮流与琳赛交谈。琳赛似乎对拉杰和亨利提供的答案感到满意。她甚至提出了一些关于在CanyonBack生产的其他运动装备上实施ARES的建议。他们将在一周内安排后续电话来谈论数据集成。琳赛希望其中一位数据库管理员能够提出有关ARES在线存储和备份处理规程的问题。亨利和琳赛最后围绕加利福尼亚周围的骑车路线这一话题进行讨论，结束了这次视频对话。

后来，当他们走下大厅时，拉杰对亨利说："这不算太糟糕，我想她有一些合理的担心，但是我不知道她是否真的理解我们将要用AR做的一切。这对他们来说将是很大的问题。"

"可能不是，但从她的角度来看，我们是一家小型初创公司，拥有一项新技术，这些技术可能会为已经成功的业务带来很多问题；我们代表着一种有潜在回报的风险，新技术总是有风险的。"

"没错，但坚持使用老技术可能更有风险。"

章节导览

本章概述了信息系统安全的主要组成部分。我们从10.1节开始定义信息系统安全性的目标，然后在10.2节中讨论计算机安全问题的大小。接下来，在10.3节中，我们将介绍作为今天的学生，作为未来的商务人士应如何应对安全威胁。然后，在10.4节中，我们阐述了组织需要做些什么来应对安全威胁。之后，在10.5节到10.7节介绍安全保障问题。10.5节讨论涉及硬件和软件组件的技术安全保障，10.6节讨论数据安全保障，10.7节讨论涉及处理规程和人员组件的人员安全保障。10.8节总结了组织在发生安全事件时需要做什么。最后，我们用对2027年信息系统安全的展望结束这一章。

不幸的是，数据和信息系统的威胁正在增加，同时变得越来越复杂。事实上，美国劳工统计局估计，2014～2024年，对安全专家的需求将增加18%以上，平均工资为88 890美元；考虑到计算机职业预计将增长

16% 以及所有职业预计将增长 7%，对安全专家的需求增长是强劲的。如果你发现这个话题很有吸引力，主修信息系统安全专业会为你打开许多有趣的工作的大门。

10.1 信息系统安全的目标是什么

信息系统的安全性确实与权衡有关。从某种意义上说，它是安全与自由之间的权衡。例如，组织可以通过剥夺用户自己选择密码的自由并迫使他们选择黑客难以破解的更强的密码来增加信息系统的安全性。

审视信息系统安全性的另一种方法是成本与风险之间的权衡，它也是本章的主要焦点。为了理解这种权衡的本质，我们首先介绍安全威胁/损失情况，然后讨论安全威胁的来源。接下来我们将陈述信息系统安全的目标。

10.1.1 信息系统安全威胁/损失情况

图 10-1 说明了如今个人和组织面临的安全问题的主要因素。**威胁**（threat）是指未经所有者许可且通常在所有者不知情的情况下，寻求非法途径以获取或更改数据或其他信息系统资产的个人或组织。**脆弱性**（vulnerability）是指获得个人或组织资产的威胁机会。例如，当你在网上买东西，你提供你的信用卡数据；当数据在网络上传输时，就很容易受到威胁。**安全保障**（safeguard）是个人或组织采取的阻止资产受到威胁的一些措施。从图 10-1 可以看到，安全保障并不总是有效，尽管采取了安全保障，一些威胁也达到了目标。最后，威胁企图攻击的**目标**（target）是资产。

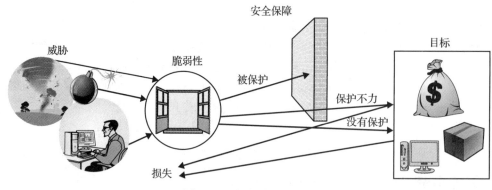

图 10-1 威胁/损失情况

表 10-1 显示了威胁/目标、脆弱性、安全保障和结果的示例。在前两行中，黑客（威胁）希望用你的银行登录凭据（目标）访问你的银行账户。如果你点击电子邮件中的链接，你可以直接被引入与你银行网站相同的钓鱼网站。钓鱼网站通常不会使用 https。如表 10-1 第一行所示，你总是使用 https（而不是 http）（在 10.5 节讨论）访问你的银行网站，你将获得有效的安全保障，并且成功地应对威胁。但是，如表 10-1 第二行所述，如果你不使用 https 访问你的银行网站（即访问不安全网站），那么你没有任何安全保障。你的登录凭据可以被快速记录并

⊖ Bureau of Labor Statistics, U.S. Department of Labor, December 17,2015, Occupational Outlook Handbook, accessed June 3,2016,www.bls.gov/ooh/. Information about information security analysts can be found in the Computer and Information Technology section.

转售给其他违法者。

表 10-1 威胁/损失的举例

威胁/目标	脆弱性	安全保障	结果	解释
黑客想要盗取你的银行登录凭据	黑客创建一个与你的银行网站几乎相同的钓鱼网站	仅访问使用 https 的网站	没有损失	有效的安全保障
		不采取行动	损失银行登录凭据	无效的安全保障
员工向 Google+ 群组放入敏感数据	公众访问不安全的组	密码 处理规程 员工培训	损失敏感数据	无效的安全保障

表 10-1 最下面的一行显示了另一种情况。在这里工作的员工获得敏感数据，并把它放在他认为是工作专用的 Google+ 群组。然而，员工在操作时可能出现错误，并将其发布到公共组。黑客攻击的目标是敏感数据，而脆弱性是公开访问该组。在这种情况下，有几个安全保障应该防止这种损失：员工需要密码才能获取敏感数据并加入私人信息工作组；雇主有相应处理规程，规定员工不能将保密资料发布到任何公共网站（如 Google+），但员工可能并不知道或者忽略了这些处理规程；第三个安全保障是对所有员工的培训。但是，由于员工忽视了这些处理规程，所有这些安全保障都是无效的，数据也将暴露在公众面前。

10.1.2 威胁的来源是什么

表 10-2 总结了安全威胁的来源。纵列展现了威胁的类型，横行则展现了损失的类型。

表 10-2 安全问题和来源

		威胁		
		人为失误	计算机犯罪	自然事件和灾害
损失	未经授权的数据泄露	程序错误	假托钓鱼 电子欺骗 嗅探 黑客	恢复期间泄露
	不正确的数据修改	程序错误 不正确的处理规程 无效的计算控制 系统错误	黑客	不正确的数据恢复
	服务错误	程序错误 开发和安装错误	篡夺	不正确的服务恢复
	拒绝服务（DoS）	事故	DoS 攻击	服务中断
	基础设施损失	事故	盗窃 恐怖主义活动	财产损失

1. 人为失误

第一种类型的威胁是人为失误。人为失误包括员工和非员工造成的意外事故。一个例子是员工误解了操作处理规程并意外删除客户记录。另一个例子是在备份数据库的过程中，无意中安装了一个旧的数据库。这一类型还包括写得不好的应用程序和设计不当的处理规程。最后，人为错误和失误还包括物理事故，如驾驶叉车穿过计算机房的墙壁。

2. 计算机犯罪

第二种类型的威胁是计算机犯罪。这种类型的威胁包括那些故意破坏数据和其他系统组件的员工和前员工。它还包括入侵系统的黑客，感染计算机系统的病毒和蠕虫病毒。计算机犯罪还包括恐怖分子和那些突破系统窃取经济利益的人。

3. 自然事件和灾害

自然事件和灾害是第三种类型的安全威胁。这一类包括火灾、洪水、飓风、地震、海啸、雪崩和其他自然灾害。这类问题不仅包括能力和服务的初始损失，还包括为了从初始问题中恢复正常而采取的行动所造成的损失。

10.1.3 存在哪些类型的安全损失

存在五种类型的安全损失：未经授权的数据泄露、不正确的数据修改、服务错误、拒绝服务以及基础设施损失。

1. 未经授权的数据泄露

未经授权的数据泄露发生在威胁获取应该被保护的数据时。当有人无意中发布违反政策的数据时，可能会发生人为错误。例如，在公布姓名和成绩违反州和联邦法律的情况下，大学的院系管理人员可能仍会在公共场所发布学生的姓名、身份识别码和成绩。又如，员工不知情或不小心向竞争对手或媒体公布专有数据。维基解密是一个著名的未经授权的披露示例，表 10-1 的第三行描述的情况是另一个例子。

搜索引擎的普及和有效性造成了无意披露的另一个来源。员工可能会把机密数据放置在搜索引擎能够访问的网站上，从而使专有的或机密数据可能会错误地发布在网上。

当然，专有的和个人的数据也会被恶意发布和获取。**假托**（pretexting）发生在某人假装成另一个人欺骗别人的时候。常见的骗局是：打电话者自称是信用卡公司的，声称要检查信用卡号码的有效性："我正在检查你的万事达卡号码，它以 5491 开头，你可以核实其余的号码吗？"成千上万的万事达卡号以 5491 开头，来电者正试图窃取一个有效的号码。

网络钓鱼（phishing）是通过使用假托电子邮件获取未经授权数据的一种类似技术。**网络钓鱼者**（phisher）假装是一家合法的公司并发送一封电子邮件，询问保密数据，如账号、社会安全号码、账号密码等。

欺骗（spoofing）是某人假装成别人的另一个术语。如果你假扮成你的教授，你正在以你的教授的身份进行欺骗。当入侵者使用某个站点的 IP 地址伪装成另一个站点时，就会发生 **IP 欺骗**（IP spoofing）。**电子邮件欺骗**（email spoofing）是网络钓鱼的同义词。

嗅探（sniffing）是一种拦截计算机通信的技术。通过有线网络，嗅探需要物理连接到网络。使用无线网络，则不需要这样的连接：**战争驾驶者**（wardriver）只需通过一个区域并搜索未受保护的无线网络，可将计算机连接到无线网络。他们使用**数据包嗅探器**（packet sniffer），它是捕获网络流量的程序，用于监视和拦截不安全无线（或有线）网络上的流量。正如你将要学习的那样，即使受保护的无线网络也是脆弱的。间谍软件和广告软件是本章后面讨论的另外两种嗅探技术。

其他形式的计算机犯罪包括**黑客**（hacking），这些攻击正在打破计算机、服务器或网络，以窃取诸如客户列表、产品库存数据、员工数据以及其他专有和机密的数据。

最后，人们可能会在自然灾害恢复过程中不经意地披露数据。在恢复过程中，每个人都非常专注于恢复系统功能，从而可能忽视正常的安全保障。诸如"我需要客户数据库备份的副本"这样的请求在灾难恢复期间将比其他时间接受更少的审查。

2. 不正确的数据修改

表 10-2 中安全损失的第二种类型是不正确的数据修改。示例包括错误地增加客户的折扣或错误地修改员工的工资、获得的休假天数或年度奖金。其他示例包括在公司的网站或公司门户网站上放置不正确的信息，如不正确的价格变动。

当员工不正确地遵循处理规程或处理规程设计不正确时，不正确的数据修改可能通过人为错误发生。为了对处理财务数据或控制资产清单（如产品和设备）的系统进行适当的内部控制，公司应确保职责和权力的分离，并有多重制衡。

最后一类不正确的数据修改由人为错误造成，它包括系统误差。示例是第 5 章中讨论的丢失更新问题。

计算机犯罪分子可以通过黑客攻击入侵计算机系统，进行未经授权的数据修改。例如，黑客可能会入侵系统，并转移人们的账户余额，或者下订单将货物运到未经授权的地点和客户那里。

最后，灾难发生后的故障恢复操作可能导致不正确的数据修改。错误的操作可能是无意的或恶意的。

3. 服务错误

第三种类型的安全损失是错误的服务，包括由于系统操作不当导致的问题。如上所述，错误的服务可能包括不正确的数据修改，还可能包括系统向客户发送错误的货物，或将订单货物发送给错误的客户或未准确收费的客户，或向员工发送错误的信息。人类可能会因为处理规程的错误而无意中造成错误的服务。系统开发人员可能不正确地编写程序，或在安装硬件、软件程序和数据时发生错误。

篡夺（usurpation）发生在计算机犯罪分子入侵计算机系统并用自己的未经授权的程序替换合法程序时，会关闭合法应用程序并替代为他们自己的未经授权的程序，以达到侦听、窃取和篡改数据等目的。在自然灾害恢复期间，如果服务没有被正确复原，也可能会导致错误的服务。

4. 拒绝服务

以下处理规程中的人为错误或缺乏处理规程可能导致**拒绝服务**（denial of service，DoS）——第四种类型的损失。例如，人类可以通过启动计算密集型应用程序无意中关闭 Web 服务器或公司网关路由器。使用操作 DBMS 的 OLAP 应用程序可能会消耗许多 DBMS 资源，造成订单输入事务无法通过。

在恶意黑客泛滥的 Web 服务器上，计算机犯罪分子可能会发起有意的拒绝服务攻击。例如，数以百万计的虚假服务请求占用服务器，因此无法提供合法请求。此外，计算机蠕虫能侵入一个计算机网络并产生如此多的人工流量以至于合法的流量不能通过。最后，自然灾害可能导致系统失灵，从而导致拒绝服务。

5. 基础设施损失

很多时候，人为事故造成了基础设施的损失——最后一种损失类型。示例是推土机切断光纤电缆的管道和地板减震器撞击到机架上的 Web 服务器。

盗窃和恐怖事件也会造成基础设施的损失。例如，心怀不满、被解雇的员工可能会偷走公司数据服务器、路由器或其他关键设备。恐怖事件也可能导致物理装置和设备的损失。

自然灾害是造成基础设施损失的最大风险。火灾、洪水、地震或类似的事件可能会摧毁数据中心及其所包含的所有数据。

你可能想知道为什么表 10-2 不包括病毒、蠕虫和特洛伊木马等术语。答案是病毒、蠕虫和特洛伊木马是引发图中一些问题的技术。它们可能导致拒绝服务攻击，或者可能会导致恶意、未经授权的数据访问或数据丢失。

最后，最近出现了一个新的威胁术语。**高级持续性威胁**（advanced persistent threat，APT）是由像政府这样的大型的、资金充足的组织实施的一种复杂的并可能是长期进行的计算机非法侵入行为。APT 可以是一种从事网络战争和网络间谍的手段。一个 APT 的例子是基于俄罗斯的名为"APT29"的组织。2015 年，FireEye 的安全研究人员发布了一份详细的报告，描述了 APT29 的工具、手段和处理规程。⊖更具体地说，它显示了 APT29 如何使用一种名为"HANRZERTOSS"的定制恶意软件来通过 Twitter、GitHub 和云存储服务发送攻击命令来攻击受害者。如果你在军队或情报机构工作，而不参与 APTs，你一定会有所担心。我们在 10.9 节回到这个话题。

10.1.4　信息系统安全的目标

如图 10-1 所示，可以停止威胁，或者如果不停止，可以通过创建适当的安全保障来减少损失成本。然而，安全保障的创建和维护是很昂贵的。它们使普通任务变得更加困难，增加了额外的劳动费用，同时也降低了工作效率。信息安全的目标是在损失风险和实施安全保障的成本之间找到适当的平衡。

商务人士需要仔细考虑二者的平衡。在你的个人生活中，一定要使用杀毒软件。你应该可能实施在 10.3 节中将学到的其他安全保障。一些安全保障，如删除浏览器 cookie，将使计算机使用变得更加困难。这些安全保障是否值得？你需要评估自己的风险和利益。

前文的陈述也适用于组织，尽管其需要更系统地进行讨论。总之，要在仔细分析后再展开行动，这是信息系统安全的最低要求。做好生活和事业中的权衡，以提前避免或及时应对安全问题的发生。

10.2　计算机安全问题有多大

我们不知道计算机安全威胁造成的财务和数据损失的全部程度。当然，由于人为错误造成的损失是巨大的，但很少有机构计算出这些损失，更不用说公布这些损失了。然而，据 Risk Based Security 的 2015 年度安全报告显示，在 3 930 起安全事件中损失了 7.36 亿人次的个人记录。⊖一些更为显著的数据泄露包括：安森保险公司（Anthem Insurance Companies）损失了 7 880 万用户账户信息，美国人事管理局（U. S. Office Personnel Management）损失了

⊖ FireEye (2015), HAMMERTOSS: Stealthy Tactics Define a Russian Cyber Threat Group, July 2015, accessed June 8, 2016, www2.fireeye.com/rs/848-DID-242/images/rpt-apt29-hammertoss.pdf.

⊖ Risk Based Security. "2015 Data Breach Trends," January 2016, RiskedBasedSecurity.com, accessed June 3, 2016, www.riskbasedsecurity.com/reports/2015-YEDataBreachQuickView.pdf.

2 200万用户账户信息,阿什利麦迪逊(Ashley Madison)网站损失了3 700万用户账户信息。[1]这甚至不算来自弗吉尼亚理工大学600多万学生记录的损失,以及通过益百利(Experian)公司损失1 500万跨国移动电话运营商T-Mobile的客户账户。一半(51.4%)用户记录被盗是以企业为目标的外部黑客所实施的。记住,这些仅仅是做了新闻报道和报告了估计损失的公司的损失。

由自然灾害造成的损失也是巨大的,几乎无法计算。例如,2011年的日本地震致使日本制造业停工,并且损失波及从远东到欧洲和美国的整个供应链。人们只能想象,日本企业在恢复信息系统方面付出了巨大的代价。

此外,没有人知道计算机犯罪的损失。一方面,没有统计犯罪损失的标准。拒绝服务攻击的损失是否包括员工时间的损失、收入的损失或由于失去客户而造成的长期收入损失?或者,如果员工丢失了一台2 000美元的笔记本电脑,那么损失是否包括丢失笔记本电脑上数据的价值呢?它是否包括更换和重新安装软件的时间成本?或者,如果有人窃取了明年的财务计划,竞争对手收集到该信息价值的成本是如何确定的?

其次,所有关于计算机犯罪成本的研究都是基于调查的。不同的受访者对术语的解释不同,一些组织不报告他们所有的损失,有些组织根本不会报告计算机犯罪的损失。没有标准定义和更准确的收集犯罪数据的方法,我们不能依赖于任何特定估计的准确性。我们所能做的最多的就是通过比较年度数据来寻找趋势,并且假设对各种类型的受访者使用相同的调查方法。

表10-3显示了一项进行了6年的调查结果。[2]它由惠普公司委托,并由计算机犯罪咨询机构波尼蒙研究所(Ponemon Institute)实施。它显示了六种最昂贵攻击类型的平均成本和总事故百分比。没有显著性检验,很难确定所显示的差异是否是随机的;它们可能是。但以数值来看,在2015年计算机犯罪成本大部分增加的原因似乎是恶意代码和拒绝服务攻击,这些类型的攻击次数比上年大幅增加(详见图10-2)。其余类别的平均成本持平或略有下降。

表10-3 六种类型的计算机犯罪平均成本和总事故百分比(六种最昂贵的类型)

	2010	2011	2012	2013	2014	2015
拒绝服务	NA	187 506美元(17%)	172 238美元(20%)	243 913美元(21%)	166 545美元(18%)	255 470美元(16%)
内鬼	100 300美元(11%)	105 352美元(9%)	166 251美元(8%)	198 769美元(8%)	213 542美元(8%)	179 805美元(10%)
基于Web的攻击	143 209美元(15%)	141 647美元(12%)	125 795美元(13%)	125 101美元(12%)	116 424美元(14%)	125 633美元(12%)
恶意代码	124 083美元(26%)	126 787美元(23%)	109 533美元(26%)	102 216美元(21%)	91 500美元(23%)	164 500美元(24%)
网络钓鱼与社会工程	35 514美元(12%)	30 397美元(9%)	18 040美元(7%)	21 094美元(11%)	45 959美元(13%)	23 470美元(14%)
设备被盗	25 663美元(17%)	24 968美元(13%)	23 541美元(12%)	20 070美元(9%)	43 565美元(10%)	16 588美元(7%)

资料来源:Data from Ponemon Institute.2015 *Cost of Cyber Crime Study: United States*, October 2015, p. 12.

---

[1] Tim Greene, "From Ashley Madison to VTech It Has Been a Nasty Data Breach Year," NetworkWorld, December 2, 2015, accessed May 3, 2015, www.networkworld.com/article/3011103/security/biggest-data-breaches-of-2015.html.

[2] Ponemon Institute, 2015 Cost of Cyber Crime Study: United States, October 2015, accessed June 3,2016, www.ponemon,org/library.

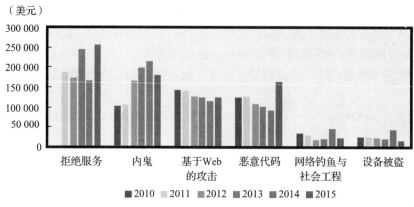

图 10-2　计算机犯罪成本

除了这些数据外，波尼蒙研究所还通过资产受损的类型来调查损失。它发现信息损失是成本最高的计算机犯罪，占 2015 年总成本的 42%；业务中断是第二高的成本，占 2015 年总成本的 36%；设备损失和损坏仅为损失总成本的 1%。显然，价值在于数据而不是硬件！

波尼蒙研究所的另一项研究报告说，与网络犯罪有关的 53% 的内部成本来自检测（30%）和恢复（23%）。⊖接下来最昂贵的活动是遏制（16%）、调查（14%）、事件管理（9%）以及事后反应（7%）。

2015 年的计算机犯罪成本研究（The 2015 Cost of Computer Crime Study）包括一项关于不同安全政策对计算机犯罪花费影响的深入分析。最关键的是，在 10.4 节至 10.7 节中会讨论，那些更多创建安全保障的组织遇到的计算机犯罪数量较少，损失也较小。安全保障确实有效！

如果你在网上搜索"计算机犯罪统计"这个短语，你会发现许多类似的研究。一些是基于值得怀疑的抽样技术，似乎是为了促销特定的安全保障产品或观点而编写的。当你阅读时，要意识到这种偏见。

基于波尼蒙研究所的研究，截至 2015 年，最关键的问题是：
- 恶意代码和拒绝服务攻击是日益严重的安全威胁。
- 数据损失和业务中断是计算机犯罪的主要损失。
- 检测和恢复占网络入侵相关内部损失的一半以上。
- 安全保障工作。

10.3　个人应如何应对安全威胁

如 10.1 节结束时所述，你的个人信息系统安全目标应该是在损失风险和安全保障成本之间找到有效的平衡。然而，很少有人像他们应该的那样认真对待安全问题，而且大多数人甚至没有实施低成本的安全保障。

表 10-4 列出了推荐的个人安全保障。第一个安全保障是认真对待安全问题。你现在看不到正在试图破坏你的计算机的企图。但是，其的确存在。

⊖ Ponemon Institute, 2015 Cost of Cyber Crime Study: Global, October 2015, accessed June 3,2016, www.ponemon.org/library/2015-cost-of-data-breach-global.

表 10-4　个人安全保障

• 认真对待安全问题
• 设置高强度密码
• 使用混合密码
• 不使用电子邮件或即时消息发送有价值的数据
• 在可信的、声誉好的供应商那里使用 https 链接
• 转移计算机中的高价值资产
• 删除浏览历史记录、临时文件和 cookie（使用 CCleaner 或其他类似产品）
• 定期更新杀毒软件
• 向你的同事说明安全忧虑
• 遵循组织安全指示和指导原则
• 考虑所有业务活动中的安全性问题

不幸的是，你收到的第一个安全损害的迹象是你的信用卡虚假收费或来自朋友的抱怨信息，抱怨刚刚收到你的电子邮件账户发来的讨厌的电子邮件。计算机安全专业人员运行入侵检测系统来检测攻击。**入侵检测系统**（intrusion detection system，IDS）是一种计算机程序，可检测是否有另一台计算机试图扫描或访问计算机或网络。如果这些企图来自国外，除了采取合理的安全保障，你别无办法。

如果你决定重视计算机安全，你能实现的最重要的安全保障就是设置和使用高强度密码。我们在第 1 章讨论了这样做的方法。总而言之，不要在任何语言中使用任何单词作为密码的一部分，而要使用大小写字母、数字和特殊字符的混合密码。

这种非单词密码仍然容易受到**密码穷举法**（brute force attack）攻击，密码破解者会尝试所有可能的字符组合。密码穷举法可以在几分钟内破解一个大写或小写字母的六字符密码。但是，对于具有大小写字母、数字和特殊字符混合的六字符密码，密码穷举法可能需要数小时。仅由大小写字母组成的 10 位密码可能需要数年的时间才能破解，但是由字母、数字和特殊字符组成的混合密码可能需要数百年的时间才能破解。12 位仅由大小写字母组成的密码可能需要数千年才能破解，但是由字母、数字和特殊字符组成的混合密码可能需要数百万年的时间才能破解。所有这些估计当然都假定密码不包含任何语言的单词。最关键的是：使用不包含单词的长密码，使用 12 个或更多字符的密码，以及使用字母、数字和特殊字符组成的混合密码。

除了使用长且复杂的密码外，还应该在不同的站点使用不同的密码。这样，即使一个密码遭到入侵，也不会失去对所有账户的控制权。确保为重要网站（如银行网站）设置高强度的密码，并且不要在不太重要的网站上重复使用这些密码（比如你的社交网站）。一些网站专注于创新产品，可能不会分配相同数量的资源来保护用户的信息。使用合适的密码来保护相应的信息。

不要在电子邮件或即时通信中发送密码、信用卡数据或任何其他有价值的数据。如本文中多次声明，大多数电子邮件和即时通信都不受加密保护（参见 10.5 节），应该假设在电子邮件或即时通信中写下的任何内容都可以在明天"纽约时报"的首页找到。

只使用可靠的 https 连接，并从信誉良好的在线供应商处购买。如果供应商在其交易中不支持 https（在浏览器的地址行中查找 https://），请不要从该供应商处购买。

可以通过转移计算机中的高价值资产来降低易受损失性。现在，尤其是以后的商业专业人员，你要确保在工作实践中不携带包含你不需要的任何数据的笔记本电脑或其他设备离开办公室。通常，将专有数据存储在不一同出行的服务器或可移动设备上［顺便说一下，Office 365 使用 https 将数据传输到 SharePoint，并且从 SharePoint 传输出数据。可以使用它或类似的应用程序在公共场所（如出差时的机场）处理文件］。

浏览器会自动存储浏览活动的历史记录和包含敏感数据的临时文件，这些敏感数据包括访问过的网站、购买的东西、账户名称和密码等。它还存储**浏览器缓存**（cookie），即浏览网站时浏览器收到的小文件。Cookie 可以让用户访问网站，而无须每次登录，并加快部分网站的处理速度。不幸的是，一些 cookie 还包含敏感的安全数据。最好的安全保障是从计算机中删除浏览历史记录、临时文件和 cookie，并设置浏览器以禁用历史记录和 cookie。CCleaner 是一个免费的开源产品，将彻底地删除所有这些数据（http://download.cnet.com/ccleaner/）。然而，在使用 CCleaner 之前，应该备份计算机。

删除和禁用 cookie 是改进安全性和成本之间权衡的极好示例。安全性将大幅度提高，但计算机将更加难以使用。你应该做出有意识的决定，而不要让这些数据未知的脆弱性为你做出决定。

我们将在 10.5 节中讨论杀毒软件的使用。一旦成为商业专业人员，表 10-4 中的最后三个项目将会有用。对同事，特别是下属，应该对安全表现出关注和尊重。还应遵循组织所有安全指示和指导原则。最后，考虑所有业务活动中的安全性问题。

10.4 组织应如何应对安全威胁

10.3 节讨论了作为个人应对安全威胁的方式。对于组织来说，需要采取更广泛和更系统的方法。首先，高级管理层需要解决两个关键的安全功能：安全政策和风险管理。

考虑到第一点，高级管理层必须建立全公司的安全政策。例如，制定数据安全政策，说明组织对于收集客户、供应商、合作伙伴和员工的数据的态度。政策至少应该规定：

- 组织将存储哪些敏感数据。
- 它将如何处理这些数据。
- 数据是否会与其他组织共享。
- 员工和其他人如何获取有关他们的数据副本。
- 员工和其他人如何请求更改不准确的数据。

政策的具体细节取决于该组织是政府还是非政府组织、是公有的还是私人的、所在的行业、管理者与员工的关系以及其他因素。作为新员工，如果在新员工培训中没有讨论雇主的安全政策，需要自己去寻找。

第二个高级管理安全职能是管理风险。风险不能消除，所以管理风险意味着主动权衡风险与成本之间的关系。这种权衡因行业和组织而异。金融机构是显而易见的盗窃目标，必须大量投资于安全保障。然而，保龄球馆不太可能是盗窃的目标，当然除非它将信用卡数据存储在计算机或移动设备上（这个决定可能是其安全政策的一部分，但它或许对保龄球馆或者其他小型企业来说是不明智的）。

为了做出权衡决定，组织需要创建他们想要保护的数据和硬件的清单，然后评估相对于每个潜在威胁的安全保障。表 10-2 是了解威胁的类别和频率的好来源。鉴于这一套清单和威胁，组织需要确定希望承担多少风险，或者换句话说，它希望实施哪些安全保障措施。

使用安全保障来保护信息资产的很好的类别是购买汽车保险。在购买汽车保险之前，需要确定汽车值多少钱、汽车损坏的可能性有多大以及愿意接受多少风险。然后通过购买保险将部分风险转移给保险公司。组织不仅仅是购买保险，而是实施各种安全保障来保护他们的数据和硬件。

要记住信息系统安全保障的简单方法是按照信息系统的五个部分进行安排，如图10-3所示。一些安全保障涉及计算机硬件和软件。有些涉及数据，其他涉及处理规程和人员。在接下来的三个问题中，将考虑技术、数据和人员安全保障。

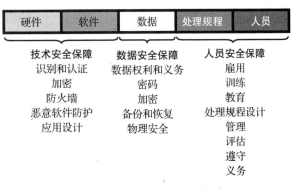

图10-3 五个部分的安全保障

案例 10-1

探秘：2015黑帽新形式

黑客、安全专家以及政府机构每年都会到拉斯维加斯参加一个重要的安全会议——黑帽（Black Hat）。"黑帽"关系到黑客、安全专家、公司以及政府机构。

每年的演讲者都会就如何进行黑客攻击做个简要报告。演讲者将精确地展示如何利用硬件、软件、协议或系统的弱点。一次会议可能会告诉你如何破解你的智能手机，而另一次会议可能会告诉你如何清空自动柜员机的现金。

演讲鼓励企业修复产品脆弱性，并成为黑客、开发商、制造商和政府机构的教育论坛。以下是2015年"黑帽"会议的亮点：

审查、监测和控制：最受关注的活动是詹妮弗·格兰克（Jennifer Granick）的主题演讲，她是斯坦福大学互联网与社会中心公民自由室主任。贸易辩护律师格兰克认为，互联网由于集中化和方便的需求而逐渐减少自由和开放。她指出，一些大公司正在控制大部分互联网行为。因此，这几家公司可以用来审查、监测和控制用户行为。

大多数用户使用Gmail发送电子邮件，使用谷歌进行互联网搜索，使用脸书发博客以及使用亚马逊远程托管。技术集中——扼杀创造力的非常严厉的惩罚，从根本上改变了互联网。格兰克认为，随着我们越来越依赖技术（即我们采用物联网设备），允许一些技术集中的企业完全控制我们的生活可能是不明智的。⊖

黑客物联网：苹果巨大的净资产很大程度上归功于其现代智能手机的发展。诸如汽车、灯具、冰箱、电视机和门锁等日常设备的制造商都希望能够复制苹果公司的成功。然而，它们急于为每个设备提供网络连接，同时保持成本下降，公司不一定会生成安全设备。安全公司Cognosec的托比亚斯·齐尔纳（Tobias Zillner）指出，许多物联网设备使用的ZigBee无线协议具有一种脆弱性，可以让黑客劫持这些设备。⊖这种脆弱性允许黑客拦截交换网络密钥并绕过现有的加密保护。黑客攻击朋友的智能灯作为恶作剧可能很有趣，但是一个犯罪

⊖ Michael Mimoso, "Granick: Dream of Internet Freedom 'Dying'" ThreatPost.com, August 5,2015, accessed April 2,2016, https://threatPost.com/granick-dream-of-internet-freedom-dying/114140.

⊖ Charlie Osborne, "Critical IoT Security Flaw Leaves Connected Home Devices Vulnerable," ZDNet, August 6,2015, accessed April 2,2016, www.zdnet.com/article/critical-security-flaws-leave-connected-home-devices-vulnerable.

分子在半夜自动打开你的前门并不有趣。

汽车黑客村：为让与会者了解如何操纵汽车内部的计算机系统，会议专门设置了一个特殊的宴会厅。汽车每年都会增加更多的技术，无人驾驶汽车的竞赛正在全力冲刺。当黑客远程操纵每小时 70 英里的 5 000 磅重的汽车时，这就成为问题。优步（Uber）技术公司安全研究人员查理·米勒（Charlie Miller）博士和克里斯·瓦拉塞克（Chris Valasek）在一项安全的示范中，远程关闭了吉普大切诺基（Jeep Grand Cherokee）的刹车和发动机。㊀其他车辆也存在类似的脆弱性。鉴于急于创建自驾智能车，以及关于黑客汽车产生的关注事件，汽车脆弱性很可能将浮出水面。

讨论题：

（1）黑客为什么要关注隐私法？

（2）限制性法规如何抑制创新？

（3）为什么一个分散的互联网难以控制？

（4）为什么制造商会无意中创建一个不太安全的"智能"版本的产品？

（5）如果被黑客入侵，什么类型的物联网设备可能会特别令人担忧？

（6）为什么一辆被黑客入侵的自驾车会很麻烦？

10.5　技术安全保障如何防范安全威胁

技术安全保障（technical safeguard）涉及信息系统的硬件和软件组件。图 10-4 列出了主要的技术安全保障。

10.5.1　识别和认证

每个信息系统今天都应该要求用户使用用户名和密码进行登录。用户名识别用户［**识别**（identification）过程］，密码验证该用户［**认证**（authentication）过程］。

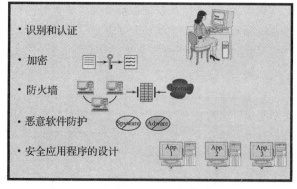

图 10-4　技术安全保障

密码有其弱点。尽管一再警告，但还是有用户经常分享他们的密码，并且许多人选择无效、简单的密码。事实上，2016 年 Verizon 报告指出，"63% 的数据泄露与使用弱密码、默认密码或被盗密码有关"。㊁由于这些问题，一些组织除了使用密码之外，还选择使用智能卡和生物认证。

1. 智能卡

智能卡（smart card）是一种塑料卡片，类似于带有磁条的信用卡，但带有嵌入式微芯片。微芯片能够保存比磁条多很多的数据，其装载有识别数据。智能卡的用户需要输入要认证的**个人识别号码**（personal identification number，PIN）。

2. 生物认证

生物认证（biometric authentication）使用个人物理特征，如指纹、面部特征和视网膜扫描

㊀ Andrea Peterson, "Here Is How You Learn to Hack a Car," Washington Post, August 14,2015, accessed April 2,2016,www.washingtonpost.com/news/the-switch/wp/2015/08/14/here-is-how-you-learn-to-hack-a-car.

㊁ Verizon 2016 Data Breach Investigations Report, accessed June 2016, www.verizonenterprise.com/verizon-insights-lab/dbir/2016/.

来验证用户。生物认证提供了强大的身份验证，但所需的设备非常昂贵。用户通常也抵制生物识别，因为他们感觉这是侵入性的。

生物认证正处于采用的早期阶段。由于其强大之处，在未来可能会看到越来越多的使用。立法者也有可能会通过生物特征数据的使用、存储和保护等相关的法律。有关生物认证的更多信息，请访问 http://searchsecurity.tech target.com。

请注意，认证方法分为三类：你知道什么（密码或 PIN）、你有什么（智能卡）以及你是什么（生物特征）。

10.5.2 多系统单点登录

信息系统通常需要多源认证。例如，当登录到个人计算机时，需要进行身份验证。当访问部门的局域网时，需要再次进行身份验证。当浏览组织的广域网时，需要对更多的网络进行身份验证。此外，如果请求需要数据库数据，则管理该数据库的 DBMS 服务器将再次验证用户身份。

为所有这些资源输入用户名和密码可能是令人烦躁的。你可能不得不使用并记住五六个不同的密码，才能访问完成工作所需的数据。将密码发送到所有这些网络也同样不可取。密码进一步传播，可能会产生更大的风险。

相反，如今的操作系统有能力实现你到网络和其他服务器的认证。你登录到你的本地计算机并提供认证数据；通过操作系统上的登录，你能认证到另一个网络或服务器，然后通过这些网络或服务器又认证到又一个网络或服务器，以此类推。因此，身份和密码打开了本地计算机以外的许多窗口，在选择密码时要记住这一点！

10.5.3 加密

加密（encryption）是将明文转换为编码的、难以理解的文本，以进行安全存储或通信的过程。大量研究已经开发出难以破解的**加密算法**（encryption algorithm）（加密数据的处理规程）。常用的方法有 DES、3DES 和 AES；如果想了解更多关于这些术语的信息，请搜索网页。

密钥（key）是用于加密数据的一串字符串。它之所以被称为密钥，是因为它解锁了消息，但它是与加密算法一起使用的、表示为数字或字母的二进制字符串，而不是像公寓钥匙一样的实物。

为了加密消息，计算机程序使用与密钥相结合的加密方法（如 AES），将明文消息转换为加密消息。所得到的编码消息（"U2FsdGVkX1+b637aTP80u+y2WYIUbqUz2XtYcw4E8m4="）看起来像乱码。解码（解密）消息是类似的，将一个密钥应用于编码消息以恢复原始文本。使用**对称加密**（symmetric encryption），相同的密钥用于编码和解码。使用**非对称加密**（asymmetric encryption），需要用到两个密钥：一个密钥对消息进行编码，另一个密钥对消息进行解码。对称加密比非对称加密更加简单和快速。

互联网上使用了非对称加密的特殊方法，即**公开密钥加密**（public key encryption）。通过这种方法，每个站点都有一个用于编码消息的公钥和一个用于解码消息的私钥。在我们解释它如何工作之前，请考虑以下类比。

假设你给朋友送一个打开的密码锁（就像你在健身房的储物柜一样）。假设你是唯一知道这个锁的密码的人。现在，假设你的朋友把东西放在盒子里，然后锁上锁。你的朋友或任何其他人都不能打开这个盒子。这个朋友把锁好的盒子送给你，然后你就用这个密码打开盒子。

公钥类似于密码锁，而私钥类似于密码。你的朋友使用公钥来编码消息（上锁），而你使用私钥来解码消息（开锁）。

现在，假设我们有两个普通的计算机 A 和 B。假设 B 想向 A 发送加密消息。为此，A 向 B 发送它的公钥（我们类比中的 A 向 B 发送一个打开的密码锁）。现在 B 将 A 的公钥应用于消息，并将所得到的编码消息发送回 A。此时，B 和 A 之外的任何人都无法解码该消息。当 A 接收到编码消息时，A 使用其私钥（我们类比中的密码）来解锁或解密该消息。

同样，公钥就像打开的密码锁。计算机 A 将锁发送给任何向其索要的人。但是，A 从不把它的私钥（密码）发送给任何人，私钥保持私有。

互联网上最安全的通信使用一种名为 https 的协议。在 https 协议中，数据使用名为**安全套接层**（secure sockets layer，SSL）的协议进行加密，该协议也称为**传输层安全**（transport layer security，TLS）。SSL/TLS 使用**公开密钥加密**和**对称密钥加密**相结合的方法。

基本思想是：对称密钥加密速度快，因而是首选。但是，双方（如你和一个网站）不共享对称密钥。所以，你们两个使用公开密钥加密来共享相同的对称密钥；一旦你拥有这个密钥，就可以在通信的其余部分使用对称密钥加密。

图 10-5 总结了 SSL/TLS 在你与网站安全通信时的工作原理：
（1）你的计算机获取它将连接的网站的公钥。
（2）你的计算机生成用于对称密钥加密的密钥。
（3）你的计算机使用网站公钥加密对称密钥，它将加密的对称密钥发送到网站。
（4）网站使用其私钥解密你发送的信息，获取对称密钥加密的密钥。
（5）你的计算机和网站使用对称密钥加密进行通信。

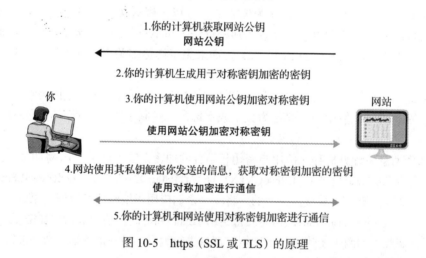

图 10-5　https（SSL 或 TLS）的原理

在会话结束时，你的计算机和安全站点废除密钥。使用这种策略，大部分安全通信使用更快的对称加密来进行。另外，由于密钥的间隔时间较短，所以不太可能被发现。

使用 SSL/TLS 可以安全地发送敏感数据，如信用卡号和银行账户余额。只需确保你在浏览器中看到的是 https://，而不只是 http://。大多数浏览器都有附加的插件或附加组件（如无处不在的 HTTPS），它们可以在可用时强制使用 https 连接。

案例 10-2

伦理指南：隐私保护

有些组织在法律上被要求保护他们收集和存储的客户数据，但法律的作用可能比想象的更为有限。1999年，美国国会通过的"**格雷姆-里奇-比利雷法**"（Gramm-Leach-Bliley Act，GLB Act）规定了金融机构处理个人私密信息的方式，旨在保护金融机构存储的消费者金融数据，这里的金融机构定义为银行、证券公司、保险公司，和提供财务咨询、准备报税表以及提供类似金融服务的组织。

1974 年的《隐私法》（Privacy Act of 1974）是美国政府提供的保护个人信息记录的法律。**1996 年的《健康保险携带和责任法》**（Health Insurance Portability and Accountability Act，HIPAA）的隐私条款赋予了个人获取医生和其他医疗保健服务提供者所创建的健康数据的权利，HIPAA 还规定和限制了谁可以读取和接收健康信息。

其他国家的法律更为强大。例如，在澳大利亚，1988 年的《澳大利亚隐私法》的隐私原则不仅管理政府和医疗保健数据，而且管理收入超过 300 万澳元的企业的记录数据。

然而，大多数消费者会说，网络零售商有合乎道德的义务保护客户的信用卡和其他数据，大多数在线零售商对此都表示赞同。或者至少零售商会同意他们有很充分的商业理由来保护这些数据。任何大型在线零售商的信用卡数据大量流失都会对销售和品牌声誉产生不利影响。

像 Acxiom 公司这样的数据集成商进一步使个人风险更加复杂化，因为他们开发了家庭和个人的完整资料，并且没有联邦法律禁止美国政府从数据集成商处购买信息产品。

让我们讨论一些与我们的生活更紧密的例子。你的大学对有关你的数据有什么要求？州法律或大学政策可以管理这些记录，但没有联邦法律可以管理这些记录。大多数大学认为他们有责任向公众提供毕业记录访问。任何人都可以确定你什么时候毕业、你的学位和你的专业（写简历时要记住这一点。）

大多数教授努力按学号而不是按姓名公布成绩，而且可能有州法律要求将它们分开。但是你的工作呢？你写的论文以及考试答案呢？你发给教授的电子邮件呢？这些数据不受联邦法律的保护，而且很可能不受州法律的保护。如果你的教授选择引用你的研究工作，她将受版权法的约束，而不是隐私法。你所写的不再是你的个人财产，而是属于学术界。你可以向教授询问她打算对你的课程作业、电子邮件和办公室对话做些什么，但这些数据均不受法律保护。

关键是：在决定将个人资料放在哪里时，你应非常小心。大型的、有信誉的机构可能会支持合乎道德的隐私政策，并采取强有力的安全保障来实现该政策，但个人和小型组织可能不会。如有疑问，不要提供个人资料。

讨论题：

（1）如该功能所述，当你从在线零售商处订购产品时，你提供的数据不受美国隐私法的保护。这个事实是否会让你重新考虑建立一个存储信用卡号码的账户？储存信用卡号码的优势是什么？你认为这个优势是否值得冒险？你是否更愿意跟一些公司而不是其他公司共同承担风险呢？如果是这样？请说明你选择承担风险的标准。

（2）假设你是一个学生俱乐部的财务主管，你将俱乐部成员的付款记录存储在数据库。过去，会员对付款金额有争议；因此，当你收到付款时，将扫描支票或信用卡发票的图像，并将扫描的图像存储在数据库中。不幸的是，你已将该数据库放入共享文件夹。

一天，你在当地咖啡店使用电脑。一个不怀好意的学生看到你正在登录电脑，登录名是可见的，密码也很短，所以学生很容易看到密码是什么。当你享用咖啡时，这个学生会从咖啡店的无线设备中查到你的电脑的名称，使用你的登录名和密码连接到你的共享文件夹，然后复制俱乐部数据库。直到第二天，当每一个俱乐部成员都抱怨说，一个受欢迎的学生网站公布了每个给你支票的人的名字、银行名称和银行账号时，你才知道这件事。

你在这件事上有什么责任？你是否因为拿了学生的钱而被列为金融机构（你可以在 www.ftc.gov/privacy/privacyinitiative/glabact.html 找到 GLB）？如果是这样，你有什么责任呢？如果不是这样，你还有其他的责任吗？咖啡店有责任吗？

即使你没有法律责任，你的行为是否合乎道德？解释你的回答。在这个问题以及问题（3）（4）和（5）中，你的回答要使用绝对命令观点或功利主义观点。

（3）假设你被要求填写一份研究问卷，要求你输入识别性数据以及个人问题的答案。你犹豫是否提供数据，但调查问卷最上面一部分指出："所有答复都将严格保密"，你因此填写了问卷。

不幸的是，管理这项研究的人员也去了你先前去过的那家无线咖啡店［在问题（2）中］，但这次不怀好意的学生正在嗅探数据包，以查看可能发生的情况。

这项研究的管理者加入咖啡店的无线网络并启动她的电子邮件。她的第一个信息来自一家小型网上商店，她在该商店刚刚开设了一个账户。电子邮件中的内容可能包含："欢迎！你的账户名称为 Emily100，你的密码为 Jd5478IaE$%$55。"

"我发现了！"当包含电子邮件的数据包出现在屏幕上时，这个嗅探数据包的恶意学生自言自语道。"这似乎是个很好的密码。那么，我敢打赌你也将它用在其他账户上，或许是你的电子邮件？"恶意学生使用"Emily100"和密码"Jd5478IaE$%$55"登录电子邮件，结果果然登上去了。他首先读的是关于研究监测的电子邮件，它包含所有的研究结果。第二天，你的姓名和所有"机密"答复都显示在公共学生网站上。

进行该项研究的人员是否违法？她做了不道德的事吗？她犯了什么错误？

（4）在问题（3）中，发送电子邮件的在线网站对这种损失有法律责任吗？它做了什么不道德的事吗？

（5）在问题（2）中，这个恶意学生是否做了任何违法的或不道德的事？在问题（3）中，这个恶意学生是否做了任何违法的或不道德的事？

（6）考虑到这两种情况，描述在公共无线设施中使用计算机的良好做法。

（7）依据你对上述问题的回答，请陈述在传播和存储数据时可以用来指导你的行为的 3～5 条一般原则。

10.5.4 防火墙

防火墙（firewall）是防止未经授权的网络访问的计算设备。防火墙可以是专用计算机，也可以是通用计算机或路由器上的程序。实质上，防火墙只是一个过滤器。它可以以多种方式过滤流量，包括网络流量来自哪里、正在发送什么类型的数据包、数据包的内容以及数据包是否是授权连接的一部分。

组织通常使用多个防火墙。**边界防火墙**（perimeter firewall）位于组织网络之外；它是互联网流量遇到的第一个设备。除了边界防火墙外，一些组织在组织网络内部使用**内部防火墙**（internal firewall）。图 10-6 显示了保护组织内所有计算机的边界防火墙以及保护局域网的第二个内部防火墙的使用。

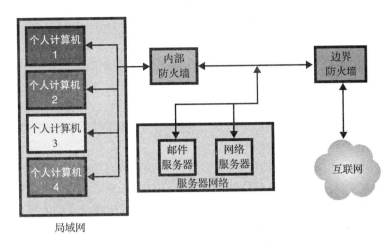

图 10-6　多个防火墙的使用

包过滤防火墙（packet-filtering firewall）检查消息的每个部分，并确定是否让该部分通过。为了做出这个决定，它检查源地址、目标地址和其他数据。

包过滤防火墙可以禁止外部人员与防火墙后面的任何用户启动会话。它们也可以禁止特定站点的流量，如已知的黑客地址。它们可以禁止流量从合法的，但不必要的地址流入（如竞争对手的计算机）并过滤出站流量。他们可以阻止员工访问特定的网站，如竞争对手的网站、色情网站或热门新闻网站。作为未来的经理，如果你不想让员工访问特定的网站，可以要求你的信息系统部门通过防火墙强制执行此限制。

包过滤防火墙是最简单的防火墙类型。其他防火墙在更复杂的基础上进行过滤。如果你参加数据通信课程，你将了解它们。现在，你只需了解防火墙有助于保护组织计算机免受未经授权的网络访问。

在没有防火墙保护的情况下，任何计算机都不应该连接到互联网。许多 ISP 为其客户提供防火墙。这些防火墙本质上是通用的。大型组织用自己的方式补充这种通用防火墙。大多数家庭路由器都包括防火墙，而 Microsoft Windows 也有一个内置的防火墙。第三方也认可防火墙产品。

10.5.5　恶意软件防护

图 10-4 中列举的下一个技术安全保障涉及恶意软件。**恶意软件**（malware）是一个广义的软件，包括病毒、间谍软件和广告软件。

病毒（virus）是一种可以自我复制的计算机程序。未经检查的复制就像计算机癌症，最终将导致病毒消耗计算机的全部资源。此外，许多病毒也会导致不需要的或有害的行为。导致不需要的行为的程序代码称为有效载荷。**有效载荷**（payload）可以删除程序或数据，或是更糟糕的情况——以用户检测不到的方式修改数据。

特洛伊木马（trojan horse）是伪装成有用的程序或文件的病毒。这个名字指的是在特洛伊战争中，装满士兵并搬进特洛伊的巨大木马模型。典型的特洛伊木马看起来像是一个电脑游戏、一个 MP3 音乐文件或其他一些有用且无害的程序。

蠕虫（worm）是一种使用互联网或其他计算机网络来自我传播的病毒。蠕虫比其他类型病毒传播得更快，这是因为它们可以自我复制。不同于非蠕虫病毒那样必须等待用户使用第二台计算机共享文件，蠕虫主动使用网络进行传播。有时，蠕虫传播得如此之快，以至于网络过载和崩溃。

间谍软件（spyware）程序在用户不知情或未经用户许可的情况下就安装在用户的计算机上。间谍软件驻留在后台，观察用户的动作和键盘输入，修改计算机活动，并向间谍软件所有者报告用户的活动。一些称为**键盘记录器**（key logger）的恶意间谍软件捕获键盘输入，用于窃取用户名、密码、账号和其他敏感数据。还有一些间谍软件用于营销分析，其观察用户的行为、访问的网站、浏览和购买的产品等。

广告软件（adware）类似于间谍软件，因为它在没有用户许可的情况下安装并驻留在后台观察用户行为。大多数广告软件是良性的，它不执行恶意行为或窃取数据。但是，它会观察用户活动并生成弹出式广告。广告软件还可以更改用户的默认窗口或修改搜索结果并切换用户的搜索引擎。

勒索软件（ransomware）是阻止访问系统或数据直至把钱支付给攻击者的恶意软件。某些形式的恶意软件加密你的数据（cryptoLocker），阻止你运行应用程序，甚至将你锁定在操作系统（reveton）之外。攻击者在收到付款后才会允许你连接到你的数据或系统。

表 10-5 列出了广告软件和间谍软件的一些症状。有时，随着更多的恶意软件组件的安装，这些症状会随着时间的推移而慢慢发展。如果这些症状出现在你的计算机上，请使用反恶意软件程序删除间谍软件或广告软件。

表 10-5　广告软件和间谍软件症状

● 系统启动变慢
● 系统反应变慢
● 许多弹出式广告
● 浏览器主页的可疑更改
● 任务栏和其他系统界面的可疑更改
● 异常的硬盘活动

恶意软件安全保障

幸运的是，可以使用以下恶意软件安全保障来避免大多数恶意软件：

（1）在计算机上安装防病毒和反间谍软件程序。你的信息系统部门会列出推荐（可能需要）的程序。如果你为自己选择一个程序，请从信誉良好的供应商那里选择。在购买之前查看网络上对反恶意软件的评论。

（2）设置反恶意程序以频繁扫描计算机。应该每周至少扫描一次计算机，或者更加频繁。当检测到恶意软件代码时，请使用反恶意软件将其删除。如果代码无法删除，请与信息系统部门或反恶意软件供应商联系。

（3）更新恶意软件定义。**恶意软件定义**（malware definition）是存在于恶意软件代码中的模式，应该经常下载。反恶意软件供应商持续地更新这些定义，你应该在它们可用时及时下载和安装，以更好地打击恶意软件。

（4）仅从已知来源打开电子邮件附件。此外，即使打开已知来源的附件，也要非常小心。通过正确配置的防火墙，电子邮件是唯一可以到达用户计算机的外部发起的流量。大多数反恶意软件程序检查电子邮件附件的恶意软件代码。但是，所有用户都应该养成不从未知来源打开电子邮件附件的习惯。此外，如果你从已知来源收到一封意外电子邮件或者包含可疑主题、拼写错误或语法差的电子邮件，请勿在未验证已知来源附件是否合法的情况下打开该附件。

（5）从合法来源及时安装更新后的软件。不幸的是，所有程序都充满了安全脆弱性；供应商一旦发现脆弱性会迅速修复它们，但是这种做法是不严格的。及时将补丁安装到操作系统和应用程序中。

（6）只浏览有信誉的网站。当你打开某个网页时，一些恶意软件可能会自动安装。你可以使用信任网站（web of trust，WOT）的浏览器插件来帮助了解哪些网站可能是有害的。最近，已经有人付费给恶意软件制作者，让他们在合法网站上的横幅广告中嵌入恶意软件，点击一次就会被感染。

10.5.6 安全应用程序的设计

图 10-4 中最后一个技术安全保障涉及应用程序的设计。正如你在开篇导入故事中学到的那样，亨利和拉杰在考虑安全的情况下设计 ARES；ARES 将用户的隐私设置存储在数据库之中，并且它将开发所有应用程序，要求在透露运动报告中的任何数据前首先阅读隐私设置。最有可能的是，ARES 将设计其程序，以便隐私数据由服务器上的程序进行处理；该设计意味着只有在创建或修改这些数据时，才需要通过网络传输这些数据。

顺便说一句，当用户将一个 SQL 语句输入到一个要输入名称或其他数据的表单时，就会发生 **SQL 注入攻击**（SQL injection attack）。如果程序设计不当，那么它将接受此代码，并使其成为数据库命令的一部分。可能产生的后果是不当的数据泄露、数据损失和丢失。精心设计的应用程序将使这种注入无效。

作为未来的信息系统用户，你可能不会自己设计程序。但是，你应确保为你和你的部门开发的任何信息系统将安全性作为应用程序的要求之一。

10.6 数据安全保障如何防范安全威胁

数据安全保障（data safeguard）保护数据库和其他组织数据。两个组织单位负责数据安全保障。**数据管理**（data administration）是指开发和实施数据政策和标准的组织范围的功能。

数据库管理（database administration）是指与特定数据库相关的功能。ERP、CRM 和 MRP 数据库均具有数据库管理功能。数据库管理开发程序和实践，以确保多用户对数据库进行高效有序的处理、控制对数据库结构的更改并且保护数据库。第 5 章概述了数据库管理。

数据管理和数据库管理都涉及建立数据安全保障，如表 10-6 所示。首先，数据管理应该定义诸如"我们不会与任何其他组织共享识别客户的数据"等数据策略。其次，数据管理和数据库管理共同工作以指定用户数据的权利和责任。最后，这些权利应由至少通过密码认证的用户执行。

表 10-6 数据安全保障

- 明确数据政策
- 数据权利和责任
- 由密码认证的用户账户执行权限
- 数据加密
- 备份和恢复程序
- 物理安全

组织应以加密形式存储来保护敏感数据。这种加密使用一种或多个密钥，其方式与数据通信加密相似。然而，存储数据的一个潜在问题是密钥可能丢失，或者心怀不满和离职的员工可能会破坏密钥。由于这种可能性，当数据被加密时，向受信任方给出用于加密数据的密钥的副本。此安全处理规程有时被称为**密钥托管**（key escrow）。

另一个数据安全保障是定期创建数据库内容的备份副本。组织应该至少将一些备份存储在远离本地的地方，可能是在一个远程位置。此外，IT 人员应定期进行数据恢复，以确保备份有效，并且存在有效的恢复处理规程。不要以为只要备份了就可使数据库受到保护。

物理安全是另一种数据安全保障。运行 DBMS 的计算机和存储数据库数据的所有设备都应该位于锁定的受控访问设施中。否则，它们不仅会被盗，还要受到损害。为了获得更好的安全性，组织应该记录一个日志，显示谁何时以什么目的进入设施。

当组织在云端存储数据库时，表 10-6 中的所有安全保障都应该是云服务合同的一部分。

10.7 人员安全保障如何防范安全威胁

人员安全保障（human safeguard）涉及信息系统组成部分中的人员和处理规程。一般来说，当授权用户遵循适当的系统使用和恢复处理规程时，就会产生人员安全保障。限制对授权用户的访问需要有效的身份验证方法和详细的用户账户管理。此外，必须将适当的安全处理规程设计为每个信息系统的一部分，并应培训用户了解这些处理规程的重要性和使用情况。在本节中，我们将考虑制定员工的人员安全保障。根据 10.2 节讨论的计算机犯罪调查，内部人员恶意犯罪是一个常见且造成巨大损失的问题。这个事实使人员安全保障更加重要。

10.7.1 员工的人员安全保障

图 10-7 列出了员工的安全注意事项，下面将逐一介绍这些安全注意事项。

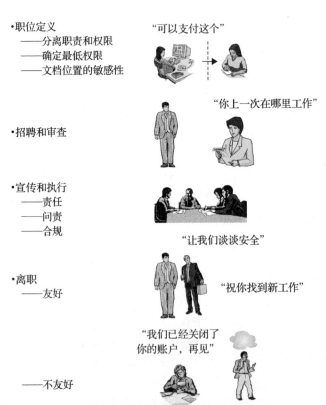

图 10-7 室内工作人员的安全政策

1. 职位定义

有效的人员安全保障始于明确工作任务和责任。一般来说，职位描述应提供职责和权限的分离。例如，不允许任何个人同时批准开支和开具支票。相反，应该一个人批准开支，另一个人开具支票，第三个人应该负责完成付款。同样，在库存方面，不允许任何一个人既可以授权提取库存，又可以从库存中删除这些项目。

给定适当的职位描述，员工账户应该确定员工完成工作所需的最低权限。例如，职位描述中不包括修改数据的员工应被赋予只读权限的账户。类似地，员工账户应该禁止员工访问其职位描述不需要的数据。由于语义安全性的问题，即使看似无害的数据访问也可能需要受到限制。

最后，每个职位的安全敏感性应该记录在案。有些工作涉及高度敏感的数据（如员工薪酬、销售人员销售配额以及专有的营销或技术数据），其他职位不涉及敏感数据。将职位敏感性记录在案，可以使安全人员根据可能的风险和损失对其活动进行优先排序。

2. 招聘和审查

安全考虑应该是招聘过程的一部分。当然，如果这个职位不涉及敏感数据并且无法访问信息系统，那么以信息系统安全为目的的审查将是最小化的。然而，当招聘高敏感职位时，充分的面谈、实践证明和背景调查是适当的。请注意，安全审查不仅适用于新员工，还适用于晋升到敏感职位的员工。

3. 宣传和执行

不能指望员工遵守他们不了解的安全政策和处理规程。因此，需要让员工了解他们将拥有的安全政策、处理规程和责任。

员工安全培训从新员工培训开始，包括对常规安全政策和处理规程的说明。必须根据职位的敏感性和责任来相应地扩大常规培训。晋升的员工应该接受适合他们新职位的安全培训。在员工完成必要的安全培训之前，公司不应该给他们提供用户账户和密码。

执行由三个相互依存的因素组成：责任、问责和合规。首先，公司应明确界定各职位的安全责任。安全程序的设计应该使员工可以对安全违规负责。应存在这样的处理规程，以便在关键数据丢失时可以确定丢失是如何发生的和由谁负责。最后，安全程序应鼓励安全合规性。应该定期监督员工的行为是否遵守规定，并且管理层应根据违规行为规定执行纪律处分。

管理态度是至关重要的：当管理层对安全问题在言行上表现出高度重视时，员工的遵从性更大。如果管理人员在员工公告栏上写密码、在过道大声喊出密码，或者忽略物理安全处理规程，那么员工的安全态度和员工对安全的遵从性就会受到影响。请注意，有效的安全是一种持续的管理责任，定期提醒安全至关重要。

4. 离职

公司还必须制定离职员工的安全政策和处理规程。许多员工的离职是友好的——晋升或退休，辞职担任另一个职务。标准的人力资源政策应确保系统管理员提前收到员工最后一天工作的通知，以便他们能够删除账户和密码。

不友好的离职更加困难，这是因为员工可能会采取恶意或有害的行动。在这种情况下，系统管理员可能需要在通知员工离职之前删除用户账户和密码。可能需要采取其他行动来保护公司的数据资产。例如，离职的销售人员可能会试图带走公司机密的客户数据和销售前景数据以备将来到另一家公司使用。雇主应在离职员工离开前采取措施保护这些资料。

人力资源部门应该意识到提前通知信息系统管理员有员工离职的重要性。没有一揽子政策，信息系统部门必须针对每个离职员工的具体情况进行评估。

10.7.2　非员工人员安全保障

业务需求可能需要向非员工人员——临时人员、供应商、合作人员（业务伙伴的员工）以及公众开放信息系统。虽然可以对临时人员进行审查，但是为了降低成本，会比对正式员工的审查要简略。在大多数情况下，公司无法审查供应商或合作伙伴。当然，根本无法审查公众。类似的限制涉及安全培训和合规检查。

针对临时人员、供应商和合作伙伴，管理活动的合同应要求适当的安全措施，以适应数据和信息系统资源的敏感性要求。公司应要求供应商和合作伙伴进行适当的审查和安全培训。合同还应该提及对完成工作特别的具体安全责任。公司应尽可能少地提供账号和密码，并尽快删除这些账号。

这与网站和其他公开获取的信息系统的公共用户不同。让公共用户对安全违规行为负责是极其困难和昂贵的。一般来说，防止来自公众用户威胁的最佳安全保障是使网站或其他防攻击设施尽可能地坚固起来。**硬化**（hardening）网站意味着采取特别措施降低系统的脆弱性。硬化站点使用操作系统的特殊版本，并锁定或消除应用程序不需要的操作系统特征和功能。硬化实际上是一种技术安全保障，它是对公众用户最重要的安全保障。

最后请注意，公司与公众和一些合作伙伴的业务关系不同于临时人员和供应商，公众和一些合作伙伴利用信息系统获得收益。因此，安全保障需要保护这些用户免受企业内部安全问题的影响。恶意改变网站价格的不满员工可能会损害公共用户和业务伙伴的利益。正如一位 IT 经理所说："我们不是要保护自己，而是要保护他们免受我们的侵害。"这是图10-3第五个安全保障的延伸。

10.7.3　账户管理

对用户账户、密码以及帮助平台政策和程序的管理是另一项重要的人员安全保障。

1. 账户管理

账户管理涉及创建新用户账户、修改现有账户权限以及删除不需要的账户。信息系统管理员执行所有这些任务，但是账户用户有责任通知管理员需要这些操作。信息系统部门应为此制定标准处理规程。作为未来的用户，你可以提前及时地通知账户更改的需要，从而改善与信息系统人员的关系。

不再需要的账户的存在是严重的安全威胁。信息系统管理员不知道账户应该何时被删除，这由用户和主管发出此类通知。

2. 密码管理

密码是身份验证的主要手段。它们不仅对访问用户的计算机是重要的，而且对于用户可以访问的其他网络和服务器进行身份验证也是重要的。由于密码的重要性，美国国家标准与技术研究所（NIST）建议企业要求员工签署类似于图10-8所示的申明。

> 本人特此确认以下列出的有关与用户ID关联的系统密码的个人职责。我知道我负责保护密码，将遵守所有适用的系统安全标准，并且不会向任何人泄露我的密码。我还知道，若我在使用密码时遇到问题或者我有理由相信密码的私人性质受到损害，我必须向信息系统安全官（information system security officer）报告。

图10-8 员工申明举例

资料来源：National Institute of Standards and Technology, U.S. Department of Commerce. Introduction to Computer Security: The NIST Handbook, Publication 800-812.

创建账户时，用户应立即将系统所提供的密码更改为自己的密码。事实上，良好的系统要求用户在首次使用时更改密码。

此外，用户此后应经常更换密码。有些系统需要每隔3个月或更频繁地更改密码。用户抱怨这种更变令人讨厌，但频繁的密码更改不仅降低了密码丢失的风险，还会在现有密码受到威胁时降低损失程度。

一些用户创建两个密码，并在这两个之间来回切换。这种策略导致安全性变差，一些密码系统不允许用户重复使用最近使用的密码。用户也可能认为这是一个令人讨厌的政策，但它是重要的。

3. 帮助平台政策

过去，帮助平台一直是一个严重的安全隐患。忘记密码的用户可以致电帮助平台，并请求帮助平台服务人员告诉其密码，或者进行密码重置。"没有密码，我无法把报告弄出来"是一种常见的诉苦方式。

当然，帮助平台服务人员的问题是他们无法确定他们交谈的对象是真正的用户，还是真正的用户的冒充者。但他们处于两难境地：如果他们不以某种方式提供帮助，帮助平台会被视为"无用的部门"。

为了解决这些问题，许多系统给帮助平台服务人员提供了一种用户身份验证的方法。通常情况下，帮助平台信息系统可以回答只有真正用户才能知道的问题，如用户的出生地、母亲的婚前姓名或重要账号的后4位数字。通常，当密码更改时，会用电子邮件给用户发送密码更改的通知。然而，电子邮件是以纯文本形式发送的，因此电子邮件不应该发送新密码本身。如果你在没有要求重置密码时收到密码重置通知，有人泄露了你的账户，请立即联系信息安全部门。

所有这些帮助平台措施都会降低安全系统的强度，如果员工的职位足够敏感，则可能会造成过大的脆弱性。在这种情况下，用户可能只是运气不佳，其账户将被删除，并且必须重复账户申请过程。

10.7.4 系统处理规程

表10-7显示了处理规程的类型：正常操作、备份和恢复。每个信息系统都应该存在所有类型的处理规程。例如，订单输入系统应具有所有类型的处理规程，Web店铺、库存系统等

也应具有所有类型的处理规程。标准化处理规程的定义和使用降低了内部人员的计算机犯罪和其他恶意活动的可能性，还确保系统的安全策略得到执行。

表 10-7 系统程序

	系统用户	运营人员
正常操作	使用系统完成工作任务，并保证安全性与敏感度相适应	操作数据中心设备，管理网络，运行 Web 服务器，并完成相关的操作任务
备份	为丢失系统功能做准备	备份 Web 站点资源和数据库，备份管理数据、账户和密码数据以及其他数据
恢复	在失败期间完成工作任务，并知道在系统恢复期间要做的任务	从备份数据中恢复系统，并在恢复期间承担帮助平台所应完成的工作

处理规程是为用户和运营人员而设立的。对于每种类型的用户，公司都应该为正常、备份和恢复操作开发相应的处理规程。作为未来的用户，你将主要关注用户处理规程。正常使用处理规程应提供适合信息系统敏感性的安全保障。

备份处理规程涉及为在发生故障时需要使用的数据创建备份。鉴于运营人员有责任备份系统数据库和其他系统数据，部门人员有必要备份自己计算机上的数据。值得思考的问题是："如果明天我的电脑或移动设备丢了，怎么办？如果在机场安检时有人把我的电脑摔坏了，怎么办？如果我的电脑被偷了，怎么办？"员工应确保他们备份了计算机上的关键业务数据。信息系统部门可以通过设计备份处理规程并提供备份设备来帮助做好这项工作。

最后，系统分析师应该开发系统恢复的处理规程。首先，当关键系统不可用时，部门如何管理其事务？即使关键信息系统不可用，客户依然希望订购产品，制造部门也依然希望从库存中拿走物品。该部门会如何应对？一旦系统恢复运行，如何将断电期间业务活动的记录输入系统？如何恢复服务？系统开发人员应该询问并回答这些问题和其他类似的问题，并据此制定相应的处理规程。

10.7.5 安全监控

安全监控是我们应考虑的最后一个人员安全保障。重要的监控功能是活动日志分析、安全性测试以及安全事件调查和学习。

许多信息系统程序生成活动日志。防火墙产生其活动的日志，包括所有丢弃的数据包列表、渗透尝试以及来自防火墙的未经授权的访问尝试。DBMS 产品生成登录成功和失败的日志。Web 服务器生成大量 Web 活动日志。个人计算机中的操作系统可以生成登录和防火墙活动的日志。

这些日志不会给组织增加任何价值，除非有人去查看它们。因此，重要的安全功能是分析这些日志以获取威胁模式、成功和不成功的攻击以及安全脆弱性的证据。

如今，大多数大型组织都积极调查其安全脆弱性。他们可能会使用 Tenable 的 Nessus 或 IBM 的 Security AppScan 等工具来评估安全脆弱性。

许多公司创建了**蜜罐**（honeypot），这是供计算机犯罪者攻击的虚假目标。对于入侵者而言，蜜罐看起来像一个特别有价值的资源，如不受保护的网站，但实际上，网站唯一的内容是确定攻击者 IP 地址的程序。然后，组织可以使用免费的在线工具（如 DNSstuff）来跟踪 IP 地址，以确定是谁攻击了它们。如果你有技术头脑、注重细节、有好奇心，成为这一领域的安全专家这一职业生涯几乎是令人兴奋的。要了解更多信息，请查看 DNSstuff、Nessus 或

Security AppScan，也可以参见第 2 版的《应用信息安全》。⊖

另一个重要的监控功能是调查安全事件。问题是怎么发生的？是否制定了防止此类问题再次发生的安全保障？事件是否表明安全系统的其他部分存在脆弱性？从这件事中学到了什么？

安全系统处于动态环境中，组织结构发生变化，公司被收购、出售或发生合并，新系统需要新的安全保障。新技术改变了安全环境，出现了新的威胁。安全人员必须不断监测情况，并确定现有的安全政策和安全保障是否是合乎需要的。如果需要更改，安全人员需要采取合适的措施。

安全，就像质量一样，是一个持续的过程，公司必须持续监控安全。

10.8 组织应如何应对安全事件

我们将考虑的安全计划的最后一个组成部分是事件响应。表 10-8 列出了主要因素。首先，每个组织应该有一个事件响应计划作为安全程序的一部分。任何组织都不应等到某些资产丢失或受到损坏后再决定该怎么办。该计划应包括员工如何应对安全问题、他们应该与谁联系、他们应该做的报告以及他们可以采取哪些措施来减少进一步的损失。

表 10-8 事件响应的因素

- 有准备就绪的计划
- 集中报告
- 特定的响应
    - 速度
    - 准备工作将会带来回报
    - 不要让问题变得更糟
- 演习

以病毒为例。事件响应计划将规定员工在发现病毒时应该做些什么。它应该详细说明与谁联系以及做什么。企业可能会规定员工应关闭计算机，并断开网络。该计划还应该指出无线计算机的用户应该做什么。

该计划应提供所有安全事件的集中报告。这样的报告将使一个组织能够确定是否受到系统的攻击，或者是否是一个孤立的事件。集中报告还允许组织了解安全威胁，采取一致的响应行动，并将专业知识应用于所有安全问题。

当事件发生时，速度是至关重要的。事件发生的时间越长，损失就越大。病毒和蠕虫可以在一个组织的网络中传播得很快，而快速的响应将有助于减轻后果。由于速度的需要，准备工作将会带来回报。事件响应计划应确定关键人员及其非工作时间时的联系信息。这些人员应该接受相应的培训，到哪里去，到那里去做什么。如果没有足够的准备，会有好心人的行为反而使问题变得更糟的巨大风险。此外，谣言和各种做什么的疯狂想法会到处肆虐。一批知情的、训练有素的人员将有助于遏制这种谣言。

最后，组织应定期演习事件响应。如果没有这种演习，人员将不了解应急计划，而计划本身可能有缺陷，只有在演习中才会显现出来。

10.9 2027 年

2027 年的信息安全状况如何？我们能找到一个消除安全问题的灵丹妙药吗？不，人为

⊖ Randall Boyle and Jeffrey Proudfoot, Applied Information Security, 2nd ed. (Upper Saddle River. NJ: Pearson Education. 2014).

错误会不断出现。管理良好的组织会为它做更好的计划,这些组织知道如何在发生错误时更好地应对,但是只要我们是人类,我们就会出错。这与自然灾害相似。2005年卡特里娜飓风(Hurricane Katrina)和2011年日本海啸(Japanese tsunami)以及2012年飓风桑迪(Hurricane Sandy)这样可怕的灾害提醒世界,我们需要更好地准备,更多的公司将设立冷、热站点,并将更多的数据存储在准备充分的云端。

不幸的是,很可能在未来10年的某个时候,将会发生一些新的重大的网络战争事件。APT将变得更加普遍,如果确实如此,那说明它现在还不是很普遍,但我们并不知道这一点。一些新的国家或集团会进入网络战争吗?这似乎也是可能的。除非你处于安全和情报部门,否则你没有什么可以做的。但是,如果由于APT而在世界某个地方造成了严重的破坏,请不要惊讶。

截至2016年6月,隐私权倡导者们对**棱镜**(PRISM)的存在感到愤怒,PRISM是美国国家安全局(NSA)向主要的互联网提供商请求并接收有关互联网活动数据的情报机构。隐私权倡导者们声称他们的**隐私**(privacy)或者说不受他人监视的自由,正以**安全**(security)或者免于危险状态的名义被侵犯。在最初的喧嚣之后,互联网提供商似乎不允许政府直接访问其服务器,而是按照9/11之后制定的安全法律的合法要求提供有关特定个人的数据。如果是这样,那么PRISM代表了一个合法的政府数据请求,只是在规模上不同于政府对一个犯罪集团人物的银行数据请求。

泄露PRISM计划的爱德华·斯诺登(Edward Snowden)似乎是互联网自由和隐私的倡导者,也是为了个人收益向俄罗斯出售政府机密的叛徒。不管泄露的原因如何,这一事件引发了一个问题,即什么样的政府干预行为可以被允许访问私人数据。我们希望揭示PRISM的存在可以引发一场关于国家安全和数据隐私平衡的公开讨论。支持PRISM的法律于2017年到期。

计算机犯罪又会怎样呢?它是一场猫捉老鼠的游戏。计算机犯罪分子发现脆弱性,并利用它。计算机安全专家发现脆弱性,并制定安全保障来阻止它。计算机犯罪分子发现了一个新的脆弱性,计算机安全专家逼迫阻止它,一直这样下去。接下来的主要挑战可能与那些影响移动设备的脆弱性有关。但这些设备的安全性将随着利用其脆弱性的威胁的出现而得到改善。这种猫捉老鼠的游戏很可能会持续至少10年。没有任何超级安全保障将被设计出来以防止计算机犯罪,也没有任何特定的计算机犯罪将无法阻止。然而,这种猫和老鼠活动的技术水平可能会提高,并且总体来说确实如此。由于操作系统和其他软件的安全性增强,并且由于改进了安全处理规程和进行员工培训,单一黑客找到一些可利用的脆弱性将变得越来越困难。不是不可能,但更加困难。

那么会发生什么呢?云供应商和主要组织将继续投资于安全保障,它们将雇用更多的人(也许是你)并很好地培训他们,从而变得更加难以渗透。虽然一些罪犯会继续攻击这些堡垒,但大部分罪犯会将注意力转向不受保护的、更脆弱的中小型组织和个人。你可以从一家公司窃取5 000万美元,或从100万个人中窃取每人50美元,最终可获得相同的现金。在未来10年里,由于大型组织的安全性提高,窃取5 000万美元的难度和成本将要比窃取50美元高得多。

易穿越的国界是问题的一部分。人们可以用电子方式自由进入美国,无需护照。他们可以肆无忌惮地犯罪,毫不惧怕可能产生的后果。没有真正的电子身份证。网络犯罪团伙组织严密,有经济动力,可能会由国家资助。当今的秩序就是电子世界不受法律约束。如果有人在罗马尼亚从谷歌公司、苹果公司、微软公司或波音公司行窃,然后消失在乌兹别克斯坦的网络云中,那么这些大型组织是否有资源、专门知识和合法权利来追踪这些攻击者?如果同样的犯罪分子在纳什维尔(Nashville)从你那里盗窃呢?你的地方或州执法当局能提供帮助吗?如果你被盗窃的只是50美元,那么他们想给乌兹别克斯坦打多少电话呢?

在美国联邦政府层面,财政和政治优先于电子安全。情况可能会像过去那样得到解决。强大的本地"电子"警长将控制其电子边界并执行现行法律。这至少要花上几十年的时间。技术的发展速度超过了公众或民选官员能够自我教育的速度。

再看一看表10-4,复制一份发送给你的亲人。

案例 10-3

安全指南:彻底的欺骗

所有汽车爱好者都会告诉你,过去几十年对汽车产生了巨大的影响。不久之前,大多数汽车故障都可以用一些基本工具和一个温暖的星期六下午来解决。今天,同样的修理需要专门的设备和经过认证的技术人员。虽然我们许多人享受当代车辆提供的新功能(如增强的GPS导航、实时交通更新和创新的安全功能),但计算机在车辆中的扩散使它们变成了黑箱。黑箱是我们不知道也不了解的内部系统,我们只能解释系统的输入和输出。

汽车的黑箱性质使得经过认证的技术人员难以完全了解其内部工作原理。事实上,在没有告知改变的情况下,操纵车辆的内部工作是可能的。即使是具有潜在破坏性的、有害的或非法的系统操作也难以被发现。

最近,一家全球汽车制造商被发现利用汽车的黑箱性质来改善其排放性能,有效地规避了行业规定。

大众汽车公司的作弊

车辆在必须更新注册时需要进行排放测试。为了进行测试,需要将你的车开到一个排放测试场地中,那里有各种传感器和设备。员工运行测试,如果你的汽车排放量在政府规定的范围内,你可以继续注册你的车辆。由于严格的排放测试,汽车制造商被迫开发符合排放法规的汽车。但是,迫使汽车遵守这些规定可能会影响车辆性能。换句话说,为了使汽车"清洁",制造商可能不得不放弃一些马力。

目前还不清楚参与大众汽车公司(Volkswagen)排放作弊的人员,以及这种举措得到了高级管理层何种程度的支持。很明显的是,在某些管理层次上有些人决定制作欺骗性的软件,用于欺骗标准化的排放测试处理规程。当进行测试以查看是否可以操纵大众汽车以减少排放时,检测到了该软件。软件的设计使得当排放测试完成时,汽车可以正常恢复运行。

专家认为,嵌入式软件旨在临时提高燃油节省量、减少扭矩和加速度,以便通过排放测试。当排放测试完成后,燃油使用量、扭矩和加速性能水平恢复正常。当正常的性能恢复时,排放量的增长大大超过了法律水平。⊖

这种违规行为出现的范围很大。在全球范围内,约1 100万辆汽车安装了该软件。⊜大众

⊖ Karl Russell, Guilbert Gates, Josh Keller, and Derek Watkins. " How Volkswagen Is Grappling with Diesel Deception." New York Times, March 12, 2016, www.nytimes.com/interactive/2015/usiness/International/ vw-diesel-emissions-scandal-explained.html.

⊜ Andreas Cremer, Bruce Wallace, and Paul Lienert, " How Volkswagen Used Software to Cheat on Its Emissions Tests," Venture Beat, March 12,2016,http://venturebeat.com/2015/10/17/how-volkswagen-used-software-to-cheat-an-its-emissions-tests.

汽车显然在测试期间安装了欺骗性软件,以符合政府的排放标准,并以性能改进的外观来吸引车主。

人与机器

一些员工制造欺骗性软件损害了大众汽车品牌,造成股价大幅下跌。但是,如果智能机器有能力自主地进行这种欺骗行为呢?如果智能机器可以操纵自己的软件来欺骗其他系统甚至人类呢?

技术人员和研究人员推测未来计算机的能力以及它们可能造福于社会的方式。好莱坞电影以积极的方式塑造了强大的AI[如《钢铁侠》里的贾维斯(Jarvis)]。然而,一些杰出的科学家和创新者却发出警告:强大的AI系统可能存在危险。

最近,埃隆·马斯克(Elon Musk,特斯拉汽车公司的共同创始人、首席执行官和产品架构师)与史蒂芬·霍金(Stephen Hawking,著名的物理学家)都获得了卢德派奖,这是一个被认为是对抗技术进步的奖项。⊖这两位经常被视为各自学科前沿领域的专家,怎么会赢得这样一个奖项呢?这是因为他们已经公开声明了开发等于或超过人类能力的AI系统存在的潜在风险。

马斯克和霍金已经警告说这样的系统最终会伤害我们。好莱坞也多次描绘了强大的AI的负面影响(如《黑客帝国》《2001太空漫游》和《机器夏娃》)。这些电影真的可以瞥见未来吗?有没有可能某一天强大的AI系统会操纵自己的代码和操作来实施欺骗?也许……一定要把你的电脑电源线放在容易拿到的地方!

讨论题:

(1)现代汽车中还包含哪些技术可能对用户构成潜在风险?基于大众汽车事件,我们在汽车行业看到的技术进步是否值得冒这些风险?

(2)用几分钟的时间来讨论其他可能被认为是黑箱的系统或技术的例子。试着找出由于我们无法理解这些系统如何运作而存在的一些风险。

(3)除了大众汽车品牌受到玷污之外,这一事件也使公司的股价大幅下滑。为什么尽管它是拥有流行车辆的全球品牌,但股票价格还是会下跌得如此之快?

(4)你认为超高级AI系统是潜在的威胁吗?或者你怀疑计算机有能力给人类带来巨大的风险吗?解释你的立场。

案例 10-4

就 业 指 南

姓名: 玛丽安·奥尔森(Marianne Olsen)

公司: 普华永道(PwC)

职称: 高级咨询师(Senior Consultant)

学历: 卡耐基梅隆大学(Carnegie Mellon University)

1. 你是如何得到这种工作的?

在获得信息系统和会计学本科学位的同时,我做了几次实习。这些实习经历为我现在的工作打下了基础。首先,我曾担任业务分析师,负责收集业务利益相关者的需求、规划新功能的开发,并执行设计。这有助于我做好咨询面试的准备,因为了解客户的需求是工作的重要组成部分。后来,我在一家安全运营中心担任分析师。在这里,我开始更深入地钻研信息安全,并且真正激发了我对这一领域的热情。

老实说,我从一开始就对咨询师这个职业有误解,也不打算申请这一领域的任何工作。我相信"咨询师的生活方式"并不适合我。幸运的是,我有一个在研究生院的同

⊖ Rochelle Garner, "Elon Musk, Stephen Hawking Win Luddite Award as AI 'Alarmists.'" CNET, March 12, 2016, www.cnet.com/news/elon-musk-stephen-hawking-win-annual-luddite-award.

班同学，他鼓励我去参加一个咨询实习的面试，因为至少这是一次很好的面试练习。在通过了第一轮面试后，我有部分动机是免费旅行。最后，在坐出租车回家的路上，出租车司机问我旅行的问题，我告诉她我不可能做这份工作，因为其生活方式不利于我的一些家庭目标。她很明智地问起我的家人，那时我甚至没有和任何人认真地约过会。她帮助我明白，我不需要因为多年以后的事情限制自己。我最终完成了这份实习，并且很感激我所做的。

2. 什么吸引你进入这个领域？

信息安全整体上不断发展，以应对不断变化的威胁形势，这本身就是非常令人兴奋的。然后咨询给你自由，可以在不同组织中工作并看到解决方案。通过广泛参与，可以更容易地看到工作内容，并且更深入地理解这个领域和技术。

3. 你的典型工作日是什么样子的（任务、决策或问题）？

不管项目如何，我总是与一群人一起工作，帮助提供解决方案。作为一名资深人士，我所承担角色的真正重点在项目的执行上。这意味着要确保员工对他们的任务有足够的了解并创造出高质量的工作，确保能够识别任何潜在的风险或问题并传达给领导层，以及确保客户清楚地知道我们所提供的价值。

4. 你最喜欢工作中的哪个方面？

我喜欢我的每一天和每一周都会有大的不同。同时，除了在公司外工作，我还喜欢公司内部存在的许多机会。在公司内部，有许多不同的机会，可以参与你的重点领域或其他服务领域的活动。因此，即使你处于不太理想的面向客户的项目中，你也可以从其他内部参与中获得满足。

5. 想要做好你的工作，需要什么样的技能？

交流，交流，还是交流。在咨询这一行业，你将不断与你的团队和客户的人员合作，共同创造有意义的解决方案。你需要在团队内部和客户端清楚沟通，以确保项目的需求得到满足。

6. 在你的领域中，文凭或证书重要吗？为什么？

至少需要学士学位。除此之外，更重要的是超越学历或证书的知识。然而，拥有这些证书可以帮助你更清楚地证明自己具备相应的基本技能。

7. 有什么建议可以给那些想在你这个领域工作的人呢？

开始了解你是谁，你希望你的生活是什么样子的。在咨询行业，机会比你拥有的时间更多，所以你需要了解你想去哪里，这样可以帮助你前进。也就是说，在你职业的初期，你需要灵活一些，并且认识到你所拥有的任何机会都可能以一种有益的方式帮助你在这条职业道路上成长。

8. 未来10年，你觉得最热门的技术工作是什么？

虽然技术行业的创新速度非常快，但是技术的维护一直经受着煎熬。公司正在努力充分挖掘自己已经拥有的工具的潜力。此外，世界开始意识到安全对商务的重要性。捕捉这些因素的工作在10年内仍将是热点。

本章小结

10-1 信息系统安全的目标是什么

定义威胁、脆弱性、安全保障和目标，并依次举例说明。列举三种类型的威胁和五种类型的安全损失。举例说明表10-1中每一行内容。总结表10-2的单元格中的每个元素。解释为什么很难知道计算机犯罪的真实损失。解释IS安全的目标。

10-2 计算机安全问题有多大

解释为什么通常很难知道计算机安全问题的真正大小，尤其是计算机犯罪。列举本问题中的名称术语，并对每个做出解释。

10-3 个人应如何应对安全威胁

解释表 10-4 中的每个元素。定义 IDs，并解释为什么 IDs 程序的使用至少可以说是不容乐观的。定义密码穷举法。总结高强度密码的特点。解释在你的电脑上使用账号和密码如何比不设置账号和密码更好。定义 Cookie，并解释为什么使用 CCleaner 这样的程序是计算机安全权衡的一个很好的示例。

10-4 组织应如何应对安全威胁

命名和描述高级管理层应该解决的两个安全功能。总结安全政策的内容。解释管理风险意味着什么。总结组织在平衡风险和成本时应采取的步骤。

10-5 技术安全保障如何防范安全威胁

列举五种类型的技术安全保障。定义识别和认证。描述三种类型的认证。解释 SSL/TLS 如何工作。定义防火墙并解释其作用。定义恶意软件并说出六种类型的恶意软件。描述六种抵御恶意软件的方法。总结为什么恶意软件是很严重的问题。解释 ARES 是如何进行安全设计的。

10-6 数据安全保障如何防范安全威胁

定义数据管理和数据库管理，并解释它们的不同。列举数据安全保障。

10-7 人员安全保障如何防范安全威胁

总结表 10-6 中每项活动的人员安全保障。总结有关非职工人员的人员安全保障。描述用于账户管理的三种安全保障。解释系统处理规程如何用作人员安全保障。描述安全监管技术。

10-8 组织应如何应对安全事件

总结处理安全事件时组织应该采取的行动。

10-9 2027 年

在作者看来，未来 10 年关于网络战争可能会发生什么？解释"猫和老鼠"这个短语如何适用于计算机犯罪的发展。描述未来 10 年可能出现的安全问题的类型。解释未来 10 年计算机罪犯的焦点将会如何变化。解释这可能会对较小的组织和你造成什么影响。

ARES 的知识运用

作为 ARES 系统的员工、投资者或顾问，你可以使用本章的知识来了解任何商务所面临的安全威胁。你知道权衡成本与风险的必要性。你也知道三类安全保障和每种安全保障的主要类型。你知道安全设计意味着什么。你还可以帮助确保 ARES 系统的员工和 ARES 用户创建并使用高强度的密码。

■ 本章关键术语和概念

高级持续性威胁（advanced persistent threat，APT）
广告软件（adware）
非对称加密（asymmetric encryption）
认证（authentication）
生物认证（biometric authentication）
密码穷举法（brute force attack）
浏览器缓存（cookie）
数据管理（data administration）
数据安全保障（data safeguard）
数据库管理（database administration）
拒绝服务（denial of service，DoS）
电子邮件欺骗（email spoofing）
加密（encryption）
加密算法（encryption algorithm）

防火墙（firewall）
格雷姆-里奇-比利雷法（Gramm-Leach-Bliley Act，GLB Act）
黑客（hacking）
硬化（hardening）
《健康保险携带和责任法》（Health Insurance Portability and Accountability Act，HIPAA）
蜜罐（honeypot）
人员安全保障（human safeguard）
识别（identification）
内部防火墙（internal firewall）
入侵检测系统（intrusion detection system，IDS）
IP 欺骗（IP spoofing）
键/密钥（key）
密钥托管（key escrow）

键盘记录器（key logger）
恶意软件（malware）
恶意软件定义（malware definition）
包过滤防火墙（packet-filtering firewall）
数据包嗅探器（packet sniffer）
有效载荷（payload）
边界防火墙（perimeter firewall）
个人识别号码（personal identification number, PIN）
网络钓鱼者（phisher）
网络钓鱼（phishing）
假托（pretexting）
棱镜（PRISM）
隐私（privacy）
1974年的《隐私法》(Privacy Act of 1974)
公开密钥加密（public key encryption）
勒索软件（ransomware）
安全保障（safeguard）

安全套接层（secure socket layer, SSL）
安全（security）
智能卡（smart card）
嗅探（sniffing）
电子欺骗（spoofing）
间谍软件（spyware）
SQL注入攻击（SQL injection attack）
对称加密（symmetric encryption）
目标（target）
技术安全保障（technical safeguard）
威胁（threat）
传输层安全（transport layer security, TLS）
木马程序/特洛伊木马（Trojan horse）
篡夺（usurpation）
病毒（virus）
脆弱性（vulnerability）
战争驾驶者（wardriver）
蠕虫（worm）

本章习题

知识运用

（1）信用报告机构每年都要向你提供免费的信用报告。大多数此类报告不包括你的信用评分，但他们提供的是基于你的信用评分的详细信息。使用下列公司之一获得你的免费报告：www.equifax.com、www.experion.corn 以及 www.transunion.com。

①你应该检查你的信用报告是否有明显的错误。然而，其他检查也是必要的。在网上搜索如何最好地审核你的信用记录。总结你学到的东西。

②如果你在你的信用报告中发现错误，你能采取什么行动？

③定义身份盗用。如果有人认为自己是身份盗用的受害者，那么请搜索网页并确定最佳行动方案。

（2）假设你在机场丢了公司的笔记本电脑，你该怎么办？磁盘驱动器上存储的数据是否重要？如果计算机包含敏感的或专有的数据，你一定会有麻烦吗？在什么情况下，你应该集中精力为你的新雇主更新你的简历？

（3）假设你跟你的老板讨论10.1节中的安全威胁以及10.4节中的安全保障。假设她说，"很有意思，告诉我更多。"在准备会议时，你决定创建一个谈话要点列表。

①针对10.1节中讨论的每种威胁写一个简要说明。

②解释安全保障的五个组成部分。

③分别描述两三个技术安全保障、数据安全保障以及人员安全保障。

协同练习

使用第2章中建立的协同信息系统，与一组学生协作回答下列问题。这项活动的目的是评估计算机犯罪的现状。

（4）在网上搜索计算机犯罪这一术语以及其他所有相关术语。你和你的团队成员找出你们认为最近发生的5种最严重的计算机犯罪事例，不要选择6个月前发生的计算机犯罪事例。总结这5种计算机犯罪所引发的损失并确定有哪些不到位或无效的预防犯罪的安全保障。

（5）在网上搜索计算机犯罪统计这一术

语，寻找除 10.2 节中引用的波尼蒙研究所以外的其他两个数据来源。

① 对于每一个来源，解释其所使用的方法，并解释该方法的优点和缺点。

② 将这两个新来源中的数据与 10.2 节的数据进行比较，并描述差异。

③ 利用你的知识和直觉，描述你认为存在这些差异的原因。

（6）访问 www.ponemon.org/library/2015-cost-of-data-breach-global，并且下载 2015 年度报告（或者下载可获得的最新的报告）。

① 总结关于组织使用的安全保障和其他措施的调查。

② 总结关于组织安全措施效果的研究结论。

③ 你的团队赞同这些研究结论吗？解释你的答案。

（7）假设你的老板让你总结你们单位应如何应付计算机安全问题。使用本章知识以及你对问题（4）（5）和（6）的回答，为你的总结制作一个用于展示的 PPT。你的展示应该包括但不限于如下内容：

① 定义密钥这一术语。

② 总结威胁。

③ 总结安全保障。

④ 计算机犯罪的最新趋势。

⑤ 高层管理者对于计算机安全问题应该做些什么？

⑥ 所有层级的管理者关于计算机安全问题应该做些什么？

案例研究

击中塔吉特公司

2013 年 12 月 18 日，塔吉特公司宣布，由于受到攻击，它已经丢失了 4 000 万张信用卡和借记卡的号码。不到一个月后，塔吉特公司宣布另外还有 7 000 万客户账户被盗，其中包括姓名、电子邮件、地址、电话号码等。

在两个数据损失合并的情况下，结果发现大约有 9 800 万客户受到影响。⊖这相当于美国 3.18 亿人中的 31%（包括儿童和那些没有信用卡的人）。这是美国历史上最大的数据泄露事件之一。

这些记录是在假期购物季节（2013 年 11 月 27 日至 12 月 15 日）从塔吉特公司的零售商店的销售点（POS）系统中被盗的。在这段时间里，如果你从塔吉特公司购物，你的数据很可能丢失了。

他们怎么做到的

攻击者首先使用鱼叉式网络钓鱼来感染塔吉特公司的一个名为法齐奥机械服务（Fazio Mechanical Services，提供制冷和采暖通风与空调服务）的第三方供应商。⊜攻击者放置了一个名为 Citadel 的恶意软件来收集 Fazio 用户的击键、登录凭据和截图。⊜然后，攻击者使用窃取的 Fazio 登录凭据访问塔吉特公司网络上的供应商门户（服务器）。攻击者升级了该服务器的权限，并获得了对塔吉特内部网络的访问权限。

一旦进入，攻击者就会破坏内部的 Windows 文件服务器，并从这个服务器使用了名为 Trojan 的恶意软件。POSRAM（BlackPOS 的一个变体）从 POS 终端提取信息。BlackPOS

⊖ Ben Elgin, "Three New Details from Target's Credit Card Breach," Bloomberg Business, March 26, 2014, accessed June 6, 2016, www.bloomberg.com/bw/articles/2014-03-26/three-new-details-from-targets-credit-card-breach.

⊜ Brian Krebs, "Target Hackers Broke In via HVAC Company," KrebsonSecurity.com, February 5, 2014, accessed June 6, 2016, http://krebsonsecurity.com/2014/02/target-hackers-broke-in-via-hvac-company.

⊜ Chris Poulin, "what Retailers Need to Learn from the Target Data Breach to Protect Against Similar Attacks." Security Intelligence, January 31,2014, accessed June 6, 2016. http://securityintelligence.com/target-breach-protect-against-similar-attacks-retailers/#.VYngl_lVikr.

是由俄罗斯圣彼得堡年仅17岁的少年开发的，可从地下网站购买，价格约2 000美元。㊀

客户数据从POS终端连续发送到塔吉特公司网络内的提取服务器，然后将其从塔吉特的网络中提取出来，而后被泄露至放置在俄罗斯、巴西和迈阿密的服务器。在那里，数据被获取并在黑市上出售。

损害

对于攻击者来说，"损害"是巨大的。据估计，这些攻击者售出约200万张信用卡，每张金额约为26.85美元，总利润为5 370万美元。㊁对于几个星期的工作来说还不错。这种犯罪活动的激励是很大的。像这样的回报会激发更多的数据泄露。

另一方面，塔吉特公司造成的损失要比黑客的收益大得多。它被迫升级其支付终端以支持那些支持芯片和PIN的卡（以防止通过被盗卡信息克隆卡），其费用超过1亿美元。2015年，塔吉特公司在与银行的法律战中失败，需要偿还与数据泄露相关的费用，可能超过1.6亿美元。它也必须支付更高的保险费和法律费用，并为消费信贷监控付费和支付监管罚金。

塔吉特公司面临着客户信心的丧失和收入的下降（那个季度损失46%）。分析师认为塔吉特公司直接损失高达4.5亿美元。㊂该公司失去了首席信息官贝丝·雅各布（Beth Jacob），并为其首席执行官格雷格·斯坦哈菲尔（Gregg Steinhafel）的离开支付了1 600万美元。㊃而在2015年年底，塔吉特因数据相关的损失向银行支付了3 900万美元。㊄

数据泄露不仅仅影响到塔吉特公司，与塔吉特公司数据泄露相关的媒体报道数量可能加速了从2015年开始的磁卡到EMV兼容智能卡的转变。这一转变将耗资70亿美元用于8亿支付卡和1 400万个POS终端的更换。㊅

好消息是，采用符合EMV标准的智能卡将大大减少每年发生的信用卡诈骗损失的100亿美元。它也可能减少黑客盗窃信用卡的数量，因为如果没有实体卡，被盗的信用卡号码就没有价值。

就像车祸一样，数据泄露可能直到发生之后才被认为是重要的。数据泄露影响到塔吉特公司，它升级了基础设施，改变了内部系统，并聘请了首席信息安全官（chief information security officer，CISO）。㊆

将来会有更严重的数据泄露吗？也许会有。组织准备好了吗？根据过去的表现，直到发生数据泄露后，我们才能做好准备。

塔吉特公司的数据泄露如图10-9所示。

㊀ Swati Khandelwal, "BlackPOS Malware Used in Target Data Breach Developed by 17-Year-Old Russian Hacker." The Hacker News, January 17, 2014, accessed June 6, 2016, http://thehackernews.com/2014/01/BlackPOS-Malware-russian-hacker-Target, html.

㊁ Brian Krebs, "TheTarget Breach, by the Numbers." KrebsonSecurity. com, May 6, 2014, accessed June 3, 2016, http://krebsonsecurity. com/2014/05/the-target-breach-by-the-numbers.

㊂ Bruce Horovitz, " Data Breach Takes Toll on Target Profit." USA Today, February 26, 2014, accessed June 6, 2016. www.usatoday.com/story/money/business/2014/02/26/target-earnings/5829469.

㊃ Fred Donovan, " Target Breach: A Timeline," FierceITSecurity com, February 18, 2014, accessed June 3, 2016, www.fierceitsecurity. com/story/ target-breach-timeline/2014-02-18.

㊄ Ahiza Garcia, " Target Settles for $39 Million Over Data Breach," CNN Money, December 2, 2015, accessed June 6, 2016, http://money.cnn.com/2015/12/02/ news/companies/target-data-breach-settlement.

㊅ Dick Mitchell, " The EMV Migration Will Be a Rough, Risky Ride," PaymentSource.com, January 14, 2015, accessed June 6, 2016, www.paymentsource.com/news/paythink/the-emv-migration-will-be-arough-risky-ride-randstad-exec-3020311-1.html.

㊆ Dune Lawrence, " Target Taps an Outsider to Revamp IT Security After Massive Hack," BusinessWeek, April 29, 2014, accessed June 6, 2016, ww.businessweek.com/articles/2014-04-29/target-turns-to-anoutsider-for-cio-bob-derodes-to-revamp-it-security-after-massive-hack.

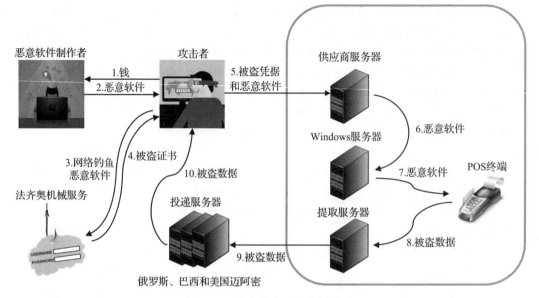

图 10-9 塔吉特公司的数据泄露

讨论题：

（8）为什么攻击者使用鱼叉式网络钓鱼来感染塔吉特公司的承包商？

（9）解释第三方承包商如何削弱组织的整体安全性。

（10）描述数据是如何从塔吉特公司中盗取的。

（11）一个组织的数据丢失是如何影响其他组织的？

（12）解释为什么大型组织对于攻击者来说是有吸引力的目标。

（13）为什么芯片和 PIN 卡可以减少这种类型的盗窃？

（14）为什么塔吉特公司在数据泄露之前没有 CISO？

第11章

信息系统管理

🌐 导入故事

"外包App的开发可能是我们最好的选择,"亨利勉为其难地对艾什莉说,"我们需要针对健身自行车和增强现实(AR)头戴式视图器开发App,还需要为我们的后台系统寻找开发人员。"

艾什莉问:"我们需要为自行车开发多少App?"

"CanyonBack健身和其他三个位于前十名的运动设备制造商使用嵌入式Linux操作系统。其他制造商有的使用嵌入式Windows系统,有的使用实时操作系统。我认为我们应该坚持使用嵌入式的Linux和Windows操作系统。"

"为什么?"

"物联网的推动将迫使所有的设备更智能,这就意味着他们需要一个高端的操作系统。"

"AR头戴式视图器的App怎么样?"艾什莉看着拉杰问道。

拉杰犹豫地笑了笑,回答道:"有趣的部分来了,我们可能需要为每个AR头戴式视图器开发一个不同的App。每个AR头戴式视图器制造商都有自己的软件开发工具包,并且希望像我们这样的公司为其平台开发专门的应用程序。"

艾什莉转动椅子,身子向前倾斜,问道:"我们不是已经为微软HoloLens全息眼镜开发了App吗?"

拉杰指着艾什莉桌上的AR头戴式视图器,解释道:"是的,但我们不想将自己局限于微软HoloLens。如果Meta、Magic Leap或其他的AR头戴式视图器成为主流技术怎么办?我们最好的赌注就是为最流行的两个或三个头戴式视图器都开发出相应的App。"

亨利拿起他的智能手机示意道:"这就像为智能手机开发App。你需要开发一个iOS App,一个Android App,也许还需要一个Windows App。"

"哇哦,好吧。那这需要多少费用?"艾什莉惊讶地问。

"没有你想象的那么多,"拉杰回应道,"我认识一个叫桑迪普的印度人,他或许可以为我们开发这些应用程序。"

"或许?这是什么意思?"艾什莉知道拉杰很聪明并对AR饱含激情,但她不会把资金投入到不确定的结果上。

"我以前和桑迪普一起工作过,他开发了一个非常棒的C# App,很好地满足了我的需求。我是在印度科学院读本科时认识他的,那时我还没有到斯坦福大学。但是他现在更忙了,而且他的业务也有较好的发展。他还在印度。"

"拉杰,这让我很紧张。对于在印度开展业务,我毫无经验。如果这个人卷款潜逃了,我们该如何应对呢?"艾什莉强调道。

"我们可以等到交付后再付款,或者我们先不付他那么多钱。但是我曾经和他有一段愉快的合作经历,而且他在最近一个App开发的项目中也表现优异,可以供我们参考。"

"印度离我们很远。如果他把我们的代码或创意泄露给其他人,那我们怎么办呢?如果他的代码中有严重的漏洞,我们却找不到他本人来修复这些漏洞怎么办?如果他凭空消失了呢?如果他在完成了三分之二的工作后失去了兴趣,或全身心投入到其他项目中去了,那我们怎么办?"艾什莉连珠炮似地问道。

"我承认这些都是风险。但如果你在这边开发应用程序的话,将会花费4~6倍的费用。"拉杰耸耸肩膀,回答道。

艾什莉摇着头说:"外包一个战略程序的开发似乎风险重重。"

"的确,这比雇用当地开发商的风险更高。但是,雇用当地开发商同样也面临着风险。你想让我尝试着雇用一些当地开发商吗?"

"我不确定。亨利,你以前从事过更大的系统开发项目,你怎么看?"

亨利也轻轻地摇着头,回答道:"我不确定。增强现实应用程序的开发是非常新颖的。很多人都不知道如何去开发一个AR App,而且每个人都面临一个陡峭的学习曲线。如果拉杰与桑迪普的团队有密切的联系,那么我们也许可以花费少量的成本来完成这项工作。"

拉杰点头表示赞同:"这也许是他的第一个AR App,因此他甚至可以给出更低的报价。他知道我已经致力于AR工作很多年,我也告诉过他这是App开发的未来。他会想要借此机会积累经验的。我们可以给他买一些HoloLens软件开发工具包来促成这次交易。"

亨利看出了艾什莉脸上的担忧,说道:"我们可以这样组织合同,即在项目前期支付较少的费用,等到后期项目完成了再支付更多的费用。这将会从某种程度上降低我们的风险。"

"的确,那么我们只需要在看到成果后再支付相应的费用。"

"我们还需要考虑很多其他的事情。"亨利边数着手指边说道:"我们需要得到虚拟自行车骑行的图像,测试集成的3D网络摄像头,并开始规划独一无二的欧洲自行车之旅。"

"我也想在一辆真正的自行车上测试几个HoloLens App。"拉杰激动地说,"在健身自行车和普通自行车上使用ARES是一件多么美妙的事情啊!我们可以添加这样一个App,它可以为用户提供路口转弯路线、免提通知、后视雷达和本地通知等。骑行者会爱上它的。"

艾什莉发现会议逐渐偏题了,便说道:"好吧,那些都是很好的主意,绝对是我们未来要考虑的事情。但现在我们先把这些事情放一放。拉杰,你可以安排一次和桑迪普的会议吗?我希望我们三个都可以听听他关于这个项目的想法。"

"好的,我今天晚些时候给他打电话。加利福尼亚与印度之间有12小时的时差。现在印度是凌晨2点。而且我现在还无法让他为我们提供投标书,因为我还没有完成所需的文件。我将在几天内完成这些文件。"拉杰边说边在自己的手机上做了备忘。

"好的,与此同时,你能从当地开发商那里也获得报价吗?如果我们决定将项目外包,我想看看二者之间有何区别。"

"当然。但是无论如何都有一个问题,当地开发商也可能会将其外包。"

"你的意思是无论哪种方式,我们都需要付款给桑迪普吗?"

拉杰笑道:"恐怕是的。但也不一定。坦诚地说,我也不确定,视情况而定吧。"

章节导览

信息系统对组织的成功至关重要。正如所有的关键资产一样,信息系统需要被有效、负责地管理。在本章中,我们将对信息系统和信息技术资源的管理进行研究。我们首先讨论了信息系统部门的职能和组织结构,然后探讨了如何规划信息技术/信息系统的使用。外包是指雇用外部供应商提供商业服务和相关产品的过程。就我们的目的而言,外包指的是雇用外部供应商提供信息系统、产品和应用程序。我们将研究外包的利弊,并阐述其存在的风险。最后,我们将通过讨论用户与信息系统部门的关系来对本章进行总结。在最后一节中,你将明确用户对信息系统部门的权利和责任。我们还将继续讨论2027年的新挑战:工作中的移动设备。

11.1 信息系统部门的职能和组织结构是什么

信息系统部门[⊖]的主要职能如下:
- 规划信息系统的使用以完成组织的目标和战略。
- 管理外包关系。
- 保护信息资产。
- 开发、运营和维护组织的计算基础设施。
- 开发、运营和维护应用。

在本章的 11.2 节和 11.3 节中将阐述前两个职能。信息系统部门的保护职能是第 10 章的研究主题。最后两个职能虽对信息系统的专业人员非常重要,但对其他业务专业人员则没那么重要,因此在本书中对这两个职能不做阐述。为了循序渐进,让我们先来了解信息系统部门的组织结构。

11.1.1 信息系统部门是如何组织的

图 11-1 展示了典型的高层汇报关系。正如你在管理课程中所学的,组织结构因组织规模、组织文化、组织所处的竞争环境和行业等因素而异。具有独立部门的较大企业拥有一批高级管理人员,如图中所示的每个部门的高级管理人员;小型企业则可能将其中的一些部门进行整合。图 11-1 所示的组织结构是极具代表性的。

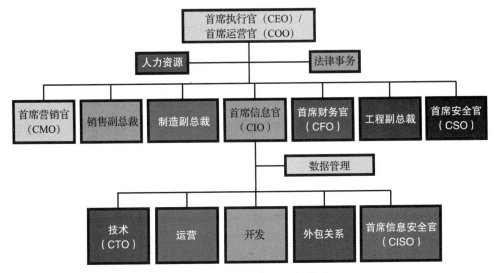

图 11-1 典型的高层汇报关系

⊖ 通常情况下,称为 IS 部门的部门在企业中被称为 IT 部门。然而,这个名称是不合适的,因为 IT 部门同时管理系统和技术。如果在行业中听到 IT 部门这一术语,不要以为该部门负责的范围仅局限于技术。

信息系统部门主管经理的头衔因组织而异。常用的一个头衔为**首席信息官**（chief information officer，CIO）。其他常用的称谓包括信息服务副总裁、信息服务主管，以及不太常见的计算机服务主管。

在图 11-1 中，首席信息官如同其他高管一样，直接向首席执行官汇报工作，尽管有时这些高管首先向首席运营官汇报，再由首席运营官向首席执行官汇报。在一些企业，首席执行官还要向首席财务官汇报工作。如果企业主要的信息系统仅支持会计和财务活动，则这种汇报制度便是合乎情理的。然而，对于那些运作重要的非会计信息系统的企业而言，如制造商，图 11-1 所示的汇报制度更为常见和有效。

同样地，信息系统部门的结构也因组织而异。图 11-1 展示了一个典型的信息系统部门。它由四个小组和一个数据管理员职位组成。

大部分信息系统部门都设有一个技术小组，用来追踪新的信息系统技术并判定企业如何从该技术获益。例如，大量企业正在研究社交媒体和弹性云机会，并规划如何利用这些技术，以更好地实现它们的目的和目标。技术小组的领导通常被称为**首席技术官**（chief technology officer，CTO）。首席技术官要对新技术、新想法和新技能进行评估，并从中筛选出与本组织最相关的部分。这一岗位不仅需要对信息技术具有深入的了解，还要具备为组织构想和革新应用程序的能力。

图 11-1 所示的信息系统部门的第二个小组为运营组，主要负责计算基础设施的管理，包括个人计算机、计算机中心、网络和通信媒体。它还包括系统和网络管理员。其主要职责是追踪用户体验，并对用户遇到的问题予以反馈。

信息系统部门的第三个小组为开发组，其主要职能在于管理新信息系统的开发过程并对现有的信息系统进行维护。

开发组的规模和结构主要取决于程序是否在企业内部开发。如果不是，该小组则主要由商务和系统分析师负责，他们与用户、操作人员和供应商合作，获取和安装正版软件，并围绕该软件建立系统组件。如果在企业内部开发程序，那么该部门应包括程序员、测试工程师、技术文档工程师（technical writer）和其他开发人员。

图 11-1 中列出的信息系统部门的最后一个小组为外包关系组。设有该小组的企业一般都与其他企业就提供设备、应用程序或其他服务商定外包协议。本章的后续章节将对外包进行更多的阐述。

图 11-1 同样还纳入了数据管理员。该职位通过建立数据标准和数据管理方法与政策来保护数据和信息资产。

图 11-1 所示的信息系统部门的组织结构有很多变化形式。在大型企业中，仅运营部就有可能进一步细分为一些不同的子部门。有的情况下，企业还会有独立的数据仓库和数据集市部门。

在学习图 11-1 时，请牢记信息系统和信息技术的区别。信息系统是为了帮助企业实现其目的和目标而存在的。它由 5 个部门组成，这在本节已经进行了论述。信息技术就是一种技术，涉及基于计算机技术的产品、技术、处理规程和设计。只有将信息技术内置于一个信息系统构架中，组织才能利用这项信息技术。

11.1.2 安全专员

在塔吉特公司失去了 9 800 万客户账户之后，它创建了一个新的 C 级安全职位，以防止这类损失。许多遭遇大规模数据泄露的企业正在创建类似的执行安全职位。**首席安全官**（chief security officer，CSO），管理组织全部资产（包括厂房设备、员工、知识产权和数字信息）的安全。他直接向首席执行官汇报。**首席信息安全官**（chief information security officer，CISO），管理组织信息系统和信息的安全，直接向首席信息官汇报。

上述两个职位都涉及员工的管理，但它们同样也要求高超的外交技巧。无论是CSO还是CISO，对他们要保护的活动均不具有垂直管理权，且不能通过直接命令强制执行组织的安全计划。相反，他们需要通过教育、鼓励，甚至用劝诱的方式使组织的管理符合安全项目的需求（详见第10章）。

11.1.3 现存的与信息系统相关的工作职位有哪些

信息系统部门提供了一系列有趣的、报酬丰厚的职位。许多修读管理信息系统课程的学生都认为，信息系统部门仅由程序员和技术支持工程师组成。如果你反思信息系统的5个组成部分，你会明白这种观点其实是有失偏颇的。信息系统的数据、处理规程和人员需要具有高人际沟通技巧的专业人士去管理。

图11-2总结了信息系统行业中主要的工作职位。除了技术支持工程师和测试质量保证工程师，其他的岗位都需要4年的学士学位。此外，除了程序员和测试质量保证工程师，其他岗位都需要商务知识。在大多数情况下，成功的专业人士都拥有商业学位。同样值得注意的是，大部分岗位都需要较好的口头表达与书面沟通能力。商务活动，包括信息系统，毕竟是一种社会活动。

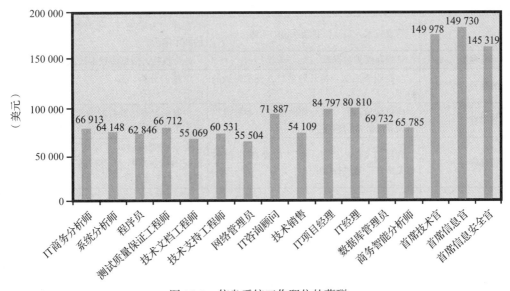

图11-2　信息系统工作职位的薪酬

表11-1中所列职位的薪酬中位数与薪酬的浮动范围详见图11-2。根据美国社会保障局

⊖ Nicole Norfleet, "Reporter Who Wrote About Target Breach Says Well-Trained Staff Is Best Defense Against Cyberattacks," Star Tribune, May 12, 2016, accessed June 6, 2016, www. startribune.com/reporter-who-wrote-about-target-breach-says-well-trained-staff-is-best-defense-against-cyberattacks/379831601.

⊖ PayScale Inc., "Salary Data & Career Research Center (United States)," PayScale.com, accessed June 6, 2016, www.payscale.com/research/US/Country=United_States/Salary.

的统计，2014 年美国劳动者薪酬的中位数为 28 851 美元。㊀由于 CTO、CIO 和 CISO 这些职位要求从业者具有更多的经验，因此其薪酬水平高于其他职位。

表 11-1 信息系统行业的工作职位

头衔	职责	知识、技巧和特征要求
IT 商务分析师	与业务领导和规划人员合作，开发实施业务战略和目标的流程与系统	掌握业务规划、战略、流程管理和技术的相关知识；可以处理复杂性事务；统筹全局，但从细节着手；需要强大的人际沟通技巧
系统分析师	与用户合作确定系统要求，设计和开发职位描述和过程，帮助确定系统测试计划	强大的人际沟通技巧；同时掌握商务与技术的相关知识；适应性强
程序员	设计并编写计算机程序	逻辑思维和设计技能，掌握一种或多种编程语言
测试质量保证工程师	制订测试计划，设计和编写自动测试脚本，执行测试	逻辑思维能力，基本的编程能力，精湛的组织技巧，关注细节
技术文档工程师	编写程序文档、帮助文本、程序、职位描述、培训材料	快速学习者，较强的写作能力和口头沟通技巧
技术支持工程师	帮助用户解决问题，提供培训	人际沟通技巧，掌握产品知识，有耐心
网络管理员	监控、维持、修复并调整计算机网络	诊断技巧，深入了解通信技术和产品
IT 咨询顾问	涉及一系列广泛的活动：编程、测试、数据库设计、通信和网络、项目管理、安全和风险管理、社交媒体、战略规划	快速学习者，企业精神，人际沟通技巧；具有良好的抗压能力；具体应掌握的知识取决于工作性质
技术销售	销售软件、网络、通信和咨询服务	快速学习者，掌握产品知识；精湛的专业销售技巧
IT 项目经理	启动、计划、管理、监控和关闭项目	管理和人际技巧，技术知识；高度组织性
IT 经理	管理技术人员队伍和新系统的实施	管理和人际技巧，批判性思维，具备很强的技术能力
数据库管理员	管理和保护数据库	外交技巧，数据库技术知识
商务智能分析师	与跨职能团队合作开展项目，分析组织的数据	卓越的分析、演示、协作、数据库和决策能力
首席技术官	向首席信息官、执行团队和项目经理提供有关新兴技术的建议	快速学习者，较好的沟通技巧，商务背景，深入了解 IT
首席信息官	管理 IT 部门，与执行团队沟通 IT 和 IS 的相关事宜；是执行团队的一员	精湛的管理技巧，深入了解商务和技术，较好的商业判断力；良好的沟通者；多方权衡且临危不乱
首席信息安全官	管理 IS 安全项目，保护企业的信息系统和信息，管理 IS 安全人员	深入了解安全威胁、保护措施和新兴的安全威胁趋势；良好的沟通和外交技巧；好的管理者

信息系统工作的薪酬范围很广。经验丰富、为大企业工作、住在大城市的专业人员拥有更高的薪酬。㊁不要期望在刚工作时就能获得最高的薪酬。值得注意的是，图 11-2 中所有的薪资均是对美国的岗位而言的，并且都以美元表示。

（此外，对除纯技术岗位之外的其他岗位而言，企业专业知识可以拓展你的市场。如果你

㊀ U.S. Social Security Administration, "Measures of Central Tendency for Wage Data," SSA.gov, accessed June 6, 2016, www.ssa.gov/oact/cola/central.html.

㊁ DHI Group Inc., "Dice Tech Salary Survey," Dice.com, January 26, 2016, accessed June 6, 2016, http://marketing.dice.com/pdf/Dice_TechSalarySurvey_2016.pdf.

有足够的时间，修读双学位是一个绝佳的选择。比较热门和成功的双学位包括会计和信息系统、营销和信息系统以及管理和信息系统。）

11.2 组织是如何规划信息系统的使用的

本节从规划职能开始展开对信息系统职能的探讨。表 11-2 列出了信息系统主要的规划职能。

表 11-2 规划 IS/IT 的使用

信息系统主要的规划职能
• 使信息系统与组织战略保持一致；当组织发生变化时，维持这种一致性
• 与管理层沟通 IS/IT 问题
• 制定优先级并在信息系统部门内部执行
• 成立指导委员会

11.2.1 使信息系统与组织战略保持一致

信息系统的目的是帮助组织实现其目的和目标。为此，所有的信息系统都必须与组织的竞争战略保持一致。

回顾第 3 章提到的四项竞争战略，前两项战略是，组织可以成为整个行业或行业内某个细分领域的成本领导者。抑或，对于第二项战略，组织可以在整个行业或在某个细分领域差异化其产品和服务。无论组织采用何种战略，首席信息官和信息系统部门必须保持警惕，以使信息系统与其保持一致。

维持信息系统定位与组织战略的一致性是一个持续的过程。当组织战略发生变化时，当组织与其他组织合并时，或当某些部门被出售时，信息系统必须随着组织一起变化。维持这种一致性对业务流程管理和信息及相关技术的控制目标而言尤为重要，这将在本书的第 12 章进行阐述。

遗憾的是，信息系统对新的业务流程的适应是一个复杂而长期的过程。例如，从内部托管转为云托管需要时间和资源，且这种转变还必须在不损失组织的计算基础设施的情况下进行。这一事实在管理层中并不受欢迎，如果没有一个具有说服力的首席信息官，那么信息系统可能被视为企业机遇的累赘。

案例 11-1

探秘：管理信息系统部门

为什么需要了解信息系统？主修信息系统专业的你当然需要了解你未来部门的责任和组织结构。但如果你主修会计专业或市场营销专业或管理专业呢？为什么还需要了解管理信息系统？

作为信息系统部门服务的未来使用者，了解标准和策略的制定因素将非常有益。如果

你是经理，这些知识还会帮助你指导员工面对信息系统部门的行为。更进一步说，假设你在 ARES 系统为泽夫工作，他在弗洛尔博士那里买来 ARES 系统时把其他部门的亨利调了过来。假设泽夫对亨利有所疑虑并寻求你的帮助，那么他可能会这么说："你觉得亨利了解他的工作吗？"或"亨利是我们需要的

人吗？"

如果遇到这样的安排，你如何解决？回答以下问题将对你有帮助。

讨论题：

（1）陈述新信息系统部门的主要作用，解释每一种功能对应在 ARES 中如何发挥作用。

（2）假设亨利雇用了拉杰的朋友桑迪普，而且到目前为止他一直做得不错，即使这样，作为 ARES 系统的所有者的泽夫，和作为关键员工的你，仍可能会对这个决定的风险有所顾虑。评估他们的关键性，解释雇用外来人员的决定如何影响你对亨利的评价。

（3）假设亨利决定利用云供应商来实现平台即服务（PaaS）功能，解释这意味着什么以及这如何反映亨利的能力。

（4）在问题（1）~（3）亨利的决定中，

①运营小组的功能和目标将会是什么（见图 11-1）？

②开发小组的功能和目标将会是什么？该小组应如何对员工描述他们的工作？

③外包关系小组的功能和目标将会是什么？

④假设亨利没有明确作为 CTO 的需求，这是个错误吗？

（5）基于你对问题（1）~（4）的回答，你将如何回应泽夫的问题："亨利是我们需要的人吗？"

11.2.2　与管理层沟通信息系统问题

最新的观察导致了表 11-2 中列出的信息系统规划的第二个功能。首席信息官是管理层中信息系统和信息技术问题的代表，负责在问题解决方案、计划和新举措的讨论中提供信息系统的观点。

例如，当企业要进行合并时，应着重考虑如何整合被并购企业的信息系统。在评估合并机遇时就要着手处理这种考虑。但很多时候，这些问题在交易协议签署之前是不会加以考虑的。这种延迟的思虑是一种失误，因为信息系统整合的成本也应该被考虑到购买的经济效益中。包括首席信息官在内的高层讨论是避免此类问题的最佳方案。

11.2.3　制定优先级并在信息系统部门内部执行

表 11-2 所示的信息系统规划的第三个功能涉及优先级。首席信息官必须确保已经确定与整体组织战略相一致的优先级，并将其传达给信息系统部门。同时，首席信息官还必须确保本部门是根据事先传达的优先级来评估使用新技术的计划和项目的。

技术极具诱惑力，尤其是对信息系统的专家而言。首席技术官会激情澎湃地宣称："通过把我们所有的汇报服务转向云端，我们就能做到这个、这个，以及这个……"尽管这并没有错，但首席信息官必须对那些新的可能性是否与组织的战略和定位相一致保持疑问。

因此，首席信息官需要建立、宣传并且推进这些优先项目。信息系统部门必须在尽可能早的阶段评估每一项计划，以判断他们是否与组织的目标一致，是否契合组织的战略。

此外，没有组织能承担实施每个好想法所需要的费用。即使是符合组织战略的项目，也必须确定优先级。考虑到时间和金钱的限制，信息系统部门的每个员工都必须以建立最合适的系统为目标。因此，经过深思熟虑和清晰沟通而确定的优先级是必不可少的。

11.2.4　成立指导委员会

表 11-2 所示的最后一个规划职能是成立指导委员会。**指导委员会**（steering committee）是由来自公司主要业务部门的一群高级管理人员组成的，其主要职能在于与首席信息官合作，

共同设定信息系统的优先级,并在主要的信息系统项目和替代方案中进行决策。

指导委员会在信息系统和用户之间发挥着重要的沟通作用。在指导委员会,信息系统人员可以与用户群讨论潜在的信息系统举措和定位。与此同时,指导委员会还为用户提供了一个论坛,供他们表达对信息系统部门的要求及其在与信息系统部门打交道时遇到的挫折和其他问题。

通常情况下,信息系统部门负责制定指导委员会的时间表和工作计划,并举行这些会议。首席执行官和管理层的其他成员决定指导委员会的成员。

11.3 外包的优势和劣势有哪些

外包(outsourcing)是雇用另一个组织来执行服务的过程。外包的目的在于节省成本,获得专业知识并节省管理时间。

现代管理之父彼得·德鲁克有一句经典名言:你的后院是他人的前台。例如,在很多公司,经营员工食堂并不是实现企业成功的一个基本功能;因此,员工食堂是一个"后院"。谷歌想要在搜索和移动计算硬件与应用程序方面成为全球领导者,所有这些均得到其日益增加的广告收入的支持。它不想因为员工食堂的运营情况而闻名于世。根据德鲁克的观点,谷歌最好雇用一家专门从事食品服务的公司来经营员工食堂。

由于食品服务是一些企业的"前台",因此这些企业能够以更合理的价格提供优质的产品。将员工食堂外包给一家食品供应商同样也将免除谷歌管理层对食堂的关注。食品质量、主厨安排、塑料叉的采购、废物处理等,都将成为另一家企业需要关注的问题。谷歌可以专注于搜索、移动计算以及广告收入的增长。

案例 11-2

伦理指南:培训替代者

斯科特·埃塞克斯坐在办公桌前,看着他管理的员工名册。当他翻动这些页面时,他觉得心里非常难受。上级管理层要求他将其软件开发团队的人员削减近75%。这一指令是近期一系列通过外包信息技术部门的项目以降低成本的举措所带来的结果。当他来回翻动页面时,斯科特无法确定哪些员工应该留下,而哪些员工应该辞退。所有的员工都为团队创造了价值——如果不是如此,斯科特最初就不会雇用他们。

斯科特将名册翻回首页,开始在将被辞退的员工的名字之前标记星号。一些员工已经为企业工作了很多年。尽管他们工作时间较长,但事实上他们为企业增加的价值却没达到其薪酬应具有的水平。相反,在近期的雇员中倒是有一些潜力巨大且薪酬相对较低的员工。斯科特停了下来,抬起头——他不知道当他告诉员工这个坏消息时,他应该如何面对他们。但他必须这样做,这是他工作的一部分。

然而事情变得更糟糕。斯科特的老板发给他一个新的开发项目的文件包,要求他们必须在3~6个月之内完成这些项目。在75%的员工即将被新的在地球另一边工作的外包员工取代的情况下,高层管理人员凭什么认为这些项目可以在正常的周转时间内完成?这些新员工对他的团队的"默契"或确保团队和谐运行的无形资产一无所知。辞退员工是一方面,但如果他没有按时完成这些项目,他自己的职位也可能会受到威胁。

培训与否

第二天早上,斯科特走进办公室,仍为他将失去这么多团队成员感到气馁。但是他对自己选择的继续留任的员工非常自信。他认为,只要留任的团队成员可以度过这个阶段并重新投入到工作中,那么他们就有机会推进新项目的进度。他穿过大厅,将他提出的人事变革交给他的上司贝丝·比尔曼。后者让他关上门并就坐。

贝丝开始她的谈话:"我打赌你一定困惑在你管理的团队发生人员变动的情况下,该如何在截止日期之前完成这些新项目。"斯科特尽量不在脸上表现出他的真实情感,乐观地回答道:"是会有些忙碌,但我认为仍在我们的掌控范围之内!"

贝丝微笑着回应道:"你知道我一直很照顾你。我不会不给你援助就将你置于这样一个境地。"斯科特不知道她想表达什么,便说道:"我不太确定你的意思。"

贝丝继续说道:"我们想让那些从你的团队被辞退的员工去培训新的外包员工。培训替代者将是离职人员领取遣散费的条件。如果这样做,我们可以确保新员工在一个月之内迅速了解并明确他们的职责,同时也可以确保外包人员在一个星期之内展开全面运作。你也应该可以在规定的时间之内完成新项目。"

之后的会议内容开始变得模糊不清,因为斯科特一直在试图弄清这样一个事实:即将被辞退的员工还要被迫去培训自己的替代者。如果他们不这样做,就会损失大部分遣散费。他回到自己的办公室,喃喃自语道:"真是雪上加霜啊。"

随着时间的流逝,斯科特对此进行了反复的思考。对贝丝要求他做的事情,他开始深感不安。要求员工去培训一个顶替其工作的人谈何公平?这明明是一种尴尬的、不愉快的、具有侮辱性的行为。如果企业对这一决定感到满意,那么他们还会对离职员工提出什么要求作为其被解雇后获取遣散费的条件呢?这似乎一发不可收拾。他想知道他还有多长时间就要培训自己的替代者了。他的脑袋里始终回响着他母亲的名言:"近朱者赤,近墨者黑。"

讨论题:

(1)根据书中之前提到的道德准则的定义,回答以下问题:

①从绝对命令的角度,你认为强迫一个员工去培训自己的替代者是道德的吗?

②从功利主义的角度,你认为强迫一个员工去培训自己的替代者是道德的吗?

(2)在你收到你被辞退的消息后,如果雇主还要求你去培训你的替代者,你的感受如何?你认为这为未来的解雇条件提供了一个危险的先例吗?

(3)除了文中贝丝提出的策略之外,企业还可以采用何种策略来确保新的替代员工能够更好地履行职责?

(4)在问题(3)的基础上,如何利用技术来改进管理过程的变革?

11.3.1 外包信息系统

如今很多企业选择将部分信息系统业务外包出去。图 11-3 列出了这一决策的常见原因。认真思索每一个主要的原因类型。

首先,外包是获取专业知识的捷径。正如你将在第 12 章中学到的,ARES 系统希望构建 3D 增强现实 App,但却没有员工知道微软 HoloLens 全息眼镜的编码细节。外包就是一种获取这些专业知识的简单且快速的途径。

例如,表 11-3 展示了 Dice 技术薪酬年度调查报告中排名前十的薪酬技能或经验。⊖

图 11-3 外包 IS 服务的常见原因

⊖ DHI Group Inc., " Dice Tech Salary Survey, " Dice.com, January 26, 2016, accessed June 6, 2016, http://marketing.dice.com/pdf/Dice_TechSalarySurvey_2016.pdf.

值得注意的是，2015 年排名前十的技能在 2012 年都没进入前 100 名。技术的快速变化推动了社会对某些技能需求的快速变化。

表 11-3　十大技术技能

技能或经验	薪酬（美元）	排名			
		2015	2014	2013	2012
HANA（高性能的分析应用）	154 749	1	—	—	—
Cassandra	147 811	2	2	5	—
Cloudera	142 835	3	4	19	—
PaaS（平台即服务）	140 894	4	1	—	—
OpenStack	138 579	5	20	14	—
CloudStack	138 095	6	23	—	—
Chef	136 850	7	8	—	—
Pig	132 850	8	6	7	—
MapReduce	131 563	9	3	3	—
Puppet	131 121	10	12	24	—

开发创新产品的企业可能缺乏必要的内部专业技术来创造它们。事实上，除非他们不断为其员工开展最新技术的培训，否则他们可能没有必要的专业知识。外包和战略合作伙伴关系使组织可以制造它们无法在内部制造的产品。

外包的另一个原因是避免管理问题。

类似地，一些企业选择外包来节省管理的时间和精力。猎鹰安防公司的佐藤虽然拥有管理某个新的软件开发项目的技能，但他可能不愿意投资时间。

注意，这并不只是佐藤的时间，同样还是那些批准该购买和招聘申请的高级管理者的时间。像乔妮那样的高级管理者将需要花费足够多的时间来了解服务器基础架构，以批准或拒绝购买申请。外包节省了直接和间接的管理时间。

1. 削减成本

选择外包的其他原因还包括削减成本。组织可以通过外包获取兼职服务。外包的另一个好处就是获得规模经济效益。假设 25 家公司各自开发自己的工资单应用程序，那么一旦税法发生变动，这 25 家公司就必须学习新的法律，依据法律修改各自的软件，对这些修改进行测试，并编写文件解释修改内容。但如果他们将该应用程序统一外包给一个工资程序供应商，那么该供应商可以一次性进行所有调整，而且修改成本可以在这些公司之间摊销（从而降低了供应商必须收取的成本）。

2. 降低风险

进行外包的另一个原因在于降低风险。首先，外包可以避免财务风险。在一个典型的外包合同中，如公司将其硬件外包给云服务商，外包商会为自己的服务确定一个固定的价格。另一种避免财务风险的方法就像亨利建议的那样：延迟支付大部分费用，直到工作完成且软件（或其他组件）开始运行。第一种情况通过控制总费用来降低风险，第二种情况保证了在工作完成前不产生大量支出。

其次，外包可以通过确保产品/服务的质量来降低风险，或者避免质量不达标所带来的风险。专门从事食品服务的公司知道如何提供一定质量的食品，如它具有专业的技术确保只提供健康的食品。同样，专门从事云服务器托管的公司知道如何基于给定的工作量提供可靠的服务。

请注意，谁都不能保证外包一定能够提供高质量的或比内部开发更优质的产品或服务。如果没有外包员工食堂，谷歌也许会幸运地聘请到一流的主厨，亨利也许会幸运地聘请到世界上最好的软件开发师。然而，在通常情况下，专业的外包公司熟知如何避免食物中毒问题或如何开发新的移动应用程序。同时，如果外包公司不能提供最低质量水平，聘请另一个供应商比解雇和重新雇用内部员工更为容易。

最后，企业选择将信息系统外包以降低执行风险。雇用外部云供应商降低了使用错误的硬件和虚拟化软件以及不当的执行税法变更所带来的风险。外包将所有这些风险都整合为选择正确的外包供应商的风险。一旦企业选定了供应商，那么进一步的风险管理则取决于该供应商。

11.3.2 国际外包

选择使用印度的外包开发商并不是 ARES 所独有的。许多总部位于美国的企业选择在海外外包。例如，微软公司和戴尔公司将其主要的客户支持业务外包给非美国的公司。印度就是一个受欢迎的基地，因为它有大量的受过良好教育的说英语的人群，且他们的劳工成本仅占美国的 20% ~ 30%。中国和其他国家同样也是常用的选择。事实上，借助现代电话技术和互联网服务数据库，由美国境内拨打的客服电话，可以在印度、新加坡进行处理，最终由英国的雇员完成。客户只知道他在通话中等待了一段时间而已。

国际外包对于客户支持和其他那些必须全天候提供的其他服务而言尤其有用。以亚马逊为例，其在美国、哥斯达斯加、爱尔兰、苏格兰、德国、意大利、中国、日本和印度设有客户服务中心。当美国进入夜晚时，在印度的客服代表可以处理客户电话，因为那里还是白天。当夜幕降临在印度时，爱尔兰或苏格兰的客服代表可以处理清晨从美国东海岸拨打的电话。通过这种方式，公司可以在不要求员工值晚班的情况下为用户提供全天候的服务。

此外，正如第 1 章所说的，保住自己职位的关键是成为一个擅长非常规抽象分析的人。在面对海外工作者的竞争时，具有发现新技术创新应用能力的员工更有可能保住工作。

11.3.3 外包的备选方案有哪些

企业已经找到了数百种不同的方式来外包信息系统和部分信息系统组件。图 11-4 基于信息系统的构成，总结了主要的外包方案。

一些企业将计算机硬件的采购与运行进行外包。作为硬件基础设施的外包供应商，电子数据系统（EDS）已经取得了 30 多年的成功。图 11-4 给出了另一种选择：通过基础设施即服务（IaaS）将云计算外包。

正如第 4 章和第 12 章中探讨的，获得许可软件是外包的一种形式。企业从另一个供应商处获得正版软件的授权许可，而不是自己开发软件。这种许可允许软件供应商摊销所有用户的软件维护成本，从而降低这些用户的成本。另一个选择就是平台即服务（PaaS），即租用具有预安装操作系统和数据库管理系统的硬件。微软公司的 Azure 就是一种 PaaS 产品。

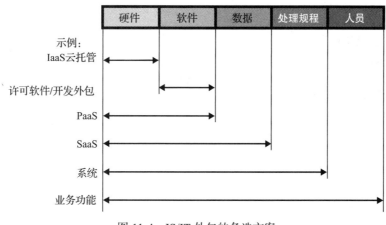

图 11-4 IS/IT 外包的备选方案

一些企业选择外包软件的开发。这种外包可能是整个应用程序的外包，如 ARES，也可能是定制某种许可软件，正如企业资源计划（ERP）的实施。

如今还有一种方案，即软件即服务（SaaS）。在这种方案中，硬件、操作系统和应用软件均被租用。Salesforce.com 就是提供 SaaS 服务的企业的一个典型代表。

企业也可以将整个系统外包。PeopleSoft（现在归甲骨文公司所有）通过外包整个薪酬职能，在众多企业中脱颖而出。正如图 11-4 中的箭头所表示的，在这种解决方案中，供应商提供了硬件、软件、数据和一些处理规程。而企业仅需提供员工和工作职位信息，剩下的工作将由薪酬外包供应商完成。

最后，一些企业选择外包整个业务职能。多年来，很多企业都将员工出差的安排外包给旅行社。其中一些外包商甚至可以管理企业内部的设施和办公室。这些协议的范围比外包信息系统更为广泛，但信息系统是所外包的应用程序的关键组成部分。

11.3.4 外包的风险有哪些

在学习了这么多外包的优势和备选方案之后，你可能会疑惑，为什么还有公司自己开展信息系统/信息技术业务呢？事实上，外包同样也存在重大的风险，如图 11-5 所示。

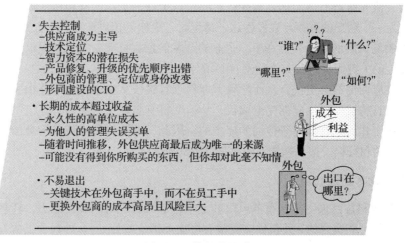

图 11-5 外包的风险

1. 失去控制

外包的首要风险是失去控制。对于 ARES 来说，一旦亨利和桑迪普建立合同，在至少几周或几个月内桑迪普就受到了约束。如果他把 ARES 作为一个优先项目，并且根据需要集中他及其员工的注意力，那么这些都可以很好地解决。然而，如果他在启动 ARES 之后不久得到了一个更大、更有利可图的合同，就有可能会产生时间安排和质量上的问题。无论是亨利还是拉杰都无法掌控这种可能性。如果他们在最后结算款项，他们可能不会亏钱，但却会损失时间。

对于服务导向的外包，如 IT 基础设施外包，外包供应商处于主导地位。每个外包供应商都有自己的服务方式和程序，组织及其员工都必须遵守这些程序。例如，一个硬件基础设施外包商将要求计算机具有标准的范式，有记录和处理计算机的标准程序，或将提供定期的计算机维护。一旦外包商开始负责，员工们必须配合其工作。

当员工食堂被外包时，员工们只能选择外包商提供的食物。同样地，在获取计算机硬件和服务时，员工们也只能选择供应商所提供的，谁想要拥有供应商不具备的设备，那只能说他运气不佳了。

除非合同另有要求，外包商可以选择他们想要实行的技术。如果外包商出于某些原因没能及时获取关键的新技术，那么雇用它的企业将无法很快地从这个新技术中获益。当企业无法提供其竞争对手所提供的信息系统服务时，该企业就会发现自己已经处于竞争劣势了。

外包的另一个问题是智力资本的潜在损失。企业可能需要向外包供应商的员工披露专有的商业机密、方法和处理规程。作为其正常运营的一部分，外包供应商可能将员工派遣到该企业的竞争对手处，从而可能导致该企业损失智力资本。这种损失不一定就是知识盗窃，很可能只是外包供应商的员工在你的企业学会了一种更新更好的工作方式，然后将这种工作方式带给你的竞争对手。

类似地，所有软件都存在故障和问题。高品质的外包供应商会跟踪这些故障和问题，并基于一系列优先顺序对它们进行修复。当一个企业把某个系统外包时，它就不再控制着修复的优先顺序。这种控制权属于外包供应商。一项对你的组织至关重要的修复工作，在外包供应商那里可能只是低优先级的。

此外，外包供应商还可能变革管理方式，采用不同的战略方向，或被收购。当发生上述任一变化时，优先级都有可能随之改变；曾经是一个好的选择的外包供应商，在改变方向之后可能会成为一个糟糕的选择。在发生这一情况时，更换外包供应商将十分困难和昂贵。

失去控制的风险的最后一点在于，企业的首席信息官可能变得形同虚设。当用户需要一个已经被外包的关键服务时，首席信息官必须寻求供应商的答复。久而久之，用户就会发现，直接与外包供应商沟通会更快，从而导致首席信息官很快从整个交流环路中脱离出去。到那时，首席信息官将被外包供应商完全取代，从而变得有名无实。然而，外包供应商的员工是为另一家企业工作的，是偏向于他们的雇主的。因此，关键管理人员将不会像管理团队那样共享相同的目的和目标。偏见和错误的决策就由此产生了。

2. 长期的成本超过收益

外包的初始利益巨大。控制财务风险的上限，节省管理时间和注意力，转移管理和员工配备问题等都是可能实现的（外包供应商很有可能承诺这些好处）。外包看上去好得令人难以置信。

事实上，外包的确令人难以置信。一方面，虽然外包的确控制了固定成本的上限，但它同时也消除了规模经济的效益。如果 ARES 的需求激增，突然需要 200 台服务器而不是 20 台，那么企业需支付的费用则将是支持一台服务器的固定费用的 200 倍。然而，由于规模经济效应，支持 200 台服务器的成本可能远低于支持 20 台服务器的 10 倍。如果它们在内部托管这些服务器，那么是它们而不是供应商，将成为受益人。

同时，外包供应商还可能随着时间的推移改变其定价策略。最初，组织从几个外包供应商那里获得了一个有竞争力的报价。然而，随着获胜的供应商深入了解业务，在组织员工和供应商员工之间建立起联系，其他公司就难以竞争后续的合同。因此，该供应商将成为唯一的来源，没有什么竞争压力，继而可能会抬高价格。

另一个问题在于，组织可能会在不知情的情况下为另一个组织的管理不善而付费。如果 ARES 外包其服务器，那么它很难知道供应商的管理是否良好。ARES 投资者可能正在为管理不善而付款，更糟糕的是，ARES 可能会遭受管理不善带来的后果，如数据丢失。对 ARES 而言，想要知悉这种管理不善，是非常困难的。

3. 不易退出

外包的最后一个风险关系到协议的终止。在外包过程中，从来都没有轻易的退出。

外包供应商的员工已经掌握了该企业的重要知识。他们知道客户支持对服务器的要求，知道使用模式，还知道从数据仓库下载经营数据的最佳处理规程。因此，相应知识的缺乏使得收回被外包出去的服务变得非常困难。

此外，由于供应商已经紧密融入公司的商务活动，拆分合作将面临极大的风险。将员工食堂关闭几个星期直到找到一个新的食品供应商的做法可能不受欢迎，但员工仍然可以生存下来。而将企业网络关闭几个星期却是不可能的，那会导致企业倒闭。考虑到这种风险，企业必须投入大量的工作，付出成倍的努力、管理时间和费用，来寻找另一个供应商。事实上，选择外包供应商是一条单行道。

在 ARES，在最初的应用程序开发之后，如果团队再想改变开发供应商，是很难做到的。新的供应商不知道应用程序的代码以及当前创建的应用程序的代码，因此想要转移到另一个在时间和金钱方面更好、更低成本的供应商，是不可行的。

选择是否进行外包是一个困难的决定。事实上，企业也无法清楚地判定出正确的决策，但时间和事件会迫使其做出最终决策。

11.4 信息系统用户的权利和责任有哪些

作为信息系统未来的用户，你在维持与信息系统部门的关系中同时拥有权利和责任。表 11-4 分别列出了你有权享有的权利和你需要承担的责任。

11.4.1 用户的权利

你有权获取你需要的计算资源，以有效地开展工作。你有权利获取你需要的计算机硬件和程序。如果你需要为数据挖掘程序处理大量的文件，你有权获得所需的大容量硬盘和高速处理器。然而，如果你仅仅是收发电子邮件和在企业门户网站做咨询工作，那么你只能提出更加适度的要求（将更强大的资源留给企业中需要它们的员工）。

表 11-4　用户在使用信息系统时的权利和责任

你有权利	你有责任
• 获取计算机硬件和程序,以熟练地开展工作 • 享有可靠的网络和互联网服务 • 享有安全的计算环境 • 受到保护,远离病毒、蠕虫和其他威胁 • 为确定新系统的特性和功能添砖加瓦 • 享有可靠的系统开发与维护 • 对你提出的问题、担忧和抱怨予以及时的关注 • 享有妥善修正和解决问题的优先权 • 享有有效的培训	• 掌握基本的计算机技能 • 掌握常用的应用程序的标准技术和处理规程 • 遵循安全和备份处理规程 • 保护你的密码 • 根据雇主的计算机使用政策使用计算机和移动设备 • 不要进行未经授权的硬件修改 • 只安装经过授权的程序 • 在收到指示时,安装软件补丁和修复程序 • 当被问及时,投入足够多的时间仔细而全面地回应新的系统特性和功能的要求 • 避免向上级汇报一些琐碎的问题

你有权享有可靠的网络和互联网服务。可靠指的是,几乎在任何时候你都可以顺利地处理事务。这就意味着,当你工作时永远不用怀疑"今天网络能用吗"。网络问题应该是罕见的。

你有权享有安全的计算机环境。企业应该保护你的计算机及其中的文件,通常情况下你甚至都不需要考虑安全问题。间或,组织可能会要求你采取特定的措施来保护计算机,而你应该采取这些措施。但这种要求应该是罕见的,且针对特定的外部威胁。

作为新应用程序的用户,你有权参加针对该应用程序需求的会议;同时,当你正在使用的应用程序面临重大更新时,你也有权参与关于其更新事项的会议。你可以选择将此权利委托给他人,抑或,你所在的部门可能代表你实行这项权利,但如果是这样,你有权通过委托表达你的想法。

你有权享有可靠的系统开发与维护。尽管在许多开发项目中,延误一两个月是常有的事,但是你应该不必忍受长达六个月或是更久的延误。这些延误就是不合格的系统开发的证据。

此外,对于你提出的有关信息服务的问题、担忧和投诉,你有权得到及时的关注与反馈。你有权通过一些途径报告问题,并有权知晓信息系统部门已经受理或至少已经登记了你的问题。你有权要求根据既定的顺序解决你的问题。这意味着,你工作中遇到的问题,将也有可能会排在一个他人工作中遇到的问题之后。

最后,你有权获得有效的培训。你应该通过培训让自己理解系统,并使用系统进行特定的工作。组织应当为你提供适合你的程式化且有计划的培训。

11.4.2　用户的责任

你还需要对信息系统部门和企业负责。具体而言,你有责任学习基本的计算机技能,并了解你所用的应用程序的基本技术和处理规程。对于最基础的操作,不能寄希望于别人手把手地对你进行培训,同时也不应奢望企业会对同样的问题进行反复的培训和支持。

执行安全和备份处理规程也是一种责任。做到这一点尤为重要,因为你未采取的行动可能会给同事、企业及你自己带来麻烦。保护好密码尤其是一种责任。这不仅对于计算机的保护非常重要,而且由于系统间的认证,此举措还可以保护企业的网络和数据库。

你有责任以符合雇主规定的方式使用计算机资源。许多雇主允许员工在工作期间通过有限的电子邮件处理重要的家庭事务,但是不鼓励频繁地长时间地收发非正式电子邮件。你有责任了解雇主的政策并遵从它。此外，如果雇主为工作中移动设备的使用制定了政策，那么你有责任遵守该政策。

你也不应该对你的计算机进行未经许可的硬件修改和安装未经授权的程序。实施这一政策原因之一在于，信息系统部门将会通过自动维护程序升级你的计算机。未经授权的硬件和程序可能会干扰这些程序。此外，安装未经授权的硬件或程序可能会给你带来麻烦，而信息系统部门则必须修复它们。

当组织要求在计算机中安装更新与修复程序时，你有责任这样做。这对于那些关系到安全性、备份和恢复程序的修补程序而言尤其重要。当要求你提出有关新系统和需要调整系统的需求时，你有责任花费足够多的时间提供深思熟虑的、完整的回应。如果你没有足够的时间，则应该把这项任务委托给别人。

最后，以专业的态度对待信息系统专业人士也是一种责任。每个人都渴望成功，在所有方面，专业化与礼貌谦逊都将大有帮助。专业化行为的一种表现形式在于，学习基本的计算机技能以避免向上级汇报一些琐碎的问题。

11.5　2027 年

社会的变化和发展将对未来 10 年信息系统和信息技术资源的组织管理产生巨大影响。很多企业将把它们的内部硬件基础设施迁移到云端。当然，有些公司会出于安全的考虑而在自己的、私有控制的服务器上保存一部分数据，但大量的硬件基础设施将被迁移到云端。除了云端供应商之外，任何人运行计算机中心都是没有前途的。

移动设备将在工作中迅速崛起。移动设备将更便宜、更强大，且具有动态性以及令人着迷的用户体验。它们将无处不在。企业将制定符合其需求和战略的自带设备办公的政策并鼓励员工使用自带设备开展工作。与此同时，物联网将为运营、制造和供应链管理的创新提供机会。

到 2027 年，企业将以真正的企业 2.0 风格在其内部使用社交媒体。企业知识管理将通过社交媒体进行，且大多数项目都拥有社交媒体组件。而社交媒体网站将成为项目组件的一部分。

与此同时，随着移动设备越来越受欢迎，企业将持续失去控制权。当员工使用自己的计算设备工作——这些设备的工作能力与他们工作时使用的计算机一样强大，并通过这些设备访问员工支付网络时，信息系统部门将如何维持控制？

企业也许可以通过有限的自带设备办公的政策来维持几年时间的掌控权。但这种政策只在一定时间内有效，最终却注定失败。一方面，在某种程度上，该政策将使员工处于竞争劣势。员工将希望使用自己的硬件来访问网络，无论他们身在何处。如果不能的话，他们的竞争对手可以。

然而，还有一个原因导致了限制公司网络访问的无用性：员工将弃用该网络。"啊，我们无法从自己的 iPad 访问 SharePoint，因此让我们用我的谷歌云端硬盘来代替公司的 SharePoint 网站吧。我将与整个团队共享我的文件夹，这样我们就能够使用自己的移动设备了。在这里，我可以将数据从工作中的计算机复制到我的云端硬盘，然后我们可以从云端获取这些数据。"或者"让我们创建一个谷歌＋圈子。"或者……

现在，所有的企业数据都保存在某位员工的谷歌云盘或谷歌＋账户或其他某个地方，并且与他人分享。谁知道呢？只要员工不小心犯了一个错误：在公共圈子中分享数据，而不是在与团队成员共享的谷歌+圈子中分享数据，那么任何人或任何爬虫均可以获取这些数据。

到2027年，企业信息系统部门最重要的变化将是文化。随着高级管理层变得越来越复杂，首席信息官终将成为一名全职的管理层成员，信息系统不再被视为企业战略和成长的障碍，而是企业获得竞争优势的关键角色。无处不在的社交媒体与移动设备使得关注重点聚焦于信息系统在实现组织目标方面发挥的作用。

案例 11-3

安全指南：反监视

如果你有1 430万美元，你会怎么做？坐下来设想用这些钱可以购买的东西和奢侈品，是非常有趣的。然而，一个更重要的问题是：为了得到这1 430万美元，你都愿意做什么？这才是现在你真正需要认真思考的问题。你愿意违反你的道德规范或打破你的伦理准则来获取这些钱吗？你愿意违背法律并面对这种行为带来的潜在惩罚吗？不久之前，艾奥瓦州的一位信息技术安全经理可能已经考虑了所有这些问题。不幸的是，糟糕的判断导致他背叛了他的雇主。

这位经理是艾奥瓦州彩票信息安全的总监。尽管他的任务就是保护艾奥瓦州彩票信息系统的安全，但他还是在内嵌彩票系统的计算机上安装了一个rootkit。该系统装有生成随机数字的软件，通过这种途径，他能识别可能跳出来的数字，因此可以提前购买一张获奖的彩票。㊀为了避免被抓，他抹去了可能提供犯罪信息的硬盘数据。此外，他还操纵了没有得到充分管理的监控画面。对这一罪行的处罚最长可判10年监禁，他在狱中将有足够的时间来设想他可以用这些钱做什么。

特权人

你也许会想知道，企业或市政当局如何确保负责其安全运营的主管不会滥用权力。进行审计与管理访问是确保信息技术安全从业人员不滥用职权的两种常见方式。审计是评估过去发生的事情的一种有效途径。它可以确认未经授权访问的文件和系统，并识别实施这一行为的员工。审计工作应由企业外部的、与被评估的内部员工无关的人员进行。

然而，信息技术安全人员经常管理并访问日志文件。这些日志文件可以被用于识别潜在的错误。信息技术安全人员有权限、机会和技术来篡改这些日志文件。

通过超级用户权限管理工具以强制执行适当的用户访问控制，是确保信息系统安全的更为有效的预防性措施。这些工具允许创建管理员账户，然后基于此账户创建其他的管理权限。这种方法的优点在于只有一个人必须被完全信任，而其他的管理员只能获得部分访问的权限。㊁

防止安全专家滥用职权的其他策略还包括：①努力确保员工了解企业内允许的行为，②分离知识和职责，③适当的监测。适当的监测过程包括将日志文件发送到内部员工无法访问的外部服务器中。㊂

监测者无处不在

如果你仔细推敲，可能很快就会意识到"监测者"并不仅仅包括为大企业工作的信息技术安全专家。信息技术安全从业人员在其雇主的网络和系统范围内确实拥有巨大的权力，但是那些在商务环境之外的监测者呢？那些可以不受限制地监控各类事物的监测者呢？手机

㊀ Iain Thomson, "Lottery IT Security Boss Guilty of Hacking Lotto Computer to Win $14.3M," *The Register*, March 13, 2016, www.theregister.co.uk/2015/07/22/lotto_infosec_director_guilty.

㊁ George V. Hulme, "Watching the Watchers," *CSO Online*, March 13, 2016, www.csoonline.com/article/2130533/identity-management/watching-the-watchers.html.

㊂ 同上。

手电筒 App 的开发者可以监视你吗？

你可能听说过爱德华·斯诺登，以及他揭露的那些美国政府开展的无处不在的监视和监测项目。人们对这些项目的最大忧虑在于它们极大地侵犯了人们的隐私。然而，公民每天都会纵容他人通过多种途径侵犯自己的隐私。他们购买和使用可能被黑客入侵或未经他们同意远程访问的设备。一个简单的手机 App 就需要一大堆访问权限，有的权限对该应用而言甚至是没有必要的。例如，手电筒 App 是否需要访问你的联系人列表？

这些示例反映了隐私与安全之间固有的矛盾。新 App、物联网设备和系统的使用经常会带来难以识别和减轻的隐私风险和安全漏洞。其中最大的风险在于，缺乏对指定的监测者（如信息技术安全人员）的适当监督，以确保他们不滥用权力。所以，当你下次考虑购买彩票时，请祈祷彩票系统的监测者也被监视着。

讨论题：

（1）该文章讨论了使用安全审计来确保员工不会对雇主的系统做任何不该做的事情。在其他哪些情况下还可以进行安全审计？

（2）定义 rootkit，并在线搜索如何使用 rootkit。

（3）防止信息技术员工大规模违反系统访问的一个策略是"分离职责"。你能举出一些为了防止个人滥用权力而将一项职能或任务分割成多个部分或分配给多个员工的实例吗？

（4）请用一点时间来思考你每天使用的所有不同类型的设备。这些设备是如何被用于侵犯你的隐私的？这种侵犯隐私的风险是否足以让你停止使用这些设备？

 案例 11-4

就 业 指 南

姓名：克里斯·特雷杰（Chris Treasure）

公司：Boncom

职位头衔：高级数据分析师（Senior Data Analyst）

教育水平：犹他大学（University of Utah）

1. 你是如何得到这种工作的？

主要是通过就业指导。与有才能的人共事让我有机会学习和提升各种技能。我的职业生涯始于营销，它不需要很多的技术技能。通过学习和提升技能，我的工作进展顺利。

2. 什么吸引你进入这个领域？

数据是一个惊人的旅程。你可以从没有意义的非结构化的混乱的数字开始，通过采取措施来清洗和丰富数据，从而产出强有力的结果。

3. 你的典型工作日是什么样子的（任务、决策或问题）？

在大多数工作日，我都会跟踪源数据并建立流程以将数据转换成可用的形式。在从转换后的数据中分析总结出趋势和见解之后，我会制作视觉资料和演示文稿并与利益相关者分享结论。

4. 你最喜欢工作中的哪个方面？

发现某种规律并见证这一发现带来的有意义的变化，是振奋人心的。

5. 想要做好你的工作，需要什么样的技能？

在技术方面，需要掌握 SQL、Tableau、Python——一种脚本语言、Web 分析平台、Excel 和 PowerPoint。在其他的技巧方面，个人的沟通、叙述、公开演讲、数学与统计能力都很重要。

6. 在你的领域中，文凭或证书重要吗？为什么？

文凭非常重要。首先，掌握数学和统计学知识是完成工作任务的基础。其次，学位是建立职业信誉的良好开端。当会见一个新客户时，客户通常都会询问我的毕业院校。

7. 有什么建议可以给那些想在你这个领域工作的人呢？

研究与数据相关的课题，采取措施了解商务活动，成为高效的沟通者。寻找机会学习别人的优点。虽然平时难以积累使用数据处理软件和分析真实数据集的经验，但实习为同时实现这两点提供了机遇。

8. 未来的10年，你觉得最热门的技术工作是什么？

传统的被认为是"非技术"的工作将变得具有技术性。例如，文案工作者将了解如何利用数据并将其可视化，从而发布一则精心制作的由数据驱动的报道。

本章小结

11-1 信息系统部门的职能和组织结构是什么

列出信息系统部门的五个主要职能。定义首席信息官并解释其典型的汇报关系。列出一个典型的信息系统部门中包含的四个小组，并解释每个小组的主要职责。阐述数据管理职位的主要目的。定义首席安全官和首席信息安全官，阐述二者在职责上的主要差异。

11-2 组织是如何规划信息系统的使用的

解释关于信息系统规划战略一致的重要性。解释为什么保持一致比较困难。描述首席信息官与其余管理层成员的关系。描述首席信息官在确定优先级方面的责任。解释这个任务的挑战。定义"指导委员会"并说明首席信息官在其中扮演的角色。

11-3 外包的优势和劣势有哪些

定义外包。阐述德鲁克的名言"你的后院是别人的前台"在外包方面是如何体现的。总结管理优势、成本优势和外包的风险。区分IaaS、PaaS和SaaS，并各举一个示例。解释国际外包为何特别具有优势。列出你可以掌握的技能，以保护你的工作不被外包。总结与控制权、长期成本和退出策略相关的外包风险。

11-4 信息系统用户的权利和责任有哪些

用你自己的语言描述表11-4所示的每个用户权利和用户责任的含义。

11-5 2027年

列出将对组织的信息系统和信息技术管理产生影响的变化和发展。总结移动设备和物联网的发展趋势。解释为什么数据控制权的丢失是不可避免的，讨论为什么有限的自带设备办公政策是不可行的。阐述员工如何弃用企业网络并讨论这种行为带来的安全威胁。解释将影响信息系统部门的企业文化变革。

ARES的知识运用

现在你知道了信息系统部门的主要职责，并了解为何它要施行这些标准和政策。你知道信息系统规划的职能及其与企业其他部门的关系。你还知道外包信息系统服务的原因、最常见和最受欢迎的外包备选方案，以及外包的风险。最后，你还了解了与信息系统部门提供的服务相关的用户权利和责任。

无论你是为ARES系统工作，还是ARES系统的潜在投资者，或是潜在投资者的顾问，本章的知识将帮助你明确你需要做的事项。

本章关键术语和概念

首席信息官（chief information officer, CIO）
首席技术官（chief technology officer, CTO）
首席安全官（chief security officer, CSO）
首席信息安全官（chief information security officer, CISO）
指导委员会（steering committee）
外包（outsourcing）
绿色计算（green computing）

本章习题

知识运用

（1）从这章来看，信息系统、产品以及技术无法延展，它们很难被修改、调整或是撼动。你觉得除首席信息官之外的其他高层管理人员会如何看待这种难以延展性？例如，你认为信息系统在企业合并中表现会如何？

（2）假设你现在代表一个投资团队在全国范围内收购医院，并将其整合到一个统一系统中。列出与信息系统相关的五个潜在的问题和风险。与此类收购计划中的其他风险相比,你认为与信息系统相关的风险如何?

(3) 当企业的发展方向迅速变化时,信息系统会怎样?信息系统在其他部门将有何表现?当企业战略发生迅速变化时,信息系统会怎样?你认为这种频繁的变化给信息系统部门带来的问题是否比其他业务部门更大?为什么?

协同练习

使用你在第 2 章创建的协同信息系统,与同学协作回答下面的问题。

绿色计算(green computing)是一种具有环境意识的计算,主要包括三个组成部分:电源管理、虚拟化和电子废物管理。在本练习中,我们聚焦于电源管理。

众所周知,计算机(以及相关的设备,如打印机)耗费电力。这种电力消耗对任何一台计算机或打印机而言负担较轻,但对于夜晚不受员工操控而持续运行的所有计算机和打印机而言却不是这样。绿色计算的倡导者鼓励企业和员工在不使用时关闭设备以降低电力和水资源的消耗。

这是一个重要的问题吗?这只是对环保人士的一种让步,以展现计算机专业人员的良知吗?组建小组并以学校计算机的使用为参照,提出你们的真知灼见。

(4) 使用互联网搜索一般的计算与办公设备对动力的要求。搜索范围应包含笔记本电脑、台式电脑、CRT 显示器、液晶显示器和打印机。在本练习中不用考虑服务器计算机。在你进行搜索的时候,请注意"瓦特"是电力的度量指标,绿色计算运动正是想减少瓦特的消耗。

(5) 估计你们学校使用的每种设备的数量。借助你们学校的网站来确定学校拥有的学院、部门、教师、员工和学生的数量。推测上述群体分别使用的计算机、复印机和其他类型的设备的数量。

(6) 使用问题(1)和(2)中得到的数据,估计校园中计算机和相关设备使用的总功率。

(7) 处于屏幕保护模式的计算机与常规模式的计算机所消耗的电量是相同的。然而,处于睡眠模式的计算机消耗的功率要少得多,仅需 6 瓦/小时。依据学校计算机的使用情况,比较计算机设备处于睡眠模式的总时间与计算机设备处于屏幕保护或使用模式的总时间。

(8) 由信息系统部门自动更新升级软件和修补程序的计算机不被允许进入睡眠模式,原因在于如果它们进入睡眠模式,则将无法继续升级。因此,一些学校禁用了校内计算机上的睡眠模式(睡眠模式从不在服务器上使用)。请以瓦特为单位,确定这一政策的成本。

(9) 计算下列情况中每个月的成本(瓦特):
① 所有用户的计算机全天候运行。
② 所有用户的计算机在工作时间内全天候运行,并在休息时间内处于睡眠模式。
③ 所有用户计算机在非工作时间关闭。

(10) 基于你对问题(1)到(6)的回答,你认为在下班时间对计算机电源进行管理是否至关重要?与运营一所学校的其他花费相比,这个问题真的很重要吗?请在小组内讨论这个问题并解释你的回答。

案例研究

自动化劳动

2016 年 5 月 24 日,麦当劳的前首席执行官艾德·仁西就最近要求提高最低工资的抗议活动接受了采访。快餐工作人员要求获得每小时 15 美元的国家最低工资。而仁西则强调一个价值 35 000 美元的机器人工人的成本比每小时 15 美元的人工成本更低且更高效。[⊖]他还指出,要求更高的工资只会加快自动化劳动的采纳进程。他可能是对的。

⊖ Julia Limitone, "Fmr. McDonald's USA CEO: $35K Robots Cheaper Than Hiring at $15 Per Hour," FoxBusiness.com, May 24, 2016. Accessed June 9, 2016, www.foxbusiness.com/features/2016/05/24/fmr-mcdonalds-usa-ceo-35k-robots-cheaper-than-hiring-at-15-per-hour.html.

由加利福尼亚州的 Momentum Machines 公司制造的汉堡包机器人每个小时可以制作 400 个汉堡，并且可以无须休息、不间断地工作。它能比人类员工更加持久地、准确地、干净地研磨、烧烤和组装定制的汉堡。它完全可以替代三名人类快餐人员。[一]

不仅仅只有快餐公司正在跨入自动化领域。2016 年，位于中国的苹果公司的主要供应商富士康，用机器人取代了 6 万名工厂工人。这一举措非常成功，以至于近 600 家其他公司也在关注类似的自动化计划。[二]在欧洲，飞机制造商空中客车（Airbus）宣布与日本联合机器人实验室合作，使用 HRP-2 和 HRP-4 型人形机器人来组装其飞机。[三]在美国，亚马逊在 13 个供给中心使用 3 万台 Kiva 机器人来帮助处理客户订单。[四]

一个伟大的新自动化世界

没有人能够完全了解机器人工作者对整个组织和社会的影响。研究人员估计，到 2025 年，将有近 1 亿工人面临失业（现在的劳动力约 1.46 亿），他们将被智商超过 90% 美国人的机器人所取代。[五]是的，未来将创建一些新的工作岗位来制造、编程和管理这些新的机器人劳动力。但总的来说，研究人员估计将有 4 000 万人会被取代或需要重新培训。

机器人将会接管什么类型的工作？它们可能会从事那些涉及体力和脑力的常规工作。未来，你可能在信息服务亭、杂货店结账处、医生办公室、手术室和道路上（如无人驾驶汽车）与机器人沟通互动。

为什么是这类工作？表 11-5 对自动化劳动力和人工劳动力的优势进行了比较。人工带来的传统劳动力成本与自动化劳动力的成本相去甚远。但社会仍需要人工劳动力。人类在较高级别的非常规认知任务中表现优异。

表 11-5　自动化劳动力与人工劳动力的优势对比

自动化劳动力的优势	人工劳动力的优势
• 没有医疗开销	• 解决特殊的问题
• 没有休假、休息、病假、假期	• 创造新产品
• 没有事故、受伤、工人的赔偿要求	• 适应迅速变化的环境
• 没有工会、争吵、投诉、态度问题、裁员、遣散费	• 整合系统思维
• 没有吸烟、酗酒、性骚扰、诉讼	• 质疑草率的决策
• 没有最低工资、加薪、支票	• 基于先前经验预测未来事件
• 一天工作 24 小时，一年工作 365 天	• 伦理决策（希望如此）
• 比人类工作者更安全、更准确、更连贯地工作	• 与他人交互良好（如销售员）

[一] Dylan Love, "Here's the Burger-Flipping Robot That Could Put Fast-Food Workers Out of a Job," Business Insider, August 11, 2014, accessed June 9, 2016, www.businessinsider.com/momentum-machines-burger-robot-2014-8.

[二] The Express Tribune, "Rise of the Machines: Factory in China Replaces 60,000 Workers with Robots," Tribune.com, May 26, 2016, accessed June 9, 2016, http://tribune.com.pk/story/1110916/rise-machines-factory-taiwan-replaces-60000-workers-robots.

[三] Peggy Hollinger, "Airbus Plans to Develop Assembly Line Robots to Work with Humans," The Financial Times, May 4, 2016, accessed June 9, 2016, https://next.ft.com/content/c2d9eea0-1072-11e6-91da-096d89bd2173.

[四] Jordan Novet, "Amazon Has Doubled the Number of Robots in its Warehouses to 30,000," VentureBeat, October 22, 2015, accessed June 9, 2016, http://venturebeat.com/2015/10/22/amazon-now-has-30000-robots-shipping-you-packages-from-its-warehouses.

[五] William H. Davidow and Michael S. Malone, "What Happens to Society When Robots Replace Workers?" Harvard Business Review, December 10, 2014, accessed June 9, 2016, https://hbr.org/2014/12/what-happens-to-society-when-robots-replace-workers.

如果劳动力无关紧要，会怎样

2003年，尼古拉斯·卡尔在《哈佛商业评论》上写了一篇题为"信息技术并不重要"的论文。他认为，信息技术为几家具有前瞻性的公司提供了短期的竞争优势。一旦信息技术被广泛使用并商品化，它就不再是竞争优势的来源。信息技术是必不可少的，但不再具有战略重要性。

卡尔的文章引起了广泛的谈论与争辩。他提出了一个很好的论据。例如，假设现在是1915年，且你在从事运输业务。你是第一家开始使用卡车运输货物的公司，而你的竞争对手都使用火车或马车运输货物，那么你将由于你可以更快速、廉价和稳定地运输货物而获得竞争优势。

一旦你的竞争对手购买了运输卡车，你将失去这种竞争优势。现在的竞争优势主要来自于如何使用卡车，而不是卡车本身。信息技术也同样如此。一旦每个人都可以使用云服务，它们就不再是竞争优势的来源了。

那么一旦被广泛使用，自动化劳动力也会如此吗？可能会，但对于自动化劳动力的广泛采用，我们更应关注的是：你也属于劳动力。如果你试图与一群廉价的自动化机器相竞争，那么你的谋生技能可能存在问题。

讨论题：

（11）劳动力自动化如何为那些高瞻远瞩的公司提供竞争优势？如果一个行业的所有竞争对手都采用自动化劳动力，这种新的竞争优势将会受到什么影响？

（12）自动化劳动力可以完全取代某些类型的工作。列出自动化劳动力给那些将要接受大学教育的人带来的启示。说出可以从自动化劳动力中获益的三个专业。为什么大学需要在自动化劳动力时代变得更加灵活？

（13）列出可能由自动化员工创建的三类新型公司（如无人驾驶的优步）。为什么这些新公司可能会把现有的公司挤出市场？

（14）政府法规，如提高最低工资标准、强制性的健康保险和复杂的劳动法，可能促使机器人比人类工人更具吸引力，因为它们不会产生这些额外的费用。探讨如何改变政府法规以支持人类工作者。

（15）经过训练的机器人可以从事哪些人类不想做的、危险的、肮脏的和单调的工作？说出一个你认为更适合机器人做的工作。你为什么认为人类乐意将这项工作转交给机器人工作者？请阐述原因。

（16）你可以自行购买私人机器人来降低个人成本。它可以承担所有的园艺、烹饪、清洁、家庭维修等工作。解释为什么你的个人收入的需求可能会随着家中自动化工作者而改变。个人机器人可以满足你的所有需求吗？

（17）机器人没有生存、生育或提升自己职位的欲望。这些人性的缺乏是如何阻止自动化成为我们的控制者和领袖的？

第12章

信息系统开发

导入故事

"大家好!不好意思,我迟到了。"ARES的经理泽夫·弗里德曼说道,"我最近在努力获得一个从这里到我家之间的KOM。"

"没关系,你是老板嘛,没有你,我们将无法开始。"艾什莉笑着说道。她看到泽夫正在环视在座的每一个人,尽管他年纪较大,但是身心很健康。

"你争取到它了吗?"亨利问。

"还没有,但是快了!"泽夫回答。他环顾四周,看到了拉杰困惑的表情。"KOM表示'山地之王'的意思,如果你在某一段路程中骑行最快,就可以获得一个KOM。"

"哦,我明白了。那我得经常走出办公室去锻炼才行。"拉杰不好意思地回应。

"如果在一家自行车公司工作,那你确实需要。"泽夫语气轻快地说,说完哈哈大笑。

他坐下后,直接看向艾什莉,然后点点头。"所以,你们现在准备开始花钱了,对吧?"

艾什莉紧张地笑笑,打开一个文件夹,然后环顾桌子四周。"是的,但事实上,我们将要花费的是你的钱。所以,我想我应该让你看看我们正在研究的产品。"

她递给了泽夫一个文件夹,里面夹着一些零散的纸张。"我将让亨利和拉杰告诉你我们的选择,即让ARES最快发展的选择。"

亨利倾身向前,并翻到第一页。"第一页是我们对应用程序开发的一个评估。这些应用程序是我们需要为运动装备供应商开发的,它们大部分都是基于Linux和Windows系统的。"

泽夫仔细地看了看这个评估。亨利知道他可能会发现一些错误,然后继续说,"为排名前10的企业开发App将花费20万~30万美元。然后,我们还需要开发AR头戴式视图器的App,那将花费10万~25万美元。"

泽夫看向他,"所以,它将花费30万~55万美元?为什么范围这么大?"

"是的,我们必须为多家设备制造商和多种AR头戴式视图器开发App,并且将它们整合到弗洛雷斯博士(Dr. Flores)那里现有的服务端系统中。我们还不确定完成这些必须花费多少钱。我们还需要记录3D虚拟环境中的路线,并且加入本地热点信息。所以,坦白地讲,估算AR App的开发成本几乎不可能。"

"AR将成为一个可以实现的梦。"
资料来源:andrew_rybalko/Fotolia.

拉杰加入讨论,说道:"从来没有人开

发过 AR App。它是一个巨大的机会，只有聪明的人才知道它。每一个人都努力地想开发点什么，但是之前并没有人开发过全息App。因此，估计开发成本极其困难。"

亨利看出泽夫想要更具体的答案。"我们正在考虑将开发外包给拉杰的印度朋友桑迪普，据说他有一支很棒的团队。他发送给我们的预算要比我们与本地开发商讨论的低很多。"

泽夫将文件放在桌子上，然后看向凯西。"凯西，你能够销售它吗？"

她开心地笑着。"当然可以！广告的潜能是巨大的。我们可以投放人们之前从来没有见过的新类型广告。我和其他人提起时，他们都想参与。动感单车爱好者、私人教练，以及公司老板看起来也像是巨大收益来源。AR 将成为一个可以实现的梦。"

"很好。"泽夫笑着说。

"但是他们想看到它的价值。在我们看到钱之前，他们想看到惊奇的效果。"

他向后靠着，又看了看评估报告。没有人说话，这段时间的气氛很紧张，但是丝毫没有影响泽夫。

艾什莉慢慢地说，"那么，泽夫，你觉得怎么样呢？"

泽夫看了看她，"我认为我们正在超越自己。我们还没有为它做好准备。"

"那么，你想要做什么呢？"艾什莉迟疑地问。

"我们需要一个工作原型。"他坦白地说道。"现在，我们只需为 Micorsoft HoloLens 开发一个 App，并忽略其他 AR 头戴式视图器。然后，我们再开发一款适应于 CanyonBack 室内健身自行车的 App，因为它是行业领导者，所以我们将忽略其他制造商。"

泽夫环视了一圈，然后清晰地说道，"我们现在需要关注的是原型。所有的努力都需要投入原型开发中。我们需要获得一些产品让凯西去销售。"

他停顿了一下，以确认每个人都理解了。"还有什么问题吗？"泽夫笑着问道。没有人说话。"那好，咱们去吃饭吧！"

章节导览

作为一位未来的商务人士，你将参与针对你的业务的新技术应用程序开发工作。你可能会牵头，就像亨利在开发 ARES 中那样；或者你是一位办公室主任，负责实施处理规程和培训人员使用像 ARES 那样的系统；又或者你是一位业务分析师，作为用户和技术员工之间的联络人。如果上述角色你都没有担任，那么，你可能会被要求提供一些业务需求，并测试系统以确保这些需求均被实现。无论你的角色是什么，最重要的是你理解了流程和系统如何被开发和管理。

在 12.1 节，我们通过简述正在开发的产品和三种不同的开发过程来开启本章。在接下来的各节中，我们会更加详细地介绍相关的知识。在 12.2 节，我们将讨论业务流程管理。在 12.3 节，你将学习如何理解开发流程图，它们可能是你职业生涯中常常需要评价的。接下来，在 12.4 节，我们将讨论系统开发生命周期的各个阶段。12.5 节总结了系统开发生命周期成功的关键点。12.6 节将呈现一个更新的、可能更高级的被称为 scrum 的开发过程。我们将在 12.7 节讨论信息系统职业从现在到 2027 年间可能会发生的改变，并以此结束这一章。

12.1 如何开发业务流程、信息系统以及应用程序

当讨论到业务流程、信息系统以及应用程序时，许多专业人员会感到困惑。你可以通过理解它们的不同、了解它们的差异以及明白它们如何彼此关联来避免这种困惑。这些知识将

使你更容易地理解流程、系统和应用程序的开发方式,进而帮助你作为团队成员更有效地执行开发项目。

12.1.1 业务流程、信息系统以及应用程序之间的区别与联系

正如你在第 3 章学习到的,一个业务流程由一个或多个活动组成。例如,图 12-1 展现了一个订购业务流程中的活动:准备报价,并假设客户接受那些条款,然后处理这个订单;确认库存可得性,审查客户信用,特殊条款(如有)获得批准,然后处理订单并发货。每一个活动都包括许多任务,某些还涉及异常处理(例如,仅部分订单是可获得的),但它们并没有在图中展现。

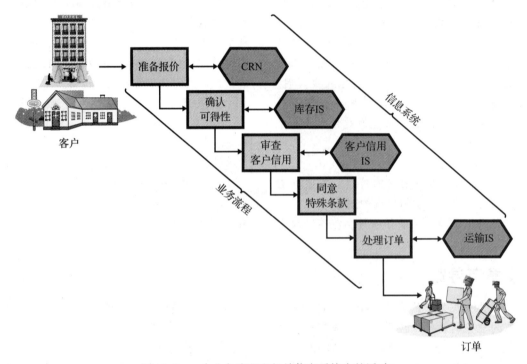

图 12-1 一个业务流程和相关信息系统中的活动

一个业务流程的活动常常会涉及信息系统。例如,在图 12-1 中,除了"同意特殊条款"(对于这个例子,我们假设特殊条款是罕见的,并由一位销售人员穿过走廊报告给销售经理后方被批准),所有的活动都使用了一个信息系统。每个信息系统都包括五个我们已经重复讨论过的部分。业务流程中的活动者或参与者是信息系统的使用者。他们采用信息系统的处理规程,以利用信息系统来完成流程活动中的任务。

每个信息系统都包含一个软件组件。开发软件几乎总是涉及数据组件,并常常涉及硬件的规格说明和特征(如移动设备)。因此,我们将术语**应用程序**(application)定义为硬件、软件和数据的组合,它实现了一组需求。在图 12-1 中,客户信用信息系统包含了一个应用程序,其利用一个客户数据库来批准或者拒绝信用请求。

正如你在图 12-1 的例子中所看到的,这个业务流程使用四个不同的信息系统。总体而言,我们可以说单一业务流程涉及一个或多个信息系统。但是,需要注意的是,并不是所有的流程活动都使用了信息系统,某些仅需人工作业。在图 12-1 中,"同意特殊条款"这一活

动并没有使用信息系统。正如上文所述,这个活动的实现是销售人员穿过走廊,前往上司所在场所询问上司这个条款是否可接受。在某些情况下(但不在这个例子中),所有的活动都不使用信息系统,当这种情况发生时,整个业务流程都是人工的。

现在,我们来看看图 12-1 中信息系统的某些部分,如库存信息系统。这个信息系统除了提供确认条款有效性的特性和功能外,还有其他支持额外业务流程的特性,如物品订购流程、物品存储流程、物品延交流程等。因此,尽管从图 12-1 中没有看到它,但我们可以正确推断出信息系统支持许多业务流程。更进一步讲,每一个信息系统至少支持一个业务流程;如果它没有用,对于组织者来说,投资这个信息系统将没有什么意义。

我们可以使用第 5 章的术语来总结这些陈述,并将业务流程和信息系统之间的联系声明为多对多联系。一个业务流程可以潜在地使用多个信息系统,而且一个信息系统也可以潜在地支持多个业务流程。此外,一个业务流程可能不需要使用一个信息系统,但是每个信息系统至少支持一个业务流程。图 12-2 通过使用实体—联系图诠释了流程与信息系统之间的联系。

图 12-2　业务流程和信息系统的联系

因为每个信息系统都包括一个软件组件,所以每个信息系统至少有一个应用程序。我们可以进一步研究信息系统和应用程序间的联系,但是它超出了本书的研究范围。

因此,总结如下:

(1)业务流程、信息系统和应用程序都有各自不同的特征和组件。

(2)业务流程和信息系统间的联系是多对多联系或 N:M。一个业务流程不必与每个信息系统相联系,但是一个信息系统至少与一个业务流程相联系。

(3)因为每一个信息系统都有一个软件组件,所以每一个信息系统都至少包括一个应用程序。

当你参加一个开发会议时,有时会听到人们混淆这些术语。他们在流程、系统与应用程序间迅速地来回切换,却不知道已经改变了术语的含义与情境。借助于上述理解,你可以通过辨析这些差异来为你的团队增加价值。

12.1.2　不同开发过程的适应场景有哪些

这些年来,许多不同的开发过程已经被尝试用于流程、信息系统和应用程序的开发。在本章中,我们将探索三种开发过程:**业务流程管理**(BPM)、系统开发生命周期(SDLC)以及 scrum。第四种开发应用程序的方法是窃取产品(想要了解更多,请阅读本章的安全指南)。

业务流程管理是一种用于创建新的业务流程和管理现有流程变化的技术。除了初创企业,组织已经有不同程度的质量管理流程。如果没有这些,其将无法进行业务操作。因此,在大多数情况下,BPM 常常用于管理现有业务流程从一个版本到另一修订版本的转换过程。我们将在 12.2 节和 12.3 节中讨论 BPM。

正如表 12-1 所示,系统开发生命周期(SDLC)是一个用于开发信息系统和应用程序的过程。在 20 世纪 80 年代,当美国国防部要求将系统开发生命周期模型应用于他们所有的软件和系统开发项目中时，它受到了很大的重视。系统开发生命周期是常见的、著名的，并且经常被使用的开发过程。但是，正如你所了解的，它频繁地出现问题。你需要知道它是什么，以及什么时候用和什么时候不用它。我们将在12.4节和12.5节中讨论SDLC。

表12-1 开发过程的范围

		开发过程		
		BPM	SDLC	scrum
范围	业务流程	√		√
	信息系统		√	√
	应用程序		√	√

scrum是一种新的开发过程，它的提出部分是为了克服SDLC使用过程中的问题。scrum具有很强的通用性，可以用于业务流程、信息系统以及应用程序的开发过程中。我们将在12.6节中讨论scrum。

图12-3展示了上述过程中最活跃的并占有重要地位的开发人员。**业务分析师**（business analyst）是那些在波特模型（见第3章）和组织战略中非常有经验的人员，他们主要的关注点在于确保业务流程和信息系统满足组织的竞争战略。正如你所期望的，业务分析师最主要的关注点就是业务流程。

系统分析师（system analyst）是同时具有业务与信息技术知识的信息系统专业人员。他们主要关注信息系统开发，但在业务流程管理中也涉及业务分析师的工作。他们在利用SDLC或scrum过程推动项目的开发中扮演着重要角色。

应用程序是由技术人员开发的，如程序员、数据库设计者、测试人员、硬件专家以及其他技术员工。系统分析师在挖掘应用程序的需求和推动程序员、测试人员与用户之间的沟通中扮演着重要角色。

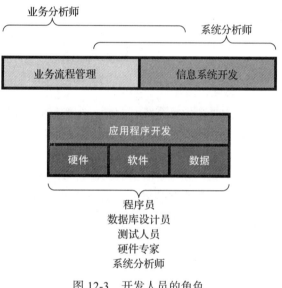

图12-3 开发人员的角色

因为应用程序的开发过程涉及技术细节，而这些细节已经超出了本书的研究范围，所以我们这里只外围地关注应用程序开发。但是，如果你对技术感兴趣，你应该考虑一下这些工作，因为它们有相当大的吸引力并且具有极其高的需求。

12.2 组织如何使用业务流程管理

基于本章的学习目的，我们将拓展第3章中业务流程的定义。这里我们将**业务流程**（business process）定义为一个为实现某个业务功能而进行交互的活动、资源库、角色、资源和流组成的网络。正如第3章所述，活动是相关任务的集合，这些任务可以接收输入和产生输出。资源库是某些事物的集合，库存指的是物理实体的存储，而数据库指的是数据存储。

这里新定义的术语是**角色**（role）和**资源**（resource）。其中，角色是活动的集合，资源是被分配了角色的人员或计算机应用程序。最后，流要么是一种指导活动顺序的**控制流**（control flow），要么是一种记录活动或者资源库中数据移动的**数据流**（data flow）。

为了分清楚这些术语，我们将角色看作是职位名称。例如，销售人员、信用管理人员、库存监管人员等角色。因此，一个组织可能将三种人员（资源）加入到销售角色中，或者可能创建一个信息系统（资源）来担任信用管理人员角色。

12.2.1 流程为什么需要管理

业务流程不是一成不变的，它们总在不断发展。为了更好地理解为什么，假设你是一位销售人员，正在一家拥有图12-1所示订单流程的公司工作。当你进入这家公司时，他们教你遵循这个流程，并且你会一直使用该流程两年。据你所知，它运行得很好，那么它为什么需要管理呢？从根本上讲，这里有三点重要的理由：提高流程质量、适应技术发展以及适应业务基础变化。

1. 提高流程质量

正如你在第7章学习到的，流程质量包含两个方面：效率（资源利用）和效用（实现战略）。修改某个流程的最常见原因是它存在效率或者效用问题。比如一个销售流程，如果组织的目标是提供高质量服务，那么这个流程花费太长时间或者错误地拒绝客户信用审查请求，就说明它是无效用的，需要修改。

效率方面，流程可能会出现使用资源不充分的情况。例如，在图12-1中，销售人员在审查客户信用前会确认产品可得性。如果确认可得性仅仅意味着查询一个库存系统的库存水平，其结果是有意义的。但是，假设确认可得性意味着工作人员不仅需要确认库存水平，还需要确认这些产品能够及时发货。如果某订单的输送较复杂，比方说，它是需要从四个不同仓库发货的大量产品的订单，那么工作人员就需要花一两个小时去确认发货进度表。

在确认发货后，下一步就是确认信用。如果结果显示客户信用无效，那么订单被拒绝，发货确认工作也将白做。因此，在确认可得性前审查客户信用可能会更有意义。

同样地，如果客户的特殊条款需求没有被满足，检查可得性和信用的成本也会被浪费。如果客户提出了在正常情况下不能通过的特殊条款的要求，那么在检查可得性或信用前取得特殊条款的许可可能更有意义。

正如你所看到的，确定什么结构的流程是最好的并不容易。在某些情况下，监控流程质量和调整流程的设计是流程需要管理的原因之一。

2. 适应技术变化

技术变化是流程管理的第二个原因。例如，假设采用图12-1中业务流程的设备供应商开发了一款新的实时追踪卡车位置的信息系统。假设借助于这种功能，公司在第二天就可以将产品提供给客户。但是，如果现有的信用审查流程需要两天，那么该功能的价值将受到限制。"我可以明天将产品送到你手里，但是，直到下周一我才能确认你的信用情况"，这是令客户和销售人员都感到遗憾的事。

因此，当新技术以一种显著的方式改变任何一个流程活动时，整个流程都需要进行评估。这种评估是流程管理的另一个原因。

3. 适应业务基础变化

业务流程管理的第三个原因是适应业务基础变化。下列任何因素的明显变化都意味着需要更改业务流程：

- 市场（如新的客户类别、客户特征的变化）。
- 产品线。
- 供应链。
- 公司政策。
- 公司组织（如合并或者收购）。
- 国际化。
- 商业环境。

为了理解这些变化的影响，仅考虑图 12-1 中的确认可得性和审查信用序列。一个新客户类别可能意味着这个信用审查流程需要更改，也许某一客户类别的风险较大而不能被扩大信用。销售给这类客户的产品必须以现金支付。产品线的某个变化可能需要不同方式的可得性确认。供应链的某个变化可能意味着公司不再将某些物品存储于库存中，而是直接从制造商那里发货。

或者这家公司可能放宽它的信用政策。例如，它可能决定接受更大的风险，向较低信用得分的公司销售产品。在这种情况下，批准特殊条款比审查信用更重要，进而这两个活动的顺序可能需要调整。

当然，一次合并或者收购将意味着组织、产品和市场的重大变化，如将部分业务转向海外或者从事国际贸易。最后，一个业务环境的重大变化可能意味着信用审查变得十分重要，并需要将其放在流程的首要位置，如经济衰退的开始。

12.2.2 BPM 的活动有哪些

刚才讨论的因素使得组织需要改变业务流程，不论组织是否承认这一需要。组织可能计划开发和更改业务流程，也可能等待，仅仅让这些变化的需求发生着。在后者的情况中，业务将继续处于风险中，组织会一个接着一个地处理流程紧急情况。

图 12-4 展示了**业务流程管理**（business process management，BPM）的基础活动，它是一个系统地创建、评估和更改业务流程的循环过程。这个循环开始于创建一个现有业务流程的**模型**，被称作**现行模型**（as-is model）。然后，涉及流程的业务用户（可能是你）、业务分析师和系统分析师评价这个模型并做出改进。正如你在第 7 章学习到的，业务流程可以通过改变流程的结构、增加资源或者同时改变二者来得到改善。如果流程结构发生了变化，流程建模是必需的。增加资源最常见的两种方式是分配更多人员到流程活动中和创建或修改信息系统。

BPM 第二个活动是创建组件。为了接下来的实施阶段，在这个活动中，开发团队对业务流程进行足够彻底的修改设计。如果业务流程涉及新信息系统或者现有信息系统的变化，那么系统开发项目会在这个阶段被创建和管理。此外，某些活动可能会涉及信息系统，而某些则不会。对于那些涉及的活动，新的信息系统程序需要被创建，以便它的使用者能够完成其流程任务。

实施新的或更改的流程是 BPM 的第三个活动。在这里，流程行动主体在他们将要执行的活动中和将要使用的信息系统处理规程中被训练。从现有的流程转换到新的或修订的流程，通常会遇到员工抵制，正如你在第 7 章关于 ERP 的实施中学习到的。因此，对你来说，在实施阶段减少这种抵制是一项重要的活动。我们将在 12.4 节中讨论 SDLC 时探讨四种不同的变更策略。这四种策略同样也非常适合流程实施。

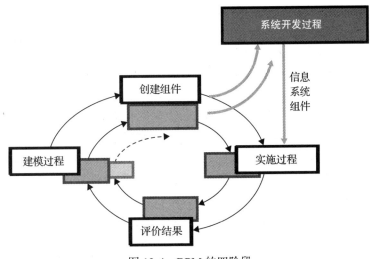

图 12-4　BPM 的四阶段

即使流程被实施，管理良好的组织也不会在此停止。相反，其会建立政策、创建程序和成立委员会来继续评价业务流程的有效性。信息系统审计与控制协会已经开发了一套实施标准——**信息及相关技术的控制目标**（control objectives for information and related technology，COBIT），其经常被用于 BPM 循环的评价阶段。解释这些标准超出了本章讨论范围，但是你应该知道它们的存在。登录 www.isaca.org/cobit 可以了解更多信息。

当评估过程表明流程明显需要变更时，BPM 周期会重复进行调整。新的流程模型被开发，新的组件被创建、实施和评估。

有效的 BPM 使组织实现了持续的流程改善。类似于质量改善，流程改善从未结束。流程的有效性不断被监测，并在需要时被调整。

顺便说一下，不要认为业务流程管理仅仅应用于商业性和营利性组织。非营利性组织和政府机构也存在类似的业务流程，但是，这些流程大多数是面向服务而非营利的。例如，美国劳工部（Department of Labor）需要管理其业务流程，美国女童子军组织（The Girl Scouts of America）也同样需要。BPM 可应用于各种类型的组织中。

12.3　业务流程建模与标注如何应用于建模过程

在 BPM 的四个阶段中，最重要的是建立业务流程模型。这些模型是理解现有流程和设计流程新版本的蓝图。它们也为创建或者更改信息系统与应用程序的需求提供了平台。如果模型不完整和不正确，接下来的组件也不可能被正确地创建。在本节中，你将学习创建流程文档的标准标注。

作为一位业务人员，你可能会涉及项目建模，所以学习这个标准标注对你很重要。除非你成为一位业务或系统分析师，否则你不太可能领导这样的项目。但是，作为一位用户，你可能会被要求评价和批准模型，以及你可能作为部门代表或者领域专家而参与新模型的创建过程。

12.3.1 业务流程标注的标准需求

上文中，我们将业务流程定义成一个由为实现某项业务功能而进行交互的活动、资源库（包括实体的库存和数据库）、角色（活动的集合）、资源（分配了角色的人员或计算机应用程序）和流（控制流或者数据流）组成的网络。这个定义虽被普遍接受，但遗憾的是，一些作者、行业分析师和软件产品还会使用许多其他的定义。例如，业务流程管理中的重要领导者IBM 公司有一款叫 WebSphere Business Modeler 的产品，其就使用一组不同的术语。它也有活动和资源，但是其使用的术语资源库比该术语在这里定义广泛，并使用术语业务项代表数据流。其他的业务建模软件产品仍会使用其他的定义和术语。这些差异和不一致性带来了许多问题，特别是当两个拥有不同定义的组织必须一起工作时。

因此，一个名为**对象管理组织**（Object Management Group，OMG）的软件行业标准化组织创建了一套记录业务流程的标准术语和图形符号，称为**业务流程建模与标注**（business process modeling notation，BPMN），其记录在 www.bomn.org 中。对 BPMN 的完整描述超出了本章研究范围。但是，基础的符号很容易理解，并且它们与本章定义的业务流程自然衔接。因此，本章的图表均使用 BPMN 符号。本章的所有图表都使用 Microsoft Visio 工具绘制，它包括几个 BPMN 符号模板。图 12-5 总结了一些基础的 BPMN 符号。

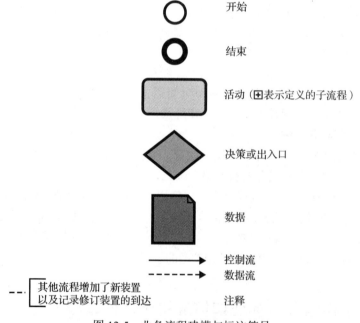

图 12-5　业务流程建模与标注符号

12.3.2　记录现行业务订单流程

图 12-6 展示了图 12-1 介绍的现行或原有的订单流程。首先，需要注意的是，这个流程是一个模型，并且是一个展示流程的基本要素而省略许多细节的抽象概括。如果它不是一个抽象概括，那么模型将如业务本身一样大。这个图表以**泳道布局**（swim-lane layout）来展示。在这个形式中，业务流程的每个角色都被分配一个属于它自己的泳道。图 12-6 中共有五个角色，因此有五个泳道。一个给定角色的所有活动都在其泳道中被展示。泳道布局简化了这个

业务流程图表，并且强调图表中各组件间的交互。

图中有两种箭头。虚线箭头描述了消息流和数据流。实线箭头描述了流程中活动的流动或者顺序。某些顺序流也包括与它们相关的数据。根据图 12-6，客户向销售人员发送一个 RFQ（报价请求）（虚线箭头）。这位销售人员在第一个活动中准备一个报价，然后（实线箭头）提交报价反馈给客户。你可以按照图 12-6 所示的流程的其余部分进行操作。分配库存意味着如果这些物品是可获得的，它们将被分配给这位客户而不会再售卖给其他客户。

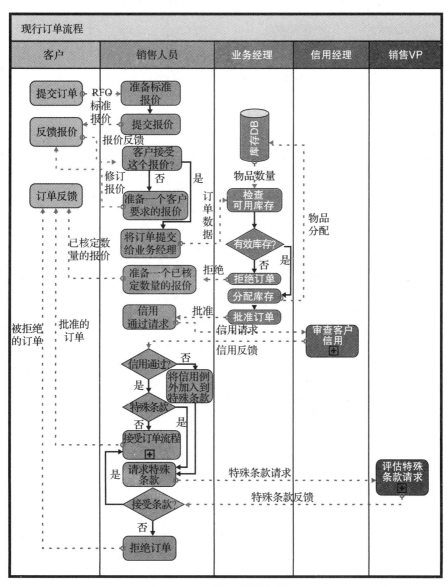

图 12-6 现行订单流程

菱形代表决策，其通常包含一个可以回答**是**或**否**的问题。代表是或否的流程箭头从菱形的两个顶点出来。在现行图表中的三个活动包括了三个"+"标志的方框，这个标注意味着这个活动是子流程，其在另一个图表中被更加详细地描述。

三个子流程之一的审查客户信用流程在图 12-7 中展示。在这个子流程中，该角色被命名为客户信用信息系统。事实上，这个角色完全通过一个信息系统来执行，尽管我们无法通过图表确认这个事实。此外，每个角色都由几组资源执行，无论是人员还是信息系统或是两者兼有。

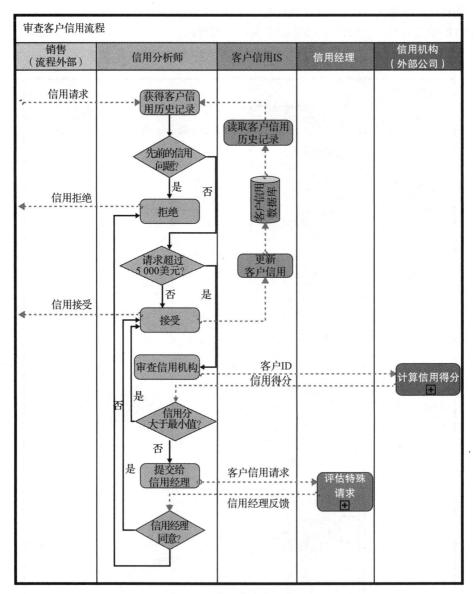

图12-7 审查客户信用流程

一旦现行模型被确定，这个模型便可以用于问题的分析或改进机会的分析。例如，图12-6中的流程存在一个很严重的问题。在你继续阅读之前，仔细检查这个图表，并且尝试找出这个问题。

这个问题涉及分配。业务经理将库存分配给已处理的订单，并且信用审查经理将信用得分分配给流程中的订单客户。只要订单被接受，那么这些分配就是正确的。但是，如果订单被拒绝，这些分配就不会被释放。那么，库存就会分配没有订单的产品，而对于那些没有被处理的订单，其客户的信用额度则会扩大。

上述问题的一种解决方法（可行的方法有很多）是为拒绝订单定义一个独立的流程（即在图 12-6 中的拒绝订单活动中放置一个带方框的"＋"号），然后设计拒绝订单子流程来释放分配的资源。

有时，为了便于讨论和评估，BPMN 图表会被用于定义流程方案，另一个用途是记录员工训练过程，它还为系统和应用程序开发提供流程需求记录。作为一位流程业务专家，你可能因为上述目的而被要求解释和审查／许可 BPMN 图表。

12.4 系统开发生命周期有哪些阶段

系统开发生命周期（system development life cycle，SDLC）是开发信息系统和应用程序的经典流程。信息技术行业通过研究其受到的冲击而开发了 SDLC。许多早期项目都遭遇了彻底失败，公司和系统开发者通过详细检查这些失败的各个方面来确定哪些部分出现了问题。直到 20 世纪 70 年代，最富有经验的项目经理们对基本任务达成了一致意见，那就是必须成功地建立和维护信息系统。这些基本任务被合并到系统开发的各个阶段。正如上文所述，当美国国防部在其政府项目合同中要求使用 SDLC 时，其获得了很大的声望。

不同作者和组织将任务分成不同数目的阶段。一些组织使用八阶段过程，一些组织使用七阶段过程，还有一些使用五阶段过程。在本书中，我们将使用以下五阶段过程：定义系统、确定需求、设计系统组件、实施系统和维护系统。

图 12-8 展示了上述阶段是如何关联的。当业务规划过程发现需要一个新的系统时，系统开发就此开始。这个需求可能来自于一个 BPM 设计活动，也有可能来自于其他业务规划流程。在本章中，我们假设管理层决定以某种方式构建一个新信息系统以使组织能够更好地完成其宗旨和目标。

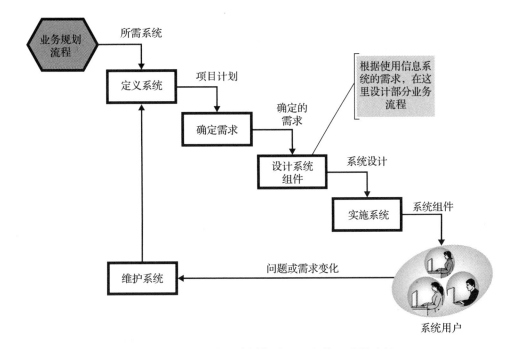

图 12-8 系统开发生命周期（SDLC）的五阶段过程

对于潜在的 ARES HoloLens 应用程序，业务经理泽夫指导他的团队创建一个原型。这种指导意愿开启了一个系统开发项目。

开发商在 SDLC 第一阶段——定义系统——以管理层的系统需求声明开始确定一个新系统（对于 ARES 的 HoloLens 版本，这种声明是基于原型经验提出的）。由此产生的项目计划投入到第二阶段——**需求分析**（requirements analysis）。在本阶段，开发商确定新系统的具体特征和功能。此阶段的成果是一系列经证实的用户需求，它们是设计系统组件阶段的首要输入。在第四阶段，开发商实施、测试和安装新的系统。

随着时间的推移，用户将发现错误、失误和存在的问题。他们也将产生新的需求。修正和新需求的描述是系统维护阶段的输入。在维护阶段将重新开始 SDLC 整个过程，这就是为什么这一过程被认为是一个周期。

下文将会详细地讲述 SDLC 的每个阶段。

12.4.1 定义系统

为了响应新系统的要求，组织将指派一些员工抽出部分时间来定义新系统、评估新系统的可行性并制订项目计划。在大型组织中，会由信息系统部门派人领导初期团队，但是，这个团队成员中要既有用户，又有信息系统专家。对小型组织来说，如 ARES 这样的新兴公司，初期团队将由像亨利这样精通信息系统的经理来领导。

1. 定义系统的目标和范围

如图 12-9 所示，第一步是定义新信息系统的目标和范围。信息系统的目的是通过提高业务流程的质量来提高组织竞争战略。正因为这些原因，开发团队在本阶段定义了一个新系统的目标和用途。

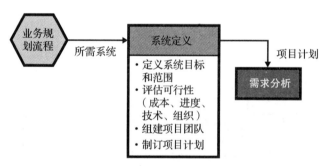

图 12-9 SDLC：系统定义阶段

以 ARES 为例，其现有的系统是为健康专业人士设计的，但是该团队想为微软公司的 HoloLens 提供 3D 增强现实应用程序。这具体意味着什么？应用程序是什么类型的？用户界面需要多么花俏？笼统地说，这个应用程序将做什么？

在其他系统中，这个范围可以通过指定参与者，或是业务流程，或者涉及的组织和医疗保健提供商来定义。

2. 评估可行性

给定项目的目标和范围后，下一步需要评估它的可行性。这一步回答了"这个项目有意义吗"。在这里，评估的目标是在组建项目开发团队和投资大量人力之前，先行排除那些没有明显意义的项目。

可行性有四个维度：成本可行性、进度可行性、技术可行性和组织可行性。因为信息系统开发项目的预算及进度安排并不容易确定，所以只能粗略地分析成本和进度计划的可行性。分析的目的是尽早地排除那些显然不可能做到的想法。

成本可行性（cost feasibility）是指对信息系统开发项目的预估费用与可用预算进行比较的成本评估，也可以指开发成本加运营成本与交付价值的比较。在某些情况下，它也意味着项目是否可以在预算内完成。确切地讲，成本依赖于项目的范围。例如，仅仅建立一个拥有交互3D接口的HoloLens增强现实原型并不能给团队工作提供太多信息。因此，基于这一点，团队只能进行一个粗略评估。针对这些评估，开发团队可能会问，"这个项目有意义吗？我们是否获得足够的回报，以证明这些估计成本是合理的？"对于ARES，泽夫不想为整个开发系统花费30万～55万美元，所以他强烈要求创建一个原型。关于成本评估的伦理问题的探讨，请阅读本章的伦理指南。

类似于成本可行性，**进度可行性**（schedule feasibility）也较难确定，因为估计建立系统所需的时间很难。但是，如果拉杰及其团队确定系统开发并投入运营的时间将不少于6个月，那么亨利和泽夫就可以决定是否他们可以接受这个最小的时间进度。在这个项目阶段，组织不应该依赖成本或进度评估，这些评估的目的仅仅是排除明显不能接受的项目。

技术可行性（technical feasibility）是指现有的信息技术是否可以满足信息系统的需求。关于微软公司的HoloLens原型，开发团队将评估HoloLens与其支持的移动设备间的技术差异。例如，一个HoloLens可以有效地与锻炼设备连接吗？

最后，**组织可行性**（organizational feasibility）是指新系统是否适合组织的习俗、文化、规章或法律要求。为ARES开发初期医药应用系统的弗洛里斯博士（Dr. Flores）没有有效地考虑医疗习俗和文化，结果导致医生们避免使用它，最后他不得不将系统卖掉以用于其他目的。

 案例 12-1

伦理指南：估值伦理

当一家公司同意以比项目所需要的更少的资金生产系统或产品时，就会发生低报价购入。例如，假设一家开发服务商同意花费50 000美元建立一个系统，而专业评估技术却证实此系统将需要75 000美元。如果系统或产品签订的是"工时及材料"合同，那么项目发起者最终将会为该系统支付大约75 000美元；或者，一旦得知该项目的真实成本，该项目将会以失败而告终。但是，如果系统或产品签订的是固定成本合同，那么开发商将承担额外的成本。如果该合同能够带来弥补25 000美元损失的商业机会，开发商将采用后一个合同战略。

低报价购入经常涉及欺骗。大多数人认为基于"工时及材料"的项目低报价购入是不对的，它是为了先吸引客户，然后再让其承担后续的全部成本。而对于固定定价的低报价购入合同，人们的看法不一。你辩解说项目将会出现损失，但是这却遭到了质疑：为什么会有损失？为其他方面的销售而投入智力资本？因为在路上帮了个忙？或者是因为其他不道德的原因？

内部项目的情况又如何呢？如果企业内部的开发团队要开发一套系统供企业自己使用，问题会有所不同吗？如果团队成员知道新系统只有50 000美元的预算，而项目的实际成本将达到75 000美元，他们还会启动这个项目吗？一旦项目启动，企业高层或早或晚都要面临两难的困境，要么承认项目本不该启动并终止它，要么另想办法再筹 25 000 美元。而项目发起人将为这样的低报价购入找出各种各样的理由。例如，"我深知公司需要这个系统。如果管理层没有意识到这一点，并且适当地资助，那么我们只能强迫他们了。"

如果团队成员对项目的花费意见不统一，这些问题会变得更棘手。假设在团队中，一派认为项目将花费 35 000 美元，另一个派估计为 50 000 美元，而第三派认为是 65 000 美元。那么，项目发起人能用取平均值的方式报价吗？还是提供一个成本估算的区间？

资料来源：Gigra/Fotolia.

还有一些低报价购入则更加微妙。假设你是一位前景很好的新项目的项目经理，该项目有可能成就你的职业生涯。而你忙得一塌糊涂，每周工作六天，并且每天工作很长时间。你的团队已经估算出此项目将花费 50 000 美元。但在你的头脑深处，有一个微弱的声音告诉你，这个估算很可能不全面，没有包括全部成本。你本打算继续跟进这件事，但是一些更重要的事情把你的工作时间全都挤没了。结果你发现自己向管理层呈送的估价是 50 000 美元。你本应该找时间再测算一下估价，但是你没有。这里有道德问题吗？

或者假设你将自己的两难困境报告给了一位上级高管。"我感觉还有其他成本没算进去，但我也知道目前所能想到的就只有 50 000 美元了，我该怎么办？"假设这位上级说"那就先推进吧，反正你也不清楚还有些什么。再说了，如果真的需要，我们总能从其他预算中多找些钱来用"，你将如何回答呢？

你可以按成本低报价购入，也可以按进度低报价购入。如果营销部门说"我们必须在贸易展销会上展示这个新产品"，即使你知道你很可能不会在最后期限前完成任务，你还会同意吗？如果营销部门说"如果不能及时地获得它，我们只能取消这个项目"，假设这么做并非完全不可能，只是可能性不大，你又该如何回答呢？

讨论题：

（1）从绝对命令和功利主义两个角度评价基于"工时及材料"的项目低报价购入的道德性。

（2）在"工时及材料"合同中的低报价购入是否存在违法的情况？如果有，请陈述它们。

（3）假设你得知一个小道消息，你的对手在一个竞争投标中压低报价并采用"工时及材料"合同。这个会改变你在（1）中的回答吗？

（4）假设你是一位项目经理，正为某"工时及材料"类系统开发项目准备一份项目建议书，你将如何做才能避免低报价购入？

（5）你认为在什么情况下，使用固定价格合同的低报价购入是符合道德的？使用绝对命令或功利主义观点或兼并两者来回答上述问题。这种策略的风险在哪里？

（6）解释为什么内部开发项目总是按"工时及材料"计算的。

（7）鉴于你对（5）的回答，从绝对命令和功利主义观点评价内部项目低报价的道德性。是否存在改变你的评价结果的情况？如果有，请陈述它们并解释为什么。

（8）假设你按照该指南中所描述的征求了高级经理的意见。经理的回答能免除你的道德责任吗？假如你询问了经理的意见，然后又没有照她说的做，可能会导致什么问题呢？

（9）说明你如何在进度和成本上实现低报价购入。

（10）对于组织的内部项目，假设营销主管说如果不能在贸易展销会前做好，该系统项目就要取消，对此，一个具有道德的回复会是什么？在你的回答中，假设你并不同意他的观点，你知道此系统无论能否在贸易展销会上运行，它都是有价值的。

3. 组建一个项目团队

如果定义的项目确定可行，下一步就要组建项目团队。通常情况下，这个团队由信息系统专家和用户代表组成。项目经理和信息系统专家可以是组织内部人员或第 11 章描述的外包人员。

开发团队的典型人员包括：一名项目经理（大的项目会有多名经理）、业务分析师、系统分析师、程序员、软件测试员以及用户。

系统分析师比业务分析师掌握更多的信息技术知识，但是，正如上文所述，他们的职能和责任存在大量的重叠。两者在整个系统开发过程中都很活跃，并且在推动项目沿系统开发过程顺利前进的过程中发挥着关键作用。业务分析师与经理和高管接触更多。系统分析师则整合了程序员、测试员和用户的工作。依据项目本身的性质，团队中还可能包括硬件和通信专家、数据库设计人员和管理员以及其他 IT 专家。

开发团队的组成会随着时间而变化。在需求定义阶段，开发团队需要大量的业务分析师和系统分析师。在设计和实施阶段，程序员、测试员和数据库设计师的比重将增加。在集成测试和切换期间，团队中将增加测试人员和业务用户。

纵览整个系统开发过程，用户参与是十分重要的。项目的规模和性质决定了用户是以全职还是兼职的形式参与项目。有时用户被赋予审查职责，由用户组成的监管委员会要定期开会，特别是在项目的里程碑处及各个阶段完成后都要履行监督职责。用户的参与方式多种多样，重要的是用户要积极地主动参与其中，并在整个开发过程中控制项目的所有权。

组建团队后的首要任务是进行项目规划。团队成员明确需要完成的任务、分配人员、确定任务间的依赖关系，并安排进度。

12.4.2 确定需求

确定系统需求是 SDLC 过程中最重要的阶段。如果需求是错误的，那么系统必将是失败的。如果能够全面准确地确定需求，系统的设计和实施阶段就将变得更加容易，并且更有可能成功。

1. 需求来源

需求的例子包括网页内容和形式以及这些网页上按钮的功能，或者一份报告的结构和内容，或者数据输入表格字段和菜单选择。需求不仅包括生产什么，还包括以怎样的频率和速度生产。一些需求还详细说明储存和处理的数据量。

如果你参加一个系统分析和设计的课程，你将花费数周的时间学习确定需求的方法。这里只简单地说一下这个过程。通常系统分析师采访用户并连续地记录结果。好的采访技巧是关键，因为用户不能准确描述哪些是他们想要的，哪些是他们需要的。用户倾向于把注意力放在访谈时他们正在处理的任务上。如果采访是在项目中期，项目的后 1/4 任务或者项目的后期任务则会被用户忽视。经验丰富的资深系统分析师知道怎样实施访谈进而将这些需求挖掘出来。

如图 12-10 所示，需求的来源不仅取自现有的系统，还包括网页、表格、报告、查询，以及新系统所需的应用特性和功能。安全性也是一种很重要的需求范畴。

如果新系统中包含新的数据库，或者要对现有数据库做出很大改变，那么，开发团队将构建一个数据模型。正如你在第 5 章学习到的，这个模型必须反映出用户对自己企业和业务活动的看法。因此，该数据模型要以用户采访为基础去创建，并经过这些用户的确认才行。

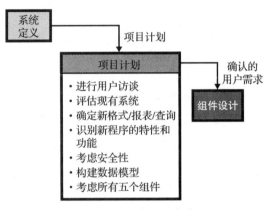

图 12-10　SDLC：需求分析阶段

有时需求确定环节会过分地专注于软件和数据组件，以至于忽略了其他组件。经验丰富的项目经理会确保考虑到信息系统的所有五个组件而不仅仅是软件和数据。在硬件方面，开发团队可能会考虑：是否对硬件有特殊的要求或者限制？是否存在某种组织内部标准，决定了什么样的硬件能用或者不能用？新系统必须使用现有的硬件吗？对通信和网络硬件有什么要求吗？

同样地，团队也需要考虑处理规程和人员方面的要求：财务控制方面是否需要在处理规程设置上使职责和权限分开？是否需要限定某些活动只能由特定部门或特定人员执行？是否有政策要求或工会规则规定某些活动只能雇用某类员工？系统是否需要与其他企业或者组织的信息系统互通？总之，团队需要考虑其对新信息系统的所有组件的要求。

上述问题均为需求分析阶段必须提出和解答的各类问题的示例。

2. 原型的角色

由于需求难以细化，因此建立一个工作原型相当有用，就像 ARES HoloLens 应用原型一样。鉴于未来的系统用户往往很难理解以文字描述和草图表达的相关需求，开发团队使用工作原型可以为用户提供直接的经验。依据工作原型，用户将会评估有用性并想起他们忘记提及的系统特性和功能。原型也为评估系统技术可行性和组织可行性提供了依据。此外，原型还创建了用于评估开发和运行成本的数据。

为了有用，原型必须起作用。表单和报告的模拟，虽然有用，但不会产生刚才描述的好处。原型需要让用户体验到使用该系统来完成他的任务。

原型的创建是昂贵的。但是，这种花费常常是合理的，不仅因为它可以对需求进行更加清晰和完整的展示，还因为原型的组件在运营系统中可以被经常重复使用。当其他增强现实的头戴式视图器软件被创建时，ARES 中 HoloLens 的大量编码均可被重新使用。

但不幸的是，系统开发者在为原型提供资金时陷入了一个两难困境。原型花费是最早发生的，有时甚至在项目募集资金前。一个常见的抱怨是"我们需要原型获得资金，我们需要资金创建原型"。目前还没有解决这个两难困境的统一方法，只能凭借直觉经验。我们再次看到解决非常规问题的技能需要。

3. 获得用户批准

一旦需求被确定下来，用户必须在继续推进项目之前审核和批准这些需求。在需求阶段就调整信息系统是最容易而且最省钱的方式。在这个阶段改变一个需求就是简单地改变一个描述。在实施阶段改变一个需求，可能需要几个星期重新设计应用程序组件和数据库结构。

12.4.3 设计系统组件

这个阶段要对五个组件要素中的每一个进行设计。在通常情况下，开发团队设计组件的方式是：先开发不同的备选方案，对照需求对每个方案进行评估，从备选方案中选出最合适的方案。所以，准确的需求在这里至关重要，如果需求不完整或出现错误，便会误导评估结果。

图 12-11 显示的设计任务适用于信息系统的所有五个组件。对于硬件，开发团队要确定系统所需的硬件的具体规格（这不同于构建一个 CPU 或磁盘驱动器）。软件程序的设计与软件的来源有关。如果是现成的商用软件，开发团队必须根据需求来确定候选的产品并对它们进行评估。如果是更改现成的商用软件，开发团队先要确定选择哪种软件，然后决定需要进行哪些更改。如果是定制开发的程序，开发团队需要创建设计文档，用来指导程序代码的编制。

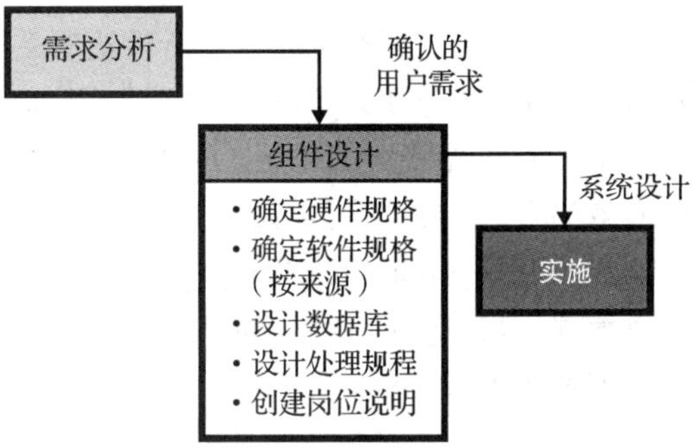

图 12-11 SDLC：设计组件阶段

如果该项目包括了数据库的建设，在这个阶段，数据库设计人员可以采用第 5 章介绍的方法，将数据模型转换成数据库设计。如果项目采用的是现成的商用软件，则不需要进行数据库设计，因为商用软件程序编码就能够与已有数据库相衔接。

处理规程设计上的差别取决于该项目是源自 BPM 流程还是源自系统开发流程。如果是前者，那么业务流程早已设计完成，剩下的仅仅是创建使用应用程序的处理规程；如果是后者，则需要开发使用系统的处理规程，也可能需要开发系统所需的各种业务流程。

与人员有关的设计包括开发岗位职责说明书。说明内容包括详细的工作职责、技能要求以及培训需求等。

12.4.4 实施系统

实施（implementation）在这里有两层含义：它可能意味着仅仅实施信息系统组件，或者可能意味着实施信息系统加上使用该系统的业务流程。当你阅读下列任务描述时请记住，这些任务对两种解释下的实施活动都适用。实施阶段的任务是构建和测试系统组件，并将用户转换到新系统以及可能的新业务流程（详见图 12-12）。

1. 测试

开发人员要单独构建每个组件。他们要

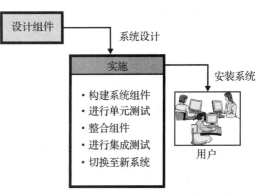

图 12-12 SDLC：实施阶段

获取、安装和测试硬件，购买和安装现成的程序，必要时还要编写接口或者定制化的程序；创建数据库并向里面填充数据；记录、审核并测试处理规程，创建培训计划。最后，组织聘用并培训出合格的员工。每个组件被独立测试后，整个系统也将作为一个整体被测试。

测试系统是一项重要、耗时且费用不菲的任务。需要准备一份书面的**测试计划**（test plan），用来详细地描述信息系统对各种正常使用和非正常使用情况的响应。企业会雇用专业的测试工程师来完成这项任务，他们通常被称作产品质量保证（product quality assurance，PQA）测试工程师。通常，专业测试工程师也会邀请用户加入到测试队伍中来。

2. 系统切换

一旦系统通过了测试，组织就开始安装新系统。这个活动通常被描述为**系统切换**（system conversion），因为它意味着业务活动从旧系统转到新系统的切换过程。同样地，切换过程既可以仅指换用新系统，也可以指换用新系统和相应的新业务流程。

有四种可能的切换类型：试点安装、分阶段安装、并行安装及插入安装。前三种类型都是有效的方式。在大多数情况下，企业应该避免尝试第四种方式。

试点安装（pilot installation）意味着组织只需要在企业中某个局部有限地安装整个系统/业务流程。它的优势在于，如果系统出现了失误，那失败后果只会波及有限的范围。

分阶段安装（phased installation），顾名思义就是指新系统/业务流程被分阶段安装在组织中。待系统的某个部分安装完成并正常工作后，企业再开始安装和测试下一个部分，直到整个系统安装完成。某些系统的集成度很高，难以拆开做分阶段安装。对这样的系统，必须采用其他的安装方式。

并行安装（parallel installation）是指新系统/业务流程与旧系统/业务流程并行工作，直到新系统通过测试并全面投入运行。平行安装代价高昂，因为组织需要同时承担现有系统/业务流程以及新系统/业务流程的两套运行成本。用户也要付出双倍的工作时间（如果他们愿意）来支持两个系统的运行。此外，协调新旧系统的结果也会耗费大量的工作。

最后一种切换风格是**插入安装**（plunge installation）（有时叫作直接安装）。采取这种方式，企业会直接关闭旧的系统/业务流程并启用新系统/业务流程。如果新系统/业务流程出现故障，组织就会陷入麻烦：只能坐以待毙，或者等到新系统/业务流程修复成功，或者等到旧系统/业务流程重新被启用。由于这种风险的存在，组织应当尽量避免采用这种切换方式。一个例外就是如果新系统提供了一种新的功能，它能够保证系统失败时组织的运行不受干扰。

表12-2总结了每个组件在设计和实施阶段中的主要任务，可以用来测试你对每个阶段中具体任务的了解情况。

表 12-2　五个组件的设计和实施

	硬件	软件	数据	处理规程	人员	
设计	确定硬件规格	选择现成商用软件，必要时设计更改的现成商用软件和定制软件	设计数据库和相关结构	设计用户和运营处理规程	创建用户和运营岗位说明	
实施	获取、安装和测试硬件	购买和安装现成商用软件，编写更改的现成商用软件和定制软件，测试程序	创建数据库，填充数据，测试数据	归档处理规程，创建培训计划，审核和测试处理规程	聘用和培训员工	各组件的单元测试
集成测试和切换						

12.4.5 维护系统

对于信息系统，**维护**（maintenance）这个词可能有点用词不当，因为这项活动的工作内容要么是修复系统使其正常工作，要么是完善系统使之适应需求的变化。

图 12-13 显示了维护活动的主要任务。首先，需要建立一种跟踪方式，既能够跟踪系统的错误[⊖]，又能够及时发现为适应新需求要做的改善提升。对小型系统来说，组织可以利用文字处理文档来跟踪其错误和改善。

然而，随着系统的变大，错误和需求改善的数量也随之增加，许多组织发现有必要开发一种跟踪数据库。这样的数据库不仅包含对系统错误和改善的描述，它还会记录是谁报告了该问题，谁负责修复或改进，这项工作的状态如何，修复或改进是否经过了发起人的测试和验证。

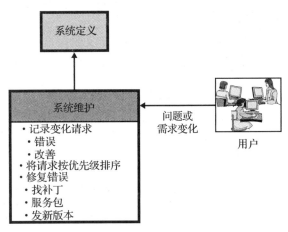

图 12-13　SDLC：系统维护阶段

通常，信息系统专业人员会根据严重程度对系统问题进行优先级排序。他们会尽快地修复优先级高的项目，在有时间和资源条件时，再去修复优先级低的项目。

一项改善是对新需求的一种适应，开发人员通常会对改善类维护请求和纠错类维护请求分别做排序。是否改善其实是一个商业上的决策，即该项改善将给业务带来一定的回报率。

12.5　系统开发生命周期成功的关键因素是什么

SDLC 项目很难管理。针对这个问题，我们将从以下五个影响成功的关键因素来考虑：
- 建立一个工作分解结构。
- 评估时间和成本。
- 制订一个项目计划。
- 通过权衡调整计划。
- 管理开发挑战。

12.5.1　建立一个工作分解结构

SDLC 项目关键策略是分而治之。多数项目都太大、太复杂，并且持续的时间太长，很难尝试将其作为一个整体来管理。相反，成功的项目管理人员将这个项目分解成很小的工作任务，直到可以评估和管理。每个任务都最终呈现一个或多个工作产品，被称作**可交付成果**（deliverable）。这些成果包括文档、设计、原型、数据模型、数据库设计、工作数据输入模型

⊖　错误是系统实现了的和它应该实现的之间的差异。有时，你会听到"漏洞"这个词，它被用来指代错误。作为一位未来的系统用户，你称系统错误为"错误"，因为它们确实是错的。所以，开发团队不要建立一个漏洞列表，而要建立一个错误列表；不要有一个未解决的漏洞，而要有一个未解决的错误。管理一个正在处理某个严重错误的组织几个月后，你将会意识到这个差异在这方面的重要性。

以及类似的产品。如果没有可交付成果，任务将无法被确认是否完成。

这些任务都是相互关联的，并且为了防止它们变成一个混乱的泥沼，项目团队建立了一个**工作分解结构**（work breakdown structure，WBS），它是一个完成项目所需任务的层次结构。对于一个大型项目而言，可能涉及数百或数千个任务。图 12-14 呈现了一个典型信息系统项目的系统定义阶段的 WBS。

在图 12-14 中，整个系统定义阶段被分成定义目标和范围、评估可行性、制订项目计划以及组建项目团队。每一个任务又都会被分解成更小的任务，直到可以进行管理和评估。

```
系统定义
1.1         定义目标和范围
    1.1.1       定义目标
    1.1.2       定义系统边界
    1.1.3       审核结果
    1.1.4       记录结果
1.2         评估可行性
    1.2.1       成本
    1.2.2       进度
    1.2.3       技术
    1.2.4       组织
    1.2.5       文档可行性
    1.2.6       管理审核和行或者不行的决策
1.3         制订项目计划
    1.3.1       建立里程碑
    1.3.2       创建 WBS
        1.3.2.1         等级 1 ~ 2
        1.3.2.2         等级 3 以上
    1.3.3       记录 WBS
        1.3.3.1         创建 WBS 基线
        1.3.3.2         输入项目中
    1.3.4       确定需求资源
        1.3.4.1         人员
        1.3.4.2         计算机技术
        1.3.4.3         办公室空间
        1.3.4.4         出差和会议费用
    1.3.5       管理审核
        1.3.5.1         准备发布会
        1.3.5.2         准备背景文件
        1.3.5.3         召开发布会
        1.3.5.4         将反馈纳入计划
        1.3.5.5         通过项目
1.4         组建项目团队
    1.4.1       会见 HR
    1.4.2       会见 IT 总监
    1.4.3       创建工作细则
    1.4.4       会见现有员工
    1.4.5       雇用员工
```

图 12-14　工作分解结构的例子

12.5.2　评估时间和成本

正如上文所述，确定许多开发任务的持续时间和人力需求是十分困难的。弗雷德·布鲁克斯⊖将软件比喻为"逻辑的诗歌"。如同诗歌，软件不是木制的，也不是金属的和塑料的，它纯粹是思想的产物。许多年前，当我向一个富有经验的软件开发人员索要一个时间进度表时，他反问我，"如果有人问莎士比亚他将需要多久写完《哈姆雷特》，他该如何回答呢？"另一个更常见的反驳是，"如果你问一个渔夫他将花多久时间钓到三条鱼，他该如何回答你呢？他不知道，你也不知道。"

组织采取了各种各样的方法来应对这个挑战。其中一个方法就是完全避免调度问题，从不在组织内部开发系统和软件。相反地，他们购买软件包，如 ERP 系统，其同时包括业务流程和信息系统组件。正如第 7 章所阐述的，即使供应商提供了可工作的流程，这些流程也将需要被集成到业务中。但是，这个集成的进度风险远比开发新的流程、程序、数据库以及其他组件要小得多。

但是，如果没有合适的软件包怎么办？在这种情况下，公司将无法制定整个系统的时间进度表，他们只能尽可能地获得最好的结果。

开发团队只能为系统功能实现日期做出最宽松的承诺。项目的发起者不喜欢这种方式，因为他们感觉自己像是在签一张空白支票，而且，事实上他们确实是这样。但是，这种方法不能将虚拟的评估和进度作为真实情况对待，只能二择其一。

第三种方法是尝试为开发项目制定时间进度，尽管实现这一点面临着各种困难。这里可以使用几种不同的评估技术。如果存在类似项目，那么以前的项目进度表便可以使用。如果没有，管理人员必须尽可能地做出一个最佳的评估。对于计算机代码，管理人员评估所需编写的代码行数，然后利用行业或者企业平均值来评估所需要的时间。还有一些其他代码评估技术，可以访问 http://sunset.usc.edu/csse/research/COCOMO-II/cocomo_main.html。当然，代码行和其他相关的先进技术仅能评估软件组件的进度。对于流程、处理规程、数据库和其他组件，必须使用其他不同的方法进行评估。

12.5.3　建立一个项目计划

项目计划是指一个 WBS 任务列表，用于解释任务的依赖关系以及持续时间和应用资源。某些任务要等到其他任务完成才能开始或结束。比如，只有筑好墙面才能安装线路。你可以在诸如 Microsoft Project 这样的计划软件中定义任务依赖关系，并据此安排任务。

依赖关系确立后，任务持续时间和资源需求的评估便可应用到 WBS 中，以建立一个项目计划。图 12-15 展示了一个作为 Microsoft Project 输入的 WBS，其已确立了任务依赖关系和持续时间。这张图被称为**甘特图**（gantt chart），它显示了任务、日期和依赖关系。

某一用户已参与到 WBS 的所有任务中，并为每个任务分配持续时间。他已确定任务依赖关系，尽管其使用的方法已超出讨论范围。图中任务四定义系统边界中的两个红色箭头表明，直到定义系统边界完成，结果评价和评估可行性才可以开始。其他任务依赖关系在图中也有展示，你可以在项目管理课程中进一步了解。

⊖ 弗雷德·布鲁克斯是 20 世纪 60 年代 IBM 的一位成功的执行官。从 IBM 退休后，他撰写了一本名为《人月神话》的 IT 项目管理经典书。该书在 1975 年由 Addison-Wesley 出版，直到今天，它仍然具有很大的价值，应该被每位信息系统管理者阅读。它信息量很大，你阅读起来也会感到很愉快。

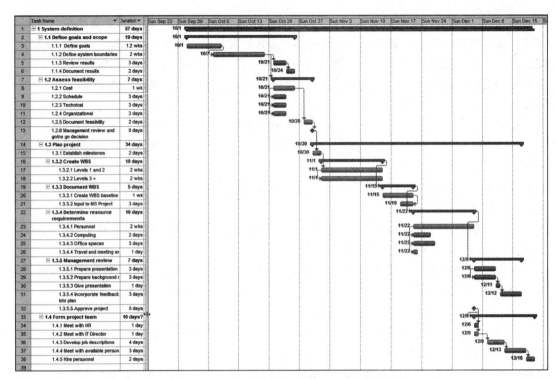

图 12-15　一个项目定义阶段 WBS 的甘特图

资料来源：Windows10, Microsoft Corporation.

关键路径（critical path）是决定项目能够最早完成的日期的活动序列。思考一下这个陈述：最早完成日期是指活动关系网中最长路径需要的时间。考虑到任务的依赖关系，计划人员要尽可能地压缩某些任务的时间。不能被压缩的任务便处于关键路径上。Microsoft Project 和其他项目计划软件能够很容易地识别出关键路径上的任务。

图 12-15 标记出了关键路径上的任务。以 WBS 第一部分为例。项目计划人员已确定任务四直到任务三结束前两天才可以开始。任务五和任务八直到任务四完成时才可以开始。任务八比任务五和任务六需要更多的时间，所以任务八（而不是任务五或任务六）处在关键路径上。因此，通往完成结点的关键路径是任务三、四和八。

在使用 Microsoft Project 或类似产品时，需要进行人员分配和规定每个人的工作时间比。图 12-16 的甘特图已完成上述要求。任务三的标记表明 Eleanore（埃莉诺）仅为其工作 25% 的时间，Lynda（琳达）和 Richard（理查德）整个时间段都要工作。此外，项目计划软件可以为人员分配所需费用以及为每个任务和整个 WBS 计算出一个劳务预算。还可以为任务分配资源，以及使用 Microsoft Project 去检查并阻止两个任务使用同一个资源。资源成本也可以被分配和相加。

管理人员可以使用关键路径进行关键路径分析。首先，需要注意的是，如果一个任务处在关键路径上，并开始较晚，那么整个项目将被推迟。因此，如果项目需要及时完成，关键路径上的任务就不允许被推迟。其次，不在关键路径上的任务，能推迟到它们将成为关键路径一部分的那个时间点。因此，在到达该点的过程中，可以从非关键路径任务中获取资源，从而缩短关键路径上的任务。**关键路径分析**（critical path analysis）是一种过程，在这个过程中，项目经理通过将资源（通常是人）从非关键路径任务调配到关键路径任务以压缩进度。

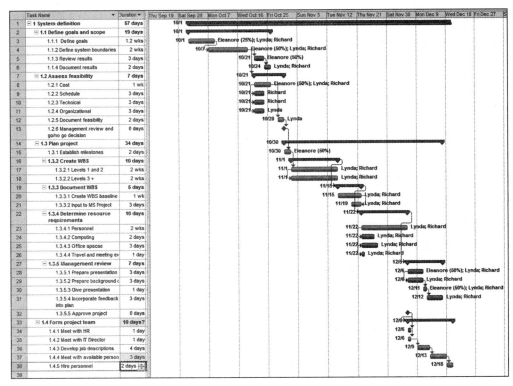

图 12-16　资源（人员）分配的甘特图

资料来源：Windows10,Microsoft Corporation.

12.5.4　通过权衡调整计划

整个项目计划获得了一个完成日期和一个总成本。经历了十几个主要的开发项目后，我们对一个完整项目计划的第一反应总是，"天哪！没门！我们不可能等这么长时间或者投资这么多！"而且，这样的反应很常见。

因此，对项目计划的第一反应是尝试缩减时间和成本。缩减可以做，但不能凭空做。项目开发计划有一句古老格言，"相信你的第一个数字。"也就是，当渴望与希望蒙蔽你的双眼时，相信你已得到的评估结果。

那么，进度和成本怎样有效缩减呢？在此可以考虑权衡的思想。**权衡**（trade-off）就是三个关键因素的平衡：需求、成本和时间。为了理解这种平衡挑战，我们可以先看看相对简单的事物建造过程，例如，一件首饰（如一条项链），或者一间房的隔板。项链或隔板越精致，花费的时间就越多；越不精致，花费的时间就越少。更进一步，如果我们用钻石和珍贵的宝石装饰项链，它将花费更多。同样地，如果我们用一个旧装货箱建造隔板，这要比用纹理清晰的、最好的美洲花柏木建造更便宜。

图 12-17 总结了上述情况。我们可以在需求与时间和需求与成本间进行权衡。如果我们制作简单的项链，则会花费更少的时间。如果

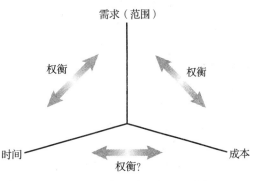

图 12-17　系统开发的主要驱动力

项链不用钻石和宝石装饰，它将会很便宜。这种权衡存在于任何事物的构造中：房屋、建筑、船舶、家具以及信息系统。

时间与成本之间的关系会更加复杂。正常情况下，我们可以通过增加任务网络中某点的成本来缩短时间。例如，我们可以通过雇用更多的员工来减少生产一个隔板的时间。但是，在某些情况下，太多的员工生产这个隔板可能会产生反作用，总的时间实际上是有所增加的。因此，增加更多的人员导致了**规模不经济**（diseconomies of scale）现象，即资源的增加导致了更低的效率。软件行业中一个著名的法则——**布鲁克斯法则**（Brooks' Law）（得名于早前讨论过的弗雷德·布鲁克斯），该法则指出，向延误的项目投入更多的人员只会使项目进度更缓慢。布鲁克斯法则是真实存在的，因为新人需要接受现有团队成员培训，这些团队成员必须脱离生产性任务。

在某些项目中，我们可以通过增加时间来减小成本。例如，如果需要为员工加班支付平时工资一倍半的钱，那么可以通过取消加班来减少成本。如果完成隔板需要加班，假设现在是周五，那么把这件事推到下周完成将会花费更少。但是，这种权衡并不总是有效的。增大项目间隔意味着需要支付额外时间的员工工资和日常管理费用，因此增加时间也可能会增加成本。

那么，这些权衡怎样才能更好地调节信息系统开发呢？我们可以为一个新信息系统明确规定一组需求，并且为员工安排工作时间。假设最初的进度表显示这个系统将在三年内完成。如果业务需求需要这个项目在两年内完成，那么我们必须缩短这个进度表。我们可以采取以下两种方式：减少需求或者增加员工。对于前者，我们取消某些功能和特性。对于后者，我们雇用更多的员工或者联系其他开发服务供应商。确定采用哪种方式是一件很难且具有风险的事。

借助于权衡，WBS 计划可能因为缩短进度和减少成本被更改，但是它们却不能因管理层的命令而被减少。

12.5.5　管理开发中面临的挑战

完成项目计划并得到管理人员的许可和同意后，接下来的阶段就是去实施它。最终的 WBS 计划可表示为 **WBS 基线**（baseline WBS）。这个基线展示了计划的任务、依赖关系、持续时间以及资源分配。随着项目的进行，项目管理人员可以输入实际日期、劳动时间以及资源成本。对于时间上的任何一个点，计划软件常被用来确定项目是否比进度表提前或延迟，以及相比于基线成本，实际项目成本怎样。

然而，没有任何事情曾经按计划进行，项目越大以及开发间隔越长，将会有越多的事情脱离计划。需要考虑协作、规模不经济、配置控制、意外事件四个关键的因素。

开发项目，特别是大规模的项目，通常由各种各样独立的开发团队构成。协调这些独立团队的工作是困难的，特别是如果这些团队还居住在不同的地点或者不同的国家。一个准确且完整的 WBS 可以促进工作的协调，但是，没有一个项目曾精确地按照 WBS 进行。延迟会发生，任务之间会出现未知或意外的依赖关系。

协作的问题会不断增加，因为正如上文所述，软件是思想的产物。当建造一座新房子时，电工可以在墙体上安装线路是因为墙体已经存在；否则，这将无法实现。没有电工会在六个月前将电线安装在一个正被设计的墙体中。在软件中，这样的物理限制并不存在。团队使用一个过时的数据库设计开发一组应用程序来处理数据库是完全可能的。当数据库设计发生变化时，应该通知该数据库所有的参与方，但这一行为可能并不会发生。结果致使时间浪费、成本上涨以及士气低下。

另一个问题是规模不经济。团队成员之间可能的交互数量会随着团队成员数量的增加呈指数上升。最终，不论一个项目被管理得有多好，规模不经济都将会发生。

随着项目的推进，控制工作产品的配置变得很难。以需求为例，开发团队发表了一份最初的需求声明，在与用户交流后，一组需求被调整。假设随后一个事件发生，它产生了另一个版本的需求。经过一番思考后，开发团队决定忽略此事件带来的大部分需求变化。此时，共有四个不同版本的需求产生。如果需求变化没有被细致地管理，那么来自这四个版本的需求变化将被放在一起，紧接着，混乱与无序便会产生。没有人知道目前正确的需求是什么。

同样的问题也发生在设计、程序代码、数据库数据以及其他系统组件中。**配置控制**（configuration control）是指系统开发人员用以维护对项目资源的控制的一组管理政策、实践和工具。这些资源包括文档、进度表、程序代码、测试套件以及其他完成项目所需的共享资源。配置控制是至关重要的，失去对项目配置的控制的代价是如此昂贵和具有破坏性，以至于这个项目可能在高级项目经理处被终止。

大规模项目管理的最后一个较大的挑战是意外事件的发生。项目越大和持续时间越长，由于意外事件导致的中断几率就越大。关键人物可能会改变整个公司，甚至众所周知的是整个团队卷铺盖走人并携手加入竞争对手的公司。一场飓风也可能会破坏一间办公室；正当该项目要配备人员时，公司可能会因为经历一个糟糕的季度，停止招聘；技术也可能会变化；竞争对手也可能会做一些事情，从而使这个项目变得更重要或更不重要；或者公司被出售，然后新的管理人员可能会改变需求和重点。

由于软件是思想化的产品，团队士气很重要。作者大卫 M. 克伦克曾经管理两个十分固执的软件开发人员，他们对一个项目特性的设计进行了一场激烈的争论。这场争论最终以一个人向另一个人扔了一把椅子而结束。随后，这个开发团队的其余人员分成了两派。最后这项工作被停止，因为子工作群组在走廊或咖啡壶旁碰见时都会相互嘲笑和争论。你如何将这样的事件安排进你的 WBS 中？作为一个项目管理人员，你无法确定将会发生什么稀奇古怪的事件。这样无法预料的事件给项目管理带来了巨大挑战，但同时也是难以置信的精彩！

12.6 scrum 如何克服系统开发生命周期中的问题

在系统开发社区中，系统开发生命周期（SDCL）逐渐失去宠爱，主要有两个原因。第一，SDLC 的本质否定了每位有经验的开发人员都知道的真实情况：系统需求是含糊的和总是变化的。这些变化来自于需求需要纠正，或者知道了更多的需求，或者用户试用后修改了最初需求，或者业务需要，或者技术提供了其他选择。

但是，SDLC 却以线性序列从需求阶段到设计实施阶段展开。有时，这个过程被称为**瀑布法**（waterfall method），你一旦完成某一阶段，就不能再回头；你必须顺着这个瀑布进入到下一阶段中。需求确定后，你只能进行设计，然后再实施。但是，经验却表明整个过程并不只是沿着这个路线进行。

刚开始，系统开发人员认为 SDLC 可用于信息系统和应用程序，因为这样的过程也同样发生在建造实体事物上。比如,如果你打算建造一个飞机跑道,你首先要确定它需要的长度,地面必须承受多重的飞机等。然后你去设计它,建造它。这就是瀑布模型的工作模式。

但是,业务流程、信息系统和应用程序并不是物理实体。正如前文所述,它们由思想产物构成。它们也是社会性的,其存在是为了发生变化时能够及时通知用户以及实现他们的目标。但是人和社会系统具有令人难以置信的可塑性,他们能够适应环境变化。这种特性使得人类可以做许多令人惊叹的事情,但它也意味着需求是不断变化的,瀑布开发过程是不能工作的。

第二,SDLC 具有风险。系统是为了用户而开发的,但是,直到后期,这些用户才可以看到他们的产品。到了那个时候,即使某些部分是错误的,但所有的钱和时间都已花费。要是项目在其竣工前已用完所有的资金或时间会怎样?正如我们常常看到的,其结果是一种管理勒索,这时开发人员会说,"嗯,还没有完成,但是只要再给我们 10 万美元和 6 个月,我们就将完成它。"如果管理人员拒绝,这可能是因为在这个时候,时间和资金都已石沉大海,剩下的不仅只有损失,还有未能实现当初 SDLC 所提出的需求。

简而言之,SDLC 假定需求是不变的,凡是涉及开发项目的人员都知道它是错误的,因此对于支持它的企业来说风险很大。

案例 12-2

探秘:依靠物联网

如果你是一位运动爱好者,没有什么事情比看到自己支持的队伍转败为胜更令你振奋的了。在体育运动中,四场系列赛以 3:1 或 3:0 落后的职业球队,扭转乾坤从而反败为胜的情况并不少见。但是,你是否曾经听说过一个在失败边缘的队伍连续赢得 8 场比赛而反败为胜呢?在运动史上,哪场比赛出现了如此震撼的反败为胜?它就发生在美国甲骨文帆船队(Oracle Team USA)对新西兰皇家游艇中队(Royal New Zealand Yacht Squadron)的帆船比赛中,美国甲骨文帆船队连续赢得了 8 天的比赛,并最终获得了 2013 年第 34 届美洲杯帆船赛的总冠军(最终的比分是 9:8)。你可能好奇是什么促使美国甲骨文帆船队的反败为胜。许多人认为是数据。

美国甲骨文帆船队组建了一个令人震撼的传感网络和数据分析工具来助力比赛。在比赛中,超过 300 个传感器被用于收集大约 3 000 个关于帆船运动的参数。㊀从桅杆的应力到帆的角度,每个运动数据都会被捕获、存储和分析。㊁这些数据被传送到附近的支持小组和船上的水手,他们可以通过观察绑在手腕上的设备实时监测关键性能指标。

资料来源:Ryanking999/Fotolia.

在比赛中即时访问这些分析,有利于制定更好的战略,也为服务团队在比赛之间调整帆船提供了数据支持。尽管美国甲骨文帆船队的胜利是难以置信的,但是,思考传感技术与快

㊀ VersionOne, "10th Annual State of AgileTM Report," VersionOne.com, April 5, 2016, accessed June 11, 2016, www.versionone.com/about/press-releases/versionone-releases-10th-annual-state-of-agile-report.

㊁ 同上。

速传输、存储和分析大数据的能力如何重新定义无数的业务和行业,将更加意义深远。欢迎来到快速发展的物联网世界!

物联网替你走进厨房

IoT 被认为是与互联网相联的增值设备。随着更多智能设备接入互联网,越来越多的数据被这些设备捕获和传输。IoT 的潜在影响是极大的。据估计,到 2020 年,将有大约 250 亿与互联网相连的设备。⊖ 正如上文美国甲骨文帆船队比赛的例子,获得更多数据可以带来更高效的流程和做出更好的决策。但 IoT 将给业务带来什么呢?IoT 设备可以改变业务运营的方式吗?它们可以从根本上改变金融交易处理的方式吗?

IoT 的创意来源是家庭厨房。这是因为厨房通常充满了各种各样的已经插好并有嵌入式计算机(各种复杂程度)的电器。添加 Wi-Fi 连接到任何这些设备的成本是微不足道的,但是这样做却能够增强功能(如你可以通过手机上的 App 在床上开启咖啡机)。

冰箱经常被看作是 IoT 的主要目标。与互联网相连的冰箱可以让用户远程查看其储存的食物(以防用户忘记带购物清单)或者追踪食物消耗情况以便及时补充。智能冰箱可以辨识出你缺乏蔬菜或水果而自动订购替代食品吗?它可以为你自动完成金融交易吗?

银行机构开始意识到 IoT 设备对行业的潜在影响。特别是考虑到忠诚计划和积分奖励与这些交易相结合的潜力时,银行机构有兴趣成为 IoT 设备的自动交易的管理者。⊖ 想象一下,未来十年金融交易的规模将发生怎样的变化:由于食物消耗较慢及其他因素,你的电器将为你重新订购物品,这样你的借记卡或信用卡一天要被刷好几次,而不像现在每周去杂货铺买一次或两次东西。将范围扩展到其他电器,甚至是家里的其他地方(例如,当发现衣柜里少了 30% 的衣架时,你的 IoT 衣柜会通知一家干洗服务机构来取走你的脏衣服)。

IoT= 胜利

重要的是要意识到 IoT 不仅将革新个人消费交易的方式,还将改变企业的交易、贷款和其他金融业务的管理方式。例如,当一家企业贷款时,它会提供一些形式的担保声明;或者当一家企业计算资产负债表时,财产清单会被自动评估和报告。在制造业和农业领域,产品或者牲畜的库存可以被实时地追踪,并提供实时的财务报告,而不仅仅是清点库存后再提供正式的财务报告。

在更高的层面上也是如此:当原材料或者贸易货物被装船并运送给世界各地的供应链上的合作伙伴时,它们可以被实时地追踪。因此,生活在一个高科技的商业环境中,不论你是否正在努力地赢得一场帆船比赛抑或实现产品的制造并及时运送,IoT 都可以很大程度地帮助你取得胜利。

讨论题:

(1)在体育运动领域中,比赛中的数据收集和分析对运动队管理队员和制定策略有着巨大影响。花几分钟列出或者集体讨论所有的类型,这有助于改进运动队决策的数据和分析。

(2)上文探讨了与互联网相连的智能冰箱增强功能。你可以识别出智能设备接入互联网带来的潜在缺点或混乱吗?

(3)花几分钟回想一下你的家里或公寓里,你将看到什么类型的东西连接到互联网?与互联网相连能让你的生活更美好或更高效吗?

(4)在一个规定的时间段内,你或者一家公司所负责的金融交易量骤增的潜在陷阱会是什么(例如,以非常小的数量来购买食品或原材料)?

⊖ Chris Sims and Hillary Louise Johnson, The Elements of Scrum (Dymaxcon, 2011), pp.65, 66.

⊖ Hirotaka Takeuchi and Ikujiro Nonaka, " New New Product Development Game, " Harvard Business Review, January 1, 1986. Available for purchase at http://hbr.org.

12.6.1 敏捷开发方法的原则是什么

在过去的 40 年里,许多 SDLC 的替代方案已经被提出,包括快速应用程序开发、统一过程、极限编程、scrum 以及其他方法。这些技术解决了 SDLC 的问题,并且在 20 世纪初,它们的哲学思想已被整合到一起,这就是著名的**敏捷开发**(agile development)。它是一个遵照图 12-18 中所列原则的开发过程。

在传统思想上,敏捷开发被认为是由小组织用于小项目的。但是,2016 年 Version One 公司的一项研究表明,这种思想趋势已经被颠覆。例如,在 2006 年,接近三分之二的受访者为规模少于 100 人的组织工作。但截至 2015 年,超过 56% 的受访者已经在为规模大于 1 000 人的组织工作,超过 24% 的受访者为规模大于 20 000 人的组织工作。[○]

- 期望,甚至欢迎需求的变化
- 频繁地提交产品工作版本
- 与用户在整个开发周期中都保持紧密联系
- 依项目进展同步设计
- 依项目进展同步测试
- 开发团队最了解项目的进展 / 如何变化
- 可以用于业务流程、信息系统以及应用程序的开发

图 12-18 敏捷开发(scrum)开发原则

scrum 是一种敏捷开发方法,也遵循图 12-18 中的原则。超过 58% 的敏捷项目都在使用 scrum 方法。[○]

scrum 和其他敏捷开发技术不同于 SDLC 的第一点是它们期望并欢迎变化。鉴于社会系统的本质,期望并不令人惊讶,但为什么会欢迎呢?欢迎需求的变化难道不是类似于欢迎一个流感病例吗?不是的,因为建立系统的目的是帮助组织和客户实现战略。需求的变化越多,他们则越能促进战略的实施。对于用户和开发团队来说,结果都会更好,更令人满意。

第二点,scrum 和其他敏捷开发过程在设计时会经常地给用户传递产品的试用版。这个周期大约为 1~8 周,并不算长。但它意味着无论耗费了多少成本和时间,本阶段的管理风险仅存留在本阶段。在每个阶段结束后,他们都会得到一些有用的产品部件,这些部件至少对业务流程是有价值的。

因此,不同于 SDLC,敏捷技术较早并经常传递价值。初始价值可能很小,但在整个过程中,它们一直都在增加。而 SDLC 直到后期才实现价值。资金的时间价值性促使了敏捷技术更受欢迎。

图中的第三个原则是开发团队一直保持着与用户近距离的接触和交流,直到项目结束。了解业务需求的人员必须有机会接触开发团队,并且愿意清晰地表达和解释这些需求。用户需要能够测试不断发展的工作产品,并提供有关新功能如何工作的指导。

第四个原则对很多开发者来说都难以接受。仅完成当前工作所需的那些设计部分,而不是在开始时设计出一个完整的系统。有时,这种方式被叫作**即时设计**(just-in-time design)。它意味着设计是持续变化的,并且,现有的设计可能随着大量的产品修改而被修订。表面上来看,它可能是低效率的。然而,经验表明已有很多的团队构建出了精致的、设计新颖的和完整的设计,其因需求的变化而成为一部迷人的小说(假想之物)。

如果开发团队打算提交工作版本,那么接下来的原则——依项目进展同步测试,便显而易见。初始测试是由团队成员来进行的,但也会涉及业务客户。

○ Sims and Johnson, The Elements of Scrum, pp.125-133.

○ Asim Khan, "5 Ways Big Data Won the America's Cup for Ainslie and Oracle Team USA," RealBusiness.co.uk, September 27, 2013, accessed March 27, 2016, http://realbusiness.co.uk/ article/24276-5-ways-big-data-won-the-americas-cup-for-ainslie-and-oracle-team-usa.

开发团队熟知他们的工作进展。今天，你可以进入任何一个开发环境，并且询问开发团队他们做得怎么样。当团队成员了解到你不打算把新的管理程序强加给他们时，你将发现他们其实清楚地知道自己的优势、劣势、瓶颈和流程问题。这个原则是敏捷开发方法的一部分。在每一个可交付或者一些其他里程碑意义的产品上，开发团队都需要评估产品的运行情况，并指出如何对其进行改进。

最后，敏捷开发方法是通用的。它们可以被应用于业务流程、信息系统以及应用程序创建。它们也可以被应用在其他团队项目，但这个研究主题已超出本书的讨论范围。

12.6.2　scrum 过程是什么

scrum 是一种敏捷开发方法，它是杰夫·萨瑟兰（Jeff Sutherland）、杰夫·麦肯纳（Jeff McKenna）和约翰·斯堪尼奥塔莱斯（John Scumniotales）为 Easel 公司的一个项目开发的，在过去的 15 年里，其已经被其他人扩展。⊖scrum 本是一个橄榄球运动术语，竹内弘高（Hirotaka Takeuchi）和野中郁次郎（Ikujiro Nonaka）在《哈佛商业评论》的一篇文章中第一次将其用于形容团队协作。⊜在橄榄球运动中，一个 scrum 是指一次犯规或意外中断后队伍聚集起来围成一圈重新开始。你可以将其看成是美式橄榄球运动中的一次碰头会。

1. scrum 的基本要素

正如上文所述，scrum 是一种敏捷开发过程，图 12-19 给出了它的基本要素。首先，这个过程由一组按优先级排列的需求来推动，这些需求是由新系统的用户和业务发起者创建的。scrum 的持续时间可能短至一周，但类似于所有的敏捷开发过程，其最多不超过 8 周。2～4 周是值得推荐的时间。在每个工作周期中，开发团队都会选出最优先的项目，并承诺产品的交付日期。每个工作日开始于一个**站立会议**（stand-up），这是一个 15 分钟的会议，在这个会议中，每个团队成员都会讲道：⊜

- 他昨天做了什么。
- 他今天将做什么。
- 什么阻碍他取得进展。

每日站立会议的目的是实现团队成员的进步，以及为工作阻碍提供一个讨论平台。通常

- 需求列表促进开发过程
- 每个工作周期（1～4 或 8 周）：
  - 选择需要考虑的需求
  - 确定执行的任务——选择提交的需求
  - 开发团队每日举行 15 分钟会议（站立）
    - 我昨天做了什么
    - 我今天将做什么
    - 什么阻碍我取得进展
  - 频繁测试
  - 结对工作
  - 最小的文档
  - 提交有用产品
  - 周期结束时评价团队工作流程（并进行感谢）
- 重新开始直到
  - 用户确认我们完成任务
  - 截止时间
  - 用完资金
- 三个主要角色
  - 产品经理（代表用户的业务专家）
  - scrum 主管
  - 团队成员（7±2 人）

图 12-19　scrum 的基本要素

⊖ Asim Khan, "5 Ways Big Data Won the America's Cup for Ainslie and Oracle Team USA," RealBusiness.co.uk, September 27, 2013, accessed March 27, 2016, http://realbusiness.co.uk/ article/24276-5-ways-big-data-won-the-americas-cup-for-ainslie-and-oracle-team-usa.

⊜ Christoffer O. Hernaes, " Banks Should Prepare for the Internet pf Things," TechCrunch.com, November 10, 2015, accessed March 27, 2016, http://techcrunch.com/2015/11/10/banks-should-prepare-for-the-internet-of-things.

⊜ Penny Crosman, " Why the Internet of Things Should Be a Bank Thing," American Banker, November 19, 2015, accessed March 27, 2016, http:///www.americanbanker.com/news/ bank-technology/why-the-internet-of-things-should-be-a-bank-thing-1077911-1.html.

情况下，每位团队成员都会有一位对接专家，以帮助他们解决问题。

测试被频繁地执行，一天可能执行多次。有时项目的业务经理也要参与到日常测试中。在某些情况下，团队成员会结对工作。例如，在**结对编程**（paired programming）中，两个计算机程序员共享同一台计算机并一起开发计算机程序。有时，一位程序员提供了一个测试，另一位将验证代码是否通过或修改代码以使其通过。然后，两个程序员交换角色。此外，也存在其他类型的结对工作。

准备最小的文档。开发团队的最终工作成果不是设计也不是其他文档，而是满足 scrum 开始阶段所选需求的工作版本。

在 scrum 的最后阶段，产品的工作版本被提供给用户。如果他们愿意，可以在那个时候或者还未完成的情况下使用它。提供产品后，开发团队需要评估自己的工作流程并依据需求进行修改。在这些会议上，团队成员有机会表示感谢和获得优秀工作的认可（回顾第 2 章中团队成功的评价标准，你将会看出 scrum 是如何坚持团队成功的原则的）。

图 12-20 总结了 scrum 过程。

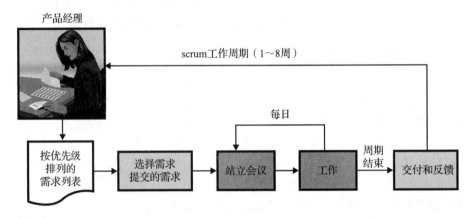

图 12-20　scrum 过程

2. 我们什么时候结束

开发工作持续不断地进行 scrum 循环过程，直到满足以下三个条件之一：
- 即使某些需求还没实现，但用户对已创建的产品很满意，并且决定接受此产品。
- 项目到了截止日期。
- 项目用完了资金。

不同于 SDLC，即使一个 scrum 项目因时间或预算资金的限制而中断，用户也将会获得一些有用的产品。它可能不是所希望的完整版本，但是提交的需求已被定义并正确地划分了优先顺序，它仍然会给项目发起者带来价值。

12.6.3　需求如何推动 scrum 过程

scrum 使用需求推动计划和进度安排的方式，在这一点上，它与其他敏捷开发方法有着显著不同。首先，需求通过特殊方式被确定。一种常见形式是按照谁做了什么以及为什么这么做来表达需求。

例如，在 ARES 系统的医生版本中，一个需求可以表达为：

"作为一位医生,我想看看某位病人的锻炼记录,从而确认他没有运动过度。"

或者表达为:

"作为一位医生,我想看看某位病人的锻炼记录,从而确认她遵照了医嘱。"

每一个需求都确定了谁(医生)做什么(查看病人的锻炼数据)以及为什么(确认她是否遵照了医嘱)。需求包括谁和做什么并不稀奇,但包括为什么便使人感到吃惊。这个为什么条目的建立是为了给需求传递的价值设定一个情景,也为了提高产品价值和防止盲目地满足需求。

正如前文所述,产品经理创建了需求并对其进行优先级排序。例如,在上述两个需求中,已确定一个比另一个更重要。在所有其他情况一致的情况下,开发团队将首先满足优先级高的需求。这也意味着,如果项目的时间和资金被用完,最高优先级的需求将首先被完成。

1. 创建需求任务

为了满足需求,开发团队必须创建相应的任务。在图 12-20 中,这项工作在选择需要提交的需求活动中被完成。

图 12-21 显示了 8 个任务,这些任务用来满足例子中的需求。在选择需要提交的需求中,可能实施的额外需求的任务也被创建。

需求:
"作为一名医生,我想看看某位病人的锻炼记录,从而确认她是否遵照了医嘱。"

任务:
①认证医生。
②从医生那里获取患者身份资料。
③确认这位医生有权利查看这位患者的记录。
④读取数据库以获得锻炼记录。
⑤读取数据库以获得最近的处方记录。
⑥导出数据到一般形式的表格中。
⑦确认医生使用的移动设备类型。
⑧将报告转换成移动设备可查看的格式。

图 12-21 需求和任务的例子

任务是在团队会议中创建的,因为团队整体可以迭代并允许团队成员给出反馈。一个团队成员可能会想到某个必须实施的任务,而其他成员都没有意识到。或者团队成员注意到某项特殊任务是不完整的,或者可以通过其他方式实施,或者确实不需要实施。

2. 安排任务进度

正如上文所述,scrum 确实是一个好想法,它是众多敏捷开发过程中最可能被用到的一个。而使 scrum 富有创新性的是安排任务进度的方式。

scrum 方法认为开发人员在确定某项任务将花费多长时间方面的能力是糟糕的,甚至是极差的。但是,开发人员却十分擅长与其他事物做比较后再确认将花费的时间。因此,尽管一位开发人员可能不擅长估计需要的时间,但是,对于图 12-21 中的任务②,当他说到任务②将需要任务①两倍的时间或者其他比率时,这可能是较精确的。

因此,根据 scrum 过程,一旦任务与一组已确定的需求相匹配,下一步就是为每一个任务分配一个难度系数，叫作故事点。最简单的任务得一点。一项需要五倍时间的任务将得五点，以此类推。点数将通过一列整数来表达，以斐波那契数列 {1，2，3，5，8，13，21，34，55，89，144，and?} 而闻名，对其原因的探讨超出了本书的讨论范围。其中，问号标记表示任何大于144的数字都需要进一步被划分为更多子需求。当所有的任务都获得了点数，那么总和就是需求的整体点数。

scrum 还包括一些其他不同的分配得分的方法。团队估算法和计划扑克法就是其中两个。你可以在《scrum 的元素》⊖中了解更多。这些方法的要点是通过在迭代、反馈生成过程中应用团队的专门知识来获得团队分数。

3. 承诺完成任务

当团队一起工作时，他们会了解到在每个 scrum 周期中可以完成的故事点总数。这个被称为**团队速率**（velocity）。开发团队利用速率确定后续的 scrum 周期中可以实现的需求数量。当然，在第一个周期中，他们并不知道团队速率大小。在这种情况下，高级成员需要做出一个猜测。那个猜测可能会有点偏，但是，它会随着开发团队不断积累的经验变得更加准确。不像 SDLC，至少有理由希望，随着时间的推移，估计会提高。

假设按团队优先级排列的五个需求总共有 125 个故事点。如果一个开发团队了解到每个 scrum 周期的团队速率是 100 点，那么这五个需求就不能全部实现。但是，如果最前面的四个需求是 80 点，那么它就可以承诺这四个需求，再加上其他的。在这种情况下，开发团队将询问产品负责人，在优先级需求列表中是否存在一个较低的需求，其可以获得 20 点的性能。图 12-22 对这个估算方法进行了总结。

```
①开发团队为最简单的任务分配一个故事点。
②将交付工作任务的时间相互比较，并分配故事点（点数为斐波那契数）。使用以下方法：
   a. 团队估算法
   b. 计划扑克法
   c. 其他方法
③借助于以往经验，开发团队计算团队效率，即开发团队在每个 scrum 周期中可以完成的故事点数。
④在产品经理的管理下，开发团队为接下来的 scrum 周期选择需要完成的任务，这项工作受限于团队速率。
```

图 12-22　scrum 评估方法总结

4. 哄骗？

如果你没有参加过软件或者系统开发，这个过程可能听起来充满了诸多哄骗。但是，它有两个非常重要的特性使其并非如此。首先，scrum 是一种集成团队迭代和反馈的方法，用于进度安排和任务处理，正如你现在所知道的，这是一种团队聚集在一起开发产品的方式，其效果要远胜于每个成员独自工作产生的效果。其次，scrum 提供了一个过程学习框架。当开发团队一起开展越来越多的 scrum 周期工作时，它便慢慢地学会如何更加合理地分配点数，以及越来越准确地了解真实的团队速率。

scrum 并不是一枚魔法子弹。它不能保证项目会准时并在低于预算的情况下生产出一个

⊖ Hernaes, "Banks Should Prepare for the Internet of Things."

高质量的产品。但是，作为一种针对传统 SDLC 问题的方法，它可以降低资金损失，并且仅在数周内就可以产生价值巨大的成果。

12.7　2027 年

到 2027 年，信息系统开发的方式将发生改变。事实上，它已经在发生着变化。人工智能（AI）、机器学习、深度神经网络正在重塑企业系统的开发方式。从用户视角来看，未来将出现信息系统被"训练"而不是被"创建"的趋势。但为什么会发生这种转变呢？

好吧，这是因为当处理某些任务时，机器总比人类更快和更精确。为一个包含基本加减算法的计算器编写代码较为容易，因为数学规则很明确，写下几行代码就可执行。但开发这类软件的人员需要一行一行地创建代码。

然而，如果任务不是很清楚——较为抽象怎么办？比如，编写一个软件，它需要识别出具体的脸部信息，将一种语言翻译成另一种或者决定哪些新故事与个体用户相关，这些要难得多。这些类型的应用程序越来越具有相关性和盈利能力。开发人员正在通过机器学习来解决这类问题，他们可以训练系统做出决策并产生正确的结果，而不再需要创建代码。

12.7.1　Fetch！

以微软公司新的 Fetch！应用程序为例（详见 www.what-dog.net），这个应用程序能够正确识别任一照片中的小狗种类。这听起来似乎很简单。但要怎么设计程序呢？微软公司的开发人员使用机器学习训练 Fetch！正确地识别小狗种类。

他们持续地向 Fetch！提供不同种类的小狗图片，当它正确识别的时候，就告诉应用程序。这样 Fetch！就学会了如何识别。它创建复杂的算法来分析图片。如果开发人员打开这个应用程序的源代码，他们会看到一组难以理解的数学等式，这些等式持续不断地变化着。他们难以理解这个代码，因为该代码不是利用传统方法编写的。

识别小狗的种类是有趣，但那又怎样？好吧！请仔细思考一下，当人工智能和机器学习被应用到机器人、无人驾驶飞机、无人驾驶汽车以及 3D 打印中时将会发生什么。在会计领域、制造业、金融业、销售领域以及信息系统领域中的员工可以训练一个系统来协助他们的工作——或者做他们的工作。通过人类伙伴的帮助，系统将成为他们自己的开发者。

所有的代码都将消失吗？当然不是了。但是，软件开发人员将变得更像建筑师而不是建筑工人。

12.7.2　用户驱动的系统

作为一位业务用户，这对你意味着什么呢？它预示着，在接下来的十年里，你将参与到系统开发项目中。这几乎是确定的事情。软件推动世界的发展。你现在的老板依靠软件不断挣钱。你未来的老板甚至会更依赖这些新型软件。甚至现在，脸书公司就已使用机器学习确定你的新闻提要（News Feed）中的故事，谷歌公司使用它识别脸部，以及微软公司的 Skype 使用它进行两种语言间的翻译。㊀

所有管理人员都打算在开发新系统和管理项目中扮演一个重要的角色。你是使用具有良

㊀ Jason Tanz, "The Rise of Artificial Intelligence and the End of Code," Wired, May 17, 2016, accessed June 14, 2016, www.wired.com/2016/05/the-end-code.

好用户体验（user experience，UX）的系统成长起来的。这种经历将有助于你在流程和信息系统与业务战略和目标间建立一个紧密的联系。而且，接下来你将不会继续 C 等级的工作，而是可以自信满满地将系统开发留给其他人。

12.7.3 行业将推动变革

最后，从现在到 2027 年，这个行业的本质将会改变。首先，正如你在第 5 章所了解到的，NoSQL DBMS 产品并不是由现在的 DBMS 供应商开发，而是由拥有独特需求并开发软件满足这些需求的组织开发的。DBMS 供应商在此之后变得更受欢迎。在接下来的十年里，我们将看到同样的故事在一遍一遍地重复着。

软件供应商将找到利用 SOA 和 Web 服务使其解决方案更敏捷的方法，因此，系统和流程将更加灵活，能够更好地适应不断变化的需求。新系统会快速地联机，并且受限因素仅是人类的处理能力。因此，商务人士在解决这些问题中扮演着重要角色。

最后，用户参与将是系统开发成功的关键。系统将依赖用户去训练它们。用户懂得如何创建成功的界面，并且用户能够解决先前未知的问题。作为一位业务用户，你将是与众不同的人。就到这儿吧！你已经到了本书的末尾。正如本章职业指南中所描述的，花点时间思考一下如何通过发展你的个人品牌来助力你的事业。

案例 12-3

安全指南：行业间谍

还有另一种方法，你知道的……

"关于 BPM 和 SDLC 以及 scrum 的所有讨论，真的没有必要。还存在另一种方法，你知道的。我们只需复制一份源代码，就可以开始做生意了。我有一个朋友知道怎样去做。我们会在很短的时间内创建一个应用程序，还将省去很多的时间和苦恼，不是吗？"

行业间谍如商业一样古老。利用间谍潜入竞争对手的公司并窃取想要的任何东西，这并不是什么新鲜事。它是一种节省数百个甚至更多工作日的方式。当然，如果你愚蠢到窃取一个 iPad 设计，并在下一个月将其投放市场，那么这个诡计很容易就被拆穿。苹果公司、FBI 以及其他相关人员都将指控你。

因此，你只能对窃取的设计进行研究，然后应用你学到的知识去创建一个相似的设备，相比窃取前，你将更快地完成这项工作。你可以利用从 iPad 的触屏设计中学习到的知识来开发自己的自动导航触屏。

资料来源：©Eliane SULLE/Alamy.

或者选择一家不像苹果那样出名的公司。例如，找到亨利及其团队保存源代码的地方并窃取它。然后，在另一个国家建立你自己的 ARES 系统……如新西兰或新加坡。亨利知道你在新西兰运行他的代码的可能性有多大？不太可能，如果他知道了，他会给得克萨斯州奥斯汀市的一名了解新西兰法律和起诉程序的律师多少钱呢？还有，他将如何证明你的代码是从他那里窃取的呢？

这听起来似乎不着边际？但是，2012年6月，ESET——一个总部设在斯洛伐克布拉提斯拉发的杀毒软件供应商，检测到一个名叫ACAD/Medre.A专门窃取AutoCAD软件制作的图纸和设计文档的蠕虫病毒。⊖最初这个蠕虫病毒出现在秘鲁，但很快便开始传播。研究显示，AutoCAD是一款世界最流行的基于计算机的设计软件，这个蠕虫将它自己复制到包含有AutoCAD绘制的图片的文件夹中。一旦被复制到那里，它就运行代码，复制主机中的工程图片并随机地发送给几个电子邮件服务商之一。如果Outlook被安装在已感染的计算机中，它也会复制计算机联系列表和其他电子邮件数据并发送。⊖

ACAD/Medre.A被一位不知情的工程师传播。一个AutoCAD设计通常包括许多文件，并且为了将某个设计传送给合作方，工程师常常将同一个AutoCAD设计目录下的所有文件进行压缩，并发送给合法的接受者。一旦蠕虫进入到某个设计目录中，它将随着合法文件一起被压缩、传送。当接收者解压文件时，ACAD/Medre.A也被解压。然后，它将运行程序来窃取设计和电子邮件数据。

为什么是秘鲁？很显然，最初的感染发生在一家秘鲁制造商的服务器上，并且其供应商需要它的工程设计来创建组件。当供应商复制这家制造商的图片时，他们也复制了这个蠕虫。不久该蠕虫就在世界范围内传播开了。

病毒感染严重吗？根据ESET报告，数以万计的工程图片泄露。但ESET报告说，当它通知前述电子邮件服务商时，他们便完全关闭了这些服务网址。并且，AutoCAD的提供商Autodesk也采取了正确的保护措施。

讨论题：

（1）如果你不在场时，室友打开了你的抽屉，并吃掉了你两英镑一盒的巧克力的最顶层，你将会察觉到这件事，至少你知道最顶层的巧克力不见了。但是，如果同样情况下，室友打开了你的电脑并将你的MIS期末论文复制到他的闪存盘中，你会知道吗？如果会，你是怎么知道的？如果不会，那又为什么呢？

（2）当然，你的室友并不会窃取你的期末论文。但是，假如某个人在走廊里看到了你的电脑名称和登录名（开电脑时需要输入的名称），她也可能暗中地观察你的登录密码并记住它。不过，让我们来看看另一种情况——她注意到了75张你家短腿猎犬Fido的图片，并正确地猜到你的密码是Fido。然后，她利用这些信息和些许经验，使用你宿舍的网络，从她的电脑进入到你电脑里的共享文件夹（如果你不知道共享文件夹是什么，你可以上网搜索"微软系统或者苹果系统怎样共享一个文件夹"）。当在一个共享文件夹中发现你的MIS期末论文时，她将其复制到自己的电脑中。对此，你会知道吗？为什么呢？

（3）问题（2）中的情况与数据包嗅探有什么不同？对她而言，从一个共享文件夹中窃取你的论文需要什么？使用数据包嗅探窃取那篇论文又需要什么？哪一个更简单呢？

（4）作为一名学生，你不可能共享许多文件夹，但是，一旦你开始工作，你就有可能这样做。问题（2）中的情景在工作中可能发生吗？为了使自己远离在过道中窥探你的小人并防止其接触你的共享文件夹，你可以做的一件事是什么？

（5）想想文中设计被窃取的供应商。他们会知道设计被窃取吗？他们怎样发现的？他们会知道具体哪个设计被窃取吗？他们如何评估

⊖ www.eset.com/fileadmin/Images/US/Docs/Business/white_Papers/ESET_ACAD_Medre_A_whitepaper.pdf.

⊖ Autodesk Inc. "ACADMedre.A Malware FAQ," Autodesk.com, January 16, 2015, accessed June 11, 2016, https://knowledge.autodesk.com/support/autocad/troubleshooting/caas/ sfdcarticles/sfdcaticles/ACADMedre-A-Malware-FAQ.html.

损失？

（6）某些公司会配置它们的网络以使电子邮件只传送给它们自己的互联网服务提供商。这样的配置将会阻止 ACAD/Medre.A 蠕虫的侵袭。并且，对于所有设置这样安全防范的公司，情况也的确如此。设有大型知识类信息部门的公司（见第 11 章）更应该这样，但是，病毒感染发生时，数百家公司都并没有这样做。如果你是一家小公司的管理人员，你会做些什么呢？

（7）在网上搜索行业间谍。找到一个利用恶意软件实施行业间谍的例子。总结一下这个事件带来的问题和损失。被波及的公司可以做些什么来避免损失？

案例 12-4

职业指南：开发个人品牌

在前几章节中，你阅读了来自 MIS 领域内事业有成之人的第一手资料。这些未经加工的资料告诉了我们：他们是如何找到自己的工作的，是什么吸引他们到这个领域的，一个典型的工作日是什么样子的，以及他们最喜欢工作的哪个方面。你也明白了在本领域中获得成功所需要的技术和能力。

现在，你已经阅读完这本书，对 MIS 也有了大概的认识。你了解了主要的内容和相关术语，并听到了这个领域中成功人士的真实故事。很幸运的是，这些知识已帮助你对 MIS 职业进行了一个真实回顾。如果你对这样一个职业感兴趣，或者即使你打算从事其他领域，学习如何开发个人品牌也是很重要的。

专业人员使用社交媒体，如领英，来建立自己的品牌。你可能太年轻、太没有经验，并且还没有足够的特色去创建一个自己的品牌，但是，这些也许都不重要。即使现在不是建立个人品牌的最佳时间，但如果你想成为一位商业领袖，在未来的某个时间点，你将需要拥有、建立以及维护你的个人品牌。

那么，"建立个人品牌"是什么意思呢？它不是一个尴尬的自我提升，也不是自我推销或者最近经历的一个概述。相反，它是方法，你可以通过该方法为你的天赋和能力与市场建立一种可靠的关系。这个市场可能是你的同事、员工、直系上司、竞争对手或者任何关心你所关心事物的人。

作为商务人士，你要怎样建立具有较少业务性和更多个性化的真实关系呢？你可以开始于一种认识——你的服务对象不是你的老板或同事，而是具有复杂烦恼的成熟人类，这种烦恼是所有人都有的。有了这种认识后，你就能利用社交媒体将上述关系从最初的业务性变得更加个性化吗？

这样的转变是有可能，但却很难。你不想在领英或者职业博客上分享个人生活中的每个细节。然而很少有读者会关心你在巴哈马群岛的度假。他们只想知道，当你躺在沙滩上时，你在阅读什么书，为什么阅读它，以及你从中学习到了什么——或者你没有学习到任何东西，对此你有多失望。而且，上述内容必须是真实的。

资料来源：Anatolii Babii/Alamy Stock Photo.

如果你阅读克尔凯郭尔（Kierkegaard）或亚里士多德（Aristotle）的书是为了在个人博客中展示你的博学，那你就错了。但如果克尔凯郭尔的某些经典话语与最新商业丑闻的伦理问题有关，同时还引起了你的兴趣，那么拥有同样兴趣的读者会更加关注你。并且，基于这个共同兴趣，他们会与你站在一起。这个共同兴趣可能会带来一个令人激动的工作机会，或者导致一个新关系的终止，又或者不会发生任何事。你永远都不会知道它会带来什么。

当沉浸于个人品牌的付出时，你总会被个人战略所引导。遵循你的个人竞争策略并思考你的个人竞争优势是什么，为什么某些人选择你、你的技术或者你的工作产品而不是其他人。然后在心里给出这些问题的答案，接着开始建立你的个人品牌。再者，确认你的努力方向是建立真实的关系而不是无羞耻地打广告。

同时，还要意识到强大的个人品牌对某些职业的重要性。例如，如果你想成为一位独立的咨询师，如隐私与云数据存储控制方面的专家，你将需要花费大量的时间开发和维护你的专业品牌。但是无论它重不重要，拥有一个强大的个人品牌在任何领域、任何工作中都是一笔资产。并且，可以确信的是，如果你没有一个强大的个人品牌，你的竞争对手将会拥有一个。

讨论题：

（1）用你自己的话定义并描述一个个人品牌。

（2）简述你将如何借助社交媒体（如领英）使一个现有的职业关系在本质上更个性化，尽管你仍然需要维护你的个人隐私。

（3）在你的专业领域选择一个当下有趣的主题。例如，如果你是操作类的专业，可以选择一些像3D打印的主题［在你选择之前，阅读问题（4）］。

①在网页中搜索一些有关这个主题的现实情况、当下用途、重大议题和问题的观点或者其他有趣的维度。

②找到两三位此主题的专家，并访问他们职业品牌的网址。这个品牌可能是一个博客、一个网站、一系列文章、在Facebook或领英中的SM网址，或者其他公开的体现职业水平的发言。

③哪一个网址是最好的？陈述你的理由。

（4）假设你成为问题（3）领域的专家。回想一下过去一年里关于这个主题的经历。它可能是课堂上的经历，也可能是课堂外与同学或室友讨论的经历。其也可能是你在麦当劳工作时发生的一些故事。任何相关的事都可以。

①列出10个这样的经历。

②为了更好地建立个人品牌，描述一下你将如何使用社交媒体，包括博客，呈现这10个经历中最棒的5个。

（5）回想一下（1）～（4）。

①对于你来说，拥有一个个人品牌重要吗？请解释原因（答案可能是否定的，而且有正当的理由）。

②当认真回答问题（4）时，对于你来说，最艰难的任务是什么？

③在如何从同事经历中获得更多经验的练习中，总结你学到的知识。

本章小结

12.1 如何开发业务流程、信息系统以及应用程序

用你自己的话解释业务流程、信息系统和应用程序之间的差异。陈述它们分别包含的组件。用第5章的术语阐述业务流程和信息系统之间的关系。给出三个业务流程的命名，并确定哪一个业务流程是用于业务流程开发、信息系统开发以及应用程序开发的。解释业务分析师和系统分析师的主要工作。

12.2 组织如何使用业务流程管理

陈述本章中业务流程的定义，并给出角色、资源和数据流的定义。解释为什么业务流程需要管理。描述BPM的需求，并解释它为什么是一个循环。说出BPM过程的四个阶段，简述每个阶段的活动。给出现行模型的定义。解释COBIT的作用。

12.3 业务流程建模与标注如何应用于建模过程

说明一个流程文件标准的必要性。描述泳道布局。解释图12-6和图12-7中每个符号的含义，并解释这两幅图的关系。说出图12-6流程中的问题，并给出一个解决方法。说出三个

BPMN 的用途。

12.4 系统开发生命周期有哪些阶段

描述初始的 SDLC，并解释它是如何变得突出的。说出五个基础的系统开发活动。给出定义、需求和设计阶段中的任务。给出实施系统所需的任务并描述四种系统转换类型。阐述设计和实施阶段五个组件的具体活动。解释为什么术语维护用于信息系统时会用词不当，给出系统维护阶段的任务。

12.5 系统开发生命周期成功的关键因素是什么

给出成功开发项目的五个关键因素。阐述工作分解结构的目的。总结开发评估的困难，并给出三个处理办法。解释图 12-15 中甘特图的元素。给出关键路径的定义并解释关键路径分析。概括需求、成本与进度之间的权衡。列举并解释开发项目管理的四个关键因素。

12.6 scrum 如何克服系统开发生命周期中的问题

给出 SDLC 逐渐不受欢迎的两个原因。用你的话说明图 12-18 中每个原则的意义和重要性。解释图 12-19 中每个 scrum 基本要素如何在图 12-20 中 scrum 过程中体现出来。给出一个 scrum 需求中的三要素。阐述 scrum 确定完成任务时间的方式的独特之处。给出团队速率的定义，并解释它如何用于进度安排。解释 scrum 如何为过程学习提供一个框架。

12.7 2027 年

解释机器学习如何改变系统开发项目。以微软公司的 Fetch！为例，解释为什么"训练"将是系统开发的一个必要组成部分。解释为什么你在职业生涯中需要参与系统开发项目。你这一代商人的知识如何影响系统开发？解释为什么系统会更容易被适应。

ARES 的知识运用

亨利、艾什莉甚至泽夫都需要了解开发过程的基础、用途，以及 SDLC 和 scrum 的优势。投资前，他们需要掌握开发过程、信息系统以及应用程序的难点和风险，特别是企业间系统，如 ARES。

在你职业生涯的某个时间点上，你也将需要这些知识。

本章关键术语和概念

敏捷开发（agile development）
应用程序（application）
现行模型（as-is model）
工作分解结构基线（baseline WBS）
布鲁克斯法则（Brooks' law）
业务分析师（business analyst）
业务流程（business process）
业务流程管理（business process management，BPM）
业务流程建模与标注（business process modeling notation，BPMN）
信息及相关技术的控制目标（control objectives for information and related technology，COBIT）
配置控制（configuration control）
控制流（control flow）
成本可行性（cost feasibility）
关键路径（critical path）
关键路径分析（critical path analysis）
数据流（data flow）

可交付成果（deliverable）
规模不经济（diseconomy of scale）
甘特图（gantt chart）
实施（implementation）
即时设计（just-in-time design）
维护（maintenance）
对象管理组织（object management group，OMG）
组织可行性（organizational feasibility）
结对编程（paired programming）
并行安装（parallel installation）
分阶段安装（phased installation）
试点安装（pilot installation）
插入安装（plunge installation）
需求分析（requirements analysis）
资源（resource）
角色（role）
进度可行性（schedule feasibility）
站立会议（stand-up）

泳道布局（swim-lane layout）
系统转换（system conversion）
系统分析师（systems analyst）
系统生命开发周期（system development life cycle，SDLC）
技术可行性（technical feasibility）

测试计划（test plan）
权衡（trade-off）
速率（velocity）
瀑布法（waterfall method）
工作分解结构（work breakdown structure，WBS）

本章习题

知识运用

（1）在谷歌或必应中搜索词组"业务分析师是什么"，研究找到的几个链接并回答以下问题：
①业务分析师最主要的职责是什么？
②业务分析师需要具备什么知识？
③业务分析师需要具备什么技能或个人特征？

（2）在谷歌或必应中搜索词组"系统分析师是什么"，研究找到的几个链接并回答以下问题：
①系统分析师最主要的职责是什么？
②系统分析师需要具备什么知识？
③系统分析师需要具备什么技能或个人特征？
④你会对系统分析师的职业感兴趣吗？解释为什么会或者不会。
⑤根据本题和上一题的回答，比较业务分析师和系统分析师的工作。

（3）针对12.3节中现有订单流程的分配问题，运用你的经验和知识为"拒绝订单"活动创建一个业务流程图。如果可以，请使用Visio2016和标准的BPMN图形。解释这个流程如何解决分配问题。

（4）在一个你感兴趣的行业中选择一个重要的项目类型。比如，在会计领域中，它可能是审计项目；在市场领域中，它可能是一个使用社交媒体的计划项目；在操作领域中，它可能是一个建立新仓库的项目。选择一个重要并有趣的活动。对比和比较一个项目使用诸如SDLC之类的流程和使用诸如scrum之类的流程。你将推荐哪个开发过程？给出你推荐的理由。

（5）再阅读一遍第11章的导入故事。解释亨利和拉杰如何利用一个scrum过程来管理桑迪普的开发工作，以及这样做将如何减少失败的风险。

协同练习

使用你在第2章创建的协同信息系统，和同学协作回答下面的问题。

2017年6月，威尔玛·贝克（Wilma Baker）、杰里·巴克（Jerry Barker）和克里斯·比克尔（Chris Bickel）均参加了一次度假村和旅游经营者会议。碰巧的是他们在等待发言时彼此相邻而坐。在相互介绍后，三人发现他们的姓氏发音听起来非常接近，这让他们感到很好笑。他们还惊奇地发现三人经营的业务也很相似。威尔玛·贝克住在美国新墨西哥州（New Mexico）的圣达菲（Santa Fe），专门向圣达菲的游客们出租住宅和公寓。杰里·巴克住在加拿大不列颠哥伦比亚省（British Columbia）的惠斯勒村（Whistler Village），专门向滑雪者及到惠斯勒/黑梳山度假村（Whistler/Blackcomb Resort）的游客们出租公寓。而克里斯·比克尔住在美国马萨诸塞州（Massachusetts）的查塔姆（Chatham），专门向在科德角（Cape Vod）度假的人出租住宅和公寓。

三人相约在发言会后共进午餐。在午饭期间，他们分享了在面对今天互联网带来的大量旅游机会时，难以获取新客户的挫折。此外，他们也讨论了美元对欧元的升值，给北美旅游业所带来的持续不断的竞争。

随着谈话的不断深入，他们开始设想是否应该想些办法彼此联合起来（例如，通过联盟的方式寻求竞争优势）。因此，他们决定不去听第二天的发言，而是开了个小会，讨论组建联盟的方式。他们想进一步讨论的内容是共享客户数据、开发联合预约服务以及交换客房清单。

经过一番讨论，他们清晰地意识到，三人对业务合并没有兴趣，每个人都希望自己的企业保持独立。他们还发现，每个人都十分警惕，甚至近乎偏执地想要保护自己现有的客户群，以防被他人窃取。尽管如此，冲突并不像表面看起来那么严重。巴克的业务主要是滑雪，所以冬季是他最忙的季节；比克尔的业务主要是科德角的度假游客，所以她在夏季最忙；而贝克的业务旺季在夏秋时节。因此，这样看起来，他们的业务高峰期恰好是错开的，所以向自己的客户销售其他人的度假产品并不一定会损害自己的业务。

那么，接下来的问题就是如何进行合作。鉴于每个人都希望保护自己的客户群，因此他们也就不想开发公共的客户数据库。最好的方法似乎就是共享客房数据了。这样做他们既保住了自己的客户群，又有机会出售其他时间的其他度假客房。

他们探讨了几种备选方案。一种方案是每个人都开发自己的客房数据库，然后通过互联网共享这些数据库；另一种方案是集中开发一个客房数据库供所有人使用；还有一种方案是找到可以共享客房清单的其他方法。

因为不了解贝克、巴克和比克尔的详细需求，所以还不能制订一个具体的系统开发计划。但是，一般来说，他们首先需要决定如何详细地说明其想要创建的信息系统。请考虑以下两种备选方案：

①他们可以基于邮件建立一个简单系统。借助于这个系统，每家公司都把自己的客房设施说明用电子邮件发给其他公司。然后，每个公司再用电子邮件将这些说明转发给自己的客户。当有客户要预订某间客房时，再用电子邮件把客户的预订申请转发给客房管理者。

②他们可以基于 Web 的共享数据库构建比较复杂的系统，这个数据库中包含所有的客房和预订数据。追踪预订是一个常见的业务任务，他们很可能会直接购买具有此功能的现成的应用软件。

在回答（6）和（7）时，可以用 Microsoft Visio 和 BPMN 模板创建你的图表。如果你没有这类模板，那么使用具有交互功能的基本流程图模板。如果你不能使用 Microsoft Visio，请使用 PowerPoint 代替。

（6）参照图 12-7，为备选方案①创建一个业务流程图。每家公司都需要有个角色负责确定可用的客房，并用电子邮件把客房介绍发送给其他公司。他们还需要有个角色来接收电子邮件，有个角色向客户出租客房。假设这些公司中有三到五个可以担任这些角色的经纪人。如果你认为合适，为这个邮件系统创建一个角色，标明角色、活动、资源库以及数据流。

（7）参照图 12-7，为备选方案②创建一个业务流程图。每家公司都需要有个角色负责确定可用的客房，并将它们添加到预订数据库中。他们还需要有个角色负责出租客房给访问共享数据库的人。假设这些公司中有三到五个可以担任这些角色的经纪人，为客房数据库应用程序创建一个角色，标明角色、活动、资源库以及数据流。

（8）对比和比较分析（6）和（7）的答案。在促进租房收入方面，哪个系统更有效？哪个系统开发起来比较昂贵？哪个系统运营成本较高？

（9）如果你是贝克、巴克和比克尔的一位咨询顾问，会推荐哪个备选方案？请阐述推荐的理由。

■ 案例研究

我们什么时候学会

1974 年，大卫 M. 克伦克在科罗拉多州教书时，曾参与一项调查信息系统开发失败原因的研究。结果呢？系统失败最多的一个原因是构建和管理系统需求时缺乏用户参与。

自这项研究实施以来，技术已经取得了巨大的发展。但在 1974 年，计算机占据着巨大空间，迷你电脑和个人电脑还没有发明。唉，信息系统的发展还没有跟上，事实上，人们可以争辩说什么都没有改变。

以第 7 章习题部分的案例为例，俄勒冈州白白地投资超过 2.48 亿美元开发一个信息系统，以支持它的医疗系统间的交流。在项目的早期，监督系统质量的 Maximus 咨询公司曾警告说，系统需求是模糊的、变化的以及不一致的。但这些警告并没有起到什么作用。为什么会这样？

为什么没有管理需求

1974 年，管理人员可能不懂电脑，也不知道怎样管理需求。但是，参与 Cover Oregon 项目的每个人都有一部手机、一部 iPad 或者一个 Kindle，因此他们不可能不懂电脑。至少在今天，操作电脑已不成问题。

管理需求的问题在于管理吗？或者需求？在第 7 章习题部分的案例中，康涅狄格州医疗保健项目——AccessCT 取得了成功。这是因为此项目是由副州长亲自管理的吗？是因为她是一位怀有政治抱负的女士吗？俄勒冈州没有副州长，但是确实有人管理这个项目。它存在的一个管理问题是：这个信息系统供一个医疗保健机构使用（Cover Oregon），但却由另一个不同的医疗保健机构开发（俄勒冈州卫生部门）。这两个机构对需求问题产生了争执。由于缺乏高层管理人员，需求不仅没有得到管理，还在两个具有竞争关系的政府机构间产生分歧。

这可能是 Cover Oregon 失败的主要原因。但还有其他原因吗？一个管理良好的组织也存在某些难以管理的需求吗？布鲁克斯将软件比喻为"逻辑的诗歌"，它纯粹是思想的产物。如果两个政府机构准备建造一栋大楼，并对这栋大楼的楼层数发生了争执，他们争执的对象是可见的。人们会看到：争执的一方加盖了一层楼，而另一方正在拆掉。

因此，这个问题产生的部分原因在于需求是纯粹的思想产物。但是，还有其他原因吗？

你怎么知道需求是否被完成？如果一栋建筑的蓝图没有提供任何供电系统，那么这个疏忽是很明显的。但是，软件和信息系统却并非如此。例如，一位用户忘记他的用户名和密码并且没有保单编号的记录，当没人考虑过这种情况时会怎么样？软件或者处理规程需要实现这个需求，但如果没有人将它具体化，那什么事情都做不了。当出现这样的客户需求时，系统将会失败。

并且你如何保证需求陈述的质量？像"为这位客户选择一个合格的保险政策"的需求被写得过于笼统，以至于它毫无用处。所以，建立原型的一个目的是发现丢失的和不完整的需求。

评估可行性和做出权衡

但是，从上述事例中我们可以了解到更多。直到 2013 年 10 月 1 日，所有州政府和美国联邦政府的医疗机构交流仍需进行。因此，进度没机会做调整。对于成本，资金虽不固定，但也难以改变。州政府最初也提供了一些资金，就像美国联邦政府那样。但这些资金被分配后，很难再去获取更多。不是不可能，只是很难。

再次查看图 12-17。如果进度固定，并且资金几乎也是固定的，那降低项目难度和风险的可以权衡的因素是什么？是需求。将它们降低到最低值，然后运行系统。一旦取得一些成功，就将这些需求添加到项目中。这似乎是 Access CT 采取的策略。

但是这个原则却暴露了俄勒冈州中的另一些问题。它想要满足一切需求。它以一个名为"无错门"（No Wrong Door）的政策启动项目，这是一个不将任何人和任何事留到后面解决的政策。㊀Cover Oregon 会为所有的问题提供解决办法。这样的承诺会产生很棒的政治效果，但如果进度是固定的，并且资金几乎也是固定的，那这些目标该如何实现？在你只有一周空闲时间和几乎没有钱的情况下告诉室友，你计划在非洲进行一场为期两个月最棒的丛林旅行。这可能吗？

㊀ Maeia L. La Ganga, "Oregon Dumps Its Broken Healthcare Exchange for Federal Website," Los Angeles Times, April 15, 2014, accessed June 11, 2016, www.latimes.com/nation/politics/ politicsnow/la-pn-oregon-drops-broken-healthcare-exchange-20140425-story.html.

软件和系统都是纯粹的思想产物。试着幻想一下一个充满特异功能的光辉未来很容易，但是软件和系统开发却要以人类劳动成本为基础，你不能要求九位女士在一个月内生出一个婴儿。当你被要求去帮助一个新的信息系统确定需求的时候，请记住这句话。

这个案例仍会持续 40 年吗？这取决于你和你的同学。

讨论题：

（10）为什么这样的案例将会持续 40 年，请阐述三个理由。描述可能使这些案例过时的三个发展情况。哪一个将持续下去？这些案例在 40 年后仍有价值吗？给出你的观点。

（11）阅读在 http://portlandtribune.com/documents/artdocs/00003481205618.pdf 的第一资讯报告（First Data Report）的摘要，运用你的 SDLC 知识，简述你认为 Cover Oregon 失败的三个主要原因。

（12）在第 7 章习题部分的案例中，你了解到三个供应商已经被确认为外部承包商，但其中两个退出了竞争。陈述三个他们这样做的原因。

（13）项目虽已处于困难中，但是它似乎还是有生命力的。作为俄勒冈州管理服务部门的一位技术分析师，邝英（Ying Kwong）在 2013 年 5 月说，Cover Oregon 让他想起了一部科幻电影《幽浮魔点》（The Bolb）："你甚至不知道怎样射击这个野兽，因为没有支撑它生命的常见重要器官的解剖结构图。"⊖作为 Cover Oregon 的一位高级管理人员，当这个问题出现时你会怎么做？

（14）在 2014 年 6 月的一项调查中，大多数俄勒冈州人认为州长基察伯（Kitzhaber）是有责任的。⊖但是，在 2015 年，他又重新当选。不幸的是，一个月之后，他因一场不相关的以权谋私的丑闻辞职。⊖俄勒冈州卫生部门的前任领导人和 Cover Oregon 的代理负责人布鲁斯·戈尔德贝格（Bruce Goldberg）在 2014 年 3 月 18 日也被解雇，但是其领取全额工资一直持续到 2014 年 7 月 18 日。⊜考虑到这些结果，是否有人会为这些错误承担后果？想想那可能是谁。

⊖ Nick Budnick, "Cover Oregon: Health Exchange Failure Predicted, but Tech Watchdogs' Warnings Fell on Deaf Ears," The Oregonian, January 18, 2014, accessed June 11, 2016, www.oregonlive.com/health/index.ssf/2014/01/cover_oregon_health_exchange_f.html.

⊖ Hillary Lake, "Exclusive Poll: Majority Holds Kitzhaber Accountable for Cover Oregon Failure," KATU News, June 12, 2014, accessed June 11, 2016, http://katu.com/news/local/exclusive-polll-majority-holds-kitzhaber-accountable-for-cover-oregon-failure.

⊜ Rob Davis, "Oregon Covernor John Kitzhaber Resigns amid Criminal Investigation, Growing Scandal," OregonLive.com, February 13, 2015, accessed June 11, 2016, www.oregonlive.com/ politics/index.ssf/2015/02/gov_john_kitzhaber_resigns_ami.html.

⊜ Nick Budnick, "Long After Announced 'Resignation,' Ex-Cover Oregon Director Bruce Goldberg Draws $14,425 Monthly Salary," The Oregonian, May 21, 2014, accessed June 11, 2016, www.oregonlive.com/politics/index.ssf/2014/05/long_after_publicized_resignat.html.

第13章

国际管理信息系统

13.1 全球经济如何影响组织和流程

当今的商业竞争已上升到全球市场层面。自从 20 世纪中期，国际商务就一直快速增长。第二次世界大战后，当日本和其他亚洲国家开始制造商品并销售给西方国家时，它们的经济开始爆发式增长。在东南亚，日本汽车产业和半导体产业的增加大大拓展了国际化交易。与此同时，北美和欧洲国家的经济开始大幅度密切整合。

自从那时起，许多其他因素已经促使国际商务迅速增长。苏联的解体使俄罗斯和东欧的经济向世界市场开放。更重要的是，互联网泡沫下的电信繁荣使得世界多次被可以用于数据和声音传输的光纤所包围。

互联网泡沫打破后，大量光纤被闲置，可以被低价购买。丰富且便宜的通信使得全世界的人都可以加入到全球经济中。在互联网出现前，如果一位年轻的印度职员想涉足西方经济，他就必须移民到西方，这是一个政治化的且受限的过程。今天，同样一位年轻的印度职员不用离家就可以在网上销售他的商品和服务。中国的经济也一直受益于这些丰富而廉价的通信，更加对外开放。

图 13-1 展示了在过去几年里世界上最大国家中部分国家的互联网个人用户普及率。大多数发达国家的平均互联网用户普及率是 80%～90%，就增长来说，相对缓慢。但是新兴国家却增长得非常迅速。

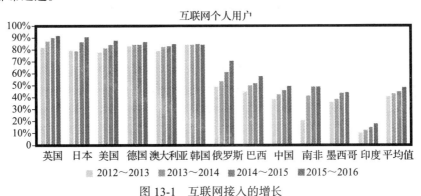

图 13-1 互联网接入的增长

资料来源：Klaus Schwab, "The Global Competitiveness Report 2015-2016," World Economic Forum, September 29, 2015, assessed June 16, 2016, http://reports.weforum.org/global-competitiveness-report-2015-2016/downloads.

就这种发展情况，专栏作家和畅销书作者托马斯·弗里德曼（Thomas Friedman）提出了一种观点（现在非常出名）——"世界是平的"，暗示着世界经济间的无缝整合。这个观点及其同名畅销书○与商业新闻的偏见和先入之见相符合，似乎具有诠释意义。世界经济一体化的一般意义来自于大多数商业思维。

但是，哈佛教授潘卡吉·盖马沃特（Pankaj Ghemawat）决定对此进行进一步的研究，他发现的数据促使他在《外交政策》上发表了《为何世界不是"平"的》一文。○该文于2007年发表，经过如此扎实的研究和8年多的时间获得广泛关注的事实，证明了偏见和先入为主的力量。

表13-1呈现了盖马沃特的部分数据。值得注意的是，在电信方面，跨越国家的互联网和语音占总量的比例平均少于17%。即使是大多数人所认为的经济中最具有国际化的因素——国际商务，在去除双重计算后，所占的比例也少于23%。○

表 13-1 跨国商务比例

商务类型	跨国比例
电信	电话语音：2% 互联网和语音：17%
移民	3% 移民
投资	8% 直接投资
出口	23% 商务

资料来源：Pankaj Ghemawat and Steven Altman, www.dhl.com/content/dam/Campaigns/gci2014/downloads /dhl_gci_2014_study_high.pdf.

这意味着国际商务不重要吗？不是的。正如盖马沃特提到的，它意味着大部分国际商务机会摆在我们面前。世界还没有我们想象的那么扁平化。然而，信息系统在国际商务中越来越重要，未来的影响可能会更大。随着Web服务变得越来越广，将信息系统连接在一起也变得更加容易。随着移动设备在发展中国家持续爆炸式增长，越来越多的用户将通过互联网加入到世界经济中。

图13-2展示了部分国家的固定宽带互联网和移动宽带互联网的订购情况。由此可知，移动宽带互联网订购远多于固定宽带互联网订购，特别是发展中国家。○随着越来越多的人通过各种各样的设备接入互联网，在国际化平台上提供基于Web的服务和产品变得更容易。机会来了！

13.1.1 全球经济如何改变竞争环境

为了理解全球化的影响，我们来看看图13-3中的每个要素。

基于互联网的支持而不断扩大的世界经济已经改变了五个竞争力要素中的每个要素。供应商必须接触更大范围的客户，而客户也必须考虑更大范围的供应商。供应商和客户不仅受益于更大范围的经济，还可以借助诸如谷歌、必应和中国的百度这样的工具很容易地了解彼此。

○ Thomas L. Friedman, The World Is Flat 3.0: A Brief History of the Twenty-First Century (New York: Farrar, Strauss and Giroux, 2007).

○ Pankaj Ghemawat, "Why the World Isn't Flat." Foreign Policy, March 2007, www.foreignpolicy.com/articles/2007/02/14/why_the_world_isnt_flat.

○ Pankaj Ghemawat and Steven Altman, "DHL Global Connectedness Index 2014," DHL International GmbH, October 2014, accessed June 15, 2016, www.dhl.com/content/dam/Campaigns/gci2014/downloads/dhl_gci_2014_study_high.pdf.

○ Schmab, "The Global Competitiveness Report 2015-2016."

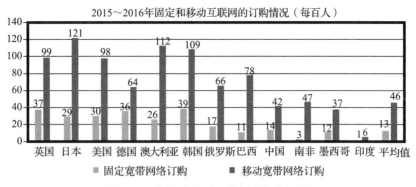

图 13-2 固定和移动互联网的订购情况

资料来源：Klaus Schwab, "The Global Competitiveness Report 2015-2016," World Economic Forum, September 29, 2015, assessed June 16, 2016, http://reports.weforum.org/global-competitiveness-report-2015-2016/downloads.

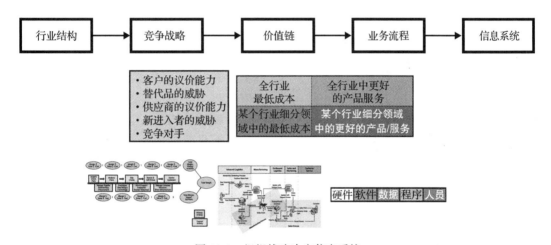

图 13-3 组织战略决定信息系统

因为在互联网中数据易获得，客户可以更加容易地了解替代品。互联网也使新市场进入者的进入变得容易，尽管并不适于所有的情况。例如，亚马逊公司、苹果公司和谷歌公司已经获得了如此大的市场份额，以至于任何新的进入者都很难挑战它们。但是在其他行业，全球化经济鼓励新的进入者。最终，通过增加产品和供应商的选择并促进关于价格、产品、可获得性和服务的信息流动，全球化经济已经增强了竞争性。

13.1.2 新兴的全球经济如何改变竞争战略

新兴的全球经济主要以两种方式改变对竞争战略的思考：产品本地化和产品差异化。

首先，全球经济的巨大规模和复杂性意味着那些在行业范围内选择一种竞争策略的组织正在面临巨大的发展困境。在不同国家展开竞争是一项巨大且昂贵的任务，因为要将产品在这些国家的语言和文化方面进行本地化。例如，为了促进 Windows 的全球化，微软公司必须生产几十种不同语言的 Windows 版本。即使是英语，微软公司也要生产英国版、美国版、澳大利亚版等。微软公司所面临的问题甚至更大，因为不同国家使用不同的字符集。在一些语言中，书写是从左到右的。但在其他语言中，它却是从右到左的。当微软公司准备在全球范围内销售 Windows 时，它便启动了一个巨大的项目。

第二，与互联网的结合使它的规模实现了前所未有的产品差异化。如果你选择生产全世界最高质量和最独特的燕麦片，并且你的生产成本需要将这个燕麦片卖到一磅 350 美元，那么你的目标市场可能仅仅包括全球范围内的 200 个人。互联网允许你找到他们，也允许他们找到你。涉及全球化竞争策略的决定需要考虑上述两个变化着的因素。

 案例 13-1

就业指南

姓名：亚伯拉罕·宗（Abraham Chung）
公司：主流数据公司（Mainstream Data, Inc.）
职位：亚洲业务主管（Director, Asian Operations）
教育：美国犹他大学（University of Utah）

资料来源：Abraham Chung.

1. 你是如何得到这种工作的？

在犹他大学学习时，我在亚洲的一家公司实习，这促使我开始探索那里的媒体行业。在实习结束后，我们拜访了亚洲几个具有商业前景的公司。毕业后，我加入了之前实习的公司。

2. 什么吸引你进入这个领域？

当我进修 MBA 时，我上了一节一位 MIS 教授的课，其具有很大的魅力，并采用独特的教学风格。

3. 你的典型工作日是什么样子的（任务、决策或问题）？

一整天里，我都在与人们沟通，包括消费者、潜在客户、同事以及开发人员。我的目的是提高公司在亚洲的地位。我通过了解行业趋势、识别前景、进行在线和现场会议、创建提案以及管理项目和客户关系来实现它。

4. 你最喜欢工作中的哪个方面？

我可以与如此多来自不同国家和文化背景的人沟通。我可以从这些人和已获得的经验中学习知识。

5. 想要做好你的工作，需要什么样的能力？

倾听和有效的沟通能力、识别需求的能力、解决问题的能力、学习和快速适应的能力以及从不放弃的精神。我一直依靠这些能力在工作。

6. 在你的领域中，文凭或证书重要吗？为什么？

重要，教育背景是 HR 识别潜在候选人的最快方式。但是，我也有正在申请学位的同事。

7. 有什么建议可以给那些想在你这个领域工作的人呢？

活力和学习。

8. 未来的 10 年，你觉得最热门的技术工作是什么？

信息安全分析师、软件/App 开发人员以及数据库专家等。

13.1.3 全球化经济如何改变价值链和业务流程

借助于信息系统，图 13-2 中任何或所有的价值链活动都有可能在世界的任何地方开展。一家国际企业可能会为其销售的每一个市场展开本地的销售和营销。例如，3M 公司分为美国销售团队、法国销售团队以及阿根廷销售团队。这些销售公司可能归 3M 管理，也可能由与 3M 公司签订了销售和市场服务合同的本地企业管理，这视当地法律和风俗习惯而定。3M 公司通过使用相同的 CRM 系统整合所有的销售成果。当 3M 公司管理人员因某一销售预测而需要使用所有销售数据时，他们可以采用这样一个整合的、世界性的系统来实现。

最终产品的生产经常分布在世界各地。例如，波音 787 的组件在意大利、中国、英国以及许多其他国家制造，并被送到华盛顿和南加利福尼亚以实现最后的组装。每个制造设备都有它自己的进货物流、加工和出货物流活动，这些活动通过信息系统相连接。

例如，劳斯莱斯公司生产一个引擎并通过它的出货物流活动将这个引擎传送给波音，波音公司通过它的进货物流活动接收这个引擎，这个活动全程都通过共享的企业间信息系统来协调。劳斯莱斯公司的 CRM 通过 CRM 和 ERP 等技术与波音的供应链流程相连接。我们将在 13.3 节中进一步讨论全球供应链。

全球时差促使着全球的虚拟公司一周工作 7 天，一天工作 24 小时。在洛杉矶的波音公司的工程师设计了一个引擎支架，并在当天结束时将它发送给英国的劳斯莱斯公司。英国的工程师在这天开始时收到引擎支架设计，他们审查设计并做出需要的调整，然后将它返还给洛杉矶的波音公司，调整后的设计在下一个工作日的开始到达洛杉矶。这种通过将工作转移到其他时区而可以按时钟工作的功能提高了产出。

由于印度拥有大量低成本、教育良好并会说英语的员工，许多组织已经选择将它们的服务和支持功能外包给印度，一些核算功能也被外包给印度。

13.2 国际信息系统组件的特征是什么

为了理解国际化对信息系统的影响，我们将从五个系统组件展开讨论。计算机硬件在全球范围内进行销售，并且大多供应商会提供至少一种主要语言的说明文档，因此获取本地硬件并建立本地网络变得很容易。而国际云的出现促使世界任何地方的企业更容易获得最新的服务技术。但是，作为一位国际信息系统专家，你确实需要知道未来角色可能发生的变化。

关于软件，需要考虑国际信息系统的用户界面。它有没有包括一个本地语言的 Windows 版本？软件应用程序本身怎么样？如果每位用户都会说英语，波音公司可以在全球范围内使用同一个库存系统吗？如果可以，用户精通英语程度如何？如果不可以，用户界面必须支持什么语言？

接下来考虑数据组件。假设库存数据库有一个零件数据表，并且这个表包含一个叫"备注"（remark）的列。进一步假设波音需要整合来自三个不同供应商的零件数据，在这三个供应商中，一个来自中国，一个来自印度，一个来自英国。哪一种语言将被用于记录"备注"？需要将所有的"备注"翻译成一种语言吗？还是三种语言？

人员组件——处理规程和人员，很明显受到语言和文化的影响。类似于业务流程，信息系统处理规程需要呈现出本地文化价值和准则。系统用户、职位工作描述和报告关系必须适合系统使用的设置。我们将在 13.5 节中进一步阐述这个问题。

13.2.1 软件本地化需要什么

使某个计算机程序以第二语言进行工作的过程叫作软件**本地化**（localizing）。经验表明，该过程实施较难。当本地化一个文档或者一个网页的内容时，你只需雇用一位翻译将你的文档和网页从一种语言转换到另一种语言。但是，这种情况对一个计算机程序来说却十分困难。

例如，你经常使用的一个应用程序——Microsoft Word，想一下将它翻译成其他语言需要做什么。你需要做的包括：翻译整个用户界面；翻译菜单条和按钮；某些图标也可能需要改变，因为在一种文化中无害的图形标志，在另一种文化中可能是令人难以理解的或令人不快的。

诸如包含表格、报告和查询的 CRM 这样的应用程序怎么样呢？每个部分的标签都需要翻译。当然，不是所有的标签都翻译成相同长度的词语，因此表格和报告需要重新设计。此外，诸如"输入延期交货订单的零件号"（enter part number for back order）这样的查询的问题和提示也必须翻译。

所有的文档也都需要翻译。除了文档中所有的图标需要以第二语言重新绘制外，这项工作只要雇用一个翻译就可以了。

错误消息也需要考虑。当某些人尝试订购多于库存量的物品时，应用程序将产生一个错误消息，所有这些消息都需要翻译。还有其他问题，排序就是一个问题。西班牙人对某些字母使用重音，结果表明，当使用电脑默认排序订单时，"Ó"的发音是在"z"之后。图 13-4 总结了软件本地化时需要处理的问题。

- 翻译用户界面，包括菜单条和按钮
- 翻译表格、报告以及查询中的标签，有时可能需要重新设计
- 翻译所有的文档和帮助文件
- 重画并翻译所有的图表以及帮助文件中的例子
- 翻译所有的错误消息
- 翻译所有消息盒子中的文本
- 调整不同字符集的排序
- 解决亚洲字符集和语言中从右到左阅读和书写的特殊问题

图 13-4 本地化计算机程序时需要处理的问题

程序技术可以用于简化本地化过程和减少成本，但是，在写任何代码之前，必须在设计中使用这些技术。例如，假设当满足某一条件时，程序显示消息"库存数量不足"(insufficient quantity in stock)。如果程序员对所有消息进行编码，然后本地化这个程序，那么另一位程序员就必须在代码中找到每一个这样的消息，然后要求一位翻译人员改变这些代码。一个首选的技术是给每个错误信息一个唯一的标识符，然后另外建立一个错误文件，其包含一个标识符列表以及它们相关的内容。那么，当错误发生时，程序代码使用标识符获取消息内容，进而从错误文件中呈现它们。在本地化过程中，翻译人员只需要将错误信息文件翻译为第二语言。

作为一位未来的管理人员，你最起码需要明白两点：①本地化计算机程序比翻译文档更困难、更昂贵、更耗时间。②如果一个计算机程序可能需要本地化，那么从设计开始就要进行本地化的计划。此外，当考虑收购外国公司时，一定要预计信息系统本地化所花费的时间和费用。

13.2.2　IBM 公司的 Watson 学习韩语

IBM 公司和大型韩国 IT 服务提供商 SK C&C 之间最近的合作关系就是本地化问题的一个很好的例子。⊖IBM 公司的 Watson 是一个使用人类自然语言回答问题的人工智能平台，SK

⊖ Fiona Doherty, "The Science of Tutoring Watson to Understand Korean," IBM Research, May 18, 2016, accessed June 15, 2016, www.ibm.com/blog/research/2016/05/science-tutoring-watson-understand-korean.

C&C 想使用 Watson 提高移动礼宾服务和呼叫中心的交互性能。为了实现它，Watson 已经开始学习韩语。

这不是一项容易的任务。韩语使用各种不同的字符（韩文），与英语相比，其很难通过上下文进行解读。Watson 使用一个迭代的过程来学习韩语。它首先用韩语处理一些文本，从说韩语的人中得到一些反馈，然后处理更多的文本。它将一直持续这个过程直到学会如何去说韩语。

IBM 公司的 Watson 的本地化很不容易，但是其潜在的价值却是巨大的。Watson 不会忘记、不会睡觉或休假。它持续不断地学习和处理更多信息，并可以同时为世界上许多不同行业的数百万用户提供服务。它还可以用客户的母语处理问题，而不是第二语言（如图 13-5 所示）。韩语是 Watson 学习的第八种语言，其学习的其他语言有英语、日语、法语、葡萄牙语、西班牙语、意大利语以及阿拉伯语。⊖

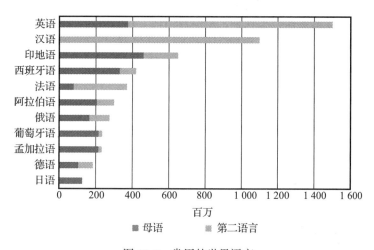

图 13-5　常用的世界语言

资料来源："The Most Spoken Languages Worldwide," Statista.com, June 15, 2016, www.statista.com/statistics/266808/the-most-spoken-languages-worldwide.

13.2.3　全球数据库存在的疑难问题和重要问题是什么

当我们在第 7 章中讨论 CRM 和 ERP 时，我们了解到将所有数据存储到单一的数据库中的优势。简单来说，单一数据库减少了数据整合问题并且使对组织的客户和运营有一个全面的了解成为可能。

但是，具有单一数据库的国际化公司必须声明使用一种语言。每个备注、注释或者其他文本字段都必须是单一语言。如果不是，单一数据库的优势就会消失。对公司来说，承诺使用单一公司语言并不是问题。

但是，对于使用多种语言的公司来说，单一数据库是不可能的。这样的公司常常放弃单一数据库的优势，而将其分为不同的部分，并在不同的国家利用本地的语言数据，使用不同的数据库。例如，一家国际制造公司在韩国有一个组件制造部门，它有一个韩语数据库；而在巴西有一个最终的组装部门，它有一个葡萄牙语数据库。在这种情况下，这家国际制造公

⊖ Statista Inc., "The Most Spoken Languages Worldwide," Statista.com, June 15, 2016, www.statista.com/statistics/266808/the-most-spoken-languages-worldwide.

司需要一个应用程序处理不同数据库之间的输出和输入数据。

除了语言问题，运行情况是全球数据库遇到的第二个问题。当使用单一数据库时，数据传输速度太慢而不能及时处理来自某单一地理位置的数据。这种情况下，公司有时会将其数据库分布于世界各地。

分布式数据库处理（distributed database processing）是指对一个分散存储在多个位置的数据库的处理。如果分布式数据库包含同样数据项的副本，那么它就叫**备份数据库**（replicated database）。如果分布数据库并未包含同样数据的副本，而是将数据库划分为不重叠的部分的分布式数据库，其被称为**分区数据库**（localizing）。在大多数情况下，没有太多开发工作时，查询任何一个分布数据库都可以提高执行效率。但是，为了将所有变化正确地写入所复制的数据中而更新一个备份数据库，这充满了挑战，需要高技术人员来实现。然而，像亚马逊这样在美国、印度和爱尔兰都设有操作呼叫中心的公司，已经开发了一个应用程序，并成功地实现在全世界更新所有的分布式数据库。由于这个基础设施的存在，亚马逊网站后来又通过Web服务实现了这个分布式数据库技术，正如你在第5章和第6章了解到的。云已经使数据的国际分布变得更加容易。

13.2.4 国际化企业应用程序面临的挑战

正如你在第7章了解到的，工作组业务流程和功能性应用程序支持单个部门内的特定活动和业务活动。由于系统单独运行，组织面临着自动化孤岛。例如，销售和市场数据并没有与运行或制造数据整合。

许多组织通过创建企业系统来解决信息仓的问题。但是，对于国际信息系统，其可能并不起作用。

13.2.5 功能系统的优势

在许多情况下，整合的缺失是一种劣势，但对于国际化组织和国际化系统来说，它可能是一种优势。例如，如果美国的订单流程功能系统独立于我国台湾的制造系统，那就没有必要在一个单一系统中考虑语言、业务和文化差异。美国订单流程系统可以用英语运行并呈现美国的惯例和文化。我国台湾的制造信息系统可以用中文运行并呈现台湾的业务惯例和文化。只要两个系统间存在合适的数据接口，它们就可以独立运行，必要时共享数据。

诸如ERP这样的企业系统通过将数据整合到一个提供全面的、整个组织视图的数据库中来解决数据孤岛问题。但是，这个优势需要企业确定单一标准语言，并且在可能的情况下将数据库放在单一位置；否则，企业需要一个分布式的功能性数据库。

13.2.6 内部流程问题

ERP内部流程以及其他应用程序甚至存在更多问题。每一个软件产品都假定它们将被用户赋予各种特殊的角色并以某种方式执行其操作。通过向用户宣称他们的处理规程基于全行业最佳实践以及宣称组织遵循这些标准流程将会从中受益，ERP供应商证明这个标准化是合理的。这个声明可能是真的，但某些内部流程可能会与文化标准发生冲突。如果他们这样做，对于管理人员而言，说服员工遵循这些流程将是非常困难的。或者至少在某些文化中，这样做是困难的。

语言、文化、规范和期望的差异加重了国际化流程管理的难度。只是创建一个精确的现行模型都将是困难和昂贵的，开发可供选择的国际化流程并进行评估则更具有挑战性。在文化差异的情况下，仅确定什么样的标准应该用于评估可选方案可能是困难的，更不用说进行这些评估了。

由于这些挑战，未来国际化业务流程的发展可能更像企业间业务流程。定义一个高层次流程来记录每个国际单元的服务职责，然后 Web 服务连接这些服务到一个整合的企业国际系统中。由于封装性，国际单元的唯一义务是提供其定义的服务。一项服务可以使用基于专制管理政策的处理规程提供，而另一项服务可以使用基于协同管理政策的处理规程提供。因此，在一个基于 Web 服务的企业系统中，这些差异并不重要。

13.3 企业间信息系统如何促进全球供应链管理

供应链（supply chain）是用于将原材料转换为交付给客户的产品的组织和设施的网络。图 13-6 展示了一个常见的供应链。顾客从零售商处下订单，零售商从分销商处下订单，分销商从制造商处下订单，制造商从供应商处下订单。除了这里所展示的组织外，供应链还包括运输公司、仓库和库存以及组织间各种传输消息和信息的方式。

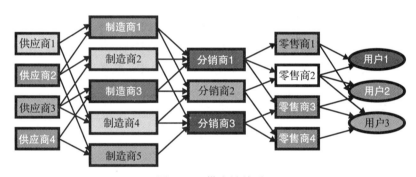

图 13-6　供应链关系

由于去中介化，并不是每个供应链都包括上述所有组织。某些公司会直接向顾客进行销售，省略了供应链中的分销商和零售商。在其他供应链中，制造商会直接向零售商进行销售，从而省略了分销商。

术语"链"可能是一个误导。因为链意味着每个组织只连接到一个企业的上行链（供应商）和下行链（用户）。但事实并非如此，在每层中，一个组织可以与许多组织一起工作，既包括供应链上游，也包括下游。因此，供应链是一个网络。

为了理解供应链的国际化维度，我们来看看图 13-7。假设你决定参加越野滑雪，你打算在 REI⊖ 商城（它的某家实体店或者网店）购买滑雪板、固定器、滑雪鞋和滑雪杖；为了满足你的订单要求，REI 商城从它的商品库存中调出这些商品，而这些商品是从分销商 / 进口商处购买的。

根据图 13-7，REI 商城从一个分销商或进口商处购买滑雪板、固定器以及滑雪杖，从第二个进口商处购买滑雪鞋。反过来，分销商或进口商从制造商处购买需要的东西，而制造商又从他们的供应商处购买原材料。

注意一下图 13-7 中供应商和制造商的国旗。例如，滑雪杖制造商位于巴西，它从中国进

⊖　REI 是美国 Recreational Equipment, Inc. 的英文缩写，它是全球最大的户外用品连锁零售组织。——译者注

口塑料制品，从加拿大进口铝合金以及从意大利进口器材，然后成品滑雪杖通过进口商或分销商被进口到美国的 REI 商城。

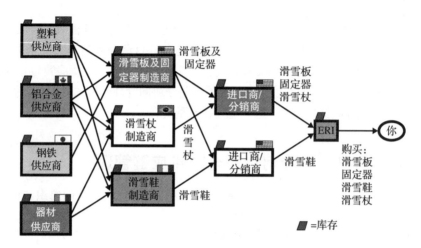

图 13-7 供应链的例子

一条供应链的唯一收益来源就是顾客。在 REI 商城的例子中，你将钱花在滑雪装备上。从这点起，沿着供应链至原材料供应商，整个系统都没有资金的再次注入。你在滑雪装备上花费的资金返回到供应链，作为商品或原材料的支付。因此，顾客是收益的唯一来源。

13.3.1 供应链中信息的重要性

为了保持竞争力，国际上许多企业的关注重点在于减少成本。特别是拥有全球供应链的企业，供应链成本的缩减是主要目标。图 13-8 显示了沃尔玛公司如何彻底调整它的供应链来消除分销商和其他中介商，从而直接从制造商处购买商品。沃尔玛公司的目标是增加自有品牌商品的销售和收益。与此同时，采购和仓储合并到四个全球采购中心，如在墨西哥市附近的采购中心处理新兴市场的商品。⊖

正如你在生产和供应链课程中学习到的，各种不同的因素决定了供应链的成本和运行。但是，信息是最重要的一个。让我们来看看图 13-8 中每家企业的库存管理。这些企业如何决定什么时候购买产品以及购买多少？墨西哥市的新沃尔玛处理中心如何确定有多少条牛仔裤、多少个冰柜或者多少瓶维生素需要订购？这些订单应该是多大？订单的频率是多少？这些订单如何被追踪？当一个装运车消失时会发生什么？信息是影响上述每个决策制定以及其他数十个决策制定的重要因素。为了强调信息的重要性，我们来看看牛鞭效应。

13.3.2 信息如何减弱牛鞭效应

牛鞭效应（bullwhip effect）是指订单的大小和时间选择的变化在从客户到供应商的供应链上的每个阶段都有所增加的一种现象。图 13-9 展示了这种现象。在一个著名的研究中，牛

⊖ Wal-Mart Stores, Inc. "Walmart Leverages Global Scale to Lower Costs of Goods, Accelerate Speed to Market, Improve Quality of Products." Wal-Mart press release, last updated January 28, 2010, http://corporate.walmart.com/_news_/news-archive/2010/01/28/walmart-leverages-global-scale-to-lower-costs-of-goods-accelerate-speed-to-market-improve-quality-of-products.

鞭效应在宝洁公司的尿不湿供应链中被观察到。[⊖]

除了随机变量，尿不湿的需求是持续不断的。它不是季节性的产品，其需求并不随着时尚或者其他事情而改变。婴儿的数量决定了尿不湿的需求，这个数量是持续不断的或缓慢变化的。

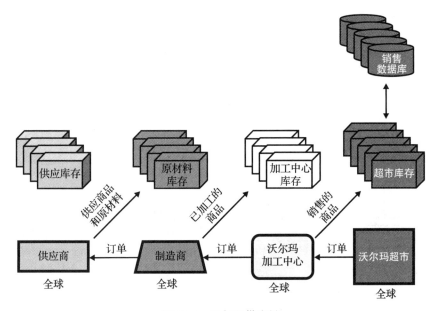

图 13-8 沃尔玛供应链

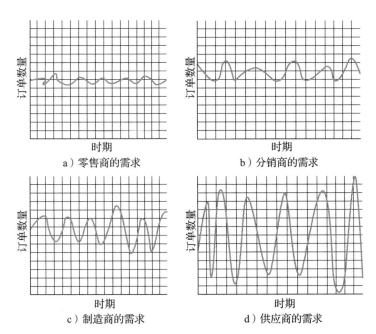

图 13-9 牛鞭效应

资料来源：Hau L. Lee, V. Padmanabhan, and S.Whang, "The Bullwhip Effect in Supply Chains," Sloan Management Review, Spring 1997, pp. 93-102.

⊖ Hau L. Lee, V. Padmanabhan, and S.Whang, "The Bullwhip Effect in Supply Chains," Sloan Management Review, Spring 1997, pp. 93-102.

零售商并不是每销售一包尿不湿就从分销商处订购。它会一直等待，直到库存降到一定量时再进行订购，这叫作再订购量（reorder quantity）。然后零售商会订购一批尿不湿，也许它会订购比期望销售量多一些的尿不湿，以防止发生库存中断的情况。

分销商收到零售商的订单并且也进行同样的过程。它会一直等待直到其供给量低于再订购量，然后从制造商处再订购，也许它会增加数量以防止供给中断。相应地，制造商也与原材料供应商采用了类似的过程。

因为这个过程的本质，零售商处小的需求变化在供应链的每个阶段被放大。如图13-10所示，这些小的变化在最后的供应商处变成了非常巨大的变动。

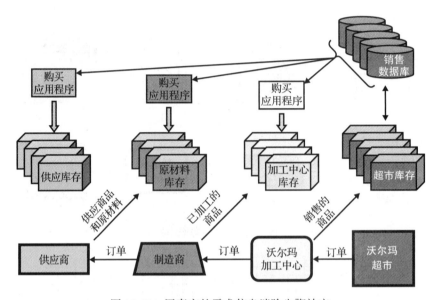

图13-10 用真实的需求信息消除牛鞭效应

牛鞭效应是一个自然的动态变化，其由于多阶段的供应链特性而产生。尿不湿的研究表明，它与不确定的用户需求没有关系。当在高速路上开车时你可能也会看到同样的效应。一辆车慢下来，紧随其后的一辆车会有些突然地慢下来，这引起了线路上的第三辆车更突然地慢下来，直到第30辆车或者之后的车突然猛踩刹车。

牛鞭效应的巨大波动使得分销商、制造商以及供应商储存更多的库存物品，并远多于真实顾客的需求量。这减少了供应链的总体收益。消除或至少减弱牛鞭效应对于物流成本高、运输时间长的国际化供应链尤为重要。

一种消除牛鞭效应的方法是让供应链中的所有参与者从零售商处获取顾客需求信息。所以，每个组织可以基于真实的需求（仅来自于注入资金到系统中的团体需求）来计划其库存或者生产，而不是基于对供应链中下一个组织的观察需求。当然，企业间信息系统也需要共享这样的数据。

以图13-10中的沃尔玛为例。沿着底部，供应链中的每个实体从旁边的实体处进行订购（图13-10中它左边的实体）。例如，沃尔玛处理中心从制造商处订购商品。如果没有了解到真实的需求，那么这个供应链在牛鞭效应下会很脆弱。但是，如果每个实体都可以通过一个信息系统获取关于真实需求的数据，即为这个供应链提供资金来源的顾客需求，那么每个实体都可以预测订单量。尽管会维持一个较少的库存，但真实需求的数据将使得每个实体都能够满足订单需求。

13.4 国际信息系统的安全挑战是什么

管理国际系统会产生独特的安全挑战，其来自于法律体系、物理环境以及文化规范的差异。这些挑战给一个组织在另一个国家发展的能力带来了现实的威胁。

13.4.1 法律环境

国家间法律环境的差异直接影响信息系统的日常运行。关于加密的使用、内容分发以及个人隐私保护的法律差异可以大大地影响国际信息系统。

1. 加密

大多数人都不会注意到加密在许多国家是非法的或受到强烈限制的。是的，你读得正确，非法。在俄罗斯和中国，进口或出口加密产品需要获得一个许可。⊖任何加密产品的使用也需要获得一个许可。在其他国家，像英国、印度以及澳大利亚也有强制解密的法律。

事实上，2015年英国首相卡梅伦建议将后门放在所有可以有效规避加密的软件中。2016年，英国下议院（UK House of Commons）通过了《窥探者的宪章》（*Snooper's Charter*），该法案要求公司在法律强制要求的情况下删除加密信息。

在美国，苹果公司被美国联邦调查局（Federal Bureau of Investigation，FBI）控诉，其被要求解锁一部在圣·贝纳迪诺（San Bernardino）恐怖袭击中使用的加密手机。FBI最终取消诉讼，并且宣称已经购买了可以破解苹果加密的受限软件。⊜

使用加密的公司需要注意加密法在不同国家的差异性，这可能影响它们的运行效率。

2. 内容分发

关于存储在组织系统中内容的合法性的法律在不同国家也是存在差异的。

事实上，很多国家通常会关闭某些互联网公司入口。当实施端到端的加密时，巴西关闭了脸书的消息应用程序WhatsApp 72个小时。⊜土耳其政府在2014年也关闭推特和Youtube一次，以压制一个令人尴尬的视频，该视频展示了官员们正在讨论发动一场战争；并且其在2015年又再一次关闭了一个检察官作为人质的Youtube视频。⑳

3. 个人隐私

隐私法律的变动也有可能影响一个组织的国际系统的运行。例如，在欧洲部分国家的企业，雇主不能阅读他们员工的电子邮件，个人数据也不能在没有得到允许的情况下被收集，组织必须向个人提供纠正他们收集的数据中的不准确之处的能力，而且个人数据也不能在没有得到允许的情况下被公司共享。这些都不适用于美国的组织。

⊖ Bert-Jaap Koops, "Crypto Law Survey." Cryptolaw.org, February 2013, www.crytolaw.org, accessed June 15, 2016.

⊜ Caroline Craig, "Apple vs. FBI Is Over, but the Encryption Battle Rages On," March 25, 2016, accessed June 15, 2016, www.infoworld.com/article/3048237/security/apple-vs-fbi-is-over-but-encryption-battle-rages-o-n.html.

⊜ Kate Conger, "Brazil Orders Cell Phone Carriers to Block WhatsApp for 72 Hours." TechCrunch, May 2, 2016, accessed June 15, 2016, http://techcrunch.com/2016/05/02/brazil-orders-cell-phone-carriers-to-block-whatsapp-for-72-hours.

⑳ Raziye Akkoc,"Turkey Blocks Access to Social Media and YouTube over Hostage Photos." The Telegraph, April 6, 2015, accessed June 15, 2016. www.telegraph.co.uk/news/worldnews/ europe/turkey/11518004/Turkeyblocks-access-to-Facebo-ok-Twitter-and-YouTube.html.

隐私法律的差异甚至可能会变得更显著。2014 年，谷歌公司输掉了一场官司并被强制为欧洲用户提供"被遗忘的权利"。个人用户可以要求谷歌公司在搜索结果中删除关于他们的参考信息。截至 2016 年，谷歌公司已经收到对超过 1 544 837 个 URL 的多于 441 394 个删除要求，它已经删除了 43% 的相关 URL。⊖

这个判决也将有可能用于其他服务提供商，如必应公司、雅虎公司以及 Ask.com 公司。不幸的是，这些隐私保护并没有用于美国公民。事实上，谷歌公司组建了它自己的顾问委员会，其建议"被遗忘的权利"规定不应适用于欧盟之外的任何谷歌业务。这意味着如果欧盟用户访问 www.google.com 而不是 www.google.co.uk 时，他们仍然能看到删除的 URL。

2016 年，谷歌公司被罚款 147 370 美元，因为它没有遵守法国法院的法令，在全球范围内实施"被遗忘的权利"法律。⊜谷歌公司辩论说，法国和欧盟法院不能将其司法权扩展到其国界之外。他们也指出，如果支持这条法律，同样的标准被用于强制法国和欧盟公司遵照外部监管。

隐私法律潜在地强制国际技术公司改变它们运行的方式，而且更重要的是，它会重塑国际法律。

组织需要注意的是，与加密、内容和隐私有关的法律将影响它们收集、处理和存储数据的方式。思考一下这些法律如何影响组织使用云服务技术来存储数据。组织可以在具有宽松内容法的国家开展业务，然后将其所有数据和应用程序存储在具有更严格隐私权法律的其他国家，以保护其用户。换句话说，国际法律和技术的交互部分正在促使组织仔细地评价它们如何管理信息系统，特别是数据的存储位置。

13.4.2 物理安全

由于物理环境的不同，在国家间运行信息系统可能也存在问题。这包括基础设施的威胁，其形式有自然灾害、地缘政治风险、民众动乱和恐怖袭击。

你的数据中心放在美国的堪萨斯州，它可能会遭遇龙卷风。把数据中心放在国际范围内，它可能会遭遇台风/飓风、地震、洪水、火山爆发或者泥石流。例如，日本的数据中心幸免于 2011 年的地震、海啸以及核反应堆堆芯熔毁的可怕影响。由于被放置在一个缓冲器的装置中，并且有备用发电机，所以它们才能在地震、洪水以及大面积停电中幸免于难。

一个组织的物理基础设施也容易被彻底没收。2016 年，由于洗钱，阿瑟·布多瓦斯基（Arthur Budovsky）被判 20 年有期徒刑并被罚款 50 万美元。⊜阿瑟·布多瓦斯基的公司——自由储备银行（Liberty Reserve）用比特币兑换美元并向客户收取 1% 的手续费。阿瑟·布多瓦斯基的公司的服务器被扣押，布多瓦斯基本人也在西班牙被逮捕。美国联邦机构在扣押的服务器上发现了 550 万个账户存有超过 80 亿美元。

运行关键基础设施的员工也有可能成为目标。2014 年，当俄罗斯与西方国家的关系日

⊖ Google Inc., "European Privacy Requests for Search Removals," Google.com, May 13, 2015, accessed June 15,2016, www.google.com/transparencyreport/removals/europeprivacy.

⊜ James Bradshaw, "Google Ruling Puts Europe's 'Right to Be Forgotten' Law Back in Focus," The Globe and Mail, May 23, 2016, accessed June 15, 2016, www.theglobeandmail.com/report-on-business/international-business/european-business/google-ruling-puts-europes-rights-to-be-forgotten-law-back-in-focus/article30120998.

⊜ Iain Thomson, "Cyber-moolah Boss Gets 20 Years' Porridge for Money Laundering," The Register, May 9,2016, accessed June 15, 2016, www.theregister.co.uk/2016/05/09/liberty_reserve_boss_gets_20_years_in_prison_for_virtual_currency_laundering.

益紧张时，俄罗斯总统普京撤销了将近 1 000 位外国员工的签证。德勤公司的首席运营官昆汀·奥图尔（Quentin O'Toole）因其妻子的超速罚单而被驱逐。

13.4.3 文化规范

最后，文化规范也有可能影响组织管理其国际信息系统的方式。例如，行贿在美国普遍被认为是不可接受的，但在其他国家也许作为一种正常的经营方式而被接受。

将这些文化差异应用于国际信息系统管理。在一个贪污被普遍接受的文化中，组织可以依赖于责任和权利的分离控制吗？在这样的环境中，组织会失去有价值的知识产权吗？若在一种文化中，背后议论他人被认为是极其无礼的，那么个人评价信息的作用是什么？

组织需要仔细地调查国际信息系统的部署如何受到文化规范的影响。由于文化规范的差异，需要基于不同的文化基础来选择和评价安全措施。额外的安全措施也可能需要，但第 10 章描述的技术和数据安全措施仍可应用于国际信息系统。

13.5 国际信息系统管理面临着哪些挑战

除了安全，系统的规模和复杂度也给国际信息系统管理带来挑战。国际信息系统组件较大且较复杂，相应的开发项目更大、更复杂。国际信息系统部门规模也较大，并由许多拥有不同本地语言文化的人员组成。国际化组织拥有着更多的 IS 和 IT 资产，这些资产均暴露于更大的风险和不确定的环境中。由于国际法律的复杂性，安全事件的调查也较为复杂。

13.5.1 为什么国际信息系统的开发更具有挑战性

影响国际信息系统开发的因素比影响国际软件开发的因素更具有挑战性。如果系统真的是国际性的，并由许多来自不同国家的用户所使用，那么这个系统的开发项目将十分复杂。

为了弄明白为什么会如此，下面我们将讨论五个信息系统组件。在不同国家运行硬件并不成问题，特别是在使用云技术的情况下更不成问题；假设程序被本地化，那么软件的本地化也是可管理的。数据库却面临很多问题：单一的数据库会被使用吗？如果会的话，它是分布式的吗？如果是，那将如何进行更新？存储数据将会用到什么类型的语言、货币和度量单位？如果多种类型的数据库被采用，数据在它们之间将如何被传输？其中某些问题较为困难，但还是可以解决的，并且基于云的数据库会使这些问题更易被处理。

处理规程和人员也是如此。一个国际信息系统由工作和生活在不同文化环境中的用户所使用。日本对待顾客的方式与西班牙和美国有很大的不同。因此，使用 CRM 的处理规程将相应地不同。

考虑第 12 章讨论的业务流程和信息系统间的关系。信息系统可能促进组织竞争战略并支持业务流程。但潜在业务流程要是存在差异会怎样？日本的用户支持和西班牙的用户支持可能会存在完全不同的流程和活动。

即使目标和范围被某些统一的方式所定义，那么需求将被如何确定？此外，如果潜在的业务流程不同，那么信息系统的具体需求也将不同。管理一种文化的系统需求都较为困难，那管理国际信息系统的需求可能会更加困难。

存在两种应对这些挑战的方法：① 定义一组标准的业务流程，或者 ② 开发可供选择的系统版本，以支持不同国家的不同流程。两种方法都存在一定的问题。第一种方法需要组织对不同的工作流程进行转换，正如你在第 7 章了解到的，这样的转换是十分困难的。人们拒绝改变，如果这些变化违反文化规范，他们将表现得更加强烈。

第二种方法虽然容易实施，但它可能对系统设计构成威胁。实际上，它也可能意味着并不是只有一个系统，而是存在很多系统。

尽管存在上述问题，但这两种方法均被采用。例如，SAP、Oracle 和其他 ERP 供应商通过它们软件产品的内在处理规程来定义标准业务流程。许多组织也尝试运行这些处理规程。当这样做在组织上是不可行的时候，组织确定那些内在处理规程的例外情况，并开发处理例外的程序。这种选择意味着高昂的维护费用。

13.5.2　国际项目管理面临的挑战是什么

由于项目的规模和复杂度，管理一个全球信息系统开发项目是困难的。一个项目的需求是复杂的，需要很多资源，并涉及大量人员。团队人员说着不同的语言，生活在不同文化背景下，工作在不同时区中，并且很少面对面会见。

一种理解这些因素如何影响全球项目管理的方式是考虑每个项目管理的知识域，这个知识域由美国项目管理研究协会（Project Management Institute，PMI）的文件《项目管理知识体系指南》（*A Guide to the Project Management Body of Knowledge*）（PMBOK®Guide，https://www.pmi.org/PMBOK-Guide-and-Standark.aspx）制定。表 13-2 总结了每个知识域的挑战。由于国际开发项目需要来自分布式工作组成果的复杂整合，所以项目整合更困难。并且，任务的依赖关系可以在国家间跨团队进行，这也增加了任务管理的难度。

表 13-2　国际信息系统项目管理的挑战

知识域	挑战
项目整合	不同工作小组成果的复杂整合 物理上和文化上不同的工作小组任务的依赖关系管理
需求（范围）	需要支持潜在业务流程的多个版本 需求与处理规程之间可能有很大差异
时间	不同文化和国家的开发速度不同
成本	不同国家的开发成本存在较大差异。在不同国家执行同样任务的两位成员可能会被支付相当不同的费用。在团队间转移工作可能会大大改变成本
质量	不同文化的质量标准不同，不同的质量期望会导致一个不一致的系统
人力资源	员工的期望存在差异，不同员工对补贴、奖金和工作环境的期望存在较大的差异
沟通	团队成员的地理位置、语言和文化差异阻碍了有效沟通
风险	开发风险较大，很容易失去控制
采购	国家贸易的复杂性

正如刚刚讨论的，定义国际信息系统的范围和需求较为困难。由于不同文化和国家的工作团队以不同的速度工作，因此时间管理更加困难。有些文化一周工作 35 个小时，而另一些一周工作 60 个小时。有些文化希望六周的假期，而另一些希望两周的假期。有些文化以劳动效率为荣，而另一些文化以体贴的工作关系为荣。因此，国际项目不存在标准的开发速度。

就成本而言，不同的国家和文化支付的劳动成本也十分不同。通过关键路径分析，管理人员可以选择将某个任务从一个团队转移到另一个团队。但是，这样做可能会大大地增加成本。因此，管理人员可能会选择接受一个工作延迟而不是将工作转移到一个可获得但是更昂贵的工作团队。对于国际开发项目，时间和成本间的复杂权衡甚至更复杂。

质量和人力资源对国际项目来说也较为复杂。不同国家质量标准的差异较大。一些国家的 IT 行业，如印度，在提高程序质量的开发技术方面已经进行了大量投资。其他国家，如美国，却不愿意投资质量。在任何情况下，质量不一的程序集成都会导致系统的不一致。

员工期望因文化和国家而异，不同员工对补贴、奖金以及工作环境的期望也相差很大。这些差异可能会导致员工间的误解、团队士气不足以及项目推迟。

由于上述因素的存在，有效的团队沟通对国际项目十分重要，但是，语言和文化差异以及地理分离使得这样的沟通变得很困难。有效沟通的成本也是更高昂的，如考虑仅维持一个三到四种语言的团队门户的额外费用。

如果你考虑了表 13-2 中所有的因素，就会很容易理解为什么项目风险在国际信息系统开发项目中很高。很多事情都可能会出错。项目整合是复杂的，需求很难确定，成本、时间以及质量很难管理，工作环境变化很大，并且沟通是困难的。最后，项目采购由于国际商务常见的挑战性因素而变得复杂。

13.5.3　国际信息系统管理面临的挑战是什么

第 11 章定义了四个重要的信息系统部门职责：规划、运营、开发以及保护信息系统和支持基础设施。对国际信息系统组织来说，每个职责都更具挑战性。

关于规划，它的主要任务是将 IT 和 IS 资源与组织竞争策略紧密结合。这项任务并没有改变国际公司的特点，只是变得更加复杂和困难。跨国组织和运营是复杂的，因此支持它们竞争战略的业务流程也往往是复杂的。更进一步，全球经济因素的变化可能意味着流程的巨大变化以及需要 IS 和 IT 支持的变更。技术的采用也可能引起显著的改变。例如，发展中国家手机使用率的增加改变了对本地信息系统的需求。石油和能源的价格可以改变国际业务流程。由于这些原因，国际信息系统的规划任务更大、更复杂。

有三个因素给国际信息系统运营带来了挑战。首先，在不同国家、文化和语言中开展业务增加了信息系统的复杂性。进入任何一家跨国公司的网站，如 www.3m.com 或者 www.dell.com，你将会被要求点击你居住的国家。当你点击时，你可能被引导进入一个在其他国家运行的 Web 服务器。这些 Web 服务器由生活在不同文化并讲着各种不同语言的人员运营，但它们需要一致的管理。

其次，相似但不同的系统的整合。以库存为例，在全球范围内，一个跨国公司可能拥有许多不同的库存系统。为了促进商品的流动，这些系统中有许多都需要进行协调和整合。

比如，运营在三个不同国家的三个不同支持中心的客户支持。每个中心都可能拥有自己的信息系统，但是这些系统中的数据却需要进行输出或者共享。如果不这样，那么其他客户支持中心就不可能知道仅联系某一个客户支持中心的客户。

最后是外包。许多组织已经选择将客户支持、培训、物流以及其他幕后活动进行外包。对于客户支持和其他必须提供 24/7 制（一周 7 天，一天 24 小时）运营的功能，国际外包是一种独特的优势。许多企业将物流外包给 UPS 快递，因为这样做可以在世界范围内提供广泛的运送和物流支持。组织的信息系统通常需要与外包供应商的信息系统相整合，并且世界范围内的各种不同信息系统都可能需要进行整合。

13.5.4　在国外办事处建立信息系统

第四个信息系统部门职责是保护 IS 和 IT 基础设施。为了理解国际信息系统管理面临的挑战，我们假设猎鹰安防决定在欧洲开拓一个办事处。如何开发该办公室的信息系统呢？

在回答这个问题之前，先看看Mahr集团是如何管理它的国外办事处的。这是一家中等规模的跨国公司，总部设在德国。Mahr集团从本地供应商那里购买它的硬件并接入互联网，但却让全球范围内的企业员工安装和配置同样的软件。它还让全球每家国外办事处的企业员工执行标准的IT审计。

作为一家制造商，为了维护德国的中心数据库，Mahr运行了一个ERP系统，这个数据库可以通过在全球租用的通信线路来访问。它还要求同样的计算机辅助设计（CAD）软件可以在全球范围内使用。这样做使得Mahr的员工可以在全球范围内的办事处之间交换设计，而不用担心兼容问题。

本章小结

13.1 全球经济如何影响组织和流程

描述一下自20世纪中期后，全球经济发生了怎样的变化。解释一下互联网泡沫的破碎如何影响全球经济并且改变了全球范围内的员工数量。总结为什么"世界是平的"这一想法获得了支持，以及为什么这个观念是错误的。陈述缺乏"平的"世界如何提供商业机会。总结今天全球经济影响波特五力竞争因素的方式。解释全球经济如何改变组织评估行业结构的方式。全球经济如何改变竞争战略？全球信息系统如何给价值链带来价值？使用图3-4作为一个指导，解释每一个主要价值链活动如何可以在世界上任何地方实施。

13.2 国际信息系统组件的特征是什么

解释国际化如何影响一个信息系统的五个组件。它对软件本地化意味着什么？总结本地化一个计算机程序需要做的工作。用你自己的话，解释为什么为本地化设计一个程序，要比尝试让支持单一语言的一个已有程序适应第二种语言更好。解释一个国际信息系统拥有单一数据库会存在的问题。定义分布式数据库、备份数据库以及分区数据库。陈述处理复制数据库问题的一个来源。总结国际公司的功能系统的优势。总结跨国ERP内部流程的问题。解释SOA服务如何被用于处理国际企业应用程序中的问题。

13.3 企业间信息系统如何促进全球供应链管理

定义供应链，并解释为什么术语链是误导的。在什么情况下，并不是所有组织都在图13-7中的部分供应链中？给出供应链中唯一收入来源的名称。描述牛鞭效应并解释为什么它会增加一个供应链的成本。解释为什么图13-10展示的系统可以消除牛鞭效应。

13.4 国际信息系统的安全挑战是什么

关于加密使用、内容分布以及个人隐私保护，解释不同国家的法律差异。描述自然灾害、地缘政治风险、民众动乱和恐怖袭击如何对国际信息系统的物理安全造成威胁。举一个例子说明文化规范差异是如何影响国际信息系统的。

13.5 国际信息系统管理面临着哪些挑战

陈述使国际信息系统管理具有挑战性的两个特征。解释国际系统开发和国际软件开发间的差异。使用五组件模型，解释为什么国际系统开发更困难。给出表13-2中每个知识域的一个复杂性的例子。陈述信息系统部门的四个职责。解释每一个职责对于国际信息系统组织来说怎样更具挑战性。描述为国际信息系统运行带来挑战的三个因素。总结Mahr集团在国外办事处建立信息系统基础设施时使用的战略。

本章关键术语和概念

牛鞭效应（bullwhip effect）　　　　　　　　分布式数据库流程（distributed database processing）

本地化（localizing）
分区数据库（partitioned database）
备份数据库（replicated database）
供应链（supply chain）

本章习题

知识运用

（1）假设你准备采访一家跨国公司，如3M公司、星巴克公司或可口可乐公司，并且进一步假设你希望展示人们对互联网和现代信息技术给国际商务所带来的变化的认识。使用13.1节中的信息，列出三个有关公司在国际商务中使用IT的问题并访谈受访者公司在国际商务中使用IT的具体情况。

（2）假设你为一家年度销售额1亿美元的公司工作，其正在考虑在墨西哥收购一家公司。假设你是一个团队资历较浅的员工，正在分析这次收购的可行性。你的老板并不懂技术，她要求你准备一个问题总结，这些问题是她在两家公司的信息系统合并时应该注意到的。她希望你的总结包括一系列问题，这些问题是她应该向你们的信息系统部门人员和潜在收购公司的信息系统部门人员询问的，请你准备这个总结。

（3）使用像第7章一样的CRM和ERP模块的数据，总结CRM和ERP功能系统的优劣势。在一个国际情景下，每一个改变的优劣势是怎样的？为你的答案建立一个优势和劣势表格，并为四种系统类型中的每一种都创建一行。

（4）假设你是一家在15个不同国家设立办事处的《财富》500强公司的CISO。你的公司有大量知识产权要保护，并且CEO已经建议公司将部分研发转移到海外来减少成本。使用13.4节的信息，描述这个转移可能引发的潜在危险。

应用练习题

第1章

AE1-1 Microsoft Excel 文件 **Ch01Ex01_U10e.xlsx** 中的数据表记录了一些项目中的员工活动。打开这一工作簿，并仔细阅读三个数据表中包含的数据。根据下面的人物和问题来评估数据的准确性、相关性和充分性。

①丹佛的分厂由你负责管理，你希望了解你的员工在这些项目上花费了多少时间。

②里诺的分厂由你负责管理，你希望了解你的员工在这些项目上花费了多少时间。

③芝加哥的配额估算项目由你负责，你希望了解你的员工在这一项目上花费了多少时间。

④所有三个分厂的配额估算项目都由你负责，你希望了解所有员工在这个项目上花费的总时间。

⑤所有三个分厂的配额估算项目都由你负责，你希望了解这一项目上所有员工的总体劳动成本。

⑥所有三个分厂的配额估算项目都由你负责，你希望了解自己负责项目所花费的总工时与其他项目相比有何差异。

⑦你从这一练习中得出了什么结论？

AE1-2 Microsoft Access 文件 **Ch01Ex02_U10e.accdb** 中的数据库记录了与 AE 1-1 相同的一些项目中的员工活动。在进行以下练习之前，打开数据库并阅读其中工时表的记录。

①已创建的 8 个查询分别从不同的角度来处理数据。根据准确性、相关性和充分性的标准，选出最符合 AE 1-1 中①～⑥信息需求的一个查询。如果没有一个查询符合要求，请说明原因。

②从这一练习中可以得出什么结论？

③比较在两个项目中的体验，你认为数据表和数据库各有什么优缺点？

AE1-3 在这一项目中，将可以看到一些与信息系统职业相关的数据。近些年，社会对信息技术人员的需求一直在增长，造成了信息技术从业者年薪的持续上涨。预计该行业未来的就业前景和薪资增长也将远高于平均水平。

在本练习中的网站上，可以使用职位编号（如 15-1071）或职位名称进行检索。这些数据是根据州名进行汇总，但可以在美国劳工部（DOL'S）的网站（www.dol.gov/dol/location.htm）上查找到你所在城市的数据。美国劳工部的网站可以链接到各州的政府网页。

本项目让你对信息技术行业的预期薪资具有更切实的认识。你也可以使用该项目中的网站来查找其他职业的薪资数据（如你所学专业的相关职业）。

第 1 步，访问 O*NET 网站（http://online.onetcenter.org/）。

第 2 步，在屏幕右上方的 "Occupation Quick Search" 一栏输入 "network administrator"

这一职业。

第3步，按下回车键。

第4步，点击第一个链接。

第5步，点击"Wages & Employment"。

第6步，进行截屏（你可以同时按下 Alt 键和 PrintScreen 键进行截屏）。

第7步，从"State Wages"的下拉菜单中选择一个州。

第8步，点击"Go"，就可以看到"Yearly Wage Chart"（年薪图表），然后进行截屏。

第9步，访问美国劳工统计局的网站（www.bls.gov/OES/）。

第10步，点击"Subjects"，选择"Pay & Benefits"，然后选择"Wage Data by Area and Occupation"。

第12步，在"Wage Data by State"的部分点击"By state"的链接。

第13步，点击其中一个州（可以选择你感兴趣的地方）。

第14步，点击"15-0000 Computer and Mathematical Occupations"的链接。

第15步，进行截屏。

第16步，点击"Network and Computer Systems Administrators"的链接（注意其平均年薪）。

第17步，点击"Geographic profile for this occupation"的链接（这部分会告诉你这一工作种类在哪些州有最高的从业者聚集度和最高的年薪）。

第18步，进行截屏。

①你可以查找美国某一个州的各城市的就业数据吗（提示：访问美国劳工部的网站 www.dol.gov/dol/location.htm）？

②对信息技术人员（网络管理员）需求的增长预期是否高于全国平均水平？为什么？

③信息技术从业者（网络管理员）平均薪资的增长预期是否高于全国平均水平？为什么？

④你认为是什么原因造成社会对信息技术从业者的需求如此之大以及该行业薪资的增长如此之高？

第2章

AE2-1 假定你获得了贵公司的部门清单以及贵公司所在行业主要公司各个部门的员工平均工资。此外，假定你也获得了贵公司三个部门中每个部门10个员工的姓名以及他们的工资，现要求你来协助制定明年增加多少报酬的管理决策。

现在要求你创建一个电子数据表格，以展示每个部门10个员工的姓名、当前工资、当前工资之间的差额、所在部门的行业平均工资、需要提高目前工资的百分之多少才能达到行业平均工资。该电子表格还应该能够计算贵公司每个部门需要平均增加多少工资才能达到所在行业的部门平均水平、贵公司整体需要平均增加多少工资才能达到行业平均水平。

①利用文件 Ch02Ex01_U10e.docx 中的数据创建这个电子数据表格。

②怎样利用分析对员工工资决策有所贡献呢？基于这些数据，你能做出怎样的决策呢？

③假定其他团队成员想使用你创建的电子数据表格，请给出与其他团队成员共享的三种方式，并描述它们的优点和缺点。

AE2-2 假定让你来协助制定明年增加多少报酬的管理决策，要求你具体负责判定在贵公司部门之间是否存在显著的工资差异。

为你提供一个 Access 数据库的名称为 EMPLOYEE 的数据表，该数据表的结构是：EMPLOYEE（Name，Department，Specialty，Salary），其中"Name"字段是在某部门工作的员工的姓名，"Departmen"字段是部门名称，"Specialty"字段是员工的主要技能，"Salary"字段是员工的当前工资。假定所有员工都不重名，请你来回答如下问题：

- 列出工资超过 10 万美元的所有员工的姓名、部门和工资。
- 列出营销部门所有员工的姓名和专长（Specialty）。
- 计算贵公司员工的平均工资、最高工资和最低工资。
- 计算贵公司营销部门员工的平均工资、最高工资和最低工资。
- 计算贵公司信息系统部门员工的平均工资、最高工资和最低工资。
- 计算每个部门员工的平均工资（使用 Group By 功能）。

①利用 **Ch02Ex02_U10e.accdb** 文件中的数据，设计并运行 Access 查询获得上述问题的答案。

②解释你的分析结果中的数据是如何对员工工资决策有所贡献的。

③假定其他团队成员想使用你的 Access 应用。请说出三种与他们共享的方式，并描述这三种方式各自的利弊。

第 3 章

AE3-1 图 AE-1 展示了休闲度假胜地自行车租赁企业用以评估和分析自行车库存的 Excel 电子表格，仔细观察该图以理解这些数据的意义，然后创建一个类似的 Excel 电子表格，并请注意以下问题：

- 一级表头是"Resort Bicycle Rental"，Calibri 字体，字号 20 号，合并 A1 至 H1 单元格，居中。
- 二级表头是"Bicycle Inventory Valuation"，Calibri 字体，字号 18 号，斜体，合并 A2 至 H2 单元格，居中。
- 列标题为 Calibri 字体，字号 11 号，加粗。文本在各自单元格居中，并且全部显示在单元格内。

	A	B	C	D	E	F	G	H
1				Resort Bicycle Rental				
2				*Bicycle Inventory Valuation*				
3				Saturday, May 27, 2018				
4	**Make of Bike**	**Bike Cost**	**Number on Hand**	**Cost of Current Inventory**	**Number of Rentals**	**Total Rental Revenue**	**Revenue per Bike**	**Revenue as Percent of Cost of Inventory**
5	Wonder Bike	$325	12	$3,900	85	$6,375	$531	163.5%
6	Wonder Bike II	$385	4	$1,540	34	$4,570	$1,143	296.8%
7	Wonder Bike Supreme	$475	8	$3,800	44	$5,200	$650	136.8%
8	LiteLift Pro	$655	8	$5,240	25	$2,480	$310	47.3%
9	LiteLift Ladies	$655	4	$2,620	40	$6,710	$1,678	256.1%
10	LiteLift Racer	$795	3	$2,385	37	$5,900	$1,967	247.4%

图 AE-1　Excel 电子表格

资源来源：Microsoft Corporation.

①表格前 2 行类似于图 AE-1，但是你可以自己选择背景颜色和样式。

②合并 C3、D3、E3 单元格，把时间数据放置在其中，并居中显示。

③制作图 AE-1 中展示的单元格框架。

④图 AE-1 使用了以下公式：

Cost of Current Inventory（现存库存成本）= Bike Cost（自行车成本）× Number on Hand（现有数量）

Revenue per Bike（每辆单车的收入）= Rental Revenue（租借收入）/ Number on Hand（现有数量）

Revenue as a Percent of Cost of Inventory（收入占库存成本百分比）=

Total Rental Revenue（租借总收入）/ Cost of Current Inventory（现存库存成本）

在你创建的电子表格中，使用图 AE-1 的公式。

⑤如图 AE-1 一样设计列的单元格格式。

⑥从数据中给出 3 个自行车租赁机构可能做出的管理决定。

⑦你能从数据中得出什么其他有利于自行车租赁管理的估算？在你的工作表文件中创建第二个电子表格，用来记录这些估算。

AE3-2 在此练习中，你将学到如何基于用户录入的数据创建查询，以及如何使用该查询创建数据输入表格。

①下载 Microsoft Access 文件 **Ch03Ex02_U10e.accdb**，打开文件，并熟悉顾客列表中的数据。

②单击 Access 功能区的"Create"（创建），单击"Query Design"（查询设计）的按钮，双击"Customer"（顾客），选择"Customer"表作为查询的基础，关闭显示表格对话框，然后将 CustomerName、CustomerEmail、DateOfLastRental、BikeLastRpnted、TotalNumberontentals 和 TotalRmtalRevenue 拖入查询结果窗格的列中（在查询设计窗口底部的表格）。

③在 CustomerName 列中，在标为"Criteria"（条件）的行中输入以下加粗文本：**[Enter Name of Customer:]**。请准确输入，包括方括号，这个符号告诉 Access 向你请求要查询的顾客姓名。

④在功能区，单击标为"Run"（运行）的红色惊叹号符号，Access 将会显示带有"Enter Name of Customer"（输入顾客姓名）文本内容的对话框（进入查询 Criteria 行的文本），输入 Maple，Rex 的值，并单击确定。

⑤保存你的查询，命名为 Parameter Query。

⑥单击功能区的"Home"（开始）标签，再单击"Design View"（设计视图，在"Home"功能区的左上方）。将 CustomerName 列的"Criteria"（条件）行中的文本替换为以下加粗文本：**Like "*" & [Enter part of Customer Name to search by:] & "*"**，并准确输入。

⑦单击功能区的"Run"（运行），执行该查询。当提示 Enter part of Customer Name to search by 时，输入 Maple。注意有两个名为 Maple 的顾客被显示出来。如果你有任何问题，请确认你输入的上述短语是否同查询中的 CustomerName 列的 Criteria 行的文本一样正确。

⑧再次以 Parameter Query 之名保存查询。关闭查询窗口。

⑨在 Access 功能区单击创建，点击"Form Wizard"（查询向导），然后选择"简单查询向导"；在打开的会话框的"Tables/Queries"（表格/查询）框中，单击向下箭头，选择"Query: Parameter Query"（查询：Parameter Query），然后单击">>"符号，查询中的所有列都将移到"Selected Field"（选定字段）区。

⑩单击两次"Next"（下一步），在窗口"What title do you want for your form"（请为查询指定标题）中输入标题名称；在上一个窗口下面选择"Customer Query Form"（打开进入查询查看信息），并单击完成。

⑪在出现的对话框中输入 Maple，Access 会打开有 Maple，Rex 值的表格。在表格底部，单击右向的箭头，姓为 Maple 的另外一个顾客会显示，该顾客的名也将显示。

⑪关闭表格。选择 Access"Navigation Pane"（窗体向导）的"Object Type"（对象类

型）和"Form"（表），双击顾客查询表格，并输入值 Amanda，Access 将显示所有名字中有 Amanda 的顾客的数据。

第 4 章

AE4-1 有时你会在一个 Office 应用程序中拥有数据，并希望不用再次键入就能将其移动到另一个 Office 应用程序中。通常，这种情况会发生在出于一个目的创建数据，却需要用于另一个目的的时候。例如，图 AE-2 提供了 Excel 电子表格的一部分，展示员工的计算机分配情况。

	A	B	C	D	E	F	G	H
1	EmpLastName	EmpFirstName	Plant	Computer Brand	CPU (GHz)	Memory (GB)	Disk (TB)	OS
2	Ashley	Linda	Denver	Dell	3	16	2	Windows 10
3	Davidson	Victor	Denver	Dell	3	12	2	Windows 10
4	Ching	Diem Thi	Denver	HP	3	8	2.5	Windows 8
5	Collins	James	Denver	Dell	2.5	6	1	Windows 7
6	Corning	Haley	Denver	HP	3	8	2	Windows 8
7	Scott	Richard	Denver	HP	2.5	8	2.5	Windows 8
8	Corovic	Anna	Denver	Dell	4	12	3	Windows 10
9	Lane	Kathy	Denver	Lenovo	2.5	6	1	Windows 7
10	Wei	James	Denver	IBM	3	16	2	Windows 10
11	Dixon	Mary	Denver	IBM	2	6	1	Windows 7
12	Lee	Matthew	Denver	Dell	2.5	6	1	Windows 7
13	Duong	Steven	Denver	Dell	2	2	0.75	Vista
14	Bosa	William	Denver	HP	3	8	2.5	Windows 8
15	Drew	Tony	Denver	HP	3	8	2	Windows 8
16	Adams	Mark	Denver	HP	2.5	4	1	Windows 7
17	Lunden	Nicole	Denver	Lenovo	4	12	3	Windows 10
18	Utran	Bryan	Denver	Dell	3	8	2	Windows 8
19								
20		Primary Contact:	Kaye Davidson					

图 AE-2　输入的 Excel 数据例子

资料来源：Microsoft Corporation.

假设你想使用此数据来帮助你评估如何升级计算机。例如，我们假设你想将所有的计算机操作系统都升级到 Windows 10，并且你想要优先升级最需要升级的电脑，但你的预算有限。要解决这种情况，你可以查询图 AE-2 中的数据，找到所有没有 Windows 10 系统的计算机，然后选择 CPU 较慢或内存较小的计算机作为升级的候选项。为此，你需要将数据从 Excel 移动到 Access 中。

一旦你分析了数据并确定了要升级的计算机，你就需要生成一份报告。在这种情况下，你可能希望将数据从 Access 移回到 Excel，或者将其移动到 Word 中。在本练习中，你将学习如何完成这些任务。

①首先，将 Excel 文件 **Ch04Ex01_U10e.xlsx** 下载到某个目录中。我们将这个文件中的数据导入 Access，但在此之前，你要先在 Excel 中打开数据来进行熟悉。注意现在在这个工作簿中有三张工作表。关闭 Excel 文件。

②创建一个空白的 Access 数据库，将它命名为 **Ch04Ex01_Answer**，将它放在某个目录中：它可能是你放置 Excel 文件的目录，但不一定是。关闭并删除 Access 创建的默认表。

③现在，我们把 Excel 文件 **Ch04Ex01_U10e.xlsx** 中的 3 个工作表中的数据导入 Access 数据库。在功能区上选择 External Data（外部数据），然后在 Import & Link（导入）的菜单下选择 Excel，开始导入。对于第一个工作表（Denver），你应该选择将源数据导入当前数据库中的新表。忽略第一行出现的警告，单击完成即可。当 Access 显示你的数据时，请单击 First Row Contains Column Headings。你可以使用默认的字段类型，并让 Access 添加主键。命名你的表为 Employees，并单击完成。没有必要保存你的导入脚本。

对于迈阿密（Miami）和波士顿（Boston）的工作表，再次单击 External Data（外部数据），Import Excel（导入），但这次选择将副本附加到表 Employees 中去。选择工作表迈阿密，然后单击完成。用同样的方式导入波士顿办公室的雇员信息。

④打开 Employee 表并检查数据。请注意，Access 错误地将空行和主要联系人数据导入到了每个数据集末尾的行。这些数据不是员工记录的一部分，你应该删除它（在3个地方，每个工作表一次）。Employee 表中一共应该有40条记录。

⑤在此数据上创建参数化查询。将除 ID 之外的所有列放入查询。在操作系统列中，设置条件以选择其值不是 Windows 10 的行。在 CPU（GHz）列中，输入标准：<= [Enter cutoff value for CPU]，在 Memory 列中输入标准：<= [Enter cutoff value for Memory]。测试你的查询。例如，运行查询并设置 CPU 输入值为4，内存输入值为10。验证是否生成正确的行。

⑥使用你的查询查找 CPU 和内存的值，使你能够最多升级10台计算机。

⑦当你发现 CPU 和内存的值允许你对10台或接近10台的计算机进行升级时，请不要关闭查询。现在，单击 External Data，Word，并创建包含查询结果的 Word 文档，调整创建的表的列宽使其适合页面。在这个表格周围写一个备忘录，说明这些是你认为应升级的电脑。

AE4-2 假设为了帮助你对组织的服务器做出购买或租赁决定，你被要求创建一个电子表格。你需要对服务器进行为期5年的使用，但你不知道你将需要多少台服务器。最初，你知道你需要5台服务器，但你也可能需要多达50台服务器，具体取决于贵组织电子商务活动的成功程度（顺便说一下，很多机构还在进行这些计算，但那些已经转移到云端的组织不再需要这样做了）。

①要进行购买替代计算，先要设置电子表格以便输入服务器硬件的基本价格、所有软件的价格以及硬件价格的一部分百分比的维护费用。假设你输入的百分比涵盖了硬件和软件维护。还假设每个服务器都有3年的生命，之后它就没有价值了。假设使用不到3年的计算机采用直线折旧法，并且在5年结束时，你可以以折旧价值出售你使用不到3年的电脑。还假定贵组织支付资本费用的2%的利息，每个服务器的成本为2 500美元，所需软件成本为1 250美元。假设维护费用在2%到7%之间。

②要进行租赁替代计算的话，假设租赁供应商将给你租赁的计算机硬件，与你拟购买的完全相同，租赁包括你需要的所有软件以及所有维护。设置你创建的电子表格，以便你可以输入各种租赁费用，这些租赁费用根据租赁年限（1、2或3）而有所不同。假设3年租约的费用是每台机器每月285美元。此外，如果租赁20～30台电脑，出租人提供5%的折扣；如果租赁31～50台电脑，将有10%的折扣。

③使用你创建的电子表格在以下情况下比较购买与租赁的成本（假设你要么买要么租，但是你不能租一些买一些）。你可以根据需要做出以下这样的假设并说明之。

- 你的组织在5年中需要20台服务器。
- 你的组织在前2年需要20台服务器，最后3年需要40台服务器。
- 你的组织在前2年需要20台服务器，第三年和第四年需要40台服务器，最后一年需要50台服务器。
- 你的组织第一年需要10台服务器，第二年需要20台服务器，第三年需要30台服务器，第四年需要40台服务器，最后一年需要50台服务器。
- 对于上述情况，如果服务器的成本是4 000美元，会有更便宜的选择方案吗？如果是8 000美元呢？

AE4-3 正如第 4 章所述，开源软件因其稳定、个性化和免费的特点，广受欢迎，但是你之前可能并没有使用过开源软件。在这个项目中，你将下载 Microsoft Office 组件的替代品 LibreOffice。它有类似 Microsoft Office 的用于制作文档（Writer）、电子表格（Calc）、演示文档（Impress）、数据库（Base）和图形（Draw）的应用程序。

如果你习惯于 Microsoft Office，你可能需要花一些时间熟悉 LibreOffice 的界面。LibreOffice 可以通过完全不同的方式做 Microsoft Office 可以做的任何事。使用 LibreOffice 的主要优点是其完全免费。你可以在许多电脑上安装它，且次数不限。

①浏览 www.libreoffice.com。
②单击下载菜单，选择 LibreOffice Fresh。
③下载并安装 LibreOffice 的最新版本（有针对 Windows、Mac OS X 和 Linux 的 LibreOffice 版本）。
④打开 LibreOffice Calc（在你的桌面上将有快捷方式）。
⑤在新表的单元格 A1、A2、A3 中分别输入你的名字、日期和时间。
⑥单击工具和选项。
⑦展开 Load/Save 菜单，单击 General。
⑧改变 ODF 表格 "Always save as"（总是保存为）Microsoft Excel 2007-2013XML 的下拉框，单击完成（你可以在文本和演示文稿中进行同样的操作）。
⑨单击文件中的 Save（保存），将文件保存。
⑩将带有你名字的内容进行截图，并将其粘贴到你的文档中（你可以利用 Alt+Print-Screen 快捷键进行屏幕截图）。
⑪解释为什么 LibreOffice 是免费的，但越来越多的人不使用它。
⑫解释为什么管理上百个服务器（有 Linux 和 Windows 操作系统）的系统管理员，可能喜欢使用 LibreOffice。
⑬解释为什么 LibreOffice 对于发展中国家的用户和组织可能是重要的应用程序。

第 5 章

AE5-1 在一些情况下，用户会同时使用 Access 和 Excel。他们用 Access 处理关系数据，并将一些数据导入 Excel，使用 Excel 工具来创建具有专业外观的图表。这些就是你在本练习中将要完成的工作。

下载 Access 文件 **Ch05Ex01_U10e.accdb**。打开数据库，选择 DATABASE TOOLS（数据库工具）/Relaionships（关系）。正如你所看到的，文件里有三张表：Product（产品）、Vendor-ProductInventory（供应商产品库存）和 Vendor（供应商）。分别打开每张表，熟悉其中的数据。

针对此问题，我们将 InventoryCost（库存成本）定义为 Industry-Standard-Cost（行业标准成本）和 QuantityOnHand（现存数量）的乘积。查询库存成本时将对每个供应商的每种产品计算该值。打开查询并观察数据，以确认你理解了这个计算过程。你也可以打开其他的查询来理解其产生的数据。

①分供应商对数据进行总结，并用图 AE-3 所示的饼状图展示数据（你的合计数据将与所示数据不同）。按如下步骤进行操作：
第 1 步，打开 Excel 并创建一个新的电子表格。
第 2 步，点击功能区中的 "DATA"（数据）按钮，在 "Get External Data"（获取外部数据）

功能区中选择来自 Access。

第 3 步，找到你存储 Access 文件 **Ch05Ex01_U10e.accdb** 的位置。

第 4 步，选择包含饼状图所需数据的查询。

第 5 步，将数据导入一张工作表。

第 6 步，将货币数据调整为适当的格式。

第 7 步，选择包含该数据的范围，点击功能键，而后创建饼状图。为工作表中的数据和饼状图做恰当的命名。

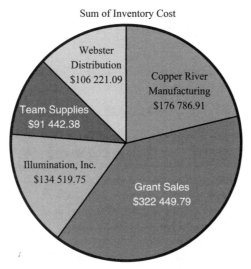

图 AE-3　用饼状图展示数据

资料来源：Microsoft Corporation.

②采用类似的步骤创建如图 AE-4 所示的条形图。同样地，你的数据将与之不同。将数据和图表分别置于工作表中，并为其适当命名。

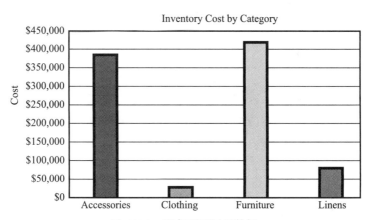

图 AE-4　用条形图展示数据

资料来源：Microsoft Corporation.

AE5-2　阅读第 5 章案例研究——寻找钢琴，Access 文件 Ch05Ex02_U10e.accdb 是迪恩的数据库的副本。下载此文件的副本，并创建查询来提供下列数据：

①将钢琴的音质从高至低排序。

②将钢琴的音质从高至低排序，而后针对每一种音质，按照建筑物和建筑物中的位置进行分类。

③列出金属棚（shed）内的钢琴，并将结果按照制造商分类。

④列出所有类型为"Spinet"的钢琴。

⑤给出每种音质（从1至5）的钢琴的数量。

⑥写出一个查询，以生成图5-35的报告。

AE5-3 在本练习中，你将创建一个具有两张表的数据库，定义关系，并创建表单和报告，而后用它们来输入数据和查看结果。

①下载Excel文件 **Ch05Ex03_U10e.xlsx**。打开电子表格，查看Employee表和Computer表中的数据。

②创建一个新的Access数据库，命名为Ch05Ex03_Solution。关闭由Access自动创建的表格，并删除它。

③将Excel电子表格中的数据导入你的数据库。将Employee工作表的数据导入名为Employee的表。记得检查第一行是否包含标题。点击我自己选择主键，并将ID字段作为主键。

④将Computer工作表的数据导入名为Computer的表中。检查第一行是否包含标题，但是让Access添加主键。

⑤打开关系窗口，将Employee和Computer都添加至设计空间中。拖动Employee表的ID，放至Computer表的EmployeeID之上。检查实施参照完整性选项，及其下方的两个选项。确保你知道这些操作的含义是什么。

⑥打开表单向导对话框（在菜单栏的创建，更多表单中），将你的表中的每一列都添加至你的表单中。选择按Employee查看数据。将表单标题设为Employee，子表单为Computer。

⑦打开Computer子表单，删除EmployeeID和ComputerID。这些值由Access保存，而保留它们只会分散注意力。你的表单应该如图AE-5所示（你的数据将会不同）。

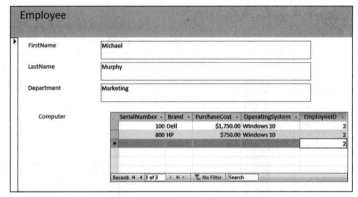

图AE-5 员工计算机分配表单

资料来源：Microsoft Corporation.

⑧用你的表单为Michael Murphy添加两台新的计算机。两台计算机均为Dell，采用Windows 10系统，其中一台的价格为750美元，另一台为1 400美元。

⑨删去Stan Larsen的Lenovo计算机。

⑩使用报告向导（在创建菜单下）来创建包含Employee表和Computer表中数据的报告。调整报告的设计，直至找到一个你喜欢的设计。如果需要的话，可以更改标签对齐的方式。

第 6 章

AE6-1 许多网站都能测试你的互联网数据通信速度。你可以使用 www.speedtest.net 进行测试（如果该网站已不再能用，可在谷歌或必应上输入"我的网速是多少"，寻找另一个测试速度的网站并使用它）。

①使用校园网登录到 Speedtest.net，在西雅图、纽约和亚特兰大的服务器上测试你的速度，计算平均上传和下载速度。

②回家或在一个公共无线站点，登录到 Speedtest.net，计算平均上传和下载速度。如果你在家做这个测试，得到的结果与你所花费的成正比吗？

③联系其他州的朋友或亲戚，让他们使用 Speedtest.net，在西雅图、纽约和亚特兰大的服务器上测试他们的平均上传和下载速度。

④比较①~③的结果，你能从这些测试中得到什么结论？

AE6-2 假设你被要求创建一个 Office 应用程序来估算云计算的成本。你决定创建一个电子表格，你的客户可以使用此表格提供他们的云计算需求，然后你可以将表格导入 Access 数据库，并使用查询功能计算云计算成本。

图 AE-6 显示了客户将输入需求的电子表格结构，你可以下载这个 Excel 电子表格，其文件名为 **Ch06Ex02_U10e.xlsx**。图 AE-7 显示了一个 Access 表，它与图 AE-6 中的需求相互对应；你可以下载这个 Access 数据库文件，其文件名为 **Ch06Ex02_U10e.accdb**。

	A	B	C	D	E	F	G
1		Jan-18	Feb-18	Mar-18	Apr-18	May-18	Jun-18
2	Compute requirements (hours):						
3							
4	Extra Small Instance	1200	1200	1200	1200	1200	1200
5	Small Instance	2000	2000	2400	2400	0	3000
6	Medium Instance	900	1800	2700	3600	3600	3600
7	Large Instance	0	500	1000	1500	2000	2000
8	Extra Large Instance	0	0	0	1000	1500	2000
9							
10	Storage requirements:						
11	Storage Required (GB)	30	35	40	45	50	55
12	Storage Transactions (1000s)	30	30	35	35	40	50
13							
14	Database requirements (number of instances)						
15	10GB Database	2	2	2	2	1	1
16	20GB Database	0	3	3	3	3	3
17	30GB Database	0	4	5	6	6	7
18	40GB Database	0	0	0	3	3	4
19	50GB Database	0	0	2	2	3	0

图 AE-6 输入云计算需求的工作表

资料来源：Microsoft Corporation.

CloudCosts			
ID	Resource Name	Units	Cost
1	Extra Small Instance	Hours	$0.03
2	Small Instance	Hours	$0.09
3	Medium Instance	Hours	$0.12
4	Large Instance	Hours	$0.37
5	Extra Large Instance	Hours	$0.55
6	StorageRequired	GB / month	$0.15
7	StorageTransactions	10,000	$0.01
8	10GB Database	Each	$9.99
9	20GB Database	Each	$149.98
10	30GB Database	Each	$199.97
11	40GB Database	Each	$299.96
12	50GB Database	Each	$399.95

图 AE-7 云计算的成本

资料来源：Microsoft Corporation.

①将电子表格导入 Access 数据库。

②编写查询计算每个资源的成本。

③创建一个报表，展示每月每种资源的成本，展示每种资源 6 个月期间的总成本，还需展示包括所有费用的总额。

④创建一个饼状图，展示不同资源占据总成本的比例。提示：你可以直接将查询数据导入 Excel 中。

⑤创建一个饼状图，展示不同月份的成本数占据总成本的比例。提示：你可以直接将查询数据导入 Excel 中。

⑥假设在国外，处理成本增加了 10%，按照调整后的成本重新完成③～⑤的任务。

AE6-3 基于云的存储存在以下两个问题：首先，它似乎从没有足够的时候，免费的更是如此。其次，你总会怀疑它是否真的安全，虽然你的存储提供商会说你的数据是安全的，但真的是这样吗？有什么办法可以确定是真的呢？

在这个项目中，你将学习如何使用 7-Zip 来解决这两个问题。你将学习如何压缩和加密重要的文件和目录。如果你将机密数据存储在云端，确保它是加密的，这很重要。使用像 7-Zip 这样的第三方加密工具，意味着只有你可以使用你的数据，就不需要信任你的云服务提供商。7-Zip 也是一个非常高效的文件归档器，它可以节省很多空间。7-Zip 的具体使用步骤是：

第 1 步，浏览 www.7-Zip.org。

第 2 步，点击下载并安装最新版本的 7-Zip（有适用于 Windows、Max OS X、Linux、BSD 和 UNIX 的不同版本的 7-Zip）。

第 3 步，进入下载文件夹（你可以进入任何包含大文件的文件夹）。

第 4 步，右键点击一个大文件。

第 5 步，单击 7-Zip 并添加文件。

第 6 步，重命名文件"YourName.7z"（用自己的名字命名文件，如果你的名字是 John Doe，文件将被命名为"John Doe.7z"）。

第 7 步，在加密部分，输入两次密码（选择一个简单易记的密码）。

第 8 步，截图并把它粘贴到文档里（可以通过按住 Alt+Print 截屏）。

第 9 步，点击 OK 按钮（注意，原始文件仍保持不变）。

第 10 步，你的新文件被压缩之后，右键点击它，选择 7-Zip 并将其放入"YourName\"。

第 11 步，输入密码，点击 OK（文件开始提取）。

①解释为什么第三方加密对高度机密文件很重要。

②解释为什么在使用基于云的存储时压缩大文件很重要。

第 7 章

AE7-1 假设经理让你创建一个用于计算产品计划的电子表格。基于公司所属的三个销售区域的区域经理所制订的销售计划，你的计划应该确定 7 个产品的生产数量。

①使用 Word 文件 **Ch07Ex01_U10e.docx** 中的数据，为每个销售区域建立单独的工作表，它应包含了过去一年各个经理的月销售计划、每月的实际销售情况以及下一个季度每月的销售计划。

②将 Word 数据输入 Excel，为每个经理的数据建立单独的工作表。

③通过每个工作表中过去四个季度的数据，计算实际销售额和销售计划之间的偏差，该偏差的计算有多种方式：可以计算总平均数，或者计算每季度或每月的平均数。选择一种你

认为最合适的方法,并解释选择这种方法的原因。

④使用偏差因子不断调整工作表,计算下一个季度调整后的预测结果。因此,每个工作表都将呈现下一个季度中每月原始预测值和调整后的预测值。

⑤建立第 4 个用于计算所有区域下一个季度的总销售计划的工作表,展现每个区域及公司整体的每月和季度未调整预测值和调整后的预测值。

⑥建立每月产量的条形图,并通过不同颜色的条形呈现未调整和调整后的预测值。

AE7-2 图 AE-8 是关于物料用量清单(BOM)的例子,物料用量清单是用于显示产品构成组件和零件的一种表格。在本例中,产品是一辆儿童车,该物料用量清单是像 ERP 应用程序一样的制造功能应用程序的基本构件。

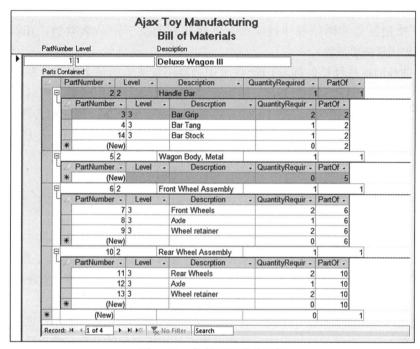

图 AE-8 物料用量清单示例

资料来源:Microsoft Corporation。

这个例子是由 Microsoft Access 所创建的表格。创建该表格是有一定的技巧的,因此该练习将会指导你学习必要的步骤,然后你可以运用所学的知识生成一个简单的报告。你同样可以尝试使用 Access 扩展该表格。

①创建一个名为 PART 的表格,列名分别为 PartNumber、Level、Description、QuantityRequired 和 PartOf。其中 Description 和 Level 是文本型,PartNumber 是自动为记录分配数字的 AutoNumber 型,QuantityRequired 和 PartOf 分别为数值型和长整型。将图 AE-8 中所展现的 PART 数据添加到你创建的表中。

②建立一个包含表 PART 中所有列的查询。建立限定 Level 的值等于 1 的行查询,并命名查询的行结果记录为 Level1。

③建立限定 Level 的值等于 2 或 3 的行查询,并分别将其结果命名为 Level2 和 Level3。

④从 Level1 中建立包含 PartNumber、Level 和 Description 的表格。如果需要可以使用向导程序,将其命名为"Bill of Materials"(物料用量清单)。

⑤在"DESIGN"（设计）功能区的"Contols"（控制）选项中选择"Subform"（子表格）/"Subreport"（子报告）工具，为步骤④中的表格建立子表格。设置该表中的数据为 Level2 中的所有列。完成子表创建后，链接子字段（Link Child Fields）的属性值设为 PartOf，链接主字段（Link Master Fields）的属性值设为 PartNumber，关闭"Bill of Materials"（物料用量清单）表格。

⑥打开步骤⑤中创建的子表并使用"Subform（子表格）/Subreport（子报告）"工具继续创建子表。设置该表中的数据为 Level3 中的所有的列。完成子表创建后，链接子字段（Link Child Fields）的属性值设为 PartOf，链接主字段（Link Master Fields）的属性值设为 PartNumber，关闭"Bill of Materials"（物料用量清单）表格。

⑦打开"Bill of Materials"（物料用量清单）表格，如图 AE-8 所示。练习打开、关闭和添加数据。使用该表为你所选择的产品创建物料用量清单数据。

⑧接下来的流程和刚刚描述的类似，创建所有的关于产品数据的"Bill of Materials Report"（物料用量清单报告）。

⑨（可选择的挑战性扩展练习）图 AE-8 中物料用量清单的每个零件最多只能使用到一个组装之中（只有空间显示一个 PartOf 的值）。为使一个零件可用到更多的组装之中，可以按以下方式调整设计：首先，从表 PART 中移除 part of。接下来，创建包含两列 Assembly-PartNumber 和 ComponentPartNumber 的第二个表格，其中第一列是包含一个组装的零件号，第二列是包含一个组成构件的零件号。每个零件的构件在表中都以行的形式存储。按上述方式扩展其浏览练习，并用第二个表格生成与图 AE-8 类似的展示。

第 8 章

AE8-1 假设你是一个组织的社交媒体政策经理，该组织在北美境内有 7 个办公室，拥有 1 000 名员工。进一步假设，CEO 要求得到一份显示所有员工的博客、工作头衔和部门，以及每个博客的目的和 URL 的报告。她并不是想控制员工，她只想知道他们在哪儿。

①阐述在什么情况下使用电子表格跟踪这些数据是合适的。

②假设每名员工拥有不止一个博客，但是一个博客只能被一名员工运作维护。进一步假设，如果博客不再活跃了，你决定你应该跟踪博客最初被创建的日期和最近更新的日期。为这些需求设计一个数据库。

③用 Word 文件 **Ch08Ex01_U10e.docx** 中的样本数据填充你的数据库。EmployeeID 是唯一标识符，EndDate 值为 0 表示博客仍然活跃。不要重新输入这些数据，而是导入数据。你可以多次导入，每次都导入到不同的表中，或者你可以一并导入，使用查询来填充表。

④创建一份你认为可以满足 CEO 需求的报告。证明你报告内容和结构的合理性。

AE8-2 假设你被分配到了为你公司的采购代理对其供应商的评估进行处理的任务。每个月，每个采购代理都对过去一个月里他订购的所有供应商进行评估。评估基于三个因素：价格、质量和响应能力。假设评分范围是 1 到 5，其中 5 是最好的。因为你的公司有数百个供应商和几十个采购代理，所以你决定使用 Access 来完成工作。

①创建一个包含三个表的数据库：VENDOR（VendorNumber, Name, Contact）、PURCHASER（EmpNumber, Name, Email）和 RATING（EmpNumber, VendorNumber, Month, Year, Price Rating, QualityRating, ResponsivenessRating）。假设 VendorNumber 和 EmpNumber 分别是 VENDOR 表和 PURCHASER 表的键。决定你认为适合 RATING 表的键。

②建立适当的关系。

③从 Excel 文件 **Ch08Ex02_U10e.xlsx** 中导入数据。请注意 VENDOR、PURCHASER 和 RATING 三张表的数据被存储在三个独立的工作表中。

④创建一个显示所有供应商的名称及其平均得分的查询。

⑤创建一个显示所有员工的姓名和他们的平均得分的查询。提示：在第③~⑤中，你需要在查询中使用 Group By 功能。

⑥创建一个参数化查询，你可以使用它来获得特定供应商在每个标准上评级的最小值、最大值和平均值。假设你将输入 VendorName 作为参数。

⑦利用你查询到的数据，你会对供应商或采购者得出什么相关结论？

第 9 章

AE9-1 OLAP 立方体与 Microsoft Excel 数据透视表非常相似。对于这个练习，假设与 AE8-2 所描述的情况相似，你所在组织的采购代理对供应商进行评估。

①打开 Excel 文件 **Ch09Ex01_U10e.xlsx**。工作表中有如下列名：VendorName、EmployeeName、Date、Year 和 Rating。

②在 Excel 中的插入功能区，单击数据透视表。

③当被要求提供数据范围时，将鼠标移到列名和数据值上，以便选择所有的数据。Excel 将在打开的对话框中填充范围值，并将数据透视表显示在新的工作表中，单击 OK。

④Excel 将在电子表格的右边创建一个字段列表。在下面的区域中会出现标签名为"在以下区域间拖动字段："的网格栏。拖动 VendorName 放置在行字段处。观察页面左侧（在列 A 中）的数据透视表发生的变化。现在拖动 EmployeeName 放置在列字段处，Rating 放置在值字段处。再次观察这些操作对于页面左侧的数据透视表有何影响。瞧！你现在做好了数据透视表。

⑤为了理解数据透视表的工作原理，将更多的字段拖放到屏幕右下角的网格中。例如，把 Year 拖放在 EmployeeName 的下方。然后把 Year 拖放到 EmployeeName 上方、VendorName 的下方。所有这些操作都像 OLAP 立方体，而且事实上，OLAP 立方体很容易在 Excel 的数据透视表中展示。两者的主要区别在于 OLAP 立方体建立在上千行的数据基础上。

AE9-2 在 Access 中使用表数据创建购物篮分析报告是非常容易的。然而，要做到这一点，你需要在 Access 的查询生成器中输入 SQL 表达式。你可以复制或输入 SQL 语句。如果你修读一门数据库课程，你将学习如何编写像你将在这里使用到的 SQL 语句。

①创建一个 Access 数据库表 Order_Data，该表的列有 Order_Number、ItemName 和 Quality，数据类型分别为数值型（长整数）、短文本（50）、数值型（长整数）。将 Order_Number 和 ItemName 的组合定义为键值（你可以通过在表设计器中突出这两列并且点击主键按钮来完成该操作）。

②把 Excel 文件 **Ch09Ex02_U10e.xlsx** 中的数据导入 Order_Data 表。

③现在，为了进行购物篮分析，你需要在 Access 中输入几个 SQL 语句。单击创建 / 查询设计按钮。当出现显示表对话框时，单击关闭。在窗口的网格的上方灰色部分右击。选择查询视图。准确输入下面的表达式：

```
SELECT    T1.ItemName as FirstItem,
          T2.ItemName as SecondItem
FROM      Order_Data T1, Order_Data T2
WHERE     T1.OrderNumber =
          T2.OrderNumber
AND       T1.ItemName <> T2.ItemName;
```

单击工具栏中的红色感叹号来运行查询。纠正任何类型的输入错误,一旦运行成功就将该查询保存为 TwoItem Basket。

④现在输入第二个 SQL 语句。单击创建/查询设计按钮。当出现显示表对话框时,单击关闭。在窗口的网格的上方灰色部分右击。选择查询视图。准确输入下面的表达式:

```
SELECT     TwoItemBasket.FirstItem,
           TwoItemBasket.SecondItem,
           Count(*) AS SupportCount
FROM       TwoItemBasket
GROUP BY   TwoItemBasket.FirstItem,
           TwoItemBasket.SecondItem;
```

纠正任何类型的输入错误,一旦运行成功就将该查询保存为 SupportCount。

⑤检查第二个查询的结果,并验证两个查询语句是否正确地计算了两个条目一起出现的次数。阐述为了计算支持度你需要做的进一步运算。

⑥解释你计算提升度时需要做的运算。尽管你可以使用 SQL 进行计算,但你需要更多的 SQL 知识来完成这些计算,我们将跳过这一部分。

⑦用你自己的话解释问题③中的查询在做什么,问题④中的查询又在做什么。你需要修读一门数据库课程来学习如何编写这些表达式,这个练习应该能让你了解 SQL 中可能使用的各种计算方法。

AE9-3 假设你在 9.2 节中提到的单车零件经销商工作。它的团队调查了出售 3D 打印计划而不是零件本身的可能性。团队需要识别出符合条件的零件并计算出这些零件所代表的营收潜力。下载包含团队使用的数据摘录的 Access 文件 **Ch09Ex03_010e.accdb**

①假设沙漠齿轮供应商(Desert Gear Supply)决定不以任何价格发布它的 3D 设计文件。经过考虑,删除它提供的零件,并重复第 9 章中的数据分析。

②由于没有沙漠齿轮供应商的零件设计,该团队决定以不一样的标准来重复分析:大客户是那些订购了 900 多个部件的客户;频繁的购买行为每年至少发生 25 次;小批量的平均订单大小小于等于 3;便宜的零件其价格低于 75 美元;装运重量不足 4 磅。重复第 9 章中的数据分析。

③第二组标准对结果带来了怎样的改变?

④根据你的分析,你会提出什么建议?

第 10 章

AE10-1 Adblock Plus® 是可以阻止广告的 Web 浏览器插件。它还可以阻止跟踪者和那些已知恶意软件来源的域名。此外,它还允许你创建可以阻止特定网页内容的自定义过滤器。Adblock Plus 可以通过消除烦人的广告使上网更安全、更愉快。

在本项目中,你将在两个浏览器中比较相同的网站。你会在火狐浏览器中安装 Adblock Plus,然后将过滤后的网站与谷歌浏览器中未过滤的版本进行比较。

第 1 步,打开谷歌浏览器并浏览 www.amazon.com。

第 2 步,通过按下 Window 键和向右箭头(⊞+→),用谷歌浏览器填充屏幕右侧。

第 3 步,打开火狐浏览器并浏览 www.amazon.com。

第 4 步,通过按下 Window 键和向左箭头(⊞+←),用火狐浏览器填充屏幕左侧。你现在应该有两个并排显示的浏览器。

第 5 步，在火狐浏览器的亚马逊搜索栏中输入你的姓名，但不要按 Enter 键。

第 6 步，截图（你可以按 Ctrl-PrintScreen 对整个桌面进行截图）。

第 7 步，单击火狐菜单，然后单击插件。

第 8 步，单击获取插件。

第 9 步，在搜索框中输入"Adblock Plus"。

第 10 步，按 Enter 键。

第 11 步，单击安装最新版本的 Adblock Plus。

第 12 步，单击立即重新启动。

第 13 步，在火狐浏览器中刷新亚马逊网页（你可以按 F5 或刷新按钮）。

第 14 步，在火狐浏览器的亚马逊搜索栏中输入你的姓名，但不要按 Enter 键（请注意，与谷歌浏览器中完全相同的页面相比，右侧的跟踪器和广告数量减少了）。

第 15 步，对整个桌面截图。

第 16 步，选择另一个你知道的有广告的网站，并在两个浏览器中访问它（主流新闻网站通常有大量的广告和跟踪器）。

第 17 步，再对整个桌面截图，看一下浏览器的差异。

①在线零售商会讨厌 Adblock Plus 吗？为什么？

②一些网站通过广告收入支付其运营费用。Adblock Plus 会让其破产吗？

③你能为特定的网站设置例外（即不阻止内容）吗？

AE10-2　大多数用户希望有一种简单的方法来识别哪些网站是可信的，哪些网站是他们应该避免访问的。信托网®（Web of Trust，WOT）为你访问的每个网站提供一个"记分卡"。这个记分卡总结了四个评价：可信度、供应商可靠性、隐私和儿童安全。记分卡上显示的值基于 WOT 社区成员的评分，他们已经对网站进行了评估。

安装 WOT 后，你会注意到主要搜索引擎（如谷歌、必应和雅虎）的搜索结果略有增加。你将在每个搜索结果的末尾看到一个 WOT 评估。该评估为每个显示在搜索结果中的网站提供一个记分卡。WOT 评估可以作为避免访问某些网站的快速视觉指标。

第 1 步，打开火狐，单击火狐菜单，然后单击插件。

第 2 步，搜索 WOT。

第 3 步，单击安装（WOT）并立即重新启动（你应该可以在导航栏中看到一个小标记）。

第 4 步，浏览 www.google.com，搜索你的全名。

第 5 步，对搜索结果截图，并将其粘贴到你的文档中（你可以按 Alt + Print Screen 进行截图。注意每个搜索结果旁边的 WOT 图标）。

第 6 步，点击其中一个搜索结果的 WOT 图标（这会显示该特定网站的 WOT 记分卡）。

第 7 步，使用 Google.com 搜索 warez keygen（你会看到一些红圈的网站，这意味着其声誉很差）。

第 8 步，点击某个网站 WOT 记分卡的 WOT 图标。

第 9 步，截图并将其粘贴到你的文档中。

①描述 WOT 如何获得他们网站记分卡的分值。

②描述如何使用 WOT 评估网站。

③解释 WOT 如何保护上网的用户。

第 11 章

AE11-1 设想你被一个信息管理部门聘用为咨询台的管理员,并已经工作了一个星期。你惊讶地发现能够帮助你管理雇员的信息是非常有限的。事实上,涉及这些特定问题处理的数据仅有 Tickets 这一种。其数据存储格式是:Ticket#、Date_Submitted、Date_Closed、Type(new or repeat、Reporting_Employee_Name、Reporting_Employee_Division、Problem_Description 和 Technician_Name_Problem_System。你可以在 Excel 文件 **Ch11Ex01_U10e.xlsx** 中找到 Tickets 的样本数据。

作为一名管理者,需要那些有助于进行管理的信息。具体来说,你需要获取这些信息,以帮助你鉴别那些绩效最好或最差的技术人员,了解如何比较不同的系统在报告的问题数量以及修复这些问题需要的时间方面的差异,了解如何比较不同的部门在报告的问题数量以及修复这些问题需要的时间方面的差异,鉴别哪些技术人员在处理特定系统相关的问题方面做得最好或最差,以及鉴别哪些技术人员在处理特定部门提交的问题方面做得最好或最差。

①使用 Access 或 Excel,或综合使用这两种方法,基于 Excel 文件 **Ch11Ex01_U10e.xlsx** 中的数据生成你所需要的信息。在你的回答中,你可以使用查询、公式、报表、表单、图表、数据透视表、数据透视图或其他任何一种由 Access 和 Excel 支持的数据展示方式。为你生成的信息类型选择一种最好的展示方式。

②阐释你是如何使用这些不同类型的信息来管理你的部门的。

③列举你希望从这个数据中生成的有助于管理的其他任何类型的附加信息。

④使用 Access 或 Excel,或综合使用这两种方法,生成你在③中提及的信息。

第 12 章

AE12-1 在本练习中,你将会使用 Visio 中的 BPMN 标注来创建业务流程图。

①从本文的支持网站上下载 Visio 文件 **Ch12Ex01_U10e.vsd**。打开文件并熟悉这张图,它是图 12-6 的一个副本。

②请注意 Visio 所包含的 BPMN 形状。打开形状编辑器,查看 Visio 支持的其他类型的流程图形状。

③创建一个新的 Visio 图。添加你想使用的 BPMN 形状。

④为客户流程"反馈报价"创建模型。确保你的流程能够接受 **Ch12Ex01_U10e.vsd** 中的输入并产生相应的输出。创建你的流程,以便你的公司检查价格和交货日期,如果合适,便会请求更改。如有必要,流程也可包括其他逻辑。

⑤将你的文档保存为一个 PDF 文件,以此展示你的工作。

AE12-2 为了预算,假设你被分配到一项任务,需要比较系统开发项目会议上投入的劳动成本。下载 Word 文件 **Ch12Ex02_U10e.docx** 以及同名的 Excel 文件。Word 文件记录了会议日期、时间和参会人员。该文件是根据会议上的非正式说明编写的。Excel 文件包括了项目预算以及不同类型员工的劳动成本。

假设你的公司采用了图 12-11 所示的传统的系统优先流程,并假设每个 SDLC 步骤都需要召开两类会议。一类是工作会议,参与人员有用户、业务分析师、系统分析师、程序员以及 PQA 测试工程师;另一类是评审会议,参与人员除了上述全部人员外,还包括用户部门和 IS 部门中 1 级和 2 级的管理人员。

①从 Access 和 Excel 中选择你认为更适合本项任务的工具,将 Word 中的数据输入一个

工作文件中，然后计算出每场会议中每种类型员工的劳动工时总数。

②利用你在①中创建的文件，计算出每个项目阶段的每种类型员工的劳动工时总数。

③结合②中的答案和 Excel 文件 **Ch12Ex02_U10e.xlsx** 中的数据来计算每个项目阶段的会议总成本。

④使用你选择的工具的图表来展示会议成本和预算间的差异。

⑤评价一下你选择的 Excel 或 Access 工作文件。如果你要做这个练习，你会再次使用同样的工具吗？原因是什么？

AE12-3 本项目中，你将会使用 Microsoft Touch Develop 来创建一个非常简单的应用程序 Jetpack Jumper。Microsoft Touch Develop 允许你通过简单地点击计算机代码和进行简单的修改来创建 App。教学视频将指导你完成整个过程。你不必具有任何编码（编程）经验。自动播放的教学视频将为你介绍一些基本的编码规则，并解释你的变更操作将如何影响你创建的 App。

除了最后一个步骤，下面的说明完全是按照这个教学视频的。最后一个步骤要求你对你的应用程序进行截屏，然后将这张截图发送给你的指导老师，以证明你成功地完成了这个项目。

第1步，打开一个网页浏览器（如谷歌浏览器或火狐浏览器），然后进入 www.touch-develop.com。

第2步，点击右上角的登录链接。

第3步，使用你的微软、Facebook、谷歌或雅虎账号进行登录。

第4步，点击 Touch Develop 主页上的 Launch Touch Develop 按钮。

第5步，点击教程中的 Coding Jetpack Jumper 标签。

第6步，观看了简短的视频后，点击"我们开始！"按钮。

第7步，观看下一个简短视频后，点击"我们去做吧！"按钮。

第8步，按照蓝色框中的说明进行操作，然后点击运行主项按钮。

第9步，点击返回箭头，继续编码。

注释：在剩下的教程中，你将会继续遵循蓝色框中的说明。你可以用你的鼠标点击这个 App，或者如果你使用触摸屏设备，直接点击它。一旦你完成了这个教程，请继续下面的第11步。

第10步，完成 Jetpack Jumper 教程中的剩余步骤。

第11步，完成教程后，对你的新 App 进行截屏，并将它粘贴到一个文档中（你将会把这个文档发送给你的指导老师。你可以通过微软的 Alt+PrtScn 键进行截屏，然后将这张截图粘贴到你的文档中）。

①程序循环为什么有用？

②为什么要使用变量来存储一个值？

③制作一款让玩家更容易玩的游戏的好处是什么？更容易好还是难些好？

信息管理与信息系统

课程名称	书号	书名、作者及出版时间	版别	定价
管理信息系统	978-7-111-35145-0	管理信息系统（比德格里）（2011年）	外版	49
管理信息系统	978-7-111-34151-2	管理信息系统（第11版）（劳顿）（2011年）	外版	55
管理信息系统	978-7-111-47626-9	管理信息系统（第6版）（克伦克）（2014年）	外版	69
管理信息系统	978-7-111-32865-0	信息时代的管理信息系统（第8版）（哈格）（2011	外版	59
管理信息系统	978-7-111-32282-5	信息时代的管理信息系统（英文版·第8版）（哈格）（2010年）	外版	69
信息系统分析与设计	即将出版	管理信息系统课程设计（贺超）（2015年）	本版	29
信息检索（多媒体）	即将出版	信息检索与处理（王知津）（2015年）	本版	39
数据库原理及应用	978-7-111-29203-6	网络数据库应用（李先）（2010年）	本版	28
企业资源计划（ERP）	即将出版	企业资源计划（ERP）原理与实践（第2版）（张涛）（2015年）	本版	35
企业资源计划（ERP）	978-7-111-29939-4	企业资源计划（ERP）原理与实践（精品课）（张涛）（2010年）	本版	36
管理信息系统	978-7-111-23032-8	管理信息系统（精品课）（郑春瑛）（2008年）	本版	28
管理信息系统	即将出版	管理信息系统（第2版）（王恒山）（2015年）	本版	29
管理信息系统	978-7-111-42974-6	管理信息系统（李少颖）（2013年）	本版	30
管理信息系统	978-7-111-35417-8	管理信息系统（庄玉良）（2011年）	本版	39
管理信息系统	978-7-111-38400-7	管理信息系统：理论与实训（袁红清）（2012年）	本版	35
ERP沙盘模拟	978-7-111-45679-7	企业资源计划（ERP）沙盘模拟（王建仁）（2014年）	本版	20